中国海洋法年刊

CHINESE YEARBOOK OF THE LAW OF THE SEA

—— 2020 ——

中国海洋法学会 主办

知识产权出版社
全国百佳图书出版单位
—北 京—

图书在版编目（CIP）数据

中国海洋法年刊．2020/中国海洋法学会主办．--北京：知识产权出版社，2020.8
ISBN 978-7-5130-6962-5

Ⅰ.①中…　Ⅱ.①中…　Ⅲ.①海洋法—中国—文集　Ⅳ.①D993.5-53

中国版本图书馆 CIP 数据核字（2020）第 091194 号

责任编辑：唐仲江　　**责任校对**：谷　洋
封面设计：黄慧君　　**责任印制**：孙婷婷

中国海洋法年刊 2020
中国海洋法学会　主办

出版发行：知识产权出版社有限责任公司	**网　　址**：http：//www.ipph.cn
社　　址：北京市海淀区气象路 50 号院	**邮　　编**：100081
责编电话：010-82000860 转 8726	**责编邮箱**：pangcongrong@163.com
发行电话：010-82000860 转 8101/8102	**发行传真**：010-82000893/82005070/82000270
印　　刷：北京建宏印刷有限公司	**经　　销**：各大网上书店、新华书店及相关专业书店
开　　本：710mm×1000mm　1/16	**印　　张**：29
版　　次：2020 年 8 月第 1 版	**印　　次**：2020 年 8 月第 1 次印刷
字　　数：500 千字	**定　　价**：98.00 元

ISBN 978-7-5130-6962-5

序　言

国际海洋法在中国的历史不算久远，但对当今我国海洋事业的发展乃至民族复兴大业的影响和重要性日渐突出。改革开放以来，国内始终有一批领导、专家学者和社会人士关心着中国的海洋权益和海洋发展，致力于海洋法在中国的研究和实践。1981 年成立的中国海洋国际问题研究会是中国海洋法学会的前身。1994 年经国家主管部门批准，中国海洋国际问题研究会正式更名为中国海洋法学会，并注册登记成为国家一级学会。

中国海洋法学会自创立以来，团结全国海洋法学界和社会的研究力量，为推动我国的海洋法理论研究和实践进行了有益的探索和努力，在维护国家海洋权益、促进海洋立法和管理、开展国际学术交流等方面，发挥了积极的作用。

中国海洋法学会坚持举办学术年会和形式多样的形势报告与研讨会，广泛开展国际交流与合作，研究和讨论的议题涉及海洋法理论和实践的诸多方面。广大会员发表了很多真知灼见和有价值的论著。2004 年以来，学会坚持每年将海洋法学术年会和学术报告会上提交和发表的优秀论文结集成册，已连续出版了十余本海洋法论文集。这些成果对于进一步推动和促进海洋法在我国的研究和实践具有积极的意义，为中国的海洋事业发展和海洋法制建设作出了重要的贡献。

2012 年党的十八大提出了“建设海洋强国”的战略决策。为了更好地服务于国家建设“一带一路”的倡议，推动我国海洋法学的研究与实践，客观反映和呈现新的历史时期海洋法在我国的繁荣和发展，我们决定自 2016 年起将中国海洋法学会年度学术论文集改版为《中国海洋法年刊》。

《中国海洋法年刊》旨在选收中国海洋法学会年会和其他学术报告会上发表和提交的部分优秀论文，其目的是将海洋法学者在海洋法领域内辛勤耕耘的结果付梓面世，以推动和促进国内海洋法理论研究和实践的发展，争取在国际上发出中国海洋法学者的声音。

为了保持论文原貌，编者仅对文字作了少量必要的更动，原则上不触及原文的风格和内容。文中所述仅属作者个人观点，不代表中国海洋法学会、编者和任何其他有关方面的意见。

由于编者水平所限，疏漏之处在所难免，敬请读者批评指正。

编　者

目　录
CONTENTS

辑四　“一带一路”建设与争端解决

辑一 海洋法的形势与发展

航行自由的法律边界与制度张力

■ 杨泽伟*

【内容摘要】航行自由产生争议的根本原因是《联合国海洋法公约》对航行自由的规定没有明确的边界，各国任意解释的空间较大。虽然数百年来航行自由一直是海洋法的核心，但是近些年来航行自由受到了诸多限制。航行自由的制度张力也比较突出，并且伴随着从航行自由到航行权的演进，呈现出传统航行自由的缩小与国家管辖权的扩大之势。目前，航行自由还面临国家管辖范围以外生物多样性的管理和养护等方面的新挑战。由于综合国力的增强和海洋重要性的凸显，中国应以更加积极、开放的态度看待航行自由，并对航行自由法律政策作出适当调整。

【关键词】航行自由　《联合国海洋法公约》　航行权　海洋法

"航行自由是海洋法律制度中最古老、最普遍承认的原则之一。"[1] 它既是海洋法历史发展的一条主线，也是《联合国海洋法公约》（以下简称《海洋法公约》）的重要内容。[2] 从某种意义上来讲，航行自由是"一项全球公共产品，涉及各国利益，因而没有一个国家公开反对它"[3]。然而，近年来围绕美国在南海的航行自由行动，中美两国之间出现了较大的分歧。产生这种争议的根本原因在于中美两国对《海洋法公约》有关航行自由的条款有不同的理解。[4] 其实，航行自由与中国国家利益密切相关。因此，探讨航行自由的法律边界与制度张力问题，既是当前海洋法中面临的新课题，也具有重要的现实意义。

一、美国的航行自由行动与对航行自由产生争议的原因

（一）美国的航行自由行动

1. 美国航行自由的缘起

为了贸易和商业的目的，美国长期以来一直主张航行自由。即使在美国建国之前，北美的殖民者也强调航行自由的重要性。从某种意义上来讲，美国参加 1812 年战争和

---

* 法学博士，武汉大学珞珈杰出学者，国际法研究所与"国家领土主权与海洋权益协同创新中心"博士生导师。

本文为作者主持承担的 2017 年度教育部人文社会科学重点研究基地重大项目"维护中国国家权益的国际法问题研究"（项目编号：17JJD820006）的阶段性成果之一。

〔1〕 Nkeiru Scotcher, "The Freedom of Navigation in International Law and the Utility of International Society Discourse", *US-China Law Review* 7, 8 (2010): 56.

〔2〕 See Hugo Caminos (ed.), *Law of Sea*, Dartmouth Publishing, 2001, p. 215.

〔3〕 Myron H. Nordquist, et al. (eds.), *Freedom of Navigation and Globalization*, Brill Nijhoff, 2015, p. 5.

〔4〕 See Zhang Haiwen, "Is It Safeguarding the Freedom of Navigation or Maritime Hegemony of the United States? —Comments on Raul (Pete) Pedrozo's Article on Military Activities in the EEZ", *Chinese Journal of International Law* 9, 1 (2010): 47.

卷入第一次世界大战的一个重要原因就是为了维护航行自由。[5]不过，美国的航行自由行动（Freedom of Navigation Operation，FONOP）正式开始于1979年卡特政府时期，迄今已有40多年的历史。[6]美国航行自由行动旨在“通过积极行使航行权和飞越权，以保护美国在海上的相关安全利益，反对‘过度的海洋主张’（Excessive Maritime Claims）”[7]。一般而言，美国航行自由行动主要是针对美国认为不符合国际法的海洋主张，特别是如下类型的过度海洋主张：历史性水域；过度的直线基线；过度的领海主张以及对领海利用的非法限制；领海之外水域利用的过度主张；过度的群岛水域主张等。[8]据统计，自1991年以来美国已经开展了300多次航行自由行动，关系到50多个国家的海洋权益。[9]

值得注意的是，美国航行自由行动不但针对它认为的敌对国家，而且也包括日本、韩国和菲律宾等盟国。以美国国防部于2017年12月发布的《2017年航行自由报告》为例，从2016年10月1日到2017年9月30日美军针对阿尔巴尼亚、阿尔及利亚、柬埔寨、中国大陆、克罗地亚、厄瓜多尔、印度、印度尼西亚、伊朗、马来西亚、马尔代夫、马耳他、黑山、阿曼、菲律宾、斯洛文尼亚、斯里兰卡、中国台湾、突尼斯、委内瑞拉、越南和也门等22个国家和地区开展了航行自由行动，以抗议这些国家和地区过度的海洋主张。[10]

2. 美国进行航行自由行动的原因

首先，如前所述，美国进行航行自由行动主要是为了挑战一些沿海国的过度海洋主张，以免构成对这些主张的默认，并强调各个国家都有义务遵守《海洋法公约》所体现的习惯国际法规则。[11] 其次，坚持和维护航行自由是美国独立以来外交政策的核心。美国海军还把维护航行自由作为其三大支柱之一。[12] 最后，美国认为所有国家在专属经济区享有与在传统的公海一样的自由。在第三次海洋法会议的闭幕会上，美国政府代

---

[5] See John E. Noyes, “The United States, The Law of the Sea Convention, and Freedom of Navigation”, *Suffolk Transnational Law Review* 29, 1 (2005): 11.

[6] See Ryan Santicola, “Legal Imperative: Deconstructing Acquiescence in Freedom of Navigation Operations”, *National Security Law Journal* 5, 1 (2016): 64.

[7] National Security Decision Directive No. 72, President Ronald Reagan (December 13, 1982), accessed June 1, 2019, http://www.reagan.utexas.edu/archives/reference/Scanned%20NSDDS/NSDD72.pdf.

[8] See Ryan Santicola, “Legal Imperative: Deconstructing Acquiescence in Freedom of Navigation Operations”, *National Security Law Journal* 5, 1 (2016): 65.

[9] 参见韦强、赵书文：《美国〈2015年航行自由报告〉评析》，《国际研究参考》2016年第8期。

[10] See Department of Defense Report to Congress, Annual Freedom of Navigation Report Fiscal Year 2017, accessed June 1, 2019, https://policy.defense.gov/Portals/11/FY17%20DOD%20FON%20Report.pdf?ver=2018-01-19-163418-053.

[11] See Benjamin K. Wagner, “Lessons from Lassen: Plotting a Proper Course for Freedom of Navigation Operations in the South China Sea”, *Journal of East Asia and International Law* 9, 1 (2016): 139.

[12] See Joshua L. Root, “The Freedom of Navigation Program: Assessing 35 Years of Effort”, *Syracuse Journal of International Law and Commerce* 43, 2 (2016): 325.

表还专门强调了这一点。[13]

3. 美国在南海的航行自由行动是一种法律行为

不可否认，美国在南海的航行自由行动有多重目的。然而，从国际法的角度来看，它实质上是一种法律行为。首先，它是为了表示美国对中国宣布的直线基线有疑义。1996 年 5 月，中国政府公布《中华人民共和国政府关于中华人民共和国领海基线的声明》，宣布了西沙群岛的领海基线为直线基线。对此，美方认为西沙群岛的直线基线不符合《海洋法公约》的规定。[14]因此，美国采取航行自由行动，多次派军舰进入中国西沙群岛领海范围以内。[15] 其次，它是试图挑战中国政府尚未正式宣布的潜在海洋主张。众所周知，中国政府对南海群岛的领海基线尚未公布，“九段线”和“历史性权利”的内涵尚未明确。因此，美国军舰多次进入南沙群岛有关岛礁的邻近海域，以试探中国的反应，并促使中国政府澄清其海洋权利主张。[16]最后，它还想强化“南海仲裁案”的裁决结果。特朗普上台后，美方明显加大了在南海进行航行自由行动的频率，一个重要目的就是想强化“南海仲裁案”的裁决结果，给中方施加更大的压力。正如美国学者所说，美国选择在美济礁等岛礁附近进行航行自由行动，一方面表明美国将以符合仲裁裁决结果的方式主张海洋权利；另一方面，也会强化仲裁裁决效力，使中国无法忽视仲裁裁决的结果。[17]

（二）对航行自由产生争议的原因

如前所述，虽然航行自由已经成为海洋法的一项基本原则，但是各个国家对航行自由的真正含义还有很大的争议。究其原因，主要有以下几个方面：

1.《海洋法公约》对航行自由的规定没有明确的边界，各国任意解释的空间较大

被誉为“海洋宪章”（Constitution for Oceans）[18] 的《海洋法公约》，是规范当代国际社会有关海洋秩序和各国海洋权益的基本文件，确立了人类利用海洋和管理海洋的基本法律框架。正是因为《海洋法公约》的这种宪法性地位，决定了它不可能详细地规定

---

〔13〕 See Official Records of the Third UN Conference on the Law of the Sea, Vol. 17, Plenary Meeting, Doc. A/CONE. 62/WS/37 and ADD. 1 and 2, New York 1982, p. 243.

〔14〕 See U. S. Department of State, Straight Baselines Claim: China, 117, Limits in the Sea, July 9, 1996, accessed June 1, 2019, http://www. state. gov/documents/organization/57692. pdf.

〔15〕 例如，2018 年 5 月 27 日美国“希金斯号”导弹驱逐舰和“安提坦号”导弹巡洋舰驶入西沙群岛 12 海里内。

〔16〕 See Benjamin K. Wagner, “Lessons from Lassen: Plotting a Proper Course for Freedom of Navigation Operations in the South China Sea”, *Journal of East Asia and International Law* 9, 1 (2016): 162-163.

〔17〕 See Lynn Kuok, “The U. S. FON Program in the South China Sea: A Lawful and Necessary Response to China's Strategic Ambiguity”, Brookings Institution, June 2016, accessed June 1, 2019, http://www. brookings. edu./wp-content/uploads/2016/07/the-US-FON-Program-in the South-China-Sea. pdf.

〔18〕 T. B. Koh, “A Constitution for the Oceans”, in UN, The Law of the Sea-Official Text of the United Nations Convention on the Law of the Sea with Annexes and Index, New York 1983, p. xxiii.

所有涉海问题并为每个涉海问题提供答案。[19] 况且，《海洋法公约》还是“一揽子交易”的结果。这也导致了包括航行自由制度在内的诸多海洋法律制度的模糊性，为各国对航行自由的争议埋下了伏笔，并催生了“包容性解释”（Inclusive Interpretation）和“非包容性解释”（Exclusive Interpretation）两种对航行自由的不同解释派别。[20]

2. 航行自由的实质是国家管辖权与海洋自由的博弈，体现的是海洋强国与中小国家战略和利益的分野与较量

早在近代国际法产生之初，格劳秀斯主张的包括航行自由在内的海洋自由论就与塞尔登（John Selden）主张的闭海论存在尖锐对立。第二次世界大战结束以后，许多新独立的中小国家纷纷试图扩大沿海国的国家管辖权，以深入领海以外的公海范围。这无疑对海洋强国长期坚持的航行自由原则构成了挑战。因此，在联合国主持召开的三次海洋法会议上，有关国家管辖权与海洋自由的博弈异常激烈。最后，《海洋法公约》的有关制度安排，“既照顾了沿海国的权利，又考虑了全球航行自由”[21]，基本实现了海洋强国与中小国家之国家利益的平衡。

3. 航行自由的多面性，进一步加剧了各国对航行自由的争议

航行自由具有多重属性，它涉及国家主权、海上安全、海洋资源开发和海洋环境保护等。例如，领海是沿海国领土的重要组成部分，因而其他国家在沿海国领海内享有的无害通过权就不得对沿海国的国家主权构成威胁。又如，沿海国对专属经济区内自然资源的开发享有主权权利，这就涉及海洋资源开发与航行自由权的平衡问题。[22] 此外，还有国际海事组织制定的有关海上航行安全立法对航行自由的限制以及海洋保护区的设立对航行自由的影响等。可见，“航行自由始终与其他海洋问题互为影响与制约”[23]。航行自由与其他海洋问题的这种紧密联系，使各个国家基于不同的海洋利益诉求而对航行自由作出各种各样的解读，从而进一步模糊了航行自由的法律边界。

二、航行自由的法律边界

“虽然数百年来航行自由一直是海洋法的核心，但是近些年来航行自由受到了诸多限制。”[24]

---

〔19〕 See Vladimir Golitsyn, “Freedom of Navigation: Development of the Law of the Sea and Emerging Challenges”, *International Law Studies* 93, (2017): 264.

〔20〕 参见牟文富：《互动背景下中国对专属经济区内军事活动的政策选择》，《太平洋学报》2013年第11期。

〔21〕 刘琳：《美国在南海的“航行自由行动”探析》，《当代美国评论》2018年第1期。

〔22〕 See Raul Pedrozo, “Preserving Navigational Rights and Freedoms: The Right to Conduct Military Activities in China's Exclusive Economic Zone”, *Chinese Journal of International Law* 9, 1 (2010): 9.

〔23〕 马德懿：《海洋航行自由的体系化解析》，《世界经济与政治》2015年第7期。

〔24〕 Jon M. Van Dyke, “The Disappearing Right to Navigational Freedom in the Exclusive Economic Zone”, *Marine Policy* 29, (2005): 107.

（一）沿海国管辖权

伴随着《海洋法公约》的出台，沿海国管辖权呈扩大之势，航行自由受国家管辖权的制约也越来越多。

1. “无害”的限制

《海洋法公约》第17条规定，所有国家的船舶均享有“无害”通过领海的权利。换言之，在领海的航行自由受到“无害”的限制，即航行自由不能损害沿海国的和平、安全和良好秩序。不过，在国际实践中如何认定“无害”，还存在较大分歧。例如，在1949年科孚海峡案[25]中，国际法院拒绝认定阿尔巴尼亚提出的英国军舰的通过不是“无害”的指控，导致后来国际社会对此一直存在争议。

2. “和平利用”原则的限制

一方面，禁止以武力相威胁或使用武力已成为国际法基本原则和国际强行法规则。况且，《海洋法公约》“序言”中指出“确认本公约未予规定的事项，应继续以一般国际法的规则和原则为准据”；《海洋法公约》第301条“海洋的和平利用”也明确规定，“缔约国在根据本公约行使其权利和履行其义务时，应不对任何国家的领土完整或政治独立进行任何武力威胁或使用武力，或以任何其他与《联合国宪章》所载国际法原则不符的方式进行武力威胁或使用武力”。另一方面，《海洋法公约》第88条也强调“公海只用于和平目的”。可见，在领海、专属经济区和公海的航行自由，均受到“和平利用”原则的限制。

3. “适当顾及”原则的限制

《海洋法公约》第58条第1款规定：“在专属经济区内，所有国家，不论为沿海国或内陆国，在本公约有关规定的限制下，享有第87条所指的航行和飞越的自由，铺设海底电缆和管道的自由，以及与这些自由有关的海洋其他国际合法用途。”该条第3款又指出：“各国在专属经济区内根据本公约行使其权利和履行其义务时，应适当顾及沿海国的权利和义务，并应遵守沿海国按照本公约的规定和其他国际法规则所制定的与本部分不相抵触的法律和规章。”可见，在专属经济区内的航行自由受到“适当顾及”原则的限制。然而，“适当顾及”原则的内涵是什么？怎样才是“适当顾及”？《海洋法公约》没有明确标准，因而存在较大的弹性。[26]

4. 由资源开发活动所引发的沿海国管辖权的扩张

《海洋法公约》第56条第1款规定：“沿海国在专属经济区内有以勘探和开发、养

---

〔25〕 Corfu Channel, United Kingdom of Great Britain and Northern Ireland v. Albania, accessed June 1, 2019, http://www.icj-cij.org/files/case-related/1/001-19490409-JUD-01-00-EN.pdf.

〔26〕 例如，中美两国关于在专属经济区放置声呐系统是否会对海洋哺乳动物和鱼类种群有影响、是否符合“适当顾及”原则的要求，存在较大争议。See Raul Pedrozo, “Preserving Navigational Rights and Freedoms: The Right to Conduct Military Activities in China's Exclusive Economic Zone”, *Chinese Journal of International Law* 9, 1 (2010): 23-25.

护和管理海床上覆水域和海床及其底土的自然资源（不论为生物或非生物资源）为目的的主权权利，以及关于在该区内从事经济性开发和勘探，如利用海水、海流和风力生产能等其他活动的主权权利。”在此基础上，近年来沿海国为了保护生物资源，在专属经济区内设立了“特别敏感海域”（Particularly Sensitive Sea Areas），以建立资源养护区。这种由资源开发活动所引发的沿海国管辖权的扩张，造成了“从船舶扣押、油污追责、港口准入、以承认管辖权为前提的船舶通行等方面约束着船舶行为，对航行自由构成限制”[27]。因此，有学者认为为保护专属经济区内的资源，对航行自由加以限制是合法的。[28]

5. 海洋环境管辖权

《海洋法公约》第220条指出，如有明显根据认为在一国专属经济区或领海内航行的船只，在专属经济区内违反关于防止、减少和控制来自船只的污染的可适用的国际规则和标准或符合这种国际规则和标准并使其有效的该国的法律和规章，那么该沿海国可以按照该国法律提起司法程序，包括对该船的拘留在内。海洋环境管辖权的这种扩大趋势，在2002年“声望号”（Prestige）油轮事故发生后进一步增强。此外，国际海事组织还针对海洋环境保护问题专门推出了“MARPOL特殊区域”“特别敏感海区”“排放控制区”，使海洋环境管辖权得到了空前的强化。[29]因此，“国际法日益承认以环境保护为由对航行自由进行限制是正当的”[30]。

6. “海洋科学研究”问题

《海洋法公约》第56条明确规定，沿海国在专属经济区内对海洋科学研究有管辖权。因此，有关船只如果在沿海国的专属经济区从事海洋科学研究活动，那么其航行自由就会受到限制。不过，因为《海洋法公约》对“海洋科学研究”并没有作出明确界定，所以各国在实践中对“海洋科学研究”的具体内涵以及“海洋科学研究”是否包括水道测量和海洋数据采集等，还存在较大分歧。[31]

综上可见，国际实践表明航行自由已经明显受到了以国家管辖权为名所实施的种种

---

〔27〕 王秋雯：《航行自由与海洋资源开发的冲突与协调》，《国际论坛》2017年第4期。

〔28〕 See Jon M. Van Dyke, “The Disappearing Right to Navigational Freedom in the Exclusive Economic Zone”, *Marine Policy* 29, (2005): 110.

〔29〕 参见管松：《航行权与海洋环境管辖权冲突的协调机制研究——兼论建立南海协调机制的构想》，刘志云主编：《国际关系与国际法学刊》（第3卷），厦门大学出版社2013年版，第84—85页。

〔30〕 Jon M. Van Dyke, “The Disappearing Right to Navigational Freedom in the Exclusive Economic Zone”, *Marine Policy* 29, (2005): 110.

〔31〕 See Myron H. Nordquist et al. (eds.), *Freedom of Navigation and Globalization*, Brill Nijhoff 2015, pp. 285-287; Zhang Haiwen, “Is It Safeguarding the Freedom of Navigation or Maritime Hegemony of the United States? —Comments on Raul (Pete) Pedrozo's Article on Military Activities in the EEZ”, *Chinese Journal of International Law* 9, 1 (2010): 43; Raul Pedrozo, “Preserving Navigational Rights and Freedoms: The Right to Conduct Military Activities in China's Exclusive Economic Zone”, *Chinese Journal of International Law* 9, 1 (2010): 23.

限制。

（二）海上安全与普遍管辖权

1. 海上安全

“如今海洋航行自由受到海上安全因素的限制早已成为一种共识。”[32]一方面，国际海事组织制定的诸多应对海上航行安全威胁的规章制度，限制了航行自由。例如，2002年国际海事组织通过了《国际船舶和港口设备安全法典》（International Ship and Port Facility Security Code），要求3500家公司拥有的25000艘船只必须在船上配备安全员、制定安全计划并由公认的安全机构予以审核验收。[33]另一方面，许多国家宣布装载危险货物的船只不享有通过该国专属经济区的航行权。例如，2002年智利通过修改其《核安全法》，明确要求载有核材料或放射性物质的外国船舶要想通过其专属经济区，就必须事先获得智利政府的批准。[34]又如，2004年阿根廷联邦最高法院裁定，禁止有核反应堆的船只通过阿根廷的专属经济区。[35]总之，“允许沿海国根据船舶及其装载货物的性质，来规制其在专属经济区的航行活动，已呈习惯国际法发展之势”[36]。

2. 普遍管辖权

普遍性管辖权是指对国际法上规定的严重危害国际和平与安全以及全人类的共同利益的犯罪行为，任何国家都有管辖权，而不论罪行发生在何处和罪犯的国籍如何。[37]基于此，《海洋法公约》第99条、第105条、第108—110条规定，各国对在公海上从事贩卖奴隶、海盗行为、非法贩运麻醉药品或精神调理物质以及从事未经许可的广播等均有管辖权，各国军舰还可以对有合理根据认为从事上述活动嫌疑的外国船舶行使登临权。这是普遍管辖权对航行自由的限制。

此外，2003年美国在提出“防扩散安全倡议”（The Proliferation Security Initiative）以后，与部分国家对被怀疑载有大规模杀伤性武器及其相关部件的海上、空中和陆地运载工具，进行拦截、登临和检查。[38]无疑，“防扩散安全倡议”及其实践限制了航行自由。

3. 军事活动

由于《海洋法公约》对军事活动的内涵及其范围没有明确的界定，因此，有学者根

---

〔32〕马德懿：《海洋航行自由的体系化解析》，《世界经济与政治》2015年第7期。

〔33〕See H. O'Mahony, "IMO Measures Give Owners First Taste of the New Regime", Lloyd's List International, December 18, 2002.

〔34〕Chile's Law for Nuclear Safety, Law Number 18. 302, art. 4, originally promulgated April 16, 1984, and amended pursuant to Law-19825 on October 1, 2002.

〔35〕D. Weikel and H. Tobar, "Argentina Limits Reactor Route", *Los Angeles Times*, January 16, 2004.

〔36〕Jon M. Van Dyke, "The Disappearing Right to Navigational Freedom in the Exclusive Economic Zone", *Marine Policy* 29, (2005): 107.

〔37〕参见杨泽伟：《国际法》（第3版），高等教育出版社2017年版，第75—76页。

〔38〕参见杨泽伟：《防扩散安全倡议：国际法的挑战与影响》，《中国海洋法评论》2008年第2期。

据《海洋法公约》第298条第1款b项和第58条第1款认为，每个国家可自由决定何为军事活动[39]以及沿海国对专属经济区内的军事活动没有管辖权[40]。不过，可以肯定的是，按照《海洋法公约》第58条第3款的规定，在专属经济区进行上述军事活动无疑要受到“适当顾及”原则的限制。此外，在武装冲突中所采取的海上封锁、海上隔离措施[41]以及海上拦截行动[42]，均会对航行自由产生影响。

（三）船旗国管辖权

船旗国管辖权也能对航行自由产生限制作用。一方面，按照《海洋法公约》第92条和第94条的规定，船舶航行应仅悬挂一国的旗帜、在公海上应受该国的专属管辖；每个国家应对悬挂该国旗帜的船舶有效地行使行政、技术及社会事项上的管辖和控制。船旗国行使管辖的方式主要有临检、搜索、逮捕和扣押等。另一方面，随着海洋环境的日益恶化和海洋环保意识的逐步增强，按照《防止船舶造成污染国际公约》和《国际海上人命安全公约》以及国际海事组织决议等法律文件的规定，船旗国承担了防止船源污染的首要责任，并且需要适用船舶出海航行的有关国际公约的标准。

综上可见，无论是在公海还是在专属经济区和领海，航行自由受到的限制越来越多。因此，“把在他国专属经济区的航行自由等同于在公海的航行自由，很明显是不准确的了”[43]。有学者甚至指出：“伴随着航行自由与沿海国国家利益的平衡的持续演进，航行自由呈逐渐消失之势。”[44]

三、航行自由的制度张力

如前所述，航行自由存在诸多限制，但由于缺乏明确的法律边界，其制度张力也比较突出[45]，并且伴随着从航行自由到航行权的演进，呈现出传统航行自由的缩小与国家管辖权的扩大之势。

（一）被压缩了的公海航行自由

众所周知，公海自由原则是国际法上比较古老的海洋法规则。按照国际法，公海是

---

〔39〕 See Erik Franckx, “American and Chinese Views on Navigational Rights of Warships”, *Chinese Journal of International Law*10, 1 (2011): 202.

〔40〕 军事活动包括军事演习、武器演练、情报收集和军事测量等。See Myron H. Nordquist et al. (eds.), *Freedom of Navigation and Globalization*, Brill Nijhoff, 2015, p. 294.

〔41〕 如1962年古巴导弹危机期间美国军舰所采取的“防御性隔离”（Defensive Quarantine）措施。

〔42〕 如1965年南罗德西亚的军事拦截行动、1982年英阿马岛之战的军事拦截行动、1991年海湾战争期间的军事拦截行动以及1993—1994年海地军事拦截行动等。

〔43〕 Jon M. Van Dyke, “The Disappearing Right to Navigational Freedom in the Exclusive Economic Zone”, *Marine Policy* 29, (2005): 107.

〔44〕 Ibid.

〔45〕 所谓张力是指“物体受到拉力作用时，存在于其内部而垂直于两相邻部分接触面上的相互牵引力”。夏征农主编：《辞海》，上海辞书出版社2000年版，第1310页。

全人类的共同财富，对一切国家自由开放，平等使用；任何国家不得将公海的任何部分据为己有，不得对公海本身行使管辖权。因此，根据《海洋法公约》第87条，无论是对沿海国还是对内陆国，航行自由是公海自由最重要的内容之一。然而，航行自由并不是绝对的、毫无限制的。事实上，1982年《海洋法公约》通过以来，公海航行自由无论是在“质”上还是在“量”上均受到压缩。[46]

1. “质”方面的压缩

按照公海航行自由原则，所有国家均享有在公海上航行的权利；每个国家，不论是沿海国还是内陆国，都有权在公海上行驶悬挂其国旗的船舶；船舶在公海上航行，只服从国际法和船旗国的法律。然而，为了维持公海航行安全，国际社会制定了一些专门的国际公约，如《国际海上避碰规则》《国际船舶载重线公约》《关于统一船舶碰撞若干法律规则的公约》《关于统一海上救助若干法律规则的公约》等。因此，船舶在公海上航行，要遵守上述安全航行的制度。

2. “量”方面的压缩

根据传统国际法，公海是指国家领海以外的海域。然而，这个概念已不能反映当代国际海洋法的实际情况了。按照《海洋法公约》第86条的规定，公海是指“不包括在国家的专属经济区。领海或内水或群岛国的群岛水域内的全部海域”。可见，公海的范围明显地缩小了，公海航行自由的地理范围也随之缩减。此外，国际海底区域制度的规定与公海完全不同，从而使国际海底也不再是公海的组成部分。因此，各国在国际海底区域上覆水域的航行自由活动也受到了一定的限制，即应适当顾及国际海底区域的勘探和开发活动。

（二）衍生的专属经济区的航行自由

在联合国第三次海洋法会议上，关于专属经济区的法律地位有两种主张：一是西方国家认为专属经济区仍是公海的一部分，只要与专属经济区的规定不抵触，公海的规定仍适用于专属经济区；二是许多发展中国家主张，200海里专属经济区既非领海也非公海，而是沿海国的专属管辖区，是自成一类的海域。海洋法会议采纳了后一种主张。[47]因此，“专属经济区的航行自由是公海航行自由根据专属经济区的特殊法律地位而加以调整和演变的一种新型的航行自由制度”[48]。换言之，专属经济区的航行自由虽然是由公海航行自由衍生的，但是诸多的限制条件又使其自成一类。

1. 各国在专属经济区的航行自由应符合《海洋法公约》第88条至第115条以及其他国际法有关规则的要求

按照《海洋法公约》第58条第2款的规定，专属经济区的航行自由制度同样可以

〔46〕 参见张小奕：《试论航行自由的历史演进》，《国际法研究》2014年第4期。
〔47〕 参见丘宏达：《现代国际法》，台湾三民书局1995年版。
〔48〕 张小奕：《试论航行自由的历史演进》，《国际法研究》2014年第4期。

参照适用公海航行自由制度，只要后者与《海洋法公约》第五部分“专属经济区”制度不相抵触。也正因如此，一些学者就主张各国在专属经济区内就像在公海一样可以进行军事活动，因为“法无明令禁止即允许”，《海洋法公约》并没有明确规定不能在专属经济区进行军事活动。[49]

2. 专属经济区的航行自由受《海洋法公约》有关规定的限制

从第三次联合国海洋法会议的正式记录来看，创立专属经济区制度的主要目的是赋予沿海国对200海里范围内的资源有更大的管辖权。[50] 因此，各国在专属经济区的航行自由受到沿海国对专属经济区内自然资源的主权权利和在该区内从事经济性活动的主权权利的限制。

3. 各国在专属经济区的航行自由还应遵守沿海国的有关法律和规章

如前所述，船舶在公海上航行，只需遵守国际法和服从船旗国的管辖。然而，按照《海洋法公约》第58条第3款的规定，各国在专属经济区的航行自由除了应遵守国际法以外，还应遵守沿海国的有关法律和规章，只要这些法律和规章符合《海洋法公约》的规定和其他国际法规则。况且，沿海国为确保这些法律和规章得到遵守，还可以采取包括登临、检查、逮捕和进行司法程序等措施。[51]

（三）航行权

伴随着从公海到专属经济区再到领海的物理空间的变化，国家的管辖权在逐步增强，航行自由也逐渐向航行权过渡。

1. 领海的无害通过权

领海的航行权主要是指无害通过权。按照《海洋法公约》第18条和第19条的规定，所谓“无害”是指不损害沿海国的和平、安全和良好秩序；“通过”是指为了穿过领海但不进入内水或从内水驶出或驶入内水的航行，除例外情况外，通过必须继续不停和迅速进行。此外，潜水艇和其他潜水器通过领海时，必须在水面上航行并且要展示其国旗。总之，这种“通过”应符合《海洋法公约》和其他国际法规则。可见，无害通过权是一种严格的航行权制度。此外，为了保证航行安全，沿海国还可以要求行使无害通过其领海权利的外国船舶，使用其为管制船舶通过而指定或规定的海道和分道通航制。

2. 海峡的过境通行权

在第三次海洋法会议上，关于用于国际航行的海峡的法律地位问题，引起了很大的争论。发展中国家认为外国船舶在用于国际航行的海峡，只能享有无害通过权。而海洋

---

〔49〕 See James W. Houck and Nicole M. Anderson, “The United States, China, and Freedom of Navigation in the South China Sea”, *Washington University Global Studies Law Review* 13, 3 (2014): 443-444.

〔50〕 See Raul Pedrozo, “Preserving Navigational Rights and Freedoms: The Right to Conduct Military Activities in China’s Exclusive Economic Zone”, *Chinese Journal of International Law* 9, 1 (2010): 11.

〔51〕 参见《海洋法公约》第73条。

大国则极力主张所有外国军舰、商船和飞机都可以在这种海峡内或其上空自由通行。[52]《海洋法公约》采用了折中方案，并创设了一种新型的航行权——过境通行权。按照《海洋法公约》第38条的规定，过境通行权是指在公海或专属经济区的一个部分和公海或专属经济区的另一个部分之间用于国际航行的海峡内，所有船舶和飞机都享有不受阻碍的过境通行的权利。过境通行仅为继续不停和迅速过境的目的而进行的自由航行和飞越。过境通行的船舶应遵守一般接受的关于海上安全的国际规章、程序和惯例。总之，过境通行权比无害通过权的限制条件更少。

值得注意的是，近年来一些沿海国以保护海洋环境为由，对用于国际航行的海峡的航行权加以限制。例如，澳大利亚、法国和意大利以环境保护为理由，分别在托雷斯海峡和博尼法乔海峡，实行强制领航制度并收取强制领航费，或者限制有关船只在海峡内的航行。2010年6月，法国和意大利的环境部长签订了一份关于博尼法乔海峡的宣言，声称为更好地保护脆弱的生态系统，提议禁止装运危险材料的船只在该海峡航行。对此，一些国家认为收取强制性领航费的做法将危及《海洋法公约》规定的航行自由和过境通行权，并强调不应为保护环境而损害《海洋法公约》所规定的权利。[53]

3. 群岛水域的群岛海道通过权

群岛国的群岛水域制度是介于领海与内水之间的一种制度，但又兼有海峡过境通行制度的性质，为《海洋法公约》所新创。[54]可见，群岛海道通过权也是一种新的航行权。根据《海洋法公约》第53条的规定，所有船舶和飞机均享有在群岛国指定的海道和其上空的空中航道内的群岛海道通过权。所谓“群岛海道通过”是专为在公海或专属经济区的一部分和公海或专属经济区的另一部分之间继续不停、迅速和无障碍过境的目的，行使正常方式的航行和飞越的权利。当然，行使群岛海道通过权也应遵守有关规则，如通过群岛海道和空中航道的船舶和飞机在通过时不应偏离这种中心线25海里以外，但这种船舶和飞机在航行时与海岸的距离不应小于海道边缘各岛最近各点之间的距离的10%。其实，群岛海道通过权在很多方面是参照适用过境通行权制度的。[55]

四、航行自由的新挑战

科学技术是影响国际法发展的重要因素之一。[56]可以说，“大多数新的海洋法规，

---

〔52〕杨泽伟：《国际法》（第3版），高等教育出版社2017年版，第167页。

〔53〕参见2007年12月《〈联合国海洋法公约〉第十七次缔约国会议的报告》（SPLOS/164），accessed April 19，2019，http：// daccess-dds-ny. un. org/doc/UNDOC/GEN/N07/426/81/PDF/N0742681. pdf。

〔54〕参见丘宏达：《现代国际法》，台湾三民书局1995年版，第590页。

〔55〕参见《海洋法公约》第54条，该条明确规定（适用于过境通行的）第39条、第40条、第42条和第44条各条比照适用于群岛海道通过。

〔56〕参见杨泽伟：《国际法析论》（第4版），中国人民大学出版社2017年版，第44页。

包括大陆架、海床、航行、国家管辖和海洋科学研究，都是科学技术的巨大变化的结果"[57]。伴随着科学技术的进步而导致的海洋法的新发展，也给航行自由带来了一些新的挑战。

（一）国家管辖范围以外生物多样性的管理和养护

《海洋法公约》虽然囊括的范围很广，但是并没有包括国家管辖范围以外生物多样性的管理和养护问题。[58] 2004 年 1 月，联合国大会通过第 24 号决议决定建立特设非正式工作组，以“研究与国家管辖范围以外区域的海洋生物多样性的养护和可持续利用有关的问题”。2015 年 6 月，联合国大会通过了第 69/292 号决议，决定启动“国家管辖范围以外海域生物多样性养护和可持续利用”国际协定（以下简称“BBNJ 国际协定”）谈判，并提出分三步走的路线图，分别是成立协定谈判委员会、决定是否召开政府间大会以启动谈判正式进程和出台“BBNJ 国际协定”。2017 年 12 月，联合国大会第 72/249 号决议决定于 2018—2020 年召开政府间大会，就国家管辖范围以外生物多样性的管理和养护问题拟定一份具有法律约束力的国际协定。2018 年 4 月，政府间大会的组织会议已经召开，“BBNJ 国际协定”的拟定工作正式进入了政府间谈判阶段。“BBNJ 国际协定”也被视为《海洋法公约》的第三个执行协定。

按照目前讨论的情况和联大的授权，“BBNJ 国际协定”适用的范围为国家管辖范围以外的区域，即《海洋法公约》规定的公海和国际海底区域；“BBNJ 国际协定”涉及的内容主要包括海洋遗传资源、划区管理工具、环境影响评价、能力建设和海洋技术转让等。其中，划区管理工具（Area-based Management Tools）是养护海洋生物多样性的重要手段，它是基于生态系统方法和预防原则等现代海洋治理方法，划定一定的区域采取养护或限制措施。因此，未来“BBNJ 国际协定”中的划区管理工具，将对包括航行自由在内的公海六大自由产生限制性影响。

（二）公海保护区的设立

公海保护区是从 21 世纪初开始设立的。所谓公海保护区是指为了保护公海上某些特定区域的海洋生态系统和海洋资源，在公海的水域内设立的若干由相关各国共同建设、规划和管理的具有特殊地理条件、生态系统、生物或非生物资源以及海洋开发利用的特殊需要和突出的自然与社会价值的区域。[59] 目前，全球范围内主要建有 4 个公海保护区，分别是 2002 年法国、意大利和摩洛哥建立的“地中海派拉格斯海洋保护区”、2010 年南极生物资源养护委员会通过决议建立的“南奥克尼群岛海洋保护区”、2011 年建立的“大西洋公海海洋保护区网路”以及 2017 年建立的“罗斯海保护区”。此外，一

〔57〕 Manfred Lachs, “Thoughts on Science, Technology and World Law”, *American Journal of International Law* 86, (1992): 691.

〔58〕 See Vladimir Golitsyn, “Freedom of Navigation: Development of the Law of the Sea and Emerging Challenges”, *International Law Studies* 93, (2017): 264.

〔59〕 参见范晓婷主编：《公海保护区的法律与实践》，海洋出版社 2015 年版，第 19 页。

些国际组织和非政府组织还提出了数十个公海保护区潜在优选区，如马达加斯加东部的印度洋沙耶德马勒哈浅滩等。目前建立公海保护区已成为国际社会保护国家管辖范围以外的海洋资源的有效手段。然而，公海保护区的设立也将对公海的航行自由和捕鱼自由产生限制性影响。

以“南奥克尼群岛海洋保护区”为例，该保护区采取的保护措施包括：禁止一切捕鱼活动；禁止一切渔业船只（包括渔船、对渔船进行补给的船只、渔业加工船只和渔业运输船只等）在该区进行任何形式的倾废排污；禁止实施与任何渔业船只有关的转运活动；为监测保护区内的交通情况，鼓励渔业船只在途经该区前将其船旗国、船只大小、IMO 编号以及途经路线等信息通知南极生物资源养护委员会秘书处；等等。可见，公海保护区所采取的上述保护措施，为在该区航行的船只施加了比在公海其他区域更多的限制条件。

（三）国际海底区域资源的开发活动

按照《“国际海底区域”内多金属结核探矿和勘探规章》的规定，从 2016 年开始承包者可以向国际海底管理局申请开发活动。[60] 为此，2011 年国际海底管理局第 17 届会议已经决定启动制定“开采法典”（the Exploitation Code）的准备工作。[61] 2016 年 7 月，国际海底管理局公布了《“区域”内矿产资源开发和标准合同条款规章工作草案》。此外，2017 年 1 月国际海底管理局又公布了“环境规章”草案。可见，当前国际海底区域的活动重心已从勘探阶段向勘探与开发准备期过渡[62]，国际海底区域大规模商业开发已初现端倪[63]。结合《“区域”内矿产资源开发和标准合同条款规章工作草案》和“环境规章”草案的有关条款，今后承包者与国际海底管理局签订“开采合同”、划定“开采矿区”及其之后的开发活动，也有可能对公海的航行自由产生影响。[64]

此外，随着科技的进步，一些国家有可能在公海上建造可再生的海洋能装置，并把

---

〔60〕 参见杨泽伟：《国际海底区域“开采法典”的制定与中国的应有立场》，《当代法学》2018 年第 2 期。

〔61〕 See International Seabed Authority, Press Release, Seventeenth Session Kingston, Jamaica 11-22 July 2011, available at https：//www. isa. org. jm/sites/default/files/files/documents/sb-17-15. pdf.

〔62〕 See Aline Jaeckel, “An Environmental Management Strategy for the International Seabed Authority? The Legal Basis”, *International Journal of Marine and Coastal Law* 27, (2012): 94-95, 119.

〔63〕 See Aline Jaeckel, “Deep Seabed Mining and Adaptive Management: The Procedural Challenges for the International Seabed Authority”, *Marine Policy* 70, (2016): 205. 此外，2018 年 Nautilus Minerals Niugini Limited 和巴布亚新几内亚联合企业将首次进行深海海底矿产的商业开采。See Luz Danielle O. Bolong, “Into the Abyss: Rationalizing Commercial Deep Seabed Mining Through Pragmatism and International Law”, *Tulane Journal of International & Comparative Law* 25, (2016): 128-129. 另外，英国首相也曾表示，国际海底资源开发将在“未来 30 年内给英国经济带来 400 亿英镑的增值”。See Rupert Neate, “Seabed Mining Could Earn Cook Islands ‘Tens of Billions of Dollars’”, *Guardian*, August 5, 2013.

〔64〕 See Vladimir Golitsyn, “Freedom of Navigation: Development of the Law of the Sea and Emerging Challenges”, *International Law Studies* 93, (2017): 269-271.

生产的可再生能源通过海底电缆输往陆地。[65] 这种在公海上进行可再生能源的开发活动，并没有被《海洋法公约》所禁止，因为按照《海洋法公约》第87条第2款的规定，"这些（公海）自由应由所有国家行使，但须适当顾及其他国家行使公海自由的利益，并适当顾及本公约所规定的同'区域'内活动有关的权利"。然而，在公海上建造可再生的海洋能装置，既要顾及与其他公海自由的关系，也要顾及将对公海的航行自由所产生的影响。

五、中国国家身份的变动与对航行自由法律政策的调整

（一）中国国家身份的转型与海洋重要性的凸显

众所周知，中国是以发展中国家的身份和立场参加联合国第三次海洋法会议的。[66] 然而，当今中国的国际地位已经得到了较大的提升，中国的国家身份正在转型。首先，在经济方面中国自2010年已取代日本成为世界第二大经济体。据国际货币基金组织的预测，早在2014年年底按购买力评价法得出的全球GDP总量中国将超过美国，成为世界最大经济体。还有国际机构断言，到2020年或2050年中国GDP总量将超越美国，成为世界第一大经济体。中国还是当今世界上第一大制造国、第一大货物贸易国、第一大外汇储备国、第一大债权国、第一大原油进口国和第一大天然气进口国。其次，在政治方面中国是联合国安理会五大常任理事国之一，在国际舞台上具有很大的政治影响力。目前中国在联合国会员国应缴会费的分摊比例，位居第三。[67] 最后，在军事方面中国是为数不多的几个核大国之一，在外空的探索与利用、信息技术等军事领域处于世界领先地位。[68]

更为重要的是，海洋对中国的重要性日益明显。2016年中国海洋生产总值70507亿人民币，比上年增长6.8%，占国内生产总值的9.5%。[69] 2017年5月，中国发布了《全国海洋经济发展"十三五"规划》，进一步明确了中国的海洋战略和海洋生态环境治理；提出了扩大对深远海空间的拓展，包括未来五年内将初步建立南北两极区域的陆、海、空观测平台；同时，将开展深海生物资源调查和评估，推进深海矿业、装备制造和生物资源利用的产业化。这是海洋重要性提升最直接的标志之一。[70] 此外，2017年5月中国首次主办了《南极条约》缔约国年会，标志着中国在全球海洋治理中的角色

---

〔65〕 Ibid. , p. 267.

〔66〕 参见谢益显主编：《中国当代外交史（1949—2009）》，中国青年出版社2009年版，第458页。

〔67〕 根据2018年12月联合国大会通过的预算决议，2019—2021年联合国会员国应缴会费的分摊比例，中国是12.01%，位于第二，仅次于美国。另外，中国承担的联合国维和行动的费用摊款比例达到了15.22%，位居第二，仅次于美国。

〔68〕 参见杨泽伟：《国际法析论》（第4版），中国人民大学出版社2017年版，第482页。

〔69〕 参见杨晓丹、杨志荣：《维护海洋权益　建设海洋强国》，《当代世界》2017年第9期。

〔70〕 参见国家发展改革委、国家海洋局：《全国海洋经济发展"十三五"规划》，http：//www. ndrc. gov. cn/zcfb/zcfbghwb/201705/W020170512615906757118. pdf，访问日期：2019年4月19日。

和影响也日渐凸显，也预示着中国将在全球海洋治理中逐渐由“跟跑者”变为“领跑者”。

总之，国家实力的提升和海洋利益的拓展，是中国对航行自由法律政策作出调整的基础和前提。

（二）“加快建设海洋强国”需要对航行自由法律政策进行调整

2017年10月，中国共产党第十九次全国代表大会报告明确提出“加快建设海洋强国”。[71] 不言而喻，海洋强国的内涵是多维度的。其中一个重要方面就是要具备维护国家海洋权益的“硬实力”和远洋制海能力，能为中国“走出去战略”和“一带一路”建设提供有效的保障，能为海外中国公民生命财产安全和中国海洋利益的拓展提供坚实的后盾。诚如马汉所言：“无论是和平时期还是战争时期，海军战略实际上都是以确立、维持并扩大一国之制海权为最终目标。”[72] 因此，对航行自由法律政策作出调整，由消极抵制向积极有为转变，是“加快建设海洋强国”的必然要求和重要步骤。

（三）“一带一路”倡议的推进为对航行自由法律政策的调整提供了契机

2015年3月，国家发展和改革委员会、外交部和商务部联合发布了《推动共建丝绸之路经济带和21世纪海上丝绸之路的愿景与行动》，把基础设施互联互通作为“一带一路”建设的优先领域，强调要推进港口合作建设、增加海上航线和班次、加强海上物流信息化合作等。[73] 2017年6月，国家发展和改革委员会与国家海洋局制定并发布了《“一带一路”建设海上合作设想》，明确提出要推进海上互联互通、加强国际海运合作、完善沿线国之间的航运服务网络、共建国际和区域性航运中心以及提升海运便利化水平等。可见，无论是基础设施的互联互通还是海上互联互通，都是“一带一路”倡议的重要内容之一。而要实现海上互联互通，航行自由是其中的重要一环。因此，“一带一路”倡议的推进为中国对航行自由法律政策的调整提供了外部动力。

（四）中国对航行自由法律政策的调整

1. 中国对航行自由应持更加包容的立场

首先，航行自由与中国的国家利益密切相关。中国虽然是一个陆海兼备的国家，但也是一个海洋地理条件不利的国家。尽管中国主张的海域面积约有300万平方千米，但至少有2/3存在争议。即使按照300万平方千米计算，中国专属经济区的面积大约位居全球第15位；但是如果按照人均来计算，中国几乎处于所有沿海国的末位，而与内陆国相差无几。然而，中国是新兴的海洋利用大国，目前中国海运船队规模位居世界第3位，中国大陆港口货物吞吐量、集装箱吞吐量连续9年位居世界第1位，中国在2010年

---

〔71〕 习近平：《决胜全面建成小康社会 夺取新时代中国特色社会主义伟大胜利——在中国共产党第十九次全国代表大会上的报告》，人民出版社2017年版，第33页。

〔72〕 [美] 阿尔弗雷德·塞耶·马汉：《海权论》，欧阳瑾译，台海出版社2017年版，第21页。

〔73〕 国家发展改革委、外交部、商务部：《推动共建丝绸之路经济带和21世纪海上丝绸之路的愿景与行动》，http：//www. mfa. gov. cn/mfa_ chn/zyxw_ 602251/t1249574. shtml，访问日期：2019年4月19日。

一举成为世界第一造船大国。[74] 况且，作为第一大货物贸易国，中国的货物进出口运输主要依靠海运。可见，航行自由是中国国家利益之所在。

其次，《海洋法公约》从某种意义上限制了中国的航行权。如前所述，随着《海洋法公约》的生效和专属经济区制度的建立，公海的面积明显缩小，沿海国的管辖权明显扩大。这对包括中国在内的世界各国的航行权施加了更多的限制。

最后，中国也开始在其他沿海国的专属经济区进行相关活动。进入2000年以后，中国军舰、潜艇、科学考察船也多次在日本、美国等国的专属经济区或国际海峡进行相关活动，行使航行权或过境通行权。[75] 例如，针对有记者问“2015年9月中国海军5艘舰船进入白令海，在没有向美方作出任何通报的情况下，进入了美国阿留申群岛”，中国国防部发言人回应称“根据年度计划，中国海军舰艇编队组织远海训练，在白令海航行并经塔纳加海峡进入西太平洋海域……根据有关国际法，塔纳加海峡是用于国际航行的海峡，各国军用舰机享有过境通行权”[76]。

综上可见，航行自由对中国也具有非常重要的意义。况且，随着中国综合国力的日益增强，中国也在积极行使航行权。因此，中国对航行自由应当秉持更加开放、包容的立场，甚至也可以公开反对一些沿海国的过度海洋主张。[77]

2. 中国应进一步修改和完善有关航行自由的国内法律制度

首先，采用混合基线法取代单一的直线基线法，以避免给航行自由带来不必要的限制。众所周知，1992年《中华人民共和国领海及毗连区法》第3条明确规定：“中华人民共和国领海基线采用直线基线法划定，由各相邻基点之间的直线连线组成。”然而，1996年中国以《中华人民共和国领海及毗连区法》为国内法依据公布的西沙群岛直线基线，不但在实践中遭到了不少国家的非议[78]，而且在理论上也给该水域内的航行自由带来了一些不必要的限制[79]。其次，对“航行与飞越自由”“海洋科学研究”等术语进行明确的界定，以弥补1998年颁布的《中华人民共和国专属经济区和大陆架法》存在的笼统性和模糊性等方面的缺陷。最后，通过配套立法或司法解释的方式，制定领海无害通过管理办法、专属经济区航行与飞越自由规则以及专属经济区海洋科学研究实施

---

〔74〕 参见杨培举：《海事界的中国之声》，《中国船检》2012年第8期。

〔75〕 See Raul Pedrozo, “Preserving Navigational Rights and Freedoms: The Right to Conduct Military Activities in China's Exclusive Economic Zone”, *Chinese Journal of International Law* 9, 1 (2010): 16-18.

〔76〕 《2015年9月中国国防部例行记者会文字实录》，http://www.mod.gov.cn/jzhzt/2015-09/24/content_4622179_2.htm，访问日期：2019年4月19日。

〔77〕 See Joshua L. Root, “The Freedom of Navigation Program: Assessing 35 Years of Effort”, *Syracuse Journal of International Law and Commerce* 43, 2 (2016): 322-333.

〔78〕 美国在西沙群岛水域进行的航行自由行动，其主要目的就是抗议中国采用直线基线法来划定西沙群岛的领海基线。

〔79〕 参见傅崐成、郑凡：《群岛的整体性与航行自由——关于中国在南海适用群岛制度的思考》，《上海交通大学学报（哲学社会科学版）》2015年第6期。

细则等，以进一步完善中国海洋法律体系。[80]

六、结论

通过对以上航行自由的法律边界与制度张力的分析，我们可以得出以下结论。

（一）航行自由从来就不是绝对的

虽然海洋法自近代产生之际，航行自由就成为其原则之一。然而，绝对的航行自由从来就没有出现过[81]，即使是在国家管辖范围以外的公海，航行自由也受到诸多限制。况且，不管是伴随着航行自由与国家管辖权的博弈持续演进，还是因科技进步而导致的海洋法的新发展，航行自由受到的限制还在日益增多。因此，从某种意义上讲用“航行权”来代替“航行自由”，更能准确地反映当代海洋法律秩序的现状。

（二）从航行自由到航行权的转变

《海洋法公约》打破了传统的领海之外即公海的两分法，创设了专属经济区制度[82]，因而使航行自由的权利从公海到领海逐步递减，实现了从航行自由到航行权的转变。事实上，《海洋法公约》“对航行自由的立法不仅体现在重申航行自由原则，更在于为不同海域的航行都对应地规定了船舶和沿海国的权利与义务”[83]。无论是公海的航行自由，还是专属经济区的航行权、群岛水域的群岛海道通过权、国际海峡的过境通行权以及领海的无害通过权，莫不如此。此外，鉴于《海洋法公约》在航行自由制度方面的模糊性，特别是各国对有关专属经济区内的航行权问题存在较大分歧，一些国家试图推动有关的立法进程。例如，2005 年日本海洋政策研究基金会（the Ocean Policy Research Foundation of Japan）推出了《专属经济区航行与飞越指南》（the Guidelines for Navigation and Overflight in the Exclusive Economic Zone）。从该指南的内容来看，它反映了不少国家在有关专属经济区航行与飞越问题上的原则共识。[84]因此，就航行自由而言，这种兼具限制性和保护性于一体的立法尝试，说明了航行自由还处在发展变化中。[85]

（三）对美国的航行自由行动不宜过多地作政治或军事的解读

首先，如前所述，美国的航行自由行动主要是一种法律行动，针对的主要是过度海

〔80〕 参见韦强、赵书文：《美国〈2015 航行自由报告〉评析》，《国际研究参考》2016 年第 8 期。

〔81〕 See Zhang Haiwen, “Is It Safeguarding the Freedom of Navigation or Maritime Hegemony of the United States? — Comments on Raul (Pete) Pedrozo’s Article on Military Activities in the EEZ”, *Chinese Journal of International Law* 9, 1 (2010): 37.

〔82〕 Ibid., p. 33.

〔83〕 袁发强：《航行自由制度与中国的政策选择》，《国际问题研究》2016 年第 2 期。

〔84〕 See Myroon H. Nordquist et al. (eds.), *Freedom of Seas*, *Passage Rights and the* 1982 *Law of the Sea Convention*, Martinus Nijhoff Publishers, 2009, p. 126.

〔85〕 See Nkeiru Scotcher, “The Freedom of Navigation in International Law and the Utility of International Society Discourse”, *US-China Law Review* 7, 8 (2010): 62.

洋主张，如沿海国要求行使无害通过权的军舰事先获得批准或事先进行通知，禁止在专属经济区内进行军事活动，在地理条件不符合《海洋法公约》规定的情况下划设直线基线，以及美国不承认的历史性海湾/水域主张等。[86] 客观地讲，作为一种法律工具，美国的航行自由行动还具备固有的法律价值，即否定对其他沿海国过度法律主张的默认。[87] 其次，美国的航行自由行动不仅针对中国，还包括美国的盟国或友好国家，如菲律宾[88] 等。据学者的统计，从 1993 年到 2010 年美国进行了数百次航行自由行动，涉及 47 个国家[89]；而从 1992 年到 2009 年美国的航行自由行动共计对中国实施了 8 次、对柬埔寨实施了 9 次、对菲律宾实施了 14 次、对越南实施了 5 次、对马来西亚实施了 7 次、对印度尼西亚实施了 7 次[90]。可见，美国针对中国的航行自由行动与其他国家大体上相当，并没有明显专门针对中国的战略性遏制目的，其主要意图仍是维护南海的航行自由。最后，美国的航行自由行动在某种意义上对中国也是有利的。例如，1961 年 6 月菲律宾政府颁布了《第 3046 号共和国法令》主张所谓的历史性领水，从而扩大了菲律宾的内水范围，并影响了其他国家在菲律宾有关海域的航行自由。为此，美国实施了多次航行自由行动，以示反对。[91]

总之，中美国两国在航行自由问题方面有很多的共同利益，维护和保障海上运输通道的安全，也是中美两国的共同需要。因此，对美国的航行自由行动特别是在南海的航行自由行动，不宜过多地作政治或军事方面的解读，否则就有可能夸大了对方的敌意，引起不必要的误解。由此可见，转变对自由航行的态度和立场颇为重要。

（四）中国应以更加积极、开放的态度看待航行自由

如前所述，改革开放 40 多年来，中国的国际地位和综合国力都发生了巨大的变化。特别是随着“一带一路”倡议的实施，中国的国家利益已经远远超出国境，拓展到了更广阔的领域和更深的层次。目前，中国经济已深度融入世界经济体系当中，是典型的经济外向型国家。2016 年，中国对“一带一路”沿线国家直接投资 145.3 亿美元，有 3 万多家企业遍布世界各地，几百万名中国公民工作、学习、生活在全球各个角落，全年出境旅游人数达 1.22 亿人次。未来 5 年，中国对外投资总额将达到

---

〔86〕 参见刘琳：《美国在南海的“航行自由行动”探析》，《当代美国评论》2018 年第 1 期。

〔87〕 See Ryan Santicola, “Legal Imperative: Deconstructing Acquiescence in Freedom of Navigation Operations”, *National Security Law Journal* 5, 1 (2016): 93.

〔88〕 根据学者的研究，菲律宾是世界上所有国家中遭受美国航行自由行动最多的国家，自 1979 年以来几乎每年都有，只有一年除外。See Joshua L. Root, “The Freedom of Navigation Program: Assessing 35 Years of Effort”, *Syracuse Journal of International Law and Commerce* 43, 2 (2016): 330.

〔89〕 Ibid., p. 323.

〔90〕 参见吴士存、胡楠：《美国航行自由行动体系与遵约议价模式研究：兼论对南海形势的影响》，《东北亚论坛》2017 年第 4 期。

〔91〕 See Joshua L. Root, “The Freedom of Navigation Program: Assessing 35 Years of Effort”, *Syracuse Journal of International Law and Commerce* 43, 2 (2016): 331-333.

7500 亿美元，出境旅游将达到 7 亿人次。[92] 可见，海外利益已成为中国国家利益的重要组成部分，维护航行自由、保障海上运输通道的畅通对中国具有特别重要的意义。因此，中国应改变过去对航行自由的被动防范和消极抵触的心态，以更加积极、开放和包容的态度来对待航行自由，扭转中国在南海的正常维权行为被视为“限制航行自由”的弱势地位[93]，进一步修改、完善国内有关航行自由的法律制度[94]，主动构建中国航行自由的话语体系。

---

〔92〕 参见陈文玲：《世界经济：告别危机，驶入复苏轨道》，《参考消息》2018 年 1 月 5 日第 11 版。

〔93〕 See Yang Zewei, “The Freedom of Navigation in the South China Sea: An Ideal or a Reality?”, *Beijing Law Review* 3, 3 (2012): 136-143.

〔94〕 1989 年 9 月 20 日，苏联修改了有关对外国军舰无害通过权予以限制的要求。其实，中国可以借鉴苏联应对海洋法的做法。苏联从一个拥有微不足道的海军和商船力量、其海洋利益主要位于沿岸海域的国家变成了一个拥有一支令人敬畏的海军、一支重要的公海捕鱼和商业船队以及覆盖全球的海洋利益的国家。伴随着这种转变，苏联的海洋法律政策也从第一次联合国海洋法会议时对外界对其进行包围的恐惧，变成后来与包括美国这样的意识形态敌人在内的海洋大国携手起来，共同推动对包括航行自由在内的海洋自由的保护。See Joshua L. Root, “The Freedom of Navigation Program: Assessing 35 Years of Effort”, *Syracuse Journal of International Law and Commerce* 43, 2 (2016): 328；［英］郭晨熹：《中国可以学习苏联对待海洋法的态度》，《参考消息》2018 年 4 月 2 日第 14 版。

论《联合国海洋法公约》第 298 条中“军事活动”的判断标准

——基于 ITLOS 第 26 号案件的观察

■ 赵　鹏*

【内容摘要】《联合国海洋法公约》第 298 条中的“军事活动”须是有武装力量参与，以对抗为目的、以武力为支撑的活动，具体包括具备现实和紧迫的“对抗性”的“军事行动”，以及除此之外的不具有直接和明确的对抗对象、不具备现实和紧迫的“对抗性”的军事演练或武器试验等活动。因此，那些即便有武装力量的参与，却不以对抗为目的、不以武力作为其行动支撑和保障的活动并不构成军事活动，例如由军舰进行的单纯的海上航行、海上救援或者海洋科学研究等活动，以及由军舰参与的以执行法律、维护秩序为目的而在一国管辖海域内进行的执法活动等。故而，判定某种活动构成“军事活动”与否，应当结合活动背景并在查明活动意图的基础上对活动本身的性质进行客观的判断，实施活动的国家等主体对于活动性质的主张、参与实施活动的舰船等装备的性质等因素与活动本身的性质是否属于“军事活动”并不存在必然的联系。

【关键词】军事活动　军事行动　执法活动

国际海洋法法庭（International Tribunal for the Law of the Sea，以下简称 ITLOS）在其第 26 号案件（乌克兰请求 ITLOS 规定临时措施以命令俄罗斯释放被其扣押的乌克兰海军舰船和船上士兵的案件）中对于判断是否构成《联合国海洋法公约》（以下简称《海洋法公约》）第 298 条中的“军事活动”（military activities）的判定标准问题进行了较为详细的阐释。《海洋法公约》自 1994 年生效以来，这在国际性法院或者法庭的司法实践中尚属首次。〔1〕因此，在 ITLOS 于 2019 年 5 月 25 日针对该案件作出命令后，其在该命令中对于“军事活动”构成与否的判定标准的阐释引发了学术界广泛的关注，并招致了广泛的批评。同时，ITLOS 参与该案件审理的 20 名法官中有 5 名法官在其发表的个别意见、反对意见或者声明中对于“军事活动”的判定标准问题进行了补充说明或者发表了不同看法。由此可见，ITLOS 内部对于《海洋法公约》第 298 条中的“军事活动”的判定标准问题十分关注且对此存在不同意见。故而，本文以 ITLOS 第 26 号案件为切入点，对于《海洋法公约》第 298 条中“军事活动”的判断标准问题进行探讨。

一、ITLOS 第 26 号案件的事实

ITLOS 第 26 号案件源自发生于俄罗斯和乌克兰两国在刻赤海峡附近的冲突事件。

---

* 中国政法大学博士研究生。

〔1〕 ITLOS, Case No. 26, Case Concerning the Detention of Three Ukrainian Naval Vessels (Ukraine v. Russian Federation), Provisional Measures, Separate Opinion of Judge Gao, para. 18.

2018 年 11 月 25 日，三艘乌克兰海军舰船“别尔江斯克号”“尼科波尔号”“亚内卡布号”在试图穿越刻赤海峡的过程中，被实际控制该海峡的俄罗斯以其通过不符合相关程序事项以及刻赤海峡因出于安全考虑暂时关闭为由而禁止其通过。乌克兰海军舰船因忽略该命令继续航行而被俄罗斯海岸警卫队（Russian Coast Guard）阻滞在附近锚地导致其活动受限。在被阻截 8 小时后，乌克兰海军舰船开始试图突破俄方封锁并返航。俄罗斯海岸警卫队舰船对乌克兰海军舰船和船上士兵进行冲撞、射击等行为，造成乌方舰船受损和人员受伤。随后，俄罗斯海岸警卫队舰船、国防部一架武装直升机和黑海舰队一艘小型护卫舰相配合逼停乌克兰海军舰船并对其进行了控制，最终 3 艘乌克兰海军舰船和船上 24 名士兵全部被俄方扣押。其后，俄方指控 3 艘乌克兰舰船的行动违反了《海洋法公约》第 30 条的规定，是对于其作为沿海国而制定的关于通过其领海的法律和规章的不遵守；并且以涉嫌非法越界为由，依据俄罗斯国内刑事法律的规定，对 24 名乌克兰士兵进行正式逮捕并启动了相关刑事诉讼程序。乌克兰在刻赤海峡事件发生后指责俄罗斯对其海军舰船和船上士兵进行扣押和采取刑事措施的行为构成对《海洋法公约》第 32 条、第 58 条、第 95 条和第 96 条规定的“军舰和其他用于非商业目的的政府船舶的豁免权”的违反。[2]

由于俄乌两国对于刻赤海峡事件的认知分歧导致其之间产生争端，在双方试图通过政治方法解决该争端的尝试无果后，乌克兰于 2019 年 3 月 31 日通知俄罗斯其依据《海洋法公约》第 287 条和附件七的规定将二者之间的争端提交仲裁。2019 年 4 月 16 日，在附件七仲裁庭组成前，乌克兰依据《海洋法公约》第 290 条第 5 款的规定请求 ITLOS 规定临时措施：命令俄罗斯释放被其扣押的 3 艘乌克兰海军舰船并将其重新置于乌克兰的控制之下；命令俄罗斯延缓对于船上 24 名士兵的刑事诉讼程序并且避免启动新的类似程序；命令俄罗斯释放被其扣押的 24 名船上士兵并允许其返回乌克兰。依据《海洋法公约》第 290 条第 5 款的规定，ITLOS 如果能够初步证明将予组成的附件七仲裁庭对于俄乌双方争端具有管辖权，并且认为情况紧急有此必要，可以应乌克兰的请求规定相应的临时措施。[3]

二、ITLOS 第 26 号案件的争议焦点

针对乌克兰在 ITLOS 提起的上述请求规定临时措施的程序，俄罗斯于 2019 年 4 月 30 日向 ITLOS 递交了一份照会，其在该照会中声明：（1）依据《海洋法公约》第 298

---

〔2〕 关于案件事实的描述，见 ITLOS，Case No. 26，Case concerning the detention of three Ukrainian naval vessels (Ukraine v. Russian Federation)，Provisional Measures，Order of 25 May 2019，paras. 30-32 and the Separate Opinion of Judge Gao，paras. 23-28。

〔3〕 ITLOS，Case No. 26，Case concerning the detention of three Ukrainian naval vessels (Ukraine v. Russian Federation)，Provisional Measures，Request of Ukraine for the prescription of provisional measures under article 290，paragraph 5，of the United Nations Convention on the Law of the Sea of 16 April 2019，para. 46.

条的规定，一国可在签署、批准或加入该公约时或在其后任何时间通过书面声明将关于“军事活动”（military activities）的争端排除在“导致有拘束力裁判的强制程序”的管辖之外，因俄乌双方均作此声明，又因本案争端与“军事活动”有涉，因此附件七仲裁庭对俄乌刻赤海峡争端并无管辖权，进而依据《海洋法公约》第290条第5款的规定，ITLOS无权针对该案采取临时措施；（2）俄罗斯决定不参加ITLOS关于规定临时措施的听审；（3）尽管不参加听审，但是俄罗斯保留依据《联合国海洋法法庭规则》第90条第3款的规定提交观察意见（observations）并表达自身立场的权利。[4] 2019年5月7日，即ITLOS开始进行案件听审的前夕，俄罗斯向其递交一份备忘录。该备忘录依据《联合国海洋法法庭规则》第90条第3款的规定提交，是上述观察意见的一种表现形式）。在备忘录中，俄罗斯着重论证了刻赤海峡事件的“军事活动”性质，并且再次表明其所持的ITLOS无权对于其第26号案件进行管辖的立场。[5] 由此可见，在ITLOS第26号案件中，ITLOS行使管辖权的前提同时也是俄乌双方争议的焦点问题便是：两国在刻赤海峡事件中的行动是否可被判定为对于附件七仲裁庭的管辖构成“例外”的《海洋法公约》第290条第5款中规定的“军事活动”。

对于该争议焦点问题，乌克兰从以下六个方面对于俄罗斯的主张予以反驳，其认为：第一，刻赤海峡事件所涉俄乌双方行动并不构成“军事活动”，而是具备“执法活动”的性质，二者之间存在差别。第二，俄方曾在多种场合宣称其在刻赤海峡事件中的行动并非军事行动，而仅是其执行国内法的行动。第三，无论俄方对于俄乌双方在刻赤海峡事件中的行动如何定性，乌克兰并不寻求以“军事活动”的性质解决该争端；相反，乌克兰的主张基于其认为俄罗斯在刻赤海峡事件中不当行使其执法权。第四，不能够仅因有军舰参与刻赤海峡事件而认定该事件与“军事活动”有涉，无论是俄罗斯海军的参与还是使用武力本身均不能够改变该事件与“执法活动”有关的本质。第五，在刻赤海峡事件中，俄乌双方力量并未形成“对阵”（arrayed in opposition to one another）的局面，事实上乌克兰海军舰船试图驶离事件发生区域，而俄罗斯舰机单方面对其进行了阻截和追击，因此双方行动与“军事活动”无涉。第六，乌克兰舰船试图穿越刻赤海峡的行为并非俄罗斯声称的是对其领土的“秘密入侵”（secret incursion），乌克兰在试图穿越刻赤海峡前并未事先获得俄方准许的行为是为避免双方间可能因此而引发的冲突，况且刻赤海峡与其中航道的宽度实际上阻塞了乌克兰秘密通过的可能，乌克兰舰船通过刻赤海峡的目的仅是从其黑海沿岸的敖德萨港（Port of Odesa）前往其亚速海沿岸的别

[4] ITLOS, Case No. 26, Case concerning the detention of three Ukrainian naval vessels (Ukraine v. Russian Federation), Provisional Measures, Note Verbal from the Embassy of the Russian Federation in the Federal Republic of Germany of 30 April 2019, paras. 2, 5, 6.

[5] ITLOS, Case No. 26, Case concerning the detention of three Ukrainian naval vessels (Ukraine v. Russian Federation), Provisional Measures, Memorandum of the Russian Federation of 7 May 2019, Section C, pp. 9-15.

尔江斯克港（Port of Berdyansk）并在后者常驻。[6]

三、ITLOS 对于争议焦点问题的裁决

对于上述争议的焦点问题，ITLOS 指出，对于“执法活动”和“军事活动”二者的区分不能仅依有无军事舰船或者执法舰船的参与而判定，参与活动的舰船的性质仅能作为相关因素酌情加以考虑；况且，对于海军舰船与执法舰船进行区分的传统界限已经变得十分模糊，运用上述两类舰船协作执行海上任务的情形在目前的国家实践中并不少见。[7] ITLOS 指出，对于“执法活动”和“军事活动”的区分也不能够仅仅依据争端当事方对于相关事件性质的认识，争端当事方对于争端性质的认知同样可作为一个相关因素在特定情形下予以考虑，但是其难免主观且可能与实际情况不相符合。[8] 进而，ITLOS 认为对于“执法活动”和“军事活动”的区分必须基于对所涉活动的性质的客观评估，该评估应当考虑到不同个体事件所表现出的特殊情形，并且应对相关事件发生前的系列背景事件进行考察，以确定该事件是处于“军事行动”（a military operation）还是处于“执法行动”（a law enforcement operation）的环境中。[9]

在上述原则指导下，ITLOS 对于刻赤海峡事件中俄乌双方行动的性质从以下三个方面进行了分析。第一，刻赤海峡事件是因乌克兰海军舰船穿越刻赤海峡的行动而起，然而很难仅凭穿越行动本身判定其具有“军事活动”的性质，因为依据《海洋法公约》的规定，包括无害通过制度和过境通行制度等在内的不同海域的通行制度适用于包括军舰在内的所有类型的船舶。第二，发生于 2018 年 11 月 25 日的刻赤海峡事件直接起因于俄乌双方对于乌海军舰船是否有权穿越刻赤海峡的不同认识，对此俄罗斯指出，乌克兰海军舰船试图穿越刻赤海峡的行动违反了俄罗斯交通运输部于 2015 年通过的《关于刻赤海港的强制性规定》，因而无权穿越刻赤海峡；而乌克兰则援引俄乌双方于 2003 年签订的《关于亚速海和刻赤海峡合作的协议》的规定而主张其船舶享有穿越刻赤海峡的航行自由。据此 ITLOS 指出，俄乌双方争议的中心问题毫无疑问为适用于刻赤海峡的船舶的通过制度的问题，而该问题与“军事活动”无涉。第三，ITLOS 指出，俄罗斯显而易见地在刻赤海峡事件中对乌方海军舰船和船上士兵使用了武力（force）。正如上文所述，ITLOS 认为对于该使用武力的背景进行分析对于判定其是否属于“军事活动”十分必要，并且对此作了如下阐释：俄乌双方在其提交给法庭的相关文件中对于刻赤海峡事件经过的陈述均表明，乌克兰海军舰船在穿过刻赤海峡的尝试受阻后试图驶离事件发生区

---

〔6〕 ITLOS, Case No. 26, Case concerning the detention of three Ukrainian naval vessels (Ukraine v. Russian Federation), Provisional Measures, Order of 25 May 2019, paras. 56-62.

〔7〕 Ibid., para. 64.

〔8〕 Ibid., para. 65.

〔9〕 ITLOS, Case No. 26, Case concerning the detention of three Ukrainian naval vessels (Ukraine v. Russian Federation), Order of 25 May 2019, paras. 66, 67.

域并返航，与此同时，俄方要求乌方海军舰船停驶而后者忽略该命令并继续航行，由此最终导致俄方对乌方海军舰船和船上士兵使用武力并对其进行了控制；据此，由相关事件发生的顺序可知，俄方使用武力的行为因乌方海军舰船的航行事项所致，因此，俄方使用武力的背景为因其认为乌方海军舰船穿越刻赤海峡的行动违法而进行的“执法行动”，而非“军事行动”。[10]

基于以上三点，ITLOS 判定俄乌双方在刻赤海峡事件中的行动为“执法活动”，而非“军事活动”，因此并不能够依据《海洋法公约》第 298 条的规定排除其对案件的管辖权。

四、对于 ITLOS 裁判的评论

（一）“军事活动”与“军事行动”的对比解析

由上文可知，ITLOS 在论证“军事活动”（military activities）的判定标准时引入了“军事行动”（military operations）的概念，并且认为刻赤海峡事件中俄方使用武力的活动因其发生在“执法行动”而非“军事行动”的背景下，故其构成“执法活动”而非《海洋法公约》第 298 条项下的“军事活动”。从上述 ITLOS 论证的思路来看，其俨然已将“军事行动”背景的存在作为判定“军事活动”构成的必要条件，故应对二者之间的关系进行解析。

1. “军事活动”的“合法性”因素解析

关于“军事活动”的含义，《海洋法公约》并未进行解释，“军事活动”这一表述本身也仅在《海洋法公约》第 298 条中出现。然而，从《海洋法公约》第 301 条规定的“海洋的和平使用”原则出发，导致对于如何规制海上军事活动的探讨广泛存在，这其中自然涉及对于“军事活动”的界定问题。例如，《1982 年〈联合国海洋法公约〉评注》便指出，“海洋的和平使用”并不意味着海洋区域内的全部“军事活动”完全被禁止，那些并不违反国际法甚至由国际法授权进行的“军事活动”是不为公约所禁止的；具体而言，这样的军事活动包括在海洋区域内进行的“军事演练、武器试验[11] 以及设置防御设施”等。除此之外，ITLOS 法官 Jesus 在其对第 26 号案件发表的个别意见中对于“军事活动”的具体类型作出解释，认为其至少应当包括《海洋法公约》第 19 条第 2 款第 1—6 项规定的违反领海中“无害通过”的活动。这其中便包括以武器进行操练或者演习的活动以及收集情报的活动等。[12] 对此，同样是该案的法官 Kittichaisaree 在其发表的声明中也表示，他所能够想象到的十分典型的军事活动应当包括军事演习、收集

〔10〕 Ibid. , paras. 68-75.

〔11〕 当然，武器试验应当受到关于无核化和裁军的国际文件的限制，有关核武器和其他大规模杀伤性武器的试验应当被禁止。该限制亦在 1974 年法国核试验案等案件中得以体现。

〔12〕 ITLOS, Case No. 26, Case concerning the detention of three Ukrainian naval vessels (Ukraine v. Russian Federation), Provisional Measures, Separate Opinion of Judge Jesus, para. 15.

情报的活动等。[13]

由此看来，直至ITLOS在对其第26号案件进行裁判期间，关于《海洋法公约》第298条中的“军事活动”的概念尚不明确，但是就“军事活动”应当包含的具体类型而言，ITLOS法官的观点与《1982年〈联合国海洋法公约〉评注》对此的评论形成了某种程度的一致。从上述列举的军事演习、武器试验以及收集情报等活动类型来看，军事活动可能出于自卫或者防御的目的，其并不寻求积极对抗，并无特定打击对象，并不意图侵害他方权益，因此，正如上述《1982年〈联合国海洋法公约〉评注》所言，其原则上并不为包括《海洋法公约》在内的国际法所禁止。由此可见，诸如此类的活动还应当包括海上侦察活动、为进行作战准备而进行的海道的探测以及海洋地理特征的考察活动等。但是在此须注意，关于上述“军事活动”类型合法性的讨论是以沿海国在其享有主权和管辖权的海域内进行为前提的，一国在他国管辖海域内进行上述活动的合法性不被国际法认可或者尚存疑。例如，早在科孚海峡案期间，国际法院便已经确认英国海军舰船在阿尔巴尼亚领海内的扫雷行为侵犯后者主权。中美两国对于在他国专属经济区内进行的军事测量、军事演习等活动的合法性问题存在争议。[14] 此外须注意，上述关于几类“军事活动”合法性的讨论是以处在和平时期为前提，对于“战时”海上军事活动的规制主要以“武装冲突法”为基础。

2. “军事行动”的“敌对性”特征解析

相较于“军事活动”而言，《海洋法公约》对于“军事行动”的表述完全没有提及，因此亦难以从公约文本内容推知“军事行动”的具体含义。与之相反，该表述主要用于“武装冲突”的背景下，用以表示武装冲突各方的“敌对行动”，例如“military operations”一词在对于“武装冲突”期间冲突各方的“敌对行动”进行规制的海牙公约体系和日内瓦公约体系中的国际法律文件[15]被普遍使用。在武装冲突的语境下，“冲突”和“敌对”的表述体现出“军事行动”的“对抗”性质，换言之，采取“军事行动”的主体须具备主观上的敌对意图。[16] 正因如此特征，“军事行动”原则上是为国际法所禁止的，但是这并不排除合法的军事行动的存在，例如联合国安理会授权进行的维和军事行动、打击恐怖主义的军事行动等。

此外，“军事行动”的敌对意图无须通过敌对方之间客观上的“对阵”态势予以显现，例如，一国武装部队入侵他国领土而未遇他国武装抵抗的局面并不能够改变两国对

〔13〕 ITLOS, Case No. 26, Case concerning the detention of three Ukrainian naval vessels (Ukraine v. Russian Federation), Declaration of Judge Kittichaisaree, para. 4.

〔14〕 详细内容参见金永明：《中美专属经济区内军事活动争议的海洋法剖析》，《太平洋学报》2011年第11期。

〔15〕 旨在保护平民和战争受难者的四个日内瓦公约及其《附加议定书》以及《第二海牙公约》（《陆战法规和惯例公约》）等规制战争手段和方法的国际性文件均普遍采用“military operations”这一表述。

〔16〕 参见《一九四九年〈日内瓦公约〉新版评注：共同第一条、第二条和第三条》，红十字国际委员会东亚地区代表处，2018年6月，第219、225、279段。

此立场的对立和敌对的状态。[17] 该解释对于判定刻赤海峡事件中俄乌双方是否形成“对峙”的局面具有一定的启发意义：由上文对于案件事实的描述可知，乌克兰海军舰船忽视俄方停船命令继续驶往刻赤海峡的行为及其突破俄方封锁试图返航的行为足以表明俄乌两国军事力量间已经产生对峙，乌克兰海军舰船的返航行为更应当被解释为敌对状态下的撤退行为。因此，以乌方舰船的返航行为为由从而否定“对阵”局面的形成并进而否定“军事活动”存在的主张并不成立。

3. “军事活动”与“军事行动”的差异性解析

由上文论述可推知，“军事行动”仅指那些具备现实的和紧迫的“敌对性”的“军事活动”，因此其一般是为国际法所禁止的；与之不同，“军事活动”除此之外亦包括那些在和平时期进行的军事演练、武器试验等活动，该类活动虽然也具备对抗的特征，但是这种对抗是消极的，具体而言即其不具有直接和明确的对抗对象，不制造现实和紧迫的“对抗性”，因此，其原则上并不为包括《海洋法公约》在内的国际法所禁止。故而，“军事活动”与“军事行动”二者之间的概念存在差别，并且“军事活动”的概念较之“军事行动”而言更为广泛。据此，“军事活动”并不必然发生于“军事行动”的背景之下，依据“军事行动”的存在与否来判定“军事活动”是否构成的做法有悖于逻辑。况且，军事活动的发生可能毫无预兆，任何事态的升级均有可能导致军事活动瞬息发生。因此，依据导致使用武力的背景事件的性质来判定使用武力的行动是否构成“军事活动”的做法本身便是缺乏理性的。具体到本案而言，ITLOS 依据“执法行动”的背景判定俄罗斯使用武力的活动属于“执法活动”并且因缺乏“军事行动”的背景而否定使用武力的活动属于“军事活动”的做法均是不明智的。此外，判断“军事行动”的存在与否往往涉及对于“武装冲突”发生与否的判断，ITLOS 显然对此无权处理。[18]

（二）“军事活动”与“执法活动”的对比解析

1. 基于舰船性质的解析

“军事活动”和“执法活动”均可“使用武力”[19]，但是执法活动是“警察武力”的使用，而军事活动是“军事武力”的使用。[20] 因此一般而言，执法活动由海警舰船进行，而军事活动由军舰进行。但是，军舰参与行使执法权以及海警舰船执行军事任务

---

〔17〕 同上，第223段。

〔18〕 ITLOS, Case No. 26, Case concerning the detention of three Ukrainian naval vessels (Ukraine v. Russian Federation), Provisional Measures, Declaration of Judge Lijnzaad, para. 8.

〔19〕 关于执法活动中使用武力的允许，参见 ICJ, “Fisheries Jurisdiction” case (Spain v. Canada), Jurisdiction of the Court, Judgment, 1998, para. 84; ITLOS, Case No. 2, The M/V “Saiga” case (Saint Vincent and the Grenadines v. Guinea), Judgment, 1 July 1999, paras. 155-159; Arbitral Tribunal constituted Pursuant to Article 287 and in accordance with Annex VII of the United Nations Convention on the Law of the Sea, In the Matter of an Arbitration between Guyana and Suriname, Award of the Arbitral Tribunal, 17 September 2007, para. 45。

〔20〕 参见高健军：《海上执法过程中的武力使用问题研究——基于国际实践的考察》，《法商研究》2009年第4期。

的实践使得“军事活动”与“执法活动”之间的界限变得模糊不清。[21] 是否军舰使用武力的活动均为军事活动，而海警舰船使用武力的活动均为执法活动？答案是否定的。

其一，海警舰船可能从事军事活动。依据《海洋法公约》第298条第1款b项的规定，公约缔约国可以通过书面声明的方式将关于“从事非商业服务的政府船只和飞机的军事活动的争端”排除在公约规定的“导致有拘束力裁判的强制程序”的管辖之外。由此可见，《海洋法公约》已经明确表明海警舰船使用武力的活动完全有可能构成军事活动。这在对于1949年《日内瓦公约》共同第二条的评注中得以印证，该条表明，不排除一国海岸警卫队等海上武装警察力量因其在海上使用武力的行为而导致爆发国际性武装冲突[22]，而此时海上武装警察力量使用武力的活动显然为军事活动。

其二，军舰可能进行执法活动。依据《海洋法公约》第107条、第110条、第111条和第224条的规定，军舰有权以登临和紧追的方式对于公海上的海盗行为和污染海洋环境的行为行使执法权。此外，从国家的普遍实践来看，世界各国并不限制其海军参与执法活动。[23] 这在国际司法机构的判例中亦得到确认：在1995年西班牙诉加拿大渔业管辖权一案中，国际法院承认加拿大海军舰船向西班牙渔船开火并对其进行逮捕的活动为执法活动[24]；在2015年意大利诉印度“艾瑞克·莱谢号”案中，ITLOS与争端双方均默认意大利士兵射杀印度渔民的行为为执法行为[25]。

综合上述两点可知，使用武力的舰船的性质与其活动的性质不存在直接相关性，不能够依据舰船的性质来对其活动的性质进行断定。然而，相较于使用武力的舰船的性质而言，被使用武力的船舶的性质会对使用武力活动的性质产生直接的影响。具体而言，针对外国军舰使用武力的活动应为军事活动，原因在于：ITLOS在其第20号案件即阿根廷诉加纳“自由号”教学护卫舰案中明确表示，“军舰是其船旗国主权的一种体现”[26]。因此，正如高之国法官所言，针对一国军舰使用武力的行为无异于武力侵犯该国主权，该使用武力的活动无疑为军事活动。[27] 故而刻赤海峡事件中俄罗斯针对乌克兰军事舰船和船上士兵使用武力的活动应为军事活动。该观点亦可在《海洋法公约》规定的“军

---

〔21〕 参见林天杰：《海上军事行动中武力使用的法律问题》，《西安政治学院学报》2015年第2期。

〔22〕 参见《一九四九年〈日内瓦公约〉新版评注：共同第一条、第二条和第三条》，红十字国际委员会东亚地区代表处，2018年6月，第226段。

〔23〕 参见徐鹏：《海军参与海上执法的国际法基础与实践》，《厦门大学法律评论》2015年第2期。关于军舰参与执法活动的合法性分析，详见该文。

〔24〕 See “Fisheries Jurisdiction” Case (Spain v. Canada), International Court of Justice, Judgment of 4 December 1998.

〔25〕 See “Enrica Lexie” Incident (Italy v. India), Provisional Measures, ITLOS, Case No. 24, Order of 24 August 2015.

〔26〕 ITLOS, Case No. 20, “ARA Libertad” Case (Argentina v. Ghana), Provisional Measures, Order of 15 December 2012, para. 94.

〔27〕 ITLOS, Case No. 26, Case Concerning the Detention of Three Ukrainian Naval Vessels (Ukraine v. Russian Federation), Provisional Measures, Separate Opinion of Judge Gao, para. 33.

舰豁免权"[28] 中得以体现，并且正是基于军舰的豁免权，《海洋法公约》第30条规定，即便是在一国领海，沿海国对于不遵守其法律和规章的外国军舰所采取的措施也只能是"要求该军舰立即离开领海"，而在刻赤海峡事件中俄罗斯针对乌克兰军事舰船和船上士兵使用武力的"过激"行为显然不属于《海洋法公约》项下的执法活动。

2. 基于武力限度的解析

一般而言，军事武力的强度大于执法武力的强度，但是武力的强度大小与其性质并不存在必然的联系。具体而言，军事活动中使用武力的强度并不必然大于执法活动中使用武力的强度，反之亦然。例如在1933年的"孤独号"案中，负责处理该案件的联合委员会将美国海岸警卫队舰船依据其国内法将涉嫌违法贩卖酒类的加拿大籍船舶"孤独号"击沉的行为认定为是"执法活动"。[29] 相较之下，在2004年的圭亚那诉苏里南案中，苏里南仅仅是威胁而并未实际针对涉嫌违法船舶使用武力的行为便被该案仲裁庭认定为是"军事活动"。[30] 由此可见，"军事活动"和"执法活动"均不取决于其使用武力的强度。因此，一般而言，"执法活动"并不会因其过度使用武力而转变为"军事活动"。当存在过度执法的情形时，应当依据《海洋法公约》等国际法的规定追究行为国"道歉""赔偿"等形式的国家责任，若其被认定为"军事活动"，则行为国将会被"限制主权"且其相关人员将会被追究"国际刑事责任"等，二者导致的承担责任的形式是不同的。

此外，使用武力是军事活动的固有特征，而执法活动中的武力使用则被严格限制。执法活动中的武力使用应当严格遵循必要性原则，即在进行执法活动中应当"尽量避免使用武力"，这便意味着武力的使用应当作为最后的不得已的手段。[31] 例如，在"孤独号"案中负责处理该案件的联合委员会认为执法活动中武力的使用应是"必要且合理的"；在圭亚那诉苏里南案中，该案仲裁法庭认为执法活动中武力的使用应是"不可避免、合理且必要的"。[32] 此外，依据联合国1979年《执法人员行为守则》第3条的规定，"执法人员只有在绝对必要时才能使用武力"。尽管如此，"军事活动"和"执法活动"中的武力使用均应当遵循必要的限度。例如，海上执法活动应当尽量避免造成船上人员的伤亡等，而军事活动也应当遵循"比例原则"限制使用武力的手段和方法。

---

〔28〕 参见《海洋法公约》第32条、第58条和第95条之规定。

〔29〕 See "I' m Alone" (Canada v. United States), Joint Interim Report of the Commissioners, 30 June 1933.

〔30〕 Arbitral Tribunal constituted Pursuant to Article 287 and in accordance with Annex VII of the United Nations Convention on the Law of the Sea, in the Matter of an Arbitration between Guyana and Suriname, Award of the Arbitral Tribunal, 17 September 2007, para. 445.

〔31〕 参见高健军：《海上执法过程中的武力使用问题研究——基于国际实践的考察》，《法商研究》2009年第4期。

〔32〕 同上。

3. 基于主观要素的解析

尽管对于“军事活动”构成与否这一问题本身的判定不能是主观的，但是“军事活动”的构成需要具备一定的主观要素，也即“军事活动”须是基于什么样的目的和意图。如上所述，舰船的性质和使用武力的程度一般而言均不能够直接影响到“军事活动”的构成与否。相较而言，活动的目的和意图对于其是否构成“军事活动”的判断则十分必要，甚至是决定性的。上文已经表明，军事活动是以对抗为目的的，无论该对抗是否具有紧迫性。因此，军事活动一般是对外的，发生于国家之间或者与其他政治实体之间，涉及国防和安全等事项，关乎国家的政治独立和领土完整。[33]与之相反，执法活动是执行国内法和国际法的活动，在《海洋法公约》的背景下，一般是指沿海国执行本国法律和规章的活动，同时包括行使《海洋法公约》等国际法赋予的执法权的活动。[34]法律有其适用的空间范围，因此一般而言，执法活动是为维护其所属的区域内的秩序而进行管理的行为，是一种行使其主权和管辖权的行为，而非对抗行为。[35]

结合刻赤海峡事件来看，在其发生的次日，也即2018年11月26日，联合国安理会便应乌克兰请求召开紧急会议对此事件进行讨论。在此会议中，俄罗斯称，在此事件中乌克兰的行为是有预谋、有组织地入侵俄罗斯领土的行动，该行动是蓄意谋划的“战争”的一部分。相反，乌克兰则称俄方在刻赤海峡事件中的行为是为实际控制为乌方所属的刻赤海峡而公然发动的军事入侵。[36]由此可见，俄乌双方之间对于事件发生海域主权的归属是存在争议的[37]，这从双方在通行问题上援引的法律依据也可看出：对于乌克兰海军舰船能否通过刻赤海峡的问题，乌克兰援引的法律为俄乌双方于2003年签订的《关于亚速海和刻赤海峡合作的协议》，而俄罗斯援引的法律为其交通运输部于2015年通过的《关于刻赤海港的强制性规定》这一国内法。在克里米亚于2014年归入俄罗斯后，俄罗斯建设刻赤海峡大桥（又称克里米亚大桥）以及封锁刻赤海峡等行为俨

〔33〕 参见林天杰：《海上军事行动中武力使用的法律问题》，《西安政治学院学报》2015年第2期；Yurika Ishii，“The Distinction between Military and Law Enforcement Activities：Comments on Case Concerning the Detention of Three Ukrainian Naval Vessels（Ukraine V. Russian Federation），Provisional Measures Order，Blog of the European Journal of International Law”，accessed May 31，2019，https：//www. ejiltalk. org/the-distinction-between-military-and-law-enforcement-activities-comments-on-case-concerning-the-detention-of-three-ukrainian-naval-vessels-ukraine-v-russian-federation-provisional-measures-order/。

〔34〕 参见傅崐成、徐鹏：《海上执法与武力使用——如何适用比例原则》，《武大国际法评论》2011年第2期。

〔35〕 参见欧水全：《争议海域执法的武力使用及其国家责任问题》，《大连海事大学学报（社会科学版）》2019年第3期。

〔36〕 See Top Political Official Urges Restraint from Ukraine，Russian Federation in Emergency Security Council Meeting on Seized Ukrainian Vessels，UNSC，Meetings Coverage and Press Releases，accessed November 26，2018，https：//www. un. org/press/en/2018/sc13601. doc. htm.

〔37〕 关于刻赤海峡及其毗连海域的法律地位的分析，详见 Saulius Katuoka，Skirmante Klumbyte，“Kerch Strait Incident in the Light of UNCLOS”，*Problems of Legality* 145，（2019）：225-243。

然已将该海峡作为其领水进行处置。由此看来，俄乌两国间的对峙状态由来已久。在此情形下，乌克兰海军舰船试图穿越刻赤海峡的行为不排除为宣示主权的行为，而并非单纯的穿越行为。对此，联合国主管政治事务的副秘书长罗斯玛丽·迪卡洛（Rosemary DiCarlo）女士指出，刻赤海峡事件是发生在乌克兰东部冲突和克里米亚被吞并的背景之下；英美法等国代表的发言也均对于刻赤海峡事件发生的该背景进行强调，并且呼吁乌克兰的主权和领土完整应当得到尊重。[38] 由此看来，俄乌刻赤海峡争端的实质为领土主权归属争端和海洋划界争端，俄方行为实质上为使用武力解决两国间争端的行为，是一种针对乌克兰的对抗行为，是一种军事活动。该观点早已在 2004 年的圭亚那诉苏里南案中被其仲裁庭言明，该案仲裁庭认定苏里南使用武力的行为直接源自其与圭亚那之间的海洋划界争端，苏里南向经圭亚那授权在两国争议海域进行石油钻探的加拿大籍船舶使用武力的行为意在阻止圭亚那在两国争议水域的相关活动，从而“保护其领土完整和国家主权”。因此，该案仲裁庭裁决，苏里南使用武力的行为是军事活动，而非执法活动。[39] 相较而言，在某区域的主权和管辖权归属不明的情况下，在该区域内缺乏执法的基础，不存在所谓的执法活动。

此外，乌克兰在将刻赤海峡事件提交欧洲安全与合作组织（Organization for Security and Co-operation in Europe，OSCE）处理时，也将刻赤海峡事件中俄方的行为定性为“战斗”（combat）和武装侵略（an act of armed aggression）。[40] 在与俄罗斯就刻赤海峡事件进行交涉的过程中、乌克兰总统关于刻赤海峡事件的声明中以及其他多种场合下，乌克兰均将被扣押士兵称为“战俘”（prisoners of war），并要求俄罗斯依据《关于战俘待遇之日内瓦公约》给予其被扣押士兵以战俘待遇。[41] 除上述乌克兰的主张外，作为中立第三方的国际刑事法院在对克里米亚局势进行初步审查期间已经于 2016 年确认俄罗斯与乌克兰之间至少从 2014 年 2 月 26 日起便存在国际性武装冲突，并且认定俄罗斯已于 2014 年 3 月 18 日后对克里米亚实现了“持续性的占领”（an on-going state of occupa-

---

〔38〕 See the Top Political Official Urges Restraint from Ukraine, Russian Federation in Emergency Security Council Meeting on Seized Ukrainian Vessels, UNSC, Meetings Coverage and Press Releases, accessed November 26, 2018, https://www.un.org/press/en/2018/sc13601.doc.htm.

〔39〕 Arbitral Tribunal constituted Pursuant to Article 287 and in accordance with Annex VII of the United Nations Convention on the Law of the Sea, in the Matter of an Arbitration between Guyana and Suriname, Award of the Arbitral Tribunal, 17 September 2007, para. 423.

〔40〕 See the Statement by the delegation of Ukraine on the latest Russia's act of unprovoked armed aggression against Ukraine, by Permanent Mission of Ukraine to the International Organizations in Vienna, accessed November 26, 2018, https://mfa.gov.ua/en/news-feeds/foreign-offices-news/68971-zajava-delegaciji-ukrajini-shhodo-aktu-nesprovokovanoji-zbrojnoji-agresiji-rosiji-proti-ukrajini.

〔41〕 ITLOS, Case No. 26, Case concerning the detention of three Ukrainian naval vessels (Ukraine v. Russian Federation), Provisional Measures, Memorandum of the Russian Federation of 7 May 2019, para. 32.

tion)。[42] 上述种种事件均表明，乌克兰在 ITLOS 外赋予刻赤海峡事件以“武装冲突”的定性，并且认为俄罗斯使用武力的行为为军事活动无疑。对此便有学者直截了当地指出，刻赤海峡事件是自 2014 年以来俄乌两国间爆发的国际性武装冲突的延续，因此该事件中俄方的行为应当受到“海战法”的规制。[43] 然而，ITLOS 显然未在其规定临时措施的命令中对于以上事实给予充分关注，难怪有学者批评 ITLOS 在该案中所作的法律推理是“结果导向性的”(outcome-based legal reasoning)。[44]

五、结论

综上所述，判定某活动构成“军事活动”与否应当结合该活动的背景并在查明活动意图的基础上对活动本身的性质进行客观的判断，当事国对于活动性质的主观意见以及实施活动的装备的性质均不能对活动本身的性质产生决定性的影响。此外，“军事活动”本身具有极强的政治性，且其往往与“武装冲突”密切联系，在此情形下，对于“军事活动”构成与否的判断往往涉及战争与和平的问题且其中掺杂着复杂的政治因素。因此，对于判断是否构成《海洋法公约》第 298 条中的“军事活动”的行为本身可能远远超出 ITLOS 的职权范围。具体到 ITLOS 第 26 号案件而言，对于刻赤海峡事件性质的判定涉及关于诉诸战争权的法律、和平时期的海洋法以及武装冲突法等，ITLOS 忽略其他领域的法律对于该事件的规制作用，而单纯从海洋法角度进行考察的做法将进一步导致国际法的碎片化和国际法适用的混乱。就 ITLOS 对于第 26 号案件的裁判结果而言，其对于“军事活动”的构成规定的畸高标准将可能反向促使相关主体采取更为激烈的行动来达到排除 ITLOS 管辖的目的，这与《联合国宪章》所规定的“禁止非法使用武力”的原则是背道而驰的。正如圭亚那诉苏里南案仲裁庭所指出的，对于在尚存领土主权归属争议和海洋划界争端的海域内进行的武力活动而言，应当倾向于将其纳入禁止使用武力的对象范围，否则将会导致“禁止非法使用武力原则”适用上的巨大漏洞。[45]

---

〔42〕 ICC, Office of the Prosecutor, Report on Preliminary Examination Activities (2016), 14 November 2016, para. 158.

〔43〕 James Kraska, “The Kerch Strait Incident: Law of the Sea or Law of Naval Warfare?”, Blog of the European Journal of International Law, p. 5, accessed November 26, 2018, https://www.ejiltalk.org/the-kerch-strait-incident-law-of-the-sea-or-law-of-naval-warfare/.

〔44〕 James Kraska, “Did ITLOS Just Kill the Military Activities Exemption in Article 298?”, Blog of the European Journal of International Law, p. 1, accessed May 27, 2019, https://www.ejiltalk.org/did-itlos-just-kill-the-military-activities-exemption-in-article-298/.

〔45〕 Arbitral Tribunal constituted Pursuant to Article 287 and in accordance with Annex VII of the United Nations Convention on the Law of the Sea, in the Matter of an Arbitration between Guyana and Suriname, Award of the Arbitral Tribunal, 17 September 2007, para. 423.

专属经济区内实施低烈度军事网络行动规则

——《塔林手册2.0》相关规则评述

■ 冯洁菡*

【内容摘要】《塔林手册2.0》规则47及有关规则阐述了在专属经济区内实施网络行动时应遵守的规则，其中对"和平目的"原则、"适当顾及"义务、低烈度军事网络行动以及在专属经济区部署海上网络基础设施作了不同程度的解读。这些解读部分是海洋强国对专属经济区内航行自由与军事活动所持的立场在网络空间的延伸，未来有可能通过准软法+国家实践模式，创设专属经济区内军事网络行动的新规则，并借此将海洋强国对专属经济区内军事活动所持的立场法律化。沿海国应在国内立法和行使管辖权的实践中，扩大对专属经济区内与网络行动相关的军事活动的管制，通过国家实践确立在该领域的主动权。

【关键词】《塔林手册2.0》　专属经济区　航行自由　低烈度军事网络行动

《塔林手册2.0》（以下简称《手册2.0》）是北约网络合作防御卓越中心继2013年编写《塔林手册1.0》之后，为涵盖和平时期的网络行动而发起编撰的，其目的是澄清和发展现有习惯法规则在网络空间的使用这一"关键问题"。[1]《手册2.0》第八章阐述了适用于海上网络行动的相关规则，包括公海、专属经济区、领海、毗连区、国际海峡、群岛水域内的网络行动，以及虚拟登临、海底通信电缆和中立沿海国对交战国网络行动的义务等。[2] 总体而言，《手册2.0》试图澄清物理空间的一般国际海洋法规范在网络空间的可适用性。

《手册2.0》规则47对专属经济区内实施网络行动作了专门规定和评注。除此之外，有关主权、管辖权、反措施、公海、国际海底电缆以及航空法的相关规则也均与专属经济区内的网络行动相关。[3] 本文主要评述在航行自由语境下《手册2.0》中与低烈度

---

* 武汉大学国际法研究所教授，博士生导师。
本文为自然资源部海洋战略规划与经济司委托管理项目"我国在南海的战略利益及应对南海航行自由研究"和2016年国家社科基金重大项目"中国参与网络空间国际规则制定研究"（16ZDA074）的阶段性研究成果。

〔1〕 黄志雄：《网络空间国际规则制定的新趋向——基于〈塔林手册2.0版〉的考察》，《厦门大学学报（哲学社会科学版）》2018年第1期。

〔2〕《手册2.0》规则45—54。参见［美］迈克尔·施密特总主编，［爱沙尼亚］丽斯·维芙尔执行主编：《网络行动国际法：塔林手册2.0版》，黄志雄等译，社会科学文献出版社2017年版，第249—271页。

〔3〕 分别参见规则5、11—12、20—25、45、54和56。

(亦即低于使用武力门槛)[4] 军事网络行动相关的规则，包括“和平目的”原则和“适当顾及”义务以及海上网络基础设施等相关规则，探讨这些规则是否客观地重述了“实然法”[5]，以及对未来有关专属经济区内军事活动与沿海国主权权利和管辖权范围的争议所产生的影响。

一、概览：《手册 2.0》中航行自由语境下的网络行动

依据《联合国海洋法公约》（以下简称《海洋法公约》）的规定，其他国家有权在沿海国专属经济区以通常方式行使“航行和飞越自由，铺设海底电缆和管道的自由，以及与此有关的其他海洋国际合法用途”[6]。同时，其他国家在行使这些权利时，应“适当顾及”（due regard）沿海国的权利和义务，并应遵守沿海国按照公约的规定和其他国际法规则所制定的与本部分不相抵触的法律和规章。[7] 但是，上述规定并未解决以美国为代表的海洋强国与发展中沿海国的如下争议：（1）专属经济区是否仅与资源相关，与安全无关？美国认为，专属经济区是一个邻接领海的与资源相关的区域，如其名称所示，其核心目的是经济性的。[8] 而一些发展中沿海国的实践和后《海洋法公约》时代的国际动态则表明，安全正越来越成为沿海国在专属经济区的关注事项。[9] （2）专属经济区内其他国家主张的航行自由边界是什么？哪些军事活动属于航行和飞越自由，以及与此有关的其他海洋国际合法用途？美国认为，军事航行自由既包括军事活动自由，也包括在他国专属经济区开展各种军事活动的自由。有关军事活动自由引起的争议最大，其中主要涉及如何解释《海洋法公约》中的“和平目的”原则与“适当顾及”义务。（3）水文测量（hydrographic surveys）等军事活动是否属于沿海国可行使专属管辖

---

〔4〕 低烈度网络行动是指低于使用武力或威胁使用武力门槛的网络行动，从而不构成对禁止使用武力规则的违反。See Michael N. Schimitt, “‘Below the Threshold’ Cyber Operations: The Countermeasures Response Option and International Law”, *Virginia Journal of International Law* 54, 3 (2014): 699; Nicholas Tsagourias, “The Law Applicable to Countermeasures against Low-Intensity Cyber Operations”, accessed April 20, 2019, http://eprints.whiterose.ac.uk/98561.

〔5〕 参见［美］迈克尔·施密特总主编，［爱沙尼亚］丽斯·维芙尔执行主编：《网络行动国际法：塔林手册 2.0 版》，黄志雄等译，社会科学文献出版社 2017 年版。

〔6〕 参见《海洋法公约》第 58 条第 1 款。

〔7〕 参见《海洋法公约》第 58 条第 3 款。

〔8〕 例如，参见美国前总统里根 1983 年发布的《美国海洋政策声明》（President Ronald Reagan, “Statement on United States Ocean Policy”, 19 Weekly Comp. Pres. Doc. 383, Mar. 10, 1983），以及 1983 年美国《第 83 号国家安全决策指令》（National Security Decision Directive 83, The White House, Mar. 10, 1983）。此外，美国还将对与资源无关的专属经济区主张列入美国所认定的“过度海洋主张”（excessive maritime claims）范围，并每年对此采取军事性航行自由行动。分别参见 1982 年美国《第 72 号国家安全决策指令》（National Security Decision Directive 72, The White House, Dec. 13, 1982），1987 年美国《第 265 号国家安全决策指令》（National Security Decision Directive 265, The White House, Mar. 16, 1987），1990 年美国《第 49 号国家安全指令》（National Security Decision Directive 49, The White House, Oct. 12, 1990）。

〔9〕 具体参见下文“三、专属经济区内实施的低烈度军事网络行动”。

权的“海洋科学研究”范围?[10] 美国主张军事测量/水文测量不属于“海洋科学研究”，因而无须沿海国事先同意。[11] 而部分其他国家则认为，任何水文数据都不会仅用于航行安全或军事目的，而是对沿海国具有经济价值，应被视为“海洋科学研究”。[12]（4）安装军事设施、装置等军事活动是否违反了沿海国依《海洋法公约》第60条第2款对“设施和结构的建造和使用”的专属管辖权？美国主张应严格解释，沿海国只对用于经济目的的设施和结构享有专属管辖权[13]，而20多个其他国家的实践则对所有类型的设施和结构都主张管辖权[14]。

上述问题涉及沿海国和海洋大国之间利益的博弈和分配，《海洋法公约》对此措辞模糊，而《手册2.0》则试图对上述问题作出部分解答。在《手册2.0》中，与专属经济区内的航行自由和网络行动相关的主要是规则47，该规则规定：“一国在其他国家专属经济区内可实施网络行动，但必须适当顾及沿海国的权利和义务，且相关网络行动必须用于和平目的，除非国际法另有规定。”同时，规则47的评注，规则45、46、54、56及其部分评注均涉及对规则47的解读，相关内容主要包括：（1）依据《海洋法公约》第58条第1款和第87条，所有国家在专属经济区内享有公海航行和飞越自由，铺设海底电缆和管道自由以及与上述自由相关的其他国际合法用途。只要适当顾及沿海国在专属经济区内的权利和义务，航空器和船舶可以在他国专属经济区内为航行和通信目的使用网络设施。[15]（2）军事网络行动本身并不违反应只用于“和平目的”这一原则。不涉及被禁止的使用武力的军事行动，属于《海洋法公约》第87条第1款所规定的公海自由和其他合法利用海洋的范畴。[16]“和平目的”原则并不禁止在专属经济区内实施反措施，包括网络反措施。[17]（3）沿海国在专属经济区享有特定的主权权利（主要与资源相关）。《海洋法公约》未能提及专属经济区内的安全利益，军事活动通常与沿海国在专属经济区内行使有限的主权权利和管辖权无关。相应地，在顾及沿海国权利的情况下，一国可在另一国专属经济区开展军事活动，特别是具备网络行动能力的军舰和军用航空器可在专属经济区内自由地航行和飞越。上述活动无须获得沿海国的同

---

〔10〕《海洋法公约》第56条第1款b项（2）、第249条规定海洋科学研究属于沿海国专属管辖范围。

〔11〕参见美国《海上行动法指挥官手册》（2007年版和2017年版），第2.6.2.2节。美国的理由是《海洋法公约》第56条第1款b项（2）没有更一般性地指向“测量”或其他军事活动。参见 James Kraska and Raul Pete Pedrozo, *International Maritime Security Law*, Martinus Nijhoff Publishers, 2013, p. 286。

〔12〕Ying Yang, “The Prior Notification Issue of Military Activities in EEZ”, in Gordon Houlden and Nong Hong (eds.), *Maritime Order and the Law in East Asia*, Routledge, 2018, pp. 162-164.

〔13〕See James Kraska and Raul Pete Pedrozo, *International Maritime Security Law*, Martinus Nijhoff Publishers, 2013, p. 279.

〔14〕参见下文“四、专属经济区内建造、运行和使用海上网络基础设施”。

〔15〕参见《手册2.0》规则47评注2。

〔16〕参见《手册2.0》规则45评注5。

〔17〕参见《手册2.0》规则47评注5。

意。[18]（4）专属经济区上空属于国际空域，一国可在他国专属经济区上空自由实施网络行动，而无须经沿海国同意。专属经济区上空可能涉及国家安全，沿海国可规定相关限制，包括禁止航空器实施网络行动，但不能对飞越而无意进入其领空的航空器施加任何限制。[19]（5）一国可以在另一国专属经济区自由铺设或授权其管辖下的公司铺设海底通信电缆，但也可能受制于沿海国的管辖权。实践中，有时会对沿海国的管辖权予以尊重，即便铺设或维持海底通信电缆属于公海自由的范畴。[20]

综合考察上述规则及其评注，《手册2.0》对专属经济区内航行自由语境下的网络行动所持的观点可归纳为如下两点：（1）一国在其他国家专属经济区内实施网络行动时，必须遵守"适当顾及"义务和"和平目的"原则，除非国际法另有规定。（2）只要履行"适当顾及"义务，一国的船舶和航空器在他国专属经济区内可为航行和通信目的利用其网络实力，自由开展与网络行动相关的军事活动，并可在专属经济区上空自由实施网络行动。因此，在网络空间环境下，在一国专属经济区内开展与网络行动相关的军事活动的合法性问题，同样首先取决于对"和平目的"原则与"适当顾及"义务的解读，《手册2.0》对此有所着墨。

二、《手册2.0》对"和平目的"原则与"适当顾及"义务的解读

1."和平目的"原则

和平利用海洋贯穿于《海洋法公约》的始终。《海洋法公约》"前言"中指出："认识到有必要……为海洋建立一种法律秩序，以……促进海洋的和平利用……"[21]《海洋法公约》第88条规定"公海应用于和平目的"。《海洋法公约》第58条第2款、第88条适用于专属经济区。但《海洋法公约》并未对"和平目的"作出界定。理论上，对《海洋法公约》文本和缔约历史的不同解读，使得对"和平目的"的解释存在三种观点。第一种观点认为"和平"意味着"非军事化"。例如，1976年厄瓜多尔代表部分发展中国家在第三次联合国海洋法会议第四期会议上发言指出，"和平"代表全面地去军事化和排除所有军事活动。[22]依此种主张，则未经沿海国同意不得在其专属经济区内从事军事活动。第二种观点认为"和平"意味着"非侵略性"，即"和平目的"应依据《海洋法公约》第301条进行界定，而该条界定的"和平利用"仅规定了国家不得从事

[18] 参见《手册2.0》规则47评注3和4。

[19] 参见《塔林手册2.0》规则56评注2和9。

[20] 参见《塔林手册2.0》规则47评注2、规则54评注9。

[21] 张海文主编：《〈联合国海洋法公约〉释义集》，海洋出版社2006年版，第161页。此外，《海洋法公约》第88条、第141条第1款、第143条第1款、第147条第2款（4）、第155条第2款、第240条第1款、第242条第1款、第246条第3款和第301条也都涉及和平利用海洋。另参见 Alexander Proelss (ed.), *United Nations Convention on the Law of the Sea: A Commentary*, Hart Publishing, 2017, p. 684。

[22] 参见1976年厄瓜多尔代表部分发展中国家在第三次联合国海洋法会议第四期会议上的发言。UNCLOS III Summary Record 67th Meeting [23 April 1976] UNCLOSOR Vol. V, 56.

违背《联合国宪章》的禁止威胁或使用武力的消极义务，因而并未普遍禁止公海和专属经济区内的所有军事活动。[23] 第三种观点认为“和平”应依据《联合国宪章》和其他依国际法所承担的义务加以检验。[24]

《手册2.0》对专属经济区内的相关网络行动，使用了与“公海上的网络行动”[25]大体相同的措辞，即“用于和平目的，除非国际法另有规定”[26]。因此，“和平目的”原则适用于在专属经济区内实施的网络行动。规则45评注2进一步将“和平目的”的定义与《海洋法公约》第301条挂钩，主张禁止的是以武力相威胁或使用武力。在此基础上，《手册2.0》评注认为，海上网络行动本身并不违反“和平目的”原则。不涉及被禁止的使用武力的军事行动，属于《海洋法公约》第87条第1款所规定的公海自由和其他合法利用海洋的范畴。[27]《手册2.0》对“和平目的”原则的上述诠释，在某种程度上是对第二种观点的支持，实际上体现的也是海洋强国的立场。例如，美国就明确主张，“和平目的”原则并不禁止第301条之外和平时期的军事活动，并认为在1986年尼加拉瓜案中国际法院认定美国在尼加拉瓜领海之外进行的军事演习并没有违反国际法也说明了这一点。但笔者认为，如果仅依《海洋法公约》第301条将“和平目的”原则界定为凡“非侵略性”的军事网络行动均可毫不受限地在他国专属经济区内实施，则没有考虑到专属经济区不同于公海的自成一体性及其所具有的混合性和功能性特征[28]，从而有意忽略了在专属经济区内对军事利用的限制应大于在公海内对同样行为的限制[29]。

2. “适当顾及”义务

《手册2.0》规则47指出，一国在其他国家专属经济区内实施网络行动时，必须“适当顾及”沿海国在其专属经济区内的权利和义务。这一内容主要参照的是《海洋法公约》第58条第3款的前半部分。《手册2.0》规则47评注1对沿海国在专属经济区内的权利作了进一步列举，指出在从事网络行动方面，应尊重沿海国：（1）在专属经济区内对自然资源以及利用海水的主权权利；（2）对建造和使用人工岛屿、设施和结构的管

---

〔23〕 See Alexander Proelss (ed.), *United Nations Convention on the Law of the Sea: A Commentary*, Hart Publishing, 2017, p. 1944. 在第四期会议上，对海洋的和平利用进行了专题辩论。大会主席指出，海洋的和平利用不能与其他场合关于裁军、非热核化和海底非军事化的谈判分离。参见张海文主编：《〈联合国海洋法公约〉释义集》，海洋出版社2006年版，第162页。

〔24〕 参见张海文主编：《〈联合国海洋法公约〉释义集》，海洋出版社2006年版，第163页。

〔25〕 参见《塔林手册2.0》规则45“公海上的网络行动”：公海上的网络行动只能用于和平目的，除非国际法另有规定。

〔26〕 参见《塔林手册2.0》规则47。

〔27〕 参见《塔林手册2.0》规则45评注5。

〔28〕 Pascale Ricard, “The Limitations on Military Activities by Third States in the EEZ Resulting from Environmental Law”, *International Journal of Marine and Coastal Law* 34, (2019): 147.

〔29〕 Orrego Vicuña, *The Exclusive Economic Zone: Regime and Legal Nature under International Law*, Cambridge University Press, 1989, p. 111.

辖权；（3）对海洋科学研究的管辖权；（4）对海洋环境保护和保全的管辖权。

实际上，《海洋法公约》第 56 条第 2 款和第 58 条第 3 款规定了沿海国和其他海洋使用国在专属经济区的“适当顾及”义务，但并未对之作出具体阐释。依据相关国际司法和仲裁实践，在一国专属经济区内实施网络行动时，应履行的“适当顾及”义务具有如下性质：

（1）相互性。《海洋法公约》第 56 条第 2 款与第 58 条第 3 款规定的“适当顾及”义务阐释了《海洋法公约》在解决潜在权利冲突上的原则性立场。这两个条款措辞十分相似，二者的结合使《海洋法公约》为两类权利主体共同创制了一个“相互的适当顾及义务”[30]。国际法院在英国诉冰岛渔业管辖案中明确了这一性质，并指出“任何一方的权利都不是绝对的”。[31]

（2）平衡性。专属经济区这一法律制度的基本特征之一即是在沿海国的权利和利益与其他国家的权利和利益之间保持适当平衡。[32] 在毛里求斯诉英国查戈斯群岛海洋保护区案中，仲裁庭认为，英国秉承善意行事的义务，以及“适当顾及”毛里求斯权利和利益的义务，至少涉及协商和平衡地行使自己的权利和利益。[33]

（3）程序性。无论是在英国诉冰岛渔业管辖案中还是在毛里求斯诉英国查戈斯群岛海洋保护区案中，国际法院与仲裁庭都肯定了争议双方通过“协商”解决冲突是履行“适当顾及”义务的表现形式。[34] 在后一案件中，仲裁庭还认为履行“适当顾及”义务应在善意的基础上及时开展磋商或协商，并在可能时提出和解建议。[35]

---

〔30〕 Alexander Proelss (ed.), *United Nations Convention on the Law of the Sea: A Commentary*, Hart Publishing, 2017, p. 455.

〔31〕 国际法院认为：“争议双方均享有被‘适当承认’的权利，在本案中即英国在争议水域捕鱼的权利与冰岛所享有的优先权。二者的权利都不是绝对的。”参见 ICJ, Fisheries Jurisdiction (United Kingdom v. Iceland), Judgment of 25 July 1974, ICJ Reports (1974), p. 31, para. 71。

〔32〕 张海文主编：《〈联合国海洋法公约〉释义集》，海洋出版社 2006 年版，第 108 页。

〔33〕 See PCA, Chagos Marine Protected Area Arbitration (Mauritius v. United Kingdom), Award of 18 March 2015, para. 534.

〔34〕 国际法院在英国诉冰岛渔业管辖案中认为：“对本案争议最合适的解决方式即是双方协商，其目的在于划分争议双方在权利与义务上的边界……” See ICJ, Fisheries Jurisdiction (United Kingdom v. Iceland), Judgment of 25 July 1974, ICJ Reports (1974), p. 31, para. 73. 2015 年毛里求斯诉英国查戈斯群岛海洋保护区案的最终裁决也表达了类似意见。See PCA, Chagos Marine Protected Area Arbitration (Mauritius v. United Kingdom), Award of 18 March 2015, para. 519.

〔35〕 See PCA, Chagos Marine Protected Area Arbitration (Mauritius v. United Kingdom), Award of 18 March 2015, para. 528 et seq. 但同案异议意见认为，适当顾及问题与第 300 条中规定的善意和禁止滥用权利规则并无充分联系。See PCA, Chagos Marine Protected Area Arbitration (Mauritius v. United Kingdom), Joint Dissenting and Concurring Opinion of Judges Kateka/Wolfrum, para. 89. 也有学者指出，第 300 条中规定的善意和禁止滥用权利规则不涉及相互冲突的权利，而这正是适当顾及义务的主要目的。See Geneviève Bastid Burdeau, “The Respect of Other States’ Rights (Freedom of Navigation and Other Rights and Freedoms Set Out in the LOSC) as a Limitation to the Military Uses of the EEZ by Third States”, *The International Journal of Marine and Coastal Law* 34, (2019): 120.

由于涉及“适当顾及”义务的判例不多，且主要依个案具体情势考察，因此，目前仍很难确定“适当顾及”义务在法律适用上的确定性标准。[36] 尽管2015年的毛里求斯诉英国查戈斯群岛海洋保护区案裁决首次提出，顾及的程度取决于沿海国拥有的权利的性质、其重要性、预期损害的程度、从事行动的国家所考虑的行动的性质和重要性以及替代性办法的可获得性。[37] 不过，从上述司法和仲裁意见中至少可以得出结论认为，“适当顾及”义务不允许从事网络行动的国家任意行事。首先，基于“适当顾及”义务的相互性，在一国专属经济区内实施网络行动的国家不能依据《海洋法公约》第58条第1款所规定的航行和飞越自由主张绝对的网络行动自由。其次，基于“适当顾及”义务的平衡性和程序性，在一国专属经济区内实施网络行动的国家在行使自己相对的网络行动自由权利时，应进行自我约束，应对可能发生冲突的沿海国主权权利和管辖权进行平衡性考量，特别应避免不友好、挑衅性的或者恶意的网络行动。但也正如前文所述，当前的司法判例认为“适当顾及”义务主要是程序性的，因此只要实施网络行动的国家采取了适当的程序性行为，例如进行协商，便可被视为履行了该义务。此外还值得注意的是，《手册2.0》将适当顾及的对象限定于沿海国在专属经济区的“权利和义务”，而非顾及其“更为一般性的利益”[38]，因而将安全利益排除在“适当顾及”义务的范围之外。同时，《手册2.0》也并未全盘复制《海洋法公约》第58条第3款的所有内容。《手册2.0》对在他国专属经济区内实施的网络行动，仅重述了《海洋法公约》第58条第3款前半部分规定的“适当顾及”义务，而并未提及与该义务并列的“应遵守沿海国按照本公约的规定和其他国际法规则所制定的与本部分不相抵触的法律和规章”的义务。

三、专属经济区内实施的低烈度军事网络行动

1. 海上网络行动的类型

相较于《塔林手册1.0》，《手册2.0》涵盖了和平时期的网络行动，即低于“使用武力”门槛的网络行动。[39]《手册2.0》将“网络行动”（cyber operation）定义为：“利用网络能力在网络空间实现目标，或通过网络空间实现目标。在本手册中，这一术语通常在实施的语境中使用。”《手册2.0》对“网络活动”（cyber activity）的定义是：“任何涉及使用网络基础设施或使用网络手段影响此类基础设施运行的活动。此类活动包括

---

〔36〕 Alexander Proelss (ed.), *United Nations Convention on the Law of the Sea: A Commentary*, Hart Publishing, 2017, p. 432.

〔37〕 PCA, Chagos Marine Protected Area Arbitration (Mauritius v. United Kingdom), Award of 18 March 2015, para. 519.

〔38〕 参见《手册2.0》规则47评注3。

〔39〕［美］迈克尔·施密特总主编，［爱沙尼亚］丽斯·维芙尔执行主编：《网络行动国际法：塔林手册2.0版》，黄志雄等译，社会科学文献出版社2017年版，第47页。

但不限于网络行动。”因此，网络行动属于网络活动的子概念。[40] 美国在2018年《美军联合行动指南——网络行动》中采用了与《手册2.0》相同的定义，并认为网络行动包括军事性和非军事性的。[41]

根据《手册2.0》第八章“海洋法”前言第1段的表述[42]，海上网络行动可分为两大类型：（1）从（from）位于海上的网络基础设施实施的网络行动；（2）通过（through）位于海上的网络基础设施实施的网络行动。从上述表述可以看出，《手册》是以实施网络行动的媒介所在地点去界定海上网络行动类型的，包括实施网络行动的起点是位于海上的网络基础设施，例如，一国从位于沿海国专属经济区内的一艘船上对该沿海国或其他沿海国实施网络行动；或者实施网络行动是通过位于海上的网络基础设施，例如在陆地网络基础设施发起行动，通过位于专属经济区的船舶上的网络系统具体执行。

2. 专属经济区内的低烈度军事网络行动

《手册2.0》认为，低于使用武力门槛的军事网络行动，属于《海洋法公约》第87条第1款所规定的公海自由和其他合法利用海洋的范畴。[43]《手册2.0》还援引了1986年尼加拉瓜案的判决，主张军事部署不违反禁止诉诸威胁或使用武力原则。[44] 在此基础上，《手册2.0》进一步认为，沿海国在专属经济区享有的特定主权权利主要与资源相关。《手册2.0》援引多数专家的观点指出，《海洋法公约》未能提及专属经济区的安全利益，并且事实上，《海洋法公约》仅规定适当顾及沿海国的“权利和义务”，而非顾及其更为一般性的利益。[45]《手册2.0》继而详细列举了一国可以在另一国专属经济区内开展的与网络行动相关的军事活动，包括：军用航空器的飞越、海军特遣部队的部署、军事演习、监控、调查活动、侦查和情报收集，以及炮弹测试和射击等活动。具备网络行动能力的军舰和军用飞机可以在专属经济区内自由地航行和飞越。《手册2.0》评注还指出，上述活动无须获得沿海国的同意。[46] 此外，《手册2.0》还讨论了对于特定军事活动，包括与情报功能和网络行动相关的活动，是否涉及安全事项因而可为沿海国在其专属经济区内所禁止的问题。个别专家的意见认为《海洋法公约》第58条第3款强调适当顾及沿海国的权利和义务，可以将之理解为包括安全事项。而多数专家意见

---

〔40〕 Michael N. Schmitt (ed.), *Tallinn Manual 2.0 on the International Law Applicable to Cyber Operations*, Cambridge University Press, 2017, p. 564.

〔41〕 See Cyberspace Operations, Joint Publication 3-12, 8 June 2018, p. I-1.

〔42〕 ［美］迈克尔·施密特总主编，［爱沙尼亚］丽斯·维芙尔执行主编：《网络行动国际法：塔林手册2.0版》，黄志雄等译，社会科学文献出版社2017年版，第249页。

〔43〕 参见《手册2.0》规则45评注5。

〔44〕 Military and Paramilitary Activities in and against Nicaragua (Nicar. v. US), 1986 ICJ 14 (27 June), para. 227.

〔45〕 参见《手册2.0》规则47评注3。

〔46〕 同上。

则认为，军事活动通常与沿海国在专属经济区内行使有限的主权权利和管辖权无关。[47]《手册 2.0》在列举军事活动类型的同时，特别强调指出海洋科学研究，包括军队所开展的研究活动，需要获得沿海国的同意。[48] 对于在专属经济区上空实施网络行动，《手册 2.0》指出，在不违反国际法上相关限制的情况下，国家可在国际空域中实施网络行动。[49]《手册 2.0》相关评注进一步认为，这一规则反映了习惯国际法。[50] 由于"国际空域"是不属于国家领空的空域，任何国家都不能主张主权，因此专属经济区中与沿海国权利相关的规则对以展开网络行动为目的的飞越行为影响甚小。相应地，国家可以自由地在国际空域实施网络行动而无须得到任何其他国家的同意。[51] 对于设立了防空识别区的国家而言，《手册 2.0》认为，理论上，国家可以在属于国际空域的防空识别区内禁止航空器实施网络行动，或者禁止特定类型的网络行动，但只能是作为进入其领空的条件。而该条件不得妨碍公海上空的飞越自由。特别是，国家不能对因飞越国际空域需要而途经该国防空识别区的航空器（包括军用航空器）施加任何限制。[52]

笔者认为，《手册 2.0》中有关专属经济区内低烈度军事网络行动的列举和相关评注，更多地体现为海洋强国特别是美国关于专属经济区内军事活动的现行立场在网络空间的延伸：（1）沿海国在专属经济区所享有的主权权利主要是经济性的，与资源相关，与安全事项无关；（2）专属经济区内的低烈度军事网络行动，是合法地利用海洋的行为，无须事先获得沿海国同意；（3）海洋科学研究与情报收集和调查活动不同，前者需要获得沿海国的同意，而后者不需要；（4）专属经济区上空属于国际空域，他国可自由采取网络行动而无须沿海国同意，即使在防空识别区，也不能对途经而不进入沿海国领空的军用航空器施加任何限制。《手册 2.0》的相关表述和评注，部分有创设"应然法"之可能，例如规则 56 评注 1 认为国家可在国际空域实施网络行动反映了习惯国际法；部分仅反映了美国的主张，例如有关军事网络行动无须经沿海国同意，沿海国在专属经济区的权利主要与资源相关，与安全无关等；部分仅参考了美国的实践，例如一国只能要求进入其领空的民用航空器和国家航空器遵守该国设定的入境条件和程序，所援引的是美国国防部的《战争法手册》[53]，国家不能对途经该国防空识别区而不进入其领空的航空器（包括军用航空器）施加任何限制，体现的是美国《海上军事行动指挥官手册》

---

〔47〕 参见《手册 2.0》规则 47 评注 4。

〔48〕 同上。

〔49〕 参见《手册 2.0》规则 56。

〔50〕 参见《手册 2.0》规则 56 评注 1。

〔51〕 参见《手册 2.0》规则 56 评注 2。

〔52〕 参见《手册 2.0》规则 56 评注 9。

〔53〕 Michael N. Schmitt (ed.), *Tallinn Manual 2.0 on the International Law Applicable to Cyber Operations*, Cambridge University Press, 2017, p. 309, footnote 672.

中的规定[54]。与此同时，部分则是有意地忽视了当前其他许多国家关于专属经济区内军事活动的不同主张和实践。例如，孟加拉国、巴西、佛得角、印度、马来西亚、巴基斯坦和乌拉圭等国家在批准《海洋法公约》时均已发表声明，主张未经沿海国同意，其他国家无权在其专属经济区或大陆架上从事军事演习，特别是涉及使用武器或爆炸物的活动。[55] 一些国家，例如缅甸、佛得角、印度、马尔代夫、朝鲜、葡萄牙和巴基斯坦等还通过国内立法对专属经济区的军事活动进行限制。[56] 此外，《海洋法公约》通过之后的相关国际动态，包括美国公布的国内规章，也表明安全正越来越成为沿海国在专属经济区的关注事项。例如，美国 2007 年和 2017 年《海上行动法指挥官手册》规定，为预防或应对在美国的专属经济区和大陆架内的对美国享有管辖权的个人、船舶或设施采取的恐怖主义行为，美国享有安全（security）管辖权。[57] 又如，2005 年，在日本海洋政策研究基金会的支持下，"专属经济区 21 人专家组" 公布了《专属经济区航行和飞越指南》[58]，其中详细规定了对专属经济区军事活动的限制，指出军事活动不应在任何情况下损害或可能损害沿海国的安全、国防、环境保护和资源开发。[59]

四、专属经济区内建造、运行和使用海上网络基础设施

《手册 2.0》将"网络基础设施"（cyber infrastructure）定义为："信息系统得以建立和运行的通信、存储和计算装置。"[60] 根据《手册 2.0》第八章第 1 段，海上网络基础设施的来源包括：（1）海上的船只和潜艇（合称"船舶"）；（2）海洋上空的航空器；（3）近海设施（installations）；（4）海底通信电缆。从上述表述可以看出，海上网络基

---

〔54〕 美国《海上行动法指挥官手册》（2007 年和 2017 年版）第 2. 7. 2. 3 节规定，美国不承认沿海国有权将其防空识别区规则适用于无意进入其领空的外国航空器，美国也不会将其防空识别区规则适用于无意进入美国领空的外国航空器。因此，无意进入他国领空的美国军用航空器亦无须表明身份，或以其他方式遵守其他国家制定的防空识别区规则，除非美国已明确同意。

〔55〕 Yoshifumi Tanaka, *The International Law of the Sea*, Second Edition, Cambridge University Press, 2015, p. 395.

〔56〕 See Dep't of Defense, Maritime Claims Reference Manual (MCRM), DOD 2005. 1-M, June 2008. 转引自 James Kraska and Raul Pete Pedrozo, *International Maritime Security Law*, Martinus Nijhoff Press, 2013, pp. 239-240。

〔57〕 参见《美国海上行动法指挥官手册》（2007 年和 2017 年版）第 4. 5. 2 节。

〔58〕 EEZ Group 21: Guidelines for Navigation and Overflight in the Exclusive Economic Zone, The Nippon Foundation and Ocean Policy Research Foundation (OPRF), September 2005, Tokyo, pp. 8-10, accessed April 20, 2019, http: //nippon. zaidan. info/seikabutsu/2005/00816/pdf/0001. pdf.

〔59〕 有学者指出，首先，《指南》是由来自亚太地区战略利益各不相同的国家的专家们讨论通过的，因而具有客观性。其次，《指南》支持了专属经济区的军事活动应受到限制的主张。尽管《指南》没有约束力，但这份《指南》的通过，在某种程度上也反映了参与制定《指南》的国家的实践和态度，也可作为《海洋法公约》生效以来嗣后国家惯行的证据。参见［希腊］阿瑞斯－乔治·马盖里斯：《美国对专属经济区军事活动的法律解释与实践——以中美战略竞争为视角》，李途译，《亚太安全与海洋研究》2017 年第 2 期。

〔60〕 Michael N. Schmitt (ed.), *Tallinn Manual 2. 0 on the International Law Applicable to Cyber Operations*, Cambridge University Press, 2017, p. 564.

础设施既包括固定在近海设施和海底通信电缆中的通信、存储和计算装置，也包括在海上移动的船舶（包括潜艇）和航空器上载有的网络基础设施，如海上测量船载有的信息设备[61]、军用舰载、机载传感器及其他通信设备[62]等。

对于在沿海国专属经济区内建造、运行和使用海上网络基础设施，是否以及在什么情况下需经沿海国事先同意，《手册2.0》对此作出了部分解答。

1. 在他国专属经济区内建造海上网络基础设施

据报道，2018年6月5日，微软在英国苏格兰奥尼克群岛附近部署的海底数据中心正式开始运行。该数据中心位于海下约35米的深海海床，约为一个集装箱大小，通过与海底电缆连接实现运行，其目的是为沿海城市提供快速的数据云服务，并研究在世界任何地方部署模块化数据中心的可行性。[63]《手册2.0》规则45评注6认为，在公海建造海底数据中心的行为是合法的。但在沿海国专属经济区内，此类中心的建造需经沿海国事先同意，其依据是沿海国对专属经济区行使相关主权权利，并且该中心的运行可受到沿海国的规制与管辖。《手册2.0》同时援引了《海洋法公约》第60条第1款和第2款，并特别强调沿海国可规制与管辖的专属经济区建造物应是用于经济目的的设施和结构。[64]

部分国家实践与此解读并不一致。例如，巴西、佛得角和乌拉圭在批准《海洋法公约》时发表声明指出，未经同意不得在其专属经济区内建造、操作和使用任何类型的设施和结构，无论其性质或目的为何。[65] 此外，据统计有包括日本、比利时、印度在内的20多个国家在国内法中规定对用于任何目的（不限于《海洋法公约》第56条中规定的经济目的）、所有类型的设施和结构均行使管辖权。这些国家主张专属管辖权的理由在于，某些军事性的设施或结构具有高度争议性，可能会使沿海国的防御失效，从而对其国家安全构成严重威胁。[66] 我国1998年《专属经济区和大陆架法》也未限定可行使

---

〔61〕叶卓文：《海洋调查船网络信息系统》，载《中国测绘学会海洋测绘专业委员会第二十届海洋测绘综合性学术研讨会论文集》，第359页。

〔62〕潘清等编著：《网络中心战装备体系》，国防工业出版社2010年版，第18页。

〔63〕《微软拟部署潜艇式水下数据中心》，http：//www. hellosea. net/Energy/2/2018-06-15/50913. html，访问日期：2019年4月25日。

〔64〕《海洋法公约》第60条第1款b项规定，“沿海国在专属经济区内应有专属权利建造并授权和管理建造、操作和使用：（b）为第56条所规定的目的和其他经济目的的设施和结构”。《手册》在多处强调了专属经济区的经济属性，如规则47评注3认为沿海国的主权权利主要与资源相关，规则45评注6脚注561认为沿海国可规制与管辖的是用于经济目的的装置和结构。

〔65〕巴西签署声明第六项及批准声明第三项，佛得角签署声明第六项，以及乌拉圭签署声明E项。参见https：//treaties. un. org/Pages/ViewDetailsIII. aspx? src = TREATY&mtdsg_ no = XXI-6&chapter = 21&Temp = mtdsg3&clang = _ en#EndDec。

〔66〕Sophia Kopela，“The ‘Territorialisation’ of the Exclusive Economic Zone：Implications for Maritime Jurisdiction”，accessed April 20，2019，https：//www. dur. ac. uk/resources/ibru/ conferences/sos/s_ kopela_ paper. pdf.

管辖权的设施和结构的性质或目的。[67]

综上所述，《手册 2.0》实际上重述了《海洋法公约》的相关规定，并据此将之解读为完全排除了沿海国对在其专属经济区内建造用于非经济性目的（例如军事或政府目的）的海上网络基础设施的专属管辖权，并未考虑存在不一致意见的部分国家实践。但无论如何，在他国专属经济区内建造此类用于非经济性目的的海上网络基础设施，应不在《海洋法公约》第 58 条第 1 款中所明文列举的专属经济区内航行自由的范围之列。[68] 而且，依据《海洋法公约》第 60 条第 1 款 c 项，对于可能干扰沿海国在专属经济区内行使权利的设施和结构，沿海国可行使专属管辖权，这类设施和结构也应包括用于非经济性目的的设施和结构。

2. 无人水下航行器作为海上网络基础设施时的法律地位

关于无人水下航行器的法律地位，目前尚属《海洋法公约》未予规定的领域。2016 年，中美就美军“鲍迪奇号”在我南海专属经济区投放的无人水下航行器的法律地位产生争议。中国国防部和外交部新闻发言人指出该装置属“不明装置”。[69] 美方认为该装置属于船舶，用于政府目的，依《海洋法公约》第 32 条享有主权豁免。[70] 美方的主张显然不符合国际法关于船舶是“水上运输工具”的定义，也不符合《海洋法公约》第 29 条关于“军舰”的定义，因为该无人装置并未配备船员。[71]

当无人水下航行器构成“通信、存储和计算装置”时，不排除其构成海上网络基础设施的可能性，因为《手册 2.0》在叙述海上网络基础设施时并未排除可移动的装置。依据《手册 2.0》相关规则及评注，当无人水下航行器作为海上网络基础设施时，其法律地位需要依据其所有权属性及用途确定。如果该装置属于私人财产，依据专属经济区的相关规则，其部署需要沿海国的事先同意，且沿海国可行使相应的管辖权。[72] 如果无人水下航行器是作为具有政府性质的海上网络基础设施，且完全用于政府用途[73]时，对此类装置可主张豁免：当此类装置位于军舰或政府船舶上时，由于其未与作为主权豁免平台的军舰或政府船舶相分离，因而可以主张主权豁免，以及免于他国的执行管

〔67〕 参见《中华人民共和国专属经济区和大陆架法》第 8 条。

〔68〕 Alexander Proelss (ed.), *United Nations Convention on the Law of the Sea: A Commentary*, Hart Publishing, 2017, p. 472.

〔69〕 《2016 年 12 月 19 日外交部发言人华春莹主持例行记者会》，https://www.fmprc.gov.cn/web/fyrbt_673021/t1425293.shtml，访问日期：2019 年 4 月 25 日。

〔70〕 James Kraska and Raul Pete Pedrozo, “China's Capture of U.S. Underwater Drone Violates Law of the Sea”, accessed April 20, 2019, https://www.lawfareblog.com/chinas-capture-us-underwater-drone-violates-law-sea.

〔71〕 See Mark J. Valencia, “US-China Underwater Drone Incident: Legal Grey Areas”, accessed April 20, 2019, https://tribunecontentagency.com/article/us-china-underwater-drone-incident-legal-grey-areas.

〔72〕 参见《手册 2.0》规则 45 评注 6。该评注的脚注 561 中特别提及关于专属经济区内建造的问题，参照《海洋法公约》第 60 条第 1 款和第 2 款。

〔73〕 参见《手册 2.0》规则 5 评注 2。

辖。[74] 当此类装置与军舰或政府船舶相分离时，由于其具有政府财产的属性并用于政府目的，亦可主张管辖豁免，包括执行管辖和司法管辖豁免。[75]

3. 使用海上网络基础设施从事军事数据（情报）收集

与此相关的问题是，当无人水下航行器或数据中心作为海上网络基础设施在沿海国专属经济区从事情报收集和数据传输等军事性质的网络活动时，是否应征得沿海国的事先同意？在未征得同意的情况下，是否违反“适当顾及”义务？《手册2.0》对这一问题作出了部分回答。首先，《手册2.0》认为，沿海国在专属经济区内享有的主权权利主要与资源相关，并且事实上仅规定适当顾及沿海国的“权利和义务”，而非顾及更为一般性的利益，从而排除了沿海国基于安全利益行使管辖权的主张。[76] 其次，《手册2.0》回避了此类活动是否属于“海洋科学研究”的争议，而是直接表述多数专家的意见认为，军事活动通常与沿海国在专属经济区内行使有限的主权权利和管辖权无关。[77] 最后，《手册2.0》暗示性地主张，在用于军事用途或政府用途时，无须经沿海国事先同意。[78]

笔者认为，上述解读更契合美国的观点。美国主张，是情报收集所获数据的用途而非数据本身决定了是否需要经过沿海国的同意。如果是用于军事目的或用于确保航行安全，而非用于经济目的，那么就属于“海洋其他国际合法用途”，无须沿海国同意。[79] 而包括中国在内的发展中国家认为，这种区分将不可避免地造成海洋大国以科学研究的名义开展军事活动，而沿海国家很难确定这些收集的海洋数据最终和真正的用途。[80] 而且，随着海洋科考技术设备的升级以及军民两用技术的普遍化，区分两者的难度极大。[81] 澳大利亚知名学者山姆·贝特曼（Sam Bateman）也指出，鉴于这些数据很可能用于针对沿海国的军事行动，它就与《海洋法公约》第58条“各国在专属经济区行使权利和履行义务时，应适当顾及沿海国的权利和义务”的规定相违背，这种行为可能危及沿海国的安全。[82]

---

〔74〕 参见《手册2.0》规则5评注1。

〔75〕 参见《手册2.0》规则12评注8。

〔76〕 参见《手册2.0》规则47评注3。

〔77〕 参见《手册2.0》规则47评注4。

〔78〕 参见《手册2.0》规则5评注2与规则45评注6脚注561，后者特别提及可受沿海国规制与管辖的应是用于经济目的。

〔79〕 Raul Pete Pedrozo, “Preserving Navigational Rights and Freedoms: The Right to Conduct Military Activities in China's Exclusive Economic Zone”, *Chinese Journal of International Law* 1, 9 (2010): 21-22.

〔80〕 参见［希腊］阿瑞斯·乔治·马盖里斯：《美国对专属经济区军事活动的法律解释与实践——以中美战略竞争为视角》，李途译，《亚太安全与海洋研究》2017年第2期。

〔81〕 参见余敏友、雷筱璐：《评美国指责中国在南海的权利主张妨碍航行自由的无理性》，《江西社会科学》2011年第9期。

〔82〕 Sam Bateman, “Hydrographic Surveying in the EEZ: Differences and Overlaps with Marine Scientific Research”, *Marine Policy* 29, 2 (2005): 172.

五、结论及展望

在《手册2.0》中，国际专家组一致认为，国际海洋法可适用于从海上网络基础设施或通过海上网络基础设施而实施的网络行动。[83] 而且，《手册2.0》也郑重表明，其目的在于客观地重述“实然法”，避免反映“应然法”。[84] 但考察其中有关专属经济区内军事网络行动的相关表述，笔者认为，《手册2.0》选择性地重述了部分国家对“实然法”的主张，同时也部分反映了“应然法”。由于《海洋法公约》作为一揽子协定，本身的规定存在着诸多的模糊性，例如对“和平目的”“适当顾及”等均语焉不详，因而对专属经济区内军事活动的合法性问题，在实践中存在着相对立的立场和做法。但《手册2.0》对专属经济区内与网络行动相关的军事活动的表述，一方面，并未考虑专属经济区不同于公海的自成一体性，从而有意忽略了在专属经济区内对军事利用的限制应大于在公海内对同样行为的限制；另一方面，《手册2.0》的相关表述也没有体现《海洋法公约》缔结后的国家实践对“航行自由”的限制。《海洋法公约》缔结之后的国家实践表明，《海洋法公约》中规定的“航行自由”日益受到非传统安全、海洋生态和环境保护、海洋资源的养护与利用以及国家安全等因素的制约。例如，沿海国日益以传统和非传统安全为由，对包括毗连区、专属经济区和大陆架在内的海域主张管辖权，限制航行自由，有14个国家和1个地区在毗连区主张设立安全区或主张安全管辖权，有18个国家主张限制专属经济区内的军事活动，包括对所有或特定类型的船只通行施加限制。反之，《手册2.0》主要反映的是海洋强国特别是美国的主张和实践，例如纳入了《海洋法公约》中并不存在的“国际水域”和“国际空域”概念[85]，认为沿海国对专属经济区的主权权利和管辖权主要与资源和经济目的相关，“适当顾及”义务无关安全利益，专属经济区内的低烈度军事网络行动是合法地利用海洋的活动，无须事先获得沿海国同意等。因此，《手册2.0》的相关解读是在《海洋法公约》的文字性规定基础之上，更多地参考了与美国立场一致的国家实践，尽管美国并非《海洋法公约》的缔约国。

《手册2.0》的制定体现了一种跨国法律进程，即通过认知共同体（学者）解决网络空间的法律问题，调动精英和支持者与各国政府进行互动（解释规则，赞成或质疑），并将某种得到接受的解释内化。但这种认知共同体是经过选择的，法律规则的解释和重构均建立在这种选择的基础之上。这种造法方式和进程值得关注。正如我国参加编撰《手册2.0》的国际法学者所指出的：“在网络空间确立和适用何种国际法规则，直接关

---

〔83〕［美］迈克尔·施密特总主编，［爱沙尼亚］丽斯·维芙尔执行主编：《网络行动国际法：塔林手册2.0版》，黄志雄等译，社会科学文献出版社2017年版，第249页。

〔84〕同上，第49页。

〔85〕参见《塔林手册2.0》规则11评注5、规则56评注2。

涉各国对信息网络资源的控制和支配，关涉各国在网络空间国际秩序中的话语权和主导权，并反过来对现实世界的话语权和主导权产生影响。”〔86〕 通过《手册2.0》对海洋法相关规则适用于专属经济区内与网络行动相关的军事活动的选择性重述和解读，通过在网络行动国际法规则领域主导性的话语权，传统海洋法领域有关军事利用专属经济区的分歧，会在网络行动领域有倾向地以准软法的形式固定下来，继而通过国家实践，包括通过政府声明以及实际行动等方式加以巩固，或者是为发展新的习惯国际法规则作准备，或者是重构现有的习惯国际法规则。这会对未来发展中国家在专属经济区内以安全为由应对军事性网络行动构成障碍。因此，笔者建议，一方面，在顶层设计上需要更加重视国际法的多元化造法进程，特别是软法或准软法造法进程，并为此结合国家战略需求打造高层次多元化的国际法人才队伍，以在国际法规则制定层面掌握主动权和话语权；另一方面，要更加重视国家立法和实践在国际法造法进程，特别是形成和发展习惯国际法规则中所发挥的作用。例如，针对本文讨论的主题，在国内立法和执法管辖层面，扩大对专属经济区内与网络行动相关的军事活动的管制，在与此相关的习惯国际法规则形成的过程中，确立自有的国家实践应是值得考虑的。因为这种国家实践，无论是作为习惯国际法规则形成过程中的支持者，还是作为一贯反对者，都会对国家未来的国际法主张提供有利的支撑。

〔86〕 黄志雄：《国际法在网络空间的适用：秩序构建中的规则博弈》，《环球法律评论》2016年第3期。

国际海底区域环境补偿基金的设立与制度架构

■周　江*

【内容摘要】环境补偿基金作为国际海底区域内活动造成的海洋环境损害的一层保护屏障被设立在“区域”矿产资源开发规章中，有其法律支撑和理论基础。环境补偿基金制度架构中的几个关键问题需要明确，包括环境补偿基金的使用方向、环境补偿基金的资金来源和环境补偿基金的偿付。

【关键词】国际海底区域　环境补偿基金　制度架构

环境补偿基金（Environmental Compensation Fund）是国际海底管理局（以下简称管理局）在为国际海底区域（以下简称“区域”）矿产资源开发活动制定的规则中设立的一种填补环境责任缺口的第二层级的赔偿保障。先后出现于2015年7月的《构建“区域”内深海矿产开发规章框架》（以下简称2015年7月《开发规章框架》）[1]、2017年1月的《制定和起草“区域”内矿物资源开发规章（环境问题）的讨论文件》（以下简称《环境规章草案》）[2]、2018年4月的《“区域”内矿物资源开发规章草案》（以下简称2018年4月《草案》）[3]、2018年7月的《“区域”内矿物资源开发规章草案》（以下简称2018年7月《草案》）[4]和2019年3月的《“区域”内矿物资源开发规章草案》（以下简称2019年3月《草案》）[5]中。2019年3月《草案》审议通过之前，环境补偿基金都以“环境责任信托基金”（Environmental Liability Trust Fund）的表述形式存在。[6]随着“区域”开发时代的来临，设立环境补偿基金不仅是使海洋环境损害得到充分补偿的有效途径之一，也是人类共同继承财产原则的重要体现。而开发规章草案[7]中的相关规定有语焉不详之嫌且颇具争议，有必要进一步明确环境补偿基金的设立基础并完善其制度架构。

一、环境补偿基金的设立基础

《联合国海洋法公约》（以下简称《海洋法公约》）在序言部分就强调了作为海洋法

---

* 法学博士，西南政法大学教授，博士生导师，海洋与自然资源法研究所所长。
本文为国家社科基金2017年重大项目“中国海权发展模式及海洋法治完善研究”（17ZDA145）、中国法学会2018年度部级法学研究课题“国际海底区域资源开发与共享机制研究”［CLS（2018）D154］的阶段性研究成果。

〔1〕 ISA, Developing a Regulatory Framework for Deep Sea Mineral Exploitation in the Area, July 2015.

〔2〕 ISA, A Discussion Paper on the development and drafting of Regulations on Exploitation for Mineral Resources in the Area (Environmental Matters), January 2017.

〔3〕 ISBA/24/LTC/WP. 1.

〔4〕 ISBA/24/LTC/WP. 1. Rev.

〔5〕 ISBA/25/C/WP. 1.

〔6〕 三份草案中有关环境补偿基金/环境责任信托基金的规定基本一致，以下统一称“环境补偿基金”。

〔7〕 管理局各版本《“区域”内矿物资源开发规章草案》的统称。

律制度一部分的环境问题的重要性，并在第十二部分专门规定了“海洋环境的保护和保全”。《海洋法公约》关于“区域”的规定也对环境问题没有丝毫懈怠，将“海洋环境的保护”作为专门条款规定在第145条。实现海洋环境的保护，除尽量避免人类活动对海洋环境可能产生的有害影响外，针对已产生的环境损害采取迅速补救措施，也是十分重要的。此时便涉及损害者承担责任和赔偿的问题。

这一问题很早就为国际社会所关注，1972年联合国人类环境会议（斯德哥尔摩会议）提出，各国应进行合作，以进一步发展有关它们管辖或控制之内的活动对它们管辖以外的环境造成的污染和其他环境损害的受害者承担责任和赔偿问题的国际法。[8]《海洋法公约》对这一问题也有所回应，在第235条中对国家在海洋环境保护和保全中的责任进行了规定，明确各国有责任履行其关于保护和保全海洋环境的国际义务，并且应按照国际法承担责任。

具体到“区域”内活动，缔约国、国营企业、具有缔约国国籍的自然人或法人及国际组织，均对没有履行《海洋法公约》规定的义务而造成的海洋环境损害负有赔偿责任。为“区域”内勘探开发矿产资源的主体（承包者）进行担保的担保国，同样负有相应的责任。

按照《海洋法公约》对担保国赔偿责任的有关规定，担保国只有当未按照《海洋法公约》履行其确保遵守的义务、所担保的承包者没有遵守其义务并因此造成损害且担保国的不履行与损害发生之间存在因果关系时，担保国才应对其所担保的承包者造成的损害承担责任。在担保国需要承担赔偿责任的情况下，其责任的上限是其所担保的承包者的不法行为造成的“实际损害”，同时还应考虑管理局和对有关活动行使管辖或控制的国家的潜在责任。此外，担保国和承包者并不承担连带责任，承包者应先于担保国履行赔偿责任，只有在承包者不能完全赔偿其应负责的损害时，担保国才有义务对未能赔偿的损害部分承担剩余责任。由于担保国根据《海洋法公约》承担的确保遵守的义务是一种“行为义务”，而并非杜绝损害发生的“结果义务”，因此，如果担保国已经履行了《海洋法公约》规定的尽责义务，那么即使发生损害，也不要求其承担责任。[9]这些情况下就可能出现赔偿责任的缺口。

国际海洋法法庭海底争端分庭（以下简称争端分庭）于2011年2月1日针对“区域”担保国的法律义务与责任问题提供的咨询意见认为，这些缺口不可能通过诉诸担保国在习惯国际法中的赔偿责任而被填补。争端分庭了解国际法委员会为解决国际法不加禁止的行为造成的损害问题所做的努力。但是，争端分庭认为这些努力尚未导致国家对

〔8〕《斯德哥尔摩宣言》原则22，《斯德哥尔摩会议报告》第5页。

〔9〕参见高健军：《国际海底区域内活动的担保国的赔偿责任》，《国际安全研究》2013年第5期。

合法行为承担责任，因此建议管理局设立一个信托基金，以支付其他未涵盖的损害赔偿金。[10]

至此，环境补偿基金的设立才逐渐被管理局在制定开发规章的过程中提上日程。实际上，“诸如强制保险或补偿基金等关于给付适当补偿”的理念早在第三次联合国海洋法会议第八期会议上（1979 年）就出现了，相关提案强调对污染海洋环境所造成的损害“保证迅速而适当地给予补偿”以及各国在这方面的义务。[11]《海洋法公约》第 235 条第 3 款则直接规定：“为了对污染海洋环境所造成的一切损害保证迅速而适当地给予补偿的目的，各国应进行合作，以便就估量和补偿损害的责任以及解决有关的争端，实施现行国际法和进一步发展国际法，并在适当情形下，拟订诸如强制保险或补偿基金等关于给付适当补偿的标准和程序。”争端分庭关于管理局设立环境补偿基金的建议也正是基于此款规定：如果承包者未充分履行其赔偿责任，而担保国根据《海洋法公约》第 139 条第 2 款[12]不承担责任，管理局可能希望考虑设立信托基金以弥补未涵盖的损害。分庭提请注意《海洋法公约》第 235 条第 3 款提到这种可能性。[13] 即针对“区域”活动中可能出现的环境责任缺口，管理局可在适当情形下设立一种补偿海洋环境损害的信托基金。

管理局本身被《海洋法公约》授权制定适当的规则和规章，以保护海洋环境不受“区域”内矿产资源勘探和开发活动的影响[14]，加之《海洋法公约》第 235 条第 3 款和争端分庭咨询意见为其提供的支撑，管理局设立环境补偿基金有其坚实的法律基础。

此外，“区域”内活动造成的环境损害侵权本身在法理上有其特殊性。海洋环境污染不同于一般侵权行为的特点导致传统侵权行为的救济手段不一定适合解决海洋环境侵权的损害赔偿，因为海洋环境污染的损害后果往往较一般侵权行为的后果更加严重，因此需要寻找新的救济方式。环境侵权的社会化救济成为众多学者推崇的解决方案。[15]“区域”内活动的环境侵权尤其需要社会化救济。

首先，因“区域”内活动造成海洋环境损害的承包者作为加害人，其造成损害的原

---

〔10〕 Responsibilities and Obligations of States with Respect to Activities in the Area, Advisory Opinion, 1 February 2011, ITLOS Reports 2011, p. 66.

〔11〕 Myron H. Nordquist, *United Nations Convention on the Law of the Sea*, 1982: *A Commentary*, Vol. IV, Articles 192 to 278 Final Act, Annex VI, Brill Nijhoff, 1990, pp. 411-412.

〔12〕《海洋法公约》第 139 条第 2 款：在不妨害国际法规则和附件三第 22 条的情形下，缔约国或国际组织应对由于其没有履行本部分规定的义务而造成的损害负有赔偿责任；共同进行活动的缔约国或国际组织应承担连带赔偿责任。但如缔约国已依据第 153 条第 4 款和附件三第 4 条第 4 款采取一切必要和适当措施，以确保其根据第 153 条第 2 款 b 项担保的人切实遵守规定，则该缔约国对于因这种人没有遵守本部分规定而造成的损害，应无赔偿责任。

〔13〕 Responsibilities and Obligations of States with Respect to Activities in the Area, Advisory Opinion, 1 February 2011, ITLOS Reports 2011, p. 65.

〔14〕《海洋法公约》第 145 条。

〔15〕 参见韩立新：《我国海洋污染损害赔偿基金的设立与制度构架》，《社会科学辑刊》2012 第 5 期。

因行为在价值判断上也许并不缺乏合法性和社会妥当性，且当其秉持全人类共同继承财产原则进行"区域"矿产资源的勘探开发时，这一行为具有了相当的社会公益性，仅仅让承包者和担保国承担全部损害责任有失公平。其次，在"区域"内进行活动造成海洋环境损害，往往没有直接的受害人，遭受损失的不是某个国家、法人或自然人，而是全人类，包括承包者和担保国，因此，相关责任更应体现补偿性而非惩罚性。再次，因"区域"内活动造成的海洋环境损害结果可能具有潜伏性、滞后性，当环境损害结果显现的时间与损害行为发生的时间相隔较远，在技术上和法律上都很难归责于承包者和担保国。最后，一旦海洋环境损害的补偿成本超过了承包者和担保国在"区域"资源勘探开发上的实力与预期，一方面将会对承包者造成经济上的沉重影响，大大打击承包者在"区域"内活动的积极性，另一方面会因资金缺口使得海洋环境损害问题得不到及时、妥善的解决，进而不利于全人类共同继承财产效用的发挥。因此，设立环境补偿基金有充分的理论基础。

就设立环境补偿基金的法律基础和理论基础来看，这一基金对于"区域"内活动造成的海洋环境损害而言，重点在于填补承包者和担保国的责任缺口，同时要具有基金高效率运作、补偿相对容易获得、足以覆盖海洋环境因"区域"内活动遭受的损失等特点。环境补偿基金的制度架构应当以此为出发点。

二、环境补偿基金的使用方向

在 2018 年 4 月《草案》、2018 年 7 月《草案》和 2019 年 3 月《草案》中，环境补偿基金的使用方向基本一致，包括：（a）供资用于实施任何旨在防止、限制或修复"区域"内活动对"区域"造成的任何损害、其费用无法从承包者或担保国（视情况而定）回收的必要措施；（b）促进研究可减少"区域"内开发活动造成环境损害或破坏的海洋采矿工程方法和做法；（c）与保护海洋环境有关的教育和培训方案；（d）资助对恢复和修复"区域"的最佳可得技术进行研究；（e）在技术和经济上可行并有最佳可得科学证据支持的情况下恢复和修复"区域"。[16]

从利益攸关方的意见来看，上述环境补偿基金的使用方向是不被认可的。多数意见认为，环境补偿基金的目的应限于争端分庭在其 2011 年 2 月 1 日的咨询意见中提出的可能出现的环境责任方面的空白有关的目的。[17] 例如，澳大利亚政府认为，依照争端分庭的建议引入环境补偿基金是令人鼓舞的，但其职能和目的应仅限于解决争端分庭确定的填补赔偿责任缺口，与这一目的有较大差距的事项应通过其他方式提供资金。[18] 学

〔16〕 2019 年 3 月《"区域"内矿物资源开发规章草案》第 55 条。

〔17〕 ISBA/25/C/2，p. 8.

〔18〕 General Comments from Australia on Draft Regulations on Exploitation of Mineral Resources in the Area September 2018，p. 10.

术团体 Deep-ocean Stewardship Initiative 认为，环境补偿基金应根据争端分庭的建议专门用于解决无法从承包者和担保国收回成本的因“区域”内活动造成的环境损害补偿。[19]牙买加政府认为，环境补偿基金应用于解决争端分庭确定的可能存在的环境责任缺口，如果环境补偿基金的目的过于宽泛，可能会削弱基金在实现既定目标方面的效用。[20]

在 2015 年 7 月《开发规章框架》中，环境补偿基金的使用的确仅仅针对潜在的环境责任缺口。[21] 彼时，除了环境补偿基金，管理局还曾设想过设立“海底采矿可持续发展基金”（Seabed Mining Sustainability Fund）致力于支持“区域”海洋生态系统的研究和相关机构能力的发展，主要用于促进对深海海洋生态系统的研究、增加有关“区域”内活动对海洋环境影响的了解、对“区域”内特定环境问题的管理和监测、研究和了解与“区域”内活动有关的社会经济问题、广泛地向利益攸关方传播相关研究成果、向发展中国家提供科学和技术援助、研究修复技术在技术上和经济上的可行性等。[22]

海底采矿可持续发展基金的这些目的已经在很大程度上与目前开发规章草案文本中环境补偿基金的目的重叠。事实上，海底采矿可持续发展基金的构想也仅仅停留在管理局的开发规章框架和讨论文件中，从未出现在正式的开发规章草案文本中，但显然其目的已经部分转移给了环境补偿基金，使环境补偿基金有了十分广阔的使用方向。

过于宽泛的使用目标不仅不会使环境补偿基金物尽其用，反而会稀释其核心目标，甚至会因环境补偿基金在其他事项上投入过多而使得在环境责任缺口产生时没有足够的资金应对风险。环境补偿基金的目的在于预防、限制或修复“区域”内活动产生的环境损害，是救济性和补充性的。笔者认为，以下目标不应通过环境补偿基金实现：

其一，促进研究可减少“区域”内开发活动造成环境损害或破坏的海洋采矿工程方法和做法、资助对恢复和修复“区域”的最佳可得技术进行研究。这两个目标本质上属于海洋科学研究。管理局大会在 2006 年第 12 届会议中设立了“区域”内海洋科学研究捐赠基金，该基金的宗旨是促进和鼓励在“区域”内为全人类利益进行的海洋科学研究，特别是支持发展中国家合格的科学家和技术人员参加海洋科学研究方案，并通过培训、技术援助和科学合作方案等方式，向他们提供参加国际技术和科学合作机会。[23]截至 2019 年 5 月 22 日，“区域”内海洋科学研究捐赠基金的资本为 3503567 美元，累计利息收入 702463 美元，海洋科学研究活动支出 582617 美元，可用资金总额（利息减支

[19] DOSI, Commentary on “Draft Regulations on Exploitation of Mineral Resources in the Area” issued July 9, 2018 by ISA (ISBA/24/LTC/WP. 1/Rev. 1), p. 8.

[20] Jamaica, Submission of Jamaica Comments on the Draft Regulations, pp. 22-23.

[21] ISA, Developing a Regulatory Framework for Deep Sea Mineral Exploitation in the Area, July 2015, p. 36.

[22] Ibid, p. 35; ISA, A Discussion Paper on the development and drafting of Regulations on Exploitation for Mineral Resources in the Area (Environmental Matters), pp. 72-74.

[23] ISBA/12/A/11, p. 1.

出）119846 美元。[24] 由此财务数据可见，“区域”内海洋科学研究捐赠基金目前能够无压力地覆盖海洋科学研究活动的支出，不需要通过环境补偿基金专门资助与保护、恢复和修复“区域”环境有关的技术研究。

其二，与保护海洋环境有关的教育和培训方案。一方面，与保护海洋环境有关的教育和培训是管理局应该支持的基本活动，与环境基金弥补环境责任缺口的核心目标关联性太小，使用环境补偿基金进行这些活动并不合适；另一方面，2019 年 3 月《草案》将相关培训列为承包者的一项义务：承包者应按照开发合同中经核准的培训计划承诺、开发规章和任何培训准则，对管理局和发展中国家的人员持续进行和开展培训。[25] 据此相关培训可通过承包者履行培训义务等渠道予以实施，使用环境补偿基金实无必要。

至于在技术和经济上可行并有最佳可得科学证据支持的情况下恢复和修复“区域”，与环境补偿基金的核心目标是一致的。恢复和修复“区域”是承包者在关闭计划中需做出的承诺[26]，如果承包者按照良好行业做法、最佳环保做法、最佳可得技术和相关准则保持了关闭计划的实时性和适足性，并且严格执行了该计划，“区域”内环境依然受到损害，这些损害并未在停止生产后即刻显现，此时环境履约保证金已无法覆盖此种环境损害，环境补偿基金将会是弥补环境损害最后的屏障。

所以，环境补偿基金的使用方向应当是供资用于实施任何旨在防止、限制或修复“区域”内活动对“区域”造成的任何损害、其费用无法从承包者或担保国（视情况而定）回收的必要措施与在技术和经济上可行并有最佳可得科学证据支持的情况下恢复和修复“区域”。

三、环境补偿基金的资金来源

在 2018 年 4 月《草案》、2018 年 7 月《草案》和 2019 年 3 月《草案》中，环境补偿基金基本上由以下资金组成：（a）向管理局缴纳的费用中按规定百分比或数额提取的部分；（b）向管理局缴纳的任何罚款中按规定百分比提取的部分；（c）管理局通过谈判或因与违反开发合同条款有关的法律诉讼程序而回收的任何数额资金中按规定百分比提取的部分；（d）根据财务委员会的建议，按理事会指示存入基金的任何资金；（e）基金通过投资属于基金的资金而获得的任何收入。

这是一个十分模糊而笼统的规定，在开发规章文本中至少应当体现环境补偿基金的缴纳主体和资金的具体比例或数额。为此需要考虑的因素有：（1）确保基金的缴款是长期稳定的，在紧急情况发生时有足够的能力应对；（2）不应赋予承包者和担保国过于繁重的负担，从而削弱其进行“区域”矿产资源开发的积极性。

---

〔24〕 ISBA/25/FC/6，pp. 1-2.

〔25〕 2019 年 3 月《“区域”内矿物资源开发规章草案》，第 37 条第 1 款。

〔26〕 2019 年 3 月《“区域”内矿物资源开发规章草案》，第 59 条第 2 款 f 项。

开发规章草案文本规定的环境补偿基金的资金来源并未包含承包者和担保国的专门缴款，明确的只有管理局收到的费用、罚款和其他资金。

目前，管理局向所有成员国收取的费用有行政费和周转基金。根据《海洋法公约》和《关于执行1982年12月10日〈联合国海洋法公约〉第十一部分的协定》，管理局的行政费用应由成员国摊款支付，直至管理局从其他来源获得足够的资金来支付这些费用为止。截至2019年4月30日，管理局56个成员国已经拖欠缴款两年以上，且目前的未缴摊款数额相当于管理局年度预算一月余的数额，已经危及秘书处的顺利运作和对实务方案的投资。[27] 周转基金由管理局大会在1997年第三届会议中设立，数额约为核定预算的十二分之一，由管理局成员国按照管理局大会通过的预算成员国缴款分担比额向周转基金预缴摊款。设立该基金是为了在成员国摊款的使用不足以支付管理局支出时，满足管理局的日常预算支出需要。管理局一旦获得足够的资金，将向周转基金偿还所借资金。[28]

从管理局于所有成员国处收取的费用收支情况来看，管理局的可支配资金情况并不乐观，且部分成员国缴款配合度不高，如果从管理局收取的来自所有成员国的费用中列支一定比例或数额作为环境补偿基金的资金，难度较大，可行性较小。

依据2019年3月《草案》，管理局因“区域”矿产资源开发活动向承包者和担保国收取的费用主要是依据适用资源类别的特许权使用费率所确定的合同区内已出售或已回收尚未出售的含矿矿石的特许权使用费、固定年费、年度报告费、申请核准工作计划的申请费等。鉴于后两者有其专门用途，其中可供环境保障基金从中抽取较大比例或数额的费用只有特许权使用费和固定年费，这两项费用作为管理局从商业生产中获得的收益之一，无疑是适合为环境补偿基金供资的。正如中国政府在针对2018年7月《草案》向管理局提交的评论意见中指出的，环境补偿基金的资金应源于“区域”内资源开发的收益，这充分体现了惠益分享与环保的密切关系。[29]

遗憾的是，特许权使用费和固定年费的具体缴纳方式及数额仍在讨论当中，因此无法准确计算环境补偿基金应从中抽取的具体比例和数额，建议管理局在讨论此两项费用时将环境补偿基金充分考虑在内。应当注意的是，开发规章草案中提到的资金来源中，除向管理局缴纳的费用外，罚款等其他资金都具有不确定性，数额也不会很大，不能对这些资金抱有过多期待。因此，应当在特许权使用费和固定年费中为环境补偿基金预留较大的资金比例，以保证基金对环境风险的应对能力。

还应当看到的是，环境补偿基金并非是与“区域”采矿活动有关的环境损害风险应对体系中的唯一方式。在计算环境补偿基金所需资金时，须得充分考虑环境履约保证金

---

〔27〕 ISBA/25/FC/3.

〔28〕 ISBA/25/FC/2.

〔29〕 2019年9月28日《中华人民共和国政府关于〈“区域”内矿产资源开发规章草案〉的评论意见》，第3页。

和保险可承担的风险比例，以免向成员国过度收缴环境补偿基金。

环境履约保证金是指承包者不迟于在采矿区开始生产之日向管理局缴存的保证履行环境义务的一笔款项，具体数额涵盖提前关闭开发活动、包括移除任何设施和设备在内的终止和最终关闭开发活动、在关闭后监测和管理残留环境影响所需的费用。若承包者履行了环境履约保证金所涉义务，管理局退还环境履约保证金或其中一部分；若承包者未能履行环境履约保证金所涉义务，管理局没收环境履约保证金或其中一部分。[30]

承包者的强制保险义务同样被包含在应对与"区域"采矿活动有关的环境损害风险的体系中：承包者应从令管理局满意、财务健全的保险人处获得并继而始终维持具有充分效力及作用的保险，并使分包者从此类保险人处获得并维持此种保险，而保险的类型、条款和数额应符合适用的国际海事惯例、遵守良好行业做法且如相关准则所规定。同时，承包者还应将管理局列为额外被保险人，并尽最大努力确保承保人放弃任何追索权，包括就开发活动向管理局代位求偿的权利。[31]

但是，从开发规章草案文本来看，环境履约保证金并没有涵盖处理可能的紧急情况的成本及矿区后续恢复的成本，强制保险的范围尚未明确，后续还需与环境补偿基金相结合讨论。

四、环境补偿基金的偿付

若如本文第二部分所述，环境补偿基金仅供资用于实施任何旨在防止、限制或修复"区域"内活动对"区域"造成的任何损害、其费用无法从承包者或担保国回收的必要措施、恢复和修复"区域"，则其功能是保障性和补偿性的，角色上的后位性突出，与一般的赔偿责任基金有所区别。讨论环境基金的偿付方式时，还应考虑其是否具有应急性。

与有明确受害人的环境侵权不同，由"区域"内活动引起的海洋环境损害并没有单一的被侵权主体，因其往往发生在国家管辖范围之外，一旦出现危及海洋环境的紧急状况，如果承包者和担保国不能及时采取措施，国家管辖范围外环境保护的脆弱性就会充分暴露。出于最大限度地保护人类共同继承财产的考量，环境补偿基金可以具有应急性，以确保其得以对重大的海洋环境损害作出最为迅速的反应，避免损失扩大。进一步而言，如果要使环境补偿基金具备应急反应能力，将会对基金的内部管理提出更高的要求。现阶段管理局的各项基金多由秘书处下的行政服务办公室管理，建议管理局在财务委员会与法律和技术委员会的支持下为环境补偿基金设立专门的基金管理委员会，负责处理"区域"内活动造成的环境损害的具体补偿事务，以提高基金的使用效率和应急反应能力。

---

〔30〕 2019 年 3 月《"区域"内矿物资源开发规章草案》第 26 条。

〔31〕 2019 年 3 月《"区域"内矿物资源开发规章草案》第 36 条第 1 款、第 2 款。

率先将环境补偿基金用于情势急迫的“区域”修复活动，就涉及向承包者和担保国追偿的事项。这里首先要解决的一个问题是环境补偿基金的法律地位如何界定。2015 年 7 月《开发规章框架》曾将由《1971 年设立国际油污损害赔偿基金公约》所设定的国际油污损害赔偿基金作为环境补偿基金的一个可能的基准。[32] 国际油污损害赔偿基金具有独立法人地位，油污受害人可以直接对基金提出索赔，基金赔偿后，也可以作为一方当事人代位向有关责任人进行追偿。不拥有独立法人地位的基金，如我国的船舶油污损害赔偿基金，则无法以当事人的身份向造成海洋污染损害的责任方进行索赔或代位追偿。[33] 环境补偿基金若要以国际油污损害赔偿基金为参考基准，应具备独立法人地位，使追偿程序更加便捷。

对于一般的环境损害，防止、限制及修复的费用应当按照《海洋法公约》和开发规章规定的程序，由承包者和担保国履行其赔偿责任（包括保险的赔偿），特定情况下[34] 由承包者提交的环境履约保证金补偿，最后再由环境补偿基金填补责任缺口。有关责任的认定可由基金管理委员会参考法律和技术委员会的建议作出。

开发规章草案中并未规定环境补偿基金的运作方式，仅指出基金的规则和程序将由理事会根据财务委员会的建议制定。笔者认为，环境补偿基金运作中的一些关键问题，如补偿的给付问题，应当在开发规章文本中有所体现。

---

〔32〕 ISA, Developing a Regulatory Framework for Deep Sea Mineral Exploitation in the Area, July 2015, p. 36.

〔33〕 参见韩立新：《我国海洋污染损害赔偿基金的设立与制度构架》，《社会科学辑刊》2012 年第 5 期。

〔34〕 指 2019 年 3 月《“区域”内矿物资源开发规章草案》第 103、104 条规定的情形。

论南极条约体系和海洋法公约体系的关系

■ 郭红岩*

【内容摘要】南极条约体系是以《南极条约》为核心的规范南极活动的国际法文件体系，海洋法公约体系则是由联合国主持制定的规制海域的划分、海域的地位及法律制度的国际法文件体系。南极条约体系只适用于南纬60度以南的南极海域，一般不适用于南极以外区域的活动，但海洋法公约体系则可适用于包括南极海域在内的所有海域。本文意在厘清南极条约体系和海洋法公约体系的关系，特别是《南极条约》和《联合国海洋法公约》关系的基础上，分析《南极条约》第4条和第6条对《联合国海洋法公约》适用于南极海域的限制。

【关键词】南极条约体系　海洋法公约体系　《联合国海洋法公约》适用于南极海域的限制

一、南极条约体系和海洋法公约体系范围的界定

（一）南极条约体系

南极条约体系作为各国在南极活动中必须遵守的基本法律文件体系，是以《南极条约》（Antarctic Treaty）为核心，与《南极条约》相互联系却又相互独立的包括1972年《南极海豹养护公约》（Convention for the Conservation of Antarctic Seals，以下简称《海豹公约》）、1980年《南极海洋生物资源养护公约》（Convention on the Conservation of Antarctic Marine Living Resources，以下简称《生物资源公约》）、1991年《关于环境保护的〈南极条约〉议定书》（Protocol on Environmental Protection to the Antarctic Treaty，以下简称1991年《议定书》）及其附件以及南极条约协商会议通过的具有法律拘束力的决定、措施等国际法文件体系，是不断发展和完善的南极法律制度体系。[1]

在南极条约体系中，作为基本法律文件的《南极条约》是1959年12月1日由阿根廷、澳大利亚、比利时、智利、法国、日本、新西兰、挪威、南非、苏联、英国和美国在华盛顿缔结的，1961年6月23日生效，现有53个当事国，其中包括29个协商国和

---

* 法学博士，中国政法大学教授、博士生导师，中国政法大学国际公法研究所所长。

〔1〕南极条约秘书处网站关于南极条约体系文件的汇编中未包括1964年《保护南极动植物议定措施》，http://www.ats.aq/documents/keydocs/vol_1/vol1_Volume_1_Complete_Document_old_e.pdf，访问日期：2018年1月9日。由1964年布鲁塞尔第三届协商会议通过的系列措施形成的《保护南极动植物议定措施》于1982年生效，构成当时南极条约体系的组成部分，促进了南极动植物的保护、科学研究和合理利用方面在南极条约体系内的国际合作。但因其在2011年7月1日失效，故不再属于南极条约体系，http://www.ats.aq/devAS/info_measures_listitem.aspx?lang=e&id=491，访问日期：2019年2月9日。关于动植物保护，南极条约协商会议后来陆续通过了一系列文件，http://www.ats.aq/devAS/info_measures_list_filtered.aspx?lang=e&cat=4，访问日期：2019年2月9日。再有，1988年6月，南极条约协商会议通过了《南极矿物资源活动管理公约》，但该公约在向各协商国开放签字的过程中，由于1991年《议定书》的通过而中止，因此，南极条约体系不包括该公约。

24个非协商国。[2]《海豹公约》于1972年6月1日通过，1978年3月11日生效，有16个当事国。《生物资源公约》于1980年5月20日通过，1982年4月7日生效，有30个当事国。1991年《议定书》于1991年10月4日在第11届南极条约协商会议特别会议上通过，1998年1月14日生效，有40个当事国。1980年《生物资源公约》和1991年《关于环境保护的南极条约议定书》各附有一个关于仲裁的附则。此外，1991年《议定书》还有六个附件，分别为《南极环境评估》《南极动植物保护》《南极废物处理与管理》《防止南极海洋污染》《南极特别保护和管理区》《南极环境紧急状况下的责任》。它们作为1991年《议定书》的重要组成部分，规定各当事国不仅需要在开展南极活动前要进行环境影响评价，还需负责处理和管理南极大陆的垃圾，对固体废弃物、食品废弃物、化学药品废弃物及可燃性废弃物采取不同的处理方式，要把南极作为特别保护区来保护，防止南极海洋污染，并对引发的南极环境紧急状况采取迅速有效的反应行动。其中，前四个附件与1991年《议定书》同时生效；附件五于2002年5月24日生效；附件六于2005年7月15日在斯德哥尔摩第28届南极条约协商会议上通过，尚未生效。[3]

（二）海洋法公约体系

海洋法公约体系是指由联合国主持制定的规制海域划分、海域地位及海域法律制度的国际法文件体系，主要包括1958年日内瓦“海洋法四公约”、1982年《联合国海洋法公约》（以下简称《海洋法公约》）及其附件以及关于国际海底区域资源开发、跨界鱼类种群和高度洄游鱼类种群协定等国际文件在内的不断发展和完善的国际海洋法体系。

1. 1958年“海洋法四公约”

1958年2月24日至4月29日，联合国第一次海洋法会议在日内瓦举行，参加会议的国家有86个，大部分是传统的海洋大国，即发达国家或比较发达的国家。会上分别通过了《公海公约》（Convention on the High Seas）、《大陆架公约》（Convention on the Continental Shelf）、《领海与毗连区公约》（Convention on the Territorial Sea and the Contiguous Zone）和《捕鱼与养护生物资源公约》（Conventionon Fishing and the Conservation of the Living Resources of the High Seas），它们被统称为1958年“海洋法四公约”。这四个公约所规定的规则，大部分是传统海洋法中的习惯法规则。

2. 《海洋法公约》及相关协定

（1）《海洋法公约》。《海洋法公约》是指1982年12月10日在牙买加通过并于

---

〔2〕 1983年5月9日，我国全国人民代表大会常务委员会通过了《关于加入〈南极条约〉的决定》。同年6月8日，我国向《南极条约》保存方美国政府交存了加入书，《南极条约》同日对我国生效。1985年10月7日，我国成为南极条约协商会议协商国。截至2018年1月9日，《南极条约》共有12个创始成员国，41个加入成员国，合计53个，其中29个是南极条约协商国（以下简称协商国）和24个非南极条约协商国（以下简称非协商国）。

〔3〕 附件六的生效需要参加2005年6月6—17日瑞典斯德哥尔摩第28届南极条约协商会议的28个协商国的核准。到2019年7月29日，瑞典、秘鲁、西班牙、波兰、芬兰、意大利、英国、挪威、新西兰、南非、荷兰、澳大利亚、厄瓜多尔、俄罗斯、乌拉圭和乌克兰16个国家先后核准了附件六。

1994 年 11 月 16 日生效的关于海域划分、地位及法律制度的国际条约，是联合国第三次海洋法会议的重大成果。[4] 该公约除序言外，正文有 320 条，分为用语、领海与毗连区、用于国际航行的海峡、群岛国、专属经济区、大陆架、公海、岛屿制度、闭海或半闭海、内陆国出入海洋的权利和过境自由、区域、海洋环境的保护和保全、海洋科学研究、海洋技术的发展和转让、争端的解决、一般规定和最后条款，共 17 个部分。9 个附件分别为：高度洄游鱼类；大陆架界限委员会；探矿、勘探和开发的基本条件；企业部章程；调解；国际海洋法法庭规约；仲裁；特别仲裁；国际组织的参加。《海洋法公约》现有包括欧盟在内的 168 个当事方。

（2）《关于执行〈联合国海洋法公约〉第十一部分的协定》（以下简称《执行第十一部分的协定》）。1994 年 7 月 28 日，在联合国第 48 届会议续会上，以 121 票赞成、7 票弃权和 0 票反对，通过了《执行第十一部分的协定》[5]。该协定于 1994 年 11 月 16 日起暂时适用，1996 年 7 月 28 日生效，现有 148 个当事方。《执行第十一部分的协定》由正文（共 10 条）和附件（共 9 节）组成，对《海洋法公约》第十一部分关于国际海底管理局各机构的决策程序、企业部的职能和运作方式、深海采矿的生产政策、技术转让、财政条款等规定作了重大调整，主要是照顾了发达国家和深海底采矿国的利益和要求。[6]

---

〔4〕 圭亚那于 1993 年 11 月 16 日提交批准书，至此，批准《海洋法公约》的国家达到 60 个。根据《海洋法公约》第 308 条规定，《海洋法公约》于 1994 年 11 月 16 日生效。但从已批准《海洋法公约》的国家构成来看，除冰岛外，其余 59 个国家均为发展中国家，且它们都是小国和穷国。

〔5〕 由于美国等对《海洋法公约》的反对，美国在 1982 年同英、法、德等国缔结了有关深海海底采矿的互惠国协定，即“小型条约”，但这并不能阻止互惠国以外的任何其他国家颁发同互惠国颁发的许可证发生重叠的区域的许可证，其他国家也不会因为“小型条约”颁发了许可证而受到阻碍。而且，“小型条约”无权也无法解决同其他勘探申请区的争议。而且，美国的投资者也需要国际法的保障，发展中国家也有需要。在这种情况下，联合国秘书长于 1990 年 7 月倡议，就海底问题进行磋商和对话，争取重要工业国家更广泛地参加公约，并使公约第十一部分得以有效执行，以实现公约普遍性目标。

〔6〕《执行第十一部分的协定》在实质上对《海洋法公约》进行了修改，甚至改变了《海洋法公约》第十一部分的部分基本原则。这种改变主要体现在以下三个方面：第一，削减了管理局的权力。将原本统揽全局的企业部一分为二，并新添设了新的财务委员会。这一修改使得原本要参与所有勘探开采的企业部丧失了大部分权力。虽然在旧的框架下企业部能否正常行使职责尚且存疑，但是《执行第十一部分的协定》直接将其权力大幅削减，这样也就更有利于有关国家在深海海底的勘探开发，使发达国家在海底资源开发中获得更多的利益，但也客观促进了海底资源的勘探开发。第二，《执行第十一部分的协定》扩大了先驱投资者的权利。已经投资、勘探的投资者将在平行开发中获得更多的利益；这种利益通过程序上的快捷和资金上的削减得以体现。第三，《执行第十一部分的协定》撤销了针对发展中国家的科技转让和资金支持。按照《海洋法公约》第十一部分的规定，发达国家需要强制向企业部转让勘探开采技术，并通过资金援助的方式支援发展中国家的勘探开采活动。但《执行第十一部分的协定》直接对这些内容进行修改，将技术支援的义务修改为支援“企业部没有掌握”的技术，这一概念上的变化实质上就是取消了技术支援的义务。发达国家可以作为企业部的参与者直接包含并且垄断了企业部的技术。此外，将原有的“对受不利影响的发展中国家进行经济援助的义务”修改为“有限范围内的援助”，从而减少了发达国家的投入资本。另外，国际海底管理局自 2000 年至 2012 年先后审议通过了《“区域”内多金属结核探矿和勘探规章》《“区域”内多金属硫化物探矿和勘探规章》和《“区域”内富钴结核探矿和勘探规章》。

（3）《执行1982年12月10日〈联合国海洋法公约〉有关养护和管理跨界鱼类种群和高度洄游鱼类种群的规定的协定》（以下简称《养护和管理协定》）。1993年1月29日，联合国第47次大会通过192号决议，要求联合国跨界鱼类种群和高度洄游鱼类种群养护和管理委员会拟订养护和管理跨界鱼类种群资源的建议。之后，有关各方经历了三年共6次谈判，于1995年8月4日通过了《养护和管理协定》[7]。该协定是《海洋法公约》通过以后对公海渔业管理制度的一项重大改革，于2001年12月11日生效[8]，现有84个当事方。《养护和管理协定》由13部分共50条和两个附件组成。《养护和管理协定》与《执行第十一部分的协定》的不同之处在于，可能成为《养护和管理协定》的缔约方，并不必须为《海洋法公约》的当事方，反之亦然。但是，《养护和管理协定》与《海洋法公约》是紧密地联系的。《养护和管理协定》第4条规定："本协定应参照《海洋法公约》的内容并以符合《海洋法公约》的方式予以解释和适用。"《养护和管理协定》的宗旨在于，通过有效执行《海洋法公约》，确保跨界鱼类种群和高度洄游鱼类种群的长期养护和可持续利用。[9]

二、南极条约体系和海洋法公约体系关于相互关系的规则

在分析南极条约体系与海洋法公约体系的关系时，首先需要对南极条约体系与海洋法公约体系各自内部各文件之间的关系予以厘清，之后，需要结合1969年《维也纳条约法公约》关于条约解释的规则，分析南极条约体系和海洋法公约体系的关系。

（一）南极条约体系中各文件之间关系的规则

1.《南极条约》与南极条约体系其他文件的关系

关于南极条约体系内各文件之间的关系，《南极条约》未作明确规定。由于《南极条约》是南极条约体系的核心和基础文件，南极条约体系中的任何其他文件都不得与《南极条约》相冲突，不得违反《南极条约》关于南极科学考察自由和南极的和平利用。[10] 但南极条约体系的其他文件可以对相关重要事项进行发展和补充，如关于环境保护的1991年《议定书》第4条明确规定，"本议定书是对《南极条约》的补充"。

2.《南极条约》第4条的特殊地位

南极条约体系的其他任何文件都不得违反《南极条约》第4条对于南极领土主权主

---

〔7〕自《海洋法公约》通过以来，由于专属经济区制度的确立，使原来在别国领海外但距其领海基线200海里以内区域作业的渔船纷纷转向200海里以外的公海，世界各国对跨界鱼类和高度洄游鱼类的捕捞日益加剧，包括跨界鱼类和高度徊游鱼类在内的公海鱼类面临着更为严峻的捕捞压力。该协定就是在这样的背景下制定和通过的。

〔8〕《养护和管理协定》自通过之日起12个月内在联合国总部向所有国家及其他有关实体开放签字。中国常驻联合国代表秦华孙于1996年11月6日签署了该协定。

〔9〕《养护和管理协定》第2条。但本协定中的"鱼类"并不限于跨界和高度洄游鱼类种群，还包括软体动物和甲壳动物，参见1995年协定第1条第1款c项。

〔10〕《南极条约》序言和第1条。

张的“维持现状”和对于主权行为的“冻结”。1972年《海豹公约》第1条规定：“本公约适用于南纬60度以南的海域，对此，当事国赞成《南极条约》第4条的各项规定。”1980年《生物资源公约》第4条规定：“各缔约方，不论其是否为《南极条约》当事国，在《南极条约》地区，其相互关系受《南极条约》第4条和第6条的约束。”1991年《议定书》第4条规定：“本议定书任何条款都不应损害本议定书各缔约国根据南极条约体系内其他有效的国际文书所承担的权利和义务。”从南极条约体系各主要文件的规定来看，南极区域的陆地主权是不可触碰的，这是南极条约体系的核心条款，是任何国家在南极活动时必须遵守的原则，同时也是处理南极条约体系与海洋法公约体系关系的一项基本原则。即对主权主张的“维持现状”和对主权行为的“冻结”，是南极条约体系运行的前提，当然也是处理与其他条约等国际文献的基础性文件。

（二）海洋法公约体系内各文件之间关系的规则

1.《海洋法公约》与海洋法公约体系其他文件关系的一般规则

海洋法公约体系中的各个文件都是各自独立的法律文件，当然，《海洋法公约》是其中最重要的文件，1958年“海洋法四公约”、《执行第十一部分的协定》和《养护和管理协定》都与《海洋法公约》具有非常密切的联系。

关于海洋法公约体系各文件之间的相互关系，如果不考虑不同条约有不同当事国的情形，通过《海洋法公约》第311条“同其他公约和国际协定的关系”的内容可以看出，处理《海洋法公约》与海洋法公约体系其他文件的关系，应遵循下列原则：

第一，《海洋法公约》优于1958年“海洋法四公约”。[11]

第二，《海洋法公约》不改变各当事国根据与《海洋法公约》相符合的其他条约而产生的权利和义务，但以不影响其他当事国根据《海洋法公约》享有的权利和负担的义务为限。[12]

第三，《海洋法公约》当事国可订立仅在各该国相互关系上适用、修改或暂停适用《海洋法公约》所规定的协定，但条件是这种协定不得减损《海洋法公约》的目的及宗旨或影响《海洋法公约》的有效执行，不应影响《海洋法公约》所载各项基本原则的适用，也不应影响其他当事国根据《海洋法公约》享有其权利和履行其义务。[13]

第四，《海洋法公约》当事国不得参加任何减损人类共同继承财产原则的其他条约。[14]

2.《海洋法公约》与《执行第十一部分的协定》关系的特殊规则

在海洋法公约体系中，《海洋法公约》与《执行第十一部分的协定》的关系比较特

---

〔11〕《海洋法公约》第311条第1款。
〔12〕《海洋法公约》第311条第2款。
〔13〕《海洋法公约》第311条第3款。
〔14〕《海洋法公约》第311条第6款。

殊。《执行第十一部分的协定》在第1—4条作了非常详细的规定："本协定的缔约国承诺依照本协定执行第十一部分……""本协定和第十一部分的规定应作为单一文书进行解释和适用。本协定和第十一部分如有任何不一致的情况，应以本协定的规定为准。……""本协定应从通过之日起12个月内，在联合国总部一直开放供公约第305条第1款（a）、（c）、（d）、（e）和（f）项所述的国家和实体签字。""本协定通过后，任何批准、正式确认或加入公约的文书应亦即表示同意接受本协定的拘束。任何国家或实体除非先前已确立或亦同时确立其同意接受公约的拘束，否则不可以确立其同意接受本协定的拘束……"

从上述条款的内容可知，《执行第十一部分的协定》与《海洋法公约》及其第十一部分之间的关系，具体可以表述为：《执行第十一部分的协定》作为独立的法律文书适用，但在适用时，应将其与第十一部分的规定作为单一文书进行解释和适用；《执行第十一部分的协定》和第十一部分如有不一致的情况，应以《执行第十一部分的协定》为准；只有《海洋法公约》的当事国才可以适用《执行第十一部分的协定》。

（三）《南极条约》和《海洋法公约》关系的规则

从前文所述的南极条约体系与海洋法公约体系的基本情形来看，它们是两个独立的体系。在南极条约体系中，《南极条约》作为基础性的法律文件，其规定既适用于南极陆地，也适用于南极海域；《海豹公约》和《生物资源公约》主要适用于南极海豹和海洋生物资源的养护；1991年《议定书》则既适用于南极陆地的环境保护，也适用于南极海域的环境保护。在海洋法公约体系中，《海洋法公约》《执行第十一部分的协定》《养护和管理协定》主要涉及全球海洋的海域划分、海域地位和制度、海底区域矿产资源的开发以及鱼类种群的养护问题，其适用范围原则上涵盖了全球所有的海域。就海洋来说，南极条约体系只规制南纬60°以南的海域，其中1980年《生物资源公约》的调整范围还包括南极幅合带，即南纬45°以南的海域。所以，南极条约体系与海洋法公约体系在调整范围、海域划分、海洋污染防治、生物资源养护、争端解决机制等方面，既有共同点，也有不同点。就南极的国际治理而言，两个体系的地位不同，发挥的作用也不同。

由于南极条约体系中的各个文件和海洋法公约体系中的各个文件的当事方都不尽相同[15]，且《南极条约》和《海洋法公约》分别是两个公约体系中的核心文件，因此，本文在此重点讨论《南极条约》和《海洋法公约》的关系。

为了分析《南极条约》和《海洋法公约》的关系，首先要了解处理条约关系的一

〔15〕 截至2019年7月15日，同为《南极条约》和《海洋法公约》当事方的国家有46个，这里不包括美国；是《南极条约》而非《海洋法公约》当事方的国家有7个，包括朝鲜、哥伦比亚、哈萨克斯坦、秘鲁、土耳其、美国和委内瑞拉；是《海洋法公约》而非《南极条约》当事方的有欧盟和其他121个国家。参见 http：//www. un. org/depts/los/reference_ files/chronological_ lists_ of_ ratifications. htm、https：//www. ats. aq/devAS/ats_ parties. aspx？ lang = e。

般规则。1969年《维也纳条约法公约》第30条“关于同一事项先后所订条约之适用”规定：“一、以不违反《联合国宪章》第103条为限，就同一事项先后所订条约当事国之权利与义务应依下列各项确定之。二、遇条约订明须不违反先订或后订条约或不得视为与先订或后订条约不合时，该先订或后订条约之规定应居优先。三、遇先订条约全体当事国亦为后订条约当事国但不依第59条终止或停止施行先订条约时，先订条约仅于其规定与后订条约规定相合之范围内适用之。四、遇后订条约之当事国不包括先订条约之全体当事国时：（甲）在同为两条约之当事国间，适用第三项之同一规则；（乙）在为两条约之当事国与仅为其中一条约之当事国间彼此之权利与义务依两国均为当事国之条约定之。五、第四项不妨碍第41条或依第60条终止或停止施行条约之任何问题，或一国因缔结或适用一条约而其规定与该国依另一条约对另一国之义务不合所生之任何责任问题。”

根据该条规定，在处理就同一事项先后所订条约之间的关系时，依照下列规则办理：

第一，依据条约本身的特别规定，即关于先订条约或后订条约何者为先，如果条约本身有特别的规定，依据条约的规定办理。

第二，先订条约需满足一定的条件才能适用，即如果先订条约的全体当事国也是后订条约的当事国时，如果先订条约未终止或停止施行，先订条约仅于其规定与后订条约规定相合的范围内适用。

第三，如果后订条约不包括先订条约的全体当事国，在同为两条约之当事国间原则上适用后订条约，先订条约仅于其规定与后订条约规定相合的范围内适用；在同为先后两条约之当事国与仅为其中一条约之当事国间，适用两国均为当事国的条约。

关于与其他国际文件的关系，《南极条约》并未明确规定，仅在第10条要求当事方的行为要符合《联合国宪章》，以保证不发生违反《南极条约》原则和宗旨的任何活动。《海洋法公约》第311条第2—5款的规定可以被看作处理《海洋法公约》与南极条约体系关系的法律依据。[16]

结合《维也纳条约法公约》《南极条约》《海洋法公约》的相关规定，《南极条约》和《海洋法公约》在涉及南极法律地位及治理规则方面的关系，可以表述为以下内容：

---

〔16〕《海洋法公约》第311条第2—5款规定：“2. 本公约应不改变各当事国根据与本公约相符合的其他条约而产生的权利和义务，但以不影响其他当事国根据本公约享有其权利或履行其义务为限。3. 本公约两个或两个以上当事国可订立仅在各该国相互关系上适用、修改或暂停适用本公约的规定的协定，但须这种协定不涉及本公约中某项规定，如对该规定予以减损就与公约的目的及宗旨的有效执行不相符合，而且这种协定不应影响本公约所载各项基本原则的适用，同时这种协定的规定不影响其他当事国根据本公约享有其权利和履行其义务。4. 有意订立第3款所指任何协定的当事国，应通过本公约的保管者将其订正协定的意思及该协定所规定对本公约的修改或暂停适用通知其他当事国。5. 本条不影响本公约其他条款明示许可或保持的其他国际协定。”

第一，《南极条约》和《海洋法公约》虽有先订条约和后订条约之分，但两者的目的和宗旨不同，规制的事项、适用的范围以及当事国也不同，所以，在两者的关系上，即使在同为两条约当事国之间，也不能适用后约优先原则。

第二，《南极条约》只适用于南纬60度以南的区域，主要是规定南极的法律地位及其活动规则的，其目的是保证南极的科研自由和和平利用的基本原则，虽没有就具体制度特别是环境保护制度规定详细的内容，但相对于《海洋法公约》来说，《南极条约》是关于南极海域的特殊国际法。《海洋法公约》则是为海域划分、地位及其法律制度制定的一部海洋宪法，是关于海域的综合国际法。"在妥为顾及所有国家主权的情形下，为海洋建立一种法律秩序，以便利国际交通和促进海洋的和平用途，海洋资源的公平而有效的利用，海洋生物资源的养护以及研究、保护和保全海洋环境。"〔17〕但《海洋法公约》并没有排除对南纬60度以南的海域的适用，而且《海洋法公约》也没有对南纬60度以南的海域有特别的规定。所以，《海洋法公约》可以看作适用于南极海域的一般国际法。考虑到南极特殊的自然和地理条件以及各国的实践，在《南极条约》和《海洋法公约》的关系上，应遵循特别法优于一般法原则。

第三，《海洋法公约》第311条第2款规定："本公约应不改变各当事国根据与本公约相符合的其他条约而产生的权利和义务，但以不影响其他当事国根据本公约享有其权利或履行其义务为限。"在这里，如何理解"与本公约相符合的其他条约"和"不影响其他当事国根据本公约享有其权利或履行其义务"的具体含义？《南极条约》是否属于"与本公约相符合的其他条约"且"不影响其他当事国根据本公约享有其权利或履行其义务"？首先可以这样理解两者的关系：《海洋法公约》不改变《南极条约》中与《海洋法公约》相符的权利和义务，但不能影响其他缔约国根据《海洋法公约》享有的权利和履行的义务，对于同为两条约当事方的国家，依照《南极条约》所享有的权利和需履行的义务都不受影响。对于不是同为两公约当事方的国家，各国应首先履行其作为当事国而对其有效的公约的义务。但对于《南极条约》来说，即使非当事国，也不得违反《南极条约》关于和平利用南极及其第4条关于冻结南极领土主权和主权活动的原则。

第四，关于《海洋法公约》第311条第3款所涉的"将来订立的协定"的优先适用，条件是将来订立的协定不得损害《海洋法公约》的目的和宗旨，并且这种"将来订立的协定"不得损害其他当事国根据《海洋法公约》享有其权利和履行其义务。这说明，《海洋法公约》之后订立的南极条约体系下的国际法律文件，原则上不得损害《海洋法公约》的目的和宗旨，并且这种"将来订立的协定"仅在其当事国之间的相互关系上适用。在这里，特别需要考察1991年《议定书》，该议定书通过之前，《海洋法公约》虽已通过，但尚未生效。而1991年《议定书》又是在《海洋法公约》生效以后才生效的。所以，1991年《议定书》属于《海洋法公约》第311条第3款所涉的"将来订立

〔17〕参见《海洋法公约》序言。

的协定”。实际上，1991年《议定书》作为“将来订立的协定”，有自己独立的法律地位和当事方，主要规制各国的南极活动，且1991年《议定书》主要的内容和宗旨就是为了保护南极环境，所以，它不会损害《海洋法公约》的目的和宗旨，也不会损害其他当事国根据《海洋法公约》享有其权利和履行其义务。

三、《南极条约》第6条中的“公海”和“公海自由”

（一）《南极条约》第6条中的“公海”

《南极条约》第6条规定：“本条约的规定应适用于南纬60°以南的地区，包括一切冰架；但本条约的规定不应损害或以任何方式影响任何一个国家在该地区内根据国际法所享有的对公海的权利或行使这些权利。”但《南极条约》对于这里的“公海”的含义并未加以明确，如是否按照《领海及毗连区公约》《大陆架公约》《公海公约》的规定，排除“内海”“领海”“大陆架”？在《海洋法公约》生效后，“公海”的范围到底包含哪些区域？如果仅从《南极条约》订立之时的“公海”或仅从《海洋法公约》确立的“公海”来定义《南极条约》第6条之“公海”，都不足以恰当地解释其含义。

要确定《南极条约》第6条中“公海”的含义和范围，就涉及条约的解释规则。《维也纳条约法公约》关于条约的解释规则，被普遍认为是对国际习惯法的编纂。《维也纳条约法公约》第31条规定：“一、条约应依其用语按其上下文并参照条约之目的及宗旨所具有之通常意义，善意解释之。二、就解释条约而言，上下文除指连同序言及附件在内之约文外，并应包括：（甲）全体当事国间因缔结条约所订与条约有关之任何协定；（乙）一个以上当事国因缔结条约所订并经其他当事国接受为条约有关文书之任何文书。三、应与上下文一并考虑者尚有：（甲）当事国嗣后所订关于条约之解释或其规定之适用之任何协定；（乙）嗣后在条约适用方面确定各当事国对条约解释之协定之任何惯例。（丙）适用于当事国间关系之任何有关国际法规则。四、倘经确定当事国有此原意，条约用语应使其具有特殊意义。”第32条规定：“为证实由适用第31条所得之意义起见，或遇依第31条作解释而：（甲）意义仍属不明或难解；或（乙）所获结果显属荒谬或不合理时，为确定其意义起见，得使用解释之补充资料，包括条约之准备工作及缔约之情况在内。”这就要求在解释“公海”一词时，不仅要依照条约的目的和宗旨依其用语的通常意义进行解释，还要结合上下文和可以适用于当事国之间关系的有关国际法规则，包含签约时以及解释时的有关国际法规则进行解释。

《南极条约》是1959年12月1日制定的，在此之前，“海洋法四公约”已经在1958年4月29日通过。1958年《公海公约》第1条规定，“公海”系指除领海、内海外的全部海域。可见，根据时际国际法，《南极条约》订立时的“公海”是指除领海和内海外的全部海域。那是否据此就可以认为，《南极条约》第6条之“公海”就是1958年《公海公约》第1条所指的除领海、内海外的全部海域？显然不可以，因为作为《南极条约》核心条款的第4条冻结了各国的领土主权主张，而且，各国此前的南极领土主权主张主要都是指陆地区域，而不包括海域。因此，结合《南极条约》的目的和宗旨，《南极条约》第6条关于南极海域的范围也要服从于其第4条关于南极陆地法律地位的规定。

《南极条约》第6条关于南极海域的范围也要服从于其第4条关于南极陆地法律地位的规定，同样适用于《南极条约》和《海洋法公约》的关系，即《南极条约》第6条中的"公海"也不会因为《海洋法公约》的"公海"排除了内海、领海、专属经济区和群岛水域而有所变化。[18]

同理，关于南极海域海底的法律地位，原则上还是由《南极条约》进行规制，而不适用《大陆架公约》或《海洋法公约》。

在这种情况下，即使是南极领土主张国，也无权依据1958年《领海及毗连区公约》《大陆架公约》对南极海域海底的任何部分主张内海、领海或大陆架，也无权根据《海洋法公约》对南极海域海底的任何部分主张内海、领海、专属经济区或大陆架，南极海域海底也不适用国际海底区域制度。所以，《南极条约》第6条之"公海"的范围应当是指南纬60°以南的除了南极陆地和冰架以外的所有海域，包括其海底区域。即，在从1958年《公海公约》向《海洋法公约》发展的过程中，《南极条约》项下的"公海"范围并未减少。

（二）《南极条约》第6条中的"公海自由"

《公海公约》第2条规定："公海对所有国家开放，任何国家不得有效地声称将公海的任何部分置于其主权之下。公海自由是在本公约和其他国际法规则所规定的条件下行使的。公海自由对沿海国和非沿海国而言，除其他外，包括：航行自由；捕鱼自由；铺设海底电缆和管道的自由；公海上飞行自由。所有国家行使这些自由以及国际法的一般原则所承认的其他自由时，都应适当顾及其他国家行使公海自由的利益。"《海洋法公约》第87条规定："1. 公海对所有国家开放，不论其为沿海国或内陆国。公海自由是在本公约和其他国际法规则所规定的条件下行使的。公海自由对沿海国和内陆国而言，除其他外，包括：（a）航行自由；（b）飞越自由；（c）铺设海底电缆和管道的自由，但受第六部分的限制；（d）建造国际法所容许的人工岛屿和其他设施的自由，但受第六部分的限制；（e）捕鱼自由，但受第二节规定条件的限制；（f）科学研究自由，但受第六和第十三部分的限制。2. 这些自由应由所有国家行使，但须适当顾及其他国家行使公海自由的利益，并适当顾及本公约所规定的同'区域'内活动有关的权利。"

从《公海公约》和《海洋法公约》的对比来看，两者关于公海自由的内容确有不

〔18〕《海洋法公约》第86条规定："本部分的规定适用于不包括在国家的专属经济区、领海或内水或群岛国的群岛水域内的全部海域。本条规定并不使各国按照第五十八条规定在专属经济区内所享有的自由受到任何减损。"

同。第一，《海洋法公约》在《公海公约》的基础上，增加了“海洋科学研究自由”和“建造国际法所容许的人工岛屿和其他设施的自由”。第二，两者适用的空间范围不同。《公海公约》中所规定的公海的范围比《海洋法公约》中所规定的公海的范围更大，所以，“公海自由”适用的范围在《海洋法公约》规定之下小了很多。一方面，要把沿海国专属经济区和群岛国群岛水域的范围排除出去；另一方面，也要把国际海底区域排除出去。除此之外，两者在行使公海自由时的限制、具体的权利义务等方面，没有特别大的区别。

《南极条约》第 6 条规定：“本条约的规定应适用于南纬 60°以南的地区，包括一切冰架；但本条约的规定不应损害或以任何方式影响任何一个国家在该地区内根据国际法所享有的对公海的权利或行使这些权利。”由于《南极条约》第 4 条关于南极陆地法律地位的“冻结性”规定，南极海域的范围并未因《海洋法公约》的生效而发生改变。同时，尽管《海洋法公约》比《公海公约》中规定的“公海自由”的内容更加丰富，但从实质上来说并没有大的改变，《海洋法公约》新增加的科学研究自由正是《南极条约》所积极鼓励和支持的，建造国际法容许的人工岛屿和设施的自由，只要不违反《南极条约》关于南极和平利用原则，也是被容许的。因此，《海洋法公约》中的“公海自由”，既不违反《南极条约》不涉及确立或影响领土主权要求的目的和宗旨，也有利于实现《南极条约》为全人类利益和平利用的原则。

（三）《南极条约》第 6 条对《海洋法公约》适用于南极海域的影响

1.《海洋法公约》关于海域划分及其地位的规定对南极海域不适用

如前文所述，由于《南极条约》第 4 条的强制性规定，《南极条约》第 6 条中“公海”的范围和地位并未因《海洋法公约》的生效而发生改变，因此，《海洋法公约》关于海域划分及其地位的规定不能适用于南极海域。

当然，在实践中，澳大利亚、新西兰、法国、英国、阿根廷以及智利等国主张了“领海”，挪威虽未明确提出，但保留作出声明的权利[19]；澳大利亚、新西兰、法国、阿根廷以及智利发表了“毗连区”声明[20]；澳大利亚、法国、阿根廷以及智利主张毗连其“南极领土”的 200 海里专属经济区[21]。另外，澳大利亚、英国、挪威、新西兰等向大陆架划界委员会提出保留南极领土 200 海里以外的外大陆架权利[22]。尽管如此，作出上述声明的国家并未真正行使相关权利。因为这些国家非常清楚，如果它们在声明的“主权海域”或“主权权利海域”中行使权利，将严重违反《南极条约》第 4 条的规定，而这可能会从根本上动摇《南极条约》的基石，南极条约体系也将被瓦解。

---

〔19〕 Christopher C . Joyner, “The Antarctic Treaty and the Law of the Sea: Fifty Years On”, *Polar Record* 46, 1 (2010): 15.

〔20〕 Ibid.

〔21〕 Continental Shelf Submission of France: Note Accompanying Lodgement of Submission (5 February 2009).

〔22〕 Continental Shelf Submission of Australia: Executive Summary (15 November 2004).

2.《海洋法公约》的公海自由制度对南极海域的适用

由于《南极条约》第6条中“公海”的范围和地位并未因《海洋法公约》的生效而发生改变，因此，《海洋法公约》中的公海自由制度可以适用于南极海域，即《海洋法公约》所规定的航行自由、飞越自由、铺设海底电缆和管道的自由、建造国际法所容许的人工岛屿和其他设施的自由、捕鱼自由和科学研究自由都可以适用于南极海域。但所有国家在行使这些自由权利时，既要受到《海洋法公约》所规定的在行使相关自由时的限制性规定，同时还必须受到南极条约体系文件的制约以及关于船舶航行、航空器飞行和海洋环境保护方面的规则的约束。

四、结论

南极条约体系是以《南极条约》为核心的规范各国南极活动的基本法律文件体系，海洋法公约体系是由联合国主持制定的规制海域的划分、海域的地位及其法律制度的国际法文件体系。不论是南极条约体系，还是海洋法公约体系，都是不断发展和完善的国际法体系。这两个体系虽然是相互独立的，但在涉及南极时，两者又有着非常密切的关系。当然，南极条约体系只适用于南极，一般不适用于南极以外区域的活动，海洋法公约体系原则上适用于包括南极海域在内的所有海域。但由于南极特殊的自然地理条件以及《南极条约》第4条和第6条的规定，使得海洋法公约体系文件在南极适用时受到一定的限制，即在海洋法公约体系文件与南极条约体系文件相冲突时，应当优先适用南极条约体系文件。

论北极航道的航行自由

■ 杨显滨*　　朱昕苑**

【内容摘要】北极航道通航将使亚洲与欧洲、北美洲之间的航程缩短[1]，这不仅会大幅减少贸易成本，改变世界航运格局，而且更凸显出北极航道潜在的经济、科研和战略价值。但由于北极航道尚无统一适用的治理模式，且所涉利害关系错综复杂，相关国家各行其是，北极航道的航行自由冲突日趋白热化。加拿大、俄罗斯辩称北极航道的相关水域属于其内水，要进行排他性管辖，否认他国船只的无害通过权和过境通行权。美国则打着"航行自由"旗号，肆意游弋于北极航道，挑战俄加两国的管辖权。我国是"近北极国家"，是北极事务的重要利益攸关方，应积极参与北极航道治理，将北极航道定性为用于国际航行的海峡，证成北极航道军事演习具有非法属性及军事测量是相对性自由，对海峡沿岸国和使用国的权利义务进行本质定位，合理限定冰封区域条款在北极的适用，借助北极航道的开发利用，打造"冰上丝绸之路"。

【关键词】北极航道　航行自由　军事活动　法律与规章　冰封区域条款

一、北极航道的法律地位争锋与定性

研究北极航道的航行自由争端，首要任务是准确界定北极航道的法律地位。唯有对北极航道的法律地位进行界定，方可为北极航道航行自由相关问题的消解提供法理支撑。北极航道分为中央航道、东北航道和西北航道。中央航道也被称为北冰洋中心区航道、极点航道，从加拿大丘吉尔港出发，横跨北冰洋高纬度水域，抵达俄罗斯摩尔曼斯克港。东北航道紧邻俄罗斯，亦被其称为北方海航道，起点为东北亚各港口，经白令海峡，依次穿越俄罗斯和挪威的北部海域，最终抵达欧洲各港口。西北航道贯穿加拿大北部群岛水域，将太平洋与大西洋相连，起于北美东海岸各港口，途经戴维斯海峡、加拿大北极群岛、美国阿拉斯加北部波弗特海，终于东北亚各港口。[2] 中央航道地处北冰洋高纬度地区，属于公海范畴，且通航条件尚未成熟，各国并无太多异议，故本文不再赘述。对于东北航道和西北航道，环北极八国[3]和相关北极域外国均有不同的利益诉求，立场迥异，时至今日仍未对东北航道和西北航道的法律地位达成共识。1982 年 10 月签署的《联合国海洋法公约》（以下简称《海洋法公约》）中的相关制度，基于自身缺陷亦难以从根源上化解北极航道法律地位的争议困境。近年来，北极航道海冰加速消

---

* 法学博士，上海大学法学院副教授，上海交通大学凯原法学院土地法治研究中心研究员，大连海洋大学法学院客座教授。

* 上海大学法学院 2018 级法学硕士研究生。

〔1〕 参见刘惠荣：《谁可以在北极分一杯羹——北极的领土、资源之争与法律地位界定》，《经济参考报》2011 年 10 月 25 日第 8 版。

〔2〕 参见孙伟：《中国参与东北亚－北极通道建设的战略思路——打造 21 世纪海上丝绸之路的第三大战略走向》，《宏观经济管理》2016 年第 1 期。

〔3〕 环北极八国为美国、加拿大、俄罗斯、挪威、丹麦、瑞典、芬兰和冰岛。

融，通航条件日渐成熟，北极航道的法律地位和管辖权争端纷至沓来。作为北极航道沿岸国，俄罗斯、加拿大凭借其地理位置优势，分别对东北航道和西北航道提出“内水化”主张以宣示主权，航行自由受到俄加两国管辖措施的限制。以美国为代表的其他国家则主张北极航道的法律地位应为用于国际航行的海峡，沿岸国不应妨碍其他国家船只享有的过境通行权和无害通过权。

（一）“内水化”的主张与分析

俄罗斯对东北航道采取“内水化”管理，积极主张东北航道相关水域为其内水，拥有主权，法理依据主要为扇形理论、直线基线法和历史性权利。扇形理论是指以北极点为圆心，以东西两条国界线为腰，以某条纬线为底而构成的扇形区域应归属于邻接极点的国家。1926 年 4 月 15 日，苏联中央执行委员会通过法案并单方面宣布：凡位于苏联北部海岸，北极和东经 32°4′35″至西经 168°49′30″之间的所有陆地和岛屿，无论其已被发现或将来可能被发现，均属于苏联领土。[4] 为证明对东北航道水域的主权，俄罗斯进一步完善该法案。有学者进行扩大解释，坚称该法案中的“陆地和岛屿”应当包括冰块和附近海域。[5] 由于扇形理论缺乏国际法基础，在国际社会饱受质疑，美国、挪威等国表示反对，故俄罗斯此后在公开场合避而不谈扇形理论。为弥补扇形理论的缺陷，俄罗斯采用直线基线法以支撑其对东北航道的主权。1984 年至 1985 年，苏联先后颁布法令，对北冰洋地区海岸和岛屿采用直线基线法进行划界，在太平洋、北冰洋、日本海、鄂霍次克海、白令海、波罗的海和黑海范围内采用直线基线，仅在北冰洋沿岸即确定 391 个坐标点，建立起庞大的直线基线体系，有滥用直线基线之嫌。[6] 苏联解体后，俄罗斯仍继受其主张，招致其他国家的强烈反对。例如俄罗斯在划分海湾时采用了 28 条直线基线，仅有 5 条基线满足不超过 24 海里标准。对于剩下 23 条直线基线所涵盖的水域，俄罗斯的“内水化”主张僭越了《海洋法公约》第 10 条和《领海及毗连区公约》第 7 条的规定，故缺乏国际法依据。[7] 此外，新地岛和瓦伊加奇岛间的直线基线过长，东西两侧基线均超过 24 海里，将两岛间的喀拉门海峡划定为内水，阻断了东北航道的必经之路。另外，俄罗斯借助历史性权利支撑其“内水化”主张。1964 年 7 月 21 日，苏联依据历史性权利，第一次公开宣称拉普捷夫海峡和桑尼科夫海峡是苏联的历史性水域，故而享有主权。1983 年苏联《国家边疆法》规定，历史上属于苏联的海湾、水湾、海和海峡等均是苏联的历史性水域，构成内水。[8] 1998 年，俄罗斯《内水、领

〔4〕 参见吴慧：《“北极争夺战 ”的国际法分析》，《国际关系学院学报》2007 年第 5 期。

〔5〕 Leonid Timtchenko, “The Russian Arctic Sectoral Concept: Past And Present”, *Arctic* 50, 1 (1997): 30.

〔6〕 参见李志文、密晨曦：《新形势下“北方海航道”相关法律问题分析》，载贾宇主编：《极地法律问题》，社会科学文献出版社 2014 年版，第 64 页。

〔7〕 R. Douglas Brubaker, “The Legal Status of the Russian Baselines in the Arctic”, *Ocean Development and International Law* 30, 3 (1999): 213.

〔8〕 参见郑雷：《北极航道沿海国对航行自由问题的处理与启示》，《国际问题研究》2016 年第 6 期。

海和毗连区法》第14条规定，北方海航道是俄罗斯在北极地区历史上形成的国家统一运输线。此外，俄罗斯先后颁布一系列法令，实行航行许可制度，要求外国船舶在通过东北航道相关海峡时接受强制性引航和破冰等付费服务。可是，俄罗斯仅对拉普捷夫海峡和桑尼科夫海峡提出正式主张，不能就此认定东北航道的其他海峡为其历史性水域。对于拉普捷夫海峡和桑尼科夫海峡，俄罗斯虽采取持续有效的管辖措施，但美国等北极沿岸国明确表示反对，国际社会默认要素缺位，历史性水域主张亦难成立。据此，俄罗斯对东北航道的“内水化”主张疑点重重，颇值推敲。

与俄罗斯相似，加拿大对西北航道的“内水化”主张同样建立在扇形理论、直线基线法和历史性权利的基础之上。加拿大的扇形理论主张可追溯至20世纪初。加拿大内政部于1904年和1906年出版的两幅地图，均将北极点和西经60°至140°间的土地和岛屿划为本国领土。1907年，加拿大参议员普瓦里耶指出：“从一国的东西两端国界线延伸至北极点之间所发现的所有土地，该国均享有或应当享有主权，其领土范围也扩展至北极地区。”[9] 基于当时西北航道环境条件恶劣，因而加拿大并未对西北航道周围水域宣誓主权。但在1946年，加拿大驻美国大使皮尔逊提出，依据扇形理论，加拿大的主权不仅及于扇形区域的内陆地，更涵盖冰封的海洋。[10] 此后，加拿大虽不再提及，但从未放弃扇形理论。时至今日，加拿大的官方地图仍囊括上述扇形区域。[11] 扇形理论的天然缺陷使得加拿大转而诉诸直线基线法，加强其主权权利主张的法理基础。1985年9月10日，加拿大在北极群岛间划定直线基线，主张群岛内所有水域均为其内水。[12] 美国及欧共体成员国提出抗议，质疑加拿大直线基线的合法性，认为其明显偏离海岸的一般方向，与《海洋法公约》第7条第3款相悖，故该主张缺乏国际法依据，并非所有基线内水域均属于加拿大内水。最后，加拿大坚称，因历史性权利的存在，西北航道构成历史性水域。加拿大第一次针对西北航道正式提出历史性水域源于1973年该国法律事务局的一封函件。该函宣称：“尽管加拿大未在条约或法律中宣誓主权，但基于历史，加拿大北极群岛内水域为其内水。”[13] 此后，加拿大颁布多种法规和文件，证明北极航道属于其历史性内水。1985年划定的直线基线更是强化了这一法律地位，加拿大据此排除了无害通过和过境通行制度在西北航道的适用。可历史性权利的构成要求该国持续有

---

〔9〕 Ivan V. Bunik, “Alternative Approaches to the Delimitation of the Arctic Continental Shelf”, *International Energy Law Review* 4, (2008): 116.

〔10〕 Michael Byers and Suzanne Lalonde, “Who Controls the Northwest Passage?”, *Vanderbilt Journal of Transnational Law* 42, (2009): 1148.

〔11〕 www. nrcan. gc. ca/earth-sciences/geography/atlas-canada/explore-our-maps/reference-maps/16846.

〔12〕 Michael Byers and Suzanne Lalonde, “Who Controls the Northwest Passage?”, *Vanderbilt Journal of Transnational Law* 42, (2009): 1163.

〔13〕 王泽林：《加拿大西北通道水域与“历史性水域”关系研究》，载贾宇主编：《极地法律问题》，社会科学文献出版社2014年版，第76页。

效地行使管辖权，包括立法行为、行政行为和司法行为。[14] 若无实际管辖行为，历史性权利恐难成立。反观西北航道，美国船舶未经加拿大同意，数次穿越西北航道，而加拿大未表示反对，并未采取实际有效的管辖行为。同时，美国、欧盟均公开对加拿大的历史性水域主张表示反对。综上，加拿大主张西北航道为其历史性水域的说法有待商榷，应予否定。

（二）"用于国际航行的海峡"的主张与证成

俄加两国以扇形理论、直线基线法和历史性权利为依托，希冀将东北航道和西北航道界定为本国内水，享有主权，为排他性管辖奠定基础。两国的立场固然有利于维护其海洋权益，但为其他国家航行自由设置了障碍，国际社会的反对声浪此起彼伏。美国、欧盟、挪威、瑞典等为保障其在北极航道的航行权，冲破俄加两国的管制，宣称北极航道属于用于国际航行的海峡（以下简称国际海峡），其他国家船舶享有过境通行权或无害通过权。国际海峡制度起源于 1949 年的科孚海峡案，国际法院在判决书中首次提出"用于国际航行的海峡"概念，并给出此类海峡的判断标准。1982 年《海洋法公约》吸纳这一提法和标准，例如其第 37 条规定，在公海或专属经济区的一个部分和公海或专属经济区的另一部分之间的用于国际航行的海峡适用过境通行。基于此，国际海峡的构成标准有二：一是地理标准，即海峡两端分别连接公海和专属经济区，或公海和公海，或专属经济区和专属经济区，此为形式要件。二是功能标准，即用于国际航行，此为实质要件。

东北航道和西北航道均符合国际海峡的地理标准。东北航道东西两端连接太平洋与大西洋，沿线海峡共计 58 个，其中喀拉海峡、白令海峡、德朗海峡、拉普捷夫海峡、维利基茨基海峡等对该航道起关键性作用，其间均存在公海水域。[15] 西北航道亦由诸多海峡相连形成，东部连接巴芬湾、戴维斯海峡、拉布拉多海和大西洋，西部连接波弗特海、楚科奇海、白令海峡和太平洋，航道两端均有公海和专属经济区海域。[16] 国际社会对此表示认可，并无太多异议。东北航道和西北航道是否符合国际海峡的功能标准尚存争议。俄加两国学者认为，国际法院在科孚海峡案中创设了通航量要求，在 21 个月里，停泊在科孚海峡港口的船舶共计 2884 艘，且这一数字并不包括未经停留，直接穿越海峡的船舶。[17] 而东北航道和西北航道的通航规模显然小于科孚海峡，故上述航道难以满足功能标准，因而并非国际海峡。这一说法并未得到国际社会的广泛认同。第三次联合国海洋法会议主席 Tommy Koh 教授认为，实际使用虽是证明国际海峡的必要条

〔14〕 参见高志宏：《"历史性权利"考》，《江苏社会科学》2015 年第 3 期。

〔15〕 参见杨显滨：《论我国参与北极航道治理的国际法路径》，《法学杂志》2018 年第 11 期。

〔16〕 参见刘惠荣、刘秀：《西北航道的法律地位研究》，《中国海洋大学学报（社会科学版）》2009 年第 5 期。

〔17〕 Michael Sternheim, "Regulating the Northwest Passage", *Loyola Maritime Law Journal* 10, (2011): 196.

件，但使用量和用于国际航行并无干系。[18] 其他国家则认为，北极海冰的加速融化将进一步刺激各国对北极航道通航的现实需求，北极航道用于大规模国际航行的可行性将大大增强，商业化使用不可避免，故北极航道必将满足功能标准而成为国际海峡。

因此，东北航道和西北航道的法律地位应为国际海峡。审视上述纷争不难发现，当前争议的焦点为功能标准的符合与否，国际社会对“用于国际航行”存在分歧，原因在于《海洋法公约》并未对国际海峡制度作出全面、细致的规定，国际海峡的具体界定标准是未知的。[19] 国际法院在科孚海峡案中提及通航量，仅为证明科孚海峡存在他国船只在此航行的事实，并未创设所谓的航行量门槛，俄加两国的主张是对国际法院判决的曲解。俄加两国援引科孚海峡案，构建航行量标准缺乏国际法依据。实际上，与稳定不变的地理标准不同，功能标准处在动态发展之中，贸易需求和通航条件的变化直接影响到海峡的通航量大小和国际航行功能的施展程度，故功能标准颇具动态变化性，且在界定国际海峡时更具决定性意义。2007 年 9 月 14 日，欧洲航天局的卫星图像显示西北航道冰雪消融，适宜航行。[20] 当前相对较小的通航量并不能否认已有外国船舶在北极航道航行的既定事实，且在不久的未来，可以预见东北航道和西北航道的大规模开发和商业航行即将成为现实，这将进一步满足功能标准，强化北极航道的国际海峡法律地位。根据《海洋法公约》第 38 条第 1 款的规定，所有船舶和飞机在东北航道和西北航道均享有过境通行的权利，海峡沿岸国不应妨碍其他国家的过境通行。

二、北极航道军事活动自由的证伪与属性

在第三次联合国海洋法会议关于国际海峡的谈判中，各国曾围绕海峡的通航制度和规定沿岸国权利的方式等问题展开激烈交锋。美国、苏联主张应在国际海峡实行和公海一样的航行与飞越自由制度；塞浦路斯等国认为此类海峡属于沿岸国领海，力主适用无害通过制度；英国则提出“过境通行”的主张，各国船舶和飞机的过境通行不应受任何阻碍。最终《海洋法公约》采纳了英国的意见，创设了全新的过境通行制度。[21] 审视《海洋法公约》第三部分，强调以继续不停和迅速过境为目的，所有船舶和飞机都拥有过境通行权，均可行使航行和飞越自由，其中并未限制船舶的类型、大小、吨位，故军事船舶亦被包含在内。基于独特的气候地形条件和丰富的战略资源，北极航道具有极高的军事战略价值，北极海冰消融更是给某些海洋大国加强在北极航道的军事存在提供了绝佳契机。近年来，美国军舰和潜艇在北极航道的军事航行引发了系列冲突，北约军演则使事态进一步恶化，军舰在北极航道的军事航行自由问题备受瞩目，其中，以军事演

---

〔18〕 Matt Roston, “The Northwest Passage's Emergence as An International Highway”, *Southwestern Journal of International Law* 15, (2009): 465.

〔19〕 参见张海文：《〈联合国海洋法公约〉释义集》，海洋出版社 2006 年版，第 51 页。

〔20〕 参见赵涵漠：《最有利可图的航道通了》，《中国青年报》2011 年 6 月 1 日第 11 版。

〔21〕 参见张海文：《〈联合国海洋法公约〉释义集》，海洋出版社 2006 年版，第 51—53 页。

习和军事测量问题最为敏感。

（一）北极航道军事演习具有非法属性

通航条件日渐成熟的北极航道逐渐成为诸多海洋大国的角力场，军事摩擦与冲突不断升级。凭借地缘优势，环北极国家已将强化军事力量列为未来在北极航道活动的重要方向，北极航道的安全隐忧日益紧迫。2018 年 10 月，美国“哈里·杜鲁门号”航空母舰穿越北极地区，前往挪威参加北约“三叉戟接点”军事演习。[22] 面对他国的军事挑战，俄罗斯和加拿大一直视北极航道为天然的国防屏障，严令禁止军事演习等军事活动。值得考问的是，北极航道的军事演习是否有法可依？检视相关国际法条文，不难发现此类行为没有国际法依据，应被禁止。

一是军事演习具有政治目的，与过境通行目的不符。传统意义上的军事演习属于一国的内政范畴，是提升军队作战能力、行使国家自卫权的手段之一。由于军事演习是军队的战前训练和战争准备，而战争又是政治的工具和另一种展现形式，故军事演习不可避免地具有政治价值，带有政治性目的。[23] 随着国际格局的变化，军事演习早已突破了国别和地域限制，联合军事演习日益增多，各国通过联合其他国家的军事力量来展示武力，实现政治诉求，企及最大化的政治利益。当前北极海冰加速消融，北极航道的战略价值逐步凸显，域内外各国积极参与北极航道的开发和治理，寒冷的北极航道日益成为各国争夺的热土，北极航道的海上联合军事演习成为可能。届时，诸多军事强国借助海上联合军事演习对北极航道沿岸国进行军事震慑和政治博弈，抢夺战略资源，强化自己在北极航道治理中的话语权和主导权。而《海洋法公约》第 38 条第 2 款明确将过境通行限定在继续不停和迅速过境的目的，军事演习的鲜明政治目的严重背离了过境通行制度的目的要求，合法性基础丧失。

二是军事演习有违和平目的。《海洋法公约》第 88 条规定，公海应只用于和平目的。虽然这一目的仅规定在公海制度中，但其内涵在其他部分同样得到彰显。《海洋法公约》序言提到，“认识到……为海洋建立一种法律秩序，以便利国际交通和促进海洋的和平用途……”第 301 条规定了海洋的和平使用。据此，和平目的早已成为《海洋法公约》所确立的一般国际法原则，足以统摄《海洋法公约》所调整的各种水域，国际海峡同样应用于和平目的，无论是否批准《海洋法公约》，各国都应遵守。可问题在于《海洋法公约》并未解释何为和平目的，也从未明文禁止军事活动。[24] 此时判断军事演习是否符合和平目的绝非难事，只需检验其是否与《海洋法公约》和《联合国宪章》（以下简称《宪章》）所规定的义务相一致即可。《海洋法公约》第 301 条规定：“缔约

---

〔22〕 参见李志新：《北极地区军事化愈演愈烈》，《中国青年报》2018 年 12 月 6 日第 11 版。

〔23〕 参见程晓勇：《国际政治博弈中的武力展示：基于美韩同盟及上合组织军事演习的分析》，《辽宁大学学报（哲学社会科学版）》2013 年第 1 期。

〔24〕 参见周忠海：《海洋应只用于和平目的》，《太平洋学报》2011 年第 9 期。

国……应不对任何国家的领土完整或政治独立进行武力威胁或使用武力，或以任何其他与《联合国宪章》所载国际法原则不符的方式进行武力威胁或使用武力。"《宪章》第2条第4款同样提出"各成员国不得使用威胁或武力……侵害任何会员国或国家之领土完整或政治独立"，《海洋法公约》第39条第1款亦作出类似规定。由此可见，若某一行为构成武力威胁或使用武力，损害他国领土完整或政治独立，则不符合和平目的。放眼北极航道，长期被冰雪覆盖的航道表面是核潜艇的绝佳隐蔽屏障，从北极点到周边各国的距离相等，从北冰洋发射的导弹足以对沿岸国形成巨大的军事威慑。[25] 因此，北极航道的军事演习偏离了《海洋法公约》和《宪章》所确立的基本原则和宗旨，有违和平目的。

三是军事演习不符合过境通行的通常方式。《海洋法公约》第39条第1款规定："除因不可抗力或遇难而有必要外，不从事其继续不停和迅速过境的通常方式所附带发生的活动以外的任何活动。"此条虽是对船舶在国际海峡航行自由权的限制，但较为笼统，并未明确何为"通常方式"，《海洋法公约》其他部分对此同样保持沉默，未作详细规定。原则上，判断船舶航行是否属于过境通行的通常方式有赖于当时的特定背景和实际情况，例如对潜艇的过境通行而言，需根据海峡类型、交通密度、任务性质、航道规则等要素进行综合考量。[26] 军舰过境通行的通常方式应是利用所携带的雷达、声呐等安全设备，保持航行习惯和戒备防御状态。航空母舰上的飞机起降和空中巡逻亦被视为通常方式。[27] 而军事演习中的军舰和潜艇携带战备物资，时刻保持战斗状态，具有战略意义，与过境通行的通常方式相左，故北极航道的军事演习缺乏国际法理论支撑，不具有合法性。

（二）北极航道军事测量是相对性自由

《海洋法公约》本身并未给军事测量活动作出明确定义，联合国海洋事务与海洋法司曾对与之相类似的水文测量给出定义："为描绘海底和海岸的准确地质构造和其与陆地的地理联系，以及海洋的特征和动力变化，观测与之相关的数据参数，它对划定基线、基点和地理位置十分必要。"[28] 军事测量和水文测量关系紧密，二者在测量对象和方法上存在雷同，均凭借科技手段，在海域中探测和收集海底地形与地貌、海洋气象与水文、海浪、海潮等各类数据信息，唯一区别在于二者的用途判若鸿沟。水文测量以保

---

〔25〕 参见戴宗翰：《由联合国海洋法公约检视北极航道法律争端——兼论中国应有之外交策略》，《比较法研究》2013年第6期。

〔26〕 W. Michael Reisman, "The Regime of Straits and National Security: An Appraisal of International Lawmaking", *American Journal of International Law* 74, (1980): 71.

〔27〕 John Astley III, Michael N. Schmitt, "The Law of the Sea and Naval Operations", *Air Force Law Review* 42, (1997): 133.

〔28〕 Office for Ocean Affairs and the Law of the Sea, The Law of the Sea-Baselines: An Examination of the Relevant Provisions of the United Nations Convention on the Law of the Sea, 1989, p. 56.

障航行安全、提升海洋研究水平为宗旨，具有和平使用目的；军事测量则服务于收集甚至窃取军事情报的军事目的。[29] 但用途的不同无法掩盖二者界限的模糊性。海洋测量船的发展历程表明，当今绝大多数从事测量活动的船舶均归各国军事部门管辖，例如美国共有三类十余艘从事海上情报收集任务的测量船均隶属于军事海运司令部。截至2013年，国际海道测量组织成员国中有62.5%的国家注册的测量船舶的主管部门是国防部和海军。[30] 当前的测量船舶兼具水文测量和军事测量两大功能，其收集的海洋数据虽可用于海洋科学研究与和平使用等目的，但为军事斗争服务仍居于第一要位。所以，凡服务于军事目的的测量船舶，应与进行水文测量的船舶进行区分，军事测量应受到一定程度的限制。如若在专属经济区进行军事测量，需获得沿海国的许可，即军事测量是相对性海洋自由，而非绝对性海洋自由。

目前，国际社会关于军事测量的争端主要集中在专属经济区，但北极航道丰富的战略资源和日益显现的战略价值助推了各国进行军事测量的现实诉求。美国坚持，军事测量活动属于航行自由，沿海国的管辖构成对航行自由的牵掣。[31] 早在20世纪60年代，美国就曾意图派遣船舶赴东北航道相关海峡开展测量活动，收集东西伯利亚海的数据，苏联对此表示强烈抗议。[32] 反观航道沿岸国，俄罗斯和加拿大为维护本国战略利益，均采取航行许可制，严格限制军事船舶穿越北极航道，测量船舶亦包含在内。综观两种观点，俄加两国的主张具有一定的合理性，应予肯定，军事测量活动应当提前得到沿岸国的同意。首先，《海洋法公约》第40条规定，外国船舶在过境通行国际海峡时，若没有取得海峡沿岸国的事前同意，不得从事任何研究及测量活动。该条作为一般性条款，并未限制船舶类型和测量方式，显然涵盖了军事测量活动。可这一禁止性条款并未彻底否定军事测量的可能性，只需征得沿岸国的事前同意，军事测量活动不受妨碍。其次，航行自由是相对的，沿岸国的事前同意并不会妨害使用国的航行自由。航行自由起源于海洋自由，海洋自由这一概念从诞生之日起就具有绝对色彩。随着海洋法的发展，特别是专属经济区制度的确立，海洋自由的适用空间受到压缩。不同水域法律地位的不同导致各个水域的航行自由度呈现差异，受到诸多不同程度的限制。根据《海洋法公约》第88条的规定，船舶航行应契合和平目的，尊重他国船只的航行自由，不得损害沿岸国利益。军事测量船有“海上情报吸尘器”之称，一国的测量船只要获得北极航道地形、地貌、海洋等参数，就掌握了战场要素，如有必要，该国作战舰艇在北极航道的航行可谓驾轻就熟。出于维护本国主权和安全的考虑，沿岸国有权对其他国家在北极航道的军事测量活动施加限制。和公海上的航行自由不同，《海洋法公约》第38条规定过境通行权

---

〔29〕 参见杨显滨：《专属经济区航行自由论》，《法商研究》2017年第3期。

〔30〕 详见《详解海洋测量船》，《现代军事》2006年第6期。

〔31〕 参见周忠海、张小奕：《论专属经济区中的军事研究和测量活动》，《法学杂志》2012年第10期。

〔32〕 参见郑雷：《北极航道沿海国对航行自由问题的处理与启示》，《国际问题研究》2016年第6期。

的目的在于禁止船舶在通过海峡时进行公开的军事测量、军事演习、武器测试、监视、情报收集、加油等活动。[33] 因此，军事测量活动的事前同意是沿岸国行使《海洋法公约》所赋权利的合理体现，与航行自由精神相契合。

三、海峡沿岸国和使用国的权利义务划分与本质

根据前文所述，北极航道属于国际海峡，其他国家享有过境通行权和无害通过权，遵循《海洋法公约》第三部分用于国际航行的海峡制度的相关规定，海峡沿岸国和海峡使用国在北极航道享有一定的权利与承担相应的义务。但在具体实践中，海峡沿岸国的权利不断扩张，海峡使用国的义务明显超限。

（一）海峡沿岸国的权利与义务

《海洋法公约》第三部分对沿岸国就北极航道享有的权利和承担的义务作出了准确界定，其权利主要包括以下几个方面：（1）外国船舶进行研究和测量活动需获得海峡沿岸国的事先同意，旨在保障沿岸国利益和国防安全（《海洋法公约》第 40 条）。（2）指定海道和规定分道通航制，目标是促进船舶的安全通过，维护航行安全（《海洋法公约》第 41 条）。（3）立法权。《海洋法公约》第 42 条第 1 款授权海峡沿岸国针对航行安全、交通管理、污染防控、渔船捕鱼等事项制定相关法律和规章。海峡沿岸国领土和国际海峡地理上的紧邻关系决定了过境通行与海峡沿岸国利益密切相关，一切不当的过境通行行为势必会直接损害沿岸国的合法权益。立法权的行使可以保护海峡水域安全，避免沿岸国利益受损。海峡沿岸国所负的义务是，对其他国家的过境通行不应妨碍和不应予以停止，应将其所知的海峡内或海峡上空对航行或飞越有危险的任何情况妥为公布。此外，沿岸国还负有将其制定的关于过境通行的法律和规章妥为公布的义务。据此，俄罗斯和加拿大以保护航行安全和海洋环境为由，先后制定和出台了一系列法律和规章，构成了北极航道治理体系的重要组成部分。不过令人遗憾的是，两国的法律和规章偏离了《海洋法公约》的正常轨道，严重妨害了其他国家的航行自由。

一是强制性航行许可和收费破冰引航制度严重妨碍了其他国家的过境通行权。俄罗斯于 20 世纪 90 年代先后颁布了一系列法规及配套文件[34]，初步建立起东北航道的管理制度。2013 年修订的《北方海航道水域航行规则》进一步完善了航行许可、破冰引航、收费标准等制度，恢复了北方海航道管理局（以下简称管理局）的职能。根据《北方海航道水域航行规则》，管理局负责审核船舶在穿越东北航道前提交的申请材料、颁发航行许可证。获准驶入的船舶在航行时必须每日定时向管理局报告船舶情况、地理位置等

---

〔33〕 W. Michael Reisman, "The Regime of Straits and National Security: An Appraisal of International Lawmaking", *American Journal of International Law* 74, (1980): 72.

〔34〕 相关法规及文件包括《北方海航道海路航行规则》《北方海航道航行指南》《北方海航道破冰船领航和引航员引航规章》《北方海航道航行船舶设计、装备和必需品要求》等。

各种信息。管理局在评估船舶抗冰能力和冰情条件后，将强制要求符合条件的船舶接受有偿的破冰引航服务，且从事此项业务的破冰船必须经过管理局授权，悬挂俄罗斯国旗，引航员也必须为经过管理局认证的俄罗斯公民。[35] 转视西北航道，加拿大早在1970年就出台了《北极海域污染预防法案》，声称用于保护西北航道脆弱的海洋生态环境。2010年7月1日生效的《加拿大北方船舶交通服务区规定》，取消了原来的自愿报告制，确立起船舶通航的强制报告制度，以促进航行安全与便利，保护北极脆弱的海洋环境。根据《加拿大北方船舶交通服务区规定》，船舶在西北航道航行时需提交通航计划、地理位置、进出信息和偏离航线四类报告。[36] 审视《海洋法公约》中的过境通行制度，海峡沿岸国仅有权对外国船舶在过境通行时进行研究和测量活动拥有事前准许的权利，俄加两国要求所有船舶未经许可不得在北极航道航行的做法显然逾越了《海洋法公约》赋予的权利范围。当其他国家船舶以继续不停和迅速过境的目的穿越北极航道时，沿岸国不应停止、妨碍过境通行。换言之，若其他国家船舶在穿越北极航道时符合过境通行的要求，海峡沿岸国就不应施加任何干涉，船舶无须向沿岸国申请许可、报告位置、接受引航。然而，俄加两国不仅垄断了北极航道内的冰区引航业务，更强迫船舶接受这一服务。此外，两国规章在适用上有所歧视，对不同国籍的外国船舶区别对待。在20世纪，美国破冰船、舰艇未经加拿大许可，多次穿越西北航道，加拿大政府对此保持默认，甚至采取措施协助航行。[37] 对于其他国家船舶的航行，加拿大则苛以严格的管控手段，积极行使管辖权。《海洋法公约》第42条第2款指出，海峡沿岸国的规章不应在形式上或事实上在外国船舶间有所歧视，或在适用上有否定、妨碍或损害过境通行权的实际后果，俄加两国的上述做法有悖于《海洋法公约》精神，明显妨碍了过境通行等航行自由。

二是两国法律和规章以保护环境和航行安全为名，行“内水化”绝对管控之实。两国法律和规章的适用范围及于其主张的所有北极水域，并未根据不同水域法律地位的差异而有所区分，进而加拿大的某些海湾和其他水域被交通服务区覆盖。[38] 与加拿大做法类似，俄罗斯修订相关立法，将200海里专属经济区的边界作为东北航道的北部边界。[39] 俄加两国据此实现了国内法律和规章对其内水、领海、国际海峡和专属经济区的全覆盖，强制性航行许可等制度也顺势统一适用于上述水域内的所有船舶。针对领

---

〔35〕参见李志文、密晨曦：《新形势下“北方海航道”相关法律问题分析》，载贾宇主编：《极地法律问题》，社会科学文献出版社2014年版，第69页。

〔36〕Richard F. Southcott, “Canadian Maritime Law Update: 2010”, *Journal of Maritime Law and Commerce* 42, (2011): 349-351.

〔37〕参见杨显滨：《论我国参与北极航道治理的国际法路径》，《法学杂志》2018年第11期。

〔38〕Richard F. Southcott, “Canadian Maritime Law Update: 2010”, *Journal of Maritime Law and Commerce* 42, (2011): 351.

〔39〕参见张侠、屠景芳、钱宗旗等：《从破冰船强制领航到许可证制度——俄罗斯北方海航道法律新变化分析》，《极地研究》2014年第2期。

海、国际海峡、专属经济区以及专属经济区内的冰封区域，《海洋法公约》赋予沿岸国不同的权利，可是，俄加两国法律和规章适用范围的绝对化与《海洋法公约》第 38 条、第 234 条规定相矛盾，突破了《海洋法公约》对海峡沿岸国权利的合理限制。另外，沿岸国应基于环境保护和航行安全目的而行使立法权，俄加两国法律和规章的重心集中在航行管控领域，相关执法机构对决定船舶能否通航以及是否提供破冰服务享有较大裁量权，彰显了两国对北极航道管辖的"内水化"实质，即通过全方位的管控手段来强化自身对北极航道的"内水化"主张。

（二）海峡使用国的权利与义务

《海洋法公约》第 39 条、第 40 条和第 45 条对其他国家使用国际海峡也作出了合理规制，其中，第 45 条规定了无害通过制度。无害通过和过境通行存在相似之处，二者均要求船舶连续和迅速穿越，且不对毗邻的海峡沿海国构成威胁。无害通过虽对国际海峡在《海洋法公约》第 45 条第 1 款规定的特定情形下可以使用，但主要适用于领海，故《海洋法公约》对过境通行施加更少的限制。[40] 相对于沿岸国的领海，海峡使用国在北极航道享有的权限更大，主要包括以下几个方面。

首先，海峡使用国享有《海洋法公约》第 38 条所指称的过境通行权，其船舶和飞机应当以继续不停和迅速过境的目的行使航行和飞越自由。其次，穿越北极航道的船舶在事先征得沿岸国同意的情况下，可以进行研究和测量活动。研究和测量数据高度关涉海峡沿岸国利益，所以《海洋法公约》第 19 条第 2 款认为外国船舶在领海内进行研究或测量活动破坏了沿海国的和平、良好秩序或安全，是有害的，据此，《海洋法公约》赋予沿岸国对领海、国际海峡、群岛水域、专属经济区和大陆架内海洋科学研究活动以管辖权。[41]《海洋法公约》第 245、246 条规定，沿海国有权规定、准许和进行在其领海、专属经济区内或大陆架上的海洋科学研究，外国船舶在领海内进行海洋科学研究，须经沿海国明示同意，并符合沿海国规定的条件。而《海洋法公约》第 34 条表明过境通行制度并不影响北极航道水域的法律地位，海峡沿岸国可对这种水域行使主权或管辖权，故《海洋法公约》第 40 条可视为对上述条款的补充，解决了其他船舶在国际海峡进行研究和测量活动的问题。据此，其他国家船舶须提前向沿岸国提出申请，海峡沿岸国明确表示同意后，方可在北极航道进行研究或测量活动。再次，《海洋法公约》第 20 条规定，潜水艇和其他潜水器在无害通过领海时，必须浮出海面并展示其旗帜。那么，潜水艇在过境通行北极航道时，是否仍应遵守这一规定呢？《海洋法公约》第三部分对此虽未作出明文规定，但亦未禁止潜艇的水下潜航。根据"法无禁止即可为"原则，《海洋法公约》的沉默表明潜水艇有权在北极航道水下潜航。最后，《海洋法公约》第

---

〔40〕 John Astley III and Michael N. Schmitt, "The Law of the Sea and Naval Operations", *Air Force Law Review* 42, (1997): 133.

〔41〕 参见杨显滨：《专属经济区航行自由论》，《法商研究》2017 年第 3 期。

39 条第 1 款 c 项暗含这样一条规则：船舶的航行应符合继续不停和迅速过境的通常方式。一般情况下，潜水艇处于水下潜航状态，在迅速不停地穿越国际海峡时完全符合过境通行的通常方式。因此，潜水艇和其他潜水器在穿越北极航道时可以在水下潜行，无须浮出水面并展示其旗帜。[42]

《海洋法公约》第三部分对海峡使用国行使过境通行权时应当履行的义务也作出了明确规定，主要包括以下几个方面：(1) 在过境通行时应当毫不迟延地通过；不对海峡沿岸国的主权、领土完整或政治独立进行武力威胁或使用武力；非因不可抗力或遇难，不得进行过境通行的通常方式所附带发生的活动以外的任何活动。(2) 尊重海峡沿岸国的指定海道和规定的分道通航制。(3) 遵守海峡沿岸国制定的关于过境通行的法律和规章。(4) 遵守一般接受的关于海上安全以及防止、减少和控制来自船舶污染的国际章程、程序和惯例，主要包括国际海事组织制定的《国际海上避碰规则》、《国际海上人命安全条约》、《国际防止船舶造成污染公约》、《海员培训、发证和值班标准国际公约》和《极地水域船舶航行国际准则》（以下简称《极地规则》）等。[43] 其中具有强制法律效力的《极地规则》已于 2017 年 1 月 1 日生效，明确了船舶建造标准，制定了更为严格的环境保护标准，标志着国际社会在维护极地水域航行安全和海洋环境方面迈上了新台阶。在未来的实践中，海峡使用国应当积极采取必要措施以确保船舶在北极航道的通航符合《极地规则》的安全和环保要求，兼顾航行利益和安全环保利益。[44] 除遵守上述条约外，使用国在北极航道内按照《海洋法公约》行使权利和履行义务时，亦应适当顾及航行安全以及海峡沿岸国的权利，实现北极航道内沿岸国和使用国间的利益平衡。当然，根据《海洋法公约》第 38 条第 3 款的规定，若外国船舶进行非行使过境通行权的活动，则其仍应按照《海洋法公约》其他有关规定从事。

海峡使用国可与沿岸国针对北极航道通航和污染防控等事项进行和平协商，达成合作。当前，北极冰雪消融的趋势并未改变北极航道水域复杂的现状，外国船舶无障碍穿越北极航道的难度较大，借助沿岸国的助航服务实属必要。《海洋法公约》第 43 条规定，海峡使用国和沿岸国应对海峡内防治污染、助航和安全设备及其他有助国际航行的改进办法等通过协议进行合作，若外国船舶需要破冰引航等服务，可与沿岸国友好协商确定服务类型和费用。但加拿大和俄罗斯滥用《海洋法公约》第 42 条所赋的立法权限，强制外国船舶接受破冰引航服务，单方面制定收费标准，无视其他国家的现实需求，有待纠正。海峡使用国应以《海洋法公约》第 43 条反制俄加两国单方确立的强制引航制度，否认此类管辖措施的合法性，捍卫本国船舶在北极航道的航行利益。

---

〔42〕 John Astley III and Michael N. Schmitt, "The Law of the Sea and Naval Operations", *Air Force Law Review* 42, (1997): 133.

〔43〕 参见李伟芳、黄炎：《极地水域航行规制的国际法问题》，《太平洋学报》2017 年第 1 期。

〔44〕 参见白佳玉、李俊瑶：《北极航行治理新规则：形成、发展与未来实践》，《上海交通大学学报（哲学社会科学版）》2015 年第 6 期。

四、冰封区域条款对航行自由的不当限制与应对

1969 年的“曼哈顿号”事件促使加拿大以防治污染为由颁布了《北极海域污染预防法案》，进而通过一系列外交活动，将该法案的核心主张写入《海洋法公约》第 234 条，打造了冰封区域条款，俄加两国据此拥有了特殊的环境立法权和执法权。可是，该条款的适用范围仅限于专属经济区内的冰封区域，北极航道是否存在适用空间是未知的。当前，国际社会对北极航道的法律地位尚未达成共识，俄加两国坚称北极航道为其“内水”，外国船舶无权过境通行，美国和部分欧盟成员国则力主北极航道属于国际海峡，其他国家享有过境通行权。无论北极航道属于沿岸国内水抑或国际海峡，冰封区域条款貌似并无适用余地，实则不然。依据《海洋法公约》第 34 条的规定，过境通行制并不影响构成国际海峡的水域的法律地位，换言之，海峡水域可为领海、专属经济区或公海，《海洋法公约》对此并不加以区分。除众多海峡外，北极航道仍涵盖广大海洋区域，法律属性亦有所区别，专属经济区依然存在。如果北极航道内的专属经济区因气候严寒满足冰封区域情势，则冰封区域条款仍有适用空间。此时对该条款的适用和解释应当与《海洋法公约》其他部分相协调，如无害通过和过境通行制等。[45] 值得关注的是，俄加作为海峡沿岸国，以保护北极航道的生态环境为名，行使特殊的环境立法权和执法权，肆意扩张冰封区域条款的适用范围。更有甚者，它们通过历史性水域主张，将内水外扩，经由领海基线外移实现专属经济区的对外扩张，将部分公海区域纳入专属经济区，以适用冰封区域条款，加强对北极航道的控制。

（一）冰封区域条款适用范围的扩张与消解路径

遵照《海洋法公约》第 234 条的规定，沿海国有权对其在专属经济区内的冰封区域制定和执行不囿于一般国际规则和标准的法律与规章。其中冰封区域是指专属经济区内气候特别严寒，一年中大部分时间被冰雪覆盖的区域。[46] 由此可见，冰封区域具有位于专属经济区内和处于冰封状态两大特征。综观俄罗斯和加拿大的管辖实践，两国基于保护自身利益的需要，在对北极航道行使特殊环境立法权和执法权时逾越了《海洋法公约》第 234 条创设的限制性条件，把领海、国际海峡甚至公海囊括在内，甚至不拘泥于气候条件的限制，罔顾航道水域是否冰封的事实。此种情况下，其他国家在国际海峡的过境通行权受到了诸多限制，俄加两国滥用冰封区域条款的行为压缩甚至剥夺了外国船舶在北极航道的航行自由权，扰乱了北极航道的海洋航行秩序。

俄加两国将法律和规章适用于北极航道的所有水域，严重违背了海域分区原则。依照《海洋法公约》第 57 条的规定，沿海国专属经济区包括从测量领海宽度的基线量起，

---

〔45〕 Stanley P. Fields, “Article 234 of the United Nations Convention on the Law of the Sea: the Overlooked Linchpin for Achieving Safety and Security in the U. S. Arctic?”, *Harvard National Security Journal* 7, (2016): 73.

〔46〕 张海文：《〈联合国海洋法公约〉释义集》，海洋出版社 2006 年版，第 409 页。

不超过200海里的水域。即明确划定了专属经济区的界限，沿岸国的管辖权理应限制在200海里专属经济区以内。放眼北极航道，加拿大将《北极海域污染预防法案》中的环境保护区肆意延展至200海里专属经济区之外[47]，俄罗斯甚至将其延伸至领海和内水，在一定程度上限制了其他国家的过境通行权和无害通过权。有学者认为，尽管冰封区域条款在广义上适用国际海峡，但《海洋法公约》并未明确第234条可否适用于国际海峡，可以明确的是，《海洋法公约》第42条明确规定沿岸国在国际海峡内的立法权受用于国际航行的海峡制度的限制。《海洋法公约》第42条将防治污染列为沿岸国的立法事项，与《海洋法公约》第234条防控污染的立法目的相同，沿岸国依据冰封区域条款享有的管辖权与国际海峡制度并无冲突。[48] 另有学者认为，冰封区域条款的适用范围不仅包括专属经济区，还及于领海。[49] 实际上，《海洋法公约》有效贯彻了海域分区原则，划定出领海、毗连区、国际海峡、专属经济区和公海，分别将其放在不同部分分而论之，以此明确了沿海国享有的主权、主权权利和管辖权。和内水一样，领海属于国家领土，沿海国对领海的上空、水域及其海床和底土享有主权。[50] 至于专属经济区，沿海国享有主权权利和管辖权，而公海则对所有国家开放。在《海洋法公约》框架下，领海和专属经济区起算基线的相同并不能否认二者分属两个完全不同海洋水域的事实。俄罗斯和加拿大滥用公约所赋权限，肆意打破冰封区域条款的适用范围，不加区分地在北极航道行使环境立法和执法权限，将领海、国际海峡、专属经济区、公海置于同等地位，违背了《海洋法公约》的立法原旨，极大模糊了不同水域的权利位阶，严重损害了外国船舶在相应水域的航行自由。针对俄加两国利用冰封区域条款，以防治海洋污染为名，任意延伸管辖海域的行为，国际社会应根据文义解释规则，将两国依据《海洋法公约》第234条把控的冰封区域限定在领海之外的专属经济区，以免俄罗斯和加拿大滥用冰封区域条款侵蚀北极航道内的领海、公海和国际海峡。[51]

此外，俄加两国法律和规章的适用范围跃离了冰封状态的限制。“特别严寒气候和一年中大部分时候冰封的情形”是《海洋法公约》第234条冰封区域条款为沿海国施加的另一限制。不过，冰封区域条款的缺憾是显然的，条文规定模糊，没有确立冰封区域的具体构成要件，未对气候的严寒程度、冰封的程度和时间给出确切标准，沿海国拥有较大的自由裁量权，需综合考量水文气象条件和环境风险后进行具体判断。[52] 此外，

〔47〕 Michael Sternheim, “Regulating the Northwest Passage”, *Loyola Maritime Law Journal* 10, (2011): 179.

〔48〕 William Y. Kim, “Global Warming Heats up the American-Canadian Relationship: Resolving the Status of the Northwest Passage under International Law”, *Canada-United States Law Journal* 38, (2013): 178.

〔49〕 Donat Pharand, “The Arctic Waters and the Northwest Passage: A Final Revisit”, *Ocean Development and International Law* 38, 1-2 (2007): 47.

〔50〕 参见邵津：《国际法》(第5版)，北京大学出版社、高等教育出版社2014年版，第134页。

〔51〕 参见杨显滨：《论海洋法公约冰封区域条款在西北航道的适用》，《政治与法律》2019年第4期。

〔52〕 参见刘惠荣、李浩梅：《北极航行管制的法理探讨》，《国际问题研究》2016年第6期。

全球气候变暖和北极航道海冰消融呈现不可阻挡之势，北极航道开通面积逐步扩大。2004 年 11 月，北极理事会和国际北极科学委员会发布的《北极气候影响评估》指出，北极海冰面积平均每年减少 5%—10%，东北航道在 2080 年的可航行天数可达 180 天，受制于加拿大北极群岛独特的地形和水文条件，未来数十年内的冰雪融化会导致西北航道的海冰状况异常复杂，难以预测。[53] 这意味着北极航道冰封区域将一直处在变动之中，冰封区域条款的具体适用并非一成不变。北极航道所涉海域广阔，冰情复杂，俄加两国却滥用自由裁量权，把所有海域等量齐观，一概认定为冰封区域，管辖的触角扩展至整个北极航道。复杂的冰情、模糊的立法和管辖权的扩张最终导致冰封区域条款在适用上大打折扣。为遏制俄加两国的权利滥用，切实维护其他国家的航行利益，国际社会应当敦促两国修改国内立法，依照航道内具体水域的实际情况调整冰封区域的认定，否则相关法律和规章会滋扰外国船舶的航行自由与安全，其他国家可以不予遵守，否认对其具有拘束力。

（二）专属经济区的扩张与应对举措

除了违反文义解释规则，将冰封区域条款适用范围扩展至专属经济区周边区域外，俄罗斯和加拿大还依托历史性水域理论，实现专属经济区界限的外扩，进而压缩国际海峡的水域范围，进一步限制了外国船舶在北极航道的过境通行权。当前学界普遍认为历史性水域主要包含历史性内水、历史性领海、历史性海湾和历史性海峡等。国际法院在挪威渔业案中的判决表明，历史性权利是历史性水域作为内水看待的前提条件，而《海洋法公约》仅在第 10 条第 6 款和第 298 条第 1 款 a 项提及了历史性海湾，并未采纳历史性水域的称谓。俄罗斯和加拿大多次通过官方文件声称其对北极航道享有历史性权利，故该水域为其历史性内水。内水是国家领土的组成部分，未经许可，外国船舶不得在一国内水航行或进行捕鱼等活动[54]，俄加两国据此对北极航道采取排他性管辖，行使绝对性主权，其内水范围大幅外扩。根据《海洋法公约》第 8 条的规定，领海基线向陆一侧的水域属于一国内水部分，换言之，领海基线是划分内水和领海水域的界限。内水外扩导致领海基线外移，12 海里的领海向外延伸。由于专属经济区的起算基线和领海基线重合，200 海里专属经济区亦相应向外扩张至公海，原本属于公海的水域变为专属经济区。鉴于过境通行制并不会影响构成国际海峡的水域的法律属性，北极航道相关海峡的部分水域也转化为专属经济区。俄罗斯和加拿大趁机对国际海峡和公海部分海域拥有了主权权利和管辖权。倚仗冰封区域条款所赋予的特殊环境立法权和执法权，俄加两国有权“以防止、减少和控制船只在专属经济区范围内冰封区域对海洋的污染”为由，出台与推行相关法律和规章，阻碍其他国家在北极航道的航行自由。

---

〔53〕 Erik Franckx, “Should the Law Governing Maritime Areas in the Arctic Adapt to Changing Climatic Circumstances?”, *California Western International Law Journal* 41, (2011): 406-407.

〔54〕 邵津：《国际法》（第 5 版），北京大学出版社、高等教育出版社 2014 年版，第 133 页。

事实上，俄罗斯和加拿大的上述做法颇值商榷。两国以历史性水域为理论基石，宣称北极航道为本国内水，而《海洋法公约》第234条明确指明冰封区域条款仅作用于专属经济区，直接排除了对内水的适用，俄加两国的“内水化”主张和其对北极航道应用冰封区域条款的实践互相矛盾。由此可知，两国历史性水域的说法难以自洽，北极航道并非俄罗斯和加拿大的内水。纵使这一主张能够成立，俄加两国据此划定的基线同样有违《海洋法公约》第7条对直线基线的两大要求，即“不应在任何明显的程度上偏离海岸的一般方向”以及“基线内的海域必须充分接近陆地，使其受内水制度的支配”。俄罗斯和加拿大意图通过历史性水域和基线外移来加强对北极航道的“内水化”管控，把本不属于专属经济区的公海和国际海峡水域界定为专属经济区，进而适用冰封区域条款的做法在国际法上并无立足之地。国际社会应当将俄罗斯和加拿大在北极航道的主权权利和管辖权限制在正常轨道，对北极航道各大海域的法律地位进行界定，以切实保障其他国家在北极航道的航行自由与安全。

北极地区 BBNJ 保护的模式选择

——基于海洋保护区的视角

■ 袁　雪[*]　　廖宇程[**]

【内容摘要】北极国家管辖范围外区域的海洋生物多样性因其脆弱性而无法适应当前北极环境的剧变，因其独特性意味着国际社会急需采取积极的针对性措施对其进行法律保护。海洋保护区作为有效实现海洋生物多样性保护的划区管理工具，在北极地区经过了诸多有益的实践。但当前海洋保护区在国家管辖范围外区域的实践较少，适用效果欠佳。当前，为实现对包括北极在内的全球国家管辖范围外区域海洋生物多样性进行保护而制定新国际条约的政府间谈判，正围绕海洋保护区等治理工具进行构想。若条约通过对北极问题进行特殊安排，势必将对北极治理产生积极效应。但目前该谈判进展缓慢，导致实效性不足。为尽快实现对北极地区的保护，应以北极理事会为平台，充分发挥包括中国在内的国际主体的参与作用，制定区域性协定，设立海洋保护区，构建能够与全球保护模式互补的区域保护模式，实现对北极国家管辖范围外区域海洋生物多样性的全面保护。

【关键词】北极国家管辖范围外区域　海洋保护区　海洋生物多样性　全球保护　区域保护

国家管辖范围外区域（Area Beyond National Jurisdiction，以下简称 ABNJ）是一个区域利益与行业利益交织密切的全球公域，与外层空间、极地和网络空间共同掀起当前国际法全球治理的变革浪潮。为制定《〈联合国海洋法公约〉关于国家管辖范围外区域海洋生物多样性养护和可持续利用的国际法律约束力文书》的政府间谈判进程拉开了海洋法改革的历史序幕，对于区域性的治理活动亦具有深远的影响。在过去的几十年里，北极逐渐成为国际治理讨论的重点之一。特别是因为气候变化的迅速发展，北极的未来已成为环境保护主义者、土著社区、政府之间讨论的主要议题。在北极，存在广袤的海域属于 ABNJ 范围之内，探讨如何实现北极国家管辖范围外区域生物多样性（Biodiversity of Area Beyond National Jurisdiction，以下简称 BBNJ）的法律保护是全球与北极治理不可忽视的话题。

一、问题的提出

（一）北极 BBNJ 的特性

北冰洋的海洋生物多样性兼有独特性与脆弱性。北极存在诸多适应黑暗、寒冷和安静水域的物种。当前在北极发现了成千上万的微生物群落和原生生物，数百种浮游动物类群（主要是甲壳类动物），以及成千上万的单细胞和多细胞底栖类群（如硅藻、海藻、

---

* 哈尔滨工程大学人文社会科学学院法学系副教授，硕士生导师，法学博士。

** 哈尔滨工程大学人文社会科学学院法学硕士研究生。

本文为自然资源部海洋发展战略研究所项目“中国参与北极软法治理机制的进路研究”、黑龙江省哲学社会科学规划项目“极地通航法律问题研究”（16FXB01）的阶段性研究成果。

有孔虫、海绵、软体动物和甲壳类动物等)；北冰洋也有超过500种动物，其中有35种海洋哺乳动物，其中5种全年都栖息于该地区，如独角鲸、白鲸和弓头鲸等。[1] 根据国际自然保护联盟红色名录，上述35种海洋哺乳动物中，有13种濒临灭绝或正在遭受威胁。[2] 北极地区共有45种海鸟、250种鱼类和5000种生活在北极水域的海洋无脊椎动物。[3] 此外，北极还存在许多新型物种的可能性。加科尔（Gakkel）山脊为北极海底的中洋脊，尽管并非所有北极大陆架划界都已确定，但加科尔山脊目前并不隶属于任何国家的大陆架。科学家认为该处可能存在着未明的喜热生物，是众多北极生物的生态家园。科学家在山脊找到了许多热液喷口，表明该地区拥有特别丰富和特殊的海洋生物。[4]

过去的气候变化时代，北极地区也存在物种适应环境而进化的例证。例如，1600万年前，由于第三纪期间冰川作用，弓头鲸从露脊鲸进化而来；600万年后，白鲸和独角鲸活跃于北极地区。[5] 然而，由于人类活动的增多，北极生物目前面临海水变暖、海冰融化、生物向极地区域富集、外来生物入侵、生物食物链结构畸变等复合型威胁。此外，当前气候变化的速度与程度远远大于北极物种所曾经历的历史变化，毫无疑问，北极BBNJ正遭遇史无前例的威胁。

（二）环境变化与北极可持续发展的矛盾与张力

全球变暖带来的海冰融化不仅给北极的海洋生态系统带来了压力，也为北冰洋中先前不可到达的地方带来了人为活动和干扰。开放水域有望使高度开发的资源、旅游、航运和渔业活动成为可能，北极和非北极国家现在都表达了对这一被称为下一场“大博弈”地区的竞争性利益。因此，气候变化和人为活动的双重压力会对北极独特的生物资源产生威胁。目前，北极地区约有280万平方千米的公海位于北极沿岸各国专属经济区之外。[6] 我们一般把上述水域称为中北冰洋（The Central Arctic Ocean）。当前，这些水域中约有40%的海冰将在夏季融解[7]，冰层覆盖率下降带来了诱人的商业和工业机会，但是同样对脆弱的海洋生物多样性产生了重大影响。另外，随着气候变暖，生物活动也

---

〔1〕“Arctic Biodiversity Assessment：Status and trends in Arctic biodiversity”，accessed July 5，2019，https：//www. caff. is/assessment-series/arctic-biodiversity-assessment/233-arctic-biodiversity-assessment-2013.

〔2〕“IUCN Red List of Threatened Species”，accessed July 5，2019，http：//www. iucnredlist. org/；“IUCN Red List of Threatened Species：Categories and Criteria”，accessed July 5，2019，http：//www. iucnredlist. org/technicaldocuments/categories-and-criteria.

〔3〕“Arctic Biodiversity Assessment：Status and trends in Arctic biodiversity”，accessed July 5，2019，https：//www. caff. is/assessment-series/arctic-biodiversity-assessment/233-arctic-biodiversity-assessment-2013.

〔4〕《北冰洋下海底山脊的秘密》，http：//www. uua. cn/show-88-2130-1. html，访问日期：2019年4月16日。

〔5〕Antony Joseph，*Investigating Seafloors and Oceans*：*From Mud Volcanoes to Giant Squid*，Elsevier，2016，pp. 73-74.

〔6〕See Morris Kathleen and Hossain Kamrul，“Legal Instruments for Marine Sanctuary in the High Arctic”，*Laws* 20，5（2016）：1-15.

〔7〕See Timo Koivurova and Richard Caddell，“Managing Biodiversity Beyond National Jurisdiction in the Changing Arctic”，*Ajil Unbound* 112，（2018）：134-138.

在向北移动，温暖的海水促进了亚北极物种藻类、无脊椎动物、鱼类、哺乳动物和鸟类等涌入北极地区。《生物多样性公约》和该区域最突出的政府间论坛——北极理事会，已将北极 BBNJ 问题确定为新兴的治理挑战，因为其直接关涉北极地区生物多样性的养护与可持续利用，影响着北极地区可持续的未来发展。

当前的北极气候和环境变化，对《联合国海洋法公约》（以下简称《海洋法公约》）所编纂的海洋分区设计带来了挑战。气候变化带来的问题愈发明显地影响公海的生物资源，冰雪消融与人类频繁的活动，环境变化与社会经济发展相互影响。单纯强调抑制人类对北极的开发既不现实也无济于事，对于快速、剧烈变化的地球和北极而言，需要新的、适应性的治理工具。

挑战与机遇相伴而生，初步开采资源的现状、基本保持原始状态的生态系统，意味着国际社会对北极地区新兴资源和物种进行预防性管理正当其时。正如一些学者所说，通过制定新的区域条约，国际社会从一开始就有机会建立保护措施。[8] 然而，这些条件可能会在未来几十年内发生变化，因为温度的上升和冰盖面积减少的危机可能会促进公海地区的工业、商业活动急剧增加，2017 年年底缔结的《防止中北冰洋不管制公海渔业协定》便是对这些担忧的反映。因此，当前国际社会与北极治理主体应当未雨绸缪，以期在环境进一步恶化之前采取最佳措施，实现对北极 BBNJ 的有效保护。

二、海洋保护区视角下北极 BBNJ 保护的法律基础与实践

建立海洋保护区是当前提倡保护海洋生物多样性的一种重要方法。为应对全球环境破坏，《生物多样性公约》将保护区确定为生物多样性保护的重要战略。国际自然保护联盟将保护区定义为：通过法律或其他有效手段，对明确界定的地理空间的认可，为专有目的所进行管理的区域，以实现对自然及其所拥有的生态系统服务和文化价值的长期保护。[9] 虽然这一概念在国际政策的制定中产生了激烈的争论，但似乎在北极地区建立海洋保护区具备可行性。然而，关键问题在于哪些法律文书可以规制包括北极在内的 ABNJ 海洋保护区的建立和实施。目前，正在进行的 BBNJ 谈判也将划区管理工具包括海洋保护区作为四大讨论主题之一。

（一）设立北极 ABNJ 海洋保护区的法律基础

ABNJ 包括公海和国际海底区域。根据《海洋法公约》的规定，公海是指不包括在国家的专属经济区、领海或内水或群岛国的群岛水域在内的全部海域。延伸的大陆架以外的国家管辖范围以外的海床和洋底及其底土则被称为国际海底区域。[10] 在全球范围

---

〔8〕 See Kamrul Hossain and Kathleen Morris, *The Future of the Law of the Sea: Protecting Arctic Marine Biodiversity in Areas Beyond National jurisdiction*, Springer, 2017, pp. 105-126.

〔9〕 IUCN, Guidelines for Applying Protected Area Management Categories, Gland, Switzerland 2008, p. 8, accessed April 20, 2019, https://portals.iucn.org/library/efiles/documents/PAPS-016.pdf.

〔10〕《海洋法公约》第 86 条、第 1 条。

内，专属经济区以外的海域和国际海底区域覆盖地球表面的50%；在北极，280万平方千米的海域处于国家管辖范围之外。[11] 但是，由于监管机制缺乏，该地区海洋生物多样性基本上处于未受到保护状态。鉴于所有国家都可以进入北极水域（特别是国家管辖范围外区域），如今包括亚洲国家在内的诸多全球行动者对于北极的探索与日俱增，对海洋生物多样性的保护构成威胁。

《海洋法公约》第192条和194条可以理解为对在ABNJ建立海洋保护区的支持，其规定各国有责任保护和保全海洋环境，包括保护和保全稀有或脆弱的生态系统，以及衰竭、受威胁或有灭绝危险的物种和其他形式的海洋生物的生存环境。国家的保护义务要求它们采取一切必要措施，其中当然包括海洋保护区的指定，并在ABNJ也采取此种保护措施。

虽然指定海洋保护区是控制海洋地区人类活动的工具之一，但关于调控ABNJ海洋保护区的法律仍不明确，当前海洋保护区主要在国家管辖范围内发挥实效。

当前，国际社会已经通过多种方式尝试在相关区域建立海洋保护区。例如，《保护东北大西洋海洋环境公约》的缔约方在其整个地理区域内建立了许多海洋保护区，尽管目前不包含北极海域，但它们正筹划在北极海域建立海洋保护区。

《生物多样性公约》缔约方支持海洋保护区的概念，并通过了生态和生物重要区域概念的决议。同样，国际海事组织为了防止船舶航行中的污染排放，设立了特别敏感海域制度。《生物多样性公约》和国际海事组织的这两种海洋保护区的指定均可适用于ABNJ。但是，目前北冰洋的海洋保护区与生态和生物重要区域以及特别敏感海域均未能产生满意结果。此外，生态和生物重要区域与特别敏感海域只是非正式的指定，它们需要通过被正式宣布为海洋保护区，才可以得到实际运行。目前，覆盖北极海域22.7%的13个生态和生物重要区域已经被指定，但只有1%的生态和生物重要区域受到海洋保护区的保护。[12]

北极理事会致力于北极的可持续发展，拟建立北极海洋保护区网络以增进对北极BBNJ的保护。2015年，北极海洋环境保护工作组提议设立泛北极海洋保护区网络，该网络覆盖北冰洋沿岸国专属经济区和北极公海，此外其明确建议缔约国政府将国际海事组织设立的特别敏感海域作为北冰洋公海保护区的组成部分。推动特别敏感海域与海洋保护区的互补，有望成为北极理事会与特定行业监管机构的合作范例。北极动植物保护工作组作为北极理事会主要负责生物多样性的工作组，其有关保护北极植物群和动物群的行动为确定北极海洋空间内生态和生物重要区域提供了科学和技术支持。由其维护而

〔11〕 See Morris Kathleen and Hossain Kamrul, "Legal Instruments for Marine Sanctuary in the High Arctic", *Laws* 20, 5 (2016): 1-15.

〔12〕 Tom Barry, Hólmgrímur Helgason and Soffía Guðmundsdóttir, "Arctic Protected Areas Indicator Report 2017", accessed April 20, 2019, https://caff.is/assessment-series/414-arctic-protected-areas-indicator-report-2017.

形成的生态和生物重要区域网络最终可能成为在北极设立海洋保护区的核心基础。北极理事会的北极海洋环境保护工作组发布的《2009 年北极海运评估报告》在建议 II 部分 C 节建议：鉴于气候条件的变化和多种海洋使用的增加，北极国家应确定具有高度生态和文化意义的领域，并酌情鼓励采取措施保护这些地区免受北极海洋运输的影响。根据《2009 年北极海运评估报告》框架，98 个单独指定区域共覆盖北冰洋 76% 面积的地区已经被指定为 IIC 建议保护区，即加强生态和文化意义区域。但当前只有 5% 的 IIC 区域属于目前公认的海洋保护区。[13] IIC 区域的标准类似于国际海事组织的特别敏感海域以及《生物多样性公约》的生态和生物重要区域的标准，即根据区域对于鱼类、鸟类和海洋哺乳动物的生态重要性加以确定。

（二）海洋保护区视角下北极 BBNJ 法律保护的实践探索

当前只有 4.7% 的北极海域受到海洋保护区的保护[14]，这一数字远未达到 2010 年《生物多样性公约》缔约方大会通过的“爱知生物多样性的目标 11”。该目标要求到 2020 年，10% 的沿海和海洋区域应当得到保护。[15]

同时，北极地区目前由北极理事会及其工作组领导，坚持以国家为主导的方法建立海洋保护区，而尚未在 ABNJ 建立海洋保护区的法律框架。北极海洋环境保护工作组所提议的泛北极海洋保护区网络也着重关注北极国家专属经济区内的海洋保护区，只是强调应将公海纳入网络之中，但其并未重点研究北冰洋公海保护区的建设问题。北极动植物保护工作组为确定海洋保护的地点而进行的相关数据收集的工作也仅为北极理事会主持下建设海洋保护区的前期准备工作。《保护东北大西洋海洋环境公约》委员会在 1998 年部长级会议上提出建立海洋保护区的倡议，经过筹备，2003 年部长级会议上通过了关于海洋保护区网络的第 2003/3 号建议，旨在东北大西洋建立一个管理良好的海洋保护区生态协调网络，并建立保存空间和非空间数据的数据库，计划将来在北极 ABNJ 建立部分海洋保护区。[16] 虽然为了成功保护自然环境并促进经济发展，北极理事会的许多附属机构正在全面分析包括北极生物多样性、栖息地、生态系统的现状和趋势在内的生态基础数据等前期工作，但仍需要进一步完善海洋保护区等监管工具以实现对北极 BBNJ 的保护。

目前在 ABNJ 建立海洋保护区的合法性尚不明确，非缔约方不遵守规定的情形无法妥善应对，因此，BBNJ 谈判以通过正式法律条款的进程似乎为承认和建立海洋保护区提供了最佳途径。但如若 BBNJ 谈判中达成的协议仅仅为保护海洋生物多样性提供全球普遍适用的解决方案的话，也可能无法减轻对北极 BBNJ 的威胁，除非其针对北极海洋

---

〔13〕 Ibid.

〔14〕 Kamrul Hossain and Miriam Czarski, “Regulating Marine Biodiversity in Arctic Areas Beyond National Jurisdiction”, *Environmental Policy and Law* 48, 5 (2018): 299-307.

〔15〕 “Aichi Biodiversity Targets”, accessed July 10, 2019, https://www.cbd.int/sp/targets.

〔16〕 See http://mpa.ospar.org/home_ospar.

生态系统的具体特性采取对应的措施。

三、借助全球谈判推进北极 BBNJ 保护的路径分析

（一）当前 BBNJ 谈判进程及其北极议题

联合国大会在 2015 年第 69/292 号决议中决定进行谈判，以制定《海洋法公约》项下的第三个执行协定，即 BBNJ 协定。BBNJ 协定的谈判是当前国际海洋法领域最重要的立法进程，关系到占全球海洋面积三分之二范围的国际法律秩序的调整和海洋遗传资源等多方面利益的再分配。大会决定设立筹备委员会，就草案的内容提出建议，强调四个主要领域：海洋遗传资源；划区管理工具，包括海洋保护区；环境影响评估；能力建设和海洋技术转让。筹备委员会在 2016—2017 年举行了四次会议，并于 2017 年年底向联合国大会提交了工作报告。联合国大会决定召开政府间会议，详细阐述拟议协议的案文。会议将分四次举行，每次为期 10 个工作日。当前已经举行了三次会议，预计所有会议将于 2020 年完成。

BBNJ 协定的辐射范围将涵盖 ABNJ 的所有海洋区域，因此包括公海和国际海底区域。这意味着新的执行协定还将覆盖中北冰洋的公海部分。然而，北极的话题自筹备委员会议至第一次政府间会议，均未能成为会议的讨论主题，第一次与第二次的政府间会议纪要之中甚至未出现“北极”的字眼。尽管北极并未成为任何正式讨论的焦点，但它在走廊讨论中至少得到了一些关注，部分会外活动专门讨论了新的执行协定对北极治理的潜在影响，认为北极议题是 BBNJ 谈判不可忽视的内容。

（二）为北极制定特殊规则的合理性证成

不可忽视的问题是，北极在 BBNJ 谈判中将被怎样看待？也就是说，由于北极特殊的生态环境，是否应该在新的执行协定范围内以某种特殊方式对其加以规范？国际法始终对特殊的环境情况很敏感，既有主观性的原因，也有客观性的缘由。尽管法律打算将现实纳入一般规则和抽象规则，但特定情况下不可避免地需要适应现实世界不平衡结构的特殊规则。无论起源于何种体制或者制度的国际环境保护法律规则都不例外。现有国际法中设立北极特殊规则已有先例，也说明在海洋治理的背景下，为了应对特殊的生态环境而制定特殊规则有其必然性。这些充分的例证可以为“即便在 BBNJ 协定中，北极环境仍需要某种特殊规则”的观点提供支持，并可能为这些特殊规则设立一个起点。

《海洋法公约》第十二部分专门用于保护海洋环境。一般而言，环境保护是《海洋法公约》的一个重要内容，并且是 BBNJ 谈判期间新的海洋法的主要目标之一。第十二部分明确，除了所有一般规则外，必要时，某些特殊或例外情况应成为特殊法律待遇或规则的基础。其中第 194 条第 5 款获得普遍的适用，它规定第十二部分所规定的措施“应包括为保护和保全稀有或脆弱的生态系统，以及衰竭、受威胁或有灭绝危险的物种和其他形式的海洋生物的生存环境，而有很必要的措施”。一些学者认为，这项规定确

实为目前的稀有和脆弱生态系统的特殊待遇奠定了基础。[17] 另外一个根据特殊生态环境制定特殊规则的条款是处理来自船舶污染的第 211 条。根据该条第 1 款规定，各国“通过主管国际组织或一般外交会议，应制定国际规则和标准，以防止、减少和控制船舶对海洋环境的污染”。但是，第 6 款规定，如果存在特殊情况，特别是与“海洋学和生态条件”有关的特殊情况，使第 1 款所述的一般规则和标准“不充分”，沿海国家可在相关特殊区域适用“防止船舶污染的特殊的强制性措施”。具体实践中，特殊情况可能导致现有的一般规则和标准不充分，并可能确实有必要根据特定区域的海洋学或生态特征采取特殊的强制性措施。

除了《海洋法公约》的规定以外，另一种采用特殊规则以适应极地地区特殊地理和生态环境的安排是国际海事组织的《极地规则》。《极地规则》的双重目标是实现在两极水域中的航行安全和环境保护。鉴于特别恶劣的气候条件，特别是在冰雪覆盖的水域，特殊规则是必要的。2014 年 11 月，国际海事组织海上安全委员会第 94 届会议通过了有关航行安全的规定以及《国际海上人命安全公约》的相关修正案。2015 年 5 月，国际海事组织海洋环境保护委员会第 68 届会议通过了专门为保护极地脆弱环境而制定的规则以及《国际防止船舶造成污染公约》的相关修正案。在环境保护方面，《极地规则》包含了关于污染防治的强制性和建议性条款。根据规定，在北极水域，船舶不能排放油和油性混合物；不能排出有毒液体物质；不能排放污水，禁止程度与船只处理能力相关；不能排放垃圾，禁止程度与垃圾类型有关；塑料完全被禁止，食物垃圾完全被禁止。《极地规则》作为应对北极和南极特别脆弱的环境的特殊规则，同样强调特殊环境下规则特殊化的必要性。

正如我们所看到的，因为一般国际规则和标准不足以保护这些特别脆弱地区的海洋环境和海洋生物多样性，现有国际法中设计了一些旨在保护特殊生态条件的特殊规则。鉴于北极生态系统及其生物多样性的独特性与脆弱性，目前的 BBNJ 谈判以及相关主体或机制的具体规定，都有理由将“设计保护北极 BBNJ 的特殊规则”这一思路纳入考量范围。

（三）围绕北极治理的 BBNJ 谈判方案前瞻

北极 BBNJ 属于人类的共同遗产[18]，不仅包括北极国家，而且要求所有与北极地区或公海有利害关系的国家关注。与只对其成员具有约束力的区域性海洋协定的谈判相比，将北极纳入 BBNJ 谈判并由新的执行协定规制，可以为北极 BBNJ 提供普遍性保护。BBNJ 谈判应当关注北极，北极也需要新的执行协定对其进行保护。总结 BBNJ 谈判进展

---

〔17〕 N. Nordquist, S. Nandan and S. Rosenne, *United Nations Convention on the Law of the Sea* 1982 *Commentary online*, “*Part XII-Articles* 192 – 237”, Leiden: Brill-Nijhoff, 2013: 68.

〔18〕 Donald R. Rothwell, *The Polar Regions and the Development of International Law*, Cambridge University Press, 1996, p. 452.

和各国政府提案及学者研究，未来 BBNJ 谈判中纳入北极议题的方案主要有以下几种选择：

第一种选择是缔约方可以就“北极章节”进行谈判，其中可能包括关于北极 BBNJ 的独特性、脆弱性和复杂性的内容，以及保护北极 BBNJ 的措施，如北极 ABNJ 的海洋保护区。

第二种选择是在协议文本关于“划区管理工具”一章中涉及海洋保护区的部分设立关于北极的一节。在该部分，强调北极 BBNJ 的特性，并可以设计适合北极海洋保护区的要求。但是，实现北极 BBNJ 的保护措施不应当局限于借助海洋保护区，所以仅仅在单独一节讨论北极的特殊规则可能无法全面保护北极 BBNJ，而在不同章节均规定北极的特殊规制又致使文案显得零散，也不利于实际操作。

第三种选择是增加“北极附件”。[19] 北极附件的内容可以包括特殊规则或建立将来采用特殊规则的机制或程序，且不受主要协议的约束。这将提供更多的灵活性，并确保以动态和适应性的方式应对北极环境的特定挑战。附件将是针对北极所有可能相关的实质性和程序性规则的集合。除了将主要文本的谈判与附件的谈判相分离外，附件的另一个优点是可以通过更精简的程序进行修改。但是，将附件用于特定的领域或特定的管理工具，例如划区管理工具，而非仅仅为特定地区制定特殊规则更能实现其作用。

以上三种选择面临的共同问题是不仅不太可能得到代表们的支持，还可能促使非北极国家对其他区域海洋的独特性提出更多的关切和问题，从而提出针对不同特殊区域均应当制定特殊章节、特殊条款或者特殊附件的要求。这将导致谈判进程更加复杂化，也不利于代表们最后的协商一致。除此之外，北极理事会似乎更愿意尽可能避免国际社会参与北极事务的治理。

第四种选择是在协议草案中建立区域海洋委员会或区域科学委员会。世界自然基金会提议建立“区域综合海洋管理委员会作为附属机构，并负责协调区域机构和部门机构在 BBNJ 相关任务下采取的行动，以及根据生物多样性相关公约采取的行动”；国际自然保护联盟随后建议“科学委员会应协调全球和区域机构的科学投入和议案，并确保透明度和独立性”。这是一种不单独针对北极而设立的针对诸多特殊区域的委员会，既避免了谈判的复杂化，也灵活地实现了对北极 BBNJ 问题的特殊处理。此外，该委员会应以协调区域机构和部门机构为宗旨，不得与现有机制相抵触，尊重北极理事会等现有机构，有利于保证与其他框架和机构的一致性、互补性和协同作用。

（四）BBNJ 谈判的现实困境与北极治理的备选方案

BBNJ 谈判结束后，全球协议的通过及其生效存在延迟性和不确定性。如上所述，北极海洋生态系统是脆弱、复杂和独特的。因气候变化以及人类活动对北极的影响，特

---

〔19〕 Vito De Lucia, “The Arctic Environment and the BBNJ Negotiations. Special Rules for Special Circumstances?”, *Marine Policy* 86, (2017): 234-240.

别是迅猛增长的渔业、航运和资源开采业，北极 BBNJ 所面临的风险日益紧迫。因此，需要采取紧急行动以保护北极生物多样性，特别是位于 ABNJ 的生物多样性。在 ABNJ 建立北极海洋保护区需求的日益增加为当代海洋法的局限性带来了挑战。BBNJ 谈判可能需要两到十年才能通过一个各方普遍满意的协议，并且还需要一年或更长时间发生效力。然而，北极海洋生物多样性现在急需更为积极的保护方式，以应对不断变暖的环境和更为频繁的人类活动。2017 年年底，包括北极沿岸国和欧盟等在内的主体已经达成关于暂停在中北冰洋商业捕鱼的协议——《预防中北冰洋不管制公海渔业协定》，强调了尽快保护北极 280 万平方千米国际海域及其生物多样性的重要性。

因此，北极 BBNJ 的法律保护不应完全托付于 BBNJ 谈判并完全依赖于新的执行协定，而应考虑全球模式之外的备用选择。但在适用备选方案的同时，草案的序言中同样有必要列入更为原则性的陈述以详细说明北极 BBNJ 的独特性等特征，以及北极可持续发展过程中各国考虑相关因素的必要性。类似条款将成为新的执行协定生效后对北极治理主体目前和未来为保护北极 BBNJ 采取诸如建立北极海洋保护区等措施所做努力的正式承认，为实现海洋治理的国际行动及其成果的合法性正名。

四、围绕海洋保护区构建北极 BBNJ 保护模式

在北极 BBNJ 的治理过程中，全球模式无疑应当扮演更为重要的角色。同时，仍需要进一步分析，在全球模式的框架下，BBNJ 协议又将如何针对北极区域作出相应的安排，以建构适应北极特殊环境下的相关制度。

（一）基于全球模式建立以北极理事会为平台的北极区域 BBNJ 保护模式

北极地区目前已形成以北极理事会为主导的治理模式。作为论坛性质的平台，其强调软法在北极治理中的重要地位。面对北极环境的剧变，北极理事会也采取了众多应对措施。然而，国际社会对 ABNJ 资源合法权益的定义不同于传统国际法的主权法律利益，BBNJ 谈判过程也带来了相关概念的创新与制度治理形式的变革，为实现全球范围与区域范围的国际合作、协调治理等目标，如何抓住 BBNJ 谈判的机遇，优化北极的法律治理也是北极理事会等北极地区的治理主体需要思考的问题。以海洋保护区的治理为例，通过北极区域性协定的方式实现北极 ABNJ 海洋保护区的建设和运行可以有效弥补 BBNJ 谈判的不足。

1. 区域性协议的制定思路与构想

区域性协议无须协调过多的利益主体，其针对北极特殊性进行专门规制，相比于 BBNJ 谈判达成大规模共识的复杂漫长过程，其实效性更强。此外，在北极航运业、开采业等相关活动大规模开展前即进行规制，阻力更小。因此，相比人类活动对海洋生物多样性产生不可挽回的负面影响，现在构建北极的区域性协议能带来更多效益。在区域协议的基础上建立适用于北极 ABNJ 的海洋保护区网络，可以在不久的将来为北极 BBNJ 提供更及时和主动的保护。

关于区域协议制定主体的问题，北极沿岸国可能更愿意独自采取行动而忽略其他主体的参与。因熟谙北极生态系统面临的挑战以及如何设计针对性保护措施，北极沿岸国在制定实现北极海洋环境可持续利用的协议方面的确起着无法替代的作用。然而，区域协议的推进对于财政、科学和能力的要求颇高，充分借助北极所有国家以及非北极的利益攸关方的力量，将更符合北极国家的最佳利益。

借助区域海洋管理等组织的力量能有效发挥不同国家的优势。虽然北冰洋不存在区域海洋管理组织，但北极理事会可以作为类似的组织，以促进在 ABNJ 内创建海洋保护区。这也符合北极理事会确保极地合作、注重环境保护和可持续发展的创立目标。北极理事会曾通过诸如《北极海空搜救合作协定》《北极海洋油污预防与反应合作协定》《加强北极国际科学合作协定》等协定，主动促成具有约束力的区域协定的谈判。上述先例成为北极理事会有权在 ABNJ 制定区域条约的理由，并促成北极 ABNJ 海洋保护区的设立。

随着气候变化加速，北极需要更多积极的行动，北极国家也需要来自包括非北极国家等利益相关主体的帮助和力量。为了保证该区域协议符合国际法与《海洋法公约》，基于区域协议建立的海洋保护区对于非缔约方无拘束力，导致区域协议建立海洋保护区的效力弱化。但通过制度设计，能够实现在保障非缔约国权益的同时切实促进海洋保护区目的的实现。例如，《保护东北大西洋海洋环境公约》不能强迫非缔约方遵守海洋保护区的义务，但公约设置了非缔约方参与运作的机制，从而使得海洋保护区更具可执行性。此外，《北极海洋油污预防与反应合作协定》的缔约方是北极国家，但其第 17 条规定，缔约方可以在与非缔约方的石油污染预防和应对方面进行合作。[20]《北极海空搜救合作协定》第 18 条规定，如有必要，缔约方可根据现有国际协定与可能对搜救行动作出贡献的非缔约方开展合作。因此，借鉴上述条约的精神，建立北极 ABNJ 海洋保护区的区域协议可以建立有力的规范性指导，并且利用北极理事会诸多观察员的身份确保部分非缔约方行为的合规化，从而确保北极 BBNJ 获得更为广泛的保护。

在区域协议的具体运作过程中，可以建立一个综合性的区域合作机构，整合北极理事会的相关工作小组，相关工作小组通过信息数据的收集与提供，与北极国家等开展建设北极海洋保护区网络的重要任务。此外，与国际海事组织等国际机构的协调需要纳入考量，以确保在公海建立海洋保护区不违反现行国际海事法律。

2. 区域性协议的内在缺陷与弥合

如果一国并非文书的缔约方，则该具有法律约束力的协议也不会对其具有约束力。

---

〔20〕 Arctic Council, Agreement on Cooperation on Marine Oil Pollution Preparedness and Response in the Arctic, https: //oaarchive. Arctic-council. org/bit stream/handle/11374/529/EDOCS-2068-v1-ACMMSE08 _ KIRUNA _ 2013_ agreement _ on _ oil _ pollution _ preparedness _ and _ response _ signed Appendices _ Original _ 130510. PDF? sequence = 6&is Allowed = y.

只有该协议的缔约方受到约束，而非成员方无强制履行的义务是区域性协议的内在缺陷。尽管作为 BBNJ 谈判的替代方案，北极区域性协定最有可能为北极 BBNJ 提供有针对性和快速的保护，但是只会在签署批准的成员方之间产生承认北极 ABNJ 海洋保护区的约束力导致其执法能力有限。相比之下，BBNJ 谈判而产生的协定要求《海洋法公约》的所有缔约方都必须遵守协议关于海洋保护区设定的义务。该措施间接地为北极 BBNJ 提供了普遍性的保护。

这两种制度安排都为北极 ABNJ 的海洋保护区问题提供解决思路。联合国第 69/292 号决议要求 BBNJ 谈判不得“破坏现有的相关法律文书和框架以及相关的全球、区域和部门机构”。因此，若未来区域性协议成功建成北极 ABNJ 范围的海洋保护区，BBNJ 谈判制定的协议应当与其合作实施。所以，一旦 BBNJ 谈判完成并且协议生效，北极区域协议将获得进一步的合法性，北极 ABNJ 范围内的海洋保护区将可能升级为新执行协定所涵盖的海洋保护区，这将合法地约束来自北极及其他地区的行动者。因此最优的选项是采用并行的保护进路：首先，围绕北极 ABNJ 的海洋保护区进行区域性协议的谈判；其次，在 BBNJ 谈判中考虑制定北极的特殊规则。这种并行的方法保证了对结果未定的谈判的适应性，同时也满足了北极生物多样性保护的急迫需求，为北极 BBNJ 提供最强有力的法律保护。

（二）BBNJ 全球协议与北极区域性、部门性治理间的合作协调

联合国第 69/292 号决议要求 BBNJ 谈判不得破坏现有的相关法律文书和框架，反映在北极 ABNJ 海洋保护区的建设过程中，就是需要全球相关机构与北极理事会、国际海事组织等分工配合，实现资源互补，减少重复性的工作。北极 ABNJ 的治理正通过多个部门协议和机构进行，完善全球模式下跨机构和跨部门的协调与合作是北极 ABNJ 成功养护和可持续利用生物多样性的关键。

全球模式下，设立划区管理工具的提案应该由缔约方提出，并向未来可能设立的缔约方大会提交。BBNJ 缔约方大会可以作为履行决策以及监管职责的机构。为了确保决策的透明度，相关议案应当由海洋保护区所涉及的国家、国际组织、非国家实体等参与，保证各方的磋商与协调。同时，有必要设置科学技术委员会对划区管理工具的科学性、合理性进行评估，委员会可以作为全球模式下实现 BBNJ 缔约方大会与既有的区域性、行业性机构间科学技术合作的协调机构。建立作为附属机构的区域海洋委员会或区域科学委员会，能够作为实现 BBNJ 养护与可持续利用的技术支撑。在北极 ABNJ 海洋保护区的具体运作过程中，可以针对北极地区设置专业的北极 ABNJ 科学委员会作为与北极区域性、行业性组织的协调机构。委员会应以协调区域机构和部门机构为宗旨，不得与现有机制相抵触，尊重北极理事会等现有机构，保证与其他框架和机构的一致性、互补性和协同作用。

北极理事会及其工作组在北极海洋保护区的建设方面付出了很多努力，掌握了北极地区的重要和关键知识。通过北极理事会工作组推进海洋治理已有先例，例如在北极重

油方面的治理中，北极海洋环境保护工作组于2009年已开始了使用重油的风险评估工作。2017年9月，北极海洋环境保护工作组对北极重油的使用和运载进行实质性的讨论，并将相关信息通报给国际海事组织，最后将决策与监督执行的权力让渡给国际海事组织，最终由国际海事组织进行行业立法。〔21〕此种北极理事会工作组提供信息支撑的模式值得在北极ABNJ海洋保护区的建设中推广。北极海洋环境保护工作组在北极专属经济区内建立泛北极海洋保护区网络将为保护网扩展到北极公海提供合理的基础。而北极ABNJ科学委员会可以与北极理事会一同整合北极理事会的相关工作组，通过信息数据的收集与提供，为开展包括建设北极ABNJ海洋保护区等在内的重要任务提供监测、评估的信息支撑。

此外，还需要考虑区域机构之间、区域机构与部门机构之间的协调。区域机构之间的密切合作能够实现机构之间的协同作用，并触发其他机构的补充行动。〔22〕确保北极理事会与周边涉及北极治理区域组织之间的跨机构合作有利于生物多样性的养护和可持续利用。区域机构之间可以采用观察员相互参会或秘书处之间的定期交流、相互报告和通知主管当局的活动、设立共同的科学或技术咨询机构等措施加强互动，并构建持续性常态化的互动机制。例如，2016年北极理事会成员国签署的《费尔班克斯宣言》强调，明确国际海事组织《极地规则》的显著意义，并欢迎国际海事组织秘书长参加北极高级官员会议，双方共同努力，继续就北极安全和海洋环境等问题进行对话。此外，《费尔班克斯宣言》鼓励会员国在高密度交通区域进行水文测绘并分享调查结果的倡议表明，除了机构间互动之外，国家层面的相互协调对于成功的海洋治理也很重要。

（三）北极BBNJ区域性治理的我国应对

1. 利用北极理事会观察员的身份参与北极治理

我国于2013年成为北极理事会观察员国。虽然观察员国不享有决策权，但观察员的地位允许非北极国家通过参与工作组、进行资金援助、项目提案、口头或书面陈词间接发挥影响力。观察员国可以通过专业知识、书面意见和资金支配以对北极理事会施加压力。作为北极理事会的观察员国，除非北极理事会高级官员另有决定，否则应邀请观察员参加北极理事会的会议和其他活动。在邀请观察员参加北极理事会附属机构会议上，观察员可由主席酌情批准在北极国家和常驻参与者之后发表声明，提交书面陈述，提交相关文件并进行讨论。观察员也可以在部长级会议上提交书面陈述。目前的观察员地位使观察员有机会了解北极理事会绝大多数的工作，并能够参与其附属机构开展的项目和活动。总之，观察员地位为我国提供了进一步影响北极理事会内部讨论和决策过程

〔21〕参见韩佳霖、姜斌：《北极治理视角下的对北极水域营运的船舶实施重油禁令的探讨》，《中国海事》2018年第7期。

〔22〕See Julien Rochette, et al.,"The Regional Approach to the Conservation and Sustainable Use of Marine Biodiversity in Areas beyond National Jurisdiction", *Marine Policy* 49,(2014): 109-117.

的机会。

此外，正如前述，《北极海空搜救合作协定》《北极海洋油污预防与反应合作协定》都规定了缔约方与非缔约方的合作。同时，《北极海空搜救合作协定》的序言中还指出在搜救过程中要考虑《海洋法公约》的相关规定，即考虑与沿海国和邻国的合作。[23]《北极海空搜救合作协定》的实践为我国参与北极 ABNJ 海洋保护区建设提供了借鉴。一方面，我国可以借助缔约国与非缔约国合作的方式参与该条约；另一方面，我国作为北极理事会观察员国，应强化我国代表在北极理事会的参与，借助北极理事会提供的平台，如参加北极理事会高级官员会议，或者与北极理事会的工作组开展工作合作等方式[24]，最终参与北极 BBNJ 的治理与保护。我国在参与北极 ABNJ 海洋保护区建设的过程中，应保持审慎的态度，积极提出符合我国利益和全球利益的对策，质疑不合理的海洋保护区提案。例如，通过对南极罗斯海保护区提案中禁止在相关区域从事捕捞的反对，反映我国主动行使公海使用监督权，避免公海沿岸国对他国公海自由不合理、不合法的干预[25]，积极维护我国的合法权益。我国还应当积极增加北极理事会工作组、任务组的人员比重，关注北极理事会动态，研判北极生物保护趋势。

2. 加强与其他国家在生物多样性科学研究领域的合作

对于我国等非北极国家而言，以北极理事会为平台所构建的区域性协定可能形成北极国家间的垄断机制。以《加强北极国际科学合作协议》为例，其“不仅增强了北极国家内部的科技合作与信息垄断程度，还进一步抬升了非北极国家获取北极科学信息的门槛，这种针对域外国家的制度性歧视，造成北极域内国家与域外国家在北极科学信息领域形成非对称博弈态势”[26]。为防止在未来区域性协定的制定过程中，北极国家对我国的排外举措，我国应当深化对北极的了解，强化与北极国家的合作，提前做好应对举措。我国应当强化对北极生物多样性的科学研究，进一步完善自身科技水平，例如深入研究极地生物多样性保护，提高海洋资源勘探能力、采样能力，增加对破冰船和勘探、采样等设备的投入与研发，为积极参与北极海洋保护区建设准备重要的科技基础。此外，我国还应当积极与其他国家进行深入合作，实现信息互通共享。尽管北极部分国家可能持有严重排外的态度，但不排除部分北极国家欢迎我国与其开展的国际合作。因此，我国应当积极与可能的伙伴国家展开沟通，通过参与北极科学研究，丰富北极知识储备。只有充分了解北极理事会等机构的动态，掌握北极生物多样性保护的科学信息，在区域性协议的制定过程中，我国才能更好地深度参与、有效应对。

---

〔23〕 参见唐尧、夏立平：《中国参与北极航运治理的国际法依据研究》，《太平洋学报》2017 年第 8 期。
〔24〕 参见陆俊元、张侠：《中国北极权益与政策研究》，时事出版社 2016 年版。
〔25〕 参见白佳玉、李玲玉：《北极海域视角下公海保护区发展态势与中国因应》，《太平洋学报》2017 年第 4 期。
〔26〕 肖洋：《北极科学合作：制度歧视与垄断生成》，《国际论坛》2019 年第 1 期。

五、结语

北极是 BBNJ 协定规制的重要区域之一，而且，其特殊的地缘政治利益和生态环境等因素都为 BBNJ 协定的谈判增加了挑战。BBNJ 协定谈判在国际海洋法变革和国际海洋法秩序重构过程中具有里程碑的意义，毫无疑问，其谈判的结果也将深刻影响北极地区的未来。北极地区已形成以北极理事会为主导的治理模式，作为论坛性质的平台，软法治理在北极治理中占据了重要地位。面对北极环境的剧变，北极理事会也采取了众多应对措施，包括针对北极 ABNJ 采取的治理措施。然而，国际社会对 ABNJ 公共资源合法权益的定义不同于传统国际法的主权法律利益，BBNJ 谈判过程将创新相关概念，变革制度治理的形式，实现全球范围与区域范围的国际合作、协调治理等目标。同时，如何抓住 BBNJ 谈判的机遇、优化北极的法律治理也是北极理事会等北极地区的治理者需要思考的问题。制定区域性协定是北极治理者回应 BBNJ 谈判和积极实现北极 BBNJ 养护和可持续利用目的的主要对策。此外，强化北极区域机构自身的行动能力，深化与北极行业性监管机构的合作，是完善北极海洋保护区的辅助进路。我国作为“近北极国家”和“北极利益攸关方”，需要充分利用北极理事会观察员的地位，在参与治理海洋保护区方面发挥积极作用；同时，应当加强与其他国家在海洋生物多样性保护领域的科学合作，强化科学研究和获取科学信息的能力，进而维护自身的海洋权益。

以构建海洋命运共同体为目标的海洋酸化国际法律规制研究

■ 白佳玉* 隋佳欣**

【内容摘要】海洋酸化是一个新兴的全球性海洋环境问题，其主要表现为海洋吸收过量二氧化碳导致海水酸度升高。现有海洋环境保护与气候变化领域均存在适用于海洋酸化的一般性国际法律规制，生物多样性保护国际法律虽将海洋酸化纳入考量，但对海洋环境的影响方面关注不足。目前应对海洋酸化的国际法律制度存在碎片化特点，且制定专门法律制度的时机尚不成熟，可将海洋酸化问题纳入未来海洋领域中涉及人类共同利益问题的国际谈判议程。我国提出的海洋命运共同体理念有助于促进应对海洋酸化问题的国际合作，海洋酸化问题也可作为我国推动构建海洋命运共同体的重要抓手。

【关键词】海洋酸化　海洋环境保护　生物多样性　气候变化　海洋命运共同体

海洋是全球最为重要的生态系统之一，在人类得以共享海洋利益的同时，人类对海洋的利用也给人类与整个海洋生态系统带来了共同的威胁与挑战。习近平同志在2019年4月23日举行的中国人民解放军海军成立70周年活动讲话中指出，人类所居住的这个蓝色星球，不是被海洋分割成了各个孤岛，而是被海洋连结成了命运共同体，各国人民安危与共，由此正式提出海洋命运共同体这一重要理念。[1] 当人们还在普遍关注大气中温室气体浓度波动带来的气候变化问题时，超量的二氧化碳吸收正使海洋的化学结构发生深刻变化，由此带来的海洋酸化问题成为继全球变暖和海洋污染后又一严重影响和威胁人类社会发展的全球性环境问题。[2] 在科学研究构成重要前提的基础上，国际社会尚不存在一套专门应对海洋酸化问题的国际法律制度。基于此，本文首先简要阐述海洋酸化的科学背景，进而分析评估现有国际法框架是否可以为解决海洋酸化问题提供必要的法律基础，最后提出海洋酸化国际法律制度发展的建议。

---

* 中国海洋大学教授、博士生导师。

** 中国海洋大学国际法硕士研究生。

本文为国家社科基金“新时代海洋强国建设”重大研究专项项目“人类命运共同体理念下中国促进国际海洋法治发展”（18VHQ001）、中国法学会2018年部级法学研究课题“人类命运共同体理念下的中国国际法理论贡献与实践研究”［CLS（2018）C32］的阶段性研究成果。

〔1〕《人民海军成立70周年习近平首提构建“海洋命运共同体”》，http：//cpc. people. com. cn/n1/2019/0423/c164113-31045369. html，访问日期：2019年4月30日。

〔2〕International Panel on Climate Change，Climate Change 2014：Synthesis Report 40，2014；Fabry Victoria J.，Seibel Brad A. and Feely Richard A.，et al.，“Impacts of Ocean Acidification on Marine Fauna and Ecosystem Processes”，*ICES Journal of Marine Science*，3（2008）：414-432.

一、海洋酸化：一个新兴全球性海洋环境问题

海洋一直通过与大气之间进行气体交换在维持全球碳平衡以及调适气候变化方面扮演重要角色。[3] 在工业革命以前，海洋中碳量变化主要受自然因素影响，海洋表层水体因此形成 pH 在 8.2 左右的弱碱性环境。[4] 进入工业时代后，煤炭等化石燃料的大量燃烧使二氧化碳排放量急剧增加。除一部分二氧化碳进入大气造成温室效应外，剩余大部分人为排放的二氧化碳被海洋吸收。在大气中较为稳定的二氧化碳一旦进入海洋水体便可反应产生大量氢离子以及碳酸，进而导致海水表层碳酸盐浓度和 pH 持续下降，这个过程就被称为海洋酸化。[5] 换言之，海洋酸化问题的直接动因即海水对二氧化碳的过量吸收。2003 年，研究者量化了海洋吸收人为排放的二氧化碳导致的海水 pH 变化并指出其可能存在的复杂负面影响，海洋酸化问题开始获得广泛国际关注。[6] 自 1750 年起，海洋吸收了 30%—40% 的人为排放二氧化碳，维持千万年不变的海洋酸度水平在短短百年间就下降了 0.1 个单位。[7] 倘若保持现有二氧化碳排放强度不变，预期到 2300 年时海洋的 pH 会再下降 0.7，这种酸化速度在地球已知的历史中前所未有。[8] 海洋酸化在短期内可能带来的突出影响是导致珊瑚礁生长迟缓并刺激生物侵蚀，2018 年进行的自然环境模拟实验完成了一次系统论证。[9] 更令人忧虑的是整个全球食物链的崩溃以及随着钙化生物消失而可能加重的全球变暖情势，有学者甚至将海洋酸化同几亿年前那场物种大灭绝联系起来。[10]

---

〔3〕 Intergovernmental Panel on Climate Change，Climate Change 2013：The Physical Science Basis：Contribution of Working Group I to the Fifth Assessment Report of the Intergovernmental Panel on Climate Change，2013.

〔4〕 参见荆珍：《海洋酸化问题的国际治理》，《哈尔滨商业大学学报（社会科学版）》2014 年第 1 期，第 108—115 页；The Royal Society，Ocean Acidification Due to Increasing Atmospheric Carbon Dioxide，2005。

〔5〕 Feely Richard，Doney Scott and Cooley Sarah ，“Ocean Acidification：Present Conditions and Future Changes in a High-CO_2 World”，*Oceanography* 22，4（2009）：36-47.

〔6〕 Ken Caldeira and Michael E. Wickett，“Oceanography：Anthropogenic Carbon and Ocean pH”，*Nature* 425，6956（2003）：365.

〔7〕 Christopher L. Sabine，Richard A. Feely and Nicolas Gruber，et al.，“The Oceanic Sink for Anthropogenic CO_2”，*Science* 305，5682（2004）：367-371；Intergovernmental Panel on Climate Change，Climate Change 2007：Synthesis Report，Contribution of Working Groups I，II and III to the Fourth Assessment Report of the Intergovernmental Panel on Climate Change，2007.

〔8〕 Richard E. Zeebe，James C. Zachos and Ken Caldeira，et al.，“Oceans：Carbon Emissions and Acidification”，*Science* 321，5885（2008）：51-52；“Fiona Harvey：Rate of Ocean Acidification Due to Carbon Emissions is at Highest for 300m Years”，accessed April 20，2019，https：//www.theguardian.com/environment/2013/oct/03/ocean-acidification-carbon-dioxide-emissions-levels.

〔9〕 Rebecca Albright，Yuichiro Takeshita and David A. Koweek，et al.，“Carbon Dioxide Addition to Coral Reef Waters Suppresses Net Community Calcification”，*Nature* 555，7697（2018）：516-519.

〔10〕 Andy Ridgwell and Richard E. Zeebe，“The Role of the Global Carbonate Cycle in the Regulation and Evolution of the Earth System”，*Earth and Planetary Science Letters* 234，3-4（2005）：299-315；M. O. Clarkson，S. A. Kasemann and R. A. Wood，et al.，“Ocean Acidification and the Permo-Triassic Mass Extinction”，*Science* 348，6231（2015）：229-232.

不难看出，海洋酸化不仅对海洋生物与海洋生态系统有负面作用，而且产生了全球性负面影响。也许正如美国航天局研究员查尔斯·米勒所言，海洋中不断增加的二氧化碳对地球上生命造成的影响可能比大气中的二氧化碳还要大。[11] 2009年，为呼吁决策者在应对海洋酸化问题上作出努力，来自26个国家的科学家齐聚摩纳哥，共同签署了《摩纳哥宣言》（Monaco Declaration）。[12] 2012年的联合国“里约+20”峰会上，应对海洋酸化问题的国际协调中心宣布建立，旨在实现海洋酸化科学与政策研究的共进。[13] 2013年，联合国秘书长潘基文在第六十八届联合国大会“海洋及海洋法”年度报告中有鼓励推进海洋酸化治理政策与法律制度构建的发言，被认为是在国际法框架下解决海洋酸化问题的一个重要开端。[14] 鉴于海洋酸化问题的本质属性是海洋环境问题，直接作用对象为海洋生态系统，根本源头是二氧化碳排放，因此下文在谈及海洋命运共同体理念的融入与推动时，重点探讨海洋领域的海洋环境保护、海洋生物多样性国际法律制度以及气候变化领域的减排制度。

二、《联合国海洋法公约》的环境保护法律规制

海洋酸化是海水化学性质发生变化的过程，因此在本质上属于海洋环境问题，涉及全人类共同的海洋环境利益。被称为“海洋宪章”的《联合国海洋法公约》（以下简称《海洋法公约》）是在国际法层面调整和管控海洋领域活动最具广泛性和综合性的全球性多边条约，通过为海洋环境保护设定总体性法律框架来保障全人类海洋利益实现的可持续性。[15]

1973—1982年是《海洋法公约》的形成时期，当时海洋酸化问题还未受到国际社会关注，因此，无论是在会议讨论过程中还是在最终形成的法律文本里均没有关于海洋酸化问题的直接规制，但《海洋法公约》在第十二部分设专章规定了海洋环境保护问题，既涵盖一般性义务规定，也包括特别的合作安排。作为《海洋法公约》中针对海洋环境保护问题具有统领性和基础性功能的条款，《海洋法公约》第192条规定各国具有“保护和保全海洋环境的义务”。

虽然该条款只是一种概括性描述，但其确实明确了作为缔约国的主权国家保护海洋

〔11〕 徐婉玲：《当海洋越来越酸，地球将会怎样》，http：//news. sina. com. cn/w/2010-07-06/062117760109s. shtml，访问日期：2019年4月19日。

〔12〕 Second International Symposium on the Ocean in a High-CO_2 World，Research Priorities for Ocean Acidification，2008，https：//www. reefresilience. org/pdf/MonacoDeclaration. pdf.

〔13〕 United Nations Educational，Scientific and Cultural Organization，Ocean Acidification Summary for Policymakers Third Symposium on the Ocean in a High-CO_2 World，2013.

〔14〕 United Nations，United Nations Secretary General Report，2013；Address of H. S. H. the Prince，Symposium on the Ocean in a High CO_2 World-Monterey，2012，accessed April 20，2019，https：//www. fpa2. org/_ admin/files/documents/en/documenten-20140610022138000000. pdf.

〔15〕 United Nations，United Nations Convention on the Law of the Sea，accessed April 20，2019，https：//treaties. un. org/doc/Publication/UNTS/Volume%201833/volume-1833-A-31363-English. pdf.

环境的一般义务。这种一般义务不仅涉及国家及其机构直接实施的活动，也涵盖确保在国家管辖和控制下的活动不损害海洋环境的内容；不仅要求保护海洋环境在未来免受侵害，也包括维持或改善现有海洋环境的安排。[16] 第 192 条的规定要求缔约国“勤勉”、积极采取相关措施，换言之，一般义务的本质是行为义务。当事国是否履行该义务的标准在于是否采取了必要措施并尽力将这些措施付诸实践，而非保证损害绝对不会发生。为了与第 192 条的一般义务相配合，《海洋法公约》在第 194 条专门针对海洋环境污染规定各国“应采取一切必要措施”防止、减少和控制海洋环境污染。按照污染来源分类，《海洋法公约》主要规制陆源、船源、海底开发活动以及大气转化物等污染的预防与控制问题。此外，《海洋法公约》还分别在第 207—212 条针对上述不同污染源规定了各国相应的国内法规制义务。海洋酸化的主要来源是二氧化碳，由于二氧化碳属于大气固有成分，因此其不被列入大气污染物范围。但在海洋领域，按照《海洋法公约》第 1 条第 4 款规定，“污染”是指“人类直接或间接将物质或能量引入海洋环境而导致或可能导致对生物资源等产生有害影响”，海洋酸化明显符合这一条件。因此，虽然二氧化碳不是大气污染物，但其所造成的海洋酸化却满足海洋污染的要素而得以适用《海洋法公约》项下有关海洋污染的义务性条款。只是究竟海洋酸化属于陆地来源污染还是“来自或通过大气层的污染”，应该适用何种具体义务仍有赖于以科学的角度对海洋酸化的性质予以确定，从而避免在适用中产生混淆与重叠。

除了针对海洋环境保护，尤其是海洋环境污染方面的一般义务性规定，《海洋法公约》还在各海洋环境保护条款中作出鼓励各缔约国合作的要求。如在规定应对海洋环境污染义务条款时采用“个别或联合”的措辞[17]，在第 197 条规定各国拟订和制定有关保护和保全海洋环境的国际规则等标准时，应在全球或区域基础上通过主管国际组织进行合作。《海洋法公约》第 200 条还鼓励各国交换科学研究取得的关于海洋环境污染的情报和资料。由于海洋酸化问题大多是跨地域性的，因此有关合作的相关规定符合应对这一问题的客观需要。虽然在《海洋法公约》中没有规定各缔约国开展集体行动的机制，但其所设置的相关条款事实上发挥了促使各国通过合作应对海洋酸化的作用。

三、海洋生物多样性相关国际法律规制

受到海洋酸化最为直接影响的就是海洋生物与全球的海洋生态系统平衡。在人类社会经济生活如此依赖海洋的时代，海洋生态系统对人类的服务功能与生态价值与日俱增。海洋酸化问题影响着属于全人类的海洋生物多样性利益。

作为关注生物多样性保护与可持续利用的国际框架公约，《生物多样性公约》（Con-

---

〔16〕 参见中国国际法学会：《南海仲裁案裁决之批判》，外文出版社 2018 年版；Permanent Court of Arbitration, In the Matter of the South China Sea Arbitration, accessed April 20, 2019, https://pca-cpa.org/en/cases/7/。

〔17〕 参见《海洋法公约》第 194 条规定。

vention on Biological Diversity）从维护海洋生物多样性方面对《海洋法公约》起到重要补充作用。虽然《生物多样性公约》本身没有涉及二氧化碳排放或海洋酸化问题，但其近年来新产生的各项决定与倡议已具有直接针对海洋酸化的内容。2008 年，海洋酸化首次出现在《生物多样性公约》第九次缔约方会议的大会决议中。会议通过两项与海洋酸化直接相关的决议，一项要求大会秘书分析海洋酸化、气候变化与海洋富营养化相互间以及与海洋生态系统间的关系，另一项则要求在第十次缔约方会议前系统综合关于海洋酸化对海洋生物多样性影响的科学信息。[18] 2010 年，第十次缔约方大会通过了《2011—2020 年生物多样性战略计划》（Strategic Plan for Biodiversity 2011-2020），其中列出了 20 项“目标”（Aichi Targets），有 3 项与海洋酸化密切相关。[19] 2015 年，联合国大会通过第 69/292 号决议，决定在《海洋法公约》项下制定一份具有约束力的国际法律文书，用于国家管辖范围以外区域的海洋生物多样性（以下简称 BBNJ）的养护和可持续利用。[20] 在 2015 年至 2016 年举行的筹备委员会四次会议期间，海洋酸化问题被纳入海洋复原力（Ocean Resilience）与海洋保护区（Marine Protected Areas）部分受到了特别的关注。截至 2019 年，联合国已经召开了两次 BBNJ 养护和可持续利用政府间会议。其中，在第一次会议闭幕式的主席发言中，海洋酸化与气候变化作为划定海洋保护区时需加以考虑的标准被同时提到。[21] 由于海洋酸化目前最直接的影响对象为海洋生物与海洋生态系统，且在海洋生物多样性国际法律框架下已经存在考虑海洋酸化问题的相关实践，因此可以认为不断建立健全生物多样性法律制度是未来应对海洋酸化问题的一个重要手段。

四、气候变化相关国际法律规制

考虑到海洋酸化问题的直接原因是海水对二氧化碳的超量吸收，因此，从源头上控制二氧化碳排放成为应对海洋酸化问题行之有效的重要方法。在国际层面，1988 年的联合国第 43/53 号决议强调气候变化是“全人类共同关注事项”，进而在气候变化国际法律框架下就温室气体减排问题陆续作出制度安排，除了制定以《联合国气候变化框架公约》（United Nations Framework Convention on Climate Change）、《巴黎协定》（Paris Agreement）等为代表的一般性温室气体减排法律规制外，还包含专门针对海运温室气体减排的制度方案。

〔18〕 Climate Change and Biodiversity, Biodiversity and Climate Change, 2008; Climate Change and Biodiversity, Marine and Coastal Biodiversity, 2008.

〔19〕 The International Union for Conservation of Nature, The CBD Strategic Plan 2011-2020, accessed April 20, 2019, https://www.iucn.org/sites/dev/files/import/downloads/jane__smart__strategic_plan__business__case_for_biodiversity_180411__compatibility_mo.pdf.

〔20〕 United Nations General Assembly, Resolutions of the 69th Session (69/292), 2015.

〔21〕 United Nations General Assembly, Statement by the President of the Conference at the Closing of the First Session, 2018.

（一）《联合国气候变化框架公约》

《联合国气候变化框架公约》（以下简称《气候变化公约》）于1994年生效，被公认为是气候变化领域原则性的国际法律框架。[22] 其根本宗旨和最终目标规定在《气候变化公约》第2条，即将大气中温室气体浓度稳定在可防止对气候系统造成危险的人为干扰的水平，而且这种水平应在足以使生态系统自然适应气候变化、确保粮食生产不受威胁并使经济发展以可持续方式进行的范围内得以实现。为了确保《气候变化公约》最终目标的实现，该条共设定了3项评估指标，分别是：稳定大气中的温室气体浓度，稳定程度可防止对气候系统造成危险的人为干扰，以及足以使生态系统顺应自然规律的时间尺度。[23] 由于《气候变化公约》将"气候系统"定义为含大气圈、水圈、生物圈和陆圈在内的整体及其相互作用[24]，海洋属于水圈的主要组成部分，海洋酸化又属于明显的人为不利后果，因此海洋酸化满足"对气候系统造成危险的人为干扰"这一条件。《气候变化公约》第3条规定了各国在温室气体减排方面"共同但有区别责任"的基本原则，认为各缔约方应在公平的基础上，出于保护全人类在当代乃至后代利益的目的保护气候系统。而且它主张发达国家缔约方应当率先对气候变化及其不利影响作出反应。但总体上各缔约方均负有采取预防措施以减少引起气候变化的诱因并缓解其不利影响的义务。由于二氧化碳是引起全球变暖的重要原因，因此该条可作为针对各国控制二氧化碳排放的义务性条款。《气候变化公约》第3条第3款同时确立了各国应对气候变化问题的"风险预防原则"，即当确定存在严重损害威胁时，各缔约方不得以科学上尚没有准确证据为理由而排除自己采取相关预防措施的义务。目前有关海洋酸化的科学研究尚在推进阶段，没有形成确切的科学证据，因此该条所反映的原则、精神对目前海洋酸化问题的应对而言具有重要价值。

作为《气候变化公约》补充条款的《京都议定书》（以下简称《议定书》）于1997年通过，在《气候变化公约》关于减轻温室气体排放一般性义务规定的基础上设置了具体目标。[25] 按照《议定书》第3条的规定，《气候变化公约》附件一的缔约方要控制附件A中所列温室气体中二氧化碳排放总量从而使2008年至2012年承诺期内的温室气体排放总量比1990年的水平降低5%[26]，即其以二氧化碳排放量为基础设定了温室气体排放的总体减排目标。但附件B中规定"可以通过减少附件A中其他5种温室气体[27]的排放量以达成目的"，这意味着国家可以选择减少其他温室气体排放量也构成义务的

〔22〕 United Nations, United Nations Framework Convention on Climate Change, accessed April 20, 2019, https://unfccc.int/resource/docs/convkp/conveng.pdf.

〔23〕 Nilufer Oral, "Ocean Acidification: Falling between the Legal Cracks of UNCLOS and the UNFCCC?", *Ecology Law Quarterly* 45, 1 (2018): 9.

〔24〕 参见《气候变化公约》第1条规定。

〔25〕 United Nations, Kyoto Protocol to the United Nations Framework Convention on Climate Change, accessed April 20, 2019, https://unfccc.int/resource/docs/convkp/kpeng.pdf.

〔26〕 参见《京都议定书》第3条规定。

〔27〕 附件A中共列出六种温室气体：二氧化碳、甲烷、氧化亚氮、氢氟碳化合物、全氟化碳和六氟化硫。

履行。但海洋酸化的成因主要与二氧化碳这种温室气体有关，这在一定程度上降低了《议定书》对海洋酸化问题的直接适用性。

（二）《巴黎协定》

在 2015 年 12 月举行的巴黎气候变化大会上，《气候变化公约》的近 200 个缔约方正式通过了《巴黎协定》。[28] 作为继《议定书》后第二份有拘束力的应对气候变化的国际法律协定，《巴黎协定》旨在对 2020 年后全球应对气候变化的行动作出安排。与《气候变化公约》及《议定书》不同，《巴黎协定》没有设定结束日期，即除非另有约定，否则其将无限期地作为应对气候变化的国际法律协定而存在，因此对于判断海洋酸化在气候变化领域的适用也具有重要意义。

根据《巴黎协定》第 2 条的规定，其主要目标是将 21 世纪全球平均气温上升幅度控制在 2℃以内，并尽量将全球气温上升限制在前工业化时期水平之上的 1.5℃以内。这体现了气候变化制度遏制全球变暖的决心，但同时也产生了一种变化。从《巴黎协定》谈判期间开始，关于权利义务的主要关注点就已经转到如何实现第 2 条所规定的长期全球平均温度目标。即评估标准从先前的“气体浓度”标准转为了“温度”标准。虽然温度目标与全球变暖直接相关，但与气体浓度标准相比，现有的温度标准如何用来评估海洋酸化问题也需要重点考虑。而且，1.5℃与 2℃的温度标准对于海洋酸化的意义同样需要科学界定。

《巴黎协定》的进步之处在于其规定的减排措施适用于所有缔约方，并且提出了“国家自主贡献”这一创新性制度安排。同时，其在案文序言中提及过一次海洋问题，主要针对保护包括海洋在内的生态系统的完整性与生物多样性。但其在第 4 条中规定缔约方尽快达到温室气体排放的全球峰值，并在 21 世纪下半叶实现人为源排放量与汇清除量之间的平衡。这从某种程度上鼓励海洋作为碳汇来减轻大气负担，在适用时有必要考虑海洋与大气间碳量之间的平衡，避免其造成海洋酸化。

（三）国际海运温室气体减排最新法律发展

除了《气候变化公约》和《巴黎协定》为全球温室气体减排作出的总体安排外，具体到海洋领域，专门性的国际海运温室气体减排法律制度也值得重点关注。国际海事组织（以下简称 IMO）作为联合国系统中负责海上航行安全和防止船舶造成海洋污染的专门机构，一直致力于制定限制或减少海上航运温室气体减排的方案，在国际海运温室气体减排相关国际法律制度构建方面占据重要地位。2018 年 4 月 13 日，IMO 第 72 届海上环境保护委员会在英国伦敦正式通过了第 MEPC. 304（72）号决议，确定了国际海运温室气体减排的初步战略。[29] 初步战略总体包括目的、减排力度、指导原则、短期减排措施、中

〔28〕 United Nations Framework Convention on Climate Change, Report of the Conference of the Parties on its Twenty-first Session, 2016.

〔29〕 International Maritime Organization, Initial IMO Strategy on Reduction of GHG Emissions from Ships, accessed April 20, 2019, http://www.imo.org/en/OurWork/Documents/Resolution%20MEPC.304%2872%29%20on%20Initial%20IMO%20Strategy%20on%20reduction%20of%20GHG%20emissions%20from%20ships.pdf.

期减排措施、长期减排措施和影响七方面内容。制定初步战略的目的是在21世纪内逐步停止海运温室气体排放。为了实现这一目的，初步战略规定到2030年和2050年，国际海运业整体的平均碳排放应分别比2008年时的水平下降40%和70%，但并未对碳排放总量提出要求。初步战略的指导原则包括IMO公约项下的非歧视性原则、《气候变化公约》项下的“共同但有区别责任”原则等。此外，初步战略还规定所有船舶要全面实施强制措施，并考虑到有关措施对发展中国家的影响。从既有措施来看，主要涉及制定海运减排国家计划、优化船舶速度、研发环保性燃油等，同时也鼓励全面实施其他创新减排机制。作为海洋领域的温室气体减排方案，初步战略专门针对海上温室气体排放问题，兼具“海洋”与“二氧化碳减排”这两个重要要素，对于海洋酸化问题的应对具有一定现实意义。

五、海洋酸化相关国际法律制度综合评价与中国参与

通过上文分析可知，以《海洋法公约》为代表的国际海洋环境保护法律制度和以《气候变化公约》《巴黎协定》等为代表的气候变化国际法律制度均在全人类共同环境利益的基础上赋予各国环境保护的一般义务。由于海洋酸化的进程主要与海水溶解的二氧化碳质量有关，因此将海洋酸化问题置于海洋法领域解决有直接针对海洋系统进行制度设计的优势，符合海洋酸化作为人类活动造成的“海洋”环境问题这一本质属性。针对温室气体减排问题，气候变化国际法律制度有利于通过控制二氧化碳排放进而从源头上遏制海洋酸化问题。但二者也都存在针对海洋酸化问题的解决流于框架性指导、缺乏具体共识与措施的问题。在这个问题上，以《生物多样性公约》为代表的海洋生物多样性保护法律制度直接关注海洋生物与海洋生态系统保护并已将海洋酸化问题纳入考量。但其主要关注海洋生物，在海洋酸化对海洋环境影响方面的关注不足。因此，目前的相关国际法律制度虽然均具备海洋酸化适用的良好基础，但也均有所欠缺，反映了解决复杂环境问题存在的碎片化法律机制。当前有关海洋酸化的科学研究尚处于发展阶段，诸多关键性证据不足，既不涉及紧急的生态、经济、政治或安全问题，各国也无法准确定位共同利益与合适的谈判方，因此就海洋酸化问题单独展开多边谈判并建立专门性法律制度的时机并不成熟。海洋酸化的本质是海洋环境问题，同时涉及海洋生物多样性，国际社会已经陆续展开BBNJ问题国际谈判。2019年8月19日至31日在纽约召开了BBNJ养护和可持续利用第三届会议，在所探讨的草案文本中，分别在基本原则、划区管理工具以及技术转让部分就海洋酸化问题有所规定。[30] 因此，未来可以考虑通过在BBNJ养护和可持续利用法律制度中不断补充应对海洋酸化问题的相关条款来促进海洋酸化应对国际法层面的发展。

海洋酸化作为一个全球性海洋环境问题，同时涉及全人类的海洋环境利益和海洋生物

〔30〕 United Nations, Draft Text of an Agreement under the United Nations Convention on the Law of the Sea on the Conservation and Sustainable Use of Marine Biological Diversity of Areas beyond National Jurisdiction, accessed April 20, 2019, https://undocs.org/zh/a/conf.232/2019/6.

多样性利益，从而使全人类成为全球海洋责任共同体。海洋命运共同体规范的是海洋的整体，既包括人类开发、利用海洋空间和资源的一切活动，也包括对存在海洋中的一切生物资源和非生物资源的保护，体现了有效合理使用海洋空间和资源的整体性要求，对海洋酸化问题的解决具有重要价值。[31] 与此同时，海洋酸化的应对也可作为海洋命运共同体构建的重要实践内容，成为我国深度参与全球海洋治理的机遇。首先，我国有必要积极展开科学研究方面的合作，尽快推动科学数据的获得。比如确定海洋酸化与气候变化之间确切的交互关系，进而明晰究竟二者间是否可以妥善协调；确定海洋酸化与海洋固碳（海洋碳封存）之间的确切关系以避免风险发生等，这些科学数据构成了海洋酸化国际法律制度发展的基础。其次，我国可积极参与相关国际会议讨论、议题设计与提案提交，可以考虑在海洋领域中参考借鉴气候变化中关于二氧化碳减排的有效手段并转化为更适合解决海洋问题的方法，探索应对海洋酸化减少二氧化碳排放以外的方案，比如加强海洋生态系统复原力、修复损坏等。最后，我国可在外交场合将海洋酸化纳入有关人类命运共同体理念问题的讨论之中，尤其是注意在有关环境问题应对的双多边国际组织平台积极发挥作用；或在非官方外交层面主动举办以海洋命运共同体构建为主题的国际研讨会并将海洋酸化列入议题加以讨论。在海洋命运共同体促成各国在全人类共同海洋利益基础上解决海洋酸化问题的同时，海洋酸化问题也可以成为打开中国参与全球海洋治理新局面的重要抓手。

六、结语

迄今为止，有关碳排放的讨论、议题、目标等主要与大气有关，海洋则作为一种辅助性、补充性角色而存在。但海洋的生态链与大气一样是全球性的，海洋酸化的后果和不利影响使得人类同样无法承受。在制定专门性国际法律制度的时机尚不成熟、相关国际法律制度又呈现出碎片化特点的现状下，可在后续有关海洋公域问题（如 BBNJ）的谈判中纳入海洋酸化问题，在不断新增的海洋法律制度中增加有关海洋酸化问题的解决方案，为下一步搭建协调气候变化、海洋和生物多样性保护相关规定的海洋酸化法律制度奠定基础。作为对全人类都可能产生深远影响的新兴海洋环境问题，世界范围内持续监测海洋酸化的努力才刚刚开始，大部分国家尚处于同一起跑线上。对于我国而言，这不仅是加强我国参与全球海洋治理话语权的重要机遇，也是构建海洋命运共同体的重要组成部分。在应对海洋酸化问题的过程中，可以进一步加深对海洋与人类整体生存发展的认识，通过实践来丰富海洋命运共同体的具体内涵。

---

〔31〕 参见金永明：《构建海洋命运共同体的现代价值与意义》，https：//www. sass. org. cn/2019/0522/c1201a40525/page. htm，访问日期：2019 年 4 月 20 日。

辑二 维护海洋权益

《中国南海各岛屿图》的国际法意义探微

——兼对比尔·海顿等的回应

■ 郑志华* 吴静楠**

【内容摘要】1935年《中国南海各岛屿图》是国民政府第一幅正式明确中国在南海地区陆地范围的现代地图，对于我国主张南海诸岛的主权和维护海洋权益有着重要意义。但是，该图的价值在国际上受到一些学者和国家的质疑。本文结合地图证据的国际效力原理以及地图产生的时代背景，从地图是否反映国家的主权意图、是否精确、是否前后一致、是否客观中立以及是否得到利害关系国家的承认或默认等方面，重新检视了该图在国际法上的意义。

【关键词】《中国南海各岛屿图》 主权 地图证据 效力

一、引言

民国时期所形成的南海地图，主要有三种绘法：第一类是在南海海域中，仅仅标绘出东沙岛和西沙群岛，其余南海诸岛则未绘出，如1914年胡晋接、程敷锴所编的《中华民国地理新图》[1]，1927年屠思聪所著的《中华最新形势图》[2]，1933年陈铎所编的《中国模范地图》[3] 等。第二类是在南海海域中，标绘出东沙岛、西沙群岛、中沙群岛以及南沙九小岛，如1934年陈铎所编的《（表解说明）新制中国地图》[4]。第三类是完整地标绘出东沙、西沙、中沙和南沙群岛，如1935年水陆地图审查委员会所刊印的《中国南海各岛屿图》[5]，1936年白眉初所编的《中华建设新图》[6]，1937年苏甲

---

* 法学博士，华东政法大学海商法与海洋法史研究所所长。

** 华东政法大学国际法学院硕士研究生。

本文为国家社科基金重点项目“南海仲裁案后的南海法律问题研究”（18AFX026）的阶段性研究成果。

〔1〕 其中之《中华民国边界海岸及面积区划图》以连续线表示南海海疆线，线西起北部湾中越陆上边界线，最南端在北纬15°—16°。版本信息：亚东图书馆1914年版。

〔2〕 其中第七图为《中华疆界变迁图》，绘“连续疆界线”，从广西防城一直沿北部湾中越中间线往南，最南端在北纬15°—16°。版本信息：世界舆地学社1927年版。

〔3〕 图中绘“连续疆界线”，线西起北部湾中越陆上边界线，最南端在北纬15°—16°。在东沙群岛和西沙群岛的外围，画出一条国界标志线。版本信息：明光印刷公司印，上海舆地学社发行1933年7月。

〔4〕 图中绘有“连续疆界线”，扩展至九小岛之外，南端扩至北纬9°左右。版本信息：上海商务印书馆印行1934年8月。

〔5〕 绘有东沙群岛、西沙群岛、南沙群岛、斯卡巴洛礁（黄岩岛）和团沙群岛，无海疆线。版本信息：《水陆地图审查委员会会刊》1935年第2期。

〔6〕 其中之《海疆南展后之中国全图》绘“连续疆界线”，内标有东沙群岛、西沙群岛、南沙群岛和团沙群岛，最南端绘在北纬4°左右。版本信息：北平建设图书馆1936年印行，系中学教科书。

荣所编的《中华省市地方新图》[7]，1939 年丁文江、翁文灏、曾世英所编的《中国分省新图》[8]，1947 年国民政府内政部方域司绘制的《南海诸岛位置图》[9]，1948 年丁文江、翁文灏、曾世英所编的《中国分省新图》（战后修订第五版）[10] 等。其中，最重要的无疑是国民政府官方正式发布的两幅地图，分别是 1935 年的《中国南海各岛屿图》和 1947 年的《南海诸岛位置图》。

长期以来，国内学界对于《南海诸岛位置图》的研究较多，而对于《中国南海各岛屿图》的关注则相对比较少。[11] 在国际上，对于《中国南海各岛屿图》的意义与价值质疑声音很多。黎蜗藤称，中国与南海各岛甚少联系，更无实际管治，只是利用地图进行开疆拓土。[12] 英国学者比尔·海顿（Bill Hayton）认为，水陆地图审查委员会在绘制地图时未实际进行考察，而是在参考他人制作的地图之后，确定了南海各岛屿的位置和名称。在《中国南海各岛屿华英地名对照一览表》中，南海地物的中文名称多是从英国地图中的英文名称直接意译或者音译而来，不少还存在着翻译错误。[13] 菲律宾在南海仲裁案中声称："中国在南中国海几乎鲜有活动或联系甚少，大部分海洋地物没有中文名字，就此引发一个显而易见的疑问，中国究竟在什么基础上主张对这一区域的历史性权利?"[14] 菲律宾进而认为："当代档案研究表明，中国主张对南海各岛屿的主权，即便是对西沙群岛北部岛群（宣德群岛）的主权，都缺乏历史依据，更不用说对有关水域的历史性权利了。"[15]

《中国南海各岛屿图》作为民国时期官方印制的第一幅将南沙群岛纳入中国版图，

---

〔7〕 其中之《中国南海各岛屿图》绘东沙群岛、西沙群岛、南沙群岛、斯卡巴洛礁（黄岩岛）和团沙群岛，上标注"属中国"，无海疆线。这是 1935 年 4 月《水陆地图审查委员会会刊》第 2 期刊印《中国南海各岛屿图》的彩印版。版本信息：日新舆地学社 1937 年 9 月初版。

〔8〕 其中之《广东》以开小窗口的方式，绘有东沙群岛、西沙群岛、南沙群岛和团沙群岛等，南至安达息波礁（今息波礁）。版本信息：申报馆 1939 年 7 月第 4 版。

〔9〕 内政部为调整各群岛名称，将 20 世纪 30 年代命名的南沙群岛正式改为中沙群岛，将团沙群岛改称为南沙群岛，以符合诸岛在南海海域中所处的地理位置。绘有 11 段断续线。最南端绘在北纬 4°左右的曾母暗沙。版本信息：1947 年国防部测量局代印，1948 年 2 月正式公布。

〔10〕 其中之《政治区域图》与《广东》以连续线的方式划出南海海疆线，最南端绘在北纬 4°左右的曾母暗沙。本书经内政部审核，并获得地图发行许可证。版本信息：申报馆 1948 年 7 月第 5 版。

〔11〕 参见王颖、葛晨东、邹欣庆：《论证南海海疆国界线》，《海洋学报》2014 年第 10 期；张耀光、刘锴、刘桂春：《从地图看中国南海海域疆界线的形成与演进——中国南海九条断续国界线》，《地理科学》2012 年第 9 期；林金枝：《南海诸岛范围线画法的由来演变》，《南洋问题研究》1979 年第 4 期。

〔12〕 黎蜗藤：《从地图开疆到人工造岛：百年南海纷争史》，台湾五南图书出版股份有限公司 2017 年版。

〔13〕 Bill Hayton, "The Modern Origins of China's South China Sea Claims: Maps, Misunderstandings, and the Maritime Geobody", *Modern China* 45, 2 (2018): 127-170.

〔14〕 South China Sea Arbitration, Day 1 Hearing on the Merits and Remaining Issues of Jurisdiction and Admissibility, 24 Nov. 2015, p. 96.

〔15〕 Ibid., p. 98.

明确中国南海陆地疆界的标志性地图，在国际法上有何种意义？[16] 综合相关国际司法实践，地图佐证一国领土主张时的国际法效力至少取决于如下5个因素：首先，地图是否清楚地反映国家主权意图；其次，地图制作是否精确；再次，地图本身是否足够中立客观；又次，一国官方地图是否前后一致；最后，一国地图是否得到国际社会以及利害关系国家的承认或默认。[17] 我们应该如何客观、全面地看待该图中存在的错误和面临的质疑？本文尝试将《中国南海各岛屿图》的国际法意义放到当时中国所处的国际情势下，放到影响地图证据效力的各个因素下进行考量，也放到中国从帝制时代的天下秩序走向现代民族国家的转型脉络下进行解读，以期能够抛砖引玉，引发进一步的研究与思考，同时也试图回应相关质疑。

二、《中国南海各岛屿图》与中国的主权意图

证明一国领土主张的地图是否具备国际法上的意义，最关键、最核心的问题是该地图是否清楚地反映国家对其所主张的领土的主权意图。1986年，国际法院在布基纳法索诉马里边界纠纷案中指出："地图并不必然比其他证据材料有更高的证明效力，除非地图本身可以构成国家意志的明确表达。"[18] 2002年，国际法院在印度尼西亚诉马来西亚的巴丹岛和利吉丹岛案判决中进一步指出："在某些情况下地图可以确立领土权利（establishing territorial rights），但是地图的效力并非由于自身的内在特点所决定，而是因为这类地图在类型上属于相关国家意志的客观表达。比如，地图被作为附件放入官方的文件中，而且成为该文件不可或缺的一部分。"[19] 在荷兰与美国的帕尔马斯岛案中，马克斯·胡伯法官认为："在运用地图决定主权问题时必须尽最大的审慎，除非地图是一份法律文件的附件，一般情况下地图只是提供一种非常间接的关于承认或放弃权利的提示。"[20] 可见，地图能否体现并反映国家的主权意图是其有无国际法上证据效力的基础。

比尔·海顿认为：即使到了1935年，从现有证据可以看出，中国（水陆地图审查委员会）是否在对南沙群岛提出领土要求仍不清晰。1935年4月，《水陆地图审查委员会会刊》第二期中有一幅标题含糊的地图——《中国南海各岛屿图》。此名称既可以理解为"中国在南海的各岛屿图"（"Map of China's Islands in the South Sea"），也可以理解为"南中国海各岛屿图"（"Map of Islands in the South China Sea"）。这幅图标出了岛屿的位置和它们的新中文名字，但没有标出边界线，也没有说明委员会认为哪些海洋地物

〔16〕 我国台湾地区学者陈鸿瑜认为，这应该是民国政府首次将南沙群岛纳入版图。参陈鸿瑜：《旧金山和约下西沙和南沙群岛之领土归属问题》，《远景基金会季刊》2011年第4期。

〔17〕 参见郑志华：《论国际法上地图证据的效力》，《法商研究》2013年第2期。

〔18〕 Frontier Dispute (Burkina Faso /Republic of Mali), [1986] I. C. J. Rep. 554.

〔19〕 Sovereignty over Pulau Ligitan and Pulau Sipadan (Indonesia/Malaysia), [2002] I. C. J. Rep. 625, p. 649, para. 45.

〔20〕 Island of Palmas Case (Netherlands v. U. S. A.), Award of 4 April 1928, [2006] II Reports of International Arbitral Awards 829, at 852-853.

属于中国，哪些不是。他们可能认为所有被命名的岛屿、岩石、礁和海底沙滩都属于中国，但地图上没有将它们与明显不属于中国的地方，例如马尼拉，进行区分。[21]

应当指出，1933 年 6 月 7 日成立的中华民国水陆地图审查委员会系正式的官方机构，它由国民政府内政部召集海军参谋本部、外交部、教育部、蒙藏委员会等单位组成，其功能在于审查及确定中华民国之领土疆域，“着意编制标准地图，审查各类舆图”，防止“以讹传讹……致国疆界线，任意出入”[22]。依其职能，在确定领土界线范围方面，水陆地图审查委员会无疑代表了国家意志，由其审定并发布的《中国南海各岛屿华英地名对照一览表》以及《中国南海各岛屿图》是中国国家意志的正式、权威表达。

首先，上述两份文件明确了中国在南海的领土范围，即包括了东沙岛（今东沙群岛）、西沙群岛、南沙群岛（今中沙群岛）和团沙群岛（今南沙群岛），最南至北纬 4°的曾母暗沙。1935 年 3 月 22 日召开的水陆地图审查委员会第 28 次会议决议，绘制政区疆域各图须画出东沙群岛、西沙群岛、南沙群岛（今中沙群岛）和团沙群岛（今南沙群岛）。[23] 其次，从名称上也不难看出《中国南海各岛屿图》是以明确南海岛屿归属为目的指向的地图，具有强烈的政治性与主权指向性。至于比尔·海顿所称本图名称含糊不清的问题，如果是从中文的角度来看本图的名称则并不会产生歧义，而是明确表达了对于南海岛屿的主权主张。最后，从本图绘制的背景来看，《中国南海各岛屿图》是在内外交困的情况下绘制的，当时法国、日本等诸强欲染指南海诸岛，民间社会对于国民政府在“九小岛事件”上反应迟钝、应对措施不得力，颇多指责和声讨。面对这种境况，国民政府制作该图，是为了明确中国对于南海诸岛的主权以作为对法国、日本染指南海诸岛的回应。比尔·海顿称图上没有疆界线，无法区分哪些海洋地物属于中国，哪些属于周边国家。其实，稍加细察，不难发现，该图在菲律宾上清晰地标绘了“美领菲律宾群岛”，在婆罗洲北部标记“英”，在婆罗洲南部标记“荷”，在越南则标记了“法”，而对南海诸岛未加标记，这与海南岛、广东沿海的处理方式一样，默认即属中国，也符合该图的名称“中国南海各岛屿图”。

概言之，综合考虑《中国南海各岛屿图》的制定机关、地图的名称、绘制的历史背景，不难认定《中国南海各岛屿图》体现了国民政府对于南海诸岛的主权意图。

三、《中国南海各岛屿图》的精确性问题

回顾相关的国际司法判例可知，地图的精确性对于判断地图的证明力大小亦起到重要的作用。在布基纳法索诉马里边界纠纷案中，国际法院的法官认为：“地图作为证据

---

〔21〕 Bill Hayton, “The Modern Origins of China’s South China Sea Claims: Maps, Misunderstandings, and the Maritime Geobody”, *Modern China* 45, 2 (2018): 158.

〔22〕 参见《水陆地图审查委员会会刊》1935 年第 1 期。

〔23〕 参见《水陆地图审查委员会会刊》1935 年第 2 期。

的证明力大小取决于诸多因素。其中有一部分取决于地图在技术上的可靠性。特别是在20世纪50年代以后，航空和卫星摄影技术的发展使得这个因素增强了。"[24] 马克斯·胡伯在帕尔马斯岛案中更是指出："法律上地图作为证据的首要条件是其在地理上的精确性。"[25]

对于《中国南海各岛屿图》的精确性问题，比尔·海顿提出质疑："水陆地图审查委员会在绘制地图时并未实际进行考察，而是在参考他人制作的地图之后，确定了南海各岛屿的位置和名称。在《中国南海各岛屿华英地名对照一览表》中，南海地物的中文名称均是从英国地图中的英文名称直接意译或者音译而来，甚至该为哪些地物进行命名也受到被复制的地图影响。委员会所列的岛屿名单存在错误，在对岛屿名称进行翻译时也犯了错误。"[26]

一般而言，用以划分领土边界的地图自然是越精确越具有证据价值，但不能忘记审查地图的主要目的在于发现国家的立场、主张的领土范围，特别对尚未划边界、处于争议之中的地理边界，不应盲目追求精确性，而是要注重检视地图的精确程度与地图目的、功能的匹配度。假如政区地图可以基本上清晰地反映一国领土主张的范围，即应认定其具备足够的精确性。国际法院在比格尔海峡（Beagle Channel）案中曾指出："从理论上看地图可能是不精确的，但地图的重要性或许并不在于地图本身，而在于周边国家以及政府代表对它的态度，以及采取的相关行为。"[27]

诚然，如比尔·海顿所说，《中国南海各岛屿图》主要是在借鉴英国海图的基础上绘制的。但不得不提的是，在航空和卫星摄影技术尚未出现的时代，并非每一张地图的绘制都需经过实地测量，地图之间的互相借鉴是相对普遍存在的现象。判断一幅地图是否精确应以当时的制图技术来衡量，用现在的科技条件苛责民国时期绘制的地图未免不够公平。《中国南海各岛屿图》绘制时主要参考的是英国地图，而英国的航海技术和制图技术在当时都是处于世界先进水平，事实上《中国南海各岛屿图》也是较为精确的。至于其中的命名错误，以及对于部分海洋地物的认知不准确，如将曾母暗沙当作露出海面的"曾母滩"等问题，应当特别指出的是，考虑到当时中国仍处于向民族国家的转型时期，国家内忧外患不断，政府对于我国渔民、商人在南海诸岛的各种活动也缺乏了解，造成了对南海诸岛的认识受到很大限制。[28] 但是不能否认广东、海南、福建等地

---

〔24〕 Frontier Dispute (Burkina Faso/Republic of Mali), [1986] I. C. J. Rep. 554.

〔25〕 Island of Palmas Case (Netherlands v. U. S. A.), Award of 4 April 1928, [2006] II Reports of International Arbitral Awards 829, at 852-853.

〔26〕 Bill Hayton, "The Modern Origins of China's South China Sea Claims: Maps, Misunderstandings, and the Maritime Geobody", *Modern China* 45, 2 (2018): 158-159.

〔27〕 Beagle Channel Arbitration (Argentina v. Chile), Decision of 18 February 1977, [2006] XXI Reports of International Arbitral Awards 53, at 164, para. 137.

〔28〕 参见林金枝：《南海诸岛范围线画法的由来演变》，《南洋研究》1979年第4期。

渔民往来南海群岛作业已有久远历史，更有记载渔民往来西、南沙群岛的航海线路和地理水文以及西、南沙岛屿名称的《更路簿》流传于世。由于政府官方对民间早已存在的南海诸岛传统命名缺乏了解，这才造成了《中国南海各岛屿图》大量地使用译名，以及部分地物认知错误的情况。但这本身并不影响《中国南海各岛屿图》在确定主权范围问题上的精确性。地图的目的在于反映国家的立场、确定主张的范围，只要能够满足这一目的，即应认定是精确的。《中国南海各岛屿图》能清晰地反映中国政府对南海各岛屿领土主张的立场和范围，无疑具备足够的精确性。

四、《中国南海各岛屿图》是否中立、客观

地图的国际法意义也取决于其制作者是否中立、客观和权威。通常，地图如果由中立的制图专家制作，它的证明效力会增强。相反，地图如果是在单方授意下绘制的，证明效力就可能打折扣。如布基纳法索诉马里边界纠纷案件案中，国际法院指出：“地图的证据效力还涉及地图来源的中立性。”〔29〕小田滋法官在卡西基利/塞杜杜岛案中也曾阐述：“政府机构制作的地图，尽管具有表明其对于某一特定区域的领土或主权问题的立场，但是仅此并不能决定系争领土的法律地位，因为地图通常只表明国家的主张，而且往往是最大化的主张，但并不必然能说明其主张的正当性。”〔30〕1935 年《中国南海各岛屿图》直接针对的是法国与日本对南沙岛礁的占领与兼并行为，在主权意图上系伸张中国的国家意志，是对法、日并吞行为的一种反制，但它确认的是千百年来中国渔民在南海诸岛的开发、生产和生活的客观事实。〔31〕通常，地图总是由特定国家制作的，特别是涉及领土边界的地图由当事国制作，反映当事国的主权意图十分正常。国际司法实践也表明，不会仅仅因为地图是争议一方的当事国制作的，就一概予以否定，应当结合所有其他因素，包括全部证据，加以综合认定。〔32〕

五、《中国南海各岛屿图》是否前后一致

为了证明一国对其领土主张的一贯性，国际司法机构通常要求当事国提交的地图证据应当前后一致才具有国际法上的证明力。如国际法院在 1999 年卡西基利/塞杜杜岛案中指出：“鉴于提交的地图中有不确定和不一致的地方，法院不能就涉案的地图本身得

〔29〕 Frontier Dispute (Burkina Faso/Republic of Mali), [1986] I. C. J. Rep. 554, at 583, para. 56.

〔30〕 Kasikili/Sedudu Island (Botswana/Namibia), Separate Opinion of Judge Oda, at 1133-1134, para. 40.

〔31〕 参见李国强：《民国政府与南沙群岛》,《近代史》1994 年第 2 期；吴士存：《民国时期的南海诸岛问题》,《民国档案》1996 年第 3 期；沈顺根：《可爱的南沙》，上海远东出版社 1992 年版，第 106 页。

〔32〕 Romulo R. Ubay, "Evidence in International Adjudication: Map Evidence in Territorial Sovereignty Dispute Cases", *Aegean Review of the Law of the Sea and Maritime Law* 1, 2 (2011): 287.

出结论。"[33]

的确，地图应前后一致。如果不一致，何者作准便会成为问题。司法机构一般很难从不一致的地图中辨认国家的真实意图。[34] 此外，不一致的问题，也会受到国际法上"禁止反言原则"的规制。但受制于时代、制图标准与制图条件、科学技术等因素，"对地图的前后一致要求并不是绝对的，但是应当保持基本上的一致性"[35]。

比尔·海顿认为，20 世纪初以来，中国对南海的主张存在一步步向南拓展的过程，逐步构建了中国的海洋地理躯体。[36] 黎蜗藤称：在 1908 年之前，所有中国地图都没有把南海诸岛列入中国版图范围内。1909 年到 1917 年，中国地图逐步把西沙和东沙列入中国版图。1917 年到 1934 年，所有的中国地图都把西沙和东沙列入中国版图之内。但是中沙和南沙在地图上都不是中国的一部分。1935 年地图开疆之后，所有的中国地图都把中沙和南沙列为中国的一部分，绝大部分地图也把黄岩岛列在中国版图之中。在 1947 年之后，民国政府把南海分界线以断续线的形式固定下来。从此中国地图上的南海就和现在的样子大同小异（除了共和国把十一段线变成九段线）。[37] 黎蜗藤的论述混淆了官方地图和私人地图，在国际法上，私人地图未经国家承认，在国际法中没有法律效力。1935 年 4 月出版的《中国南海各岛屿图》才是"民国政府公开出版的第一份具有官方性质的南海专项地图"[38]，它的出版正是为了规范和纠正此前中国地图出版的混乱状况。所以，《中国南海各岛屿图》与之前出现的私人地图不一致，丝毫无损其法律意义。但是，自从 1935 年《中国南海各岛屿图》确认我国主张南海四大群岛的范围以来，一直到今天，即便政府更迭，中国政府保持了对于东沙群岛、西沙群岛、中沙群岛以及南沙群岛主权主张的一致性。此外，黎蜗藤等指责国民政府"地图开疆"，实则不堪一驳。中国当时是弱国，而且处于列强环伺之下，以当时的国家能力，但凡稍有常识都能意识到，中国不可能冒天下之大不韪而有"开疆"之举。[39] 当时法日两国蚕食鲸吞南海诸岛，水陆地图审查委员会绘制并发布《中国南海各岛屿图》实为保国、自卫之举。究其实质是确认国家在南海的陆地领土范围，利用地图进行维权。

---

〔33〕 Kasikili/Sedudu Island (Botswana/Namibia), Judgment, I. C. J. Reports1999, at 1100, para. 87.

〔34〕 Charles Cheney Hyde, "Maps as Evidence in International Boundary Disputes", *American Journal of International Law* 27, 2 (1933): 315.

〔35〕 Ahmed ABOU-EL-WAFA, "Les diffe'rends internationaux concernant les frontie'res terrestres dans la jurisprudence de la Cour internationale de justice", *Collected Courses of the Hague Academy of International Law* 343, 9 (2010): 432-434.

〔36〕 Bill Hayton, "The Modern Origins of China's South China Sea Claims: Maps, Misunderstandings, and the Maritime Geobody", *Modern China* 45, 2 (2018): 158.

〔37〕 参见黎蜗藤：《从地图开疆到人工造岛：百年南海纷争史》，台湾五南图书出版股份有限公司 2017 年版。

〔38〕 参见李国强：《从地名演变看中国南海疆域的形成历史》，《中国边疆史地研究》2011 年第 4 期。

〔39〕 参见葛兆光：《从"帝国疆域"到"国家领土"——"五四"之前有关"主权"问题的日本刺激与中国反应》，《文史哲》2019 年第 3 期。

六、《中国南海各岛屿图》是否得到利害关系国家的承认或默认

地图是否得到利害关系国家的承认或默认，是否能够反映国际社会的重叠共识是判断地图证明效力的重要因素。厄立特里亚埃塞俄比亚边界委员会曾经正确地指出："地图自身也许仅有较弱的证据效力，但如得到争议国的承认，则将具有重大的法律意义。"[40] 该委员会还进一步认为："一份官方制作的地图，比例尺大小上也足以看出有争议的边界领域范围，而且无论在境内外一般都购买得到，并可以对此进行审核，争议方如果没有任何反应或者甚至据此确定自己的行为，则该地图应被视为具有重要的法律意义。"[41] 1935 年《中国南海各岛屿图》本身是抗议日、法侵占行为的产物，也没有证据证明该图得到了日本、法国以及其他利害关系国家的承认或默认。但是 1948 年中国官方出版的《南海诸岛位置图》，是对该图的延续和继承。国际社会、特别是周边有利害关系的国家，在相当长的一段时间内对于 1948 年公开出版的《南海诸岛位置图》并未表达反对意见。[42] 布鲁姆曾指出："国家如欲维护其自身权利，则应当密切关注其他国家大量的官方自利行为，假如他们感到自身权利已经受到了侵犯或者有可能受到侵犯，就应当通过国际法认可的方式对之提出抗议。"[43] 国际法院在柏威夏寺案中，对沉默与不作为可能的后果有明确的论述："泰国当局应当在一个合理的期限内作出某种反应，如果他们不认同该地图的主张或者有任何其他严肃之疑问。泰国在当时以及此后的若干年中均未作出反应，因此可以推知其对地图所标边界的承认，而且这种承认也被认为是在自愿的情况下作出的。"[44] 由此，我们或许可以间接推断出，《中国南海各岛屿图》一定程度上得到了利害关系国家的承认或默认。

七、结语

以现代国际法的眼光来看，尽管《中国南海各岛屿图》或许未能全面地反映出我国特别是我国渔民千百年来对于南海的发现、命名、利用以及管理的历史，岛屿命名和具体地理信息也存在着一定的瑕疵，但它是中华国民政府第一幅正式明确中国在南海地区陆地范围的现代地图，完整、清晰地体现了中国主张南海各岛屿的主权意图和范围。而且以当时的测绘制图技术来衡量，该图也达到了相当精确的水准。由该图体现出国家对于南海各岛的主权主张也被后来的《南海诸岛位置图》等国家发布的官方地图所继承，

---

〔40〕 Delimitation of the Border between the State of Eritrea and the Federal Democratic Republic of Ethiopia (Eritrea-Ethiopia Boundary Commission), Decision of 1 January 2002, International Legal Materials, Vol. 41, 2002, p. 1089.

〔41〕 Delimitation Between Eritrea and Ethiopia, Territorial Sovereignty and Scope of the Dispute (Eritrea/Yemen), Decision of 9 October 1998, [2006] XXII Reports of International Arbitral Awards 209, at 1075-1076.

〔42〕 详细论述参见郑志华：《中国南海 U 形线地图的可采性与证明力》，《外交评论》2013 年第 4 期。

〔43〕 Yehuda Z. Blum, *Historic Titles in International Law*, Springer, 1965, p. 150.

〔44〕 Temple of Preah Vihear (Cambodia v. Thailand), [1962] I. C. J. Reports 6, at 23.

从而保证了我国对于南海诸岛主权主张的连续性和一贯性，并得到了周边国家的长期默认接受。正如著名近代思想史学者列文森所指出的："近代中国历史是一个从天下成为民族国家的历程。"〔45〕《中国南海各岛屿图》的绘制与发布也从一个侧面反映了这个历程，促进中国向近代民族国家转型。在传统中华文化下的天下秩序，国家之间没有清晰的"边界"，只有"边疆"和"边陲"的概念。而《中国南海各岛屿图》的公布对于证明中国对南海诸岛的领土主权，促进中国向民族国家转型，厘清国家海洋地理范围以及维护海洋权益都有着不容忽视的意义。

〔45〕［美］约瑟夫·列文森：《儒教中国及其现代命运》，郑大华、任菁译，中国社会科学出版社 2000 年版，第 87 页。

岛礁争端中原始性权利研究及对我国的启示

■ 郑坚铭*

【内容摘要】原始性权利是岛礁争端中优先裁决的主题，可以排除有效控制规则的适用，也可以引起举证责任的倒置。原始性权利的主体必须是“有效统治”，还需在无主岛礁上实施有效占领。原始性权利的延续与丧失要区分不同的情况进行考察。原始性权利对维护我国南海岛礁主权有积极意义，我国有充分的证据证明我国享有南海岛礁的原始性权利且从未丧失。

【关键词】有效占领　有效控制规则　原始性权利　南海岛礁

从狭义上说，原始性权利指的是基于对无主地的某种占有行为；从广义上说，原始性权利基于对土地自古以来的占有——对于主权的行使要经历多长的时间才能构成有效占领的问题，不仅没有给出一个确切的标准，而且难以确定一个确切的标准。[1] 原始性权利属于岛礁争端中重要的裁决主题，会对裁决结果产生直接的影响。目前，各国涉及岛屿争端的国际案件层出不穷，特别是有关无人居住岛礁的主权争端。我国东海、南海和渤海也都存在关于岛礁主权的争端，这些争端成为中国与周边各国冲突的根源。在2013年所谓的“南海仲裁案”中，菲律宾声索主张及所谓“最终裁决”均认为：从1644—1949年没有任何的证据证明中国曾经对南中国海的海域享有过任何形式的权利。该裁决的目的之一就是否定我国在南海岛礁的原始性权利，企图证明中国自1949年起已经丧失南海岛礁的原始性权利，南海岛礁实质已经成为各国均可先占的“无主地”，该裁决将成为菲律宾、越南等国非法侵占我国南海岛礁的国际法依据。目前，我国有关岛礁原始性权利问题的专门研究较少，岛礁原始性权利问题的研究对解决我国的岛礁争端有积极的理论和现实意义。

一、原始性权利在岛礁争端中的作用

首先，在岛礁争端裁决中的优先作用。在国际司法裁判中，争端双方通常会主张拥有争议岛礁的原始性权利，原始性权利的归属也是案件审理的逻辑起点。国际法院的裁决也遵循这样的思路：先考察争议领土在争端发生前是否已经存在合法所有者。[2] 以

---

* 海南大学讲师，海南大学法学院博士生。
本文为2017年国家社科基金重大项目“南海《更路簿》抢救征集、整理与综合研究”（17zdA189）、海南省社科基金2017年规划课题“‘南海更路簿’国际法的证据问题研究”［HNSK（JD）17-01］的阶段性研究成果。

〔1〕 Nico J. Schrijver, et al., “Cases Concerning Sovereignty over Islands before the International Court of Justice and the Dokdo/Takeshima Issue”, *Ocean Development & International Law* 46, (2015): 283.

〔2〕 参见黄瑶、凌嘉铭：《从国际司法裁决看有效控制规则的适用——兼论南沙群岛主权归属》，《中山大学学报（社会科学版）》2011年第4期。

艾逵胡岛和曼逵尔岛案为例，英法两国均主张拥有群岛的原始权源且从未丧失该权源，并通过后续实施的主权活动将其转化为有效的领土主权权源。法院也认定：为了证实领土主权的主张，必须表明原始权利。[3] 该案也优先裁决了争议岛礁原始性权利的归属问题。其他的岛礁争端包括：帕尔马斯岛仲裁案、克利伯顿岛仲裁案、东格陵兰法律地位案、利吉丹岛和西巴丹岛主权归属案以及白礁岛、中岩礁和南礁主权归属案也都优先裁决了岛礁的原始性权利问题。

其次，对有效控制规则的排除作用。有效控制规则也称有效控制原则，是指法院在权衡诉讼双方提出的进行了有效统治的证据之后，将有争议的领土判给相对而言进行统治更为有效的一方。[4] 该规则适用的前提是难以确定争议领土的合法所有者。如果可以确定争端一方拥有岛礁的原始性权利，将排除有效控制规则的适用。在白礁岛、中岩礁和南礁主权归属案中，国际法院通过考察大量的历史及地理背景，认定柔佛苏丹王国拥有白礁岛、中岩礁和南礁的原始权源，马来西亚继承了柔佛苏丹王国的原始性权利，该案排除了有效控制规则的适用。[5]

最后，对举证责任的倒置作用。在国际司法裁判中，诉求的一方应担负该诉求所依据事实的举证责任。[6] 在对尼加拉瓜进行军事和准军事行动案中，国际法院明确指出“应适用谁主张、谁举证的基本原则”[7]。原始性权利的归属确定后，举证责任将发生倒置。享有原始性权利的一方被设定为岛礁的合法所有者，另一方则有义务证明其已经取代了原始性权利。在白礁岛、中岩礁和南礁案中，在争议岛礁的原始性权利被确认后，国际法院认为新加坡需证明 1844 年之后白礁岛的主权是否已移交给了新加坡，否则新加坡无法取得争议岛礁的领土主权。新加坡提供大量有关“霍士堡灯塔修建和使用”的证据，但均未被采纳，尽管这些证据中有许多主权性质的行为。[8] 最终起决定性作用的是马来西亚主动放弃争议岛礁主权的证据，特别是 1953 年的信件[9] 和马来西亚出版的六幅地图[10]。由此可见，国际司法机构注重考察原始性权利所有者对领土主权的态度，除非其主动放弃原始性权利，否则争端他方很难通过实际控制的方式取代原始性权利。在克利珀顿岛案中，仲裁员裁定法国也未因废弃该权利而丧失对该岛的主

---

〔3〕［联邦德国］马克斯・普朗克比较公法及国际法研究所主编：《国际法院、国际法庭和国际仲裁的案例》（国际公法百科全书第二专辑），陈致中、李斐南译，中山大学出版社 1989 年版，第 356 页。

〔4〕参见曲波：《有效控制原则在解决岛屿争端中的适用》，《当代法学》2010 年第 1 期。

〔5〕参见黄瑶、凌嘉铭：《从国际司法裁决看有效控制规则的适用——兼论南沙群岛主权归属》，《中山大学学报（社会科学版）》2011 年第 4 期。

〔6〕Case Concerning the Temple of Preah Vihear (Cambodia v. Thailand), Merits, Judgment of 15 June 1962, ICJ Reports 1962, p. 16.

〔7〕Military and Paramilitary Activities in and against Nicaragua, ICJ Reports 1984, p. 437.

〔8〕Case Concerning Sovereignty over Pedra Branca/Pulau Batu Puteh, Middle Rocks and South Ledge (Malaysia/Singapore), Judgment of 23 May 2008, ICJ Reports 2008, paras. 149-163.

〔9〕Ibid., para. 193.

〔10〕Ibid., para. 269.

权，它从没有表示放弃该岛的意图，它没有以积极的方式行使权利的事实并不意味着法国丧失了先前已经明确获得的领土主权。[11]

二、原始性权利的构成要件

（一）原始性权利的主体要件

原始性权利的主体要件是“本土主权”（native sovereignty），必须是国际法意义上的有效统治（were capable of being treated as sovereign）。19 世纪欧洲殖民者认定领土主权的前提是本土主权必须建立起类似欧洲的国家主权，其中最首要的就表现为对领土的控制。[12] 根据这种理解，有学者反对非洲等游牧部落可以被视为主权国家的观点，鉴于它们未能永久占领领土，其领土就被视为无主地，也就可以被欧洲殖民者占领。[13] 国际法院有关部落统治的裁决是存在矛盾的。国际法不承认部落的“本土主权”是现代国际法意义上的有效统治，但欧洲列强又与当地社区的土著酋长通过签订协议（虽然经常在强制下获得）的方式获得这些领土主权。如果本土社会在国际法中没有足够的人格享有领土主权，也不应有权缔结放弃这些领土权利的条约。[14] 在 1975 年西撒哈拉是否为无主地的咨询意见中，法院没有接受 19 世纪 90 年代在西班牙殖民时期居住于西撒哈拉的部落享有任何主权性质权利的主张，基于西撒哈拉部落不能被认定为主权国家。[15] 但法院并没有考虑到西班牙是通过协议的方式取得这些酋长的领土主权，这些协议被视为一个实际的领土割让，是领土所有权的衍生根源。[16] 如果部落可以通过协议处分这些领土，则意味着承认部落的“本土主权”是有效统治，因为领土割让的两个主体都必须是国家，并且只有以国家为双方主体的割让才与国际法有关。奥本海的国际法认为，土著部落把领土割让给作为国际社会成员的国家是不在国际法调整范围内的割让。[17]

然而，国际司法机构在处理亚洲封建王权统治的“本土主权”问题上却持完全不同的态度，普遍承认其是现代国际法意义上的有效统治。在 1960 年的通行案中（葡萄牙诉印度），法院毫无保留地接受马拉特人在达德村庄所拥有的主权。法院认为，1779 年马拉萨斯与葡萄牙缔结的普纳条约没有将这些村庄的主权移交给葡萄牙人，显然接受了马拉特人与葡萄牙拥有同等的权利，因为其能够以主权者的名义持续处理领土的所有权

---

〔11〕 参见孔令杰编著：《领土争端成案研究》，社会科学出版社 2016 年版，第 54 页。

〔12〕 See Antony Anghie, *Imperialism, Sovereignty and the Making of International Law*, Cambridge University Press, pp. 52ff.

〔13〕 Robert Phillimore, *Commentaries Upon International Law*, 3rd edition, Vol. 1, Butterworths, 1879, p. 81.

〔14〕 Island of Palmas Case (Netherlands/United States of America), Award of 4 April 1928, II U. N. R. I. A. A. 855, p. 858.

〔15〕 Western Sahara, Advisory Opinion, 16 October 1975, ICJ Reports 12.

〔16〕 Ibid., paras. 80-82.

〔17〕 ［英］劳特派特修订：《奥本海国际法》（上卷 · 第二分册），石缔、陈建译，商务印书馆 1972 年版，第 7 页。

问题。[18] 在白礁岛、中岩礁和南礁案中，国际法院判定：柔佛州的苏丹王国在1512年已经确立了自己作为一个主权国家，在亚洲东南部的这个地区拥有一个在其主权范围内的领土。[19] 这一判决再次肯定了亚洲的封建王权统治是现代国际法意义上的有效统治。

（二）原始性权利的行为要件

占领、添附、灭亡和时效是领土主权原始的取得方式。[20] 证明其已经通过先占、添附等方式取得领土主权，将被视为享有原始权利。[21] 而割让或继承等创设了转承性的主权权源。在岛礁争端中，原始性权利通常基于有效占领[22]的方式而产生。有效占领的认定标准根据法律和习惯而为主权所固有的并作为其特征的权利和义务在不同的情况下，根据不同的时间和地点，以及在不同的政治体制环境下表现得千差万别。[23] 岛礁争端中有效占领的认定体现为以下三个特点：

其一，主权活动要求的宽松性。不论是远古占有还是现代国际法意义上的有效占领，主权活动都被认为是必要的。主权活动是宣示或体现国家主权权利的行为，是证明有效占领的决定因素。确立领土主张的行为必须由国家在行使其主权权利时进行[24]，或者由其行为随后被国家批准的个人进行[25]，或者由国家允许从事此类活动的法人或公司代表主权者进行[26]。胡伯法官指出："实际持续和平地展示国家职能是争端情况下领土主权的正当和自然的标准。"[27] 但国际司法机构对岛礁争端中主权活动的要求却较为宽松，当事方仅需提供一到两个证明主权活动的证据就能成为有效占领的直接证据。在东格陵兰岛法律地位案中，法院依据丹麦批准某公司在该岛享有垄断经营权的证据就判定丹麦已经对东格陵兰岛实施有效占领。在克利珀顿岛案中，法国有"占领意图"，但只有象征性的主权行为也被认可为有效占领。

其二，占领范围的整体推定。国际司法机构在判定岛礁有效占领的范围时，会对有效占领的范围作整体的推定，不需要证明某个岛礁具体的占领情况。"某一区域的地理

---

〔18〕 Right of Passage over Indian Territory (Portugal v. India), Merits, Judgment of 12 April 1960, ICJ Reports 6, pp. 37-38.

〔19〕 Case Concerning Sovereignty over Pedra Branca/Pulau Batu Puteh, Middle Rocks and South Ledge (Malaysia/Singapore), Judgment of 23 May 2008, ICJ Reports 2008, paras. 52-53.

〔20〕［英］劳特派特修订：《奥本海国际法》（上卷·第二分册），石绵、陈建译，商务印书馆1972年版，第69页。

〔21〕 参见黄瑶、凌嘉铭：《从国际司法裁决看有效控制规则的适用——兼论南沙群岛主权归属》，《中山大学学报（社会科学版）》2011年第4期。

〔22〕 包括先占（occupation）和自古以来的占有（immemorial possession）。

〔23〕 Annex I, 7 ILM, 1968, pp. 633, 674.

〔24〕 Minquiers and Ecrehos (France/United Kingdom), Judgment of 17 November 1953, ICJ Reports 47, para. 65.

〔25〕 法院曾强调："私人行为如果不是基于官方规章或是在政府机关控制下进行的，则不能视为主权活动。" Case Concerning Sovereignty over Pulau Ligitan and Pulau Sipadan (Indonesia/Malaysia), Judgment of 17 December, ICJ Reports 2002, p. 625.

〔26〕 Botswana/Namibia, ICJ Reports 1999, pp. 1045, 1105.

〔27〕 2 RIAA, pp. 829, 840 (1928).

或者自然统一体的观念，而借助对某一区域行使主权则会产生对包括在该主张的统一体内的偏远部分的领土拥有主权的假设。"[28] 在群岛水域，当事国仅需证明对群岛实施有效占领就可推定有效占领涵盖了群岛内所有岛礁。在艾逵胡岛和曼逵尔岛争端中，英国提供一系列的文件证明诺曼底公国对英吉利海峡群岛的有效占领，这些文件仅列明了群岛中的某些岛屿，而未特别提及某特定的岛屿。法院认为英吉利海峡群岛为英王的领土，尽管这些文件没有提及艾逵胡岛和曼逵尔岛，可能是当时不具有重要的地位，但并不意味着统治的范围不包括这些岛礁。

其三，渔民活动证据的酌情采纳。岛礁争端当事方通常会提供渔民在岛礁活动的证据，国际司法机构会根据具体情况酌情采纳：一是单纯的渔民活动不能作为有效占领的直接证据。在利吉坦和西巴丹岛的主权案中，马来西亚仅提供了渔民往返于争议岛礁的证据。法院认为这并不足以证明柔佛苏丹王国的领土包括利吉坦和西巴丹岛，也无法证明其实际上对这两个小岛实施了有效占领。二是与主权行为相结合的渔民活动可产生相应的证据价值，特别是在确认占领范围、占领时间方面的作用较为显著。在白礁岛、中岩礁和南礁案中，渔民活动就成为证明柔佛苏丹王国有效统治范围的重要证据。国际法院对马来西亚提出"人民的海原则"[29] 予以认可，并指出：基于柔佛苏丹王国对于"海人"实施的行政管理，海人将争议海域作为他们的栖息地，法院可以证实柔佛苏丹王国的统治范围包含白礁岛、中岩礁和南礁等。[30] 该案的裁决说明岛屿与居民的关系以及王国关于岛礁管辖规则的证据虽然不是决定性的，但可以起到确认的作用。[31]

（三）原始性权利的客体要件

原始性权利的客体须为无主地。所谓无主地就是"不属于任何人的领土"。无主地的概念是一个与所谓"先占"取得领土的方式相联系的法律术语。"只限于不属于任何国家的土地，这种土地或者完全没有人居住（如荒岛），或者虽然有土著居住，但该土著社会不被认为是一个国家。"[32] 土著也就不能对这些领土实施先占。如果基于这样的假定，这些领土在殖民者到来时并不处于任何国家的主权之下，各国可通过"先占"这一法律程序取得其领土主权。国际司法机构认为不得将具有社会和政治组织的部落或人民居住的领土视为无主地。[33] 但是，从理论上说部落的领土又是可以被殖民列强"先占"的"非无主地"。在1999年博茨瓦纳/纳米比亚案中，法院认为马苏比亚（Masubia）

---

〔28〕 Eritrea/Yemen, 114 ILR, pp. 1, 120.

〔29〕 Case Concerning Sovereignty over Pedra Branca/Pulau Batu Puteh, Middle Rocks and South Ledge (Malaysia/Singapore), Judgment of 23 May 2008, ICJ Reports 2008, para. 70.

〔30〕 Ibid., para. 74.

〔31〕 Nico J. Schrijver, et al., "Cases Concerning Sovereignty over Islands before the International Court of Justice and the Dokdo/Takeshima Issue", *Ocean Development & International Law*, 2015, (46): 283.

〔32〕 ［英］劳特派特修订：《奥本海国际法》（上卷·第二分册），石绵、陈建译，商务印书馆1972年版，第75页。

〔33〕 Western Sahara, Advisory Opinion, 16 October 1975, ICJ Reports 12, para. 80.

部落长期和平地占领卡西基利/塞杜杜岛没有任何法律意义，并接受了英国和德国之间1890年的殖民条约，尊重它们在非洲那个地区的势力范围，取消了任何先前存在的归属于非洲部落的领土主权。[34] 部落领土是否为“无主地”并不是问题的关键，实质是欧洲殖民者不论是通过国际法之外的“割让”，还是通过“先占”都可以取得这些土地的主权。不同的观点实质都为殖民者侵占非洲部落领土提供牵强的理论支持，又试图给殖民侵略遮上不是“无主地”的遮羞布。

三、原始性权利的存续与丧失

据现代国际法的要求，曾经建立起的主权也并非自然延续。现代国际法形成了一项特殊的规则，即领土主权必须持续不断地进行维持。[35] 岛礁的原始性权利是否存续需要结合案件的具体情况分析：

一是无他国竞争主权的情形。一国通过先占取得原始性权利后必须在某种程度上表明其作为主权国家的意愿，并在有需要时实际行使主权。对于不适合人类居住的岛礁，在没有他国主张权利的情况下，主权国甚至可以数十年没有行使主权行为也不会导致岛礁的原始性权利丧失。在1933年常设国际法院裁决的东格陵兰岛法律地位案中，法院认为裁定某一特定主权的主张时，有必要考虑该主权是否也被其他的政权主张过。[36] 丹麦在16世纪初期取得了格陵兰岛主权直到19世纪中叶，没有任何国家对这些岛礁主张过主权。[37] 即便丹麦的主权活动很轻微，原始性权利也不会因此丧失。这个结论既然适用于人口稀少的东格陵兰岛，也应适用于其他人口稀少或无人居住的小岛。国际法院在裁决白礁岛、中岩礁和南礁案时又再次重申了这样的观点。

二是有他国竞争主权的情形。在他国竞争岛礁主权后，拥有原始性权利的一方须提出抗议，否则他国会因持续和平地行使主权而取代原始性权利；如果拥有原始性权利的一方认可他国在争议岛礁的主权行为，或者主动放弃岛礁主权都可能导致原始性权利的丧失。在白礁岛、中岩礁和南礁案中，马来西亚丧失原始性权利的原因就是官方主动放弃岛礁的主权。[38] 法院据此裁定：“自1980年起白礁岛的主权已经从马来西亚让渡给了新加坡。”[39] 新加坡取得岛礁主权并不是基于有效控制规则的证据劣势，而是基于马来西亚放弃了既得的领土主权。放弃作为丧失领土的一种方式，是与占领作为取得领土

---

〔34〕 Kasikili/Sedudu Island (Botswana/Namibia), Judgment of 13 December 1999, ICJ Reports 1045, paras. 72-73, 94-98.

〔35〕 C. H. M. Waldock, “Disputed Sovereignty in the Falkland Islands Dependencies”, *British Year Book International Law* 25, (1948): 321.

〔36〕 Legal Status of Eastern Greenland (Denmark v. Norway), [1933] PCIJ (Ser. A/B), No. 53, para. 64.

〔37〕 Ibid., para. 66.

〔38〕 马来西亚1953年9月21日的信件以及其出版的6幅地图均明确说明岛礁主权归属于新加坡。

〔39〕 Case Concerning Sovereignty over Pedra Branca/Pulau Batu Puteh, Middle Rocks and South Ledge (Malaysia/Singapore), Judgment of 23 May 2008, ICJ Reports 2008, para. 276.

的一种方式相应的。[40]

三是殖民时期领土主权的重构。有关领土主权的更迭主要发生在殖民时期前后，殖民统治时期通过条约让渡主权，或者在殖民统治后对领土主权的重新划分都可能导致原始性权利的更迭。在利吉坦和西巴丹岛的主权案中，印度尼西亚的主张主要基于 1891 年的《英荷条约》。条约中明确规定这些岛礁属于荷兰，作为荷兰继承者自然应当拥有争议岛礁的主权。法院也慎重考察了《英荷条约》所划定的边界，但不认为荷兰的统治包含了争议岛礁。殖民时期有关领土主权重构的条约的证明力往往优先于其他证据，有关非洲大陆的占领地保有原则在殖民背景下必须得到优先适用。

四、对我国的启示

（一）原始性权利在南海争端中的作用

南海岛礁争端应优先考察原始性权利的归属问题，如果我国拥有南海岛礁的原始性权利，有效控制规则将被排除适用。我国无须就南海岛礁的实际控制进行举证，他国则有义务证明中国的原始性权利已经丧失或者已经让渡给它们，否则各国目前对南海岛礁的侵占行为就是非法的。

如果我国被认定为已经丧失了南海岛礁的原始性权利，南海岛礁则沦为“无主地”。此时应依据有效控制规则裁定岛礁主权的归属，争端各方均有义务证明各自对南海岛礁实施占领的情况，再根据具体情况判断岛礁主权的归属。一旦中国被认定为丧失了南海岛礁的原始性权利，在岛礁主权争夺中将处于极为被动的境地。不仅如此，中国丧失南海岛礁的原始性权利还会与“台湾法律地位未定论”[41] 产生交互影响，因为包括我国台湾地区在内的南海诸岛礁都处于“法律地位未定”的状态。

（二）我国南海岛礁原始性权利的证成

通过研究岛礁争端中有效占领的判定标准，我国有充分的证据证明我国拥有南海岛礁的原始性权利：

1. 我国的封建统治是国际法认可的有效统治

亚洲的封建王权统治被认为与欧洲的“文明”国家相同。[42] 这些亚洲国家被延迟承认为国际法主体的部分原因，是它们不愿意与外国进行商业活动或建立外交关系。直到 1854 年通过美国的干预，日本才在 1858 年与西方世界建立外交关系，并先后与荷兰、

---

〔40〕［英］劳特派特修订：《奥本海国际法》（上卷 · 第二分册），石缔、陈建译，商务印书馆 1972 年版，第 94 页。

〔41〕“台湾法律地位未定”论是指：只有条约才是国家间领土变动的唯一方式；没有任何条约明确说明日本将台湾归还中国；《开罗宣言》和《波茨坦公告》只是意向性声明，不是国际法上正式的条约，因此也就不能成为将台湾归还中国的国际法依据；《旧金山和约》与《中日和约》中日本也只是声明放弃对台湾的主权，但未规定谁来承接台湾主权。

〔42〕E. g. , L. F. L. Oppenheim, *International Law*, Vol. 1, Longmans, 1905, p. 157.

俄罗斯、英国和法国签署开放条约。[43] 朝鲜王朝也长期保持严格的闭关锁国政策，这个政策与宗主国清政府保持一致并得到加强，而且清政府还负责朝鲜王朝与外界的联系。[44] 日本通过“炮舰”外交成功地与朝鲜缔结了1876年的《江华条约》，该条约结束了清朝作为朝鲜宗主国的地位，朝鲜也被承认为一个享有与日本“相同的主权”的“独立国家”。根据19世纪末适用的标准，日本和朝鲜已经是国际法意义上的“国家”并以国家的身份进行外交活动以及签订条约，没有任何规定能够阻止这些国家拥有岛礁的领土主权。中国的封建王权统治比日本和韩国更为完善，19世纪40年代，我国与西方列强缔结的一系列不平等条约的事实也说明我国的封建统治被纳入了现代国际法的大家庭。

2. *我国对南海岛礁的有效占领*

首先，我国有充分的证据证明我国最早发现、开发、管理南海岛礁，历朝历代均有对南海岛礁实施主权的行为。[45] 其次，我国一贯主张将南海断续线内的岛礁视为一个整体实施管辖，我国有效占领的范围应当包含断续线内的所有岛礁。最后，我国南海渔民在南海繁衍生息、以海为生的历史事实，也是证明我国对南海实施有效占领的重要证据。“南海更路簿”记载了渔民发现、开发、命名南海断续线内所有岛礁的事实，可以作为我国占领范围和时间的证据。[46] 自明清时期起，我国政府就对南海渔民的捕鱼行为实施审批和行政管辖：一是通过发放渔照[47]、许可证[48]等形式对南海渔业资源开发行为实行审批。二是通过对渔业资源开发过程的“人员组成、资金费用、渔获验收、税收、渔民在岛上的管理情况的规定”[49]，渔民活动实质已经成为主权行为，因为主权行为包括被国家批准的个人进行的行为。

3. *南海岛礁被我国占领时为无主地*

据可考察的历史记载，我国在秦朝就已经发现南海诸岛，历朝历代均有对南海实施主权行为。而越南、菲律宾等国主张南海岛礁主权的依据最早也到了20世纪中后期。[50] 因此，中国发现和占领南海岛礁时，这些岛礁均为无主地。

（三）我国南海岛礁原始性权利的延续

所谓南海仲裁案的裁决意图判定我国对南海岛礁的原始性权利因长期未实施管辖而

---

〔43〕 J. H. Gubbins, *The Progress of Japan*, 1853-1871, Oxford University Press 1911, pp. 40-77, annexes.

〔44〕 Kirk W. Larsen, *Tradition, Treaties, and Trade: Qing Imperialism and Chosŏn Korea*, 1850-1910, Harvard University Asia Center, 2008, p. 23.

〔45〕 参见郭渊：《从“先占”看中国对南沙群岛的主权》，《北方法学》2007年第3期。

〔46〕 参见陈秋云等：《以先占原则为基础的“南海更路簿”法理诠释》，《太平洋学报》2015年第7期。

〔47〕 参见《洋防辑要》卷二“国朝经制”上，第一册，第71—72页。

〔48〕 参见陈天锡：《西沙岛东沙岛成案汇编》，商务印书馆1928年版，第245—246页。

〔49〕 同上，第186—190页。

〔50〕 参见李洁宇：《南海主权争端相关国家证据的比较研究——兼论中国证据优势及其他国家证据的缺失》，《国际论坛》2012年第5期。

丧失。结合以往案例的情况，南海仲裁案的裁决显然是荒谬的：

首先，1644—1933 年，南海周边各国没有对我国南海岛礁提出任何挑战。不存在他国竞争主权的情况下，即便我国主权活动很轻微，也不会导致原始性权利的丧失。该观点在国际司法裁判中已经得到反复的确认。事实上，在此期间我国对南海岛礁的管辖并未停止。

其次，我国从未放弃南海岛礁主权。1933 年的法国以及 1939 年日本侵占南海诸岛的行为均遭到中国政府的强烈抗议。根据《开罗宣言》和《波茨坦公告》精神，日本虽然没有明确说明南海岛礁的归属，但 1946 年中国内政部会同海军部和广东省政府委派肖次尹和麦蕴瑜分别为西沙群岛和南沙群岛专员，前往接管西沙群岛和南沙群岛，并在岛上立主权碑。日本战败后我国渔民仍在南海进行渔业资源开发，渔民的捕鱼行为也一直在政府的管辖之下。我国从来没有放弃南海岛礁主权，也没有将主权让渡给任何第三国，日本战败后中国也实际接管了南海诸岛的主权。

最后，世界各国也普遍承认南海岛礁为我国的固有领土。从南海周边各国以及世界各国出版的地图〔51〕与相关史料〔52〕看，1949 年后，各国普遍承认南海岛礁为我国的固有领土，我国官方的地图也从来没有将南海岛礁标志为他国所有。

综上，有充分的证据证明我国对南海岛礁享有原始性权利，且原始性权利从未丧失。南海岛礁争端不应适用有效控制规则，周边各国均有义务证明我国的原始性权利已经丧失或者让渡给它们，否则它们都非法侵占了我国的领土。以原始性权利为中心解决南海岛礁的主权问题对我国极为有利。

〔51〕 1952 年，由当时日本外务大臣冈崎胜男亲笔签字推荐的《标准世界地图集》第十五图《东南亚图》，就把和约规定日本必须放弃的西沙、南沙群岛及东沙、中沙群岛全部标绘为中国。德国、英国、法国、日本、越南、罗马尼亚等国出版的地图和百科全书均明确南海岛礁为中国的固有领土。

〔52〕 1956 年 6 月 15 日，越南外交部副部长雍文谦会见我国驻越领事馆临时代办李志民时表示，根据越南方面的资料，从历史上看，西沙、南沙群岛应当属于中国领土。

论韩国的苏岩礁政策对维护我国海洋权益的影响

■ 郝会娟*

【内容摘要】近年来，在苏岩礁问题上，韩国借助建设苏岩礁综合科学研究基地，不断通过各种手段来加强对苏岩礁的实际控制。其本质是争夺苏岩礁及附近海域的海洋资源，在中韩海域划界中占据有利地位，这对我国国家安全和利益造成了不利的影响。在分析韩国政策以及韩国国内研究资料的基础上，本文从政治、外交、法律、宣传等方面建议加强对韩国最新立法的跟踪研究，以及在对国际相关案例和国际法进行深入研究的基础上更准确地解释衡平划界原则，并对我国维护苏岩礁及附近海域海洋权益提出相应的建议。

【关键词】苏岩礁　韩国政策　海洋权益

苏岩礁（韩国称为离於岛）是位于中国东海北部的水下暗礁。中韩两国都是《联合国海洋法公约》（以下简称《海洋法公约》）的缔约国，分别于1998年和1996年提出了200海里专属经济区的主张。[1] 因此，苏岩礁在中韩主张的专属经济区重叠区内。[2] 因其具有重要的政治、经济、军事等方面的价值，再加上韩国一直企图将苏岩礁据为己有，苏岩礁问题已经成为中韩专属经济区划界的一个突出问题。

一、韩国对苏岩礁的政策

（一）韩国政府对苏岩礁政策的主要表现

1. 韩国政府的主要行动

近年来，韩国政府主要通过调查确认苏岩礁具体位置、对苏岩礁进行命名登记、在国际上宣传、筹备规划并建立苏岩礁综合科学研究基地等方式，一步步加强对苏岩礁的控制。

表1　近年来韩国政府对苏岩礁采取的行动

时间	韩方对苏岩礁采取的行动
1952年	韩国政府提出所谓的“李承晚线”，擅自将独岛（日本称竹岛）和苏岩礁划入韩国海域，此主张至今无任何外国政府承认

---

* 法学博士，厦门大学法学流动站博士后，厦门大学南海研究院助理教授。

本文系国家社科基金“维护国家海洋权益”研究专项17VHQ012的阶段性研究成果。

〔1〕参见高健军：《中国与国际海洋法——纪念〈联合国海洋法公约〉生效10周年》，海洋出版社2004年版，第169、173页。

〔2〕苏岩礁位于北纬32°7′22.63″、东经25°10′56.81″，是东西长1.4千米，南北长1.8千米，水平面以下深4.6米的暗礁，距离韩国济州岛149千米，与中国领海基点海礁的距离约为247千米，处于东海中韩专属经济区主张重叠区。

续表

时间	韩方对苏岩礁采取的行动
1970 年	韩国国会通过《海底矿产资源开发法》实施令，将苏岩礁划入其“第四海底矿区”（Fourth Mining Field）〔3〕
1984 年	韩国济州大学和 KBS 电视台组成联合考察队，派船到苏岩礁考察，才首次确认其具体位置〔4〕
1986 年	韩国水路局调查确认其为水下 4.6 米的暗礁〔5〕
1987 年	韩国海运港湾厅在其上设立了航海浮标〔6〕，并将苏岩礁最早的构造物苏岩礁登记表公之于众，并在国际上公布
2001 年 1 月 26 日	韩国国立地理院为拓展海洋专属经济区，将苏岩礁非法命名为“离於岛”（Ieodo），并编列邮政地址，确定行政归属〔7〕 韩国学界在政府的授意下建立用于宣传苏岩礁的“苏岩礁学会”并建立“苏岩礁研究会”网站
1994—2000 年	制定并推进苏岩礁综合科学研究基地建设计划
1995—2003 年	韩国海洋研究院历时 8 年在此建起了一座高 35 米、面积达 1200 多平方米的水面建筑，将它作为一个海洋科学研究基地
2001—2006 年	中韩两国就苏岩礁是水中暗礁，不是岛屿，中韩不存在领土纷争问题达成基本协议
2007 年	综合科学研究基地移交韩国国立海洋调查院接管
2008 年 7 月	在韩国国会议员强化海洋领土的授意下，相关部门联系与苏岩礁有关的海洋学、文化旅游、语言、地质学、国际法等各个领域的专家以及国策研究机构等，于 7 月初创立了由 100 多人组成的“苏岩礁论坛”〔8〕
2012 年 3 月 12 日	韩国总统李明博宣称，苏岩礁不是领土纠纷地区，如果韩中两国就专属经济区（EEZ）达成协议，它“将自然而然地属于韩国”〔9〕
2012 年 9 月 24 日	韩国总统李明博发表演讲称，韩国政府应加强海上警备，以应对由朝鲜以及一系列地区岛屿争端带来的“不断增加”的海上威胁〔10〕 韩国政府制定计划，每天对苏岩礁海域进行一次航空巡逻，海军驱逐舰和 P-3C 海上巡逻机不定期对该海域进行巡查

〔3〕 http://theme.archives.go.kr/next/chronology/archiveDetail.do?flag=1&page=4&evntId=0049318745&sort=name.

〔4〕 http://ieodo.kr/#/menu103.

〔5〕 同上。

〔6〕 同上。

〔7〕 https://kin.naver.com/open100/detail.nhn?d1id=4&dirId=409&docId=158935&qb=7KCc7KO864Ko67Cp7J2Y IOyd-tOyWtOuPhOyZgCBFRVog7Y+s6riw&enc=utf8&section=kin&rank=1&search_sort=0&spq=0.

〔8〕 https://monthly.chosun.com/client/news/viw.asp?nNewsNumb=200907100048.

〔9〕 http://world.huanqiu.com/roll/2012-03/2517363.html?agt=15438.

〔10〕 http://news.youth.cn/js/201209/t20120925_2466030.htm.

续表

时间	韩方对苏岩礁采取的行动
2013 年	在苏岩礁综合科学研究基地执行示范滞留研究
2013 年 12 月 8 日	2013 年 11 月 23 日，我国宣布防空识别区包括苏岩礁；12 月 8 日，韩国方面也宣布防空识别区扩大到苏岩礁〔11〕
2014 年	韩国开始执行苏岩礁综合科学研究基地滞留研究课题（8 个机关，198 天，1068 人，15 个研究课题）
2018 年 9 月 18 日	苏岩礁综合科学研究基地登记在联合国下属的大洋观测网网络〔12〕
2019 年 4 月 18 日	韩国《海洋空间规划及管理相关法律》生效〔13〕，该法适用范围覆盖了包括专属经济区与大陆架的韩国管辖全部海域。该法的颁布是韩国一贯单方面行动的又一重要步骤

2. 设立专门机构管辖苏岩礁综合科学研究基地及相关问题

韩国国立海洋调查院作为政府机构，专门设立部门对苏岩礁综合科学研究基地进行管辖。另外支持成立苏岩礁研究会作为民间机构，为韩国管辖苏岩礁提供智力支持，政府和民间互动，共同为韩国进一步加强对苏岩礁的管控提供支撑。

表 2　苏岩礁有关的韩国主要机构

机构名称	韩国国立海洋调查院	苏岩礁研究会
成立时间	1949 年	2001 年筹备并建立，网站于 2012 年开设
性质	政府主管机构	民间组织
组织机构	国立海洋调查院下设 4 个科室（运营支援科、海洋观测科、海道测量科、海图海道科）、1 个研究室（海洋科学调查研究室）和 3 个办事处（南海海洋调查办事处、东海海洋调查办事处、西海海洋调查办事处）	主页分为三部分：我们海洋领土——苏岩礁（苏岩礁的重要性、苏岩礁的位置和形成、苏岩礁的历史、苏岩礁的价值、苏岩礁综合海洋科学研究基地、海洋领土纷争、海洋划界）、苏岩礁问答（单行本、期刊、海外动向、舆论、苏岩礁录像）、论文投稿（投稿规定及要求、学术委员会）

〔11〕 http：//ieodo. kr/#/menu103.

〔12〕 http：//www. fnnews. com/news/201809181138252704.

〔13〕 该法于 2018 年 4 月 17 日制定，2019 年 4 月 18 日施行，适用于韩国专属经济区及大陆架全部海域，当然包括苏岩礁及附近海域，各项制度特别是区域用途指定和管理制度将决定对苏岩礁周围海域用途的指定和管理。

续表

机构名称	韩国国立海洋调查院	苏岩礁研究会
主要职责	①划定海道，并对其进行管理 ②划定海洋领土，促进海洋资源的开发[14] ③保护人民的生命财产安全不受海洋灾害侵害，在全球气候变化这一背景下，追求可持续发展[15] ④提供军队作战所需信息，保护海洋领土 ⑤提供海洋政策支持，促进管辖海域的有效开发利用和保护 ⑥保障人们安全开展各类海上休闲活动 ⑦促进海洋科技研发，实现绿色发展 ⑧加强国际交流与合作，建设海洋科技强国[16]	①集聚有关苏岩礁问题的学术达人，发布苏岩礁最新动态和研究成果 ②在法律、制度、文化、历史等各个领域准备对韩国有利的理论 ③持续关注关于苏岩礁问题的国际海洋法性质和纷争要素的动态 ④征求韩国国民对苏岩礁问题的应对措施，并组织国民讨论 ⑤建立苏岩礁研究项目，项目主要从学术事业、教育事业、宣传网络构建事业以及知识基础构筑事业等方面展开

（二）加强对苏岩礁的相关立法

韩国非常重视用法律手段来为自己进一步管控苏岩礁提供支撑，在研究上利用《海洋法公约》的局限性，为建造苏岩礁综合科学研究基地提供依据。在国内，通过一系列立法，将苏岩礁管辖权“合法化”。

表3　韩国国内涉及苏岩礁问题的主要立法[17]

法律名称	涉及条文
专属经济区及大陆架法	第2条（专属经济区和大陆架的范围） 第3条（专属经济区和大陆架的权利） 第5条（行使大韩民国权利等）
海底矿产资源开发法	第1条（法令颁布的目的）
海底矿产资源开发法实施令	第2条（海底矿产资源开发区域）规定苏岩礁在第四海底矿区内
海洋科学调查法	第2条（管辖水域）包括了苏岩礁所在海域
海洋空间规划及管理相关法律	第2条（定义）中对海洋空间的定义，包括了苏岩礁所在海域
海洋水产发展基本法	第20条（海洋科学基地的建立等）

〔14〕 这方面包括了对独岛及苏岩礁等海域进行管理。

〔15〕 包括负责国家海洋观测网以及日向礁、苏岩礁等海洋科学基地的运营，发布早期海啸、异常风浪预警报信息；对全球气候变暖引起的海平面上升进行监测，对沿岸侵蚀及海水泛滥进行预测，从而防治海洋灾害的发生。

〔16〕 其中包括专门成立一个部门对苏岩礁综合科学研究基地进行管理。

〔17〕 作者根据韩国国家法令信息中心相关法律翻译整理，法律原文来源于韩国国家法令信息中心网站（http：//www. law. go. kr/）。

续表

法律名称	涉及条文
海洋水产发展基本法实施令	第 14 条（建立海洋科学研究基地和调查研究计划）
海洋科学研究基地管理运营规则	该规划包括苏岩礁综合科学研究基地概念、利用范围、研究课题的设置和成果评价、基地设施利用等

韩国《专属经济区及大陆架法》第 2 条中规定了 200 海里的专属经济区范围和 200 海里大陆架及其延伸范围，对于与韩国相邻或相向的国家之间的专属经济区和大陆架主张重叠的，以国际法为基础或根据与有关国家达成的协议来划定。该法第 3 条规定了专属经济区及大陆架的权利，其中包括人工岛屿、设施和结构物的建造与使用及海洋科学研究的权利。第 5 条将对专属经济区的人工岛建设、设施和结构物行使法律权利作为行使大韩民国的权利。

韩国《海底矿产资源开发法》第 1 条规定：为了对大韩民国的领土韩半岛及附属岛屿海岸海域或大韩民国可以行使权利的大陆架地带上的海底矿产进行合理的开发，以对产业发展作出贡献而制定本法。但其实施的范围在《海底矿产资源开发法实施令》第 2 条中将苏岩礁及其附近海域囊括进了其第四海底矿区〔18〕的范围内。

韩国的《海洋科学调查法》以及新近制定实施的《海洋空间规划及管理相关法律》都适用于苏岩礁及其周围海域。韩国目前在苏岩礁建有综合科学研究基地，属于人工构造物，依其《海洋空间计划及管理相关法律》第 12 条规定，“设置在海洋里的设施和海洋安全所需要的区域”的保护列为安全管理区域。由此，苏岩礁建有综合科学研究基地很可能被归入安全管理区域进行管理。

韩国《海洋水产发展基本法》及实施令对海洋科学研究基地的设立、管理及调查研究计划作了相关的规定。〔19〕从上述法律的制定和实施来看，韩国正在通过国内立法一方面加强韩国国民对苏岩礁海域的认知，另一方面也企图通过国内法将苏岩礁及其周围海域完全纳入韩国的管辖范围。

（三）提前在军事上做好应对准备

2013 年 12 月 2 日，韩国海军首次出动“栗谷李珥号”神盾舰和 P-3CK 巡逻机高调巡航苏岩礁海域。〔20〕在中国宣布了防空识别区后，韩国也迅速宣布扩大防空识别区范围，将苏岩礁及附近海域纳入其防空识别区范围。韩国军方也配合韩国防空识别区的扩大，加强了在苏岩礁附近的巡逻活动。〔21〕空军也计划强化进入韩国防空识别区内的飞

〔18〕第四海底矿区：北纬 33°20′12″与东经 125°59′53″相交之点，北纬 33°20′12″与东经 123°13′54″相交之点，北纬 33°14′12″与东经 123°13′54″相交之点，北纬 31°56′12″与东经 124°31′53″相交之点，北纬 30°31′13″与东经 125°53′53″相交之点，北纬 30°31′13″与东经 125°59′53″相交之点。

〔19〕即《海洋水产发展基本法》第 20 条和《海洋水产发展基本法实施令》第 14 条。

〔20〕https：//bbs. tiexue. net/post2_ 7005807_ 1. html.

〔21〕http：//www. munhwa. com/news/view. html？ no = 20131209010306231730 02.

机的识别和监视活动。如果外国飞机未经规定程序进入防空识别区，军方应立即出动战斗机进行应对。[22]

韩国是一个严重依赖对外贸易的国家，而且石油几乎全部依赖进口。在济州岛建立可以将其作为韩国海军保护海上交通、实施远洋作战的前哨基地。

韩国还根据自己的安全、敏感状况单方面在黄海自行划定了作战区域。《海洋空间规划及管理相关法律》中将“国防和军事活动所需要的区域”的保护列为军事活动区域，这样会更方便地对各类规划区域实施更具体的管理。虽然该法律的实施令尚未出台，但苏岩礁及其周围海域也很可能被纳入其中。

另外，从韩国很多学者的研究和论文中也可以看出，韩国不断地模拟在苏岩礁海域的作战。比如，韩国空军战略评价分析团的研究人员宋成全在韩国《军事论坛》上发表的论文《空海作战的概念及韩国军的适用方案——以苏岩礁为假想的研究为基础》[23]中，就假设在苏岩礁海域与中国开战，并作出了诸多战略部署。

（四）加强对苏岩礁问题的研究工作，为苏岩礁问题的解决提供智力支撑

目前，韩国对苏岩礁问题所出版的书籍和研究论文主要分为以下几个研究方向：

1. 对中国苏岩礁问题的研究及韩国应对方案

韩国特别重视中国对苏岩礁问题的态度和研究成果，在其发布的苏岩礁期刊中专门留了专栏区域，主要通过期刊论文、报纸文章、学术会议以及政府动向等几个方面来研究。

比如，朱敏瑜在《中国对苏岩礁争论的立场和韩国的应对方案研究——以中文资料中出现的主要争论为中心》[24]一文中，通过对中国关于苏岩礁问题的研究和报道，分析中国人对苏岩礁争端的认识。其在文中得出结论认为：中国和韩国之间很难就苏岩礁划清界线。东亚海域领土争端的冲突不是简单的国际法问题。基于中日钓鱼岛问题，中国也不会放弃苏岩礁的管辖权。在东海问题上，中国将会采取强硬立场。因此，韩国需要及时了解中国对苏岩礁问题的态度。但在应对上应该以不伤害两国人民感情为原则，用更加客观的数据来应对。

2. 从各个方面为韩国管辖苏岩礁寻求支撑和依据

韩国主要从地理、法律、历史文化等方面为韩国在苏岩礁建立科学研究基地寻求辩护。

地理地质方面主要分析苏岩礁的形成原因，对中国主张的苏岩礁是长江三角洲的海底丘陵及中国大陆古陆地的自然延伸的观点进行批判。比如，宋成泰的论文《中韩间苏

---

〔22〕 同上。

〔23〕 송성권: “공*해전투개념의 한국군 적용방안-이어도분쟁 시나리오 연구 중심으로”, 〈군사논단〉, 제78호, 제77-102쪽.

〔24〕 주민욱: “이어도 논쟁에 대한 중국의 입장과 한국의 대응방안연구-중국어 자료에나타난주요쟁점들을 중심으로”, 〈耽羅文化〉, 2016년 제52호, 제330-360쪽.

岩礁争端的地理学考察》[25] 中，以自然地理学对苏岩礁自然景观的特征及形成过程为基础，认为苏岩礁是济州岛的附属岩礁，认为中国主张的以淤泥为基础的证据比较牵强。淤泥的东海基地是欧亚板块的一部分，认为中国的主张等于将朝鲜半岛的所有大陆架的形成都属于中国。该研究呼吁韩国公众关注从地理地质方面开展的研究，并将此作为与中国谈判的主要资料。陈兴南在《苏岩礁问题的现况和解决方案》[26] 一文中认为，根据国际判例，自然延伸原则并不受到关注，只是在划定临时中间线之后，以它为标准，考虑相关要素后对中间线进行修正。

在地图方面的研究，主要从韩国的古地图、世界地图、东亚地图和一部分济州岛地图出发，阐述了不同时期对苏岩礁的认识。比如吴尚学在《对中日韩古地图中标识的苏岩礁海域的认识》[27] 一文中认为，虽然在古地图中，苏岩礁并未被命名，但在部分文献中出现的“白海”中可以看到对苏岩礁海域的认识。韩国的古地图大部分以从中国引进的地理知识为基础，在朝鲜的地图中也有以最新信息为基础单独表现苏岩礁海域的内容。但在古地图上，中国在立足于中华的传统地图上，对苏岩礁海域的认识甚微。同样，在16世纪以前的日本地图中，对苏岩礁的认识也很少见。另外，随着西方世界地图制作的发展以及地理知识和交流的增加，18世纪以后的地图中对苏岩礁海域的认识比较丰富。

在法律方面，主要是从《海洋法公约》方面为韩国提供支撑，这方面的论文和研究也是最多的。例如，崔振义在《〈联合国海洋法公约〉上苏岩礁的法律地位及对海洋划界的影响》[28] 一文中，将《海洋法公约》第60条的规定作为韩国建立苏岩礁科学研究基地的依据，认为苏岩礁在海洋划界中因其重要性，而对中韩海域划界具有重要影响；李熙溶在《中韩海洋划界衡平原则及相关情况——对中国主张的分析和评价》[29] 一文中，对中国将等距离线（中间线）划界方法以及中国提出的衡平划界方案及相关案例进行了深入分析。认为目前国际上逐渐成形的三步划界方案应该引起中国的重视，期待中国摸索出现实的对策。要确定三步划界，必须要考察所有的相关情况，势必会对中国提出的历史、地理地貌、岛屿等相关因素进行评估，另外还有事关中韩已经签订的渔业协定等现实协定问题。韩国需要对中国的这些相关因素进行深入研究，提出方案。金太英、李熙溶在《国际法上岛屿制度苏岩礁的法律地位》[30] 一文中认为，根据韩国1952

〔25〕 송성대: “한·중간 이어도海領有權분쟁에 관한 지리학적 고찰”, 〈대한지리학회지〉, Vol.45 No.3, 2010, 제414-429쪽.

〔26〕 진행남: “이어도 문제의 현황과 해결방안 모색”, 〈Jpi정책포럼〉, 2012년, Vol.96, 제1-24쪽.

〔27〕 오상학: “한, 중, 일 고지도에 표현된 이어도 해역 인식”, 〈국토지리학회지〉, 2011년, Vol.45 No.1, 제73-92쪽.

〔28〕 최진이: “유엔해양법협약(UNCLOS)상의이어도의법적지위와해양경계획정에관한연구”, <해항도시문화교섭학>, 제18호, 2018년, 제110-111쪽.

〔29〕 이석용: “한국과중국간 해양경계획정에 있어서 형평원칙과 관련상황중국의 주장에 대한 분석과 평가”, 국제법학회논총, 2018년, Vol.63 No.2, 제137-172쪽.

〔30〕 김태영、이석용: “국제법상 도서제도와 이어도의 법적지위”, 사회과학연구 제20집 2호(2011), 제17-38쪽.

年《对毗邻海洋主权的宣言》、1970 年《海底矿物资源开发法》及其实施令等，苏岩礁位于韩国管辖海域之内。尹英敏、朴尚浩在《关于苏岩礁的国际法地位以及相关问题考察》[31]一文中分析了苏岩礁对中韩划界的影响，并根据《海洋法公约》关于岛屿制度的规定对苏岩礁的法律地位进行了论述。

从历史文化方面的研究主要从济州岛传说入手。比如韩国学者金东骏在《对苏岩礁和苏岩礁综合科学研究基地的历史性认识》[32] 中介绍说，韩国学者普遍认为，1990 年 6 月 5 日，英国商船“索科特拉号”（Socotra）从日本驶往中国上海途中发生触礁事故，首次发现苏岩礁，随后确认了暗礁位置并以沉船命名礁石。苏岩礁研究会的成果中《了解苏岩礁》《苏岩礁 100 问 100 答》《寻找苏岩礁》《苏岩礁文化》《苏岩礁深度解读》《苏岩礁海洋科学基地的历史和未来》等书籍都从历史和文化等方面对苏岩礁做了分析等。

海洋科学和海洋环境方面的研究则主要是科学方面的研究内容，比如关于苏岩礁综合科学研究基地中气溶胶浓度的变动、苏岩礁的波浪观测、苏岩礁的海底地形等的研究，主要为苏岩礁海域的海洋科学研究提供科学数据。

二、韩国的苏岩礁政策对维护我国海洋权益的影响

（一）争夺海洋资源

韩国政府行为的实质是一步步地将苏岩礁单方面纳入韩国管辖范围之内，其最终目的是争夺苏岩礁附近海域丰富的海洋资源。

根据韩国苏岩礁研究会在 2013 年进行的研究，推测苏岩礁的地政学价值大约 6893 亿韩元，其中包括军事安保价值 3085 亿韩元、文化价值 1646 亿韩元，另外还有地理科学价值 2162 亿韩元。[33] 韩国将苏岩礁的地政学价值用货币形式表现出来，更明确地体现了苏岩礁的重要性以及其争夺的野心。假如苏岩礁被韩国侵占，中国将失去上述价值。

根据东亚东南亚地学计划协调委员会 1968 年在东中国海和西海地区的探测结果，苏岩礁及邻近海域可能蕴藏着丰富的油气资源。美国能源信息局预计东海石油蕴藏量在 6000 万— 1 亿桶之间，天然气蕴藏量在 280 亿—560 亿立方米之间。[34] 虽然现在并未开发，但韩国已经在苏岩礁建立起了综合科学研究基地，在一定程度上占据了有利地位。一旦技术达到一定程度，即便最后中韩合作开发该地区的油气资源，对我国争取主动权

---

〔31〕 윤영민、박성호: “이어도의 법적 지위 및 관련 문제에 관한 고찰”, 2014년11월, Vol.26 No.3, 제189-211쪽.

〔32〕 김동전: “이어도와 이어도과학기지에 대한 역사학적 인식”, ‹한국학연구›, 2014년, Vol.32, 제533-560쪽.

〔33〕 http://ieodo.kr/#/menu103.

〔34〕 K. O. Emery, “Geolog-ical Structure and Some Water Characteristics of the East China Sea and the Yellow Sea”, *CCOP Technical Bulletin* 2, (1969): 56; “East China Sea”, http://www.Eia.gov/countries/regions-topics.cfm? fips =ECS.

也有一定的影响。

苏岩礁附近海域拥有非常丰富的渔业资源，被称为东海的黄金渔场。韩国国立水产科学院从1961年开始每年对东、西、南海进行6次关于物理、化学、生物学等的海洋观测。从2013年开始，韩国每年都对苏岩礁周边海域进行春秋两次勘察。2013年的调查结果显示，确认苏岩礁附近海域拥有鱼种23种、贝类15种、头足类3种。[35] 虽然根据《中韩渔业协定》，苏岩礁及附近海域是中韩两国共同管制海域，但中国渔船在共同管制海域频繁被韩国抓扣，对中国渔民权利、中韩两国关系都产生了十分不利的影响。

韩国学者金荣球在《从海洋法角度看苏岩礁问题的解决方案》[36] 一文中指出，苏岩礁及其附近海域地处中韩两国的海陆交通要道。韩国90%的进出口贸易和90%的进口能源都经过苏岩礁海域，如果该通道被切断30日以上，韩国国内经济将面临崩溃。对中国而言，苏岩礁位于中国南北海上运输通道之间，也是中国北海舰队和东海舰队进出太平洋的必经之地，如果苏岩礁及附近海域完全被韩国控制，对中国海上交通通道也会造成很大威胁。

（二）增强对苏岩礁的主权管控作用

从国际法角度看，韩国在苏岩礁的上述行动，对争议海域的管控能够起到很大的积极作用。

苏岩礁综合科学研究基地属于人工岛的范畴，不具备领土的地位，但不等于不能对苏岩礁本身拥有主权。尤其是韩国一再强调对苏岩礁的管控作用，根据《海洋法公约》的很多表述，很多条文和解释用了 jurisdiction（仲裁权）来代替 sovereign（主权），韩国的对苏岩礁的上述行为是一种变相延伸主权的行为。

根据《海洋法公约》第60条规定，在专属经济区和大陆架建造人工岛屿是沿海国的主要权利之一。韩国也一直在强调自己有这个权利，而且也在用尽各种方式去争得国际承认。韩国的国内立法，以及最近苏岩礁综合科学研究基地登记在联合国下属的大洋观测网网络下，在一定程度上向国际上宣告了韩国的有效控制，对我国控制该海域产生了非常不利的影响。

苏岩礁综合科学研究基地属于人工岛屿，虽然没有岛屿的权利，但根据《海洋法公约》第60条的规定，建造人工岛屿的国家有在其周围设立特别宽度安全区的权利（半径500米）。安全区除了在一定程度上保护人工岛屿不受侵害外，对加强苏岩礁海域的管控也有一定的积极作用，对该海域船舶的航行、环境保护以及海洋治理等都具有重要的战略价值。目前，韩国鉴于中国的态度，并未划定安全区，但中国要为韩国很可能会划定安全区作好准备。

---

〔35〕 http：//www. nfrdi. re. kr/bbs? id = insmaterial&flag = pre&boardIdx = 1373&site = &gubun = A.

〔36〕 김영구: "이어도 문제의 해양법적 해결방법"，〈동북아역사재단연구총서〉，2008년，제22쪽.

（三）影响中韩专属经济区划界

韩国通过不断加强宣传和立法的手段，向国际社会和韩国国内灌输了苏岩礁属于韩国的认知。这种舆论造势，使得在后期中韩谈判过程中，韩方不得不考虑国民情绪和舆论，而势必在很多问题上不会让步，在一定程度上增加了谈判的难度。

虽然《海洋法公约》明确指出："人工岛屿、设施和结构不具有岛屿地位。它们没有自己的领海，其存在也不影响领海、专属经济区或大陆架界限的划定。"但是从上述韩国在《海洋法公约》规定范围内的一些行动，可以更好地掌握对争议海域的主动权，这种持续不断的控制行为，加上韩国国内国民的民族主义，即便按照中国提出的衡平考量进行划界，这些行为也能被国际社会认定为划界中的考量因素。另外，韩国不断地在国内国外造势，强调苏岩礁的管制权，在一定程度上扩大了韩国的国际影响力，从而能在划界中争取到更加主动的地位。

（四）威胁我国国家安全

韩国在苏岩礁建立综合科学研究基地，表面上是进行科学研究，但主要是看重了苏岩礁的战略价值和军事价值。尤其是2016年2月25日，韩国海军的济州海军基地竣工后，济州岛成了围堵中国的桥头堡、争夺苏岩礁的前哨。〔37〕一方面，苏岩礁的重要地位，使得如果韩方控制了苏岩礁，其将在未来的假想战争中获得主动权；另一方面，韩国通过济州岛海军基地可以与美国开展军事联盟围堵中国。此外，苏岩礁附近海域是中国青岛北海舰队和上海东海舰队进出太平洋的重要通道，一旦苏岩礁被韩国控制，我国东北亚地区的出海通道将受到限制，给中国的国家安全会造成很大的威胁。〔38〕

三、对我国维护苏岩礁及附近海域海洋权益的建议

解决苏岩礁争端的最核心方法是通过中韩间关于专属经济区的和平谈判，划定海洋边界。但是，鉴于苏岩礁相关的经济、军事上的利害关系，中韩关于国际法上的解释标准存在不同，加之国际政治的发展等，通过外交和平谈判解决苏岩礁争端需要克服一些困难。目前，中韩都将《海洋法公约》第298条的强制管辖权排除在外，宣布中韩将通过协商解决划界纠纷。我国除了在协商方面做好充足准备外，在武力方面也要做好充足准备。韩国已经建立济州岛军事基地，并有可能引入美方航母，通过与美国开展联合军演等方式给中国国家全带来威胁。所以，我国除了充分准备国际法上有关海洋划界的应对方案外，对海上偶发性的武力纷争也要作好应对准备。韩国的上述行动，虽然从国际法上对我国没有约束力，但已经严重侵犯了我国的海洋权益，我们必须充分认识到韩国的动机和企图。具体而言可以从以下几个方面来实施：

---

〔37〕 参见王斌：《济州岛海军基地或成为美韩围堵中国桥头堡》，《中国青年报》2013年8月2日。

〔38〕 参见高坤、海言、蔡亲国：《济州岛，韩国海军楔进第一岛链的楔子》，《当代海军》2007年第10期。

（一）从国际国内法方面作好充足准备

依据《海洋法公约》，为我国在苏岩礁及附近海域享有的权利提供依据，对韩国提出的等距离中间线原则予以批判，并寻求案例和国际法方面的准备。

1. 对韩国坚持认为“中间线”原则是国际法惯例的行为作出准确的解释

例如，金在旭在《中韩苏岩礁管辖权纷争和韩国的对应》一文中坚持认为“中间线”原则是国际法惯例。[39] 韩国所依据的案例为利比亚和马耳他大陆架划界案及孟加拉湾海域划界案。

在第一个案例可以从以下方面进行研究：国际法院为了海洋划界的平衡，在两国之间的水域先划上中间线，在考虑各种相关事项后，再选择调整。第二个案例在两国沿海划出临时等距离线后，考虑类似凹陷的海岸地形的有关情况进行调整。韩国认为最近的国际判例在划定同质共有大陆架的界线上，海底的地质学因素和地球物理学、地形学特征从一开始就被原则上排除的倾向明显。也就是说，自然延伸原则并没有受到关注。如果适用这些判决的法理，中韩海洋划界将在沿岸划出暂定的中间线，然后考虑相关情况进行调整。由于地形因素不被考虑，中间线成为两国分界线的可能性很高。[40]

需要批判的是，在第一个案例中，法院设定了两个限制：旨在距岸200海里以内适用和此标准并未超越自然延伸的原则，只是构成自然延伸的部分定义而言。确切地说，“自然延伸”与“距离”观念并非相反，而是互补的，两者都是大陆架概念的重要组成部分。[41] 另外，关于“岛屿的存在”，因菲尔夫拉岛只是岩块而非重要的海岸突出地之一，所以并没有纳入测绘“暂时中间线”之计算内。法院还测算了马耳他相关海岸线的长度，与利比亚的海岸线长度相比较后，法院表示，由于两国海岸线长度差距颇大，理当调整（暂时中间线）。而且法院认为此调整不应凭借任何数学意见而作出，调整的基础是整个划界区的整体地理环境。[42] 最后法院决定，两国间的衡平界线应该是将暂时中线向北移位18纬度后划成之线。所以该案例依据的并非单纯的中间线原则，自然延伸原则也被纳入了考量。因菲尔夫拉岛是不重要的海岸突出地，因此并未纳入计算。但是苏岩礁拥有如此重要的政治、经济、军事、文化等价值，必定是考量的重要因素。另外，对比例分配、海岸线长度、整体的地理环境，法院都作了相关的考量，最后的划界也不是完全依据距离。

关于第二个案例，国际海洋法法庭于2012年3月14日对孟加拉国与缅甸关于孟加拉湾海域的海洋划界案中虽然用了等距离方法，但是首先适用临时等距离线，然后考虑

---

〔39〕 김재현: “한 중 이어도 관할권 분쟁과 한국의 대응”, 〈Journal of the KNST〉, 2019년3월, 제37-44쪽.
〔40〕 진행남: “이어도 문제의 현황과 해결방안 모색”, 〈JPI 정책포럼〉, 2012년4월, 제12-13쪽.
〔41〕 Case concerning the Continental Shelf (Libyan Arab Jamahiriya v. Malta), Judgment, ICJ Reports 1985, p. 48.
〔42〕 参见傅崐成：《海洋法专题研究》，厦门大学出版社2004年版，第179页。

有关情况，对临时等距离线进行调整。法庭也明确援引北海大陆架案，以及在存在凹陷海岸的情况下适用等距离线会造成很多不合理的结果，所以将其作为相关情况予以考虑。首先适用临时等距离线，然后再考虑相关情况进行调整，并不等于完全用中间线原则进行划分。

法学界需要深入研究所有的海洋争端案例，为用“衡平考量”来解决中韩海域争端提供案例支持。比如1960年北海大陆架案，就是讨论海洋疆界衡平原则的最重要的案例，1982年《海洋法公约》也深受此判决的影响。另外，1977年仲裁庭在比格尔海峡仲裁案中对当地的地形、小岛及岩块的分布位置、当事国的较佳航行的可能、国家行为及禁止反言等因素都进行了考量。在英法大陆架案中，仲裁庭最后也是考量了自然延伸的地质因素、国家行为、岛屿位置、岛屿的性质、国防安全与航行利益、比例分配等原则后作出最后裁决。并且，仲裁庭明确认定，等距离原则在本案中具有拘束力。仲裁庭进一步明确了《海洋法公约》第6条所包含的等距离/特殊情况规则为：在欠缺协议时，大陆架划界必须系基于衡平原则。〔43〕另外，1981年冰岛/挪威扬马延大陆架和解案、1982年突尼斯/利比亚大陆架案，国际法院特别强调了地理意义下的自然延伸原则，认为当前重大的水文条件、地理因素是案件中必须被考量的相关因素。在1984年美国与加拿大缅因湾地区海洋疆界案中，国际法院提供了一个更完善的衡平标准（equitable criteria）。

需要明确的是，几乎任何划界方法或者结合多种不同的划界方法都被允许使用，以寻求专属经济区或者大陆架的最后衡平解决。〔44〕另外，即便临时等距离线在大多数案件中得以适用，但一方面其不属于国际惯例，另一方面也不能说明该方法较其他方法具有有限性。国际法院或者仲裁庭也从未表明过，“为避免划界的主观性，就必须首先以等距离线作为起始步骤”〔45〕，而且国际法院也强调，尽管等距离划界方法具有内在的科学优势，但并不优于其他划界方法〔46〕。而且国际海洋法法庭在孟加拉湾划界案判决中指出，在海洋划界中应当遵循何种划界方法需要在个案中具体考虑，而在这一考虑过程中达到公平结果的目的最为重要。〔47〕

在中韩海域划界中，中国也并不否认先划出基础的暂定中间线，然后综合其他地理考量、地质考量、历史利益、社会经济、国家行为与禁止反言、未来争执之防止等所有相关因素，最后调整出一条符合中韩双方利益的简化界线。实际上，韩国并非中间线原

〔43〕 Arbitration between UK and France on the Delimitation of the Continental Shelf, Decision of the Court of Arbitration dated 30 June 1977 and 14 March 1978, International Legal Materials, Vol. 18, 1979, pp. 48, 397.

〔44〕 傅崐成：《海洋法专题研究》，厦门大学出版社2004年版，第161页。

〔45〕 Case between Barbados and the Republic of Trinidad and Tobago, Arbitration Awards of 11 April 2006, p. 94.

〔46〕 参见黄瑶、廖雪霞：《国际海洋划界司法实践的新动向——2012年孟加拉湾划界案评析》，《法学》2012年第12期。

〔47〕 同上。

则的坚定支持者，其在济州岛以南的海域划分中即主张大陆架自然延伸原则。[48] 韩国尽管没有参加联合国海洋法会议，也不是《大陆架公约》的缔约国，但在东海海域对日本坚持陆地领土自然延伸原则。1969 年 2 月，国际法院在其对北海大陆架案的判决中否认了中间线的普遍性后，韩国坚持的大陆架是陆地领土自然延伸原则在日韩大陆架协议谈判中占据了优势地位。[49]

2. 对中越海洋划界的分析

韩国学者崔振义在《〈联合国海洋法公约〉上的苏岩礁法律地位及海洋争端解决方案研究》[50] 一文中认为，中越海洋划界是两国划定中间线后，根据公平性和比例性的原则，根据海岸线长度，按照比例调整中间线，最后达成协议。该划界方法虽然有强调海岸线长度的部分，但基本上以中间线为基础。中越海洋划界最终以中间线为基础，主要原因是在考虑所有相关因素以后作出的衡平考量。

3. 需要提供更多的地理地质学依据

韩国学者宋兴泰在《中韩苏岩礁海洋石油权纷争相关的地理考察》[51] 一文中认为，苏岩礁是火山凝灰岩层地质构造，与 180 万年前通过火山活动形成的济州岛本岛的火山松岳山一样，它不是大陆沉降或隆起形成的陆岛，不属于中国大陆延伸的暗礁。我们需要对此观点提供更多的地质学批判。黄海位于中国大陆与西太平洋地壳之间，后者是一个转变中的地壳，厚度 8—30 千米，由于附近地球构造的影响，北黄海海盆属于华北陆块，南黄海海盆属于下扬子江陆块，科学验证黄海地区的地质特性显示，这里基本上是中国大陆古陆地的自然延伸。[52] 而在地貌方面，这一平浅的大陆礁石水域最深处也只有 100 米，大部分靠近朝鲜半岛一边，整个大陆礁石自西向东倾斜，将来最终界线会比较靠近朝鲜半岛一边。[53] 苏岩礁属于长江三角洲的一部分，是东海的海底丘陵，它与江苏外海麻菜珩、外磕脚的沙洲和嵊泗群岛的佘山岛、鸡骨礁、舟山群岛的童岛共同构成中国东海的外围岛链，并非独立的火山岛。但韩国的研究认为苏岩礁是济州岛的附属岛屿，也给出了不少数据和证据。但哪种观点更有说服力，还需要继续研究。

4. 为使用哪种基线划法提供更完备的方案

首先，应该明确《海洋法公约》并未规定必须用哪种基线划法，也未明确直线基线

---

〔48〕 参见［韩］赵东戊等：《东北亚主要国家的海洋管辖权扩张战略与韩国的对应方案》，《韩国海洋水产开发院研究报告》2008 年 12 月。

〔49〕 https：//baike. baidu. com/item/%E6%97%A5%E9%9F%A9%E5%A4%A7%E9%99%86%E6%9E%B6%E5%8D%8F%E5%AE%9A/5014669.

〔50〕 최진이: “유엔해양법협약(UNCLOS)상의 이어도의 법적지위와 해양경계획정에 관한 연구”，〈해항도시문화교섭학〉，T제18호，2018년，제110-111쪽.

〔51〕 송성대: “한중이어도해양서육권 관한 지리학 고찰”，〈대한지리학회지〉，2010년，제45호，제417쪽.

〔52〕 参见蔡乾忠：《黄海含油盆地地区地质与大地构造环境》，《海洋地质动态》2002 年第 11 期。

〔53〕 参见傅崐成：《中国周边大陆架的划界方法与问题》，《中国海洋大学学报（社会科学版）》2004 年第 3 期。

的长度，所以并不能按照一国的基线划法来确定。其次，中国一直采用的是直线基线法，向黄海苏岩礁突出的山东半岛拥有非常曲折的海岸线。韩国在其西海和南海采用的是直线基线法，在东海采用了正常基线法，在济州岛海域、独岛（日本称竹岛）、郁陵岛采用的也是正常基线法。从韩国领海基线的划分来看，韩国也并非全部是正常基线，只是按照对自己国家有利的方式划分而忽视了中国的直线基线法。按照中国直线基线法，中国比韩国的海岸线要长 1.39 倍，这显然只是从本国利益来考虑。所以，在中韩海域划界中，如何利用该问题，为中国争取更多的海洋权益，具有重要意义。

总之，在重启的中韩划界谈判中，对影响划界的相关考量因素，比如地理上的考量因素要加强观测和测量。此外，须完善我国国内立法，反制韩国国内立法造势。对韩国国内立法的情形，我国也要有针对性地在我国的相关法律中重申对于苏岩礁的权利。

（二）政治外交上据理力争

在政治外交方面，除不断地重申我国立场外，还要据理力争，不能只是表面抗议，而要拿出实际行动，进行反制。

（1）中国要加强海军、海警、渔政等力量对苏岩礁、日向礁的维权护航，阻断韩国所期望的既成事实化认识。我国 2013 年按照国际通行做法，划设的东海防空识别区，就是反制的一个成功先例。

（2）警惕韩国将苏岩礁的行径扩展到日向礁，提前做好防范准备，加强对日向礁及附近海域的勘探。[54] 最好经过地理地质论证，在苏岩礁及日向礁附近的岩礁上也设立我国的科学研究基地。如果考虑到科学研究基地耗资以及工程量大、要求高等因素，可以通过建立灯塔或者大型浮体等，也可为以后人工岛屿的建成奠定基础。由于当前中韩两国在苏岩礁、日向礁归属上的政策底线和立场相左，短期内恐难以达成协定。因此，中韩两国应当奉行先易后难原则，尽快解决双方能够达成共识的问题，确立双方都能够遵循的基本原则、行为准则、冲突解决机制，为最终解决划界问题营造良好的氛围和条件。

（3）活跃开展民间、官方、海洋外交。要积极参加海洋相关国际机构会议，扩大我国对海洋国际机构的影响力。通过举办以海洋为主题的各种论坛和国际会议等方式，促进加强海洋方面的国际合作网络。

（三）加强苏岩礁的国民知识宣传

警惕韩国狭隘民族主义和错误舆论导向。目前，韩国已经成立了“苏岩礁研究会”并且通过学术、教育、构建宣传网络、构筑国民基础知识等企划，将苏岩礁归属韩国的概念灌输到全体韩国国民意识形态之中。在舆论上造势，对于今后海洋划界将会起到非常不利的影响。我国也应该加强对苏岩礁的宣传，建议建立专门的苏岩礁网站，出版苏岩礁问题白皮书，在学校教材以及实践等方面增强国民对苏岩礁的认识和了解。

---

〔54〕 参见吕蕊、赵建明：《韩国对苏岩礁的政策立场析评》，《现代国际关系》2013 年第 9 期。

（四）提升安保级别，完善安保制度

针对韩国建设海军基地、模拟作战行为，我国需要在国防上做好充分准备，实行积极防御战略，坚持全民自卫原则。首先，我国在坚持独立自主防务战略的基础上，可以定期与周边国家海军之间进行交流，开展军事演习等训练，加强海洋安全合作，以缓解东北亚海洋中的紧张局势，促进友好合作。我国一贯热爱和平，反对侵略，所以在防御战略上，我国不会像美日韩等采取先发制人的行动。但我国需要建设攻防兼备的国防能力，后发制人，以静制动。[55] 同时，加强东北亚区域军事后备力量建设，为东北亚地区安全积极作好准备，对可能出现的各种威胁进行模拟和训练。

四、结语

近年来，韩国不断地通过各种方式对苏岩礁行使“管辖权”，并在苏岩礁上建立了综合科学研究基地。2018 年 9 月 18 日，苏岩礁综合科学研究基地登记在了联合国下属的大洋观测网网络下。2019 年 4 月 18 日，韩国《关于海洋空间计划和管理的法律》生效。该法适用范围覆盖了包括专属经济区与大陆架的韩国管辖全部海域。该法与韩国的《专属经济区及大陆架法律》、《海底矿产资源开发法》及其实施令等法律均试图将苏岩礁纳入其国内法律体系的范围和管理轨道。在韩国政府的引导下，韩国开展设立苏岩礁行政区划、航海浮标和建设综合科学研究基地等行动，不断加强对苏岩礁的实际控制。除此以外，韩国还利用文化渲染、政治宣传、军事保卫、民间力量等加强对苏岩礁的实际占有。韩国的上述行为对我国的海洋政治权益、经济利益、安全利益、科学利益、文化利益等方面造成了一定的影响。目前，中韩两国已就公平解决中韩大陆架划界问题达成共识，并举行了中韩海域划界谈判工作组首轮会谈，明确依据 1982 年《海洋法公约》在内的国际法就两国大陆架主张重叠海域划界事宜进行谈判。但韩国的上述行为在法律上的依据并不充分，因此，我们需要仔细研究国际法上的相关规定，收集更多的我国在争取苏岩礁及其附近海域相关权利方面的证据，并结合国际国内法对韩国的上述行为进行批驳。另外，还要加强对韩国最新动态的跟踪研究，积极作好应对的准备。

---

〔55〕 参见胡世红：《中国国防战略内涵解析》，《国防》2019 年第 7 期。

南海争议区域水下文化遗产合作保护机制的构建

■ 郭 冉*

【内容摘要】南海争议区域六国的水下文化遗产法规、政策和主张各不相同，是国际合作保护的障碍之一。构建南海水下文化遗产合作保护机制，各国需要采用相同的水下文化遗产概念，依据国际法主张权利，停止商业开发实践，实现法律趋同化，通过国际合作保护水下文化遗产。这不仅有利于缓解南海水下文化遗产破坏严重的严峻形势，夯实海上丝绸之路的物质文化基础，也有利于实现"一带一路"建设民心相通的目标。

【关键词】水下文化遗产　合作保护机制　南海争议区域

一、前言

南海海域遗存着大量水下文化遗产[1]，是将南海国家紧密联系在一起的历史纽带，理应得到各国的尊重和保护，但南海水下文化遗产保护的现状堪忧。客观方面，沿线国家缺乏足够的资金和专业人才，保护措施无法到位；主观方面，某些国家为了攫取经济利益，放任商业开发，结果导致水下文化遗产遭到疯狂破坏。[2] 更有甚者，某些国家蓄意破坏南海水下文化遗产，以毁坏有利于中国的历史证据。[3]

为此，中国需要研究南海争议区域相关国家的水下文化遗产法规与政策，占领保护水下文化遗产的国际道义制高点，要求各国摒弃国内法律桎梏，推动相关法律的区域趋同化，通过国际合作保护水下文化遗产。这不仅有利于缓解南海水下文化遗产破坏严重的严峻形势，有利于夯实海上丝绸之路建设的物质文化基础，也有利于实现"一带一路"建设民心相通的目标。本文首先从三个方面对五国水下文化遗产法律法规进行考察：（1）水下文化遗产的立法概况；（2）水下文化遗产的概念；（3）水下文化遗产的所有权主张。其次从水下文化遗产的概念、所有权主张和商业开发三个方面探讨区域法律趋同化的路径，以期为构建南海水下文化遗产合作保护机制作出有益探索。

二、各国水下文化遗产立法现状

在南海与中国存在领土主权和海洋权益争议的国家有越南、菲律宾、马来西亚、印度尼西亚和文莱五国。这五国都是《联合国海洋法公约》（以下简称《海洋法公约》）

---

* 法学博士，上海海事大学法学院教授。
本文系上海市哲学社会科学规划课题"保护水下文化遗产与海上丝绸之路建设"（2018BFX001）和中国法学会2018年度部级法学研究课题"南沙海域维权的法律困境与对策研究"［CLS（2018）C51］的阶段性成果。

〔1〕参见郭玉军、徐锦堂：《国际水下文化遗产若干法律问题研究》，《中国法学》2004年第3期。

〔2〕参见张钺：《西沙群岛海域新发现12处水下遗址盗坑遍布海床》，http://www.chinanews.com/cul/2012/07-31/4072281.shtml，访问日期：2019年5月20日。

〔3〕参见邬勇、王秀卫：《南海周边国家水下文化遗产立法研究》，《西部法学评论》2013年第4期。

的缔约国，但尚无一个国家加入《保护水下文化遗产公约》（以下简称《文化遗产公约》）[4]。各国水下文化遗产相关立法不仅与《文化遗产公约》条款存在诸多矛盾之处，而且五国立法之间也存在巨大差异。[5]

（一）水下文化遗产立法概况

五国水下文化遗产保护程度不一，相关法律法规的发展很不均衡。其中，越南和马来西亚已经建立了比较系统的水下文化遗产保护法律法规。越南制定了专门的水下文化遗产保护法律法规，主要包括2001年《文化遗产法》和2005年《关于水下文化遗产管理和保护的第86/2005/ND-CP号条例》（以下简称《越南条例》）。这两部法律法规对越南水下文化遗产管理与保护问题作出了翔实规定，形成了一套较为完整的水下文化遗产管理保护制度。[6] 马来西亚2005年《国家遗产法》第九部分专门处理水下文化遗产保护问题，对水下文化遗产的发现、占有和控制、保护区、打捞和发掘许可以及所有权等问题进行了较为全面的规定，使水下文化遗产保护有法可依。

文莱、印度尼西亚和菲律宾三国仅制定了一般性的文化遗产保护法律法规，水下文化遗产保护立法略显滞后。文莱1967年《古物和宝藏法》中的“古物”和“宝藏”包括遗存于河流、湖泊和海底的古物和宝藏，因此，该法也在一定程度上适用于水下文化遗产保护。印度尼西亚2010年《文化遗产法》对文化遗产保护和保存作出原则性规定。印度尼西亚文化和旅游部2009年制定了一个《水下文化遗产管理导则》，明确了相关概念和许可制度等具体管理内容，是一个水下文化遗产管理的补充性实施细则。菲律宾1974年《文化财产保存和保护法》把“文化财产”定义为古代的建筑、纪念碑、神社、文件和物品……其中就包括车辆和船只等交通工具及其组成部分。菲律宾2009年《国家文化遗产法》进一步明确了文化遗产管理保护的概念与原则以及登记注册等管理与保护制度。该法对文化遗产和文化财产的定义表明它应当同样适用于水下文化遗产。

总之，南海争端相关的六个国家当中，中国、越南和马来西亚已经建立了较为完整的水下文化遗产保护法律法规，而文莱、菲律宾和印度尼西亚尚未制定专门的水下文化遗产法律法规，但其一般性文化遗产法律法规也可适用于水下文化遗产领域。

（二）水下文化遗产的概念

顾名思义，水下文化遗产是指位于“水下”的具有一定“价值”的“文化遗产”[7]，但各国法律法规对水下文化遗产的定义却各不相同。其差异主要表现在是否明确使用水下文化遗产的概念、是否设定年限标准以及是否包括遗存地的自然环境。

---

〔4〕 所有南海国家之中只有柬埔寨于2007年11月24日批准了《文化遗产公约》。

〔5〕 参见林蓁：《南海水下文化遗产保护合作机制的可行性研究》，《海南大学学报（人文社会科学版）》2016年第2期。

〔6〕 参见邬勇、王秀卫：《南海周边国家水下文化遗产立法研究》，《西部法学评论》2013年第4期。

〔7〕 Sarah Dromgoole, *Underwater Cultural Heritage and International Law*, Cambridge University Press, 2013, pp. 65-66.

1. 是否明确使用水下文化遗产的概念

越南和马来西亚明确使用了水下文化遗产的概念。《越南条例》第3条和马来西亚2005年《国家遗产法》第2条规定了与《文化遗产公约》类似的定义。文莱、印度尼西亚和菲律宾则采用了不同的概念，其内涵与外延也存在差异。文莱1967年《古物和宝藏法》第2条主要规定了古物和宝藏的概念。菲律宾2009年《国家文化遗产法》使用了比较宽泛的“文化遗产”概念；印度尼西亚2010年《文化遗产法》把“文化遗产”定义为遗存于地表和/或水下的物质文化遗产，并列举了其5种具体形态，包括文化遗产物品、文化遗产建筑、文化遗产结构、文化遗产遗址以及文化遗产区域。各国“文化遗产”与“水下文化遗产”的概念既有重叠又有区别。但无论是否使用水下文化遗产概念，五国法律法规都在一定程度上适用于水下文化遗产。

2. 是否设定年限标准

五国法律法规对（水下）文化遗产的最低年限标准不一，差异较大。只有越南没有使用年限标准来定义水下文化遗产。《越南条例》规定“水下文化遗产指遗存于水下、具有一定历史、文化以及/或者科学价值的物质文化遗产”，但并未规定任何时间限制。

其余四国都设定了年限标准，其中文莱和印度尼西亚设定文物本身的最低年限标准。文莱1967年《古物和宝藏法》第2条限定古代纪念碑或古物必须是“1894年1月1日以前”的物质，而无论其是位于陆上抑或是水下。印度尼西亚2010年《文化遗产法》第5条规定作为文化遗产的物品、建筑和结构必须满足“至少已有50年之久”并具有历史、科学和文化价值等标准。而马来西亚和菲律宾则规定了至少遗存于水下的最低年限标准。马来西亚2005年《国家遗产法》中的水下文化遗产概念与《文化遗产公约》类似，都要求水下文化遗产必须是“至少100年来，周期性地或连续地，部分或全部位于水下”。菲律宾2009年《国家文化遗产法》中的“文化遗产”是指在历史进程中保存、发展并传承给后人的文化财产的总和，而且对文化遗产的概念也没有作出一般性时间要求。只有2004年《水下文化遗产保护法（草案）》明确使用了“水下文化遗产”概念，它包括“至少100年之久的沉船以及沉船里面的一切物品”，这表明菲律宾试图借鉴《文化遗产公约》来定义水下文化遗产。

3. 是否包括遗存地的自然环境

水下文化遗产是仅限于“物”，还是同时包括“物”及其赖以存在的“环境”？《越南条例》第3条和马来西亚2005年《国家遗产法》第2条给出的答案是：所有人类生存的遗迹，包括人的遗骸及其有考古价值的环境和自然环境，都属于水下文化遗产的范畴，应该予以保护。而其他国家则主要关注水下文化财产、水下文物等“物”，并未明确要求保护那些具有考古价值的环境和自然环境。需要指出的是，印度尼西亚2010年《文化遗产法》第1条第2款提出文化财产所处的位置及其周边环境也都需要保护，似乎与《文化遗产公约》所说的具有考古价值的环境和自然环境类似。

综上所述，南海争议区域各国之间的合作对水下文化遗产保护至关重要。但从上面的分析不难看出，中国[8]与南海争议区域各国的法律法规对水下文化遗产的概念界定不同，内涵和外延迥异，保护对象千差万别。这不仅使各国加入《文化遗产公约》变得障碍重重，也使南海争议区域各国开展水下文化遗产合作保护面临严峻挑战。

（三）水下文化遗产的所有权主张

南海争议区域各国根据国内立法对其管辖水域内的水下文化遗产主张所有权和管辖权，但各国在各个海域的权利主张却并不相同：中国和越南的主张涉及内水、领海、毗连区、专属经济区、大陆架的水下文化遗产，菲律宾对其 24 海里领水内的水下文化遗产提出主张，其余三国主张仅限于内水和领海的范围。

1. 越南

越南 2001 年《文化遗产法》规定了文化遗产所有权及其分配的基本原则。越南承认并保护文化遗产的集体所有权、公社共同所有权、私有权以及法律规定的其他形式的所有权。（第 5 条）所有遗存于越南社会主义共和国本土地表之下、岛屿、内陆水域、内水、专属经济区之中或领海海床之上的文化遗产，属于人民共有的文化遗产。（第 6 条）文化遗产的所有权需要依法进行分配。已经发现但尚未确定所有权归属的文化遗产，以及考古调查和发掘中发现的文化遗产，属于人民共有的文化遗产。（第 7 条）相应地，《越南条例》第 4 条细化了水下文化遗产所有权及其分配的基本原则。该条例确定水下文化遗产所有权的原则是：（1）无论起源于任何国家的、遗存于越南内陆水域、内水、领海、毗连区、专属经济区和大陆架的所有水下文化遗产，都归越南社会主义共和国所有；（2）起源于越南、遗存于本条上一款规定区域之外的水下文化遗产的所有权，应根据《文化遗产法》以及越南社会主义共和国签署或加入的国际条约来确定。这不仅意味着那些遗存于越南内水、领海、毗连区、专属经济区和大陆架的水下文化遗产，无论起源于什么国家，都归越南全民所有，而且还表明越南会对那些起源于越南、遗存于国际海底区域和他国管辖海域的水下文化遗产主张所有权。

2. 菲律宾

菲律宾 2009 年《国家文化遗产法》规定，国家博物馆或国家历史研究所应负责保护考古和人类文化遗址，在陆地和/或水下考古遗址中发现的所有文化财产均属于国家。但该法并未明确菲律宾水域的具体范围。菲律宾 2004 年《水下文化遗产保护法（草案）》第 6 条对水下文化遗产的所有权作出了类似规定："本法批准生效后，在领水内发现的所有水下文化遗产，不论其来源如何，其所有权均归国家所有。"第 3 条第 1 款规定，菲律宾领水应包括菲律宾群岛周围、各岛之间与连接各岛的所有水域，以及根据菲律宾 1961 年第 3046 号共和国法案和 1968 年第 5446 号共和国法案（即《领海基线界定

〔8〕关于中国水下文物保护法规及其与《文化遗产公约》的异同，请参考郭冉：《海上丝绸之路建设与水下文化遗产保护》，载中国海洋法学会主办：《中国海洋法年刊 2018》，知识产权出版社 2018 年版，第 377—384 页。

法》）自直线基线测量起不超过 24 海里的领海。菲律宾群岛周围、各岛之间与连接各岛的所有水域为菲律宾的内水[9]，而“自直线基线测量起不超过 24 海里的领海”是菲律宾根据其领土条约确定的一个长度区间[10]，而非《海洋法公约》规定的 12 海里的最大范围，这种独特的领海主张使菲律宾长期以来饱受诟病[11]。总之，菲律宾主张在其内水、群岛水域和自领海基线测量起不超过 24 海里的领水范围内发现的所有水下文化财产归国家所有。

3. 印度尼西亚

印度尼西亚 2010 年《文化遗产法》第 4 条规定，该法适用于印度尼西亚陆上和水下的所有文化遗产，而水下文化遗产则包括海洋、河流、湖泊、水库、水井和沼泽中的文化遗产。“所有那些因其特定价值、独特性、数量稀缺性和典型性以及其重要历史、科学和文化价值而需要被保护的文化财产，都是国有财产。”[12] 换句话说，印度尼西亚主张所有陆上文化遗产和水下文化遗产的所有权。“水下”则是指“印度尼西亚领土范围内的所有水体之中”[13]。但印度尼西亚文化和旅游部 2009 年《水下文化遗产管理导则》第 18 条规定，总督负责采取适当管理措施以保护水下遗产，其中包括根据政府建议为海岸线 12 海里以内进行的水下文物调查颁发许可证。这似乎表明，印度尼西亚对水下文化遗产的主张仅限于领海范围。印度尼西亚主张黑石号（the Tang shipwreck）[14] 发掘合法性的理由之一就是黑石号位于其领水之内，而根据《海洋法公约》，缔约国的主权范围包括 12 海里的领海。[15]

4. 文莱

文莱 1967 年《古物和宝藏法》第 3 条第 3 款规定，隐藏在地面或海域下的所有发现的古物应被视为陛下政府的绝对财产。虽然该法并未明确海域的范围，但根据 1982 年文莱领土和领水的规定，应包括 12 海里的领海。

---

〔9〕 Republic Act No. 3046 of 17 June 1961. An Act to Define the Baselines of the Territorial Sea of the Philippines, https://www.un.org/Depts/los/LEGISLATIONANDTREATIES/PDFFILES/PHL_1961_Act.pdf.

〔10〕 Manansala, M. C. (1974). The Philippines and the Third Law of the Sea Conference: Scientific and Technical Impact, Philippine Yearbook of International Law, 3, p. 135.

〔11〕 Joseph W. Dellapenna, “The Philippines Territorial Water Claim in International Law”, *Journal of Law and Economic Development* 5, 1 (1970): 48.

〔12〕 Article 5, Law of the Republic of Indonesia Number 5 of the Year 1992 Concerning Items of Cultural Property, “UNESCO's List of National Cultural Heritage Laws”, https://en.unesco.org/cultnatlaws/list.

〔13〕 Article 17, Elucidation on the Government Regulation of the Republic of Indonesia Number 10 of 1993 Concerning Implementation of Indonesian Law Number 5 of 1992, “UNESCO's List of National Cultural Heritage Laws”, https://en.unesco.org/cultnatlaws/list.

〔14〕 See Michael Flecker, “A 9th Century AD Arab or Indian Shipwreck in Indonesia: First Evidence for Direct Trade with China”, *World Archaeology* 32, 3 (2001): 335-354.

〔15〕 Smithsonian Institution: Tang Cargo Exhibit: Briefing Paper, https://archive.asia.si.edu/exhibitions/SW-CulturalHeritage/downloads/Ethics_Tang_Briefing.pdf.

5. 马来西亚

马来西亚2005年《国家遗产法》规定，水下文化遗产是位于其领水内的文化遗产。任何在打捞或挖掘工程中发现的水下文化遗产应归属于专员，专员负责登记入册并公示清单。如果一年内无人主张所有权，该水下文化遗产则为联邦政府的绝对财产。而马来西亚《领海法》规定领水是指包括领海基线12海里以内的水域。

综上所述，南海争议区域六国当中，中国[16]和越南对遗存于包括内水、领海、毗连区、专属经济区和大陆架在内的所有水域内的水下文化遗产明确提出了所有权和管辖权主张；而文莱、菲律宾、印度尼西亚和马来西亚似乎仅仅主张对遗存于其内水、群岛水域和领海内水下文化遗产享有所有权和管辖权，而并未主张对遗存于其专属经济区和大陆架的（水下）文化遗产享有所有权或管辖权。

三、南海争议区域水下文化遗产合作保护机制的构建

（一）水下文化遗产的概念意义有待统一

南海争议区域六国采用相同的水下文化遗产概念，是合作保护机制构建的基础。"当南海周边国家彼此之间的国内法律就水下文化遗产所有权和管辖存在较大差异或者产生矛盾时，各方应秉持为水下文化遗产提供最大限度保护的宗旨，考虑适度做出让步。"[17]为此，本文建议各国统一采用《文化遗产公约》对水下文化遗产所作的定义。

首先，水下文化遗产的认定标准相对比较宽松。《文化遗产公约》第1条对人类生存的遗迹是否属于水下文化遗产采用了主客观相结合的标准，客观标准是"至少100年来，周期性地或连续地，部分或全部位于水下"，主观标准是"具有文化、历史或考古价值"。鉴于几乎任何人类生存的遗迹都具有某种程度的文化、历史或考古价值，因而客观标准成了判断的主要标准。100年的客观标准，超越各国不同的民族文化，为辨识水下文化遗产并及时实施保护措施提供了广阔的空间。同时，《文化遗产公约》只采用主客观标准，不需要国内认证程序，这有利于有效地减少国内审批标准的主观性，避免漫长的审批流程延误保护措施，从而有利于对水下文化遗产提供及时保护。

其次，水下文化遗产保护对象更加广泛。水下文化遗产不仅保护水下文物，而且还保护遗存于相关水域的"人的遗骸"以及"具有考古价值的环境和自然环境"，其外延远远大于水下文物。"人的遗骸"的法律属性尚存争议[18]：有学者认为"身体之一部，一旦与人身分离，应视为物，人死后之遗骸亦属于物"[19]；有学者认为，它是"可交

〔16〕中国主张水下文化遗产的所有权和管辖权参见《条例》第2条和第3条；中国台湾地区主张在内水和领海内的水下文化遗产的所有权，但军舰和飞行器除外。

〔17〕林蓁：《南海水下文化遗产保护合作机制的可行性研究》，《海南大学学报（人文社会科学版）》2016年第2期。

〔18〕参见易继明、周琼：《论具有人格利益的财产》，《法学研究》2008年第1期。

〔19〕梁慧星：《民法总论》，法律出版社2001年版，第100页。

易”程度受限的物[20]；更有学者认为，遗骸为“不融通物”——“除为学术研究及合法目的之使用外，不得为财产权之标的”[21]。司法实践承认包含于尸体、遗骸和骨灰中的人格利益[22]，但“死者家属对尸体不享有所有权，而只具有一项不同于所有权的死者照管权利（及义务）”[23]。由此可见，“人的遗骸”是一种特殊的物，即使“近亲属”[24]或“国家”具有其所有权，也是作为一种仅为学术研究及合法目的而使用的“不融通物”。[25]从这一点来看，“人的遗骸”也不同于一般文物的概念。

同样，“具有考古价值的环境和自然环境”与文物迥然不同。这里“环境”一词译自《文化遗产公约》“context”一词。“context”的概念意义就足以证明“具有考古价值的环境和自然环境”不属于水下文物的范畴。“context”是相互关联的客观条件[26]，包括水下文化遗产遗存的方位、方式、时间，也包括周围海域的水深、温度、盐度、洋流方向、遗存地的土质等客观条件，这些条件经过100年以上的排列组合，构成相对稳定的生态系统。总之，“具有考古价值的环境和自然环境”是构成整个水下文化遗产体系的有机组成部分，显然不同于水下文物的概念，更不能作为“物”而被主张所有权或进行交易牟利。

最后，随着越来越多的国家批准《文化遗产公约》，水下文化遗产保护逐渐发展成为一种习惯国际法[27]，也逐渐得到南海周边各国的重视。各国通过修改法律法规，完善相关立法和行政措施，不断加大水下文化遗产的保护力度，积极考虑批准《文化遗产公约》[28]，这为南海争议区域各国水下文化遗产法律法规趋同化奠定了一定的基础。例如，菲律宾、马来西亚、印度尼西亚等国都已经对批准《文化遗产公约》问题进行了深入研究和探讨。菲律宾国家博物馆正在努力协调批准《文化遗产公约》，同时菲律宾已经向立法机关提交了与《文化遗产公约》高度契合的2004年《水下文化遗产保护法（草案）》。自2001年《文化遗产公约》通过以后制定的法律法规，包括越南2001年《文化遗产法》和2005年《越南条例》、马来西亚2005年《国家遗产法》、印度尼西亚2010年《文化遗产法》、菲律宾2009年《国家文化遗产法》以及2004年《水下文化遗产保护法（草案）》等，都直接或间接吸收了《文化遗产公约》条款。

---

〔20〕参见易继明、周琼：《论具有人格利益的财产》，《法学研究》2008年第1期。
〔21〕史尚宽：《民法总论》，中国政法大学出版社2000年版，第251页。
〔22〕参见易继明、周琼：《论具有人格利益的财产》，《法学研究》2008年第1期。
〔23〕［德］迪特尔·梅迪库斯：《德国民法总论》，邵建东译，法律出版社2000年版，第876页。
〔24〕中国《民法通则》中规定的近亲属包括配偶、父母、子女、兄弟姐妹、祖父母、外祖父母、孙子女、外孙子女。
〔25〕参见易继明、周琼：《论具有人格利益的财产》，《法学研究》2008年第1期。
〔26〕See Merriam Webster Dictionary, accessed April 21, 2019, https://www.merriam-webster.com/dictionary/context.
〔27〕See Mariano J. Aznar, “Treasure Hunters, Sunken State Vessels and the 2001 UNESCO Convention on the Protection of Underwater Cultural Heritage”, *The International Journal of Marine &Coastal Law* 25, 2 (2010): 211.
〔28〕林蓁：《南海水下文化遗产保护合作机制的可行性研究》，《海南大学学报（人文社会科学版）》2016年第2期。

总之，南海争议区域各国国内法最大限度地扩大其所有权和管辖权范围，各国法律法规互不兼容、权利主张互相冲突，不利于水下文化遗产的国际合作保护。各国对《文化遗产公约》表现出积极的态度，改变国内相关法律，吸收《文化遗产公约》中水下文化遗产保护的基本原则和制度，能够为各国根据《文化遗产公约》推进法律趋同化奠定坚实的基础。

（二）水下文化遗产所有权主张需要有充分国际法依据

目前，水下文化遗产保护国际法律制度主要涉及两个国际公约——《海洋法公约》和《文化遗产公约》。《海洋法公约》第149条和第303条仅对“在海洋发现的考古和历史性文物”作出原则性规定，但并未规定文物所有权问题，甚至对具体权利与义务、国际合作机制也语焉不详。从法理上讲，《海洋法公约》缔约国根据主权原则对遗存于其内水、群岛水域和领海内的水下文化遗产，无论起源于何国，沿海国均具有所有权，同时对遗存于其内水、群岛水域和领海内的水下文化遗产活动，具有完全的、排他的管辖权。[29] 而沿海国对于毗连区、专属经济区、大陆架、公海及国际海底区域的水下文化遗产，沿海国在这些区域仅享有部分管辖权[30]，而不具有水下文化遗产的所有权。

目前，《文化遗产公约》是唯一以保护水下文化遗产为宗旨的国际公约，规定了“一套较为严密的事前防范和事后控制措施”[31]，构建起了相对完整的水下文化遗产保护国际法律制度。该公约同样并未明确水下文化遗产的所有权归属问题。相反，其开篇就宣称水下文化遗产是“人类文化遗产的组成部分，也是各国人民和各民族的历史及其在共同遗产方面的关系史上极为重要的一个内容”，所有国家都应负责“保护和保存水下文化遗产”（前言），这是为了全人类的利益（第2条、第12条）。所有文化遗产都是属于全人类的[32]，《文化遗产公约》把水下文化遗产视为“人类共同遗产”，主张所有国家采取一切措施保护所有水下文化遗产，而禁止任何国家瓜分或破坏水下文化遗产。《文化遗产公约》不处理水下文化遗产所有权问题，具体所有权争议需要相关国家从全人类的利益出发，通过缔结多边或双边条约予以解决。

但“缔约国在行使其主权时，拥有管理和批准开发其内水、群岛水域和领海中的水下文化遗产的活动的专属权利”[33]。从理论上讲，这就间接承认了沿海国家对于从它的内水或领海打捞出来的水下文物，应该享有所有权，否则沿海国在这些水域行使“主

〔29〕 参见刘长霞、傅廷中：《南海U形线外源自我国的水下文化遗产保护：机制、困境与出路》，《法学杂志》2013年第2期。

〔30〕 同上。

〔31〕 张亮、赵亚娟：《论中国应尽快批准〈保护水下文化遗产公约〉》，《武汉大学学报（哲学社会科学版）》2011年第4期。

〔32〕 See John Henry Merryman, *Thinking About the Elgin Marbles: Critical Essays on Cultural Property, Art and Law*, Kluwer Law International Ltd., 2000, pp. 66-67.

〔33〕 《文化遗产公约》第7条。

权”的意义将成为空谈。[34] 此外，《文化遗产公约》的冲突法规则也支持这种解释。《文化遗产公约》第6条明确它“不得改变缔约国在本公约通过之前缔结的其他双边、地区或多边协定”，其中包括1982年《海洋法公约》中沿海国的国家主权原则。总之，《文化遗产公约》认为水下文化遗产的性质是“人类文化遗产”，各国不应主张拥有其所有权，唯一例外情况是，国家可以根据《海洋法公约》中的国家主权原则对遗存于内水、群岛水域和领海的水下文化遗产拥有一定程度的所有权和管辖权。然而，对遗存于专属经济区、大陆架、公海和国际海底区域的水下文化遗产，《海洋法公约》和《文化遗产公约》只赋予沿海国（缔约国）有限的管辖权，对水下文化遗产的保护和管理活动必须通过国际合作机制来实施。[35]

因此，越南对毗连区、专属经济区和大陆架内遗存的水下文化遗产主张所有权，以及菲律宾对超出12海里之外所谓其“领海”内的水下文化遗产主张所有权，似乎都缺乏足够的国际法依据。水下文化遗产的性质应为人类文化遗产，其所有权应归全人类。南海争议区域各国应承担为全人类利益而保护争议区域内水下文化遗产的义务。对于遗存于国家领水范围之外的水下文化遗产，各国应通过国际合作进行保护。

（三）水下文化遗产商业开发政策急需改变

南海争议区域六国中只有中国明文禁止商业开发水下文化遗产，而马来西亚、菲律宾、越南和印度尼西亚虽然承诺保护（水下）文化遗产，但因各国文化遗产的内涵和外延不同，保护的理念各异，资金和技术水平不一，五国仍在不同程度上采取商业开发政策[36]，从而导致南海争议区域内水下文化遗产保护形势严峻。

1. 印度尼西亚

印度尼西亚法律并未禁止水下文化遗产的商业开发利用，历来饱受考古学者诟病。[37] 1989年印度尼西亚成立了一个全国委员会，专门管理为商业目的从沉船上发掘和利用珍贵文物的活动。印度尼西亚法规曾明文规定允许商业开发政策以及平均分配原则。[38] 该法规虽然2009年被废止[39]，但被寄予厚望的2010年《文化遗产法》也并未明确禁止商业开发。

目前，印度尼西亚有关商业开发的政策主要体现于两个法规。其一是1993年《文

〔34〕 参见傅崐成：《联合国教科文组织2001年〈保护水下文化遗产公约〉评析》，《厦门大学法律评论》2003年第2期。

〔35〕 参见郭玉军、徐锦堂：《国际水下文化遗产若干法律问题研究》，《中国法学》2004年第3期。

〔36〕 See Michael Flecker, “The Ethics, Politics, and Realities of Maritime Archaeology in Southeast Asia”, *The International Journal of Natural Archaeology* 31, 1 (2002): 17-20.

〔37〕 参见林蓁：《南海水下文化遗产保护合作机制的可行性研究》，《海南大学学报（人文社会科学版）》2016年第2期。

〔38〕 Republic of Indonesia, Presidential Decree No. 25/1992 Article No. 2 (2).

〔39〕 Presidential Decree Nr. 12 of 2009, replacing Decree N. 19 of 2007 concerning the Appointment of the National Committee and the Utilization of Valuable Cargo Raised from Sunken Ships.

化遗产法实施细则》。文化部负责为那些申请在陆地和水下勘探、发掘和利用文化遗产的主体颁发许可证。[40] 勘探文化遗产必须是为了"科研之目的，或保护、保存文化财产之目的"，但如经负责文化事务的部长许可亦可为商业目的勘探开发文化遗产。[41] 对于印度尼西亚已经拥有足够数量的文化财产，只要相关主体已经依法获得交易许可证就可以进行商业买卖。[42] 。其二是专门针对沉船勘探和开发活动的 2009 年第 12 号总统法令。全国委员会被授权负责组织协调、监督和管控那些勘探、发掘和利用沉船上贵重货物的各项活动。[43] 目前，印度尼西亚允许对水下文化遗产进行商业开发的政策是其加入《文化遗产公约》的最大障碍之一。

2. 菲律宾

菲律宾在商业开发方面的政策仍有待进一步确定。一方面，2009 年《国家文化遗产法》似乎表明菲律宾禁止商业开发政策。菲律宾主张在陆地和/或水下考古遗址中发现的所有文化财产均属于国家。[44] 未经有关文化机构批准，文化财产不得出售、转售或带出国境。[45] 而且，未经国家博物馆和国家历史研究所授权，任何人不得进行水下考古勘探和发掘活动。[46] 从这一方面看，似乎表明菲律宾已经禁止对水下文化遗产进行商业开发。[47] 然而，从另一方面看，正在审议之中的《水下文化遗产保护法（草案）》似乎又说明菲律宾的商业开发政策尚未发生改变。因为该草案第 23 条规定，对于已经获得国家博物馆许可证的被许可人，如在勘探或发掘过程中发现或发掘出国家宝藏，原则上除珍稀文物之外的所有国家宝藏应由被许可人和国家博物馆按五五分成；如该国家宝藏中包括多个珍稀文物，则全部宝藏应按五五分成且遵循有利于被许可人的原则。换句话说，一旦该法案获得通过，菲律宾将延续水下文化遗产商业开发政策。

3. 越南

对于水下文化遗产商业打捞问题，越南采取"政府介入，有条件开放打捞"的政策。国家管理水下文化遗产，"依据法律规定为水下文化遗产勘探与发掘活动颁发许可证"。越南对外国组织和个人参与水下文化遗产的勘探、发掘活动持鼓励态度。勘探、

---

〔40〕 Article 17, The Government Regulation of the Republic of Indonesia Number 10 of 1993 Concerning Implementation of Indonesian Law Number 5 of 1992 Concerning Items of Cultural Property.

〔41〕 Articles 18 & 20, The Government Regulation of the Republic of Indonesia Number 10 of 1993 Concerning Implementation of Indonesian Law Number 5 of 1992 Concerning Items of Cultural Property.

〔42〕 Article 35, The Government Regulation of the Republic of Indonesia Number 10 of 1993 Concerning Implementation of Indonesian Law Number 5 of 1992 Concerning Items of Cultural Property.

〔43〕 Article 1, Presidential Decree Nr. 12 of 2009, replacing Decree N. 19 of 2007 concerning the Appointment of the National Committee and the Utilization of Valuable Cargo Raised from Sunken Ships.

〔44〕 Section 3, Philippine's National Cultural Heritage Act of 2009.

〔45〕 Section 11, Philippine's National Cultural Heritage Act of 2009.

〔46〕 Section 30, Philippine's National Cultural Heritage Act of 2009.

〔47〕 参见林蓁：《南海水下文化遗产保护合作机制的可行性研究》，《海南大学学报（人文社会科学版）》2016 年第 2 期。

发掘工作结束后，越南文化信息部古董鉴定委员会负责对水下文化遗产进行鉴定和评估，统计、分类后提出必要的水下文化遗产保护和处理措施。最后，由文化信息部部长作出处理决定：（1）按照一定标准被确定为特殊展品的，归越南国家所有；（2）其余展品按照水下文化遗产勘探发掘项目核准的比例，以公开、公正、客观的方式分配其管理和使用权。可见，越南法律法规许可水下文化遗产商业开发。

4. 文莱

文莱建立了一个博物馆委员会负责确定某个物体是否为《古物和宝藏法》保护的古物或历史文物。[48] 位于文莱陆地和海洋中的古物是文莱的国家财产[49]，而遗存于陆地和海底的物主不明的宝藏也可归国家所有[50]。未经许可任何人都不得买卖古董。[51] 但是，申请人只要满足三个基本条件，即征得土地所有权人同意、发掘活动不会造成附加损害以及遵守安全法规，就可以向主管部门申请发掘许可证，开展古物勘探和发掘工作。[52] 从这种意义上讲，文莱的政策是允许水下文化遗产的商业开发。

5. 马来西亚

马来西亚《国家遗产法》规定，遗产专员负责包括水下文化遗产在内的所有文化遗产的管理与保护工作。除非获得专员颁发的执照，否则任何人不得为勘探水下文化遗产之目的在马来西亚水域内开展打捞或发掘活动。[53] 任何人在马来西亚管辖水域发现水下文化遗产后，均应在最短时间内通知文化遗产专员；若后者确认该水下文化遗产具有重要文化遗产价值的，应将其列入遗产登记簿。[54] 如果在马来西亚管辖水域内发现的物品或遗址具有重大文化遗产价值但其历史不足100年的，文化遗产专员应上报文化部长，由文化部长宣布其为水下文化遗产，并列入遗产登记簿。[55] 换句话说，马来西亚允许商业开发那些没有重大价值的水下文化遗产。[56]

综上所述，相关国家实施商业开发政策，固然有资金匮乏、专业人员短缺、设备落后等客观原因，但也有通过出售部分水下文化遗产换取资金以保护更有文化价值的水下文化遗产的主观动机。[57] 然而，不得对水下文化遗产进行商业开发是《文化遗产公约》的基本原则之一。[58] 具体而言，“以交易或投机为目的而对水下文化遗产进行的商业性

---

〔48〕 Article 2（2）, Brunei Antiquities and Treasure Trove Act.

〔49〕 Article 3（3）, Brunei Antiquities and Treasure Trove Act.

〔50〕 Articles 2, 28 & 29, Brunei Antiquities and Treasure Trove Act.

〔51〕 Article 43, Brunei Antiquities and Treasure Trove Act.

〔52〕 Articles 11-13, Brunei Antiquities and Treasure Trove Act.

〔53〕 Section 65, Malaysia's National Heritage Act 2005.

〔54〕 Section 61, Malaysia's National Heritage Act 2005.

〔55〕 Section 63, Malaysia's National Heritage Act 2005.

〔56〕 参见李锦辉：《南海周边主要国家海底文化遗产保护政策分析及启示》，《太平洋学报》2011年第6期。

〔57〕 参见林蓁：《南海水下文化遗产保护合作机制的可行性研究》，《海南大学学报（人文社会科学版）》2016年第2期。

〔58〕《文化遗产公约》第2条第7款。

开发或造成的无法挽救的失散与保护和妥善管理这一遗产的精神是根本不相容的。水下文化遗产不得作为商品进行交易、买卖和以物换物”[59]。禁止并谴责对考古遗址进行商业开发和不科学的发掘活动是国际考古界的一致声音，已经成为国际道德准则。[60] 这五个国家允许水下文化遗产商业开发政策是与禁止商业开发这一道德规范相违背的，应当尽快终止。随着南海争议区域各国水下文化遗产法律趋同化进程的发展，各国应根据《文化遗产公约》宗旨和原则调整本国商业开发政策，例如菲律宾和印度尼西亚已减少或终止水下文化遗产的商业开发实践。[61]

四、结论

“历史文化遗产虽经历了历史漫长的传承过程，但其中绝大部分仍然构成丝绸之路沿线国家社会公众生产生活组成部分的‘活态’文明。”[62] 挖掘这种活态文明离不开沿海国社会力量的积极参与，发掘并保护南海争议区域水下文化遗产离不开国际合作。在南海争议区域构建合作保护机制需要为了人类的利益作出妥协让步，求同存异，相向而行。

南海争议区域相关国家的水下文化遗产法律法规、政策和主张各不相同，是开展国际合作保护的障碍。构建南海水下文化遗产合作保护机制，各国需要采用相同的水下文化遗产概念，依据国际法主张权利，停止商业开发实践，实现法律趋同化，通过国际合作保护水下文化遗产。这不仅有利于缓解南海水下文化遗产破坏严重的严峻形势，夯实海上丝绸之路的物质文化基础，也有利于实现“一带一路”建设民心相通的目标。

---

〔59〕《文化遗产公约》附件《有关开发水下文化遗产之活动的规章》第2条。

〔60〕Smithsonian Institution：Tang Cargo Exhibit：Briefing Paper，https：//archive. asia. si. edu/exhibitions/SW-CulturalHeritage/downloads/Ethics_ Tang_ Briefing. pdf.

〔61〕参见林蓁：《南海水下文化遗产保护合作机制的可行性研究》，《海南大学学报（人文社会科学版）》2016年第2期。

〔62〕参见周方：《丝绸之路经济带建设中历史文化遗产的法治保障研究》，《西北大学学报（哲学社会科学版）》2015年第2期。

从海南全面开放新格局看琼州海峡通行制度

■ 李人达*

【内容摘要】从海南全面开放新格局来检视琼州海峡通行制度立法，依法构建一种更开放、包容的通行制度，十分必要。国家现行有效立法对琼州海峡通行制度方面的规定专门体现于1958年《关于领海的声明》第3条和1964年《外国籍非军用船舶通过琼州海峡管理规则》第1条，二者内涵综合为，琼州海峡是内海峡，对于外国商船适用申请批准制，对外国军舰关闭通行。然而，1996年我国批准了《联合国海洋法公约》，根据该公约第45条的规定，琼州海峡通行制度应适用不应予以停止的无害通过制度。结合我国《领海及毗连区法》第6条的规定，作者建议琼州海峡通行制度内涵宜修改明确为："琼州海峡属于《联合国海洋法公约》第45条第1款a项规定的海峡，外国籍非军用船舶，不得进入琼州海峡内水区域，但在直线基线的效果使原来并未认为是内水的区域除外；外国籍军用船舶，未经中华人民共和国政府批准，不得进入琼州海峡。"

【关键词】全面开放　琼州海峡　《联合国海洋法公约》　无害通过　用于国际航行的海峡

2018年4月13日下午，习近平总书记在庆祝海南建省办经济特区30周年大会上发表重要讲话，其中提及"开放"共69次，特别强调了"海南要坚持开放为先，实行更加积极主动的开放战略，加快建立开放型经济新体制，推动形成全面开放新格局"。在国际社会不少国家蔓延"逆全球化"思潮和贸易保护主义、排外情绪的当前，承载国家重托的海南对外开放事业备受关注。

琼州海峡作为我国大陆与海南岛之间的重要海峡，其通行制度的宽紧程度影响着海南开放格局的大小。从海南全面开放新格局来检视琼州海峡通行制度立法，依法构建一种更开放、包容的通行制度，十分必要。

一、琼州海峡概况

琼州海峡位于广东湛江与海南海口之间，东西长50—60海里，南北宽10—20海里，最窄处仅为10海里，沟通南海与北部湾[1]，是连接大陆与海南岛的重要海上通道，在经济和国防层面具有重要意义。根据1958年《关于领海的声明》第2条的规定，琼州海峡是中国的内海。另据1996年《关于领海基线的声明》的规定，琼州海峡的主体区域应是特殊内水，当然，在直线基线以外还存在领海区域。

根据《联合国海洋法公约》（以下简称《海洋法公约》）第5条、第7条、第8条第

---

* 海南省委党校副教授，法学博士，海南省南海政策与法律研究中心兼职研究员。
本文系国家社科基金重大项目"我国南海岛礁所涉重大现实问题及其对策研究"（16ZDA073）、海南省哲学社会科学规划课题"美舰巡航我国南海管辖海域的法理性质及对策研究"［HNSK（QN）18-80］的研究成果。

〔1〕参见高健军：《中国与国际海洋法》，海洋出版社2004年版，第30页。

2 款、第 35 条 a 项等的规定，为行文方便，本文将正常基线（即海图沿岸低潮线）向陆一面海域简称为正常内水，将适用直线基线而被认为是内水的及海图沿岸低潮线向陆所含海域以外的海域简称为特殊内水。一般而言，直线基线内水的范围大于正常内水；在正常基线效果下，正常内水为一国内水；在直线基线效果下，海图沿岸低潮线向陆所含海域与特殊内水的联合海域为一国内水。其他学者亦有类似表达，如曲波提出《海洋法公约》第 8 条第 2 款属“内水特殊情况”〔2〕。不管是邻接一般意义上的领海，还是位于用于国际航行的海峡，特殊内水的通行制度都与正常内水不同，而是与领海一致。即，琼州海峡中作为主体水域的特殊内水部分，其通行制度应与领海一致，而非与正常内水一致。

二、用于国际航行的海峡的界定标准

《海洋法公约》第 3 部分用从第 34 条到第 45 条的 12 个条文规定了“用于国际航行的海峡”的通行制度。用于国际航行的海峡，在中英文文献中，一般可与国际海峡通用，叫法的不同代表了国际海洋法发展的不同阶段，但其内涵是一致的。

用于国际航行的海峡的界定标准有二：一是地理标准，即两端连接专属经济区或公海；二是功能标准，即用于国际航行。

根据 1949 年国际法院科孚海峡案判决书第 95 段的规定，海峡是否用于国际航行，取决于两端连接公海的地理因素，至于其是必要航道还是借用通道，无关宏旨。此外，该段还指出，法院承认了案中英国的如下主张：在 1936 年 4 月 1 日至 1937 年 12 月 31 日这段时间，通过科孚海峡的各式舰船有 2884 艘，这一数字相当庞大。〔3〕由于这一数据本身已属相当庞大，那么就此进行量化的话，只要每天平均拥有约 4.6 艘次的舰船通过，或者每月平均拥有约 137.3 艘次的舰船通过，或者每年平均拥有约 1648 艘次的舰船通过，就应被视为超出了用于国际航行的海峡的功能标准。

三、琼州海峡应属于用于国际航行的海峡

原本、精准地把握科孚海峡案的判决精神，对迫切需要适用该制度冲出岛链封锁、海通全球的中国船舶和飞机而言，意义非同小可。当然，国际海峡的界定标准也是一把“双刃剑”，如果我国在国际社会如是主张用于国际航行的海峡的界定标准的话，那么就不可避免地涉及琼州海峡的地位问题。一方面，琼州海峡东西两端分别连接南海和北部湾的专属经济区部分，符合地理标准没有疑义；另一方面，它也应符合功能标准，据海口海事局工程师提供的不完全统计观测资料，2009 年过往琼州海峡的各类船舶日均交通

〔2〕 曲波：《国际法上的历史性权利》，《吉林大学社会科学学报》2015 年第 5 期。

〔3〕 See International Court of Justice：The Corfu Channel Case (United Kingdom of Great Britain and Northern Ireland v. Albania) , 1947.

量约 300 艘次，其中拥有一定数量的越南籍船舶。[4] 按照每日 300 艘次的非完全数据来计算，每年也会有 10 万余艘次的船舶经过琼州海峡，明显超出国际法院科孚海峡案中科孚海峡的数据，那么不管其是否属于必要通道，都应符合功能标准。因此，琼州海峡应属于用于国际航行的海峡。

国内有学者指出，琼州海峡不属于用于国际航行的海峡的原因在于，它对国际交通并不重要，不构成国际交通唯一通道，仅具当地航行意义。但是这种观点似不符合科孚海峡案的判决精神，因为在案中，国际法院明确指出，海峡是否为连接公海两部分的必要航道或是连接爱琴海与亚得里亚海之间的借用通道，均无关宏旨。[5] 也就是说，具备当地航行意义，并不违背用于国际航行的界定标准。

1958 年第一次海洋法会议达成的文件，列举了 33 条用于国际航行的海峡，其中就包括琼州海峡，指出该海峡经常用于国际航行。[6] 此外，贾兵兵的观点亦如此："因为在琼州海峡的向海一方存在位于中国专属经济区或公海上的、至少有同样便利的航道，且中国实践是将之视为内水，所以，琼州海峡不是法律意义上的国际海峡。过境通行制度不适用。"[7] 据笔者理解，贾兵兵所言"琼州海峡不是法律意义上的国际海峡"的侧重点在于"法律意义"，意即，它不属于适用过境通行制度的国际海峡，而是属于适用其他通行制度的国际海峡。笔者以为贾兵兵并未否定琼州海峡作为国际海峡的地位。

四、认为琼州海峡属于用于国际航行的海峡并不伤害国家利益

国内有学者否认琼州海峡的国际海峡地位，其如此主张的初衷可能是预防过境通行制度在该海峡中的适用。但过境通行并不是用于国际航行的海峡的唯一的通行制度，国际海峡还有其他三类通行制度，具体到琼州海峡，它不属于专门公约海峡，也不属于非领峡，但它属于适用《海洋法公约》第 45 条规定的不应予以停止的无害通过制度的国际海峡。因此，属于用于国际航行的海峡，并不必然适用相对于沿岸国利益而言相对更为侧重保障使用国利益的过境通行制度，并不必然伤害到沿岸国的主权、主权权利或管辖权。《海洋法公约》具备一揽子性的特征，不允许保留，既然全国人大已批准该公约，则应全面执行该公约的规定，对部分模糊条款则朝着有利于我国的方面进行主张和解释。

---

〔4〕 参见朱文海：《VTS 在琼州海峡船舶航行安全的作用》，《中国水运》2009 年第 8 期。

〔5〕 See International Court of Justice：The Corfu Channel Case (United Kingdom of Great Britain and Northern Ireland v. Albania)，1947.

〔6〕 R. H. Kennedy，A Brief Geographical and Hydrographical Study of Straits Which Constitute Routes for International Traffic，United Nations Document：A/Conf. 13/6 and Add. 1，1958，p. 125.

〔7〕 贾兵兵：《国际公法：和平时期的解释与适用》，清华大学出版社 2015 年版，第 301 页。

五、琼州海峡属于适用不应予以停止的无害通过制度的国际海峡

《海洋法公约》第45条第1款规定了两类适用不应予以停止的无害通过制度的国际海峡，一类是摩西拿例外海峡，一类是死巷例外海峡。其中，摩西拿例外海峡的条件有二：（1）海峡沿岸的岛屿与大陆同属一国；（2）岛屿向海一面的专属经济区或公海航道在航行和水文特征方面与海峡领海部分同样方便。看琼州海峡是否符合摩西拿例外海峡。

琼州海峡满足上述第一个条件没有疑问。至于第二个条件，通航的船舶和飞机若绕行海南岛向海一面的航线，将会增加相当的距离。但同样方便并不要求距离完全一致。摩西拿例外海峡，来源于意大利摩西拿海峡，而乘船从马赛通过摩西拿海峡到迪利亚斯特，比环绕西西里岛的航线，要短大概60海里。[8] 即摩西拿海峡本身就存在距离差。韩国认为济州海峡不适用过境通行制度的主要依据，这里存在一条同样方便的穿越公海或专属经济区的航道。[9] 国际社会中有很多摩西拿例外海峡。[10] 因此，从法理上而言，琼州海峡没有理由不属于摩西拿例外海峡，中国完全有权利作此种主张，如此则在该海峡的特殊内水和领海区域，并不适用过境通行制度，而是适用无害通过制度，另据《海洋法公约》第45条第2款的规定，此时的无害通过，沿岸国不应予以停止。

六、对琼州海峡现行通行制度的检视

我国涉及琼州海峡的通航制度由十余部现行有效的法律、法规和规章组成，其中最关键的是1958年《关于领海的声明》、1964年《外国籍非军用船舶通过琼州海峡管理规则》和1984年《海上交通安全法》。这三部法律和规章中，前两部与后一部存在矛盾之处。

1958年《关于领海的声明》第3条的规定[11]，与1964年《外国籍非军用船舶通过琼州海峡管理规则》第1条的规定[12]，内涵综合为：琼州海峡是内海峡，对于外国商船适用申请批准制，对外国军舰关闭通行。

如前所述，根据《海洋法公约》第8条第2款、第35条a项的规定，特殊内水不管

---

〔8〕 Lewis M. Alexander, "Exceptions to the Transit Passage Regime: Straits with Routes of 'Similar Convenience'", *Ocean Development & International Law* 18, 4 (1987): 486.

〔9〕 Boo-Chan Kim and Seokwoo Lee, "Protection of the Sea Lanes in the Jeju Waters and Maritime Cooperation in Northeast Asia", in David D. Caron and Nilufer Oral, *Navigating Straits: Challenges for International Law*, Brill Nijhoff, 2014, p. 163.

〔10〕 Lewis M. Alexander, "Navigational Restrictions within the New LOS Context", in David D. Caron and Nilufer Oral, *Navigating Straits: Challenges for International Law*, Brill Nijhoff, 2014, p. 145.

〔11〕 该条内容为："一切外国飞机和军用船舶，未经中华人民共和国政府的许可，不得进入中国的领海和领海上空。"

〔12〕 该条内容为："根据《中华人民共和国政府关于领海的声明》，琼州海峡是中国的内海，一切外国籍军用船舶不得通过，一切外国籍非军用船舶如需通过，必须按照本规则的规定申请批准。"

是否在海峡中，其通行制度都与正常内水不同，而与其临近的领海相同。那么，1984 年《海上交通安全法》第 11 条[13]规定所反映的内涵就是：外国军舰在中国的特殊内水和领海区域，适用申请批准制。虽然包括《海上交通安全法》在内的中国现行立法并未区分正常内水与特殊内水的不同、《海上交通安全法》对外国军舰在中国特殊内水的航行地位未置可否，但唯有如此理解，方符合《海洋法公约》的规定。笔者能感受到国家立法对内水航行地位的关注，如 2017 年《海上交通安全法（修订草案征求意见稿）》第 34 条第 2 款规定“经中华人民共和国政府批准进入中华人民共和国内水、领海的外国籍军用船舶”，在原法第 11 条规定“领海”的基础上增加了“内水”之措辞，表明了外国军舰在中国特殊内水享有事先申请批准的无害通过制，这体现了国家立法对《海洋法公约》的反应。

有学者指出，过境通行制度不适用于琼州海峡的原因在于，根据《海洋法公约》第 34 条第 1 款、第 35 条和第 38 条的规定，用于国际航行的海峡的通行制度不影响构成这种海峡的属于原来作为内水的法律地位。但是这一理由忽略了《海洋法公约》第 35 条 a 项后半句的规定“但按照第七条所规定的方法确定直线基线的效果使原来并未认为是内水的区域被包围在内成为内水的情况除外”，即海峡中的特殊内水的通行制度与正常内水不同，而是与领海相同；而正常内水，则没有通行权，不管是无害通过还是过境通行。因此，不能以某一海峡属于内海峡就当然认定其不适用过境通行制度。

七、对琼州海峡通行制度所提的建议

鉴于琼州海峡的主体水域应属于特殊内水，特殊内水的航行制度与正常内水不同。与领海相同，因此，在充分遵守《海洋法公约》第 3 部分和《海上交通安全法》第 11 条规定的前提下，国家立法宜将琼州海峡通行制度的核心内涵明确为：琼州海峡属于《海洋法公约》第 45 条第 1 款 a 项规定的海峡，外国籍非军用船舶，不得进入琼州海峡内水区域，但在直线基线的效果使原来并未认为是内水的区域除外；外国籍军用船舶，未经中华人民共和国政府批准，不得进入琼州海峡。对此可作进一步阐释：（1）外国商船在琼州海峡的领海和特殊内水中享有无害通过权，且不应予以停止。按《海洋法公约》第 2 部分第 3 节第 B 分节的规定，此处的商船包括所有商业船舶及用于商业目的的政府船舶。而外国核动力船舶和载运核物质或其他本质上危险或有毒物质的船舶，则根据《海洋法公约》第 2 部分第 3 节第 A 分节中第 23 条的规定，应持有国际协定为这种船舶所规定的证书并遵守国际协定（典型如 1974 年《国际海上人命安全公约》）所规定的特别预防措施。（2）外国军用船舶在琼州海峡的领海和特殊内水享有事先申请批准的

〔13〕 该条内容为：“外国籍非军用船舶，未经主管机关批准，不得进入中华人民共和国的内水和港口。但是，因人员病急、机件故障、遇难、避风等意外情况，未及获得批准，可以在进入的同时向主管机关紧急报告，并听从指挥。外国籍军用船舶，未经中华人民共和国政府批准，不得进入中华人民共和国领海。”

无害通过权，按《海洋法公约》第2部分第3节第C分节的规定，此处的军用船舶包括所有军舰及用于非商业目的的政府船舶，而潜水艇属于军舰，除应经批准外，还应浮出水面、展示旗帜。

如此修正，一方面，可在国际社会树立我国公正履行国际法具体规则的负责任大国形象；另一方面，在推动形成海南全面开放新格局、服务国家海上丝绸之路建设方面亦具重大意义；同时，还不会伤害到我国的国家利益，因为不应予以停止的无害通过制本身亦属于无害通过制，只不过《海洋法公约》第45条第2款规定了它“不应予以停止”而已。除此之外，它与《海洋法公约》第2部分第3节所规定之“领海的无害通过”并无不同，“二者的基因仍相一致”（the genetic make-up was the same）〔14〕，海峡沿岸国仍然有权对外国军舰的通过规定事先通知或申请批准的要求。因此，我国《领海及毗连区法》第6条规定的他国军舰通过前申请批准也并不违反国际法，可以直接适用于琼州海峡。如美国海军战争学院 Stockton 国际法研究中心教授 James Kraska 曾认为：“中国军舰通过阿留申群岛的法律性质，与美国驱逐舰穿越琼州海峡的性质等同。”〔15〕 其意思是说，你的军舰有权无害通过我的领海（或特殊内水），那么我的军舰也有权无害通过你的领海（或特殊内水）。但其观点是错误的：其一，我国军舰在塔纳加海峡而非阿留申群岛领海的通行性质为过境通行而非无害通过；其二，我国立法明确规定了军舰无害通过的事先申请批准制。

1958年《关于领海的声明》与1964年《外国籍非军用船舶通过琼州海峡管理规则》两部立法的科学性与权威性毋庸置疑，因为彼时第三次海洋法会议尚未召开，谈何违反该会议所达成的1982年《海洋法公约》呢？只是说，在符合《海洋法公约》精神的《海上交通安全法》于1984年1月1日起施行、2016年11月7日修改后，它在琼州海峡的通行制度上事实上已修正了前两部法律的规定，因此对其内涵重新明确出来，似乎更为恰当。

---

〔14〕 Hugo Caminos and Vincent P. Cogliati-antz, *The Legal Regime of Straits*: *Contemporary Challenges and Solutions*, Cambridge University Press, 2014, p. 473.

〔15〕 Sam LaGrone, “Chinese Warships Made ‘Innocent Passage’ Through U. S. Territorial Waters off Alaska”, accessed April 21, 2019, https://news.usni.org/2015/09/03/chinese-warships-made-innocent-passage-through-u-s-territorial-waters-off-alaska.

争议海域油气资源共同开发的五要素及其对中国的启示

■ 何海榕*

【内容摘要】争议海域由于资源权属不明，相关国家应合作解决争议海域资源利用的问题。实践证明，共同开发是利用争议海域资源的有效方式。油气资源共同开发本质上是开发海洋石油的经济活动。从法律和经济视角分析既有共同开发案例，发现成功的油气资源共同开发需要具备以下五个要素：适格的主体、共同开发的意愿、确定的共同开发区、具有商业价值的资源、具备开发海洋油气资源的能力。未来中国与周边国家共同开发争议海域油气资源，须正确认识共同开发，明确中国南海海域主张范围，客观看待其他争议国家的海域主张，选择适格主体，探明资源储量，增强我国深海石油开发能力和加强与周边国家的合作。

【关键词】争议海域　共同开发　海洋石油开采　南海

一、引言

1958年巴林与沙特阿拉伯签订了《关于波斯湾大陆架划界协定》，这是国际社会的第一个共同开发[1]案例。此后，共同开发遍布欧洲、美洲、非洲、亚洲、澳洲等争议海域。实践证明，共同开发是合法的、有效的利用争议海域资源的方式。它不仅有效地解决了因海域资源流动性和海洋边界不清而产生的资源争端，而且有助于相关国家增信释疑，为海域划界争端和岛礁主权争端的解决创造良好的合作氛围。1982年《联合国海洋法公约》（以下简称《海洋法公约》）第74条第3款、第83条第3款鼓励相关国家在划界前尽量作出临时安排。虽然《海洋法公约》没有明确"临时安排"的含义，但显然共同开发是符合《海洋法公约》的最常见的一种临时措施。国际判例也支持相关国家共同开发，以解决争议海域资源利用的问题。例如，1969年北海大陆架案，国际法院的判决认为："在维护矿床完整的问题上，共同开发这个解决办法显得尤为适当。"[2] 杰塞普（Jessup）法官在该案的个别意见中进一步强调，在重叠主张的大陆架争议区域，共同开发的方法更适合。[3] 又如，1982年突尼斯和利比亚大陆架案，国际法院也对海

---

* 法学博士，海南大学法学院讲师。
本文系教育部哲学社会科学研究重大课题攻关项目"海上共同开发国际案例与实践研究"（13JZD039）的阶段性成果之一。

〔1〕 海上共同开发一般分为"跨界海域共同开发"和"争议海域共同开发"。实践中，争议海域共同开发的对象不限于油气资源，任何海洋资源均可以成为共同开发的对象。本文探讨范围仅限于争议海域油气资源的共同开发。如未特别说明，本文中出现的"共同开发"与"争议海域油气资源共同开发"同义。

〔2〕 The North Sea Continental Shelf Cases (Federal Republic of Germany/Denmark, Federal Republic of Germany/Netherlands), Judgments, ICJ Reports 1969.

〔3〕 See Separate Opinion of Judge Jessup, in the North Sea Continental Shelf Cases (Federal Republic of Germany/Denmark, FederalRepublic of Germany/Netherlands), Judgments, ICJ Reports 1969, p. 83.

上共同开发予以支持。特别是艾文森（Evensen）法官在他的个别意见中指出："若一个油田位于边界线或超出共同开发区界线的两侧，当事国应该加入关于完整性的规定以解决跨界矿藏的问题。"[4] 从20世纪80年代以来，我国也在积极推动与周边国家的共同开发。

现有关于共同开发的研究，有的学者从宏观角度探讨南海共同开发的条件及可行性、可能性[5]；有的学者从中观角度研究共同开发的具体适用[6]；有的学者从微观角度界定其概念，分析共同开发的具体法律问题，例如共同开发区块的选择、开发模式和主体的选择[7]。这些都是有益的研究。但是这些研究多从法律、政治等角度进行论述，很少提及共同开发的经济特性。笔者认为，达成共同开发协议不是最终目的，成功的实践共同开发、分享争议海域资源才是最终目标。而开发海洋油气资源的活动本质上属于经济活动，因此从经济和法律视角研究争议海域共同开发的必备要素具有重要的现实和理论意义。争议海域共同开发是由共同开发协议保障的国家间经济活动。成功有效的争议海域油气资源共同开发，既要符合法律的要求，也要满足商业活动的要件。本文通过对既有共同开发案例的比较研究，从法律和商业两个层面分析争议海域油气资源共同开发的必备要素，在此基础上探讨未来南海共同开发我国需要采取的措施。

二、争议海域油气资源共同开发的必备要素

从法律角度来看，共同开发是相关国家间的协议。根据《维也纳条约法公约》的规定，条约成立和有效，除了要履行缔结条约的程序外，还需要满足以下条件：有缔约能力的主体、同意的意识表示、明确的适用范围和客体。[8]

从经济角度来看，共同开发本质上是开发海洋石油的商业活动。也就是说，它以实现利润为目的。海洋石油资源的开发具有高风险、高投入、高科技和周期长的特点。因而成功的共同开发活动需要具有商业价值的油气资源和开发海洋油气资源的能力（包括

---

〔4〕 Dissenting Opinion of Judge Evensen, in the Tunisia and Libya Continental Shelf Case, Judgment of 24 February 1982.

〔5〕 参见罗国强：《理解南海共同开发与航行自由问题的新思路——基于国际法视角看南海争端的解决路径》，《当代亚太》2012年第3期。

〔6〕 参见李国选：《南海共同开发制度化：内涵、条件与制约因素》，《南洋问题研究》2008年第1期；安应民：《论南海争议区域油气资源共同开发的模式选择》，《当代亚太》2011年第6期；许浩：《南海油气资源"共同开发"的战略构想》，《太平洋学报》2012年第9期；罗婷婷：《南海油气资源共同开发合作机制探析》，《海洋开发与管理》2011年第5期；罗国强：《南海共同开发案例研究》，《南洋问题研究》2012年第1期；邵建平：《如何推进南海共同开发？——东南亚经验的视角》，《当代亚太》2011年第6期。

〔7〕 参见肖建国：《论国家法上共同开发的概念及特征》，《外交学院学报》2003年第2期；张丽娜：《南海油气资源共同开发的主体适格性》，《法学杂志》2011年第11期；杨泽伟：《论海上共同开发"区块"的选择问题》，《时代法学》2014年第3期。

〔8〕 See Mark E. Villiger, *Commentary on the 1969 Vienna Convention on the Law of Treaties*, Martinus Nijhoff Publishers, 2009；李浩培：《条约法概论》，法律出版社2003年版。

资金、技术、管理经验）以及安全的投资环境。

由于争议海域的边界未定，相关国家的资源权属不明。海域争端的存在阻碍了石油公司的投资。为了避免因海域资源利用发生争端和冲突，或者因划界或者岛礁主权争端的存在而导致资源开发无限期搁置，相关国家需要通过共同开发协议，明确争端各方的权利和义务，规范其行为，为合作开发争议海域油气资源提供安全稳定的法律制度环境。因此说，争议海域石油资源的开发需通过共同开发协议实现。

每个共同开发案例的主体和争议海域的具体情况不同，因此共同开发区的面积、开发模式、管理模式、法律适用以及利益分配方式等都存在差异。但是，成功的共同开发案例都同时满足了有效条约的基本要件和石油开发经济活动的必备条件。归纳起来，主要为以下五要素：适格的主体、共同开发的意愿、确定的共同开发区、具有商业价值的油气资源、具备开发海洋油气资源的能力。

（一）适格的主体

适格主体是指争议海域油气资源共同开发主体资格的问题。它既是海域划界争端的当事国，也是共同开发协议谈判、缔结和执行的主体。共同开发的适格主体需要满足以下条件：

其一，共同开发的主体须是国际法主体。只有国际法主体才具备缔约能力，这是缔结共同开发协议的基本要求。虽然石油公司具体负责争议海域资源的勘探和开发，但它不是国际法的主体，不具备缔约能力，不能缔结共同开发协议。因此，外国石油公司不是共同开发的缔约方，只是履行和实施共同开发协议的主要实践者。

尽管各国学者对共同开发有不同的定义，如日本学者三友[9]、德国学者拉格尼[10]、加拿大学者高尔特和斯托蒙特[11]、荷兰学者塔弗恩[12]、中国学者高之国[13]和蔡鹏鸿[14]，但这些学者在共同开发的主体问题上是没有异议的，都认为共同开发的适格主体是国家。

共同开发的主体一般为国家，但也可以是国际组织。根据《海洋法公约》第305条第1款规定，非国家的政治实体可参与《海洋法公约》的签署，并且享有《海洋法公

〔9〕 Masahiro Miyoshi, "The Basic Concept of Joint Development of Hydrocarbon Resources on the Continental Shelf", *International Journal of Estuarine & Coastal Law* 3, 1 (1988): 3.

〔10〕 Rainer Lagoni, "Oil and Deposit Across National Frontier", *American Journal of International Law* 73, 2 (1979): 215.

〔11〕 I. Townsend-Gault and W. G. Stormont, "Offshore Petroleum Joint Development Arrangement: Functional Instrument? Compromise? Obligation?", in G. H. Blake (ed.), *The Peaceful Management of Transboundary Resources*, Graham & Trotman, 1995, p. 51.

〔12〕 Bernard G. Taverne, "An Introduction to the Regulation of the Petroleum Industry", *George Washington Journal of International Law & Economics* 29, (1995): 114.

〔13〕 Gao Zhiguo, "The Legal Concept and Aspects of Joint Development in International Law", *Ocean Yearbook Online* 13, 1 (1998): 110.

〔14〕 蔡鹏鸿：《未划界海域共同开发的管理模式：比较研究》，上海社会科学研究院出版社1998年版，第10页。

约》所规定事项的权限。由此推论，政治实体也可成为共同开发的主体。上述政治实体依《海洋法公约》第305条规定，限于联合国所承认者或依联合国大会决议监督并核准的自治实体。例如，涉及外大陆架共同开发时，其一方主体为国际海底管理局。

其二，主体依法享有对海洋资源的主权权利。共同开发的主体需根据1958年《日内瓦大陆架公约》第2条、《海洋法公约》第77条或者国际习惯法主张对大陆架的主权权利；或者依据《海洋法公约》第56条或者国际习惯法主张对专属经济区的主权权利；或者依据《海洋法公约》第121条规定，享有相应的专属经济区和大陆架权利。

主体必须依符合国际法的方式取得上述权利，否则不能享有对海底油气资源的主权权利。例如，根据《海洋法公约》第121条第2款和第3款的规定，岛屿和可以"维持人类居住或其本身的经济生活的岩礁"被赋予了与陆地同样的海洋权利。因此，一些国家企图通过非法占领岛礁的方式，宣称其对岛礁享有主权，从而主张享有相应的大陆架和专属经济区。根据国际法及其实践，非法取得的岛礁主权，不产生权益。首先，根据一般国际法原则，"非法行为不产生权利"（jus ex injuria non oritur）。其次，国际判例也支持上述原则。例如，在东格陵兰案（ the Eastern Greenland case）中，常设国际法院认为，东格陵兰不是"无主地"，丹麦享有先占权（ prior title）。挪威不能依其1931年法令宣称该地为"无主地"，从而享有该地主权。最后，国际法知名学者布朗利指出，"不法行为不获益"（ no benefit canbe received from an illegal act）〔15〕。国际法院原法官劳特派特在《国际法上的承认问题》一书中也指出，"违法者不能取得权利"的原则也是国际法规则。他说："违反国际法的行为是无效的，不能成为违法者取得权利的根据。"〔16〕因此，如果一国非法取得岛礁主权，并不依此享有特定海域资源的专属性主权权利。

需要注意的是，享有其他合法海洋权利的主体不是共同开发的主体。例如，美国在南海享有航行自由权，但是美国不是南海共同开发的主体，因为它不享有南海资源的专属性主权权利。

其三，适格主体之间的海域主张具有重叠性、竞争性、同一性。根据1982年《海洋法公约》第76条的规定，沿海国享有专属的勘探、开发海底油气资源的主权权利。因此，如果两个或者两个以上的国家对同一海域提出相同的大陆架主张，相互主张发生重叠，这样的主体才是共同开发的适格主体，也正因为重叠主张的存在才有共同开发的必要性。

此外，关于适格主体的数量。从理论上讲，未划界海域共同开发的主体只要满足上述条件，没有数量上的限制。共同开发主体的数量往往由重叠主张国的具体数量决定。不过，现有的油气资源共同开发实践都是双边的。〔17〕究其原因主要在于：第一，多数

---

〔15〕 Ian Brownlie, *Principles of Public International Law*, 7th edition, Oxford University Press , 2008, p. 509.

〔16〕 Lautpacht, *Recogniton in International Law*, Cambridge University Press, 1947, pp. 402-421.

〔17〕 Robert Beckman, *Beyond Territorial Disputes in the South China Sea*: *Legal Framework for the Joint Development of Hydrocarbon Resources*, Edward Elgar Publishing, 2013, p. 155.

海域划界争议仅为双边争议，涉及三方或者三方以上的争议比较少。第二，从条约执行角度而言，双边共同开发通常容易对权利义务、收益成本进行分配且通常都采取平均分配的方式。如果涉及第三方或者更多的争端当事国，那么分配、执行、监管的问题就变得很复杂。第三，海洋油气资源开发本身是一项复杂工程，需要多个部门之间密切合作。共同开发即便只涉及两个国家，也牵涉多个政府部门和公司机构，要求多方协调和配合。倘若涉及三方或者三方以上，协调与合作的难度更大。因此，从海域划界争端的实际情况，共同开发协议的执行、监管和有效性以及海洋油气开发活动的特点来看，双边共同开发是首选。

（二）共同开发的意愿

国际条约是缔约国共同意志的反映。“条约的成立以缔约各方意思表示一致为成立要件。”〔18〕 共同开发协议也属于国际条约，只不过是契约性的条约。因此，相关国家要达成共同开发协议，必须有“共同开发”的意思表示。根据 1969 年《维也纳条约法公约》第 49—53 条，有效的条约必须是“缔约方真实的意思表示，不能存在错误、欺诈、贿赂或强迫，必须是自愿的、平等的、真实的意愿”。可见，国家间共同开发的意愿，不仅是共同开发协议生效的主观要件，还是共同开发协议有效的必备条件。

实践证明，政府间合作意愿越强烈，意思表示越真实，越能顺利达成共同开发协议，实现共同开发。相关国家合作的意愿，尤其是政府高层的合作意愿是缔结共同开发协议的关键要素。这方面最典型的案例为澳大利亚－印尼/东帝汶共同开发案。该案中，共同开发的一方主体几经变更〔19〕，最终仍然达成了澳大利亚东帝汶共同开发协议。这主要在于双方的合作意愿强烈，尤其是澳大利亚起到关键作用。一方面，澳方愿意为开发该海域资源作出妥协〔20〕；另一方面，新独立的东帝汶财政匮乏，希望通过与资金、技术雄厚的澳方合作，获取丰厚的石油收益。所以，双方不计前嫌，很快签订了新的帝

〔18〕 李浩培：《条约法概论》，法律出版社 2003 年版，第 249 页。

〔19〕 共同开发协议的一方由最初的印尼变更为联合国托管委员会，最后变更为东帝汶。1975 年 11 月 28 日，东帝汶独立革命阵线单方面宣告东帝汶独立，东帝汶摆脱葡萄牙 270 余年的殖民统治。印度尼西亚以东帝汶领导人要求其帮助为由，于当年 12 月 7 日出兵东帝汶并实施占领。1976 年印度尼西亚颁布法律将东帝汶并入印度尼西亚领土。联合国安理会和联合国大会决议都通过决议强烈谴责印度尼西亚武装入侵东帝汶，并要求印度尼西亚从东帝汶撤军。但 1978 年 2 月 20 日，澳大利亚承认东帝汶是印度尼西亚领土的一部分，并在 1978 年 12 月 15 日就该海域大陆架划界问题同印度尼西亚进行谈判。1989 年 12 月 11 日，澳印（尼）两国就此达成共同开发的条约《印度尼西亚和澳大利亚帝坟海条约》。澳大利亚 1990 年就实施该条约制定了法律，1991 年该法生效。1998 年，澳大利亚转变态度，劝印度尼西亚从东帝汶撤出，并为东帝汶的独立提供物质和舆论上的大力支持。其后由联合国托管委员会代表东帝汶继承原来印度尼西亚的一切权利和义务。2002 年，东帝汶成为一个独立国家。2003 年澳大利亚与新独立的东帝汶签订了新的《帝汶海条约》。

〔20〕 例如，澳大利亚不惜遭受国际社会舆论的谴责而承认东帝汶属于印度尼西亚，后来又对东帝汶的独立给予积极支持，并为了达成共同开发协议，愿意将合作区域内 90% 的收益分给东帝汶，在共同开发区的管理上也给予了东帝汶更大的权重。

汶条约。又如，马来西亚－泰国共同开发案。早在1979年两国就达成了共同开发协议，但直到1994年两国共同开发才付诸实践。这期间遭遇了外交风波[21]、政策法律问题[22]、先存权问题[23]以及政府换届问题[24]，致使共同开发一再拖延。但由于两国政府合作开发争议海域油气资源的意愿强烈，最终共同开发付诸实践，并取得巨大成功。再如，波斯湾共同开发案。海湾国家政治局势长期不稳定，但是不影响其共同开发协议的执行。因为石油是这些国家国民经济发展的支柱，位于一切利益之首，所以尽管存在各种政治或安全等不稳定因素，但是相关国家的合作意愿强烈，在该区域仍然能实现科威特－沙特阿拉伯共同开发案、巴林－沙特阿拉伯共同开发案、伊朗－沙加共同开发案。总之，各国合作的动力既有经济方面因素，也有政治方面因素，还有安全方面因素。不管出于何种因素的考虑，政府之间的强烈合作意愿是缔结和实施共同开发协议的关键要素。

（三）确定的共同开发区

确定的共同开发区对于共同开发具有特别意义。共同开发区是共同开发协议适用的空间范围，也是海洋油气资源商业开发的活动区域。明确共同开发区，是相关国家合作开发争议海域资源的第一步。一般共同开发协议都会对共同开发区的范围作专门规定，用地理坐标明确标示，并附有地图。例如马来西亚和泰国、马来西亚和越南共同开发案都对共同开发区作了专门明确的规定。[25]

相关主体的海域主张明确且承认争议海域的存在，是确定共同开发区的前提。如果各国海域主张的界限范围不明，或者相互之间不承认重叠海域的存在，那么无法确定共同开发区的具体范围，则无法共同开发。

通常，相关国家依据各自明确的海域外部界线主张来确定共同开发区的范围。一般来讲，共同开发区是重叠主张海域的全部或者部分。现有共同开发协议都是双边协议。

---

〔21〕1979年10月24日两国互换批准书后，12月马来西亚公布了一份官方地图，单方面将共同开发区圈划在本国大陆架边界内。1980年4月，泰国政府就此向马来西亚驻曼谷大使馆提交了一份外交备忘录，认为马来西亚此种作为有悖于《泰马谅解备忘录》关于搁置海域划界的精神原则。

〔22〕两国关于矿产资源开发的不同法规和政策，如马来西亚采用产品分成制、泰国采用租让制，也导致了共同开发的延迟。

〔23〕《泰马谅解备忘录》第3条第2款承认先存权。此外，还规定如果国内相关法律与《泰马谅解备忘录》相冲突，以备忘录为准。泰国与美国享有先存权的得克萨斯太平洋公司对天然气价格和经营管理权发生争执，泰国政府单方面停止得克萨斯太平洋公司在第17矿区的开采权。同时还以领土争执为由，暂停了美国特莱登能源公司在3-13矿区的勘探工作。由此引发了单方面行为是否违反《泰马谅解备忘录》的争论。See Mark J. Valencia, "Taming Troubled Waters: Joint Development of Oil and Mineral Resources in Overlapping Claim Areas", *San Diego Law Review* 23, 3 (1986): 661.

〔24〕由于两国政府换届的问题，直到1992年年底共同开发联合管理署才开始运作。

〔25〕1979年《马来西亚和泰王国为开发泰国湾两国大陆架划定区域内海床资源而建立联合管理局的谅解备忘录》第1条和1992年《马来西亚和越南社会主义共和国关于两国大陆架划定区域内石油勘探和开采的谅解备忘录》第1条的规定。

根据《维也纳条约法公约》规定，双边条约只对缔约国有约束力，不得随意为第三方创设权利和义务。为确保共同开发协议的有效性，一般共同开发区都将涉及第三方的海域排除在外，其范围仅限于双边重叠海域。例如，马来西亚和泰国、马来西亚和越南共同开发案都将第三方主张的重叠海域排除在外。

当然，如果相关国家合意，也可以把各自没有争议的海域包括在内，例如澳大利亚和印尼共同开发案。该案共同开发区分为A、B、C三个区，其中A区是重叠区域，B区和C区则是分别属于两国的无争议海域。

（四）具有商业价值的油气资源

油气资源是共同开发协议的客体，也是海洋石油开发活动的对象，是决定共同开发是否有实际意义的关键性要素。

可开采的油气资源是相关国家决定合作的根本动力。根据国际实践，如果存在可开采的资源，有助于相关国家就争议海域资源利用的问题展开谈判、达成共同开发协议。马来西亚和泰国、马来西亚和越南共同开发案都是在发现油气资源的背景下达成的。在马来西亚和泰国共同开发之前，泰国单方面授权外国石油公司开发海洋石油资源，其中部分合同区块位于两国争议海域。随后，石油公司发现该海域具有商业价值的大量油气资源。1978年，在马来西亚的要求下，两国决定谈判解决海域争议。泰国暂停了对该海域的单边勘探，随后两国谈判达成共同开发协议。在马来西亚和越南共同开发前，1989年马来西亚单边授权汉密尔顿石油公司在其与越南的重叠海域从事油气资源的勘探开发。1991年该公司发现该海域石油矿藏具备日产4400桶的能力。随后，越南提出抗议，并表示愿意与马来西亚谈判解决海域划界问题。为了共同开发该海域油气资源，两国在1992年达成共同开发谅解备忘录。

丰富的商业价值也是吸引投资的关键性要素，更是共同开发成功的物质保障，还是成功进行商业石油生产活动的必备条件之一。例如，马来西亚与泰国、日本与韩国共同开发案的初衷都是为了共享两国争议海域的油气资源。在马来西亚和泰国共同开发案中，共同开发区内具有开采价值的高品质石油资源，两国共同开发取得巨大成功。据泰国能源部2010年年度报告显示，泰国和马来西亚当年从“泰马海上共同开发区”得到3.9亿美元。〔26〕而日本和韩国共同开发案则是在“推测”的前提下达成的。1969年“埃默里报告”指出，东海是亚洲最具有潜力的油田。由此，日本和韩国迅速达成共同开发协议。结果共同开发区的资源储量不尽如人意，1989年9月日本与韩国共同开发区的活动终止。〔27〕上述国家实践表明，共同开发前，探明资源储量，有利于避免人力、物力、资金的浪费，对于共同开发的实施效果具有重要影响。

---

〔26〕 参见孙广勇、王渠：《泰国马来西亚开发未划界海域苦谈11年达成协议》，《环球时报》2011年9月13日。

〔27〕 1989年9月，是日本新石油公司（New Nippon Oil Exploration Co.）与韩方租让权人达成共同开发协议的最后期限。

（五）具备开发海洋油气资源的能力

是否具备开发海洋油气资源的能力，是影响相关国家是否能共同开发的必备要素。

与陆地油气产业相比，海洋油气的勘探、开发、生产、运输、储存、加工提炼等各环节对技术的要求更高，对资金的需求更多。目前，大部分国家尤其是发展中国家难以胜任。以泰国湾水域争议为例，越南分别与柬埔寨和马来西亚的海域主张重叠。石油界认为，该海域油气资源丰富，是世界上最具潜力的油田。但是，由于三国的油气产业发展水平不同，导致越南与柬埔寨、越南与马来西亚争议海域的处理结果也迥然不同。越南近年来海上油气产业迅速发展，已粗具规模。柬埔寨由于多年战乱，虽重视海洋油气产业，但是发展缓慢。尽管两国1982年已建立了共同所有的水域〔28〕，并迫切希望通过海洋油气开发带动国内经济发展，但是由于双方均不具备独立开采海洋油气资源的能力，所以两国未将共同开发其争议海域的油气资源提上议事日程。而马来西亚国内石油产业发展成熟，是东南亚主要石油输出国，是石油输出国组织成员，具备独立开采海洋资源的能力。1992年6月5日，马来西亚和越南两国在第一轮谈判中就达成了《马来西亚和越南社会主义共和国关于两国大陆架划定区域内石油勘探和开采的谅解备忘录》。马来西亚和越南合作，在以马来西亚为主导的情况下双方成功实现了对争议海域石油资源的共同开发。

概言之，相关国家可以自由裁量、选择、决定共同开发协议的名称，共同开发区的范围和面积大小，开发模式，管理模式，法律适用方式，利益分配方式等。但是对于成功的共同开发案例，适格的主体、共同开发的意愿、确定的共同开发区域、具有商业价值的油气资源、具备开发海洋油气资源的能力，这五个要素缺一不可。它们不仅保证了争议海域资源开发的合法性和有效性，而且是其取得商业性成功的必要条件。因此，这五要素可被称为争议海域油气资源共同开发的“必备要素”。

三、对中国的启示

目前，中国正在积极推动与南海争议区域国家的共同开发。2013年，中国、文莱两国发表了联合声明，将支持两国石油企业海上共同开发。〔29〕同年，中国与越南的联合声明中，表示两国将就北部湾湾口外的划界和共同开发进行积极谈判。2014年，在亚太经合组织第22次领导人非正式会议上，中国和文莱、中国和马来西亚表达了推动南海共同开发的意愿。

结合前文分析，未来南海共同开发，中国还需作以下一些努力：

---

〔28〕 1982年7月7日，越南和柬埔寨签订了《关于越南和柬埔寨历史性水域的协议》。根据该协议，将两国间面积约8000平方千米的海域定性为历史性内水，约定两国共同使用该海域。

〔29〕《中华人民共和国和文莱达鲁萨兰国联合声明》，http：//news. xinhuanet. com/2013-10/11/c_ 117669973. htm，访问日期：2019年5月20日。

（一）正确认识共同开发

共同开发是解决未划界海域资源利用的合法的有效的方式，它不是解决领土主权争端或者海域划界问题的方式。《海洋法公约》明确规定，作为“临时安排”的共同开发不影响相关国家划界。因此，共同开发不以承认一国领土主权为前提。只要相关国家愿意就重叠海域进行合作，共同利用海域资源，共同分享收益，达成协议即可。此前，有的学者认为南海共同开发只有在尊重中国主权的前提下才有意义。共同开发具有“中立性”的特点，不影响相关国家的主张。因此，南海岛礁的主权需要中国自己维护，与共同开发无关。

此外，还宜从国家整体发展战略的角度，更全面地来权衡共同开发的利弊得失。借鉴冰岛－挪威、泰国－马来西亚、澳大利亚－印度尼西亚/东帝汶等未划界海域共同开发案的经验，寻求与其他南海争议国解决海域争议的适当方法，实现互利共赢。

值得注意的是，“共同开发”既不是《海洋法公约》的条约义务，也未形成国际习惯法。目前，中国与周边海域争议国达成的共同开发意向大多是政治性宣言，不具有约束力。未来中国与相关国家共同开发，需要缔结正式协议，建立共同开发的条约义务。

（二）明确中国南海的主张范围

共同开发的实践证明，相关国家共同开发前须明确海域主张范围，在此基础上确定重叠主张海域，进而达成共同开发协议。

中国未来与南海周边国家共同开发，首先须明确我国的南海海域外部界线范围，这样才能与相关国家确定是否重叠主张海域，是否要共同开发。如果存在重叠主张海域，则需据双方合理的海域外部界线主张明确共同开发区的范围，从而谈判具体的开发事宜。

从中国颁布的相关法律文件和政府官方声明可以看出，中国南海海域主张的依据有两种：一是历史性权利，以“U 形线”为代表；二是根据《海洋法公约》的规定享有相应的海洋权利。目前，除了 2000 年与越南就北部湾海域达成了划界协议外，中国南海大部分海域边界没有确定。未来要解决海域划界问题或者实践共同开发，都需要明确海域外部界线，至少在官方地图中明确标示，否则无法进行划界或者共同开发谈判。

此外，宜明确南海海域的性质。因为南海不仅能源丰富，而且是重要的国际战略通道，涉及区域外国家航行权的保护与限制问题。明确南海海域的性质，便于对南海进行管理、保护海洋环境、养护海洋资源、打击违法犯罪和协调不同国家的合法权利。例如，沿海国开发海底油气资源的权利、捕鱼权以及其他区域外国家的航行权、铺设海底电缆和管道的权利、科学研究的权利等。

（三）客观看待南海其他争议国的海域主张

南海周边国家对南海海域的主张依据主要有四种：一是依据《海洋法公约》关于

“专属经济区”的规定提出享有200海里专属经济区；二是根据“领土自然延伸的原则”主张享有大陆架的权利；三是依据所谓“邻近”的原则，主张对南海海域和岛礁的权利；四是依据非法侵占属于中国的南海岛礁而享有相应的专属经济区和大陆架的权利。

客观地讲，这些国家依据《海洋法公约》关于专属经济区的规定和根据其大陆架自然延伸，提出专属经济区和大陆架的主张有一定的合理性。需要明确的是，这些主张不能也不应否认中国在1958年《大陆架公约》生效前就存在的“U形线”内的权益。

但是，这些国家以“邻近”或者“非法占有岛礁”声称享有大陆架的专属主权权利的主张，显然不符合国际法，因为“非法行为不产生权利”。因此，这些国家不能据此主张享有相应的专属经济区和大陆架权利。

在明确中国南海主张和客观看待其他南海争议国的合理主张的前提下，才能确定重叠海域，进而确定共同开发区。相关国家应该就共同开发的管理、开发方式、利益分配方式和法律适用问题进行谈判，达成共同开发协议，建立共同开发义务。

（四）选择适格主体

南海争议错综复杂。这些争议不仅包括岛屿主权争议、海域划界争议，还包括海域管辖权与历史性权利的冲突、区域外国家航行权和南海沿海国海洋管辖权的冲突。南海争议还涉及四类国家：一是提出岛礁主权主张的国家，分别是中国、越南、菲律宾、马来西亚、文莱；二是提出专属经济区和大陆架主张的国家，分别是中国、越南、菲律宾、马来西亚、印度尼西亚、文莱；三是在该海域享有其他合法权利（如航行权）的国家；四是，对南海事务表示关切的国家，主要是东盟成员国，如泰国、柬埔寨、新加坡等和区域外国家，如美国、日本、俄罗斯、印度等。

根据前文对未划界海域共同开发适格主体的分析，南海共同开发的主体除了是具有缔约能力的国际法主体外，还必须“合法享有海底资源专属性主权权利”，且相互之间的海域主张具有“重叠性”“竞争性”“同一性”。因此，未来南海共同开发可能的主体为中国、越南、菲律宾、马来西亚、印度尼西亚、文莱这六个国家。

由于南海适格主体多，中国应该根据重叠海域的实际情况和适格主体的数量进行双边或者多边谈判。未来南海共同开发，中国不可能同时与这些国家谈判，这些国家也绝不可能同时为一个南海共同开发协议的主体。可以预见，南海共同开发协议一定是多个，且不同的共同开发协议的主体数量不同，有可能是其中的任意两个国家，也可能是其中的三个或者更多的国家。这就决定了南海共同开发是一项错综复杂的多边工程。根据共同开发实践，南海未划界海域资源的利用，亦不可能一次性解决，需相关争端当事国经过漫长而艰苦的多轮谈判才能达成共识。

现有的共同开发案例都是双边的。[30] 实践证明，双边共同开发容易成功，三边重叠海域共同开发难以实现。例如，马来西亚、泰国和越南的三边重叠海域，从1991年三国就该海域的共同开发开始谈判，但是至今没有达成共同开发协议。可见，共同开发的主体越多，越不容易达成共同开发协议。中国宜先与双边重叠海域的相关国家谈起，这样方便共同开发的谈判和实施。具体而言，可先分别与马来西亚和文莱就海域划界或者共同开发进行谈判。因为该海域确定具有商业价值的资源，而且两国具备深海开发能力，此外马来西亚具有丰富的共同开发经验。

（五）探明南海油气资源储量

探明资源储量对于海域争议的解决具有重要意义。具有商业价值的资源储量，会驱动相关国家达成共同开发协议，通过合作开发争议海域资源。而且，具有商业价值的可开采资源也是成功共同开发的物质保障。如果确定不存在可开采的油气资源，则有助于相关国家达成划界协议。因为资源的存在会导致相关国家划界立场趋于强硬，如果不存在资源，相关国家的海域划界争议就变得比较单纯，容易达成划界协议。

目前南海资源储量停留在“估测”阶段，不同的国家和机构对南海资源储量估测差距甚大，缺乏权威的统计。例如，中国有专家认为，南海石油总潜量约550亿吨，天然气约20万亿立方米。[31] 而俄罗斯外国地质学研究所和美国能源信息署估计南沙的石油储量是60亿桶（约8.5亿吨）。[32] 未来南海共同开发，需明确油气资源储量和分布。在具有商业价值的争议海域，与相关国家探讨共同开发才具有实质意义，否则即使达成共同开发协议，也只是对人力、物力、财力的浪费。

根据国际实践，单边勘探行为是被允许的。在1976年爱琴海大陆架案中，国际法院对勘探（exploration）和开发（exploitation），或者说短暂的勘探（temporary or transitory exploration）和永久勘探（permanent exploration）作了区分。前者是允许的，后者是非法的。因此，中国可以也有权在“U形线”内单独先行勘探，探明南海的资源信息，作

---

〔30〕 它们分别是：1958年巴林与沙特阿拉伯共同开发波斯湾大陆架案，1962年荷兰与联邦德国埃姆斯河口资源共同开发案，1965年科威特与沙特阿拉伯共同开发案，1974年日本与韩国共同开发东海大陆架案，1974年法国与西班牙划界与共同开发案，1976年英国与挪威共同开发弗里格天然气案，1979年泰国与马来西亚在泰国湾的共同开发案，1981年冰岛与挪威扬马延岛共同开发案，1989年澳大利亚与印度尼西亚共同开发案，1992年马来西亚与越南共同开发案，1993年塞内加尔与几内亚比绍共同开发案，1993年哥伦比亚与牙买加有关海洋划界的共同开发案，2001年尼日利亚和圣多美普林西比签署的关于在几内亚湾共同开发两国专属经济区石油和其他资源的协定，2001年东帝汶与澳大利亚共同开发案，2002年尼日利亚和赤道几内亚的共同开发案，2003年巴巴多斯和圭亚那共同开发案，2003年委内瑞拉、特立尼达和多巴哥之间的帕里亚湾共同开发案，2006年密克罗尼西亚与帕劳共同开发案，2008年刚果民主共和国与安哥拉共同开发案，2010年俄罗斯与挪威共同开发案，2012年美国和墨西哥共同开发案，2012年塞舌尔群岛和毛里求斯在马斯特林高原地区大陆架共同开发案。

〔31〕 参见萧建国：《国际海洋边界石油的共同开发》，海洋出版社2006年版，第159页。

〔32〕 D. Rosenberg，“An Introductory Essay：Why a South China SeaWebsite?”，accessed April 25，2019，http：//www. middlebury. edu/SouthChinaSea.

好共同开发或者划界的准备。

（六）强化我国海洋油气开发能力

南海的平均深度是1212米，最深处有5567米。根据海洋石油工业实践，水深超过300米的油气资源开发称为深水开发，超过1500米以上称为超深水开发。在南海，有70%的油气资源蕴藏于超深海区域，常规海洋钻井设备满足不了深海油气勘探开发的需要。南海地理位置和气候的特点，对于石油开采的技术、设备要求更为苛刻，需要电子、宇航、造船、机械等高端技术和设备。

目前，南海大部分沿海国不具备单独开发深海油气资源的能力。虽然“海洋石油981”的建成并投入生产，标志我国具备了超深水油气资源开发的能力，但是我国的深海石油开发还处于起步阶段。目前，我国海洋勘探开发水深小于300米。另外，作为获取海洋油气重要技术手段的装备还存在以下问题：设计研发力量薄弱、装备设计规范与海洋环境要求存在差距、装备配套能力弱。因此，加强我国海洋油气尤其是深海油气资源开发能力，掌握更先进、成本更低的深海开采技术，不仅有利于提高我国单独开发深海油气资源的能力，而且有利于改变我国在南海资源开发中的被动局面。这既是我国实施海洋强国战略、维护海洋权益的必然选择，也是未来南海共同开发的必备技术保障，同时也是吸引周边国家主动与我国合作开发南海资源的一种策略。

（七）加强与南海周边国家的合作

近年来，我国与南海相关国家合作深化，但是缺乏政治互信。未来，需通过与周边国家积极合作，建立相互之间的信任，为南海划界或者共同开发创造良好的气氛。

南海属于“半闭海”。根据《海洋法公约》关于专属经济区、闭海和半闭海与海洋环境的保护和保全的规定，我国可以与其他国家直接合作或者通过区域组织，加强在海洋生物资源的管理、养护、勘探和开发，保护和保全海洋环境、防治污染，海上搜救，科学研究等方面的合作。

此外，应与南海周边国家建立广泛的海上联络机制。一方面，通过该机制，各南海沿海国能够实现合作，加强对南海的管理，建立政治互信，为共同开发或者海域争议的解决创造友好的气氛和合作的平台；另一方面，将谈判解决海域争议常态化、制度化，通过不断的沟通逐步解决南海问题。

四、结论

通过上述分析，得出以下主要结论：

（1）共同开发的开发模式、管理模式、法律适用方式、利益分配方式等这些与缔约国责权利相关的事项可以由相关国家自由裁量、自由选择。但是，适格的主体、国家间合作的意愿、确定的共同开发区域、具有商业价值的资源、具有开发海洋油气资源的能力，这些要件是共同开发必须具备和满足的，否则无法达到利用争议海域资源的目的。因此，这五个要素可被称为争议海域油气资源共同开发的“必备要素”。

（2）争议海域的共同开发不仅需要稳定安全的投资环境，还要具有可行性和可能性。共同开发协议为共同开发创造稳定的投资环境，资源存在使共同开发变得可行，开发海洋资源的能力使利用海洋资源变得可能。共同开发协议是共同开发的制度保障，商业价值资源是共同开发的物质保障，开采海洋资源的能力是共同开发的技术保障。

（3）争议海域共同开发的主体是国际法主体，其需依法对海底油气资源享有专属的主权权利。适格主体应为两个或者两个以上国际法主体，其海域主张具有重叠性、竞争性、同一性的特点。未来，中国应选择合适的主体，将重叠海域细化，先选择具有可开采价值资源的双边重叠海域，与具有开采能力和具备共同开发经验的争端当事国谈判海上共同开发的问题。

（4）国家间共同开发的意愿，不仅是相关国家缔结共同开发协议的主观条件，也是共同开发协议有效的必备要件。政府尤其是高层的合作意愿是达成共同开发协议的关键要素。中国一方面要积极推动海上共同开发，另一方面应与南海相关国家建立海上联络机制，加强合作，增强政治互信，提高其他国家与中国合作开发争议海域资源的意愿。

（5）共同开发区是共同开发协议适用的空间范围，也是海洋油气商业开发的活动区域。相关主体的海域主张必须明确且承认重叠海域的存在，这是确定共同开发区的前提。[33] 一般共同开发区是全部或者部分重叠海域。中国宜明确南海海域外部界线，客观看待周边国家合理的海域主张，确定具体的重叠主张区域。

（6）探明资源储量对于海域争议的解决具有重要意义。具有商业价值的资源储量，会驱动相关国家达成共同开发协议，通过合作开发争议海域资源。而且，具有商业价值的可开采资源也是成功共同开发的物质保障。如果确定不存在可开采的油气资源，则有助于相关国家达成划界协议。根据国际法实践，中国完全有权勘探南海资源情况，宜先在“U 形线”内探明南海油气资源储量和分布情况，为共同开发或者海域划界作好准备。

（7）是否具备开采海洋石油资源的能力是能否实现争议海域共同开发的必备要素。中国应加强深海开发技术，降低开发成本，提高开发南海深水资源的能力，在划界或者共同开发谈判中掌握主动权。

---

〔33〕 See Robert Beckman (ed.), *Beyond Territorial Disputes in the South China Sea*, Edward Elgar Publishing, 2013, p. 140.

公海专属执法中的生物资源养护：特定例外及我国因应

■赵　青*

【内容摘要】生物资源养护已经成为公海船旗国专属执法管辖原则的一类例外。这种例外表现为：国家有权在公海上，依据区域和双边条约，对悬挂他国船旗的渔船执行生物资源养护措施。生物资源养护的例外目前只存在于一系列区域和双边条约中，具有极强的特定性。生物资源养护例外只能依据条约，适用于特定海域、条约成员之间。而且，国家援引例外只能执行条约承认的、国际法上的生物资源养护措施，在一般情况下只能进行登临和检查，而不能行使其他执法管辖权。我国应该改变被动应对他国运用生物资源养护例外对我国渔船进行执法的局面，加强运用生物资源例外检查他国渔船以保护我国远洋渔业发展；同时，在未来的渔业合作中，结合该例外的特定性，根据每个渔业合作安排的具体情况灵活确定生物资源养护例外的纳入和适用方式。

【关键词】公海专属管辖权　公海执法　生物资源养护

一、引言

公海自由和执行生物资源养护措施的冲突是贯穿20世纪海洋法发展的重要理论问题。[1] 随着“责任制渔业”概念的形成和发展，以《执行1982年12月10日〈联合国海洋法公约〉有关养护和管理跨界鱼类种群和高度洄游鱼类种群的规定的协定》（以下简称《联合国鱼类种群协定》）为代表的一系列全球性、区域性和双边条约规定了养护海洋生物资源的措施。目前，国际法已逐渐形成一套以可持续发展为目标的、规制公海捕鱼的规则体系，而这些规则的执行成为未来公海渔业管制的重点。[2] 实践中，被过度捕捞的鱼类种群占全部鱼类种群的33.1%，它们持续存在而且难以短期恢复，已成为联合国粮农组织的主要关切。[3] 因此，海洋生物资源养护措施的执行是迫切的现实需求。国家在公海上对渔船进行执法无疑是最直接、最有效的执行公海生物资源养护措施的方式。但是，国家在公海上对悬挂他国船旗的渔船执行生物资源养护措施会与传统国际海洋法上的船旗国专属管辖原则发生冲突。自20世纪50年代起，双边和多边渔业合作协定中发展出了国家有权对悬挂他国船旗的公海渔船执行生物资源养护措施的规定[4]，国家在

* 中国政法大学国际法学院博士研究生。

〔1〕 Robert Jennings and Arthur Watts, *Oppenheim's International Law*, Vol. I: Peace, 9th edition, Longman, 1996, p. 757.

〔2〕 参见张晏瑲：《国际渔业法律制度的演进与发展》，《国际法研究》2015年第5期。

〔3〕 联合国粮食及农业组织：《2018年世界渔业和水产养殖状况——实现可持续发展目标》，第6页，http://www.fao.org/3/i9540zh/I9540ZH.pdf，访问日期：2019年4月20日。

〔4〕 Rosemary Gail Rayfuse, *Non-flag State Enforcement in High Seas Fisheries*, Martinus Nijhoff Publishers, 2004, pp. 71-72. 这种权利也被称为“公海非船旗国拦截（interdiction）”，参见Douglas Guilfoyle, *Shipping Interdiction and the Law of the Sea*, Cambridge University Press, p. 4。

公海上对他国执行生物资源养护措施不再被国际法完全否定。本文将研究国家在公海上对他国渔船执行生物资源养护措施权利对公海专属执法管辖原则的限制。同时，考虑到远洋渔业是我国的战略性产业，是建设“海洋强国”、实施“走出去”和“一带一路”倡议的重要组成部分，本文将结合生物资源养护例外限制专属执法管辖权的特点，为我国适用生物资源养护例外提出建议。

二、公海专属执法管辖权例外与生物资源养护

（一）公海专属执法管辖权例外的含义

国际海洋法中的国家管辖权，可依照国际法的一般理论[5]，分为立法管辖权（prescriptive/legislative jurisdiction）和执法管辖权（enforcement jurisdiction）[6]。执法管辖权指国家依靠司法或行政手段[7]，适用国内或国际法[8]，而使法律产生实际效果[9]的权力。由此，公海执法管辖权指国家在公海上通过司法或行政方法，执行国内或国际法，使其对执法客体产生法律效果的权力。

判定公海执法管辖行为需注意两点：首先，行为的任一阶段发生于公海。一些执法行为虽然对公海上的船舶产生影响，但因国家没有在公海上做出这些行为，而不属于“公海”执法管辖。例如，一国在领土内对他国公海渔船和渔民发出扣押、逮捕令的行为，属于国家在领土内行使执法管辖权[10]，但不属于国家在公海上行使执法管辖权：

---

〔5〕 Vaughan Lowe and Christopher Staker, “Jurisdiction”, in Malcolm Evans (ed.), *International Law*, 4th edition, Oxford University Press, 2014, p. 312; James Crawford, *Brownlie's Principles of Public International Law*, 8th edition, Oxford University Press, 2012, p. 456; Roger O'Keefe, “Universal Jurisdiction: Clarifying the Basic Concept”, *Journal of International Criminal Justice* 2, 3 (2004): 118-120; D. W. Bowett, “Jurisdiction: Changing Patterns of Authority over Activities and Resources”, *British Yearbook of International Law 53*, 1 (1983): 1; Frederick Alexander Mann, “The Doctrine of International Jurisdiction Revisited after Twenty Years”, *Recueil des Cours* 111, (1984): 13. 理论有时将国家管辖权分为立法、执法和司法三类，但国家的司法管辖权指国内法院审理涉外案件的权限，其实质是将国内法上对法院管辖权的规定适用于涉外案件，所以，这种权利属于立法管辖权。See James Crawford, *Brownlie's Principles of Public International Law*, 8th edition, Oxford University Press, 2012, p. 456.

〔6〕 See ITLOS, Request for an Advisory Opinion Submitted by the Sub-Regional Fisheries Commission (SRFC), 2015, Advisory opinion, Separate opinion of Judge Paik, Case No. 21, para. 15.

〔7〕 James Crawford, *Brownlie's Principles of Public International Law*, 8th edition, Oxford University Press, 2012, p. 456; D. W. Bowett, “Jurisdiction: Changing Patterns of Authority over Activities and Resources”, *British Yearbook of International Law 53*, 1 (1983): 1.

〔8〕 Malcolm N. Shaw, *International Law*, 6th edition, Cambridge University Press, 2008, p. 455.

〔9〕 James Crawford, *Brownlie's Principles of Public International Law*, 8th edition, Oxford University Press, 2012, p. 456.

〔10〕 一些国际司法机构和学者指出了这种行为属于行使执法管辖权的表现，但未说明行为发生的区域对行为定性的影响。See Douglas Guilfoyle, *Shipping Interdiction and the Law of the Sea*, Cambridge University Press, pp. 4, 9, 100; ITLOS, Request for an Advisory Opinion Submitted by the Sub-Regional Fisheries Commission (SRFC), 2015, Advisory opinion, Separate opinion of Judge Paik, Case No. 21, para. 15; ITLOS, The M/V “Virginia G” Case (Panama/Guinea-Bissau), 2015, Judgment, Case No. 19, para. 270.

扣押和逮捕令的签发发生于领土内而非公海，该行为在公海上的结果是使一国国内法适用范围扩展至公海，而非使法律产生实际后果。所以，该行为是国家在公海上行使立法管辖权的表现。[11] 一般来说，常见的公海执法管辖权表现为在公海上对船舶行使紧追权、实时监控[12]、登临检查、实施调查、扣押船舶、逮捕船员。这些执法管辖权适用于公海渔业执法。但区域渔业组织和安排中出现的“观察员”（observer）的行为需特别注意，观察行为在不同的组织规章下性质不同。例如，中西部太平洋渔业委员会观察员有权进行科学研究和执法中的监控、检查活动[13]，而南太平洋区域渔业管理组织的观察员只能开展科学研究活动而无权执法[14]。其次，即使理论上存在常见公海执法行为的类型，但是，在实践中，某一执法行为可同时满足科学研究、执法、军事等多种需要，因此，必须根据具体情况下国家行为的特点、动机、前因后果客观地确定该行为的性质。[15]

早在荷花号案时，船旗国对公海船舶的专属管辖权已成为国际习惯，《联合国海洋法公约》（以下简称《海洋法公约》）第 92 条是对该国际习惯的编纂。[16] 而且，理论和实务界对专属性适用于船旗国公海执法管辖权达成了共识。[17] 公海执法管辖权专属性

---

〔11〕 ITLOS, The M/V “Norstar” Case (Panama v. Italy), 2019, Judgment, Case No. 25, para. 226; ITLOS, The M/V “Norstar” Case (Panama v. Italy), 2016, Preliminary Objections, Joint Separate Opinion of Judges Wolfrum and Attard, Case No. 25, para. 38.

〔12〕 Simone Borg, The Conservation of Marine Living Resources under International Law: The 1982 United Nations Convention on the Law of the Sea and Beyond, in David Attard, Malgosia Fitzmaurice and Norman A. Martinez Gutierrez (eds.), *The IMLI Manual on International Maritime Law*, Vol. I: The Law of the Sea, Oxford University Press, 2014, pp. 357-358.

〔13〕 https://www.wcpfc.int/doc/cmm-2018-05/conservation-and-management-measure-regional-observer-programme.

〔14〕 http://www.sprfmo.int/assets/Fisheries/Conservation-and-Management-Measures/2019-CMMs/CMM-16-2019-5Mar2019.pdf.

〔15〕 ITLOS, Case Concerning the Detention of Three Ukrainian Naval Vessels (Ukraine v. Russian Federation), Provisional Measures, 2019, Case No. 26, para. 66; Declaration of Judge Kittichaisaree, para. 4.

〔16〕 ITLOS, The M/V “Norstar” Case (Panama v. Italy), 2019, Judgment, Case No. 25, paras. 215-217; James Crawford, *Brownlie's Principles of Public International Law*, 8th edition, Oxford University Press, 2012, p. 312; Yoshifumi Tanaka, *The International Law of the Sea*, Cambridge University Press, 2015, p. 157.

〔17〕 一种观点认为，管辖权专属性适用于立法管辖和执法管辖权：ITLOS, The M/V “Norstar” Case (Panama v. Italy), 2019, Judgment, Case No. 25, para. 194; R. R. Churchill and A. V. Lowe, *The Law of the Sea*, Manchester University Press, 1999, p. 168; M. H. Nordquist, S. N. Nandan and S. Rosenne (eds.), *United Nations Convention on the Law of the Sea* 1982, Vol. VII: A Commentary, Martinus Nijhoff Publishers, 1995, p. 126。另一种观点认为，管辖权专属性仅适用于执法管辖权：ITLOS, The M/V “Norstar” Case (Panama v. Italy), 2019, Judgment, Case No. 25, Dissenting Opinion of Judges Cot, Pawlak, Yanai, Hoffmann, Kolodkin, Lijnzaad and Judge ad hoc Treves, para. 15; ITLOS, The M/V “Norstar” Case (Panama v. Italy), 2016, Joint Separate Opinion of Judges Wolfrum and Attard, Case No. 25, para. 34; PCIJ, The Case of the S. S. Lotus (France v. Turkey), 1927, Judgment, PCIJ (Ser. A) No. 10, pp. 25-26; Douglas Guilfoyle, *Shipping Interdiction and the Law of the Sea*, Cambridge University Press, pp. 9, 101; David Attard, Malgosia Fitzmaurice and Norman A. Martinez Gutierrez (eds.), *The IMLI Manual on International Maritime Law*, Vol. I: The Law of the Sea, Oxford University Press, 2014, p. 258。

的法律效果是，一国必须在执法前征得船旗国的同意，方可在公海上对悬挂其他国家船旗的船舶进行执法。[18]

然而，这种专属性不是绝对的。当《海洋法公约》、其他国际条约[19]以及国际习惯[20]中的例外情形出现时，一国可以对悬挂其他国家船旗的公海船舶进行执法。该例外的法律效果是：非船旗国执法前无须征得船旗国的同意[21]；而且，执法行为不侵犯船旗国的专属管辖权，不违反公海自由原则[22]。需要注意的是，船旗国管辖权例外与船旗国对他国执法表示同意的法律效果有差别，因此，船旗国管辖权例外不是船旗国同意的特殊形式。理论上，船旗国管辖权例外对船旗国有着持续和确定的拘束力，可以被反复援引；而船旗国同意作为执法依据的效果是一次性的，对于该执法结束后出现的相同或相似情形，船旗国有权改变态度，拒绝他国执法，而他国也不能援引船旗国以往的同意作为执法依据。

（二）专属执法管辖权例外产生的事由与生物资源养护

理论界对于公海专属执法管辖权例外的分类有两种方式：一种是将例外分为《海洋法公约》规定的例外和其他国际条约规定的例外[23]；另一种是按援引的事由分类。在理论上，按援引事由进行的分类不限于《海洋法公约》规定的例外事由。理论界将存在于不同渊源中、产生原因具有相似性的例外按产生原因归为一类例外。[24]

自 20 世纪 50 年代起，双边和多边渔业合作协定中出现了国家有权对悬挂他国船旗的公海渔船进行执法的规定。有学者注意到，其中非船旗国（non-flag state）为执行渔业资源养护措施[25]，尤其是为执行区域渔业组织和安排的高度洄游鱼类种群养护措施[26]

---

〔18〕 See PCA, The Arctic Sunrise Arbitration (Netherlands v. Russia), 2014, Award on the Merits, PCA Case No. 2014-02, paras. 231, 234.

〔19〕 《海洋法公约》第 92 条。

〔20〕 ITLOS, The M/V "Norstar" Case (Panama v. Italy), 2019, Separate Opinion of Judge Ndiaye, Case No. 25, p. 34; Rosemary Gail Rayfuse, *Non-flag State Enforcement in High Seas Fisheries*, Martinus Nijhoff Publishers, 2004, p. 22.

〔21〕 See PCA, The Arctic Sunrise Arbitration (Netherlands v. Russia), 2014, Award on the Merits, PCA Case No. 2014-02, paras. 231, 234.

〔22〕 See ITLOS, The M/V "Norstar" Case (Panama v. Italy), 2019, Judgment, Case No. 25, paras. 215-218, 225.

〔23〕 See Yoshifumi Tanaka, *The International Law of the Sea*, Cambridge University Press, 2015, p. 173; Robert Jennings and Arthur Watts, *Oppenheim's International Law*, Vol. I: Peace, 9th edition, Longman, 1996, p. 737.

〔24〕 See Malcolm N. Shaw, *International Law*, 6th edition, Cambridge University Press, 2008, pp. 1188-1204; James Crawford, *Brownlie's Principles of Public International Law*, 8th edition, Oxford University Press, 2012, pp. 312-316; R. R. Churchill and A. V. Lowe, *The Law of the Sea*, Manchester University Press, 1999, pp. 148-154.

〔25〕 Robert Jennings and Arthur Watts, *Oppenheim's International Law*, Vol. I: Peace, 9th edition, Longman, 1996, p. 737; R. R. Churchill and A. V. Lowe, *The Law of the Sea*, Manchester University Press, 1999, pp. 153-154.

〔26〕 如周忠海：《国际渔业制度与我国渔业管理法律构架》，载《周忠海国际法论文集》，北京出版社 2006 年版，第 349 页；赵理海：《评联合国公海渔业会议——对〈执行 1982 年 12 月 10 日《联合国海洋法公约》有关养护和管理跨界鱼类种群和高度洄游鱼类种群规定的协定〉的研究》，《海洋开发与管理》1997 年第 4 期；Malcolm N. Shaw, *International Law*, 6th edition, Cambridge University Press, 2008, p. 1200。

而进行的登临和检查，是公海专属管辖权的一类重要例外。随着国家环保意识的增强和渔业资源的减少，这种例外有所拓展。目前，这种例外不仅被规定于双边条约[27]和多边条约[28]中，也被规定于区域渔业组织和安排的规章中[29]。而且，例外不再局限于保护高度洄游鱼类种群，而且扩展至保护其他海洋生物资源。例如，西北大西洋渔业组织的养护措施适用于管辖范围内除几类特定鱼群外的全部海洋生物资源[30]；南极海洋生物资源养护委员会的成员可根据组织规定的程序和权限，对悬挂其他缔约方船旗的船舶，执行养护除海豹和鲸之外的南极海洋生物资源措施[31]。虽然国家在不同情况下所执行的具体养护措施有所差别，但是这些行为的共性是执行《海洋法公约》第117条中的“养护公海生物资源的措施”。考虑到例外出现的频率以及其被援引事由的共性，本文认为，国家以执行生物资源养护措施为理由，在公海上对悬挂他国船旗的渔船进行执法的权利是公海专属执法管辖权的一类“生物资源养护例外”。

三、生物资源养护例外的国际法基础

生物资源养护例外的法律基础直接决定其效力的对象范围，同时，对例外效力的其他方面也有重要影响。生物资源养护例外属于《海洋法公约》第92条规定的“其他国际条约中的例外”。目前，生物资源养护例外并非国际习惯。而且，作为该例外基础的条约不是普遍性国际条约，而是区域性条约（包括区域渔业组织的规章以及区域渔业安排[32]和不属于联合国粮食及农业组织认定的区域渔业安排的其他多边条约）和双边条约。即使对区域渔业组织而言，其也并未普遍接受生物资源养护例外的法律拘束力。

（一）生物资源养护例外与国际习惯

与制止海盗行为的依据不同[33]，国家不能根据国际习惯，以执行渔业资源养护措

---

〔27〕如《中华人民共和国政府和美利坚合众国政府关于有效合作和执行一九九一年十二月二十日联合国大会46/215决议的谅解备忘录》，http：//treaty. mfa. gov. cn/Treaty/web/detail1. jsp？objid = 1531876702067，访问日期：2019年4月25日。

〔28〕E. g. , Convention on Conduct of Fishing Operations in the North Atlantic, 1051 UNTS 101, art. 9; Interim Convention between the United States of America, Canada, Japan and the Union of Soviet Socialist Republics on conservation of North Pacific fur seals, 314 UNTS 105, art. 6. 1.

〔29〕如西北大西洋渔业组织（NAFO）、南极海洋生物资源养护委员会（CCAMLR）、北太平洋溯河性鱼类委员会（NPAFC）、中白令海狭鳕资源养护与管理公约（CCBSP）、东北大西洋渔业委员会（NEAFC）、中西部太平洋渔业委员会（WCPFC）、南太平洋区域渔业管理组织（SPRFMO）、国际大西洋金枪鱼养护委员会（ICCAT）、北太平洋渔业委员会（NPFC）、地中海总渔业委员会（GFCM）和东南大西洋渔业组织（SEAFO）。

〔30〕http：//www. fao. org/fishery/rfb/nafo/en.

〔31〕https：//www. ccamlr. org/en/system/files/e-pt9_ 2. pdf.

〔32〕区域渔业组织和安排的范围，可参见联合国粮食及农业组织渔业和水产养殖部：《渔业管理情况说明》，http：//www. fao. org/fishery/rfb/search/zh。

〔33〕参见周忠海：《论现代国际海洋法中的海盗》，载《周忠海国际法论文集》，北京出版社2006年版，第252页。

施为理由，对悬挂他国船旗的渔船行使执法管辖权。首先，生物资源养护例外没有从条约规定演进为国际习惯。[34] 因为援引生物资源养护例外的国家实践尚未满足“通例”要求。“通例”是国际习惯的要素，满足“通例”的国家实践需具有时间性、连续性和一般性。[35] 国家以执行生物资源养护措施为理由，对他国渔船行使管辖权的实践不具备一般性。在《联合国鱼类种群协定》生效前，美国、俄罗斯和加拿大三国进行过此类执法，但均引发了国际争端。[36] 智利、秘鲁和阿根廷在国内法中规定了这一例外，但没有执行。[37] 由此可见，《联合国鱼类种群协定》生效前国家援引生物资源养护例外的实践极其有限，而且国家对例外的态度存在严重分歧。随着区域渔业组织和安排的兴起以及《联合国鱼类种群协定》的生效，国家为执行区域渔业组织和安排的生物资源养护措施而登临和检查公海渔船的实践不断增加，但是，目前这些实践没有突破条约关系。例如，目前没有区域渔业组织和安排的成员对与组织没有任何书面承诺的合作关系的国家的渔船进行登临和检查。[38] 其次，国家对生物资源养护例外的态度和实践存在反复。例如，智利、秘鲁和阿根廷在《联合国鱼类种群协定》生效前各自立法支持生物资源养护例外，但是，在 2006 年三国向《联合国鱼类种群协定》审议会议提交的报告中，它们转而明确反对《联合国鱼类种群协定》中的非船旗国管辖权条款[39]；又如，韩国于 2006 年明确表示《联合国鱼类种群协定》中的非船旗国管辖权违反船旗国专属管辖原则[40]，但其在 2003 年已经加入了适用范围虽小但设置了相同的非船旗国管辖权的北太

〔34〕 Yoshifumi Tanaka, "The Changing Approaches to Conservation of Marine Living Resources in International Law", *Heidelberg Journal of International Law Hjil* 71, (2011): 319; Douglas Guilfoyle, *Shipping Interdiction and the Law of the Sea*, Cambridge University Press, 2009, p. 109; Rosemary Gail Rayfuse, *Non-flag State Enforcement in High Seas Fisheries*, Martinus Nijhoff Publishers, 2004, p. 349.

〔35〕 参见王铁崖:《国际法引论》，北京大学出版社 1998 年版，第 75—76 页；Malcolm N. Shaw, *International Law*, 6th edition, Cambridge University Press, 2008, p. 345; Robert Jennings and Arthur Watts, *Oppenheim's International Law*, Vol. I: Peace, 9th edition, Longman, 1996, pp. 29-30.

〔36〕 ICJ, Fisheries Jurisdiction (Spain v. Canada), Jurisdiction, Judgment, 1998 I. C. J. Reports 432, para. 19; Tribunal of Arbitration Constituted under the Treaty Concluded at Washington, 1893, Award between the United States and the United Kingdom Relating to the Rights of Jurisdiction of United States in the Bering's Sea and the Preservation of Fur Seals (United States/United Kingdom), Award, 28 RIAA, p. 267.

〔37〕 David Freestone, "Fisheries, High Seas", in Rüdiger Wolfrum (ed.), *The Max Planck Encyclopedia of Public International Law: Index and Tables*, Vol. VI, Oxford University Press, 2013, para. 15.

〔38〕 See E. J. Molenaar, "Non-participation in the Fish Stocks Agreement: Status and Reasons", *International Journal of Marine and Coastal Law* 26, 2 (2011): 206.

〔39〕 Review Conference on the Agreement for the Implementation of the Provisions of the United Nations Convention on the Law of the Sea of 10 December 1982 relating to the Conservation and Management of Straddling Fish Stocks and Highly Migratory Fish Stocks [hereinafter Review Conference] (2006). Annex to the note verbale dated 22 May 2006 from the Permanent Missions of Argentina, Chile, Colombia, Cuba, Ecuador, El Salvador, Guatemala, Mexico and Peru to the United Nations addressed to the Secretariat, A/CONF. 210/2006/12, p. 3.

〔40〕 Review Conference, Report submitted in accordance with paragraph 17 of General Assembly resolution 59/25, to assist the Review Conference to implement its mandate under paragraph 2, article 36 of the United Nations Fish Stocks Agreement. Report of the Secretary-General, A/CONF. 210/2006/1, para. 326.

平洋溯河性鱼类委员会[41]。所以，援引生物资源养护例外的实践不具有一般且连续的特点，不能满足国际习惯的要件。

另外，国家不能以现有国际习惯中的合作保护海洋环境义务为基础，援引生物资源养护例外以对抗船旗国公海专属执法权。虽然国际海洋法法庭已在 MOX 工厂案中确认“合作义务是公约第十二章下预防海洋环境污染和一般国际法的基本原则”[42]，而且也曾确认“生物资源养护属于保护海洋环境”[43]，但是尚无国际司法实践和理论学说支持“国家合作保护海洋环境”的一般义务可以在渔业领域具体为“国家必须接受他国以生物资源养护为由对其公海渔船的执法管辖权”的义务。

（二）生物资源养护例外与普遍性国际条约

生物资源养护不是《海洋法公约》明文规定的例外。在公约第七部分第二节中，与国家采取生物资源养护措施有关的是第 117—119 条。其中，第 117 条规定了各国为其国民采取养护公海生物资源措施的义务。参考公约的准备资料，第 117 条规定了国家的立法义务而非执行义务。[44] 所以，即使将国家采取措施的权力理解为该义务的前提，国家也仅可以援引该义务以作为船旗国立法管辖权的例外，而非执法管辖权的例外；第 118 条规定了各国在养护和管理生物资源方面的合作义务，理论界对于该义务的性质尚有争议[45]，但是无论是条约准备资料抑或理论观点，都尚未将该义务延伸至接受区域渔业组织和安排成员的执法；而第 119 条仅规定了国家制定养护措施的具体考虑因素。

需要注意的是，《联合国鱼类种群协定》虽然纳入该例外，但是该协定并非普遍性

---

〔41〕 Convention for the Conservation of Anadromous Stocks in the North Pacific Ocean, https://npafc.org/convention/.

〔42〕 ITLOS, MOX Plant (Ireland v. United Kingdom), Provisional measures, Order of 3 December 2001, para. 82; The South China Sea Arbitration (The Republic of Philippines v. The People's Republic of China), Award of 12 July 2016, para. 946.

〔43〕 Southern Bluefin Tuna (New Zealand v. Japan; Australia v. Japan), Provisional Measures, Order of 27 August 1999, ITLOS Reports 1999, p. 280.

〔44〕 M. H. Nordquist, S. N. Nandan and S. Rosenne (eds.), *United Nations Convention on the Law of the Sea* 1982, Vol. VII: A Commentary, Martinus Nijhoff Publishers, 1995, pp. 290-294.

〔45〕 一种观点认为，该义务是程序性的“善意谈判”义务：M. H. Nordquist, S. N. Nandan and S. Rosenne (eds.), *United Nations Convention on the Law of the Sea* 1982, Vol. VII: A Commentary, Martinus Nijhoff Publishers, 1995, pp. 297-300; UNDOALOS, The Law of the Sea: The Regime for High-sea Fisheries: Status and Prospects, para. 78; Yoshifumi Tanaka, *The International Law of the Sea*, Cambridge University Press, 2015, pp. 237-238; Moritaka Hayashi, "Regional Fisheries Management Organizations and Non-Members", in Tafsir Malick Ndiaye and Rüdiger Wolfrum (eds.), *Law of the Sea, Environmental Law and Settlement of Disputes: Liber Amicorum Judge Thomas A. Mensah*, Martinus Nijhoff Publishers, 2007, p. 761。另一种观点认为，该义务是实质性的“国家遵守已有区域渔业组织和安排的养护措施”的义务：William T. Burke, *The New International Law of Fisheries: UNCLOS* 1982 *and Beyond*, Clarendon Press, 1994, p. 131; David Freestone, "Fisheries, High Seas", in Rüdiger Wolfrum (ed.), *The Max Planck Encyclopedia of Public International Law: Index and Tables*, Vol. VI, Oxford University Press, 2013, para. 7。

国际协定。首先，该协定目前仅有90个缔约国，即世界上的很多国家尚未受该条约拘束[46]；其次，从适用的种群范围来看，该协定仅适用于跨界鱼类和高度洄游鱼类养护。

（三）生物资源养护例外与区域渔业组织规章和区域渔业安排

并非所有的区域渔业组织和安排均认可生物资源养护例外的合法性。联合国粮农组织的数据显示，在目前全球建立的28个管辖公海的区域渔业组织和安排中，仅有11个组织和安排承认生物资源养护例外。[47] 事实上，国家尚未就区域渔业组织和安排的成员援引生物资源例外的权利达成共识。这一点在《联合国鱼类种群协定》的审议会议中可见一斑：2016年审议报告指出，协定第21条和第22条中的非船旗国管辖权是阻碍国家加入协定的敏感因素[48]；以墨西哥和秘鲁为代表的14国在《联合国鱼类种群协定》2006年审议会议上明确表示协定应通过其他监督方式取代非船旗国登临和检查制度[49]，直至目前，这14国仍未加入《联合国鱼类种群协定》；在《联合国鱼类种群协定》2016年的审议会议上，与会国一致认为，在区域渔业组织和安排内，发展替代非船旗国登临和检查的执行机制，有助于吸引更多国家加入协定[50]。

即使对于跨界和高度洄游鱼类种群的养护，区域渔业组织和安排也没有义务适用生物资源养护例外。因为《联合国鱼类种群协定》第21.15条明确规定组织有权规定其他机制，以替代非船旗国的登临和检查权。[51] 因此，目前生物资源养护例外能否以区域渔业组织的规章和区域渔业安排为依据取决于各个规章和安排的具体规定。

---

〔46〕 https：//treaties. un. org/Pages/ViewDetails. aspx？ src = TREATY&mtdsg_ no = XXI-7&chapter = 21&clang = _ en.

〔47〕 联合国粮食及农业组织渔业和水产养殖部：《渔业管理情况说明》，http：//www. fao. org/fishery/rfb/search/zh。需要说明的是，网站英文版介绍其提供53个区域渔业组织和安排的信息，但是，笔者发现其“按大洋和大陆划分的区域渔业机构和水产养殖网络组织基本信息”栏目只列举了51个组织和安排，故笔者以51个组织和安排计。11个设置非船旗国公海渔船管辖权的组织和安排是：西北大西洋渔业组织（NAFO）、南极海洋生物资源养护委员会（CCAMLR）、北太平洋溯河性鱼类委员会（NPAFC）、中白令海狭鳕资源养护与管理公约（CCBSP）、东北大西洋渔业委员会（NEAFC）、中西部太平洋渔业委员会（WCPFC）、南太平洋区域渔业管理组织、国际大西洋金枪鱼养护委员会（ICCAT）、北太平洋渔业委员会（NPFC）、地中海总渔业委员会（GFCM）和东南大西洋渔业组织（SEAFO）。

〔48〕 See Review Conference on the Agreement for the Implementation of the Provisions of the United Nations Convention on the Law of the Sea of 10 December 1982 relating to the Conservation and Management of Straddling Fish Stocks and Highly Migratory Fish Stocks [hereinafter Review Conference]（2016）. Report of the resumed Review Conference on the Agreement for the Implementation of the Provisions of the United Nations Convention on the Law of the Sea of 10 December 1982 relating to the Conservation and Management of Straddling Fish Stocks and Highly Migratory Fish Stocks. A/CONF. 210/2016/5，para. 132.

〔49〕 Review Conference（2006）. Note verbale dated 22 May 2006 from the Permanent Missions of Argentina，Chile，Colombia，Cuba，Ecuador，El Salvador，Guatemala，Mexico and Peru to the United Nations addressed to the Secretariat. A/CONF. 210/2006/12，Annex，p. 3.

〔50〕 Review Conference（2016）. Report of the resumed Review Conference on the Agreement for the Implementation of the Provisions of the United Nations Convention on the Law of the Sea of 10 December 1982 relating to the Conservation and Management of Straddling Fish Stocks and Highly Migratory Fish Stocks. A/CONF. 210/2016/5，Annex，para. 7.

〔51〕 Ibid.

四、生物资源养护例外的特定性

（一）例外适用范围特定

因为生物资源养护例外的法律基础是非普遍性条约，所以其适用对象必然受到条约关系的限制。目前，实践中不存在管理全球公海的渔业组织，国家间的双边渔业协定也通常限制其适用的海域范围，这导致生物资源养护例外在适用的地域范围上也具有特定性。另外，区域性条约和双边条约可以对生物资源养护例外适用的种群范围进行限制，但这种限制尚不普遍。

1. 对象特定

就规定生物资源养护例外的区域性条约和双边条约而言，生物资源养护例外只适用于该条约缔约方的渔船。就区域渔业组织和安排而言，该例外只能适用于该组织或安排的成员的渔船。[52] 实践中，西北大西洋渔业组织、南极海洋生物资源养护委员会、北太平洋溯河性鱼类委员会、中白令海狭鳕资源养护与管理公约和东南大西洋渔业组织对此有明确规定。[53]

但是，区域渔业组织和安排框架下的生物资源养护例外在特殊情况下具有第三方效力：非成员方可书面明示接受生物资源养护例外适用于其渔船。这种情况的理论基础是《维也纳条约法公约》第 35 条的规定。生物资源养护例外可适用于区域渔业组织的“合作非缔约方”（cooperating non-party）：为取得合作非缔约方地位，非成员方必须向区域渔业组织提交申请，在申请中明确表示其接受该组织的养护措施。实践中，东北大西洋渔业委员会、中西部太平洋渔业委员会、南太平洋区域渔业管理组织、国际大西洋金枪鱼养护委员会、北太平洋渔业委员会规定，欲取得合作非缔约方身份的非成员方必须向这些区域渔业组织提交申请，明确表示其接受成员对其适用生物资源养护例外。[54] 国家对于这种情况例外的适用已有实践：例如，2011 年，欧盟检查船在东北大西洋渔业委

---

〔52〕 United Nations，Office of Legal Affairs，Division for Ocean Affairs and the Law of the Sea（1992）. UNDOALOS，The Law of the Sea：The Regime for High-sea Fisheries：Status and Prospects，para. 118.

〔53〕 See https：//www. nafo. int/Portals/0/PDFs/COM/2019/comdoc19-01. pdf，arts. 31. 1，34；https：//www. ccamlr. org/en/system/files/e-pt9 _ 2. pdf，art. 1，footnote 2；https：//npafc. org/wp-content/uploads/2017/06/Handbook-3rd-E-Convention-Only-English. pdf，last accessed on 2019. 5. 31，art. 5. 2（a）；https：//www. afsc. noaa. gov/REFM/CBS/Docs/Convention% 20on% 20Conservation% 20of% 20Pollock% 20in% 20Central% 20Bering% 20Sea. pdf，art. 11. 6. a；http：//www. fao. org/faolex/results/details/en/c/LEX-FAOC163878/，art. 15.

〔54〕 https：//www. neafc. org/scheme，art. 34. 1；https：//www. wcpfc. int/system/files/CMM% 202009-11% 20% 5BCooperating% 20non-Members% 5D _ 0. pdf，arts. 1，2. c；https：//www. npfc. int/sites/default/files/2018-08/NPFC-2017-COM03-Final% 20Report. pdf，annex L，art. 3；http：//www. sprfmo. int/assets/Basic-Documents/Decision-2-2018-Rules-for-CNCPs-March-2018. pdf，art. 3. c；http：//www. sprfmo. int/assets/Fisheries/Conservation-and-Management-Measures/2019-CMMs/CMM-11-2015-Boarding-and-Inspection-FormattedMay2019. pdf，art. 2；https：//www. iccat. int/en/Inspection. html，arts. 1，39.

员会管辖公海内，对作为合作非成员方的伯利兹发起登临和检查。[55] 另外，生物资源养护例外可适用于作为《联合国鱼类种群协定》缔约方的非成员方。《联合国鱼类种群协定》第 21.1 条规定："在分区域或区域渔业管理组织或安排所包括的任何公海区，作为这种组织的成员或安排的参与方的缔约国可通过经本国正式授权的检查员根据第 2 款登临和检查悬挂本协定另一缔约国国旗的渔船，不论另一缔约国是否为组织或安排的成员或参与方……"该条构成了协定缔约方对其未加入的区域渔业组织和安排的成员适用生物资源养护例外的书面同意。[56] 此时生物资源养护例外对第三方的效力表现为：区域渔业组织和安排的成员[57]可根据该组织和安排内的程序[58]，对上述《联合国鱼类种群协定》的缔约方的渔船在公海上进行登临和检查。需要注意的是，虽然此时生物资源养护例外对第三方的效力在理论上并无争议，但是目前尚未出现体现这一第三方效力的国家实践。

2. 海域特定

生物资源养护例外适用的海域特定。顾名思义，区域渔业组织和安排的管辖范围仅限于特定海域，所以，组织和安排框架下的例外适用海域范围因此受限；而实践中，其他规定生物资源养护例外的多边、双边条约往往也将适用范围限定于特定海域而非扩展至全球公海。[59]

但在实践中，区域渔业组织和安排内的生物资源养护例外适用范围较广。首先，此类区域渔业组织遍布多个公海区域：5 个组织的管辖海域为太平洋，4 个组织的管辖海域为大西洋，1 个组织的管辖海域为南极海域，1 个组织的管辖海域为地中海。[60] 而且，值得注意的是，2005—2014 年年均产量最高的三大渔区——西北太平洋、中西太平

---

〔55〕 https：//www. neafc. org/system/files/report_ PECCOE_ Oct%202011-05. pdf，p. 10.

〔56〕 Rosemary Gail Rayfuse，*Non-flag State Enforcement in High Seas Fisheries*，Martinus Nijhoff Publishers，2004，p. 349；E. J. Molenaar，"Non-participation in the Fish Stocks Agreement：Status and Reasons"，*International Journal of Marine and Coastal Law* 26，2（2011）：205.

〔57〕 See Donald R. Rothwell and Tim Stephens，*The International Law of the Sea*，Hart Publishing，2010，p. 318；A. Tahindro，"Sustainable Fisheries：The Legal Regime of the 1995 United Nations Fish Stocks Agreement and Its Contribution to Subsequent Developments Promoting Sustainable Fisheries"，in Myron H. Nordquist，John Norton Moore and Ronán Long（eds.），*Legal Order in the World's Oceans*，Brill，2017，p. 345.

〔58〕 See Donald R. Rothwell and Tim Stephens，*The International Law of the Sea*，Hart Publishing，2010，p. 318；E. J. Molenaar，"Non-participation in the Fish Stocks Agreement：Status and Reasons"，*International Journal of Marine and Coastal Law* 26，2（2011）：205；David Anderson，*Modern Law of the Sea：Selected Essays*，Martinus Nijhoff Publishers，2008，p. 372.

〔59〕 参见《中华人民共和国政府和美利坚合众国政府关于有效合作和执行一九九一年十二月二十日联合国大会 46/215 决议的谅解备忘录》第 1 条："一方的公务人员，在北太平洋公海上遇到悬挂另一方国旗，或声称已在另一方当局注册的渔船被发现与联大 46/215 号决议条款不一致，使用或为使用而安装了大型中上层流网，应向另一方适当的公务人员提出对上述船只实施合作登临和核查的要求。"

〔60〕 联合国粮食及农业组织渔业和水产养殖部：《渔业管理情况说明》，http：//www. fao. org/fishery/rfb/search/zh，访问日期：2019 年 6 月 1 日。

洋和东南太平洋中均存在规定生物资源养护例外的区域渔业组织和安排。[61] 其中，西北太平洋渔区内有北太平洋溯河鱼类委员会、中西部太平洋渔业委员会、北太平洋渔业委员会和中白令海狭鳕资源养护与管理公约，中西太平洋渔区内有中西部太平洋渔业委员会，东南太平洋渔区内有南太平洋区域渔业管理组织。

（二）援引所执行的养护措施特定

生物资源养护例外行使的前提是执行国际法中的养护措施，而不能执行国内法中的养护措施。而且，国家只能执行根据作为例外依据的条约所承认的国际法中的养护措施。这种“国际法中的养护措施”有三种表现形式：第一，区域渔业组织和安排内的养护措施；第二，双多边渔业协定；第三，双方认可法律效力的联大决议，一个典型例证是我国与美国缔结，美方多次执行的《中华人民共和国政府和美利坚合众国政府关于有效合作和执行一九九一年十二月二十日联合国大会46/215决议的谅解备忘录》。该备忘录下的生物资源养护例外执行的养护措施为联大决议所规定的措施。目前，国家为执行本国国内法中的养护措施，而援引生物资源养护例外没有法律依据。需要注意的是，加拿大虽然在本国国内法中规定了生物资源养护例外，但是适用该例外的前提依然是为执行西北大西洋渔业组织、其他区域渔业组织和双多边条约中的养护措施。[62]

（三）援引例外行使的权力特定

1. 独立于船旗国的登临和检查权

援引生物资源养护例外的非船旗国享有独立于船旗国的登临和检查权。非船旗国检查权的独立性体现于权力的来源独立、行使独立和效力独立。

非船旗国根据生物资源养护例外行使的登临和检查无须经船旗国授权。《联合国鱼类种群协定》未要求非船旗国检查前须得到船旗国授权[63]，同样，承认生物资源养护例外的区域渔业组织也未将船旗国的授权作为非船旗国检查的前提。例如，中西太平洋渔业委员会在其《登临和检查程序》第5条中规定，各成员国均有权在该组织管辖的公海范围内对渔船进行检查，而没有规定成员国检查权的取得依赖于船旗国的特别授权；同时，根据该规章第20条对检查程序的规定，检查船只需在检查前通知船旗国即可满足检查的程序性前提，而无须得到船旗国的批准。[64]

---

〔61〕 联合国粮食及农业组织：《2018年世界渔业和水产养殖状况——实现可持续发展目标》，第13页，http：//www.fao.org/3/i9540zh/I9540ZH.pdf。

〔62〕 See Canada, Coastal Fisheries Protection Act, 2017, R. S. C., 1985, c. C-33; R. Rayfuse, M. Haward, G. Rose, and S. Bache, “Australia and Canada in Regional Fisheries Organizations: Implementing the United Nations Fish Stocks Agreement”, *Dalhousie Law Journal* 26, 1 (2003): 59; Adela Rey Aneiros, “Spain, the European Union, and Canada: A New Phase in the Unstable Balance in the Northwest Atlantic Fisheries”, *Ocean Development & International Law* 42, 1-2 (2011): 167.

〔63〕 参见《联合国鱼类种群协定》第21.1条、第22.1条b项和第22.2条。

〔64〕 https://www.wcpfc.int/doc/cmm-2006-08/western-and-central-pacific-fisheries-commission-boarding-and-inspection-procedures, arts. 5, 20.

在行使检查权时，与“联合检查”（joint inspection）不同[65]，非船旗国有权独立指定检查船和检查员而无须船旗国同意或批准。例如，南极海洋生物养护资源委员会在其《检查程序》第1条中规定各成员国有权任命检查员，其应将任命结果定期通知委员会，由委员会通知其他成员国。[66] 可见，在检查员的选任上，船旗国对非船旗国检查员的选任只有知情权，而没有参与权和决定权。另外，非船旗国行使检查权所依据的程序由渔业组织的规章而非船旗国的国内法规定。

在完成检查后，非船旗国应出具检查报告。该检查报告生效无须经船旗国的批准。例如，东北大西洋渔业委员会在其《控制与执行程序》第18条规定，检查员应就检查出具报告，该报告的副本应及时送达船旗国和委员会秘书处，但此副本无须为原件或经认证的副本，报告原件或经认证的副本只有经船旗国请求才需提供。[67] 而且，船旗国对检查报告的异议不影响检查报告的法律效力。[68] 例如，2017年6月加拿大检查员对一艘欧盟渔船出具了结论为违法的检查报告，嗣后欧盟检查员经调查认为该行为并非违法。但是，欧盟的调查结论并没有影响加拿大检查报告的效力，这份检查报告仍在2018年西北大西洋渔业组织的年度报告中被视为有效。[69]

需要注意的是，《联合国鱼类种群协定》第21.12条的确规定了船旗国执法的优先性，但是其规定具体指船旗国调查优先于非船旗国检查，而不是船旗国检查优先于非船旗国检查。该条规定：“虽有本条其他规定，船旗国可随时就涉嫌违法行为采取行动履行第十九条规定的义务。如船只在检查国的控制下，经船旗国的请求，检查国应释放船只，连同关于其调查进展和结果的全部资料交给船旗国。”因此，船旗国为履行第19条规定的义务而行使的执法权优先于非船旗国根据第21条享有的执法权。而第19条规定的船旗国义务是：“（a）执行这种措施，不论违法行为在何处发生；（b）立即对一切涉嫌违反分区域与区域养护和管理措施的行为全面进行调查，包括对有关船只进行实际检查，并迅速将调查进展和结果报告指控国和有关分区或区域组织或安排；（c）任何悬挂其旗帜的船只向调查当局提供关于船只位置、渔获、渔具、在涉嫌发生违法行为地区的捕鱼作业和有关活动的资料；（d）如认为已对涉嫌违法行为掌握足够证据，即将案件送交本国当局，以毫不迟延地依其法律提起司法程序，并酌情扣押有关船只；（e）如根据本国法律确定船只在公海上严重违反了这些措施，确保该船不在公海从事捕鱼作业，直

---

〔65〕 Report of the Review Conference on the Agreement for the Implementation of the Provisions of the United Nations Convention on the Law of the Sea of 10 December 1982 relating to the Conservation and Management of Straddling Fish Stocks and Highly Migratory Fish Stocks，A/CONF. 210/2006/15，para. 125.

〔66〕 https：//www. ccamlr. org/en/system/files/e-pt9_ 2. pdf，art. 1.

〔67〕 https：//www. neafc. org/scheme，art. 18.

〔68〕 See NAFO，Annual Compliance Review 2018（Compliance Report for Fishing Year 2017），p. 12；also Annual Compliance Review 2015（Compliance Report for Fishing Year 2014），p. 11；CCAMLR，Report of the Standing Committee on Implementation and Compliance（SCIC）Hobart，Australia，22 to 26 October 2018，p. 32.

〔69〕 See NAFO，Annual Compliance Review 2018（Compliance Report for Fishing Year 2017），p. 12.

至船旗国对违法行为所定的，但尚未执行的所有制裁得到执行时为止。”可见，第 19 条规定的船旗国义务指船旗国对特定的、涉嫌违法行为的深入调查和处罚义务，而非船旗国对一般的、全部该国渔船渔业活动的检查义务。所以，不能主张该协定规定了船旗国的检查权优先于非船旗国的检查权。

2. 个别情况下的调查和强制措施权

一般情况下，有权对涉嫌违法行为进行深入调查的主体是船旗国。若经检查，非船旗国发现渔船有涉嫌违法行为，应立即移交船旗国调查。例如，《联合国鱼类种群协定》第 21.6 条规定：“船旗国应在收到第五款所指的通知的三个工作日内，或在根据第二款订立的程序所规定的其他时间内，对通知作出答复，并应：（a）毫不迟延地履行第十九条规定的义务进行调查，如有充分证据，则对船只采取执法行动，在这种情况下船旗国应将调查结果和任何执法行动迅速通知检查国。……”

《联合国鱼类种群协定》规定了以船旗国行为为前提的非船旗国调查权，目前有 5 个渔业组织适用这一规定。船旗国的两种行为可产生非船旗国调查权。第一种是船旗国的授权行为。船旗国在收到非船旗国经检查发现违法行为的通知后，可以授权非船旗国进行调查，非船旗国应毫不迟延地通知船旗国检查结果。〔70〕第二种是船旗国的不作为，即船旗国未对非船旗国发现违法行为的通知作出答复或采取行动。检查员可留在船上收集证据并可要求船长协助作进一步调查，包括在适当时立即将船只驶往最近的适当港口。检查国应立即将船只驶往的港口名通知船旗国。〔71〕

但是，如前所述，《联合国鱼类种群协定》规定船旗国有权随时中断非船旗国根据协定第 21 条享有的权利，以对其认定的涉嫌违法行为行使调查权。该条规定的非船旗国的权利包括其根据船旗国授权而享有的调查权。

作为例外，北太平洋溯河性鱼类委员会规定了非船旗国独立的调查权。该委员会的《北太平洋溯河性鱼类养护公约》第 5.2.b 条规定了如有任何船员和船舶违反公约，或检查员有合理理由认定任何船员和船舶在其登临前从事违反公约的活动，非船旗国检查员有权扣押船舶、逮捕船员并在必要时对情势进行调查。〔72〕需要注意的是，非船旗国调查和强制措施的目的是便利船旗国的调查和处罚，而不是为自己处罚违法渔

---

〔70〕参见《联合国鱼类种群协定》第 21.6 条、第 21.7 条。See also WCPFC, Western and Central Pacific Fisheries Commission Boarding and Inspection Procedures, art. 33 (a); NPFC, Conservation and Management Measure for High Seas Boarding and Inspection Procedures for the North Pacific Fisheries Commission, art. 34 (b); SEAFO, System of Observation, Inspection, Compliance and Enforcement, art. 15; SPRFMO, Conservation and Management Measure Relating to Boarding and Inspection Procedures in the SPRFMO Convention Area, art. 1.

〔71〕参见《联合国鱼类种群协定》第 21.6 条、第 21.8 条。See also CCBSP, Convention on the Conservation Management of Pollock Resources in the Central Bering Sea, art. 11.7 (b) (3) (iii); SEAFO, System of Observation, Inspection, Compliance and Enforcement, art. 15; SPRFMO, Conservation and Management Measure Relating to Boarding and Inspection Procedures in the SPRFMO Convention Area, art. 1.

〔72〕See NPAFC, Convention for the Conservation of Anatropous Stocks in the North Pacific Ocean, art. 5.2 (b).

船和船员收集证据。即使在这种独立的调查权模式下，非船旗国仍有义务尽速联系船旗国移交违法船员和船舶，只是非船旗国在船旗国接受移交前有权控制船舶和船员并进行调查。[73]

另外，西北大西洋渔业组织规定了非船旗国采取与调查有关的强制措施的权力。此类措施的目的是保留违法行为证据，形成完整的证据链。该组织规定，在发现严重违法行为时，为便利船旗国的进一步调查，非船旗国有权依据条约规定对渔船及其上人员采取一定的强制措施。这些措施包括查封渔获和渔具以及责令停止违法行为。[74]

五、我国适用生物资源养护例外的选择

远洋渔业是我国的战略性产业，是建设“海洋强国”、实施“走出去”和“一带一路”倡议的重要组成部分，对保障国内优质水产品供应、保障国家食物安全具有重要意义。其中，公海作业渔船1329艘，占世界公海作业渔船的6%，产量132万吨，占世界公海渔业产量的12%，船数和产量均居世界前列。[75] 我国远洋渔业涉及42个国家（地区）的管辖海域和太平洋、印度洋、大西洋公海以及南极海域。[76] 这说明我国公海渔业作业海域广，与众多国家有共同利益和竞争关系。同时，我国渔船在公海上的涉外违规事件还需进一步遏制，打击IUU（非法、不报告、不管制）捕鱼仍然是我国未来渔政工作的重点。[77] 我们需要重视生物资源养护例外对渔业可持续发展和提高远洋渔业规范管理的价值，同时最大限度减少其可能对我国远洋渔业利益带来的影响。

目前，我国已经加入了7个区域渔业管理组织[78]和《中白令海狭鳕资源养护与管理公约》。其中的6个组织和安排均承认生物资源养护例外的法律效力，但是，我国从未在实践中对他国渔船适用这一例外。在法律上，针对区域渔业组织成员适用生物资源养护例外，不会构成一国对该例外特定性的否认；在实践中，生物资源养护例外也并非只保护沿海渔业国的渔业利益。远洋渔业国也可以对沿海国和其他远洋渔业国适用生物资源养护例外，以保护其渔船不受沿海国和其他远洋渔业国渔船IUU捕鱼的侵害。欧盟在西北大西洋渔业组织和南太平洋区域渔业管理组织中的实践便是实例。而且，“远洋渔业国”的概念本身不是绝对的，远洋渔业国也有沿海渔业利益。例如，作为世界上重

---

〔73〕 See NPAFC, Convention for the Conservation of Anadromous Stocks in the North Pacific Ocean, art 5.2（b）.

〔74〕 NAFO, Northwest Atlantic Fisheries Organization Conservation and Enforcement Measures 2019, art 38.2.

〔75〕 农业农村部:《“十三五”全国远洋渔业发展规划》，http://www.yyj.moa.gov.cn/yyyy/201904/t20190428_6248320.htm，访问日期：2019年4月20日。

〔76〕 同上。

〔77〕 农业农村部办公厅:《2019年渔业渔政工作要点》（农办渔〔2019〕5号），http://www.yyj.moa.gov.cn/bjwj/201904/t20190419_6197472.htm，访问日期：2019年4月20日。

〔78〕 农业农村部:《“十三五”全国远洋渔业发展规划》，http://www.yyj.moa.gov.cn/yyyy/201904/t20190428_6248320.htm，访问日期：2019年4月20日。

要的远洋渔业国，日本在北太平洋渔业委员会的管辖公海内对他国渔船进行检查，以保护日本在与其专属经济区毗邻的公海渔业。[79] 所以，我国应该在综合考虑成本和效益的前提下，在对我国渔业利益有重要影响且渔船被其他成员执法较多的海域内，适用生物资源养护例外对他国渔船进行执法，保障我国渔船不受他国IUU捕捞的影响，展现负责任渔业大国的形象。

另外，我国在未来的渔业双边和多边合作中不可忽视生物资源养护例外的影响。积极开拓新渔区，加强双边和多边渔业合作与区域渔业组织合作是我国未来长期的工作重点。例如，我国关注并积极参与北极渔业事务[80]，建设性地参与北冰洋公海渔业治理[81]，积极开展包括《南印度洋渔业协定》在内的双边和多边渔业合作[82]。在拓展国际合作的过程中，我们需要注意到加拿大、美国、欧盟这些与我们在北冰洋公海具有共同渔业利益的国家和地区对生物资源养护例外的积极推动；注意到与我们在北冰洋公海和毗邻我专属经济区的太平洋海域具有共同利益的日本对生物资源养护例外的适用实践；在渔业协定谈判过程中，强调各国目前对生物资源养护例外特定性的共识，提倡各国从环境保护的角度分析不同渔业组织的具体情况和养护重点，以此确定是否纳入生物资源养护例外以及该例外的具体适用方式。

六、结论

生物资源养护已经成为公海船旗国专属执法管辖原则的一类例外。依据特定的区域和双边条约，国家有权在公海上对悬挂他国船旗的渔船执行生物资源养护措施而无须船旗国事先批准。但是，受制于例外产生的法律基础，生物资源养护的例外具有极强的特定性。生物资源养护例外只能适用于规定该例外的条约所适用的海域，一般情况下适用于条约成员之间。而且，援引例外只能执行条约承认的、国际法上的生物资源养护措施；在一般情况下只能对他国公海渔船进行登临和检查，而不能行使其他执法管辖权。生物资源养护例外在目前及可预见的未来内的特定性反映出：执行生物资源养护措施的紧迫性并没有动摇公海渔业执法中船旗国管辖权的原则地位。虽然养护和管理生物资源已经成为国际海洋法上的一项重要义务，履行该义务在一定程度上限制了公海自由，但是该义务目前没有对公海自由的原则地位形成强有力的挑战。

---

〔79〕 FY2016 Trends in Fisheries FY2017 Fisheries Policy White Paper on Fisheries：Summary，p. 6，accessed April 20，2019，http：//www. jfa. maff. go. jp/e/annualreport/attach/pdf/index-7. pdf.

〔80〕 农业农村部:《“十三五”全国远洋渔业发展规划》，http：//www. yyj. moa. gov. cn/yyyy/201904/t20190428_ 6248320. htm，访问日期：2019 年4 月20 日。

〔81〕 农业农村部:《国务院新闻办发表白皮书：中国愿加强与北冰洋沿岸国合作研究、养护和开发渔业资源》，http：//www. yyj. moa. gov. cn/gjhz/201904/t20190428_ 6255155. htm，访问日期：2019 年4 月20 日。

〔82〕 农业农村部办公厅:《2019 年渔业渔政工作要点》(农办渔〔2019〕5 号)，http：//www. yyj. moa. gov. cn/bjwj/201904/t20190419_ 6197472. htm，访问日期：2019 年4 月20 日。

我国应该改变被动应对他国运用生物资源养护例外对我国渔船进行执法的局面，加强运用生物资源例外检查他国渔船以保护我国远洋渔业发展。在未来的渔业合作中，结合该例外的特定性，根据每个渔业合作安排的具体情况灵活确定生物资源养护例外的纳入和适用方式。

“区域”资源惠益分享问题研究

■ 徐　畅[*]　刘一祎[**]　裴兆斌[***]

【内容摘要】自从1967年阿维得·帕多在第22届联合国大会上提出“人类共同继承财产”概念后，国际海底区域（以下简称“区域”）作为人类共同继承财产的原则被各国所接受，但与该概念相配套的惠益分享机制却一直争议不断，尚无定论，影响了各国勘探开发“区域”资源的进程。为了发展海洋经济，加快建设海洋强国，本文以实现实质公平为出发点，提出了立法与合同并用模式的惠益分配建议，即在法律规定了最低限度分配利益的基础上，各主体以协商方式确定关于利益分配的其他事项。在确定法定分配利益的数额时，应当考虑必要的相关因素，如投资者的勘探开发权与利益共享义务之间的平衡、发达国家与发展中国家的实质平等、缴费事项的适当性等，以切实贯彻人类共同继承财产原则，维护发展中国家的海洋权益。

【关键词】人类共同继承财产　惠益分享　公平原则

一、人类共同继承财产的概念

（一）人类共同继承财产概念的提出

国家的发展需要消耗大量的资源，更多的资源储备和利用意味着更快更好的发展。然而陆地上的资源有限，于是各国将目光转向了海洋资源。为开采“区域”资源寻找理论根据，发达国家提出了公海自由的观点，以便将国际海底资源据为己有，排除发展中国家与之竞争。在发达国家积极着手开发时，发展中国家由于缺乏资金和技术，无法对“区域”进行勘探和开发。于是在20世纪60年代，兴起了以拉美国家为首的反对海洋霸权运动，呼吁为了保护人类的代际利益，应当尽快出台法律来规制西方海洋大国对“区域”资源的抢占。为了支持其主张，发展中国家认为“区域”应区别于公海，其法律地位并非无主物。另外，“区域”问题应当交由国际社会统一解决，以保证全人类能够公平地享有利益。为此，发展中国家与发达国家各成一派，双方在“区域”的法律地位问题上坚持各自观点，无法得出统一定论。

争论的转机发生在1967年。在第22届联合国大会上，马耳他常驻联合国大使阿维得·帕多提出了“人类共同继承财产”概念，希望将“区域”视为人类所共同继承的财产，并成立一个国际机构对“区域”资源的勘探和开发进行控制、管理和监督。这项提议受到了当时各国的热议，经过三年的协商讨论，“区域”资源的法律地位终于确定，第25届联合国大会通过了《关于各国管辖范围以外海床洋底及其底土的原则宣言》（以

---

* 大连海洋大学硕士研究生。

** 大连海洋大学硕士研究生。

*** 大连海洋大学海洋法律与人文学院院长、教授、博士生导师。

本文为中国大洋矿产资源研究开发协会办公室2018年度研究课题“人类共同继承财产问题研究”、教育部备案2017年度国别与区域研究中心项目“海洋法律与政策东北亚研究中心”（GQ17091）研究成果。

下简称《原则宣言》)，确定“区域”是人类共同继承财产，勘探和开发“区域”资源必须以全人类的利益为出发点。

（二）人类共同继承财产的概念发展

《联合国海洋法公约》(以下简称《海洋法公约》) 开放签字之日起到签字截止日期间，陆续加入的成员总计159个，表明了世界大多数国家支持人类共同继承财产原则的立场。但是，美国作为海洋大国却拒绝签署或批准《海洋法公约》，理由是《海洋法公约》严重损害了自身的开发利益。综合发达国家对开发制度的态度与先前的行为可知，发达国家并没有真正认同人类共同继承财产原则，它们实际认同对其有利的公海自由原则，想要以优先开发的方式抢占甚至垄断“区域”资源。美国、英国、法国和联邦德国于1982年9月签订了“小条约”，公然反对人类共同继承财产原则。为了保证《海洋法公约》能够得以普遍完整的实施，在联合国秘书长的主持下，立场不同的两方国家就“区域”相关问题进行了两轮十五次的非正式磋商，终于在1994年7月通过了《关于执行1982年12月10日〈联合国海洋法公约〉第十一部分的协定》(以下简称《执行协定》)。经过协商，各国接受了人类共同继承财产原则作为基础，因此该协定依然保持了“区域”资源作为人类共同继承财产的根本地位不动摇，但是在其他方面却作出了大幅度的实质性变更，如重点调整了管理局各机构的决策程序等规定。这些改变都是主要发达国家和潜在深海底采矿国所需要的，因为这些规定支持了其对于“区域”资源的利益和主张。美国作为世界最大海洋强国，不签署《海洋法公约》并逃避履行公约义务构成了对人类共同继承财产原则有效性的挑战。

二、人类共同继承财产的法律属性

有观点认为“区域”为共有物，即一个物为全人类共同所有，不得为私人所有，而为所有人使用和享受。但依照格劳秀斯的观点，共有物的数量是无限的，这不符合“区域”资源的特点。[4] 从实际利用的角度来看，“区域”资源虽然数量可观，但实际属于有限资源。有观点对“区域”资源的开采持乐观态度：单以锰结核为例，根据探测预估出其储存量可供人类使用几千年至几十万年，并根据热液的不断喷发而不断生长。实际上锰结核的形成并非一朝一夕，其周期较为漫长，并且一旦真正进入开采阶段，为了保护环境和资源，勘探开发主体应当采取分批分次的开采模式，以至于真正可供人类实际使用的资源只占很小的比例。因此，在一定意义上说，海底资源并不是取之不尽、用之不竭的。

“区域”资源的法律属性应当是人类共同继承财产，因为人类共同继承财产原则已经成为一项国际习惯法，所以能够作为一项法律依据。习惯法由惯例（general practice)

[4] 参见金永明：《国际海底区域的法律地位与资源开发制度研究》，华东政法大学2005年博士学位论文。

和法律确信（opinio juris）组成，其中惯例来自国家在相当长时期内反复和前后一致的实践，包括时间、数量和性质三个内容。[5] 结合"人类共同继承财产"从提出到现在已被广泛认可的历程，可得知"区域"资源的法律属性为人类共同继承财产。从1973年至1982年，经过了十一期会议的协商与谈判，第三次联合国海洋法会议通过了《海洋法公约》。截至2018年5月，管理局共审议通过了29份"区域"内矿物资源勘探工作计划，先后与21个承包者签订了29份生效勘探合同。这项事实为人类共同继承财产原则成为国际习惯法提供了实践基础。而法律确信是惯例形成为习惯的一种心理因素，指各国认为该惯例是国际法所必要的，因而相约接受它的约束。人类共同继承财产概念是经过一系列联合国大会决议确立的，决议过程就是表达国际社会法律意见的过程，因此1970年对于《原则宣言》有118票赞成、14票弃权并且没有反对票，这就表明人类共同继承财产原则得到了世界各国的普遍认可。除了普遍认可外，法律确信需要有一定的法律义务内涵，高频重复的行为或惯行是不足以构成法律确信的。人类共同继承财产原则的内涵就包括一定的义务：要求全人类对"区域"进行的活动限定在维持和平与安全的目的范围内，并且应当有效地保护环境，一定要将对"区域"环境的影响降到最低，防止、减少和控制各类活动造成环境污染或其他危害。显然，人类共同继承财产原则满足惯例和法律确信的条件，已经成为一项国际习惯法，所以"区域"的法律属性为人类共同继承财产，全人类对其共同共有、共同管理、共同参与和共同获益。而由于概念的特殊性，即其主体是全人类，也就是整个国际社会，没有哪个国家能够成为例外，因此，这项国际习惯法表现出了国际强行法的规范，其效力显然高于条约。

三、参与惠益分享之主体界定

参与惠益分享的主体在理论上应当是全人类。惠益分享的实质是享有"区域"资源所有权的全人类将物权中的用益物权让渡给承包者，并因此而取得对价的过程。"区域"资源的所有权人只有一个主体，即全人类，因此，投资者无法以所有权为基础勘探开发"区域"资源，仅能够通过支付一定对价以促使全人类让渡其部分权利，即用益物权，以合法地勘探开发。换句话说，"区域"投资者的勘探开发权来源于全人类的所有权，因此，投资者为支付相应权利的对价，应当将行使权利获得的收益合理地分配给全人类。

然而为了提升可操作性，参与利益分配的主体应以国家或正在争取独立或其他自治地位的民族为单位。"人类共同继承财产"中的"人类"是一个超越地区、超越世代的概念，因此，分配的目的就是要让当今和未来的人平等地享有"区域"资源所带来的利益。如此在理论上是无可厚非的，但在现实中人类被分为不同的国家及正在争取独立或

〔5〕 参见谢文哲：《国际惯例若干基本理论问题探讨》，《学海》2009年第3期。

其他自治地位的民族，而且每个国际法主体相互独立，因此每个人均等地分配“区域”资源显然是不现实的。为了将理论联系实际，只能通过代表大多数主体的利益集团代为行使权利，因此参与分配的主体应当是国家以及正在争取独立或其他自治地位的民族。然而，“区域”资源虽是人类共同继承财产，但尚未加入《海洋法公约》的国家不能参与分配。《海洋法公约》赋予了缔约国一定的权益，但也要求其承担一定的义务，以达到权利义务平衡。非缔约国没有履行《海洋法公约》的义务，自然也不能享有与缔约国相等的利益。然而，非缔约国并非完全不受约束，其负有最低限度的义务，即不得破坏“区域”环境。因为，一方面，“区域”环境关系到全人类的利益，非缔约国作为国际法主体，应当负有保护环境的最低限度义务；另一方面，缔约国分配“区域”资源的权益源于用益物权，是一种对世权，任何主体都不得侵犯。

除了国家和正在争取独立或其他自治地位的民族，有观点认为参照《外空协议》，政府间国际组织也应当参与“区域”资源的利益分配。然而，政府间组织是若干国家为实现特定目的和任务而建立的，若将“区域”资源的利益分配给政府间国际组织，就难免造成滥用，损害多国利益，因此不建议将政府间国际组织列入利益分配主体的范围。

四、惠益分享机制之核心

当今利益分配模式倾向于从理想的资源集中分配制度转变为基于市场机制和健全商业原则确立的资源分配制度。资源集中分配制度的核心是基于利益共享的再分配，体现在《海洋法公约》第十一部分，反映了发展中国家的主张。而《执行协定》却将《海洋法公约》第十一部分作了大幅度修改，包括取消企业部的优势地位以及财政支持。《执行协定》中要求“区域”的资源应按照健全的商业原则进行开发，（国际海底采矿）制度下的缴费率应不超过相同或类似矿物的陆上采矿率的一般范围。[6] 这反映了发达国家的主张，即将企业部与缔约国及由缔约国担保的实体放置在同一竞争地位，以市场自由竞争的规则约束“区域”活动。在这种环境下，兼采立法机制与合同机制的资源分配制度能够做到公平合理地分配“区域”资源，保障发展中国家的利益。在该种模式的利益分配机制中，其核心是在法定分配了最低限度利益的基础上，各主体以协商方式确定关于利益分配的其他事项。立法机制，即法定最低限度的利益，有利于保障发展中国家的基本权益；而合同机制，即各主体协商确定其他事项体现了意思自治原则，增加了利益分配的灵活性及可接受性。相对于立法机制需要考虑各主体间的利益平衡问题，需要多国达成一致，合同机制就显得较为自由和宽松。合同中可以对分配收益的形式加以约定，如交付实物、货币或者特别提款权等。由于实物关系到运输问题，货币关系到汇率问题，因此以特别提款权作为交付的标的物或许是一个较为公平的方法。

---

〔6〕 参见《执行协定》附件第2节第2款。

五、分配机制考虑因素

由于“区域”资源为人类共同继承财产，并非共有物，因此无法确定世界各国对“区域”资源应享有的份额，惠益分享机制也就不会呈现出各国按照确定的比例分享收益的形式。那么，对于上述的立法机制，即法定最低限度的利益，应当如何确立需要考虑到多种因素。

（一）考虑投资者的勘探开发权与利益共享义务之间的平衡

2011年中国与国际海底管理局签订了勘探合同，约定在15年的合同期内，中国享有相应海域1万平方千米的专属勘探权，但在合同签署的8年和10年内，“承包者”须向国际海底管理局交还勘探区面积的50%和75%，最终只能保留25%的面积专属开发。[7] 由于现阶段“区域”资源尚未被开发，投资者的实际收益是否符合预期也无答案，因此，如何平衡投资者的勘探开发权与利益共享义务需要经过实践才能得出结论。

（二）考虑发达国家与发展中国家的实质平等

人类共同继承财产的受益者虽然是全人类，但不能简单地将“区域”资源的利益平分给每一个国际社会成员。因为各个国际社会成员所在的国家发展程度不同，对于“区域”资源的开采能力不同，实际能够享有利益也就有所不同。因此，要考虑到一些国家因为发展程度不够高而受到的限制，侧重对发展中国家的利益保护以实现实质公平。建议在利益分配上对发展中国家的多项数据进行综合参考分析，如国家发展程度、人口基数、社会经济学标准和对矿物资源的依赖程度等，必要时还可以参照相关指数，如人类发展指数（HDI）以便更好地确定发展中国家的需求。

（三）考虑缴费事项的适当性

现阶段成员国的缴费义务较重，建议考虑相关事项的适当性，作出一定的减免。成员国负有对企业部支付先期行政费用的义务，还要对其提供长期的无息贷款。此外，《海洋法公约》还要求开矿申请者须缴纳50万美元的申请费，并且从开发合同生效之日起即缴纳100万美元的年费。[8] 在“区域”资源的收益还不明朗的开发前夕，过于沉重的缴费负担可能会促使承包者减少在环境保护方面的资金投入，损害资源和环境，导致恶性循环。

（四）考虑不同缴费算法的选择

现阶段的制度选择具有一定的空间，即特许权使用费制度或结合特许权使用费与盈利分享的制度。如果决定采用几种不同的制度，则承包者有权选择适用于其合同的制度。[9] 其中，特许权使用费制度可以按开采矿物的体积或重量计算，也可以按销售价

---

〔7〕 董冠洋：《中国两艘深海科考船在西南印度洋联合科考》，http：//www. sohu. com/a/57920447_ 162758，访问日期：2019年4月20日。

〔8〕 参见《海洋法公约》附件三《探矿、勘探和开发的基本条件》。

〔9〕 参见《执行协定》第8节第1条c项。

值计算，还可以按生产利润计算。采用不同的缴费算法，得出的结论也不尽相同。对于承包者而言，为了降低投资风险，当然希望是按生产利润计算，但前两种算法能够减少行政成本，因此在特许权使用费的计算上还需要慎重选择。如果承包者在缴纳一定费用后，其净利润缩减至无法接受的数额，无法做到可持续发展，那么不仅打消了该承包者的投资热情，还会减损各国承包者的开发进程，不利于资源的开发利用。

（五）考虑陆上采矿缴费率与“区域”开发缴费率的平衡

“区域”资源开采势必会对国际矿物价格产生影响，因此会对矿物消费国和矿物供应国产生影响，其中矿物供应国包括现有的矿物供应国和潜在的矿物供应国。为了避免人为地鼓励或抑制“区域”资源的开发，各国可以根据本国国情设定一套资源储备机制、资源循环机制等，以减轻国际市场上矿物价格剧烈变动给本国带来的不利影响。此外，在国际层面，各国间也应当通过一些商业或者法律手段，将矿物价值维持在一个安全的价格区间内。

（六）考虑政治安定

2011 年在我国获取印度洋海底的矿区专属勘探权时，印度海军情报局对此十分警惕。印度声称中国申请开采权的目的是派遣军舰，并明确表示反对我国获批开采权，这对两国的外交有着不利的影响。历史证明，大国间的博弈实际上离不开经济上的较量，政治冲突背后是经济利益的冲突。就以中美贸易摩擦为例，从美国的种种行为可见其打压中国的决心可谓坚定，手段可谓狠辣。众所周知，美国总统特朗普在商业领域行事多年，对他而言选择在经济上对中国发起挑战会更有把握一些。而且特朗普将打击的重点放在了中国的制造业与高端技术，可谓直击要害。美国之所以对我国进行经济上的阻碍，是因为我国的快速发展是世界大变局的一个重要变量。而“区域”资源作为一笔巨额财富，一国的探矿行为就引起了多国的警觉，那么在利益分配阶段势必会造成更加紧张的气氛。在现阶段世界风云变幻之际，每个国家都必须承诺其收益仅用于和平目的，并采用否定式列举的方式加以列明，以稳定国际秩序。

六、结语

“区域”资源是人类共同继承财产，虽然当前开发的主力军为发达国家，但其所有权归属于人类这一整体，并非勘探开发者单独所有。现阶段，部分发达国家没有充分地理解人类共同继承财产原则的含义，没有以长远的眼光看待“区域”资源的惠益分享，拒绝加入《海洋法公约》以逃避勘探开发者的惠益分享责任。这种实用主义的主张必然因缺乏实际存在的价值而消亡，最终所有国家都会加入《海洋法公约》，依法共同享有“区域”资源所带来的利益。中国作为《海洋法公约》缔约国及国际海底管理局 A 类理事国，应当推进技术发展、培养专业人才等提升自身实力，带动其他发展中国家共同勘探开发，增加国家间的合作交流，实现海洋经济最大化，加快建设海洋强国。

航行自由的新思路

■ 牟文富*

【内容摘要】中国海上力量的增长是一个从海上弱国变为海上强国的过程，角色的转变使中国看待航行自由的视角应该不同于弱国，相关思考不应局限在领海无害通过与专属经济区内军事活动问题，还应包括国际海峡、群岛水域和海道的通过与飞越，核动力船舶与航母舰队在国际海峡与群岛水域和海道中的航行等更宏观的问题。这是中国建设海上军事力量无法回避的问题。中国应当重视航行自由对中国海军的正面意义，采取更为积极的航行自由立场，即航行自由概念中应当容纳广泛的军事活动内容和海军机动行为，以便提供一种能够满足和平时期的中国海军在东亚复杂的地缘政治条件下，开展海上军事活动所需要的航行权与飞越权的法律框架。

【关键词】航行自由　海洋强国　国际海峡　群岛水域　群岛海道

海上航行自由远远超过了其字面意思。有关航行的定义和规则的解释是否以及多大程度上容纳军舰、军用飞机的航行、飞越以及军事活动，长期以来是一个颇具争议的问题。[1] 以中美两国就航行自由的立场和态度为例，分歧主要集中在专属经济区内军事活动，尤其是军事情报收集、军事侦察、军事演习、水文测量等活动是否属于海洋法下的航行自由范畴。[2] 但航行自由所涉及的内容远不止这些，还包括国际海峡的过境通行权、群岛海道通行权产生的诸多问题，争议的主题还包括军用飞机、军舰、潜水艇、船舶动力类型（如核动力船舶）航行和通行是否有特殊的限制，什么才是航行和飞越的“通常方式”[3]，甚至对于这些船舶来说航行行为究竟指什么，这些都是海洋大国关心却又不易取得共识的重要问题。它们表面上涉及《联合国海洋法公约》（以下简称《海洋法公约》）的适用及解释问题，在深层次上它涉及地缘政治、国家利益、施展国家权力、国际法立法过程的本质等诸多问题。

---

* 法学博士，四川省社会科学院法学研究所副研究员，南京大学中国南海研究协同创新中心法律研究平台兼职研究员。

本文为国家社会科学基金西部项目“中美新型大国关系中的海洋法律秩序问题”（14XGJ014）的研究成果之一。

〔1〕 参见曹群：《中美防空识别区规则是否存在分歧?》，《当代亚太》2014 年第 2 期；李岩：《中美关系中的“航行自由”问题》，《现代国际关系》2015 年第 11 期；曹文振、李文斌：《航行自由：中美两国的分歧及对策》，《国际论坛》2016 年第 1 期；杨瑛：《〈联合国海洋法公约〉与军事活动法律问题的研究》，法律出版社 2018 年版；Raul（Pete）Pedrozo，“Military Activities in the Exclusive Economic Zone：East Asia Focus”，*International Law Studies* 90，1（2014）：514-543。

〔2〕 See Zou Keyuan，“Law of the Sea Issues between the United States and East Asian States”，*Ocean Development and International Law* 39，1（2008）：69；Edward Schwarck，“China vs. America：The ‘Freedom of Navigation’ Debate”，accessed April 21，2020，https：//nationalinterest. org/blog/the-buzz/china-vs-america-the-freedom-navigation-debate-11116.

〔3〕 《海洋法公约》第 39 条第 1 款 c 项、第 54 条所援引第 39 条对船舶、飞机在国际航行海峡、群岛海道中通过、飞越时义务的规定中，“通常方式”（normal mode）是一项重要的要求。

航行自由又与海洋空间的军事利用高度相关，一直是各国关注的焦点，海洋大国和小国、强国和弱国之间对此有着不同的态度和立场。中国近年来海上力量的增长是一个从海上弱国变为海上强国的过程，角色的转变使中国对海上航行自由的视角应该不同于弱国。例如，2019 年 7 月 24 日国务院新闻办公室发布的《新时代的中国国防》白皮书对于维护海外利益的思路是："着眼弥补海外行动和保障能力差距，发展远洋力量，建设海外补给点，增强遂行多样化军事任务能力。实施海上护航，维护海上战略通道安全，遂行海外撤侨、海上维权等行动。"[4] 相应地，国内学术界对此已经有所思考，一个总体的倾向认为中国对待航行自由的立场应当与海洋强国战略相符，尤其要适应中国海军舰队远距离航行活动、培养在全球海洋中行动能力的需求。[5] 然而，我国还需要在这种宏观政策框架中制定可适用的法律指南，这对海上航行自由的技术层面是不可缺少的。本文尝试提供一种能够满足中国海军在和平时期开展海上军事活动所需要的海上航行与飞越的初步法律框架，关注的重点集中于中国在周边国家的领海、海峡、群岛水域、专属经济区这些关键海域的航行及相关问题。

一、海洋强国战略需要用新思维看待航行自由权

中国发展的卓越成就引发了国际上对中国未来走向的各种讨论，其中一个认知是中国作为一个海权国家的兴起。这也引发了国际关系的各种变化，其中一个现象就是美国在中国周边强化军事部署，奥巴马政府的重返亚太/亚太再平衡政策就是其中的体现。近年来美国借"航行自由计划"在中国近海尤其是南海挑战中国国家利益，力图压缩中国的安全空间。[6] 无疑，美国的有些行为是滥用权利；有些行为属于炫耀武力或通过武力威胁来挑战沿海国海洋主张，对他国正当合理的国际法立场置之不理；有些属于违反国际法的武力威胁行为，其行为超出了航行的本意，带有挑衅、激化矛盾、破坏区域稳定的目的。[7] 长期以来，中国主张外国军舰在中国领海内通过应获得批准，倾向于

---

[4] 《新时代的中国国防》，http：//www. mod. gov. cn/regulatory/2019-07/24/content_ 4846424_ 3. htm，访问日期：2019 年 4 月 20 日。

[5] 参见牟文富：《互动背景下中国对专属经济区内军事活动的政策选择》，《太平洋学报》2013 年第 11 期；袁发强：《国家安全视角下的航行自由》，《法学研究》2015 年第 3 期；袁发强：《对航行自由，中国可持更开放立场》，《社会观察》2015 年第 9 期；袁发强：《航行自由制度与中国的政策选择》，《国际问题研究》2016 年第 2 期；胡波：《国际海洋政治发展趋势与中国的战略抉择》，《国际问题研究》2017 年第 2 期。

[6] 参见洪农：《"航行自由"与中美南海博弈》（英文），*China International Studies* 65，4（2017）：129-144；张景全、潘玉：《美国"航行自由计划"与中美在南海的博弈》，《国际观察》2016 年第 2 期；John R. Crook，"U. S. Naval Forces Contest China's Claims to Exclude Foreign Naval Vessels from Its Exclusive Economic Zone"，*American Journal of International Law* 105，1（2011）：135-137。

[7] 参见袁发强：《航行自由制度与中国的政策选择》，《国际问题研究》2016 年第 2 期；包毅楠：《美国"过度海洋主张"理论及实践的批判性分析》，《国际问题研究》2017 年第 5 期。

对专属经济区内军事活动进行限制。[8] 从中国近海海域面临的正当安全顾虑来看，这些主张有其合理性。但从中国的海洋强国战略、即将建成远洋海军之需要的角度看，现阶段对航行自由与中国国家利益之间关系的讨论并不充分。

这种视角可能妨碍我们理性识别航行自由与中国国家利益之间的关系。随着中国海上力量由弱变强，中国海军同样需要范围广泛的航行自由。[9] 它的内容是什么？与美国实施的"航行自由计划"有何异同？在实施方式上有什么特殊性？这些问题最终会体现在国际法规则上，但也是在多种政策目标中作出选择的问题，而支持某种政策选择的基础应该是对国家利益的识别和计算，这又取决于国家偏好（state preferences）的构成，国家政策与其偏好相互依存。[10] 至于国家偏好的来源，不同的理论对内源性因素与外源性因素的强调不同。[11] 本文不打算详述两种理论各自的解释能力，这里只需指出，正如强调外源性因素的理论所表明的那样，我国近来海洋强国的政策选择（包括海上力量建设）确实受外部国际关系大环境影响，例如开发海洋资源的全球性竞争压力、来自海上的安全威胁、地缘政治困境这类因素塑造了我国的政策偏好。如果把国家偏好界定为"支撑政府战略性算计（strategic calculation）的根本性社会目标"[12]，那么非常明显，应对海上威胁、地缘政治困境而作出的战略算计构成了中国国家偏好的核心。例如加强和平利用海洋的能力、建设具有远洋行动能力的海军自然成为中国的政策目标。[13]

---

〔8〕《中华人民共和国领海及毗连区法》第6条代表了中国对领海内军舰通过的正式立场："外国军用船舶进入中华人民共和国领海，须经中华人民共和国政府批准。"另参见 Zou Keyuan, "Innocent Passage for Warships: The Chinese Doctrine and Practice", *Ocean Development and International Law* 29, 3 (1998): 195；杨显滨：《专属经济区航行自由论》，《法商研究》2017年第3期。

〔9〕参见牟文富：《互动背景下中国对专属经济区内军事活动的政策选择》，《太平洋学报》2013年第11期；袁发强：《航行自由制度与中国的政策选择》，《国际问题研究》2016年第2期。

〔10〕See Andrew Moravcsik, "Taking Preferences Seriously: A Liberal Theory of International Politics", *International Organization* 51, 4 (1997): 513; Andrew Moravcsik, "Liberal Theories of International Law", in Jeffrey L. Dunoff, Mark A. Pollack (eds.), *Interdisciplinary Perspectives on International Law and International Relations-The State of the Art*, Cambridge University Press, 2012, p. 86.

〔11〕参见［美］玛莎·费丽莫：《国际社会中的国家利益》，袁正清译，浙江人民出版社2001年版，第12—13页。

〔12〕Andrew Moravcsik, "Taking Preferences Seriously: A Liberal Theory of International Politics", *International Organization* 51, 4 (1997): 513.

〔13〕关于海军的远洋行动能力在我国海上安全和军事战略中的地位，参见国务院新闻办公室于2015年5月公布的《中国的军事战略》白皮书，其中提到远海护卫在军事战略中的地位："海军按照近海防御、远海护卫的战略要求，逐步实现近海防御型向近海防御与远海护卫型结合转变，构建合成、多能、高效的海上作战力量体系，提高战略威慑与反击、海上机动作战、海上联合作战、综合防御作战和综合保障能力。"关于海洋资源开发和环境保护，参见国务院新闻办公室于1998年公布的《中国海洋事业的发展》白皮书。关于中国海军的远洋作战能力，国务院新闻办公室于2013年4月公布的《中国武装力量的多样化运用》表示："海军注重……提高远海机动作战、远海合作与应对非传统安全威胁能力，增强战略威慑与反击能力。……中国发展航空母舰，对于建设强大海军和维护海上安全具有深远意义。"另参见胡波：《2049年的中国海上权力：海洋强国崛起之路》，中国发展出版社2015年版，第15—16页；［美］詹姆斯·R. 霍尔姆斯、吉原俊井：《21世纪中国海军战略》，闫峰译，上海交通大学出版社2015年版，第84—121页。

在给定这类偏好的前提下，我们需要在中美两国海上竞争产生的复杂情势中保持理性，谨记中国海军需要获得远洋作战能力这个目标。因此，首先，应该合理区分美国故意的挑衅行为与海上常规性的军事活动本身，前者如侵犯中国在南海的岛礁主权、无视这些岛礁所产生的合法领海空间、否认和质疑中国公布的领海基线，后者如军事侦察、军事训练等。〔14〕其次，中美之间关于专属经济区军事活动的争端其实干扰了中国对海上航行和飞越自由更宏观的思考，将航行自由局限在狭窄的领域。国际海峡、群岛海道的通行和飞越、核动力船舶的航行、军用飞机的飞越等问题同样是中国建设海上军事力量时绕不开的问题，这些问题同样值得我们重视、认真思考。最后，奥巴马政府时期，美国的“再平衡”“重返亚太”战略强化了在中国周边的军事部署，美国“航行自由计划”充满浓厚的工具性色彩。这种背景可能模糊了海洋法中的航行自由权与美国战略部署本身的差异，还可能导致我们以相同的态度对待两者，结果可能使中国的法律立场成为一种自我限制，这正是政策制定中需要避免的结果。〔15〕

要实现中国海军远洋作战能力建设这一政策目标，中国必须用新思维看待航行自由的意义，要重视航行自由对中国日益强大海军的正面意义，采取更为积极的航行自由立场，即航行自由概念中应当容纳足够的海军机动性训练和军事活动的内容。

二、中国需要更为积极的航行自由立场

《海洋法公约》将海洋划分为各种区域，分别受不同的法律制度支配，而海军更倾向于将海洋视为一个整体，因此与军事活动相适应的航行自由制度才有助于海军完成指定的任务。这需要中国海军在海洋中尽可能在任何地点享有活动的自由，这种逻辑既适用于中国周边的关键海域，也适用于全球任何一处对中国有价值的海域，至于中国实际上是否行使这种权利则取决于实际的需要和国际关系背景。

（一）关键海域/水道

众所周知，中国海军只能通过少数海上通道进入太平洋和印度，主要是一些海峡、群岛海道。它们位于韩国、日本、印度尼西亚、菲律宾这些国家的相关陆地、岛屿之间的海上通道。〔16〕中国从黄海、东海进入太平洋的很多通道主要位于日本、韩国、俄罗斯的一些岛屿之间的海峡，重要的海峡约有 40 个，大多数位于日本所属各岛屿之间。〔17〕

---

〔14〕 参见袁发强：《航行自由制度与中国的政策选择》，《国际问题研究》2016 年第 2 期。

〔15〕 最近几年美国在中国近海尤其是南海军事活动的效果可能会压缩中国海空军的防御空间，迫使中国在家门口进行防御，这有可能使中国更加专注于近海防御，更有可能忽略航行自由对中国建设海洋强国的重大意义。中国尤其应当警惕这种效果的产生。

〔16〕 Mark J. Valencia and James Barney Marsh，“Access to Straits and Sealanes in Southeast Asian Seas：Legal，Economic，and Strategic Considerations”，*Journal of Maritime Law and Commerce* 16，4（1985）：513.

〔17〕 Lewis M. Alexander，*Navigational Restriction within UNCLOS：Geographical Implications for the United States*，Brill Nijhoff，2017，pp. 161-163.

从中国南海通往太平洋、印度洋的主要通道要经过东南亚国家如菲律宾、印度尼西亚这些群岛国的群岛水域，所经过的重要海峡约45个。[18] 这些海峡中的航行、飞越所适用的国际法并不完全相同，一部分适用关于国际航行海峡的过境通行制度，另一部分适用群岛水域的无害通过、群岛海道通过制度。海峡与群岛水域并非孤立存在，它们与一国的领海、专属经济区连成一体，中国在考虑海军的远洋行动时对这些海域中的航行与飞越应作全盘考虑。

1. 多国海峡[19]

下述海峡是中国通往太平洋、印度洋的关键通道，海峡沿岸分属不同的国家。（1）朝鲜海峡/对马海峡，连接黄海与日本海（韩国称东海），是通往西北太平洋的通道。《海洋法公约》第36条的规定适用于该海峡。[20] （2）宗谷海峡/拉彼鲁兹海峡，是贯通日本海与鄂霍次克海、太平洋的海峡，属于《海洋法公约》第36条意义上的国际海峡。[21] （3）根室海峡，连接鄂霍次克海与太平洋，属于《海洋法公约》第37条意义上的国际海峡。[22] （4）巴士海峡，连接南海和太平洋，属于《海洋法公约》中第36条意义上的海峡。[23] （5）马六甲海峡，是从南海通往印度洋的海上要道，分为西段的马六甲海峡和东段的新加坡海峡，属于《海洋法公约》第37条意义上的国际海峡。[24]

---

〔18〕 关于东南亚的海上交通通道的分布，参见 Lewis M. Alexander，*Navigational Restriction within UNCLOS：Geographical Implications for the United States*，Brill Nijhoff，2017，pp. 157-161。

〔19〕 多国海峡并非一个法律概念，它在本文中指海峡两岸陆地领土分属不同国家，使用多国海峡概念的目的主要是将它同两岸陆地领土同属一个国家的海峡区分开来，如日本众多岛屿之间形成的海峡。虽然这种区分在法律上意义不大，但在这类海峡中军舰的航行与军用飞机的飞越确实受国际关系的影响很大。

〔20〕 《海洋法公约》第36条中的海峡指“穿过某一用于国际航行的海峡有在航行和水文特征方面同样方便的一条穿过公海或穿过专属经济区的航道”一类的海峡，一般而言指宽度超过24海里的海峡，这样海峡中央可能存在公海或专属经济区。即使某海峡宽度不足24海里，但沿岸国家主张更为狭窄的领海，如3海里，那么该海峡中央仍然可能存在公海或专属经济区。但这并非仅仅是地理上的距离，而需要在法律上考虑沿岸国所主张的领海基线和领海宽度等因素。See Bing Bing Jia，Article 36，in Alexander Proelß（ed.），*The United Nations Convention on the Law of the Sea：A Commentary*，Hart Publishing，2017，p. 286；Hugo Caminos and Vincent P. Cogliati-Bantz，*Legal Regime of Straits-Contemporary Challenges and Solutions*，Cambridge University Press，2014，pp. 43-44.

〔21〕 See Ana G. López Martín，*International Straits：Concept，Classification and Rules of Passage*，Springer，2010，p. 205.

〔22〕 Ibid.，pp. 103，205. 《海洋法公约》第37条中的海峡是一种排除了第36条所指其中含有公海或专属经济区一类水域的海峡，这取决于海峡的宽度与沿海国的领海范围主张。See Bing Bing Jia，*The Regime of Straits in International Law*，Clarendon Press，1998，p. 211；Lewis M. Alexander，“Exceptions to the Transit Passage Regime：Straits with Routes of ‘Similar Convenience’”，*Ocean Development & International Law* 18，4（1987）：479.

〔23〕 See Ana G. López Martín，*International Straits：Concept，Classification and Rules of Passage*，Springer，2010，p. 205.

〔24〕 See ibid.，pp. 104，205；Mohd Hazmi bin Mohd Rusli，“The Application of Transit Passage Regime in Straits Used for International Navigation：A Study of the Straits of Malacca and Singapore”，*Asian Politics & Policy* 3，4（2012）：549.

2. 日本用于国际航行的海峡

日本为数众多的岛屿呈东北—西南走向，散布于太平洋西部。日本各岛屿形成的海峡数量达到69个之多，大多数属于世界海上交通要道。从中国黄海、东海进入太平洋的海上通道大都要穿过日本岛屿之间的海峡。虽然日本陆地领土是由为数众多的岛屿组成，但日本并不具有群岛国的身份，其岛屿之间构成的海峡适用《海洋法公约》中的海峡过境通行制度。这些海峡因日本领海宽度不同而在《海洋法公约》下有不同的法律地位，主要分属于第36条下关于航行自由和飞越自由规定的海峡和第37条下关于过境通行制度的国际海峡两类。

日本公布的领海宽度为12海里，但在对马海峡、宗谷海峡、津轻海峡、大隅海峡这5个海峡的领海宽度为3海里，因而这些海峡中间留下适用航行与飞越自由规定的水域，属于《海洋法公约》第36条定义的海峡[25]，其余海峡只要宽度大于24海里，原则上也属于第36条定义的海峡。对于日本适用12海里领海基线的海峡，当海峡宽度小于24海里时，只要满足了《海洋法公约》第37条位于“公海或专属经济区的一个部分和公海或专属经济区的另一部分之间”的海峡，都符合国际海峡的法律定义，其他国家的船舶和飞机都享有过境通行的权利。[26]

3. 菲律宾群岛水域与群岛海道

菲律宾群岛外围以及群岛水域内部有数量庞大的海峡。其中，菲尔德岛航道、民都洛海峡、巴拉巴克海峡是从南海进入菲律宾群岛水域（如苏禄海、西里伯斯海）的主要水道，而要从菲律宾群岛水域通往太平洋，圣贝纳迪诺海峡、苏里高海峡是最主要的出口。从苏禄海穿过巴西兰水道、思布图水道到西里伯斯海可以航行至印度尼西亚群岛水域中的望加锡海峡或向东通往太平洋。这些海峡主要适用《海洋法公约》第四部分“群岛国”的相关内容。[27]

2011年菲律宾启动了指定群岛海道的工作，其《群岛海道法（草案）》指定了3条海道：第一条，自东向西，从太平洋西部（菲律宾称为“菲律宾海”）穿过巴林塘海峡至南海；第二条，自东向西，从菲律宾群岛太平洋一侧的苏里高海峡，穿过博和海、苏禄海、巴拉巴克海峡至南海；第三条，自南向北，从西里伯斯海开始，向北经过巴西兰海峡、苏

〔25〕 See Law on the Territorial Sea and the Contiguous Zone (Law No. 30 of 1977, as amended by Law No. 73 of 1996), accessed April 21, 2019, http://www.un.org/Depts/los/LEGISLATIONANDTREATIES/PDFFILES/JPN_1996_Law.pdf.

〔26〕 参见美国对日本领海主张的分析及立场，Limits in the Sea，No. 120：Straight Baseline and Territorial Sea Claims Japan，accessed April 21，2019，https://www.state.gov/documents/organization/57684.pdf。

〔27〕 See Ana G. López Martín, *International Straits: Concept, Classification and Rules of Passage*, Springer, 2010, p. 206.

禄海，穿过民都洛海峡进入南海。[28] 菲律宾指定的群岛海道没有包括《海洋法公约》第53条第4款所要求的应当包括所有用于国际航行或飞越使用的“正常通道”[29]，也没有获得国际海事组织的采纳，现在这项工作陷于停顿，预计菲律宾也不会继续此项工作。

与普遍认可的用于国际航行或飞越使用的“正常通道”相比较，菲律宾指定的群岛海道没有包括南海—菲尔德岛航道—锡布延海—圣贝纳迪诺海峡—太平洋这条海道。[30] 这条海道是美国希望供其核潜艇航行的海道。[31]

4. *印度尼西亚群岛水域与群岛海道*

印度尼西亚是世界上最大的群岛国，位于南海、太平洋、印度洋的交界处，连接这些大洋的关键水道就位于印度尼西亚的群岛水域。印度尼西亚到印度洋的主要出口是巽他海峡、龙目海峡、翁拜海峡，它们还被美国列入关键战略海峡名单。2002年印度尼西亚在一项政府规章中指定了3条群岛海道。[32] 第一条群岛海道主要为南海与印度洋之间的航道，从纳土纳海穿过爪哇海西部，经过卡里马塔海峡到巽他海峡，通向印度洋。第二条群岛海道始于西里伯斯海，穿过望加锡海峡、弗勒斯海到龙目海峡，通向印度洋。第三条群岛海道始于两个坐标点，分别位于西里伯斯海边缘和太平洋西部边缘，汇于马鲁古海峡，穿过马鲁古海峡进入班达海，在班达海分为三条支线：一条向南穿过色拉海到翁拜海峡，再穿过萨武海到印度洋；中间支线穿过勒蒂海峡通向帝汶海；东南方向支线通向澳大利亚以北的阿拉弗拉海。

印度尼西亚指定的群岛海道从北到南穿越了其群岛水域的大部分，但并没有指定东西走向的群岛海道，在来自美国和澳大利亚的压力下，经过国际海事组织认定，印度尼西亚接受已有的三条群岛海道属于“部分指定”（partial designation）。[33] 这意味着其他国家仍然可以根据《海洋法公约》第53条第12款，“可通过正常用于国际航行的航道，行使群岛海道通过权”。公认的印度尼西亚群岛内“正常用于国际航行”的东西航道是

---

〔28〕 See Philippines Archipelagic Sea Lanes Act, accessed April 21, 2019, https://www.senate.gov.ph/lisdata/2350520108!.pdf; Hugo Caminos and Vincent P. Cogliati-Bantz, *The Legal Regime of Straits-Contemporary Challenges and Solutions*, Cambridge University Press, 2014, pp. 201-202. 菲律宾有意尽量将指定群岛海道的数量设定在最低限度，参见 Hugo Caminos and Vincent P. Cogliati-Bantz, *The Legal Regime of Straits-Contemporary Challenges and Solutions*, Cambridge University Press, 2014, p. 203。

〔29〕《海洋法公约》第53条第4款规定：“这种海道和空中航道……应包括用作通过群岛水域或其上空的国际航行或飞越的航道的所有正常通道。”

〔30〕 See Mark J. Valencia and James Barney Marsh, “Access to Straits and Sealanes in Southeast Asian Seas: Legal, Economic, and Strategic Considerations”, *Journal of Maritime Law and Commerce* 16, 4 (1985): 513.

〔31〕 Ibid., p. 526.

〔32〕 Indonesian Government Regulation No. 37 on the Rights and Obligations of Foreign Ships and Aircraft Exercising the Right of Archipelagic Sea Lane Passage through Designated Archipelagic Sea Lanes 28 June 2002, Law of the Sea Bulletin 52, UN Doc, p. 23-24, accessed April 21, 2019, http://www.un.org/Depts/los/doalos_publications/LOSBulletins/bulletinpdf/bulletin52e.pdf.

〔33〕 See Dhiana Puspitawati, “The East/West Archipelagic Sea Lanes Passage Through the Indonesian Archipelago”, *Maritime Studies* 140, 1 (2005): 3-4.

马六甲海峡向东南至爪哇海·加斯帕海峡或卡里马塔海峡·阿拉弗拉海的航道，然后可以继续穿越托雷斯海峡至澳大利亚沿海和西南太平洋。[34] 这条航道对美国在亚太地区、印度洋的军事部署至关重要。

5. 关键位置

马汉所说的“战争就是处置位置”，但这种位置包括静态因素，如处于交通要冲的海峡、海道，由于其地理位置，其存在本身就是关键点；另有一些因素的重要性往往因一方的行为引起另一方的回应，这种互动使某些地理位置对双方都变得重要起来，这就是一方的行为取决于另一方的行为，地缘政治的重要性正是这样产生的，这种地理因素的重要性就是动态因素导致的。例如，美国针对中国的军事部署——尤其是在日本各处的军事基地（包括在日本的军事部署）、在菲律宾的军事部署及与菲律宾在军事上的合作，将自然引起中国的回应——所谓的“拒止战略”就是正常的军事部署回应。无论是中国通往印度洋、太平洋，还是美国等国家从印度洋和太平洋通往中国近海，一些海峡、航道构成了关键的点线关系。

中国从南海通向太平洋、印度洋方向的国家主要有日本、印度尼西亚和菲律宾，大多数关键的海上交通要道需要穿越这两三个国家的有关海峡和海道，与此对立的力量也是通过这些海峡和海道进入中国沿海。两种力量在上述关键位置展开竞争，“战争就是处置位置”这个陈述的实质就是海洋控制之争。在当代，海洋控制是一种海军战术目标，意指“在特定海域、特定期间内阻止敌人在某时间进入某海域，同时确保自己有力量在某时间内利用某海域。海洋控制所诉诸的战术包括：突击控制、关键点控制、海上公开行动、区域防御”[35]。中国对于这些战术目标或许比较熟悉，但“确保自己有力量在某时间内利用某海域”这样的目标必须要给予足够的重视，否则，即便能够阻止敌方控制海洋但自己不能使用，战术效果仍然极为有限。

6. 和平时期的军事活动与航行自由

在和平时期中国需要在关键海域从事一切有助于掌控任何潜在军事风险、提升备战水平的非作战性军事活动，因此，航行自由有必要包含这些内容，这也是历史上海权大国的一贯要求。

中国与周边国家如朝鲜、韩国、日本、菲律宾、印度尼西亚、越南等的位置关系大致属于海上相向国家，大部分海洋空间不足 400 海里，如果主张仅仅每个国家只能在自己的专属经济区或公海上从事军事活动，那就是一种自我设限的立场。而且，除中国台

[34] See Lewis M. Alexander, *Navigational Restriction within UNCLOS: Geographical Implications for the United States*, Brill Nijhoff, 2017, p. 76; Dhiana Puspitawati, “The East/West Archipelagic Sea Lanes Passage Through the Indonesian Archipelago”, *Maritime Studies* 140, 1 (2005): 3-4.

[35] 参见［美］罗杰·W. 巴尼特：《海军的战略和文化：海军所想所为为什么不一样》，吴东风等译，中国市场出版社 2014 年版，第 54—56 页；Gamaliel Rodriguez Ballester, “The Right of Innocent Passage of Warships: A Debated Issue”, *Revista de Derecho Puertorriqueño* 87, 54 (2014): 97.

湾地区东部毗邻太平洋的海域之外，中国并没有直接毗邻的公海海域。中国海军、空军要进入公海，必须穿越一些国家的领海、专属经济区、一些用于国际航行的海峡和群岛水域等关键的海域。

具体而言，中国需要在关键海域确保军舰和飞机拥有方便、安全的航行权和飞越权，同时在国际法没有限制的情况下从事包括侦察、军事演习、情报收集、水文调查、武器测试、飞机起降等在内的军事活动。关键在于中国对以下有争议问题上立场的取舍，甚至涉及中国一贯立场的可能变化：（1）军舰是否享有无须事先批准的无害通过权；（2）在专属经济区是否享有军事活动的权利；（3）军舰和军用飞机在国际海峡、群岛海道中的航行和飞越的“通常方式”，是否包括舰载飞机的起降，如航空母舰的正常通行方式是否包括起降飞机？核动力船舶（如核动力航母）是否要受到海峡沿岸国、群岛国的特别规制？潜艇过境通行是否要事先通知？飞机是否可以自由出入国际海峡入口上覆水域？对这些问题的思考所应遵循的原则是确保和平时期中国军队享有最大自由出入上述的关键水道，使中国海空军得到良好的训练。

（二）勿自我设限的航行自由立场

为了掌控周边海洋乃至远洋的基本情况，为了中国舰队本身的安全，为了不给中国海军活动的法律基础自我设限，为了不使中国海军沦为要塞舰队，中国应当考虑持何种法律立场才能享有尽可能大的行动自由。

1. *军舰在领海中的无害通过问题*

中国在1992年出台的《中华人民共和国领海及毗连区法》第6条第2款规定外国军舰进入中国领海须经中国中央政府批准。1996年中国批准《海洋法公约》的时候，也作了相同的保留。这些规定反映了中国对来自海上威胁的关注、敏感，但总体来说体现了海上力量薄弱时期中国的立场。一般而言，海上力量薄弱国家对其军舰在他国领海行使无害通过权意义不大。然而，目前的中国不宜将自己定位为一个海洋小国、弱国，否则“海洋强国建设”的政策与此相矛盾。海军需要发展远洋行动能力，那么中国军舰在周边国家领海内行使无害通过权的必要性是不言而喻的。因为从技术上看，军舰在其他国家领海内行使无害通过权并不是孤立的行为，而是以下行为的前序或后续环节：在他国专属经济区内进行演习或侦察之类的军事活动、在国际海峡行使过境通行权、在他国群岛水域或群岛海道行使通过权。如果中国海军需要执行类似的任务，那么主张对军舰行使无害通过权施加最少的限制就符合中国国家利益。

中国海军要进入太平洋、印度洋，基本都要经过一些几乎难以绕过的国际海峡、群岛水域、群岛海道。如果中国坚持军舰进入、通过领海需要经过领海所属国家的批准，这样可能会导致陷入不利于中国的法律困境。[36] 假设一些两岸同属一个国家的海峡属

〔36〕 这种困境在2004年中国潜艇通过石垣海峡（Ishigaki strait）时日本要求中国道歉的要求中已经显示出来了。See Peter A. Dutton, “International Law and the November 2004 ‘Han Incident’”, *Asian Security* 87, 2 (2006): 92, 96.

于第 37 条意义上国际海峡的范畴，而且海峡沿岸国使用直线基线或者弧线包络法在海峡入口划定海峡封口线，这使得外国船舶、飞机进入海峡行使海峡过境通行权之前必须要穿越其领海。原则上，任何一个国际海峡，只要符合第 37 条规定，所有国家的军舰、飞机自然有权本着过境通行的目的出入该海峡，一个自然的推论就是也有权出入其海峡入口、出口的领海。然而，《海洋法公约》第三部分第二节并没有类似第四部分第 53 条第 4 款的规定："这种海道和空中航道应穿过群岛水域和邻接的领海。"第 53 条第 4 款将群岛海道通过权延伸至领海，但国际海峡中的过境通行权是否延伸至领海则没有明确规定，虽然这是一个自然的推论[37]，但如果相关国家以进入其领海需要事先批准为由，那么中国的法律立场将不利于在此时提出坚定的主张。例如，日本采用弧线包络法划定吐噶喇列岛、奄美群岛、琉球群岛、八重山诸岛海域的领海基线[38]，这导致这些群岛中的许多用于国际航行海峡的出入口的领海基线是封闭的，只留下宫古海峡的入口没有被基线封闭，进入这些海峡之前必须先进入日本的领海。虽然相关争端更多的是关于国际航行海峡的过境通行权问题[39]，但在这种情况下，主张不需事先批准的无害通过权更有利于中国海军舰队出入太平洋。

2. 专属经济区的航行权与军事活动

军事活动包括航行与行动两个范畴，前者指军舰和军用飞机在海洋空间的单纯通过，后者指军事训练、武器测试、侦察等活动。[40] 专属经济区内军舰和军用飞机的单纯通过一般不会引起国际争端，引起争端的往往是军事行动。除了公海之外，对军事活动限制最小的海域就是专属经济区，但在多大程度上仍然受到沿海国的规制与限制，这一点引起的争议最大。美国这样的海洋大国一开始就主张，专属经济区的功能主要局限于自然资源的主权权利和开发利用，其他航行与军事活动则适用有关公海的规定。这种主张的目的是确保在专属经济区享有最广泛的军事活动的权利，在和平时期为舰队提供

〔37〕 See Bing Bing Jia, *The Regime of Straits in International Law*, Clarendon Press, 1998, pp. 6-7.

〔38〕 部分日本领海基线的存在导致日本的一些国际海峡出入口为其领海所包围，效果图可参见 http://fall.fsulawrc.com/collection/LimitsinSeas/maps/ls120.html，访问日期：2019 年 4 月 25 日。

〔39〕 从日本九州岛到奄美群岛之间，只有大隅海峡适用 3 海里领海基线，其海峡入口没有被领海基线封闭，其余海峡入口基本上都有封闭的领海基线。2003 年、2012 年、2014 年中国海军曾多次进行经过大隅海峡出入太平洋，2015 年中国军舰结束太平洋的训练穿过奄美水道返回。2016 年中国海军舰队通过吐噶喇海峡时引起日本非议，当时中国国防部发言人曾表示："吐噶喇海峡是用于国际航行的领海海峡，中国军舰通过该海峡符合《海洋法公约》规定的航行自由原则。"参见《中国军方批驳日方炒作：吐噶喇海峡是用于国际航行的海峡》，http://world.huanqiu.com/exclusive/2016-06/9045845.html，访问日期：2019 年 4 月 25 日。2004 年日本就试图阻碍中国潜艇通过石垣海峡（Ishigaki strait），其理由是侵犯了日本主权。See Peter A. Dutton, "International Law and the November 2004 'Han Incident'", *Asian Security* 87, 2 (2006): 91.

〔40〕 See Zhou Keyuan, "Law of the Sea Issues between the United States and East Asian States", *Ocean Development & International Law* 39, 1 (2008): 75.

足够的训练。[41]

在中国管辖海域内的科学研究、测绘、水文测量等活动都必须经过中国批准，中国的这一立场与法律一直遭受美国官方和学界的攻击。[42] 这个问题在近十余年的时间中占据了中美之间有关海上航行自由争论的中心。这种争端并不是单纯的法律解释、适用问题，而是美国特意塑造、制约、影响东亚国际关系的战略所产生的后果。例如，美国在朝鲜半岛附近的黄海举行军事演习、从事侦察活动，一方面威慑朝鲜，另一方面也有刺探中国安全部署的动机；在南海争端中，美国诉诸航行自由权、以"航行自由行动计划"为杠杆介入南海争端；其舰队精心选择时机在台湾海峡航行以便制约两岸关系；等等。只不过美国将这些行为包装在航行自由的法律主张之中，其本质具有武力威胁的因素，违反了善意、禁止滥用权利、和平利用海洋等国际法原则。中国一个比较合理的思路是将美国违反国际法的具体行为与航行自由权分别对待。

目前的实际情况是美国单方在中国专属经济区内从事侦察、水文测量、军事演习等军事活动，影响也是单向的——中国沿海的军事信息、可用于军事目的的海洋信息被美国掌握，但中国并没有在美国专属经济区内从事对等的军事活动。对中国来说是否有此必要性是由中国的意图和能力所决定的，但是中国确有必要掌握周边海域的自然状况和军事信息。例如，日本列岛上所部署的美国、韩国和日本的雷达设施、军用飞机、反导装备、海军等严重影响了中国的国家安全。要掌握这些状况，除了通过太空侦察卫星之外，在海上最常规的手段是使用电子侦察船、电子侦察飞机、雷达系统、无人侦察飞机、潜艇等。高效地部署载有这些设备的船舶和飞机要求尽可能自由的航行与飞越的空间，这必须有相应的国际法支持。

从中国沿海海域通往太平洋、印度洋的少数海峡、海道深度有限，从南海出发的中国"潜水舰能通过的海峡，水深100米的只有3处"[43]，这意味着无论是为了中国自己潜艇航行安全还是反潜的需要，中国也需要进行详尽的水文数据。这些因素就是中国在周边国家专属经济区从事军事活动的动力。

假设中国的行为与法律主张保持一致，上述立场可能妨碍中国在他国专属经济区从事侦察、水文测量等活动。如果中国需要奉行更积极的航行自由立场，可以考虑相应法律思路和应对他国行动的措施。（1）《海洋法公约》相关条文的解释具有开放性，

---

〔41〕 Raul (Pete) Pedrozo, "Military Activities in the Exclusive Economic Zone: East Asia Focus", *International Law Studies* 90, 1 (2014): 517; B. A. Hamzah, "Foreign military activities in the EEZ: preliminary views from Malaysia", in Shicun Wu and Keyuan Zou (eds.), *Securing the Safety of Navigation in East Asia-Legal and Political Dimensions*, Chandos Publishing, 2013, pp. 161-163.

〔42〕 See Raul (Pete) Pedrozo, "Military Activities in the Exclusive Economic Zone: East Asia Focus", *International Law Studies* 90, 1 (2014): 525.

〔43〕 ［日］香田洋二：《中国试图构建地区霸权的软肋》，http://www.zaobao.com/forum/views/opinion/story20180418-851726，访问日期：2019年4月25日。

有关争议更多地需要缔约国的后续实践来澄清，这给了中国参与到这个过程中的机会。（2）如果中国对专属经济区内军事活动的法律立场持开放态度，就可能产生一个两难问题：中国固然有在外国专属经济区从事军事活动的权利，但如何应对外国在中国专属经济区从事军事活动所产生的安全问题？已有军事大国的经验主要是对侦察飞机、侦察船舶、水文测量船舶进行跟踪、警戒、拦截。俄罗斯侦察飞机和战略轰炸机在美国、日本、韩国、英国的活动均受到有关国家的跟踪、拦截。中国军舰、飞机在东海活动经过宫古海峡时，日本常常派飞机跟踪、警戒。中国完全可以采用同样的方式应对外国的类似行为。

3. 军用飞机和军舰在国际海峡中的过境通行权

中国发展海上力量（无论民用力量还是军事力量）无疑会提高通过海峡的频率。无论海峡地理位置在何处，只要属于繁忙的海上航线，中国无疑会利用它们，尤其是一些关键的海峡、运河，哪怕它们距离中国非常遥远，如苏伊士运河、黑海海峡、直布罗陀海峡、北极航线所经过的海峡、巴拿马运河等。但最重要的还是从中国沿海通向太平洋、印度洋必须经过一系列的海峡，它们是中国走向海洋必经的咽喉要道。相当一部分中国周边的海峡是属于《海洋法公约》第36条意义上的海峡，少数海峡适用第37条规定的国际海峡，如马六甲海峡、根室海峡、吐噶喇海峡、种子岛海峡等。

从中国沿海出入太平洋、印度洋需要通过大量的海峡，如果仅从《海洋法公约》第36条、第37条意义上的海峡来看，那么需要通过的海峡主要是济州海峡、朝鲜海峡/对马海峡、日本岛屿之间的海峡、巴士海峡、马六甲海峡等，因为菲律宾、印度尼西亚岛屿之间的海峡主要适用群岛水域/群岛海道的通过制度，这部分内容稍后再涉及。中国的海军编队尤其是“辽宁号”航母大队主要通过宫古海峡、巴士海峡出入太平洋，通向印度洋的军舰主要是经过马六甲海峡。原则上，济州海峡、朝鲜海峡/对马海峡、宗谷海峡、巴士海峡、马六甲海峡等这些由两个国家以上的沿岸国家构成的国际海峡也是中国必须利用的海上通道，但从黄海、东海通往太平洋的主要通道仍然是日本的一些海峡或日本作为沿岸国的国际海峡。

从日本大隅海峡开始，自东北向西南到中国台湾，琉球群岛中众多岛屿之间的海峡/水道，绝大多数是中国从东海、黄海通向太平洋的通道，根据《海洋法公约》第36条或第37条，中国有权利在其中行使一般的航行自由权或海峡过境通行权。日本宣布5个海峡中适用3海里的领海宽度，如果中间尚有可供航行的非领海水道，此类海峡就属于第36条意义上的海峡，中国有权利根据《海洋法公约》第58条所援引的第87条行使公海航行自由。日本仅仅在部分海峡适用3海里领海宽度的标准，其意图就是要产生这样的法律效果：既然海峡的水域存在专属经济区，那么通行的船舶和飞越的飞机就不应该再通过或飞越其领海。但是，这些海峡领海之外的水道其实非常狭窄，美国对此的意见是，“倘若海峡某处缺乏供安全航行的航行和水文特征，那么根据《海洋法公约》

第三部分规定，该处优先适用过境通行权”[44]。鉴于过境通行权适用于整个海峡，美国的立场意味着这类海峡中非领海水道（专属经济区）的存在不得妨碍军舰在整个海峡中的航行与飞机的飞越权利。

日本其他适用12海里领海宽度的海峡，只要其宽度超过24海里，原则上可能存在适用公海航行自由原则的水道，这类海峡都适用《海洋法公约》第36条所说的“关于航行和飞越自由的规定”。日本的多数海峡属于第36条意义上的海峡，在这类海峡中航行的军舰、飞越的军用飞机拥有公海航行的自由。这类海峡包括大隅海峡、宫古海峡、石垣海峡和与那国海峡等。[45] 对于那些适用12海里标准的海峡，倘若海峡最窄之处不满24海里，这类海峡基本落入《海洋法公约》第37条的范畴，如根室海峡、种子岛海峡、吐噶喇海峡。[46]

目前，中国海军舰队主要经过宫古海峡等宽度超过24海里的海峡出入太平洋。尤其是宫古海峡的宽度超过250海里[47]，中间宽阔的水道适用《海洋法公约》第36条所说的“关于航行和飞越自由的规定”，中国当然可以主张从事警戒、军事侦察、水文测量甚至军事演习之类的权利。其他宽度小于24海里的海峡，中国同样有权利行使过境通行权。在选择通航的海峡之时，无论属于《海洋法公约》第36条中的海峡还是属于其第37条中的海峡，都可以同时利用。从实际情况来看，中国主要还是经过宫古海峡进入太平洋，少数时候也经过宗谷海峡、大隅海峡、吐噶喇海峡，在日本众多的海峡中占很小的比例。[48] 至于是否要通过某一海峡，取决于政治、军事等多方面的因素，甚至特定的水文条件也是考虑因素之一。但中国应当主张，只要满足了《海洋法公约》的要求就属于国际航行海峡，中国船舶和飞机都享有过境通行权，无论该类海峡是否实际上在国际上被频繁使用。2004年中国潜艇进入日本石垣海峡时完全可以诉诸该海峡中的过境通行权回应日本的指责。[49]

---

〔44〕 Limits in the Sea, No. 120: Straight Baseline and Territorial Sea Claims Japan, p. 14, accessed April 21, 2019, https://www.state.gov/documents/organization/57684.pdf.

〔45〕 See Ana G. López Martín, *International Straits: Concept, Classification and Rules of Passage*, Springer, 2010, p. 205.

〔46〕 Ibid., pp. 103, 205.

〔47〕 https://en.wikipedia.org/wiki/Miyako_ Strait.

〔48〕 See Desmond Ball and Richard Tanter, *The Tools of Owatatsumi: Japan's Ocean Surveillance and Coastal Defence Capabilities*, ANU Press, 2015, pp. 5-14.

〔49〕 日本主张国际航行海峡是实际使用的海峡，而其他海洋大国则倾向于宽泛地解释国际航行海峡的概念，强调自然因素可供航行即满足了“用于国际航行的海峡”的概念。如果2004年中国潜艇通过石垣海峡时采用了后一种立场，就完全可以用过境通行权来反驳日本的指责。对于中国没有从过境通行权这个角度来为自己行为的合法性进行辩护，连美国海军律师团成员彼特·达顿（Peter A. Dutton）也感到诧异。See Peter A. Dutton, “International Law and the November 2004 ‘Han Incident’”, *Asian Security* 87, 2 (2006): 90-91. 该次事件的背景，可参见王逸峰、叶景：《从中日核潜艇事件看我核潜艇的突防》（上），《舰载武器》2005年第1期。

《海洋法公约》第39条有关船舶和飞机在国际海峡行使过境通行权的规定是清楚的，但现实中涉及军用飞机、军舰、潜艇等的过境通行时，尚未解决的问题还比较多。其中，第39条第1款c项中的“通常方式”过境通行是最容易产生疑问的概念。民用船舶和飞机在国际海峡的过境通行似乎没有遇到困难，主要在于军舰、潜艇、军用飞机航行、飞越的“通常方式”的具体含义。美国对“通常方式”的理解包括：（1）潜艇在水下通行；（2）军用飞机的飞越，包括按照军事编队方式飞越；（3）为了水面舰艇的安全而从事必要的活动，如航行编队和其他武装保护措施；（4）在通过的时候进行补给；（5）发射和回收飞行器。〔50〕美国的这些法律主张其实对中国军舰和军用飞机通过这些海峡、驶往太平洋是非常有利的。其中，潜艇在水下航行、航空母舰起降飞机、执行警戒措施、进行海上补给这些行动是中国提高海军训练水平必不可少的。

4. 军舰、军用飞机在群岛水域、群岛海道的通过权

菲律宾、印度尼西亚两个群岛国家中的若干海道和海峡是中国从南海通往太平洋、印度洋的最主要通道。中国未来以航空母舰为核心的舰队通过菲律宾、印度尼西亚的群岛水域、群岛海道也是合理的选项。在这种情况下，单独一艘军舰的通过与一个庞大的混合舰队的通过其技术要求和安全要求完全不一样，后者要求确保舰队安全的通过方式。

就通过群岛水域、群岛海道而言，应该优先考虑在群岛水域中行使群岛海道通过权，其次才是在群岛水域中行使无害通过权，因为群岛海道通过权比无害通过权受到的限制少，尤其是前者允许潜艇在水下航行、允许飞机飞越群岛海道。〔51〕印度尼西亚指定的三条北—南走向的群岛海道基本可以为中国海军从南海通往印度洋提供足够的航道，对中国来说东—西航道相对而言重要性远不及北—南走向的海道重要。〔52〕进入印度洋，除了经过马六甲海峡这一航道之外，较为方便的应该是途经印度尼西亚指定的第一条群岛海道（从纳土纳海—卡里马塔海峡—爪哇海—巽他海峡—印度洋），这也是印度尼西亚所指定的三条群岛海道中最繁忙的一条航道。但是，只有龙目海峡、翁拜海峡具备潜艇潜航的水文条件〔53〕，因此通过第一条群岛海道所在的巽他海峡时潜艇只能水面航行。不过，巽他海峡紧邻印度尼西亚首都雅加达，出于安全考虑印度尼西亚对通过此处的军用飞机、船舶、潜艇也会特别关注，尤其是航母舰队通过时起降飞机这样的行

〔50〕 See Executive Report 110-09：Convention on the Law of the Sea，accessed April 21，2019，https：//www. foreign. senate. gov/imo/media/doc/executive_ report_ 110-09. pdf.

〔51〕《海洋法公约》第53条第2、3款。

〔52〕印度尼西亚倾向于认为，群岛海道的指定仅限于外国船舶所实际使用的海道。这一点与美国的立场存在差异，后者认为群岛海道包括所有可供使用的海道。See Mark J. Valencia and James Barney Marsh，“Access to Straits and Sealanes in Southeast Asian Seas：Legal，Economic，and Strategic Considerations”，*Journal of Maritime Law and Commerce* 16，4（1985）：525.

〔53〕 Ibid.，p. 543.

为。此外还需要注意的是，印度尼西亚在这条海道所途经的纳土纳海、卡里马塔海峡、爪哇海设立了海洋保护区。这类海洋保护区对通过的船舶施加了诸多额外义务，有可能造成海道通过权从属于海洋保护区规则，结果甚至是海洋保护区的相关规则侵蚀群岛海道通过制度。[54] 印度尼西亚学界有这样一种主张，认为通过的“正常方式”“无障碍”概念在海洋环境保护背景中需要修订和更新，需要达成新的共识，防止“正常方式”“无障碍”的航行对群岛海道的海洋环境造成影响。[55] 海洋保护区是未来海洋发展中的重要内容，它对现有海上航行制度有何影响，中国对此应给予充分的关注。

预计菲律宾不大可能完成指定群岛海道的工作，而且还有可能将其整个群岛水域作为“特别敏感海域”进行立法保护的趋势。中国军舰可以根据《海洋法公约》第52条在菲律宾群岛水域行使无害通过权，不过军用飞机不能行使该权利，而且潜艇必须在水面航行。中国也可以根据《海洋法公约》第53条第12款规定，与其他海洋大国一样主张菲律宾群岛水域中存在若干条“正常用于国际航行的海道”，中国在其中可以行使通过和飞越权。其中有两条东西走向的航道对中国从南海航行至太平洋至关重要：其一是南海—菲尔德岛航道—锡布延海—圣贝纳迪诺海峡—太平洋的海道，这是“正常用于国际航行的航道”；其二是南海—巴拉克海峡—苏禄海—博和海—苏里高海峡—太平洋的航道，这是菲律宾曾经打算指定的群岛海道。此外，中国也可以经过巴拉克海峡—苏禄海—西里伯斯海，然后向东穿过菲律宾与印度尼西亚之间的海域通向太平洋，其中西里伯斯海的绝大部分都不属于菲律宾或印度尼西亚的群岛水域。这条航道的巴拉克海峡—苏禄海一段航行应适用群岛水域的无害通过权。中国同样应当留意菲律宾以海洋保护区制度来限制外国军舰在其群岛水域行使的各种权利。[56]

群岛海道概念的引入就是为了允许军舰、军用飞机、潜艇自由、不受阻碍地通过群岛水域。[57]《海洋法公约》第53条第3款中的群岛海道通过权与第38条第2款中的海峡过境通行权的内容一样，航行与飞越的“通常方式”允许潜艇在水下航行，允许军用飞机携带通常设备按照战斗队形飞越海道，水面战舰航行时可以采取必要的安全措施，包括以编队的方式航行、起飞及回收飞机，这些都符合海洋大国的长期实践与主张。此

---

〔54〕 See Hugo Caminos and Vincent P. Cogliati-Bantz, *Legal Regime of Straits-Contemporary Challenges and Solutions*, Cambridge University Press, 2014, p. 204; Maria Maya Lestari, “New Consensus on Archipelagic Sea Lane Passage Regime over Marine Protected Areas: Study Case on Indonesian Waters”, accessed April 21, 2019, http://papers.iafor.org/wp-content/uploads/papers/acss2017/ACSS2017_36243.pdf.

〔55〕 See Maria Maya Lestari, “New Consensus on Archipelagic Sea Lane Passage Regime over Marine Protected Areas: Study Case on Indonesian Waters”, accessed April 21, 2019, http://papers.iafor.org/wp-content/uploads/papers/acss2017/ACSS2017_36243.pdf.

〔56〕 See Mark J. Valencia and James Barney Marsh, “Access to Straits and Sealanes in Southeast Asian Seas: Legal, Economic, and Strategic Considerations”, *Journal of Maritime Law and Commerce* 16, 4 (1985): 525.

〔57〕 See Hugo Caminos and Vincent P. Cogliati-Bantz, *Legal Regime of Straits-Contemporary Challenges and Solutions*, Cambridge University Press, 2014, p. 185.

外，群岛国不得停止群岛海道通过权，即使出于国家安全的理由暂时停止也不可以。[58]

5. 潜艇的航行问题

潜艇属于军舰的范畴，一般规制军舰航行的国际法规则原则上都适用于潜艇。然而，潜艇可以在水面下航行，因此《海洋法公约》中有若干针对潜艇的专门规定。有关潜艇航行的意见和国家实践主要来自美国等海洋大国，但对于中国也有一定的参考意义。

《海洋法公约》第 20 条只是规定“在领海内，潜水艇和其他潜水器，必须在海面上航行并展示其旗帜”。对第 20 条的理解有两种：一是潜艇在水下航行本身就构成非无害通过，因此违反了第 19 条关于无害通过的界定；二是潜艇在水下航行并不必然构成非无害通过，是否无害要取决于当时具体的情景。鉴于第 19 条所列举的非无害通过的情形没有包括第 20 条的内容，有学者认为这意味着《海洋法公约》无意将潜艇在水面航行作为无害通过的必要条件，因此较好的办法是允许沿海国家自己确定潜艇通过的性质。[59] 无论如何，外国潜艇在沿海国领海水面下航行、停留自然会引起安全方面的担心，甚至引发沿海国的激烈回应。根据潜艇所处的位置、当时航行的具体情况综合判断，一个合理的结论是：如果潜艇不是位于常用的国际航道而且长时间在水下潜航，那可以初步断定该潜艇的行为属于非无害通过。

关于潜艇在《海洋法公约》第 37 条意义上的国际海峡中通过问题，《海洋法公约》中并没有条款明确规定潜艇可以在水下航行，但一个被广泛接受的解释是潜艇可以在水下航行，属于第 39 条中“通常方式所附带发生的”航行方式。根据《海洋法公约》第 39 条、第 54 条规定，潜艇在国际海峡、群岛海道航行时适用相同的规则。[60] 特别需要注意的是，柴油动力潜艇需要定期上浮充电或补给空气，因此，这类潜艇航行的通常方式包括水面航行和水下航行两种模式。[61]

对中国来说，潜艇通过《海洋法公约》第 37 条意义上的国际海峡（在技术上来看，所有水道比较狭窄的海峡都面临相同的问题）固然可以在水下航行，但这取决于对有关

---

〔58〕 See Executive Report 110-09: Convention on The Law of The Sea, accessed April 21, 2019, https: //www. foreign. senate. gov/imo/media/doc/executive_ report_ 110-09. pdf; R. Beckman, “Archipelagic Sea Lanes Passage in Southeast Asia—Developments and Uncertainties”, in K. C. Guan and J. K. Skogan (eds.), *Maritime Security in Southeast Asia*, Routledge, 2007, pp. 125-126; J. Peter A. Bernhardt, “The Right of Archipelagic SeaLanes Passage: A Primer”, *Virginia Journal of International Law* 1, (1994-1995): 759.

〔59〕 See Richar A. Barnes, Article 21, in Alexander Proelß (ed.), *The United Nations Convention on the Law of the Sea: A Commentary*, Hart Publishing, 2017, p. 199.

〔60〕 See Bing Bing Jia, *The Regime of Straits in International Law*, Clarendon Press, 1998, pp. 151-152; Hugo Caminos and Vincent P. Cogliati-Bantz, *Legal Regime of Straits-Contemporary Challenges and Solutions*, Cambridge University Press, pp. 165, 215-217, 299; Rene-Jean Dupuy and Daniel Vignes (eds.), *A Handbook on the New Law of the Sea*, Vol. II, Martinus Nijhoff, 1991, pp. 926, 929.

〔61〕 See J. Peter A. Bernhardt, “The Right of Archipelagic SeaLanes Passage: A Primer”, *Virginia Journal of International Law* 1, (1994-1995): 759.

航道水文数据掌握的情况。至于通过菲律宾、印度尼西亚这些周边国家的群岛水域，群岛水域的无害通过权、群岛海道通过权（与国际航行海峡中的过境通行权内容一样）都提供了一种法律基础。在现实中，中国的潜艇是否在群岛水域航行要依据具体情况而定，即航道的水文特征、当时政治与战略环境是否支持潜艇的安全航行。

6. *核动力船舶*

像美国、苏联海上力量主要体现为数量庞大的核动力船舶和核潜艇，它们能否随其所愿地在大洋上航行是体现其权力的关键。美、苏双方在《有关无害通过国际法规则统一解释的联合声明》中认可核动力船舶在领海享有无害通过的权利而且不需要事先批准——“无论其推进方式”这样的用语实质上就是针对核动力船舶而提出的。[62]

《海洋法公约》有好几处涉及核动力船舶的通行问题，主要功能是出于安全航行与海洋环境保护的目的，本身并不涉及批准的问题。[63] 在实践中，沿海国对于核动力船舶、运载核原料船舶的规制有三种：禁止通行、事先通知和事先批准。禁止通行的一般限于运输核废料和危险物品的船舶，不是针对核动力船舶。菲律宾等国禁止运输危险物质（尤其是核废料）的船舶通过其领水。[64] 一些国家，如阿联酋、也门、吉布提、巴基斯坦、波兰、加拿大要求核动力船舶、运载危险和污染性物质的船舶事先通知其通过。法国要求船舶进入其领水之前要申报货物的性质。

还有一些多边及双边国际条约规定，核动力船舶、运载核原料的船舶在进入领海前要事先获得批准。[65] 不过，一缔约国是否按照条约规定要求核动力船舶进入其领海或港口前必须事先通知或批准，仍然取决于该国法律的具体要求。一些处于重要国际航线沿岸的国家要求核动力船舶进入其领海前需要事先同意或批准，如阿曼、伊朗、埃及、几内亚、马来西亚、马耳他、西班牙、秘鲁、沙特、也门。[66]

中国的军用核动力船舶进出太平洋、印度洋，可能需要经过周边国家的领海、专属经济区、国际海峡、群岛水域、群岛海道。经过日本一些岛屿之间的海峡，经过菲律宾、印度尼西亚群岛水域和马六甲海峡会涉及相关各国关于核动力船舶通行的要求。中国应当坚持的首要原则是核动力船舶的通行不需要事先批准，第二原则是核动力与运输

---

〔62〕 See Union of Soviet Socialist Republics—United States：Joint Statement with Attached Uniform Interpretation of Rules of International Law Governing Innocent Passage，International Legal Materials，1989，pp. 1444 - 1447.

〔63〕 参见《海洋法公约》第22条、第23条；Alexander Proelß（ed.），*The United Nations Convention on the Law of the Sea：A Commentary*，Hart Publishing，2017，p. 215。

〔64〕 See Marco Roscini，“The Navigational Rights of Nuclear Ships”，*Leiden Journal of International Law* 15，（2002）：255-256；Toxic Substances and Hazardous and Nuclear Wastes Control Act of 1990（Republic Act No. 6969），accessed April 21，2019，https：//wipolex. wipo. int/en/text/225773.

〔65〕 See Richard A. Barnes，Article 23，in Alexander Proelß（ed.），*The United Nations Convention on the Law of the Sea：A Commentary*，Hart Publishing，2017，pp. 215-216.

〔66〕 See Marco Roscini，“The Navigational Rights of Nuclear Ships”，*Leiden Journal of International Law* 15，（2002）：253-257.

核原料、核废料、危险物品属于不同的范畴。

（三）一种更为平衡的思考

1. 一种符合中国国家利益的国际法立场

根据上面的分析，为了掌控周边海洋乃至远洋的基本情况，为了中国舰队本身的安全，为了不给中国海军活动的法律基础自我设限，为了不使中国海军沦为要塞舰队，中国应当认真考虑主张下列有关航行自由的基本立场：（1）军舰在领海应当享有无须事先批准的无害通过权；（2）在专属经济区享有最广泛的军事活动的权利，目的是在和平时期为舰队提供足够的训练和安全警戒范围；（3）国际海峡通行、群岛海道通过的通常方式应当包括舰载飞机的起降，以便为航母编队通行时提供空中警戒、进行正常的安全部署；（4）潜艇在国际海峡、群岛海道之水面下航行属于通行、通过的通常方式，且无须事先批准；（5）军用核动力船舶行使国际海峡过境通行权、群岛海道通过权不需要事先批准；（6）在国际海峡、群岛国海道通过的船舶和飞机，无论其功能如何，都不受阻碍。

这类法律立场并非简单地来源于《海洋法公约》中有关航行的规定，事实上公约乃至国际习惯法规则并不能提供清晰的答案。[67] 出于条约解释的目的，在缺乏嗣后协定的情况下，在国际关系中具有重要意义的是嗣后实践（subsequent practice），然而有相关实践的国家很少，主要是少数海权国家。诸如潜艇、航空母舰在国际海峡、群岛水域、群岛海道的通过，舰载军用飞机在国际海峡、群岛水域、群岛海道的起降行为，有大量此类实践的国家也仅有美国。不过，美国的国家实践不大可能构成1969年《维也纳条约法公约》第31条第3款b项所述“确定各当事国对条约解释之协定之任何嗣后实践”，因为美国并非《海洋法公约》的缔约国[68]；而且有此类实践的国家数量太少，不具有普遍性；再者世界各国在航行自由与军事活动的关系上分歧太大，无法构成“各当事国对该条约解释之协定”。另外，美国主张航行自由权的时候，其多数时候将其主张建立在国际习惯法的基础上。虽然如此，像航空母舰在国际海峡、群岛水域、群岛海道中的航行所产生的一系列技术问题（如飞机的起降、执行警戒任务等），现有国际习惯法规则其实并不明确，因为缺乏被普遍接受的一致性国家实践。针对这种情况，《奥本海国际法》指出，在确定习惯国际法时，“在某些领域内，最重要的也许是，在该领域内有直接关系的国家的实践和态度。因此，实践不一定是每一个国家都默示或明示作为

---

〔67〕 正如联合国海洋法法庭庭长弗拉基米尔·戈利岑（Vladimir Golitsyn）于2017年在美国海战学院的一次演说中表示，《海洋法公约》没有、从来也无意为产生的每个海洋问题提供答案。See Vladimir Golitsyn, “Freedom of Navigation: Development of the Law of the Sea and Emerging Challenges”, *International Law Studies* 93, (2017): 264.

〔68〕 联合国国际法委员会于2018年通过的《与条约解释相关的嗣后协定和嗣后实践》草案条文结论4“嗣后协定和嗣后实践的定义”指出，第31条第3款b项下的嗣后实践必须是适用条约的行为。既然美国并非《海洋法公约》的缔约国，其行为就不能被视为是适用条约的行为。参见 ILC Report, A/73/10, 2018, chap. IV, p. 13。

法律予以遵守或接受的”[69]。军舰的航行、舰载飞机的起降和飞越正是这类领域，少数有此实践和明确法律立场的国家极为重要。在这种意义上，美国的立场在某种程度上正制约着这方面国际法的发展。中国可能会建设成美国之外的世界上第二大海军力量，也属于为数不多的“有直接关系的国家”，预计中国在航行自由方面的法律立场、国家实践会对该领域国际法的发展产生影响，这是毫无疑问的，问题在于发展的方向。如果上述中国的法律立场成为中国海军行动的基础，那么中国的国家实践对国际法发展的影响将有利于中国发展远洋军事力量。

2. *一种更为平衡的思考*

中国主张积极的航行自由，在为自己主张广泛权利的同时也就赋予了他国权利，可能引发的担忧是该立场为美国在中国近海从事侦察活动提供了其所需要的法律理由，使美国的行为变本加厉。在当下东亚的地缘政治中，这种担忧很自然。然而，美国是否那样做取决于它自己的国际法立场、战略意图和行动能力，而非中国的法律立场。而中国海军出入周边国家的领海、专属经济区、国际海峡、群岛水域、群岛海道到大洋深处进行活动需要相应的法律基础，这需要根据国家利益来平衡其中的利弊。

第一，长期以来中国关于领海无害通过、专属经济区军事活动的传统立场反映了海军弱小国家的安全困境。海军弱小国家最担心暴露自己军事上的薄弱之处，而又无替代方案克服弱点，因此其立场是阻止其他国家从事有关军事活动（尤其是侦察、与军事活动有关的水文测量）。相对于弱国，海上强国担心的不是暴露自身的弱点（强国、弱国力量对比悬殊的时候，强国的弱点其实对弱国来说可利用的价值有限），而是对敌情的掌握不够充分。[70] 在中国海军力量变强以后，倘若中国的海军实际行动与传统立场保持一致，那就变为一种自我设限的立场，这与海洋大国的强军经验背道而驰。

第二，有能力、有意愿在中国近海专门针对中国从事军事活动的主要是美国，可以预计，无论中国对航行自由持何种立场都不会影响美国实施其航行计划。[71] 因此，中国采取积极的航行自由立场对眼下面临的安全问题不会有显著改善，也不会有明显恶化，但长期看可以确立有助于提高中国海军能力的国际法基础。

如果中国打算建立一支具有远洋作战能力的海军，与此相适应的立场应该是支持对“航行自由”作比较宽泛的解释，长期来看会与美国的主张接近，这是两国各自利益的偶合使然。[72] 当然，这并不意味着中国会成为像美国那样的超级海权国家，因为中国不具备历史上美国所拥有的那些天时地利等因素。[73]

---

〔69〕［英］詹宁斯、瓦茨修订：《奥本海国际法》（第1卷·第1分册），王铁崖等译，中国大百科全书出版社1992年版，第17页。
〔70〕参见牟文富：《互动背景下中国对专属经济区内军事活动的政策选择》，《太平洋学报》2013年第11期。
〔71〕参见袁发强：《航行自由制度与中国的政策选择》，《国际问题研究》2016年第2期。
〔72〕参见牟文富：《互动背景下中国对专属经济区内军事活动的政策选择》，《太平洋学报》2013年第11期。
〔73〕参见胡波：《国际海洋政治发展趋势与中国的战略抉择》，《国际问题研究》2017年第2期。

第三，作为应对美国在中国近海进行频繁军事活动的一个思路，中国需要将《海洋法公约》中的航行权、飞越权从美国显示武力、武力威胁的行为中剥离出来，以正面的态度看待航行自由，坚决反对后者，并采取相应的军事反制措施，如诉诸拦截措施、建立安全警戒区。例如，2018 年 9 月 30 日，美国驱逐舰进入中国南沙群岛有关岛礁邻近海域，侵犯了中国的主权、威胁到了中国的安全，中国海军对美舰进行了识别查证、警告和驱离。[74]

第四，坚持诚信原则、反对滥用权利。[75]《海洋法公约》中关于诚意、禁止滥用权利的规定是为了制衡相关国家过度行使公约所赋予的裁量性权利/权力。滥用权利体现在一国行使权利的具体方式和情形实质上规避了其国际义务，或该国行使权利所抱有的目的不是维护自己的合法权利。[76]《海洋法公约》中的公海自由概念就存在被滥用的可能性。[77] 例如，美国在他国专属经济区内炫耀武力甚至以武力相威胁，特意挑战其他国家主权，其所依赖的法律理由就是行使公海自由。在船舶的通行权、飞机的飞越权没有任何阻碍的情况下，美国行使航行自由权利的具体方式却是通过显示武力来挑战他国的合法领土主张，通过炫耀武力或以武力相威胁来达到其地缘政治目的，这明显违反了《海洋法公约》第 300 条规定的"诚意和滥用权利"原则和第 301 条规定的"海洋的和平利用"原则。

三、结论

航行自由固然是一种世界上所有国家都能从中获益的法律原则，但强调军舰的航行自由、军用飞机的飞越自由，获益最大的国家毕竟是海权大国。行使航行自由、飞越自由是所有国家的权利，但体现的却是海洋大国的权力。对此，中国应当有清楚、现实的认识。此外，中国所面临的地缘困境还体现在中国行使航行自由权直接涉及周边国家，这一点与美国所处的地理位置明显不同。即使中国奉行"绝不称霸"的外交政策，但较大规模的海军在海上航行不可避免地体现了权力，也必然引起周边国家的极度关注，甚至可能引发东亚国际关系的变动，这是中国建设海军不可避免的外溢效应。美国实施的"航行自由计划"给世人留下的印象是极端的单边主义、炫耀武力甚至故意挑战他国主权，这对中国与周边国家关系来说极不可取。中国行使航行权、飞越权应当注意下述问题：

（1）美国的"航行自由计划"是"军舰行动+外交抗议"的二元一体计划，一个典型的特征是特意挑战目标国家的所谓"过度海洋主张"，其中不乏炫耀武力、进行武力威胁的成

---

〔74〕 参见《外交部发言人华春莹就美舰非法进入南沙群岛有关岛礁邻近海域答记者问》，https：//www. fmprc. gov. cn/web/fyrbt_ 673021/dhdw_ 673027/t1601544. shtml，访问日期：2019 年 4 月 25 日。

〔75〕 参见《海洋法公约》第 300 条"诚意和滥用权利"、第 301 条"海洋的和平利用"。

〔76〕 Myron H. Nordquist，et al.，（eds.），*United Nations Convention of the Law of the Sea*：*A Commentary*，Vol. V，Martinus Nijhoff Publishers，1989，p. 152.

〔77〕 Alexander Proelß（ed.），*The United Nations Convention on the Law of the Sea*：*A Commentary*，Hart Publishing，2017，pp. 1938，1942.

分，同时也没有顾及他国合理合法的安全诉求[78]，将自己的航行自由、安全建立在他国的不安全担心之上。中国在行使航行自由权时应尽力避免给中国与周边国家关系造成困扰。

（2）中国在行使航行、飞越权的时候，应根据军事活动的需要、以完成和平时期军事活动为目的去行使航行权，摒弃美国特意挑战目标国家海洋主张的做法。对于与中国没有领土与海洋争端的国家，中国可以选择尊重这些国家关于领海基线、专属经济区的范围等方面的主张。

（3）周边国家如印度尼西亚、菲律宾对其群岛水域、专属经济区内的军事活动异常敏感，尤其是群岛水域深入其领土内部，它们对安全的担忧应属正常。如果在群岛水域、群岛海道大规模或频繁起降舰载军用飞机（航行与飞越的“通常方式”），在中国与这些国家缺乏军事合作协定的情况下，无疑会引起后者的疑虑和安全上的担心。未来中国航母舰队通过周边群岛国家的群岛水域时可以考虑采用某种灵活、非正式的方式主动给予提前通知，尽量消解疑虑，当然事先通知不能被视为一项法律义务。美国、苏联也有向印度尼西亚政府事先通知的先例。[79]

（4）海军所冀求的自由行动与他国的安全考虑和管理要求之间总是呈现紧张关系，但二者的需求都不失正当性、合理性。在海洋大国看来，下列因素制约了海军水面部队在和平时期出入关键海道和高效部署：可供通过的海洋空间狭小、提前通知要求、沿海国纷繁复杂的管理制度、难以进行情报和科学数据收集、沿海国的抗议、将出入权利作为讨价还价的筹码、反馈时间漫长。[80] 美国能方便地出入于日本、菲律宾群岛水域，一个最主要的原因是美国与日本、菲律宾的军事同盟赋予了美国充分的出入自由，但美国在印度尼西亚群岛水域中的通行并非如此，因为双方缺乏美日、美菲军事协定那样的机制是一个重要原因。这对中国是一个重要启示，即良好的双边关系有助于军舰和飞机的航行、飞越。这也自然产生了一个地缘政治上的后果：存在美日、美菲军事协定的情况下，中国要在日本海峡、菲律宾群岛水域行使通行权和通过权就极有可能受到前述军事关系最大限度的制约。这也说明，在和平时期，双边关系的性质和现状对一个国家行使航行自由的实际情况有很大影响。

---

〔78〕参见包毅楠：《美国“过度海洋主张”理论及实践的批判性分析》，《国际问题研究》2017年第5期。

〔79〕1996年美国、澳大利亚与印度尼西亚达成的《美国、澳大利亚、印度尼西亚关于行使群岛海道航行的19条规则》第5条规定：“出于安全航行、采取预备措施防止事故发生之目的，建议外国军舰以及核动力船舶在通过海道时提前通知印尼政府（即印尼武装部队总司令）。”该条是建议而非强制性规定，这样做的好处在于没有将通知作为一项义务，既方便了印度尼西亚的航行安全要求，同时又满足了航行自由的实质。See Dhiana Puspitawati，“The East/West Archipelagic Sea Lanes Passage Through the Indonesian Archipelago”，*Maritime Studies* 140，1（2005）：5，9-11；Mark J. Valencia and James Barney Marsh，“Access to Straits and Sealanes in Southeast Asian Seas：Legal，Economic，and Strategic Considerations”，*Journal of Maritime Law and Commerce* 16，4（1985）：513.

〔80〕See Mark J. Valencia and James Barney Marsh，“Access to Straits and Sealanes in Southeast Asian Seas：Legal，Economic，and Strategic Considerations”，*Journal of Maritime Law and Commerce* 16，4（1985）：545.

美国“航行自由行动”的法理分析与因应之策

■ 徐琬晴*

【内容摘要】近年来，美国将“航行自由行动”的中心转移至南海，以维护南海航行自由之名，频繁地派遣军舰在南海相关海域开展所谓的“航行自由行动”，重点针对我国要求外国军舰通过我国领海需事先获得批准、西沙群岛直线基线的适用、专属经济区内的军事测量活动受沿海国管辖等“过度的海洋权利主张”进行挑战。通过分析此等行动的理论基础及法律依据，可以看出美国南海“航行自由行动”缺乏充分的国际法依据。面对美国日趋频繁且不断演进的“航行自由行动”，中国应采取加强法理研究、完善国内海洋法律体系、通过国家实践明确和强化海洋权利主张、提升国际海洋法话语权等措施予以有效应对。

【关键词】“航行自由行动”　“过度的海洋权利主张”　南海　领海　专属经济区

近年来，美国以维护1982年《联合国海洋法公约》（以下简称《海洋法公约》）中的航行自由权利为名，频繁派遣军舰于我国管辖海域内开展所谓的“航行自由行动”，挑战我国的海洋权利主张，严重危害我国的国家安全。自2015年10月“拉森号”驱逐舰高调实施南海“航行自由行动”以来，美国每季度均会派遣军舰于南海相关海域宣示“航行自由”。截至2019年上半年，美军舰至少17次闯入我国南海岛礁邻近海域。〔1〕2019年3月美国国防部发布的《2018财年航行自由年度报告》中，区别于以往的年度报告，美国于开篇即明确宣示维护海洋自由是美国最重要的国家利益，表明了美国对海洋自由的高度重视。此外，美国亦首次明示了“航行自由行动”所挑战的沿海国“过度的海洋权利主张”所依据的是沿海国法律法规或声明，这也进一步表明，未来

---

* 中山大学法学院国际法硕士研究生。

〔1〕 2015年10月27日，“拉森号”驱逐舰进入渚碧礁12海里之内；2016年1月29日，“阿蒂斯·威尔伯号”驱逐舰进入中建岛12海里之内；2016年5月10日，“劳伦斯号”驱逐舰进入永暑礁12海里之内；2016年10月21日，“迪凯特号”驱逐舰进入中建岛12海里之内；2017年5月24日，“杜威号”驱逐舰进入美济礁12海里之内；2017年7月2日，“斯坦塞姆号”驱逐舰进入中建岛12海里之内；2017年8月10日，“麦肯恩号”驱逐舰进入美济礁12海里之内；2017年10月10日，“查菲号”驱逐舰进入西沙群岛内水；2018年1月17日，“霍珀号”驱逐舰进入黄岩岛12海里之内；2018年3月23日，“马斯廷号”驱逐舰进入美济礁12海里之内；2018年5月27日，“希金斯号”驱逐舰和“安提塔姆号”巡洋舰进入西沙群岛12海里之内；2018年9月30日，“迪凯特号”驱逐舰进入南沙群岛有关岛礁邻近海域；2018年11月29日，“切斯劳维尔号”导弹巡洋舰进入西沙群岛领海之内；2019年1月7日，“麦坎贝尔号”驱逐舰进入西沙群岛领海之内；2019年2月11日，“斯普鲁恩斯号”“普雷布尔号”导弹驱逐舰进入仁爱礁和美济礁12海里之内；2019年5月6日，“普雷贝尔号”“钟云号”导弹驱逐舰进入南薰礁和赤瓜礁12海里之内；2019年5月20日，“普雷贝尔号”进入黄岩岛12海里之内。以上整理自外交部例行记者会与发言人表态和问答。

美国在南海开展“航行自由行动”会逐渐淡化行动的军事意义，强化其法理内涵。[2]可以预见，在未来的一段时间内，美国会继续派遣军舰于南海相关海域实施“航行自由行动”，甚至有逐渐加大行动力度的趋势。因此，对“航行自由行动”背后所涉及的国际法问题进行研究，为中国探寻应对美国在南海的“航行自由行动”之策略显得刻不容缓。

一、“航行自由行动”的内涵

为维持美国海军在全球海域的机动性、维护美国的海洋霸权，卡特政府于1979年正式出台“航行自由计划”。[3] 所谓“航行自由计划”，即是通过军事宣示行动（即“航行自由行动”）与外交磋商和抗议，对美国所认为的沿海国旨在限制甚至是消灭航行自由的、与国际法不符的过度海洋权利主张进行挑战，以保障所有国家的航行和飞越自由等海洋权利的一项政策计划。[4] 随后的历届美国政府均出台了相应的政策文件，对计划背后的美国海洋权益主张予以强化。被称为美国海洋政策基础的1983年《美国海洋政策声明》指出，在“航行自由计划”之下，美国将“以与《海洋法公约》相一致且符合各国利益的方式在全球范围内行使和维护海洋权利和海洋自由”。对于一些沿海国声称的与《海洋法公约》不相符的过度的海洋权利主张，美国表示“不会默许这些国家旨在限制国际社会航行、飞越权利和自由的单方行为”[5]。而现今美国在南海海域开展的“航行自由行动”正是美国“航行自由计划”的一部分。

美国“航行自由行动”的挑战对象是美国所认定的沿海国“过度的海洋权利主张”。根据美国国防部发布的关于“航行自由计划”情况说明书，“过度的海洋权利主张”被定义为：“沿海国所提出的与国际海洋法不相符的海洋区域或管辖权的主张。如

[2] U. S. Department of Defense, 2018 Annual Freedom of Navigation Reports, accessed April 21, 2019, https://policy.defense.gov/Portals/11/Documents/FY18%20DoD%20Annual%20FON%20Report%20(final).pdf?ver=2019-03-19-103517-010.

[3] U. S. Department of State, Bureau of Ocean and International Environmental and Scientific Affairs, Limits in the Seas No. 112 United States Responses to Excessive National Maritime Claims, p. 6, accessed April 21, 2019, https://www.state.gov/documents/organization/58381.pdf.

[4] U. S. Department of Defense, DOD Freedom of Navigation (FON) Program Fact Sheet, 2017, accessed April 21, 2019, http://policy.defense.gov/Portals/11/DoD%20FON%20Program%20Summary%2016.pdf?ver=2017-03-03-141350-380; U. S. Department of State, Office of the Legal Adviser, Digest of United States Practice in International Law 1989-1990, p. 440, accessed April 21, 2019, https://www.state.gov/documents/organization/139393.pdf; U. S. Department of State, Bureau of Ocean and International Environmental and Scientific Affairs, Limits in the Seas No. 112 United States Responses to Excessive National Maritime Claims, p. 6, accessed April 21, 2019, https://www.state.gov/documents/organization/58381.pdf.

[5] Ronald Reagan, Statement on United States Oceans Policy, 10 March 1983, accessed April 21, 2019, https://www.reaganlibrary.gov/sites/default/files/archives/speeches/1983/31083c.htm.

果不对这些主张进行挑战，将会侵犯国际法赋予所有国家的利用海洋和空域的权利和自由。"[6] 换言之，即是指沿海国对海洋区域提出的不符合《海洋法公约》的有关主权、主权权利和管辖权的主张。[7]

在 1982 年里根政府颁布的第 72 号《国家安全决定指令》中，美国首次罗列了其所认定的沿海国过度的海洋权利主张的主要类型：一是美国否认的历史性水域主张；二是过度的直线基线主张；三是过度的领海主张；四是对领海使用的非法限制主张；五是对领海之外的海域主张管辖权；六是过度的群岛主张。[8] 在各类型项下，还分别列有更为具体的过度海洋权利主张事项。此后，随着国家实践的不断发展，美国所认定的沿海国过度的海洋权利主张的类型不断增加，其内容亦在不断地丰富、充实，体现了一定的复杂性。

由于美国尚未加入《海洋法公约》，美国通过实施"航行自由行动"不仅可以向国际社会明确其海洋权利主张，更重要的是为了防止因自身不积极行使海洋权利、默许其他国家的过度海洋权利主张，导致随着时间的推移，这些过度的海洋权利主张最终将发展成为具有约束力的国际习惯法规则。简而言之，美国试图通过周期长、强度大、重复率高的"航行自由行动"，对《海洋法公约》条款的解释和适用以及海洋法的发展产生潜移默化的影响，以使海洋法领域国际法规则的发展与美国的海洋权益相一致。

二、"航行自由行动"的法理分析

（一）"航行自由行动"的法律依据

如前所述，美国"航行自由行动"的理论基础是美国所认定的"过度的海洋权利主张"，而衡量"过度的海洋权利主张"的法律依据则是《海洋法公约》和海洋法领域的国际习惯法规则。

虽然美国在主张海洋权利、认定他国"过度的海洋权利主张"之时，始终是参照《海洋法公约》进行的，但由于美国并非《海洋法公约》的缔约国，因而它在主张海洋权利之时，更倾向于将相关的海洋法规则视为国际习惯法规则。美国认为，《海洋法公约》中与航行自由和传统海洋利用相关的条款，都是对现有的国际习惯法规则和正在形

---

〔6〕 U. S. Department of Defense, DOD Freedom of Navigation (FON) Program Fact Sheet, 2017, accessed April 21, 2019, http://policy.defense.gov/Portals/11/DoD%20FON%20Program%20Summary%2016.pdf?ver=2017-03-03-141350-380.

〔7〕 J. Ashley Roach and Robert W. Smith, *Excessive Maritime Claims*, 3rd edition, Martinus Nijhoff Publishers, 2012, p. 17. J. Ashley Roach 是美国国务院前法律顾问，Robert W. Smith 是美国国务院海洋事务办公室前地理顾问。

〔8〕 https://fas.org/irp/offdocs/nsdd/nsdd-72.pdf.

成的国际习惯法规则的编纂。[9] 即便其中存在些许条款仍未正式形成国际习惯法规则，但它们的内容也至少反映了国际社会对相关海洋法问题的一致观点，随着国家实践的发展，这些条款在未来也必将演变成国际习惯法规则。这是因为：一方面，《海洋法公约》的内容基本上是对国家实践的反映，在第三次联合国海洋法会议谈判期间，已有不少国家通过立法等国内程序将《海洋法公约》的相关内容转化成国内法予以实施。另一方面，《海洋法公约》中的不少条款都是对美国作为缔约国之一的 1958 年《领海和毗连区公约》的规定稍作修整转化而来的。尽管《领海和毗连区公约》的缔约国数量较少，但通过长期艰难谈判、最终以协商一致的方式达成的《海洋法公约》如今为国际社会所广泛接受，并且被一致地普遍适用于各缔约国和非缔约国，则意味着《海洋法公约》的内容反映了大多数国家的国际法观点。[10] 因此，无论是客观上的国家实践因素，还是主观上的法律确信因素，国际习惯法规则的形成所必需的两个因素都得到了满足，故美国接受《海洋法公约》中与航行自由相关的规范性条款为国际习惯法[11]，从而进一步认为“航行自由行动”反映出美国的海洋权利主张与《海洋法公约》和国际习惯法规则是一致的。

然而，早在《海洋法公约》的制定过程中，大多数发展中国家就已经否定了美国的上述观点：七十七国集团主张《海洋法公约》中与航行自由相关的条款更多的是对新的国际法规则的制定，而非对国际习惯法的编纂。[12] 大会副主席许通美大使亦表示，《海洋法公约》并不是对国际习惯法或国际惯例的编纂。[13]

此外，究竟《海洋法公约》中的哪些条款属于国际习惯法的范畴，国际社会上并没有明确的定论，《海洋法公约》亦未加以明示，因而谨慎识别其中的国际习惯法条款是颇有难度的。[14] 根据美国国务院法务顾问办公室发布的《美国国际法实践汇编》，美国认为《海洋法公约》中所反映的国际习惯法规则主要包括但不限于：直线基线的适用情形；12 海里领海；领海无害通过制度；24 海里毗连区；沿海国对毗连区的管辖权仅限

〔9〕 David Lawrence Treat, “The United States’ Claims of Customary Legal Rights under the Law of the Sea Convention”, *Washington and Lee Law Review* 41, 1 (1984): 253; William J. Aceves, “The Freedom of Navigation Program: A Study of the Relationship between Law and Politics”, *Hastings International and Comparative Law Review* 19, (1996), p. 301.

〔10〕 Thomas A. Clingan, Jr., “Freedom of Navigation in a Post-UNCLOS Ⅲ Environment”, *Law and Contemporary Problems* 46, 2 (1983), pp. 120-121.

〔11〕 John Norton Moore, “Navigational Freedom: The Most Critical Common Heritage”, *International Law Studies* 93, (2017): 260.

〔12〕 当时的 77 国集团已由大约 120 个发展中国家构成。See Myron H. Nordquist (ed.), *United Nations Convention on the Law of the Sea* 1982: *A Commentary*, Vol. I, Martinus Nijhoff Publishers, 1985, pp. 81-82.

〔13〕 Tommy T. B. Koh, “A Constitution for the Ocean”, in The Law of the Sea: Official Text of the United Nations Convention on the Law of the Sea with Annexes and Index, United Nations, 1983, pp. xxxiv-xxxv.

〔14〕 参见牟文富：《美国在〈联合国海洋法公约〉之外塑造海洋秩序的战略》，《中国海洋法学评论》2014 年第 2 期。

于海关、财政、移民、卫生四个特定事项，而不包括安全利益；沿海国在专属经济区内对海洋科学研究活动等事项具有管辖权；沿海国应当适当顾及其他国家在专属经济区内的权利和义务；所有国家在专属经济区内享有航行自由等与海洋传统利用相关的权利；海峡过境通行制度；与群岛相关的规定；群岛海道通行制度；等等。[15] 然而，其中不少规则所涉及的具体的海洋法问题在国际社会中至今仍然存在争议。例如，军舰进入领海是否需经事先授权，专属经济区内航行和飞越自由的界限，专属经济区内的军事活动和测量活动是否需要获得沿海国的事先批准，海洋科学研究活动的范围，等等。由于《海洋法公约》是缔约国妥协达成的"一揽子协议"，不允许国家作出一般保留，从而导致《海洋法公约》制定过程中颇具争议的事项都以模糊条款的形式被编纂入《海洋法公约》文本当中。《海洋法公约》对许多与航行自由相关的规定或留有空白地带，或含糊其词，相关概念的定义也不明晰，发达海洋大国与发展中沿海国家对此各执一词、分歧较大，并无普遍接受的定论。国际社会对此尚且没有一致、统一的国家实践，美国就提出存在相关国际习惯法规则，这种观点又如何能站得住脚？[16]

综上可见，美国认定的《海洋法公约》所反映的国际习惯法规则，实则是美国单方面解读《海洋法公约》模糊条款的结果，一国不能将其单方面的解读强加给国际社会并视之为唯一的、准确的解读。然而，美国作为非缔约国，却就此认定与其对条款解释不一致的沿海国家所主张的海洋权利违反《海洋法公约》和国际习惯法的规定，限制了美国及其他国家的航行自由，进而派遣军舰在这些沿海国的相关海域开展"航行自由行动"。实际上，美国的"航行自由行动"缺乏充分的国际法依据，其实施损害了遭受挑战的沿海国的国家安全和海洋权益，亦对《海洋法公约》框架下的国际海洋法秩序造成了一定的冲击。

（二）对南海"航行自由行动"主要挑战的我国海洋权利主张的国际法分析

自美国"航行自由计划"实施以来，中国一直是该计划年度报告中挑战名单上的常客。根据美国国防部发布的历年航行自由年度报告，美国长期以来挑战我国的所谓"过度的海洋权利主张"主要有：过度的直线基线；外国军舰在领海内无害通过需经事先许可；毗连区内的安全事项管辖；国内法将外国实体在专属经济区内的测量活动定为犯罪；对专属经济区上空空域的管辖；对无意进入中国领空但行经防空识别区的外国飞行器进行限制；对不能产生领海的海洋地物主张领海。[17] 其中，南海"航行自由行动"特别着力于否定外国军舰通过我国领海需事先获得批准、西沙群岛直线基线的适用、专

〔15〕 U. S. Department of State, Office of the Legal Adviser, Digest of United States Practice in International Law 1989-1990, accessed April 21, 2019, https://www.state.gov/documents/organization/139393.pdf, pp. 441, 445, 459, 463, 466, 467, 472, 473.

〔16〕 参见贾兵兵：《国际公法：和平时期的解释与适用》，清华大学出版社2015年版，第34页。

〔17〕 U. S. Department of Defense, 1991-2018 Annual Freedom of Navigation Reports, accessed April 21, 2019, http://policy.defense.gov/OUSDP-Offices/FON/.

属经济区内的军事测量活动受沿海国管辖等我国的海洋权利主张。

1. 领海内的海洋权利主张：军舰的无害通过问题

根据历年航行自由年度报告，外国军舰在领海内无害通过需事先获得批准是美国挑战中国频次最高的“过度的海洋权利主张”。自2015年10月“拉森号”事件以来，美军舰针对该项“过度的海洋权利主张”在南海相关岛礁邻近海域开展了至少10次“航行自由行动”，其中仅2019年上半年即有3次，可见频率日益增大。

关于军舰的领海无害通过权，美国认为，依据《海洋法公约》第17条规定，所有国家的船舶在他国领海内都享有无害通过的权利是海洋法的基本原则之一。[18] 1988年，美国在第5928号总统令中重申其对于领海无害通过的立场，主张根据《海洋法公约》的相关条款，所有国家的船舶在美国领海内均享有无害通过权。[19] 1989年，美国在与苏联共同签署的《关于领海无害通过的国际法规则的联合解释》中进一步详细声明：不论其货物、装备或推进方法如何，包括军舰在内的所有船舶根据国际法都享有领海的无害通过权，无须事先通知或核准。美国参议院对外关系委员会亦在报告中指出，《海洋法公约》并未授权沿海国将军舰的领海无害通过权置于需要事先通知或获得批准的地位。[20] 依据《海洋法公约》第21条和第24条的规定，虽然沿海国可出于环境保护、资源保护、航行安全等目的制定法律和规章对外国船舶的无害通过设定一定的限制，但这种限制必须是合理且必要的，并且不具有否认或损害无害通过权的实际影响。[21] 加之《海洋法公约》第19条第2款对非无害通过作出了穷尽式列举，其中亦并无涉及军舰的领海无害通过问题，故美国认为，要求军舰进入领海需事先通知或经沿海国许可的主张属于过度的海洋权利主张，与《海洋法公约》的规定不符，因而对相关国家的过度的海洋权利主张实施“航行自由计划”进行挑战。[22]

然而，军舰在领海内是否享有与商船完全相同的无害通过权，是长期以来争论不休的一个问题。各国从其自身的利益出发往往采取不同的立场，学者的观点也不尽相同。

在第三次联合国海洋法会议期间，各国就此问题展开了激烈的争论：苏丹、罗马尼

---

〔18〕 U. S. Department of State, Bureau of Ocean and International Environmental and Scientific Affairs, Limits in the Seas No. 112 United States Responses to Excessive National Maritime Claims, p. 6, accessed April 21, 2019, https: //www. state. gov/documents/organization/58381. pdf, pp. 53-54.

〔19〕 Ronald Reagan, Presidential Proclamation No. 5928, accessed April 21, 2019, http: //www. un. org/Depts/los/LEGISLATIONANDTREATIES/PDFFILES/USA_ 1988_ Proclamation. pdf.

〔20〕 U. S. Senate, 110th Congress 1st Session, Committee on Foreign Relations, Executive Report on the Law of the Sea Convention 110-9, p. 20, accessed April 21, 2019, https: //www. gpo. gov/fdsys/pkg/CRPT-110erpt9/pdf/CRPT-110erpt9. pdf.

〔21〕 J. Ashley Roach and Robert W. Smith, *Excessive Maritime Claims*, 3rd edition, Martinus Nijhoff Publishers, 2012, p. 224.

〔22〕 针对该项海洋权利主张，美国先后在阿尔巴尼亚、阿根廷、巴西、埃及、印度、马来西亚、菲律宾等30个国家的相关海域开展了“航行自由行动”。See J. Ashley Roach and Robert W. Smith, *Excessive Maritime Claims*, 3rd edition, Martinus Nijhoff Publishers, 2012, pp. 250-251.

亚等国反对军舰在领海内享有无害通过权；埃及、马耳他、芬兰、瑞典等国要求军舰通过领海前事先通知；中国、伊朗等国主张军舰通过领海前应获得沿海国的许可；美国、英国、苏联等国则声明军舰在领海内享有无害通过权且无须事先通知或获得批准。[23] 加蓬以及包括中国在内的 28 国更是分别向大会提出了修正案，要求在《海洋法公约》第 21 条第 1 款中增加“安全”一词，以明确赋予沿海国制定有关军舰通过领海的法律和规章的权利。该提案在全体会议上获得 46 个国家的支持，而 30 多个国家表示反对。[24] 为避免会议出现分裂，提案国响应大会主席的呼吁不再坚持将提案付诸表决，但主席亦同时声明：“这并不妨碍沿海国依据《海洋法公约》第 19 条和第 25 条的规定采取措施维护其安全利益的权利。”[25] 最终大会依旧未能就此问题达成一致协议，致使《海洋法公约》对该事项并无明确的规定，从而导致在实践中对《海洋法公约》条款的解释和适用存在分歧。

此外，有关军舰无害通过领海的问题在国际社会上也并不存在广泛和一致的实践，因而相关的国际习惯法规则也并未形成。一方面，在 1982 年签署和批准《海洋法公约》之时，就有 30 个国家就领海无害通过问题发表声明，其中有 26 个国家要求对军舰以及携有危险或有毒物质的船舶的无害通过权进行限制，而另有 4 个国家主张一切船舶享有无害通过权。[26] 另一方面，根据美国国务院法律顾问的统计，如今也仍有超过 40 个国家通过国内立法要求外国军舰进入其领海时需要事先通知或获得批准。[27]

学界对于军舰无害通过的问题也始终没有定论，不同的学者观点各异。早在 17 世纪，德国法学家普芬多夫（Pufendorf）就对军舰在领海内的无害通过持否定态度，他认为在未经沿海国许可确保没有任何有害行为的前提之下让军舰进入领海是危险的行为。20 世纪初，英国学者霍尔（William E. Hall）指出外国商船所享有的无害通过权并不延伸至外国军舰，国家有权拒绝外国军舰进入其领海。此外，法国学者吉德尔（Gilbert Gidel）、国际法院前法官杰赛普（Philip C. Jessup）也持有类似的观点。而德国学者尤利乌斯（Julius Hastscheck）则认为，允许外国军舰在其领海内无害通过是沿海国的一项基本义务。[28]

---

〔23〕 参见金永明：《论领海无害通过制度》，《国际法研究》2016 年第 2 期。

〔24〕 参见高健军：《中国与国际海洋法——纪念〈联合国海洋法公约〉生效 10 周年》，海洋出版社 2004 年版，第 48 页。

〔25〕 Tommy T. B. Koh, “The Territorial Sea, Contiguous Zone, Straits and Archipelagoes under the 1982 Convention on the Law of the Sea”, *Malaya Law Review* 29, (1987): 172-173.

〔26〕 参见高健军：《中国与国际海洋法——纪念〈联合国海洋法公约〉生效 10 周年》，海洋出版社 2004 年版，第 53—54 页。

〔27〕 如阿根廷、巴西、丹麦、芬兰、埃及、印度、韩国、菲律宾等国。See J. Ashley Roach and Robert W. Smith, *Excessive Maritime Claims*, 3rd edition, Martinus Nijhoff Publishers, 2012, pp. 250-251.

〔28〕 Zou Keyuan, “Innocent Passage for Warships: The Chinese Doctrine and Practice”, *Ocean Development and International Law* 29, 3 (1998): 197, 203, 218.

中国在此问题上立场一贯，并通过国内立法明确。1958年《关于领海的声明》规定："一切外国飞机和军用船舶，未经中华人民共和国政府的许可，不得进入中国的领海和领海上空。"1992年《中华人民共和国领海及毗连区法》规定"外国非军用船舶，享有依法无害通过中华人民共和国领海的权利"，但"外国军舰通过中国领海，须经中华人民共和国政府批准"。此外，在第三次联合国海洋法会议期间，中国立场始终鲜明、未曾动摇：军用船舶与商船性质不同，外国军用船舶通过沿海国的领海，须事先得到批准或事先通知沿海国。〔29〕

《海洋法公约》中并没有明文规定军舰的无害通过权。由于第17条"无害通过权"被置于"适用于所有船舶的规则"分节之中，因而有学者将此解读为军舰固然属于"船舶"〔30〕，从而军舰在领海享有与商船相同的无害通过权。然而，这种解读并不是唯一的，对此还可以有另一种完全不同的解释，即解释为仅指商船，因为军舰的性质不同于一般商船，因此，如果公约有给予军舰相同的无害通过权的意思则，应明确规定。〔31〕

即使是在第一种解读之下，沿海国要求采取事先通知或获得批准等预防措施与军舰在领海内享有无害通过权并不矛盾，其目的是保证通过的无害，而非否定或损害军舰的无害通过权。〔32〕此外，联系《海洋法公约》序言中规定的和平利用海洋的宗旨以及《海洋法公约》的相关条款，《海洋法公约》也允许沿海国采取这些预防措施对军舰的无害通过予以适当限制。例如：其第19条所列举的非无害通过事项中，进行武力威胁或使用武力，以武器进行操练或演习，在船上起落或接载飞机，在船上发射、降落或接载军事装置等事项通常都是与军舰密切相关的。第25条规定沿海国可在其领海内采取必要的步骤以防止非无害的通过，区别于商船，一国军舰通过他国领海的权利并不是世界一般利益所要求的，这种特权只有利于该个别国家，而常常有害于第三国，有时也对其通过的水域的所属国构成威胁，因而军舰不能与商船按照同样的理由享有无害通过权。〔33〕因此，基于军舰本身具有威胁性的特殊性质，其通过本身就会对沿海国的良好秩序与和平安全造成影响，因而可以认为对军舰无害通过予以适度限制涵盖在"必要的步骤"当中。第30条亦规定军舰应当遵守沿海国关于通过领海的法律和规章，否则沿海国可要求该军舰立即离开领海。而且在《海洋法公约》谈判过程中，大会主席亦在声明中提及国家保有维护其安全利益的权利。

---

〔29〕参见贾宇：《南海航行自由：问题、规则与秩序》，《亚太安全与海洋研究》2019年第3期。

〔30〕Zou Keyuan, "Innocent Passage for Warships: The Chinese Doctrine and Practice", *Ocean Development and International Law* 29, 3 (1998): 198.

〔31〕参见高健军：《中国与国际海洋法——纪念〈联合国海洋法公约〉生效10周年》，海洋出版社2004年版，第49页。

〔32〕Budislav Vukas, "The New Law of the Sea and Navigation: A View from the Mediterranean", in Budislav Vukas, *The Law Of The Sea: Selected Writings*, Martinus Nijhoff Publishers, 2004, p. 141.

〔33〕参见周鲠生：《国际法》，商务印书馆1976年版，第370页。

因此，中国的相关立法与实践符合国际法，美国认为军舰的领海无害通过权受到事先通知或获得批准的限制即构成过度的海洋权利主张，违反《海洋法公约》的规定，仅仅只是美国自身在该问题上的立场而已。故美国将中国要求“军舰无害通过领海需要事先获批”的主张定性为违反《海洋法公约》之规定的观点是错误的。

2. 关于基线的海洋权利主张：大陆国家远洋群岛直线基线的适用

近年来，美军舰加大了在西沙群岛领海内开展“航行自由行动”的力度。区别于在南沙群岛的行动，美军舰不仅挑战外国军舰在领海内无害通过需事先获得批准这一“过度的海洋权利主张”，而且挑战西沙群岛“过度的直线基线”。

西沙群岛的直线基线是美国“航行自由行动”自2007年起数次挑战的对象。我国在西沙群岛划定的直线基线涉及大陆国家远洋群岛适用直线基线的问题，可是关于这一问题，《海洋法公约》留有法律空白。

中国于1996年公布了《领海基线声明》，其中明确直线基线适用于西沙群岛，因而从国家实践的层面表明了我国支持大陆国家远洋群岛适用直线基线的立场。

然而，美国始终反对大陆国家在其远洋群岛适用直线基线。美国认为，根据《海洋法公约》第7条的规定，直线基线仅适用于“海岸线极为曲折”或“紧邻海岸有一系列岛屿”的情形，而西沙群岛的地理情况并不符合适用直线基线的标准。加之《海洋法公约》明确规定群岛基线仅适用于群岛国，故西沙群岛的直线基线亦无法通过群岛基线制度作出合理的解释。[34] 因此，美国认为我国沿西沙群岛周围划定直线基线的海洋权利主张违反《海洋法公约》规定，属于“过度的海洋权利主张”。

虽然《海洋法公约》中对于直线基线是否能够适用于大陆国家远洋群岛的问题并未作出规定，但可以明确的是，《海洋法公约》只是对适用直线基线方法的客观地理条件作出了限制，并没有对适用直线基线方法的具体地理范围作出限制。[35] 因而，只要符合客观地理条件，大陆国家即可将直线基线适用于远洋群岛。而我国西沙群岛破碎的海岸以及岛屿众多的地理特征则说明了其有资格适用直线基线。

在实践中，不少大陆国家都为其远洋群岛设立了直线基线。早在《海洋法公约》制定之前，丹麦、厄瓜多尔就已为其远洋群岛设立了直线基线；在《海洋法公约》通过之后，葡萄牙、西班牙、印度、挪威、法国、英国等许多拥有远洋群岛的国家亦相继通过立法为其远洋群岛划定了直线基线。对于上述国家的实践，国际社会基本都是采取默许的态度，一些大陆国家以其远洋群岛的直线基线为基础提交的外大陆架界限方案亦没有遭到其他国家的反对，更有一些国家通过与上述国家签订双边协议的方式从侧面反映了

---

〔34〕 U. S. Department of State, Bureau of Ocean and International Environmental and Scientific Affairs, Limits in the Seas No. 117 Straight Baseline Claim: China, pp. 3, 8, accessed April 21, 2019, https://www.state.gov/documents/organization/57692.pdf.

〔35〕 张海文主编：《〈联合国海洋法公约〉释义集》，海洋出版社2004年版，第89页。

其承认远洋群岛适用直线基线的立场。[36] 因此可以认为，大陆国家在远洋群岛适用直线基线的做法越来越为国际社会所包容，有发展成为国际习惯法规则的趋势。

此外，针对美国依据《海洋法公约》第 7 条和第 47 条而否定西沙群岛直线基线的观点，有学者指出适用于远洋群岛的直线基线是区别于传统的直线基线和群岛直线基线的一项独特的基线制度[37]，因而简单地援引《海洋法公约》条款并不能够准确且合理地解释我国西沙群岛直线基线的合法性。

3. 专属经济区内的海洋权利主张：航行及飞越自由

纵观历年航行自由年度报告，近十年来，美国愈发关注沿海国在专属经济区内与测量活动、军事活动相关的过度的海洋权利主张。[38] 对应到南海海域，美国再三执行“航行自由行动”对中国将外国实体在专属经济区内开展测量活动定性为犯罪的主张进行挑战，并增加了挑战频次。其中较为轰动的军事宣示行动是 2009 年的“无暇号”摩擦事件。

虽然美国在南海海域挑战的主要是中国关于限制测量活动的主张，但其开展的主要是军事测量活动，而军事测量活动既涉及专属经济区内测量活动的问题，也涉及专属经济区内军事活动的问题。下文将对这两个问题分别进行探讨，并分析得出无论是测量活动还是军事活动都并非可以无限制地在沿海国专属经济区内开展，美国将中国在专属经济区内的海洋权利主张定性为是对《海洋法公约》的违反，这种观点依旧是错误的。

（1）专属经济区内的航行及飞越自由之界限。在详细探讨专属经济区内的测量活动和军事活动的问题之前，首先要解决的是对专属经济区内航行和飞越自由的界定问题。

1983 年《美国海洋政策声明》指出，所有国家在专属经济区内享有与资源无关的公海权利和自由，包括航行和飞越自由。[39] 而后，美国提出将世界海域划分为“国家水域”（national waters）和“国际水域”（international waters）两部分。前者包括内水、领海和群岛水域，其受到沿海国领土主权的管辖，仅为国际社会保留一定的航行权；而后者则包括毗连区、专属经济区及公海，所有国家在该区域均享有与公海航行和飞越自由相一致的海洋权利。[40] 换言之，美国将专属经济区的航行和飞越自由等同于公海的

---

〔36〕 参见卜凌嘉、黄靖文：《大陆国家在其远洋群岛适用直线基线问题》，《中山大学法律评论》2013 年第 2 期。

〔37〕 参见张华：《中国洋中群岛适用直线基线的合法性：国际习惯法的视角》，《外交评论（外交学院学报）》2014 年第 2 期。

〔38〕 U. S. Department of Defense, 1991-2018 Annual Freedom of Navigation Reports, accessed April 21, 2019, http://policy.defense.gov/OUSDP-Offices/FON/.

〔39〕 Ronald Reagan, Statement on United States Oceans Policy, 10 March 1983, accessed April 21, 2019, https://www.reaganlibrary.gov/sites/default/files/archives/speeches/1983/31083c.htm.

〔40〕 U. S. Department of the Navy, The Commander's Handbook on the Law of Naval Operation (2007), pp. 1-9, accessed April 21, 2019, http://www.jag.navy.mil/documents/NWP_1-14M_Commanders_Handbook.pdf.

航行和飞越自由，这种航行和飞越自由还包括测量活动、军事活动等其他可在公海开展的活动，在专属经济区内开展这些活动不受沿海国的限制。

中国在此问题上通过国内立法明确：在遵守国际法和我国相关法律法规的前提之下，他国在我国专属经济区内均享有航行和飞越自由。[41] 根据我国相关法律法规的规定，在专属经济区内开展测量活动需事先获得批准。[42] 我国的官方声明亦多次明确表态反对外国未经允许在中国专属经济区内采取任何军事行动。[43] 简言之，中国认为测量活动、军事活动等可在公海开展的活动并不属于专属经济区航行和飞越自由的范围，从而专属经济区的航行和飞越自由并不等同于公海的航行和飞越自由。

根据《海洋法公约》第 58 条规定，所有国家在专属经济区内均享有第 87 条所指的航行和飞越自由。《海洋法公约》并没有对船舶和飞机的种类加以限定，因此从理论上讲，各国包括军用船舶和飞机在内的所有船舶和飞机在专属经济区内均可自由航行和飞越。[44]

然而，《海洋法公约》所认可的专属经济区航行和飞越自由是受到沿海国在专属经济区内的主权权利和管辖权限制的航行和飞越自由，并非与公海航行和飞越自由相等同。根据“陆地支配海洋”的原则，沿海国对海域的管辖控制自基线向海洋一侧逐步递减。公海中的航行自由尚且受到适用于和平目的、适当顾及其他国家行使公海自由的利益的限制，同时所有的船旗国及其船舶都还承担着防止、减少和控制海洋污染，保护和保全海洋环境，安全航行和遵守海上交通规则等国际义务[45]，专属经济区内的航行自由则受到有关国际法规则更多的限制，这主要体现在各国在专属经济区内行使航行和飞越自由权利时应当适当顾及沿海国的权利和义务，遵守沿海国依照《海洋法公约》和其他国际法规则制定的法律和规章。[46] 虽然沿海国在专属经济区内行使权利时也承担着“适当顾及其他国家的权利和义务”的责任[47]，但由于沿海国的权利是“主权的”，因而它是全面且优于一般权利的。[48] 即是说，当其他国家的航行和飞越自由权利与沿海国在专属经济区行使主权权利和管辖权发生冲突时，后者一般居于优先地位，其他国家在专属经济区内行使航行和飞越自由权利不得干扰沿海国依《海洋法公约》行使主权权

〔41〕《中华人民共和国专属经济区和大陆架法》第 11 条。

〔42〕《中华人民共和国测绘法》第 8 条、《中华人民共和国专属经济区和大陆架法》第 9 条、《中华人民共和国涉外海洋科学研究管理规定》第 4 条。

〔43〕例如，《外交部发言人洪磊答记者问》（2010 年 11 月 26 日），https：//www. fmprc. gov. cn/web/fyrbt_673021/dhdw_ 673027/t772435. shtml，访问日期：2019 年 4 月 25 日。

〔44〕张海文主编：《〈联合国海洋法公约〉释义集》，海洋出版社 2004 年版，第 108—109 页。

〔45〕《海洋法公约》第 87 条第 2 款、第 88 条、第 94 条和第 192 条。

〔46〕《海洋法公约》第 58 条第 3 款。

〔47〕《海洋法公约》第 56 条第 2 款。

〔48〕参见高健军：《中国与国际海洋法——纪念〈联合国海洋法公约〉生效 10 周年》，海洋出版社 2004 年版，第 69 页。

利和管辖权。[49] 因而在专属经济区内，各国的航行和飞越自由是被承认的，但它与公海的航行和飞越自由并非完全等同。

因此，中国的海洋权利主张并未违反《海洋法公约》的规定。与此相对应，美国认定中国限制外国军舰在专属经济区内进行可在公海中开展的测量活动、军事活动的规定属于“过度的海洋权利主张”[50] 的观点是错误的。

（2）专属经济区内的测量活动。《海洋法公约》第56条规定沿海国对专属经济区内的海洋科学研究活动具有管辖权，但《海洋法公约》并未明确测量活动是否属于海洋科学研究的范畴，也未明晰“海洋科学研究”“测量活动”“调查活动”等相近概念的定义。

美国倾向于从狭义的角度解释海洋科学研究活动，明确地将其与水文测量、军事测量等其他海洋数据测量收集活动区分开来。它认为，测量活动泛指为航行安全而获取信息绘制航海图[51]，而海洋科学研究侧重于拓展海洋环境的科学知识[52]，从而测量活动不属于海洋科学研究活动的范畴，而是属于与公海自由相关的“海洋其他国际合法用途”的一部分[53]。而且，《海洋法公约》文本在用语上亦对研究（research）和测量（survey）活动、海洋科学研究和水文测量分别单独提及[54]，例如，第19条第2款阐明外国船舶在领海内进行无害通过时不得“进行研究或测量活动”。据此，美国认为《海洋法公约》已明确区分研究活动和测量活动是两个不同的概念[55]，因而沿海国不得规制领海之外其他国家的测量活动，后者开展此类活动也无须事先通知沿海国[56]。

然而，在国家实践当中，不少沿海国家认为，测量活动应当受到沿海国的管辖。如前所述，中国认为测量活动属于海洋科学研究的一部分，外方于我国专属经济区内进行

---

〔49〕 参见邵津：《专属经济区和大陆架的军事利用的法律问题》，载中国国际法学会主编：《中国国际法年刊（1985）》，中国对外翻译出版社1985年版，第193页。

〔50〕 J. Ashley Roach and Robert W. Smith, *Excessive Maritime Claims*, 3rd edition, Martinus Nijhoff Publishers, 2012, p. 377.

〔51〕 Ibid., p. 416.

〔52〕 George K. Walker (ed.), *Definition for the Law of the Sea*: *Terms Not Defined by the* 1982 *Convention*, Martinus Nijhoff Publishers, 2012, p. 241.

〔53〕 U. S. Senate, 110th Congress 1st Session, Committee on Foreign Relations, Executive Report on the Law of the Sea Convention 110-9, p. 13, accessed April 21, 2019, https://www.gpo.gov/fdsys/pkg/CRPT-110erpt9/pdf/CRPT-110erpt9.pdf.

〔54〕 《海洋法公约》第19条、第40条、第54条的用语为“研究和测量活动”，第21条的用语为“海洋科学研究或水文测量”。

〔55〕 Raul (Pete) Pedrozo, "Preserving Navigational Rights and Freedoms: The Right to Conduct Military Activities in China's Exclusive Economic Zone", *Chinese Journal of International Law* 9, (2010): 11.

〔56〕 J. Ashley Roach and Robert W. Smith, *Excessive Maritime Claims*, 3rd edition, Martinus Nijhoff Publishers, 2012, p. 29; U. S. Department of the Navy, The Commander's Handbook on the Law of Naval Operation (2007), pp. 2-9, accessed April 21, 2019, http://www.jag.navy.mil/documents/NWP_1-14M_Commanders_Handbook.pdf; George K. Walker (ed.), *Definition for the Law of the Sea*: *Terms Not Defined by the* 1982 *Convention*, Martinus Nijhoff Publishers, 2012, p. 244.

测量活动应经过我国政府批准授权。此外，澳大利亚和加拿大等国亦要求在其专属经济区内进行测量活动之前应当征求其许可[57]；印度尼西亚则要求外国在其专属经济区内开展包含测量活动在内的海洋科学研究活动必须在尊重印度尼西亚利益的基础上进行[58]。

针对美国的主张，首先，关于《海洋法公约》诸如第 19 条第 2 款文本用语的解释在学界上并无定论，美国的解读并非唯一，甚至存在较之更为合理的解读，即研究活动和测量活动被同等地对待，专属经济区内的测量活动亦同研究活动一样只能在沿海国许可的情况下进行。[59] 具体而言，这些用语都是置于限制外国船舶通过领海、国际海峡、群岛水域时开展研究活动的条款之下的，也就是说将两个术语分别单独使用，更多体现的是起草者为了给受到禁止或需要沿海国授权的研究活动类型提供"一揽子"措辞的意图，而不是为了单独建立一项不受沿海国管辖控制的测量活动制度。[60] 其次，这些测量活动在实践中通常由军用船舶实施，军事测量活动在性质上难以排除其具有为军事目的所用的威胁性特点[61]，因而其实施在一定程度上会对沿海国的国家安全构成威胁，存在抵触《海洋法公约》和平利用海洋宗旨的可能性。此外，随着科学技术的发展、先进海洋技术设备的应用，从收集海洋资料的类型和潜在用途的角度来看，如今已很难准确区分海洋科学研究、测量活动和海洋数据收集[62]，实际上它们在一定程度上是重合的。一方面，测量活动与海洋科学研究活动通常使用相同的船舶和设备[63]，单从外观上看，并不容易区分船舶究竟是在进行海洋科学研究活动还是测量活动；另一方面，若不将测量活动纳入海洋科学研究的范畴，那么任何形式的海洋科学研究活动都可能在测量活动的伪装下肆意展开而不受沿海国管辖，如此一来不仅会导致《海洋法公约》中海洋科学研究制度的瓦解，而且还存在他国在沿海国不知情的情况下将所获取的资料信息用于非科研领域的风险，从而侵害沿海国对海洋科学研究的管辖权利，损害沿海国的国

---

〔57〕 Sam Bateman, "Hydrographic Surveying in the EEZ: Differences and Overlaps with Marine Scientific Research", *Marine Policy* 29, 2 (2005): 170.

〔58〕 参见薛桂芳、张珊:《澳大利亚海事识别制度初探》,《中国海洋大学学报》2007 年第 5 期。

〔59〕 Zou Keyuan, "Navigational Rights and Marine Scientific Research: A Further Clarification?", in Shicun Wu and Zou Keyuan (eds.), *Securing the Safety of Navigation in East Asia: Legal and Political Dimensions*, Chandos Publishing, 2013, p. 84.

〔60〕 Sam Bateman, "A Response to Pedrozo: The Wider Utility of Hydrographic Surveys", *Chinese Journal of International Law* 10, 1 (2011): 179.

〔61〕 Gao Zhiguo, "China and the Law of the Sea", in Myron H. Nordquist, Tommy T. B. Koh and John Norton Moore (eds.), *Freedom of Seas, Passage Rights and the* 1982 *Law of the Sea Convention*, Martinus Nijhoff Publishers, 2009, p. 289.

〔62〕 Zhang Haiwen, "Is It Safeguarding the Freedom of Navigation or Maritime Hegemony of the United States? — Comments on Raul (Pete) Pedrozo's Article on Military Activities in the EEZ", *Chinese Journal of International Law* 9, 1 (2010): 36.

〔63〕 Desmond Ball, "Intelligence Collection Operations and EEZs: The Implication of New Technology", *Marine Policy* 28, 1 (2004): 73-76.

家安全和利益。

因此，将专属经济区内进行的测量活动置于沿海国的管辖之下非但不违反《海洋法公约》的规定，反而具有一定的合理性。

（3）专属经济区内的军事活动。如前所述，美国认为专属经济区内诸如发射或接载军事装置，开展军事侦察、军事操练、军事演习等的军事活动被包含在《海洋法公约》第58条所规定的海洋的"其他国际合法用途"之中。[64] 另有美国学者认为，较之《海洋法公约》中规制领海的部分有明确的条款描述不符合"无害通过"的行为，禁止领海内的军事活动，规制专属经济区活动的条款中却没有任何明确的类似禁令，这意味着《海洋法公约》的起草者未曾想要同样地在专属经济区内限制军事活动。[65] 换言之，他国在沿海国专属经济区内可以同在公海上一样自由地开展军事活动，不受沿海国的管辖。

然而，大多数发展中国家持相反的观点。例如，巴西主张在未经沿海国同意和授权的情况之下，其他国家不得在沿海国家的专属经济区内进行军事操练或演习；佛得角主张在经得沿海国书面同意之前，其他国家在专属经济区享有的自由不包括譬如武装演习等任何非和平的用途。[66] 在第三次联合国海洋法会议上，中国代表提出"在专属经济区、大陆架和其他国家管辖海域，沿海国有权管制外国军事活动和军事设施"[67]。此外，在签署或批准《海洋法公约》时，印度、泰国、孟加拉国、马来西亚、伊朗、巴基斯坦、乌拉圭等国亦声明《海洋法公约》并未授权其他国家在沿海国专属经济区内进行军事演习等军事活动。[68]

虽然《海洋法公约》并未确切地肯定或否定他国在沿海国专属经济区内开展军事活动，但是首先，《海洋法公约》明确了各国在专属经济区内行使权利和履行义务时，应适当顾及沿海国的权利和义务，并遵守沿海国的相关法律和规章。军事活动天然潜在的威胁属性或多或少地会对沿海国的领土完整、良好秩序、和平安全等方面造成影响，因而其开展必然需要顾及沿海国的权益。其次，如前所述，沿海国的权利基于其主权性，使其在与其他权利发生冲突时全面优于一般权利。他国在沿海国专属经济区内开展军事活动时必然也会对沿海国的资源勘探、开发和保护以及海洋环境的保护造成干扰。可

---

〔64〕 U. S. Senate, 108th Congress 2nd Session, Committee on Foreign Relations, Executive Report on the Law of the Sea Convention 108-10, pp. 17-18, accessed April 21, 2019, https://www.gpo.gov/fdsys/pkg/CRPT-108erpt10/pdf/CRPT-108erpt10.pdf.

〔65〕 James W. Houck and Nicole M. Anderson, "The United States, China, and Freedom of Navigation in the South China Sea", *Washington University Global Studies Law Review* 13, 3 (2014): 443-444.

〔66〕 ［斐济］萨切雅·南丹、沙泰·罗森主编：《1982年〈联合国海洋法公约〉评注》（第2卷），吕文正、毛彬译，海洋出版社2014年版，第513页。

〔67〕 高健军：《中国与国际海洋法——纪念〈联合国海洋法公约〉生效10周年》，海洋出版社2004年版，第71页。

〔68〕 J. Ashley Roach and Robert W. Smith, *Excessive Maritime Claims*, 3rd edition, Martinus Nijhoff Publishers, 2012, pp. 28, 379-391.

见，专属经济区内的军事活动实则且理应是受沿海国管辖的。

此外，由来自亚太地区国家的高级官员和专家学者制定的《专属经济区航行和飞越指南》亦指出，他国在沿海国专属经济区内开展军事活动是有所限制的。具体而言，在他国的专属经济区内开展军事活动的外国船舶和飞机有义务只将海洋用于和平目的，不得进行武力威胁或使用武力，避免挑衅行为，同时还应当适当顾及包括沿海国在内的其他国家利用海洋的权利，遵守国际法规定的其他义务。〔69〕不过应当明确的是，虽然《海洋法公约》未给“和平目的”以明确定义，但和平也并非完全等同于非军事化，为和平目的所进行的军事活动也是符合《联合国宪章》和《海洋法公约》规定的。例如，根据联合国决议并经索马里政府的同意，自 2008 年起中国等国亦有派出军舰于索马里海域开展护航军事行动，保护该区域内本国船舶的安全。这些军事行动虽然也涉及于他国管辖海域内航行和开展军事活动等问题，但因其符合《海洋法公约》的相关规定及和平利用海洋的宗旨，因此获得国际社会的认可。

总而言之，沿海国对他国在专属经济区内开展军事活动的行为加以限制并不违反《海洋法公约》的规定。相反，美国认定沿海国对专属经济区内的军事活动加以限制之规定违反《海洋法公约》以及其所持的“国家可以恣意地在沿海国专属经济区进行军事活动”的观点与前文的论述都是背道而驰的。

三、中国的因应之策

随着国际局势的变化，美国不断地丰富“过度海洋权利主张”理论、演变“航行自由行动”的挑战事项。面对美国乃至其他域外国家在南海海域日益频繁地开展“航行自由行动”，中国应当积极进行对策研究，探寻现时有效的策略，以维护我国的国家安全和海洋权利。具体建议如下：

首先，中国应继续加强法理研究，在明确自身海洋权利的同时，揭示美国“航行自由行动”的法理错误。随着各国海军力量的迅速增长，美国期望降低与他国海军发生正面军事冲突的可能性，选择法律战为其重要武器。如前文所述，在最新发布的《2018 财年航行自由年度报告》中，美国首次明示了航行自由行动所挑战的沿海国过度海洋权利主张所依据的沿海国法律、法规或声明，这也进一步展现了美国淡化“航行自由行动”的军事意义、强化其法理内涵的意图。由于中国尚未明确断续线与历史性权利的具体内涵，亦未公布南沙群岛的领海基线，美国加大在南海相关岛礁潜在的管辖海域开展“航行自由行动”的频率，一方面是为试探中国政府澄清其海洋权利主张，另一方面是为强化所谓的南海仲裁案的裁决结果，欲通过“航行自由行动”对南海相关海域的诸岛礁进

〔69〕 EEZ Group 21，Guidelines for Navigation and Overflight in the Exclusive Economic Zone，Ocean Policy Research Foundation，p. 9，accessed April 21，2019，https：//nippon. zaidan. info/seikabutsu/2005/00816/pdf/0001. pdf.

行切分，分割成一个个没有海域管辖权的岩礁或低潮高地，使得中国在南海主张管辖的海域面积碎片化。因而，我们应当以一般国际法为基础继续强化对断续线的性质以及历史性权利的研究，细化对历史证据的收集与研究，在为明确我国的海洋权利提供法理支撑的同时，揭示美国“航行自由行动”理论基础的谬误性。

其次，中国应加强完善我国海洋法律体系，为自身的海洋政策、海洋权利主张以及海洋执法提供法律依据。在当今中国建设海洋强国的背景之下，完善我国海洋法律体系是必由之路。尽管我国在国内立法层面一直保持着活跃的形象，相继颁布了《领海及毗连区法》《专属经济区和大陆架法》等一系列法律法规，《海洋法公约》中的许多条款也已被转化为国内法，但我国的海洋法律体系仍不完备。相较于美国等海洋大国，我国的海洋立法数量较少，调整对象亦相对局限。因此，中国可从维护国家海洋权益及《海洋法公约》和平利用海洋宗旨的角度出发，在坚持《海洋法公约》宗旨和目的的前提之下，在切实保护外国船舶合法的航行自由的同时，对《海洋法公约》中条款规定尚不明确的相关海洋法问题以及海洋法发展领域的前沿问题作出进一步完善与细化。以专属经济区内的海洋科学研究为例，中国虽已制定《专属经济区和大陆架法》《涉外海洋科学研究管理规定》等法律法规对外国实体在我国开展海洋科学研究活动进行规制，但对于海洋科学研究的定义、种类、范围以及它与测量活动、调查活动等近似概念的区别均未作出规定，因此，我国应修改相关的法律法规，并对这些问题制定相关细则。又如，2016 年美国于南海海域投放无人水下潜航器，开展测量活动，但我国并无相关法律法规对无人潜航器在我国海域的权利义务予以规制，因而我国可以考虑通过立法对未来可能出现的海洋执法问题加以防范。如此不仅有利于充分体现和维护我国的海洋权益，为自身的海洋主张提供法律依据，同时也有利于增强海洋执法强度，充分利用和保护我国管辖控制的海域。

再次，中国可通过自身的国家实践，明确海洋权利主张，在防止因沉默而被视为是对相关海洋权利主张和行为的默认的同时，强化符合国际法与《海洋法公约》精神的海洋权利主张。如前文所述，《海洋法公约》作为一个“一揽子交易”，其中存在诸多模糊条款，不同国家对之作出的解释各异，相关的国际习惯法规则亦尚未形成。依据《条约法公约》第 31 条第 3 款，国家实践被认为与条约的解释相关。对条约的解释，除依上下文、参考条约的目的、宗旨及通常意义外，还应当考虑此后各当事国在适用条约时对条约解释的实践。因此，对于《海洋法公约》中颇具争议性的领域，目前尚存在国家实践充分的发展空间，中国亦可通过国家实践，把握对相关条款的解释和适用、国际习惯法规则的形成和发展发挥关键作用的机遇。[70] 国家实践的形式多样，除采取行动宣示之外，亦可采取外交行为、与国际组织或政府间会议通过的决议有关的行为、与条约

〔70〕 参见牟文富：《美国在〈联合国海洋法公约〉之外塑造海洋秩序的战略》，《中国海洋法学评论》2014 年第 2 期。

有关的行为、行政行为、立法、国内法院判决等方式。[71] 因而针对美国在我国管辖海域内开展的违反我国法律法规的“航行自由行动”，外交部应第一时间阐明立场和主张，与此同时，军方应派出军舰跟随，针对美军不同的挑衅行为作出如识别查证、警告驱离、拦截驱离等不同程度的应对。此外，中国亦可考虑通过政策宣示和发布白皮书等形式，明确对相关海洋法问题的立场和态度，这既有利于从根源上消除他国诋毁我国的证据[72]，也有利于向国际社会表明中国的海洋权利主张和立场。

最后，中国应加强与域内外国家的友好合作，积极运用国际法表达海洋权利，提升国际海洋法话语权。虽然《海洋法公约》是各方妥协的产物，难以解决部分海洋争议，但中国可以积极推动聚集各国专家学者召开专题研讨会，就颇具争议的海洋法问题进行磋商研讨，以对完善《海洋法公约》的未定事项及模糊条款产生一定的积极影响。例如，在 2002 年至 2005 年期间，由来自中国、美国、俄罗斯、澳大利亚、日本、韩国、印度、印度尼西亚、菲律宾、越南等亚太地区国家的高级官员和专家学者就专属经济区内易引发争议的相关海洋法问题召开了一系列会议进行研讨，并于 2005 年制定了《专属经济区航行和飞越指南》。[73] 虽然该指南对各国并不具有普遍拘束力，但它对于澄清《海洋法公约》中语焉不详的权利义务规定、加深各国对涉及专属经济区的海洋法问题的理解、为相关争议行为提供一些基本准则、促进国际社会共识的达成均创造了良好的条件。另外，中国可选择积极推动与其他国家的外交来往与交流对话，尤其是区域内国家以及与中国具有共同海洋利益和相同海洋权利立场的国家，推动各国就相关海洋法问题共同缔结区域性国际条约或达成协定，推动区域内国家实践的统一与相关海洋法规则的构建，强化对《海洋法公约》的解释。例如，中国应加强与南海周边国家的友好协商谈判，加强互信，设立合作机制。目前与南海周边国家签署的《南海各方行为宣言》虽然只是一份政治文件，仅规定了框架性的原则，但各国可以在“搁置争议，共同开发，和平谈判”等原则的基础上，就相关海洋法问题达成实质性的规则条款，将之运用于南海争端的解决，并推动形成国际条约或区域协定，以维护各国在相关海域内的海洋权益。

---

〔71〕 International Law Commission, Report on the Work of the Sixty-eighth Session, p. 77, accessed April 21, 2019, http://legal.un.org/ilc/reports/2016/english/chp5.pdf.

〔72〕 参见冯梁、杜博：《对南海航行自由与安全稳定问题的理性认识》，《学海》2016 年第 1 期。

〔73〕 参见邹立刚：《〈专属经济区航行和飞越指南〉述评》，《福建警察学院学报》2013 年第 3 期。

辑三 建设海洋强国

“加快建设海洋强国”背景下南海维权方略探讨

■ 冯　梁[*]　刘应本[**]

【内容摘要】南海海域广阔、海洋资源丰富、战略地位突出，是我国推进海洋强国建设的重点关注海域。为应对美国“重返亚太”后南海周边国家的严重侵权行动，我国启动了南海岛礁建设并采取坚决维权斗争，有力地维护了南海海洋权益。中国基于历史和法理等依据强化在南海的实质性存在，并努力推动与东盟“南海行为准则”谈判，有力地促进了南海局势的和平稳定，但美国提出“印太战略”后不断升级“航行自由行动”、挑拨南海周边国家与中国之间的关系，也使得南海安全形势面临新的挑战和风险。在中美南海战略博弈不断上升的背景下，中国既要坚持历史法理基础上的战略底线，坚定维护南海海洋权益；又要保持战略定力，持续推进南海岛礁建设，把它打造成我国经略南海的“定海神针”；还要不失时机地推进与东盟国家的海上安全合作，促进南海行为准则早日落地；更要注意加强海上风险管控，防止事态进一步升级恶化，为“一带一路”倡议和海洋强国建设提供南海方向的有力支撑。

【关键词】海洋强国　南海　维权　方略

习近平总书记在党的十九大报告中明确提出“坚持陆海统筹，加快建设海洋强国”，这一表述无疑为我国在新时代发展国家海洋事业提供了思想罗盘和行动指南。南海在“加快建设海洋强国”中具有十分重要的战略地位，而南海维权既是“加快建设海洋强国”的一项基础性工作，也是其重要内容之一。我们要以新时代负责任的大国担当，将南海维权纳入推进海洋强国建设的大战略中，精心运筹，深度耕耘。

一、南海在我国“加快建设海洋强国”中拥有重要地位

南海地理位置特殊、海域面积宽广、自然资源丰厚，在我国“加快建设海洋强国”中拥有重要地位。

第一，南海是国家和平发展的重要战略依托。从历史上看，海洋是影响大国兴衰的重要因素。《联合国海洋法公约》（以下简称《海洋法公约》）在20世纪80年代颁布实施后，各国对海洋的重视程度可谓前所未有。进入21世纪以来，海洋更是国家可持续发展的重要战略依托。中国是一个陆海复合型国家，海洋在国家经济持续健康发展中地位重要、作用突出。根据《海洋法公约》，我国主张的管辖海域面积近300万平方千米，而在南海就拥有近210万平方千米可管辖海域，相当于我国主张管辖海域总面积的三分之二。南海海域在国家海洋事业发展中占据着重要地位，是国家和平发展的重要依托海域。

第二，南海是我国维护海洋权益的重点区域。我国毗连的“三海”中，南海是我国

---

* 博士，大校，博士生导师，中国南海研究协同创新中心副主任，海军指挥学院教授。

** 硕士，上校，中国南海研究协同创新中心助理研究员，海军91976部队高级讲师。

涉及海洋权益最大的区域，也是海洋权益受到侵犯的集中区域，不仅有岛礁主权归属以及相应的毗连区、专属经济区、大陆架等问题，而且有油气资源、渔业资源遭到侵蚀等问题，此外还有信息资源遭到侵蚀、盗取等问题。从国际层面上看，还存在着域外大国打着“航行与飞越自由”旗号干预南海事务的问题。南海是支撑我国海上主权和安全的重点区域，也是我国海上安全的重点关注方向。

第三，南海是国家外交的重点区域。从地理上看，环南海区域，我国与东南亚国家紧紧相连。历史上，我国南方的一些省份和区域，在风土习俗上几乎与东南亚国家如出一辙，很多移居海外的中国人的目的地都是南洋。新中国成立后，我国外交的重要经略区域就是环南海的东南亚区域。20 世纪 90 年代以来，南海周边区域成为我国“睦邻、富邻、安邻”政策的重点区域。党的十八大以来，我国秉持“亲、诚、惠、容”理念同周边国家深化互利合作，打造周边命运共同体，有力地提升了我国与南海周边国家的睦邻友好关系。进入新时代，我国努力引领南海成为“和平之海”“合作之海”“友谊之海”，南海已成为我国稳定周边、营造和平发展环境的重要区域。

第四，南海是“海上丝绸之路”的重要前行根基。“21 世纪海上丝绸之路”（以下简称“丝路”）是我国推动新一轮对外开放、促进沿线国家共同发展的重大倡议。“丝路”沿线区域，是我国能源输入海上重要战略通道的途径区域，我国原油进口的 90.37% 通过海运实现，经“丝路”进口的原油又占中国进口原油总量的 66%。[1] 南海地处太平洋与印度洋的航道要冲，曾是古代丝绸之路的重要枢纽，今天，它已成为我国“丝路”建设的重要区域，更是我国“丝路”建设延伸远方的起始区，马六甲海峡、巽他海峡和望加锡海峡等咽喉要道的安全，将直接关系到“丝路”建设的成败。

第五，南海是海洋经济的重大潜质区域。南海地处热带，自然条件优越，蕴藏着丰富的生物和矿产资源，特别是石油与天然气、化学、动力、港湾、交通航运、旅游等资源对中国经济持续健康发展具有十分重要的意义。据海南省有关专家估计，南海主要盆地油气资源储量为 707.8 亿吨当量，其中石油资源储量为 291.9 亿吨，天然气资源储量为 58 万亿立方米。[2] 另据有关石油公司报告，南海中南部（中国南海断续线内）石油资源量为 255.3 亿吨，天然气资源量为 20.85 亿立方米。[3] 此外，南海海域还发现了一种新的能源替代品——可燃冰，能源总量估计相当于全国石油总量的一半。这不仅可以降低中国战略资源的对外依赖，还会给中国创造出相当可观的海洋经济收入。

第六，南海是人民海军实现从近海向深蓝的质的跨越的核心区域。长期以来，我国国家利益主要集中在近海海域。改革开放以后特别是进入新世纪以来，我国国家利益不

---

〔1〕 参见梁芳：《今日“海上丝绸之路”通道风险有多大》，http://www.81.cn/jwgd/2015-02/11/content-6351319.htm? key=1，访问日期：2019 年 2 月 20 日。

〔2〕 参见潘健纲：《南海油气资源及其开发展望》，《海洋开发与管理》2002 年第 3 期。

〔3〕 参见李国强：《南海油气资源勘探开发的政策调适》，《国际问题研究》2014 年第 6 期。

断向海外拓展，尤其是通过南海海域至印度洋、地中海、大西洋航线，成为我国家利益拓展的主要方向，“丝路”沿线区域更是我国海外利益集中的区域。南海海域既有近海的基本特征，也兼具远海的某些特性，具有近海与远海的双重功能特质。进入新时代，人民海军既承担着维护近海海洋权益的重要责任，也肩负着保护国家海外利益的重要职责，更承担着维护全球海洋战略稳定的伟大使命。经略好南海，是人民海军从近海走向深蓝，实现质的跨越的必经之举。

从维护南海海洋权益和建设海洋强国的关系来看，南海方向的主权、安全和发展利益与推进海洋强国建设息息相关，集中体现在以下几个方面：

一是南海方向的主权利益是我国推进海洋强国建设的重要基石，维护南海海洋权益是海洋强国建设的应有议题。我国在南海主权不仅事关南海诸岛的归属，而且还有岛礁主权衍生出的主权权利，包括领海主权和毗连区、专属经济区、大陆架、外大陆架等区域的主权权利，它们与我国在其他海域的岛礁主权一样，是我国建设海洋强国的重要基石。坚定地捍卫我国南海方向的主权，维护我国南海方向的主权权利，是建设海洋强国的应有议题。

二是南海方向的安全利益是我国推进海洋强国建设的重要保证，是实现南海方向和平稳定的现实基础。从 20 世纪南海海域发现大量油气资源以来，周边国家对南海岛礁不断提出主权要求，引发所谓南海问题。1982 年通过的《海洋法公约》赋予沿海国家巨大海洋利益，更激发周边国家对南海利益的巨大贪欲，后者在域外大国的蛊惑下有了进一步的膨胀，使得南海局势在较短时期内掀起浊浪，严重损害自 2002 年签署《南海各方行为宣言》以来我国与东盟相关国家的友好关系。确保我国基于历史和法理基础而拥有的南海权益，是我国推进海洋强国建设的前提和基础，也是实现南海地区和平稳定的重要目标。

三是南海方向的发展利益是我国推进海洋强国建设的重要努力方向，是我国与东盟国家构建人类命运共同体的关键。推进海洋强国建设需要相对稳定的海上安全环境，南海方向涉及国家多，矛盾尖锐，问题棘手，需要各方拿出足够诚意、充分智慧和高超艺术。南海还是国际海上通道的关键海域，国际关注度高，各方需要采取切实措施共同维护南海航行和飞越自由的安全。因此，推进南海问题的和平解决，不仅符合中国新时代坚定不移地走和平发展道路的国策，也符合新时代中国与东盟构建基于和平、繁荣、发展的人类命运共同体的发展要求。中国致力于与东盟国家围绕“南海行为准则”展开的谈判，就是中国确保南海方向和平稳定的重大举措。

近年来，我国在南海的积极维权有力地促进了我国推进海洋强国建设向利好方向发展，而在南海维权中的克制态度、温和手段以及追求的有限效果，也向世界彰显了我国推进海洋强国建设采用的“全新”模式，与西方“侵略扩张”的老路相比，有着清晰的“非强权”和“非霸权”的目标指向、有着典型的“非扩张”和“非膨胀”的力量建设与运用指导，有着明显的“和平”与“合作”的实现路径等显著特征。同时，通过推进海洋强国建设，我们在经济、文化、外交、军事、法理等方面取得显著成效，为进一步丰富完善南海维权提供了更多更优的备选方案。

二、“加快建设海洋强国”背景下南海维权面临的严峻形势

2018 年以来，南海局势呈现两个方面的发展趋势：一方面，南海安全局势在中国与东盟相关国家的共同努力下正在呈现出总体向好趋势；另一方面，在特朗普政府“印太战略”把南海作为中美战略博弈重要区域的背景下，中国推进海洋强国建设在南海方向又面临新的考验，形势咄咄逼人，突出表现在以下几个方面：

（一）在战略层面上面临两大矛盾

如果说过去南海的主要矛盾重点集中在中国与南海周边国家之间围绕侵权与维权展开的斗争，那么今天南海方向的主要矛盾则已转变为大国之间的博弈，特别是中美之争，中国与南海主权声索国之间的权益斗争则演化为次要矛盾。

一是中美在南海的斗争。这本质上是一个海洋新兴大国和守成大国之间的结构性矛盾。改革开放以来，中国综合国力不断增强。中国在经贸领域提出正常合理诉求的同时，在海洋领域中也提出了相应的发展需求。而在海洋领域，长期以来占据统治地位的是西方大国特别是冷战结束后占据绝对优势的美国。因此，只要中国在海洋领域中有所作为，美国都会保持高度警惕。过去，中国对非法进入专属经济区的外国舰机更多地选择了“隐忍”，但今天的中国，从维护国际地位、大国形象以及照顾民意关切等任何一方面讲都越来越需要对此类非法行径实施“零容忍”。可以预见，中美两国舰机在南海的跟踪与反跟踪、抵近与反抵近、紧逼与反紧逼，甚至出现对峙和危机都将是一种新常态。不过，在经济全球化背景下，只要双方约束彼此过激行动，管控好分歧，妥善处理好可能发生的海空事件，南海局势保持稳定就不会有大的问题。

二是中国与域内国家围绕海洋权益的斗争。正确处理好与域内国家的关系，是中国稳定周边安全环境的重要内容。南海问题的产生，核心是岛礁主权归属以及由此衍生的主权权利，包括专属经济区、大陆架、外大陆架的主权权利和历史性权利。在这个问题上，中国与南海周边国家是单纯地以《海洋法公约》为唯一标准规定沿海国的权利和义务，还是除此之外尊重各国应有的历史性权利，值得深思。在处理南海问题的途径选项上，中国与南海周边国家是立足在区域内由南海问题的当事方之间解决，还是借助域外大国的力量为本国的主张提供外力支撑；是遵循中国提出的“单对单”双边解决方案，还是按照部分南海周边国家提出的“多对单”解决思路；是纠结于岛礁主权归属、必须要先期解决岛礁主权这一核心问题，还是暂时搁置这一问题，在油气资源等问题上谋求“合作共赢”，这一系列问题都需要我们在南海维权中准确把握南海在国家对外战略大局中的定位，始终坚持南海维权与维稳相统一，区分不同对象、不同性质、不同目标，利用多种手段相互配合，竭力通过对话、磋商、协调等途径解决争端、化解矛盾，表现出大国风范和气度，做到有理、有利、有节，力争实现维护岛礁主权、海洋权益和维护南

海方向基本稳定的双重目标。

（二）在策略层面上面临四大困难

鉴于以上战略性矛盾，中国在南海问题应对策略上也面临四大困难：

一是岛礁争议搁置存在两难。20世纪七八十年代，我国领导人提出“主权属我、搁置争议、共同开发”的主张，在岛礁争议问题上表达了充分诚意、指明了具体解决思路。然而，新世纪以来，南海部分周边国家动作频频，纷纷加速“控岛掠海”步伐，南海海域出现了“主权属他、争议愈烈、排华开发”怪象。继续单方面坚持“搁置争议”，则岛礁主权问题的解决愈发困难。“搁置争议”带来“自我约束”式的维权，对海域持续有效管辖毫无益处，并可能进一步弱化甚至动摇岛礁主权立场。如果调整“搁置争议”主张，采取非常手段“收回”被占岛礁，不仅与“十二字”方针相悖，而且还会对双边关系造成较大冲击，加上域外大国借机干预，将严重影响甚至可能失去大有可为的战略机遇期。

二是海域划界进退维谷。在南海方向，我国与周边邻国存在大量的海洋划界问题，而且相比黄海、东海，南海因涉及国家多、利益巨大、外来干预力量强大等因素，是周边海域中划界最为复杂的海区。个别国家正是看到南海海域划界复杂而持久的特点，连续向外推移所谓“海上控制线”，不断强化侵占岛礁及附近海域管控，加紧油气勘采和渔业资源开发，并通过派遣大批武装渔船干扰我国的海上作业，甚至鼓动唆使大批渔民赴西沙海域非法捕捞，使我国在南海的维权压力剧增。这种压力既体现在对外维权的任务更加繁重，也体现在国内民众对海洋维权的关注程度和期望值日益提升。在这种情况下如何维权、能否有效维权，成了影响国家尊严与大国形象、满足国内民众期待的重大议题。

三是资源开发合作难以推进。南海问题之所以复杂棘手，除了岛礁主权问题外，更重要的是涉及巨大的海洋利益，巨额的油气资源、大量的渔业资源不仅能拉动国民经济发展，而且还对其他产业具有重要推动作用。个别国家在其海洋基本法中不断强化对南海权益的已有“成果”，更在海洋发展战略中将国家立国、富国和强国建立于对他国权益的侵犯之上；个别国家觊觎南海丰富的油气资源，不仅不收手不收敛，而且还伺机不断加以蚕食；个别国家表面上赞同合作共赢，但在暗底下小动作频频。在这种背景下，中国倡导的“搁置争议、共同开发”理念下的资源开发合作步伐实则难以推进。

四是规则制定上存在内外干扰。规则通常由行为体共同制定并得到公认。规则的作用是，一旦得到确认，各行为体之间必须严格执行。冷战时期，南海所有的规则都必须符合两大阵营目标和两大超级大国利益。冷战结束后，中国快速崛起使得它正在成为影响南海事务最重要的国家，而东盟国家也联手对内推动经济一体化，对外努力以一个声音发声，在赢得东盟处理地区事务上的中心地位等方面取得了明显成效。在处理南海问题上，中国与东盟逐渐认识到，在政治、经济、安全等方面制定各方都能接受的规则，是稳定南海局势的关键。然而，东盟也是一个松散的国际组织，各国在对外交往中更多地强调本国利益，加之政治制度、文化背景、宗教习俗存在着较大差异，东盟国家在与中国进行相关规则谈判的过程中，既面临内部协调不到位甚至不合拍等问题，也面临着在本区域内保持强大影响力的美日等国的外部干扰。而中国在与东盟国家谈判过程中，明显感到来自美国等西方国家在南海经济、安全乃至政治问题上设置的障碍和阻力。因此，如何平衡东盟内部利益，考虑区域内国家特别是中国利益，并兼顾美日等域外国家的利益关切，正在考验着中国与东盟国家的智慧。

（三）在执行层面上面临三大问题

从中国角度看，在南海维权实践中，无论是顶层设计、法理斗争，还是维权力量建设与手段运用等方面，都还面临不少具体问题。

一是维权目标不清。南海维权涉及国家政治、经济、科技、法律、执法、军事等诸多领域，必须站在国家高度予以筹划、组织与实施。目前，我国海洋维权在顶层设计上缺失整体安排，特别是我国在南海问题所涉及的一些重大问题上似乎还没有厘清思路，没有确立明确的政策目标。例如，南海问题中最核心的“南海断续线”定性问题、南海断续线与我国实际控制岛礁所在群岛相关基线的法律关系问题〔4〕、南海岛礁主权问题处理方式和时机问题、周边国家在断续线内进行油气开发和设立海洋保护区等问题。国家政策绝不允许对侵犯我国海洋权益的行动置若罔闻，但若强制执法，也会引发区域局势的紧张，把控不好极有可能引发地区对峙甚至冲突。因此，维权斗争中清晰国家政策底线，准确把握尺度显得极为重要。

二是维权力量不足。中国拥有近 210 万平方千米的管辖海域，南沙群岛中还有近 160 个岛礁处于无人值守状态。在维权问题上，除了北部湾海域因中越已划定海上边界而相对“平静”外，南海其他海域均不同程度存在维权刚性需求，如南海断续线的西面、南面，周边国家油气钻井平台不断侵入我国断续线内。纳土纳群岛东北海域，中国与印度尼西亚围绕渔业问题时常出现纠纷。南部海域还有一些无人岛礁遭到周边个别国家的觊觎。更为严峻的是，美国及其盟国舰机常年在我国南海岛礁附近海域抵近侦察，美国频繁开展“航行自由行动”，危及我国驻守岛礁的人员和财产安全。应对抑或反制侵权活动，都需要相当的力量支撑。中国海上维权执法力量近年来有所发展，特别是 2013 年融合四支队伍形成中国海警力量、2018 年再次整合优化中国海警力量以后，中国海上维权执法效率明显提高，在近海维权中发挥了积极作用。但从整体上看，中国海警力量相较于南海周边国家频频进行的侵权活动，还是暴露出捉襟见肘的尴尬局面。目前，中国拥有的大吨位海警船数量较少，应对周边国家暴力抗法的能力还相对不足。

三是维权手段单一。中国海警力量整合的四支队伍，除了原海洋局的海监具有在较远海域维权执法的丰富经验外，其余三支队伍均主要在毗连区、领海内执行维护海上秩

〔4〕《中华人民共和国政府关于中华人民共和国领海基线的声明》明确了西沙群岛的领海基线，但至今未划定和公布南海东沙、中沙、南沙领海基线。

序任务，相应的执法手段也较为单一。中国海警局成立以来，囿于融合进程的缓慢，在海上执法装备、海上执法训练、海上执法演练等方面，都存在着较大短板，离高标准地应对南海严峻复杂的执法形势还存在着一定差距。

三、“加快建设海洋强国”背景下南海维权的基本方略

“加快建设海洋强国”背景下南海维权必须充分认清南海已成为域内外国家战略利益交集地的事实，应在致力于和平发展大局中守好利益底线，从容应对风险与挑战。

（一）必须保持战略定力，服从和平发展需要

世界处于大发展、大变革和大调整时期，和平与发展的大势不可逆转，但随着全球治理体系与国际秩序变革的加速推进，世界面临的不稳定性与不确定性更加突出。党的十九大报告明确提出推动构建新型国际关系和“人类命运共同体”，这些和平发展理念多次被写入联合国决议，映衬世界各国人民对和平公正新秩序的美好期待。

然而，国际政治斗争的严酷性丝毫未减，个别国家和政治势力企图损害中国核心利益的可能性依然存在，不会因为我们坚定不移走和平发展道路而自动消失。中国政府在南海问题上采取多种措施，极大地缓和了南海紧张局势，但以美国为首的域外大国在南海问题上频频作出刺激性表态，高强度地推进南海“航行自由行动”。个别南海国家也高调策应，导致南海问题“树欲静而风不止”。对此，我们应保持战略定力，保持清醒头脑，要充分认识国家和平发展战略与南海问题的关系，前者是我国新时代必须始终如一坚持的大政方针，而后者仅仅是局部问题。对南海问题的处理，总体上应以不影响国家和平发展的大局为前提，而不是相反。我们在南海维权上保持什么样的态度，采取什么样的举措，都不能影响这一总体目标的实现。近年来，中国在南海的维权行为，已向国际社会充分展示了中国政府的正确义利观，即坚持责任、权利、义务有机统一。南海形势总体向好的发展趋势，从另一个角度也向世界证明了中国并不是南海地区“军事威胁”和“军事化”的推手，而是南海局势和平稳定的中流砥柱。

（二）必须基于历史法理，赢得话语支撑

中国是最早发现和命名、最早开发和经营、最早对南海巡控和实施有效管辖的国家，对南海诸岛及其附近海域拥有无可争辩的主权。一些域内国家篡改历史地图，企图歪曲、否认历史事实。个别域外大国仗着拥有海洋话语垄断地位，不断抹黑中国，使得我国在南海正常维权遭到了国际社会的曲解误解和声索国的无理纠缠。菲律宾“南海仲裁案”基于错误史实作出错误裁决，严重恶化了我国南海维权的国际舆论环境，也为南海个别国家在仲裁问题上“无理取闹”提供了伏笔。我们一方面要反驳个别国家提供南海史实伪证的做法，另一方面也要正视我们在南海研究中仍然存在数量不多、质量不高、层次偏低、内容不健全、数据链还不够完整等诸多不足，需要进一步挖掘南海历史与法理依据，获取南海问题的更多话语权。

在历史文献上，我们要进一步挖掘大量的民间与地方文献以及国外事关南海的史

料、档案、文献、地图等，比如中国沿海地区的地方志、《更路簿》，还有近年来在英国牛津大学发现的《明代东西洋航海图》、温哥华市面上出现的《中国、法属印度、暹罗及韩国的大众地图》以及日本外务省外交史料馆中收藏的《关于南海诸岛礁归属关系》等资料。在史料叙述上，既要注重陈述历史事实，也要辅以史实考证和国际法的法理诠释。在法理研究方面，要针对新情况、新问题，依据变化了的客观现实，借鉴国外先进法理案例，制定出完善、配套的涉南海法规体系。同时，也要做好科学调查报告，包括水文气象、地理缘起、资源分布、地质构造等，为我国的南海权益主张提供必要的科技支撑。

（三）必须加快力量建设，奠定维权基石

没有一支强大的海上力量和完善的海洋维权体制机制作保障，南海维权将是一句空话。因此，必须努力打造一支政治立场坚定、军事素养过硬、战斗精神强悍的海上力量。在海军力量方面，应着眼巡逻警戒、护渔、海域管控、联合巡航执法、海上支援掩护等任务，结合梯次有别、点线结合、海空协同要求，力避功能单一、适航性差、联合化不强、信息化程度低等问题。在海上执法力量方面，要制定中长期发展规划，适度扩大规模，突出打造平台，把握重点，实现跨越。在其他海上力量上，要按照吨位大、航程远、自给力强、功能要素齐全等要求，推进民用船队和人道主义救援等力量建设，使之平时成为国家发展海洋经济和进行海洋调查的主力，战时成为确保兵员和物资运输的重要后备力量。

在维权指挥机构方面，2018 年以来，中央明确将中国海警队伍整体划归武警部队，赋予这支队伍继续执行原中国海警局在相关海域遂行维权执法的任务，并从海军队伍中抽调了政治素质高、海上经验丰富、指挥能力强的干部充实海警队伍，整体负责中国海警队伍的深化融合和体制编制改革事项，为中国海警力量成为我国维权执法的中坚力量奠定了坚实的基础。

（四）必须强化综合手段，形成维权合力

过去几年南海侵权事件表明，南海侵权国家较多，诱因复杂多样，侵权方式多种，强度发展也不尽相同。南海维权应根据不同情况，强化综合手段，形成维权合力。

一是优先采用政治外交手段。我国一直奉行“睦邻友好、和平共处”的对外交往政策，在南海维权实践中，应优先采用政治外交手段解决侵权问题。二是合理使用法律手段。维护南海权益涉及大量法律问题，通过法律手段宣示维权立场、确定海洋权益范围，既是南海维权的重要手段，也是反制对手的重要措施。三是灵活采取海上执法行动。南海维权可采取多种样式，如在海警、海军协调配合下，对进入实施非法捕捞的外国渔船实施执法行动，对无舷号、无登记、无捕捞许可以及不符合海上捕捞规定的渔船采取劝离、扣留或驱逐措施；海警部门在海军支援掩护下对在南沙海域实施勘测作业的外国勘测船采取喊话、技术干扰等方式迫使其放弃侵权；海军、海警等力量联合对管辖海域内的外国侦察船非法活动实施喊话、监控等方式，要求其停止侵权；等等。四是慎重运用军事维权手段。军事维权手段在指挥协调、方法、质量上更为直接高效，但使用军事维权手段对国家间关系、周边安全环境很容易造成负面影响，需依据党中央、中央军委统一部署，予以慎重选择、周密筹划、有效控制。

（五）必须加强风险管控，避免擦枪走火

在南海海域，中国驻守的岛礁与菲、越等国侵占的岛礁相互交织，各种作战舰艇、武装渔船、运输船、侦察船、测量船等游离其间，形成了我中有你、你中有我的局面。由于各方都习惯凭自身的处置经验来对付偶发事件，稍有不慎，极有可能引发不测。近年来，随着美海军强化南海“航行自由行动”，其所途经航线距我驻守岛礁的距离越来越近。中国舰艇基于维护岛礁主权安全目的，对美舰采取了相应的跟踪、警告、驱离等手段，这势必增加中美两国舰机在南海地区海空域发生危机或冲突的概率。为避免“擦枪走火”，“加快建设海洋强国”背景下南海维权必须加强风险管控。一是要与域外大国分别建立海上风险管控机制。美、日、印等域外大国对南海“横加干预”的性质虽然一样，但各自战略企图不同，追求的战略利益各异，介入南海的规模、程度、方式千差万别。对此，南海维权需要根据不同主体、不同活动情况制定和完善不同的风险管控机制。中美《海上意外相遇规则》《重大军事事项相互通报信任机制》《海空意外相遇安全规则》《中美海空安全行为准则》等文件的签署，有助于中美双方降低因南海航行活动、岛礁建设等矛盾升级而导致的冲突风险。中日《军用舰机海空相遇通信协议（草案）》《关于海空联络机制的备忘录（草案）》以及中日双方在二轨层面进行海空联络接触达成的重要共识，对于中日两国规避海上风险起到了促进作用。如果上述协定或条款扩大到南海海域，对减缓中日南海对峙也有相应的帮助。二是要与东盟国家建立海上风险管控机制。从整体上看，中国与东盟国家之间缺乏一个能够正确处理南海争端事务、更具普遍意义上的海上风险管控机制。在安全层面，可以考虑在西太平洋海军论坛《海上意外相遇规则》的基础上，进一步商定达成海空安全行为准则，包括一般航行规则、特定区域规则、海上互信规则、突发情况处置规则、相关通信规则等。当然，也可以参照《亚洲地区反海盗及武装劫船合作协定》来建立海上风险管控机制，并相应建立官员定期会晤机制、风险应急处理机制、风险处理协作机制，共同避免和化解风险。笔者建议在中国军方与东盟相关国家军方之间建立相应的海上情况沟通机制和应急处理机制，加大对海上突发事件的管制力度。

综上所述，“加快建设海洋强国”背景下南海维权既要保持战略上的“和”，也要注重战术上的“斗”。战略上的“和”，可以为国家和平发展提供相对稳定的海上安全环境，不至于“乱大谋”，可以有一定的时间和空间将我方的部分劣势转换为优势，不至于“吃大亏”。战术上的“斗”，可以防止域外大国“肆无忌惮”，可以提防个别周边国家“无理取闹”。只有坚持在斗争中求团结，南海维权的刚性需求才不致于成为“加快建设海洋强国”的掣肘，同时“加快建设海洋强国”还可为南海维权“优先”提供重要推动，使两者并行不悖地得到同步推进。

“海洋命运共同体”的国际法意涵：理念创新与制度构建

■ 姚　莹*

【内容摘要】以 1982 年《联合国海洋法公约》为核心的国际海洋法在制度设计上存在不足，无法满足全球海洋治理的现实需求。国际社会需要新的理念以及在新理念指导下制定新的制度来完善与发展国际海洋法。“海洋命运共同体”理念是完善与发展国际海洋法所需要的理念创新的中国方案。“海洋命运共同体”理念的内涵包括“海洋安全共同体”“海洋利益共同体”“海洋生态共同体”“海洋和平与和谐共同体”。在“海洋命运共同体”理念的指引下，国际社会应通过明确海上安全制度、制定国家管辖外海域开发制度、完善国家管辖外海洋生态环境保护制度以及丰富和平解决海洋争端制度的方式来完善与发展国际海洋法，推动国际海洋法治向更加公正合理的方向发展。

【关键词】海洋命运共同体　人类命运共同体　国际海洋法

海洋对于人类的生存与发展具有重要意义，海洋不仅属于沿海国，也属于全人类。[1] 伴随着“21 世纪是海洋世纪”共识的形成，作为“自私的、理性的行为体”的国家[2]纷纷加强对海洋的控制与开发利用。尽管作为国际海洋法最重要组成部分的《联合国海洋法公约》（以下简称《海洋法公约》）是在当时的历史条件下所能取得的最好结果，但由于其是国际政治斗争与各方利益妥协的结果，不可避免地在创设及分配海洋权益方面存在制度设计的不足，从而引发了全球范围内的“蓝色圈地运动”，《海洋法公约》本身对解决这一问题却无能为力。

为克服以《海洋法公约》为代表的国际海洋法在制度设计上的不足，国际社会需要新的理念以及在新理念指导下的新的制度构建来完善与发展国际海洋法。在此背景下，2019 年 4 月 23 日，习近平主席在青岛集体会见应邀出席中国人民解放军海军成立 70 周年多国海军活动的外方代表团团长时正式提出了“海洋命运共同体”的理念，作为“人类命运共同体”理念的重要组成部分，这是中国参与全球海洋治理的基本立场与方案。本文立足于探究“海洋命运共同体”理念的国际法意涵，从考察国际海洋法发展面临的困境及成因入手探讨进行国际海洋法理念创新的必要性，通过剖析“海洋命运共同体”

---

* 吉林大学法学院副教授，法学博士。
本文为国家社科基金新时代海洋强国建设研究专项“人类命运共同体理念下中国促进国际海洋法治发展研究”（18VHQ001）和国家社科基金一般项目“南海诸岛适用大陆国家远洋群岛制度的实证法基础及路径研究”（17BFX215）的阶段性成果。

〔1〕 在全世界近 200 个国家和地区中，有 150 个国家的领土直接与海洋相连，被称为“沿海国”。参见张海文编著：《〈联合国海洋法公约〉与中国》，五洲传播出版社 2014 年版，第 6—7 页。

〔2〕 Robert O. Keohane, “Institutional Theory and the Realist Challenge after the Cold War”, in David A. Baldwin (ed.), *Neorealism and Neoliberalism: The Contemporary Debate*, Columbia University Press, 1993, pp. 269-300.

理念的内涵指出该理念与完善和发展国际海洋法的现实需要相契合，并以此为基础对未来国际海洋法的制度构建提出中国方案。

一、理念创新：国际海洋法发展的现实需要

国际社会普遍认识到，建立和完善国际海洋秩序对于人类和平利用和保护海洋具有重要意义，因此国际海洋法成为国际法诸多部门中发展最为迅速的部门之一。但是，在国际海洋法发展过程中，也面临着诸多的问题亟待解决。

（一）国际海洋法发展面临的困境

根据《国际法院规约》第38条[3]，国际法的主要渊源可归结为三种：条约、习惯国际法和为各国承认的一般法律原则。作为国际法的一个部门法，国际海洋法的渊源主要体现为条约和习惯国际法[4]，其面临的困境主要体现在如下两个方面：

第一，作为普遍规则的习惯国际法在全球海洋治理过程中的作用非常有限。习惯国际法的作用随着《海洋法公约》的诞生而被削弱，并且证明一项习惯国际法存在的标准不明确进一步影响了其作用。《海洋法公约》在序言中就明确了其宗旨，即“在妥为顾及所有国家主权的情形下，为海洋建立一种法律秩序”。《海洋法公约》体系庞大，分为序言、正文、9个附件及2个执行协定，其中正文共17个部分320个条款，既包含了大量的制度创新，但更是对普遍承认的海洋习惯法的编纂。虽然《海洋法公约》在序言中同时承认其“未予规定的事项，应继续以一般国际法的规则和原则为准据”，但存在于《海洋法公约》体系之外的、被各国所普遍接受的习惯国际法的范围是比较有限的，无法满足构建稳定的国际海洋法律秩序、治理全球海洋的现实需要。

第二，被誉为“世界海洋宪章”的《海洋法公约》在全球海洋治理中的作用被过分高估。作为国际政治斗争与各方利益妥协的结果，《海洋法公约》难以为世界海洋确立全方位的法律秩序，也不可能保证每一个条款都清晰准确，否则《海洋法公约》很难被通过。有学者认为，《海洋法公约》的制定过程是一种“贸易与发展会议模式”（UNCTAD），77国集团同由发达国家和工业化国家组成的统一战线相互对立，它们都在致力于就规范海洋空间的利用所引起的竞争和冲突制定新的理性的秩序。[5] 而实力不均的国家在平等基础上的合作，不能满足各自的利益诉求，这在海洋法领域表现得尤其

---

〔3〕《国际法院规约》第38条规定了国际法院在处理案件时应当依据的国际法规范，该条被视为国际法各种渊源存在的权威说明。

〔4〕由于一般法律原则在国际海洋法渊源意义上的界定存在一定的困难，适用上也有严格的限定条件，因此不在本文的讨论范围之内。

〔5〕参见 Lennox F. Ballah：《国家利益与建立理性的海洋秩序》，邢永峰译，载傅崐成等编译：《弗吉尼亚大学海洋法论文三十年精选集（1977—2007）》（第1卷），厦门大学出版社2010年版，第206—207页。

明显。[6] 因此，《海洋法公约》作为这两种类型的国家妥协的产物，带有先天不足：

首先表现为在某些重要领域存在制度缺失。例如，《海洋法公约》中大陆国家洋中群岛制度缺位。在第三次联合国海洋法会议上，以斐济、印度尼西亚、毛里求斯和菲律宾四国为代表的群岛国积极推动制定有关群岛的特殊制度来保护它们的海洋权益，得到了相当多的支持。同时，一些拥有洋中群岛的大陆国家主张，在构成国家的群岛与属于大陆国家的洋中群岛之间不应有差别[7]，要求在《海洋法公约》中引入大陆国家洋中群岛制度。由于海洋大国的强烈反对，那些声称洋中群岛问题应该被合理解决的国家被迫让步，所以《海洋法公约》第四部分仅适用于群岛国，大陆国家洋中群岛制度没有被规定。

其次表现为条款规定上的模糊。例如，被视为“海洋领域新世界秩序的支柱之一”[8]的《海洋法公约》争端解决机制具有“整体上的强制性、解决方法上的选择性以及适用范围上的不完整性”[9] 的特点，其中，“强制性”是最重要的特征。然而，《海洋法公约》规定的强制性争端解决机制自身的规定模糊，加之缺乏一致的判断标准，致使在适用导致有拘束力裁判的强制程序时，门槛不一致，结果不一致。[10]

（二）国际海洋法发展困境的成因

有学者认为，以《海洋法公约》为代表的现代海洋法律秩序[11]的形成受到三个因素的影响：科技进步、传统法律无法满足沿海国在利用海洋资源上的考量以及大量发展中国家的涌现。[12] 如果深入剖析就会发现，这三个因素背后体现的是几对矛盾的共同作用：

第一，海洋强国与其他沿海国之间的矛盾。这对矛盾体现了国际海洋法发展中的传统张力[13]：沿海国出于安全与资源开发利用的考量，希望主张更大的管辖海域，所以

---

〔6〕 参见［美］路易斯·亨金：《国际法：政治与价值》，张乃根等译，中国政法大学出版社2005年版，第159—160页。

〔7〕 H. W. Jayewardene, *The Regime of Islands in International Law*, Martinus Nijhoff Publishers, 1990, pp. 140-142.

〔8〕 A. O. Adede, “Settlement of Disputes Arising under the Law of the Sea Convention”, *American Journal of International Law* 798, 69 (1975).

〔9〕 高健军：《〈联合国海洋法公约〉争端解决机制研究》（修订版），中国政法大学出版社2014年版，第7页。

〔10〕 典型例子就是《海洋法公约》第281条、第282条、第283条、第286条、第288条、第297条和第298条规定上的模糊导致解释上的分歧，而这是确立《海洋法公约》附件七之下强制仲裁的前提条件。甚至有学者认为《海洋法公约》中的限制和例外规定以及规定的模糊性使强制性争端解决机制的实际效果与传统的以合意为基础的争端解决方式相当。See Gilbert Guillaume, “The Future of International Judicial Institutions”, *International & Comparative Law Quarterly* 848, 44 (1995).

〔11〕 鉴于国际习惯法在全球海洋治理过程中的作用非常有限，故下文论述主要围绕《海洋法公约》展开。

〔12〕 S. Bateman, D. R. Rothwell and D. Vanderwaag, “Navigational Right and Freedoms in the New Millennium: Dealing with 20th Century Controversies and 21st Century Challenges”, in D. R. Rothwell and S. Bateman (eds.), *Navigational Right and Freedoms and the New Law of the Sea*, Martinus Nijhoff Publishers, 2000, p. 314.

〔13〕 See Louis B. Sohn, Kristen Gustafson Juras, John E. Noyes and Erik Franckx, *Law of the Sea in a Nutshell*, 2nd edition, West Publishing, 2010, pp. 516 - 517.

传统海洋法上的领海与公海两分法瓦解，公海的范围缩小，沿海区域扩展以及沿海国在这些区域内权力扩张；海洋强国基于其对海洋的控制能力上的优势，热衷于保护它们的航线，主张几乎不受限制的航行自由的权利，并通过《海洋法公约》的制度设计限制沿海国在管辖海域的权力。正如有学者形容的那样，海洋法的发展始终受到两种力量的影响，即由海洋吹向陆地的自由之风与由陆地吹向海洋的统治之风。[14]

第二，发达国家与发展中国家之间的矛盾。《海洋法公约》第十一部分国际海底区域（以下简称“区域”）制度立足于全人类利益的同时充分考虑发展中国家的利益和要求，通过为海洋资源的勘探和开发提供一个更为公平的制度，从而使人类在最后的资源领域能够进行更好的管理和调整。[15] 但是，以美国为首的大多数发达国家对此表示强烈不满，一直采取不参加条约的态度。为了争取发达国家的批准，发展中国家做出了巨大让步，于 1994 年 7 月 28 日签订了实质上修正《海洋法公约》第十一部分的《关于执行 1982 年 12 月 10 日〈联合国海洋法公约〉第十一部分的协定》，重新平衡了发达国家与发展中国家之间的利益。

第三，沿海国家与非沿海国家之间的矛盾。《海洋法公约》不仅赋予了沿海国极大的海洋管辖权，也顾及了地理不利国和内陆国的利益，为广大非沿海国设置了许多海洋权利，例如利用公海的权利以及船舶悬挂其国旗的权利等。[16] 引人注意的是，《海洋法公约》在专属经济区部分也引入了非沿海国的权利：在公平的基础上，同时考虑到所有有关国家的相关经济和地理情况，参与开发同一分区域或区域的沿海国专属经济区的生物资源的适当剩余部分的权利。[17] 由于主动权掌握在沿海国手里，所以这些规定在实践中并未得到广泛执行。

这几对矛盾主要体现了两种类型国家截然不同的发展理念，它们的相互作用塑造了国际海洋法的特征，也在某种程度上构成了阻碍国际海洋法发展的内在原因。

（三）完善与发展国际海洋法需要理念创新

《海洋法公约》把原本自然一体的海洋人为地分割为许多不同区域，忽视了海洋作为“共有物”的本质属性[18]，其制度设计也是前述两种不同类型的国家围绕“共有物”外部界限的确定而进行博弈的结果。与其他领域相比，以国家主权为导向的传统思维方式与以共同体为导向的现代思维方式之间的紧张与冲突已经成为国际海洋法领域构建法

---

〔14〕 R. P. Anand, *Origin and Development of the Law of the Sea: History of International Law Revisited*, Martinus Nijhoff Publishers, 1983, pp. 89-91.

〔15〕 参见 Kenneth Rattray：《确保普遍性接受：工业国家与发展中国家间利益的平衡》，黄洵译，载傅崐成等编译：《弗吉尼亚大学海洋法论文三十年精选集（1977—2007）》（第 1 卷），厦门大学出版社 2010 年版，第 366 页。

〔16〕《海洋法公约》第 87 条和第 90 条。

〔17〕《海洋法公约》第 69 条第 1 款和第 70 条第 1 款。

〔18〕 参见［美］路易斯·亨金：《国际法：政治与价值》，张乃根等译，中国政法大学出版社 2005 年版，第 113—142 页。

律制度的前沿阵地。但是，自利主义至少在法律层面上已经占了上风，海洋法律制度仍然主要适用“人人为我”原则。[19]

国家有时认识到自身的国家利益存在于共同体利益之中，但是其关注的重点还是放在限制相竞争的他国利益上。[20] 从 20 世纪后半叶开始，国家开始关注共同利益，而不仅仅是自身利益，国际法具有了“合作”的属性。但是这种转变并未减损，反而在实质上反映了国家间的合作主要是为了自身利益，而非为了共同体的利益或单个人的利益。[21]

完善与发展海洋法要回归海洋作为“共有物”的本质特征，超越零和博弈思维，立足真正意义上的共同体理念。随着海洋之于国家的重要程度不断提升，不同海洋法律制度间的冲突可能会愈演愈烈，而诸如“礼让”以及“协商解决”等新的理念将会用于调整这些冲突。[22]

二、中国方案：构建“海洋命运共同体”理念

理念即人们的内心信念，包括世界观、原则化的信念和因果信念。[23] 虽然近代国际法主要是威斯特伐利亚体系的产物，理念层面主要反映了西方的世界观和信条。但是“二战”后的国际法建立在体现多边主义精神的《联合国宪章》宗旨与原则基础之上，并非专属于西方国家，因此其他文明先进的“国际法观”应当被吸收借鉴。古代中国对外交往以“天下观”为基本世界观，“礼”是国家间的主要规范，反映了儒家思想在国际治理上的扩张[24]，而儒家思想在当代国际治理中主要体现为构建“人类命运共同体”理念。

（一）“人类命运共同体”理念的提出

当今的国际社会正发生着重大的变革与转型，挑战层出不穷、风险与日俱增。中国作为国际社会关键的一员，一直扮演着一个核心的角色，其所发挥的作用远远超出一个

〔19〕“人类共同继承财产范式”的提出不能使人们相信某种共同体利益至少已经被考虑。例如，在开发专属经济区的同时，发展中国家宣称专属经济区以外的海底属于人类共同遗产的组成部分。由于缺乏勘探及开发所必要的高技术，发展中国家呼吁发达国家应该为了所有国家利益行事。有理由认为，它们行事时考虑国家的自身利益，多于代表人类的利益。参见［意］安东尼奥·卡塞斯：《国际法》，蔡从燕等译，法律出版社 2009 年版，第 130—131 页。

〔20〕参见［美］路易斯·亨金：《国际法：政治与价值》，张乃根等译，中国政法大学出版社 2005 年版，第 157 页。

〔21〕同上，第 158—159 页。

〔22〕See Louis B. Sohn, Kristen Gustafson Juras, John E. Noyes and Erik Franckx, *Law of the Sea in a Nutshell*, 2nd edition, West Publishing, 2010, p. 521.

〔23〕［美］朱迪斯·戈尔茨坦、罗伯特·O. 基欧汉：《观念与外交政策：信念、制度与政治变迁》，刘东国、于军译，北京大学出版社 2005 年版，第 8 页。

〔24〕参见汤岩：《古代中国主导的国际法：理念与制度》，《中南大学学报（社会科学版）》2015 年第 5 期。

安理会常任理事国的范畴。[25] 国际社会普遍关注的问题之一就是影响力越来越大的中国带给世界的是希望还是挑战、是和平还是威胁?[26] 在这样的背景下，中国需要向世界阐明和平发展的立场并贡献中国的国际法思想体系与方案，“人类命运共同体”思想应运而生。

2011 年，“人类命运共同体”的概念第一次出现在《中国的和平发展》白皮书中，并于 2013 年 3 月由习近平主席在莫斯科首次向世界提出。[27] 2017 年 1 月，习近平主席在联合国日内瓦总部发表题为《共同构建人类命运共同体》的演讲，系统阐释了“构建人类命运共同体，实现共赢共享”的中国方案。[28] 2018 年 3 月，第十三届全国人大一次会议通过宪法修正案，“推动构建人类命运共同体”被正式写入《宪法》序言部分，成为我国宪法的指导原则之一。

“人类命运共同体”思想是一个具有全局性、战略性、前瞻性的思想体系。“人类命运共同体”是对国际共同体概念的重大发展，代表着未来国际社会的追求。国际共同体强调成员之间的相互依存，而这种相互依存产生了一种全体的更高的利益，并在成员之间创建了共同的目标和责任，而且这种共同体的组织应当扩展到国家生活的各个方面，可以是区域的，也可以是全球的。[29] 另外，国家之间存在争端并不会成为构建国际共同体的障碍，相反，可以成为国际共同体构建的推动力量，因为国家之间由于争端而有了进行更为深入交流和理解的机会。[30] 传统的国际法是西方中心主义的国际法，以国家利益为出发点，建立在零和博弈基础之上，以国家之间的对抗性为思想内核，以控制扩张为理论目标[31]；而“人类命运共同体”思想指导之下的国际法理念则坚持文明之间的交流互鉴，强调构建国家间的伙伴关系，以合作共赢为出发点和目标，以融合性为思想内核，以伙伴关系理论为目标，是中国对国际法发展的贡献。

“人类命运共同体”的内涵可以概括为利益共同体与责任共同体：国家之间交往越频繁，安全、环境等全球问题的边界就会越来越模糊，国际社会的整体利益、国家之间

---

〔25〕［英］菲利普·桑斯：《无法无天的世界：当代国际法的产生与破灭》，单文华、赵宏、吴双全译，人民出版社 2011 年版，“中文版序”第 1 页。

〔26〕参见［美］埃里克·安德森：《中国预言：2020 年及以后的中央王国》，葛雪蕾、洪漫、李莎译，新华出版社 2011 年版，第 1—12 页。

〔27〕习近平：《顺应时代前进潮流　促进世界和平发展——在莫斯科国际关系学院的演讲》，http://www.gov.cn/ldhd/2013-03/24/content_2360829.htm，访问日期：2019 年 1 月 15 日。

〔28〕习近平：《习近平谈治国理政》（第 2 卷），外文出版社 2017 年版，第 537—549 页。

〔29〕Oystein Heggstad, “The International Community”, *Journal of Comparative Legislation and International Law* 17, 4 (1935): 265-268.

〔30〕Monica Hakimi, “Constructing an International Community”, *American Journal of International Law* 111, 2 (2017): 1-40.

〔31〕参见黄凤志、孙雪松：《人类命运共同体思想对传统地缘政治思维的超越》，《社会主义研究》2019 年第 1 期。

的共同利益与合作就会越来越多[32]；基于主权平等原则，所有共同体成员都应对国际共同体承担责任，但是可能因为能力的差异，大国会承担更重要的责任。就当前阶段来看，“人类命运共同体”依然是以国家为成员的共同体。[33] 但有学者指出，这一定位不能阐明共同体发展的目的和终极问题，作为对国际共同体概念的扬弃和升华的“人类命运共同体”的终极问题是人类的命运。[34]

（二）从“人类命运共同体”到“海洋命运共同体”

“人类命运共同体”是对人类未来发展作出的一项重要顶层设计，其基本架构是政治、经济、文化、安全、生态“五位一体”，所以从内容上看，必然包括“政治共同体”“经济共同体”“文化共同体”“安全共同体”“生态共同体”[35]；从空间角度判断，至少应该包括“陆上命运共同体”“海洋命运共同体”“空间命运共同体”。正因“人类命运共同体”是一个内容丰富、开放性的概念，所以2019年4月23日习近平主席在青岛集体会见应邀出席中国人民解放军海军成立70周年多国海军活动的外方代表团团长时正式提出了“海洋命运共同体”的概念，作为“人类命运共同体”思想的重要组成部分，是中国参与全球海洋治理的基本立场与方案。

习近平主席指出，我们人类居住的这个蓝色星球，不是被海洋分割成了各个孤岛，而是被海洋连结成了命运共同体，各国人民安危与共。中国提出共建“21世纪海上丝绸之路”倡议，就是希望促进海上互联互通和各领域务实合作，推动蓝色经济发展，推动海洋文化交融，共同增进海洋福祉。我们要像对待生命一样关爱海洋。[36]

世界各国在追求自身海洋利益时，不管是单方利益还是共同的海洋资源分配与海域界定、海洋资源开发利用、海洋污染防治、海洋纠纷解决等事宜，都需要一个建立在确定的制度和规则基础上的、可以为各国所享有的正义感和安全感的价值秩序[37]，“海洋命运共同体”理念即有助于这种价值秩序的形成。

（三）“海洋命运共同体”理念的内涵

“海洋命运共同体”是中国参与全球海洋治理的中国立场与方案，它既是理念也是实践，包括如下四个方面内容：

第一，倡导树立共同、综合、合作、可持续的新海洋安全理念，“海洋命运共同体”应该首先是“海洋安全共同体”[38]。海上安全主要包括传统的海上安全（主要是指海

---

〔32〕 参见肖永平：《论迈向人类命运共同体的国际法律共同体建设》，《武汉大学学报（哲学社会科学版）》2019年第1期。

〔33〕 参见车丕照：《“人类命运共同体”理念的国际法学思考》，《吉林大学社会科学学报》2018年第6期。

〔34〕 参见张辉：《人类命运共同体：国际法社会基础理论的当代发展》，《中国社会科学》2018年第5期。

〔35〕 参见陈明琨：《人类命运共同体的内涵、特征及其构建意义》，《理论月刊》2017年第10期。

〔36〕 李学勇、李宣良、梅世雄：《习近平集体会见出席海军成立70周年多国海军活动外方代表团团长》，http：//www. xinhuanet. com/2019-04/23/c_ 1124404136. htm，访问日期：2019年4月30日。

〔37〕 参见杨华：《海洋法权论》，《中国社会科学》2017年第9期。

〔38〕 侯昂妤：《超越马汉——关于中国未来海权道路发展的思考》，《国防》2017年第3期。

上军事安全、海防安全、国土安全、政治安全等）和非传统的海上安全（包括打击海上恐怖主义、海盗、环境污染、生态破坏行为等）。以《海洋法公约》为代表的国际海洋法体系形成后，各国军事力量正面冲突的情形虽未完全消除但大为减少，然而非传统安全的威胁逐步上升，这两种情形都要求各国增强互信、平等相待、深化合作来加以应对。

第二，促进海上互联互通和各领域务实合作、共同增进海洋福祉的海洋治理理念，“海洋命运共同体”应该是“海洋利益共同体”。以海洋为载体和纽带的市场、技术、信息、文化等合作日益紧密，另外，定位为人类共同继承财产的海洋公域的开发问题的讨论正在进行，这些都要求各国奉行互利共赢的开发战略，坚持正确义利观，为促进海洋发展繁荣作出积极贡献。

第三，共同保护海洋生态文明的可持续发展理念，“海洋命运共同体”应该是“海洋生态共同体”。海洋是全球生命支持系统的基本组成部分，是全球气候的调节器，是自然资源的宝库。[39] 随着工业文明的进步，海洋的生态环境与资源面临巨大的压力。由于海洋的整体性以及海洋活动的国际性，任何一个国家都无法独力保护海洋生态环境，需要所有国家协力解决。

第四，坚持平等协商的争议解决理念，“海洋命运共同体”应该是“海洋和平与和谐共同体”。构建“人类命运共同体”的首要目标就是建设一个持久和平的世界。[40] 因此，通过和平方式解决争端，不诉诸武力或以武力相威胁是基本原则，构建“海洋和平共同体”；在和平方式中选择对话协商方式，实现国家意愿真实和充分的表达是最优选择，构建“海洋和谐共同体”。

有学者指出，构建“人类命运共同体”理念是相互依存理论的“中国版”，它是一种保障国家间合作的有效机制，能够深化各国的相互依存程度，合力解决人类社会面临的共同挑战。[41] 作为其子集的“海洋命运共同体”理念必将为维护海洋和平稳定、促进海洋发展繁荣、保护海洋生态环境、妥善解决海洋争端提供方向的指引，促进国际海洋法治的发展。

三、制度构建：形成中的“海洋命运共同体”规则体系

理念是制度构建的基础，也是评价制度成效的标准。理念创新不能停留在口头上，而要嵌入和内化于制度中，才能成为可信的承诺，获得制度化的力量。[42] 虽然近代以

---

〔39〕 参见张海文编著：《〈联合国海洋法公约〉与中国》，五洲传播出版社 2014 年版，第 6 页。

〔40〕 参见习近平：《习近平谈治国理政》（第 2 卷），外文出版社 2017 年版，第 541 页。

〔41〕 参见邱松：《新时代中国特色大国外交的理论与实践意义——兼论国际关系理论中中国学派的构建》，《新视野》2019 年第 3 期。

〔42〕 参见王彦志：《“一带一路”倡议与国际经济法创新：理念、制度与范式》，《吉林大学社会科学学报》2019 年第 2 期。

来的国际体系是一个围绕“均势—霸权”不断发生变化的体系，但该体系的基本特征并未发生根本性的改变，始终体现为大国在政治经济领域具有支配地位、为国际社会提供安全产品以及在意识形态领域具有影响他国的强大能力。[43] 当代大国之间的竞争，已经不仅仅考虑经济实力等硬实力之间的竞争，更多地开始考虑制度层面的竞争，以维护一国的长远利益。[44]

海洋面临诸如海底资源的不合理开发、海洋生态环境的持续恶化、生物多样性遭到破坏等新的威胁，需要得到法律关注，海洋法将会发生变化。将来会用什么机制发展海洋法呢？不太可能有第四次联合国海洋法会议，更可能的发展方式是通过缔结处理具体海洋问题的全新区域性或全球性条约。[45]

构建“海洋命运共同体”是中国为全球海洋治理提供的中国方案。有学者指出，中国最终可能成为全球经济大国，全球化也可能会呈现出中国的特点。[46] 这意味着，随着中国为国际社会提供的公共产品的增多，未来的全球海洋治理方案，也可能会呈现出中国的特点，这需要我们切实地将“海洋命运共同体”理念转化为制度，并通过实践不断强化。国际法的大部分规则用法律条文的形式体现了国家之间实际存在的共同的或互补的利益。[47] 而这种利益如果可以体现为“人类共同的利益”，那么在制度设计上就会满足国际社会的需要。

（一）明确海上安全制度

海上安全是构建“海洋安全共同体”的基本要求，是国际社会共同的价值追求，也是国际社会通过法律制度加以保护的主要对象。然而正如前文所述，海上安全制度包括传统的海上安全制度和非传统的海上安全制度，所以海上安全制度的体系非常庞大，几乎触及国际海洋法的每一个分支领域，如通道安全、资源安全、环境安全等。从这个意义上讲，一系列重要的国际条约都与“海上安全”有关，可以被视为是海上安全制度的组成部分，例如，1974 年《国际海上人命安全公约》、1979 年《国际海上搜寻救助公约》、1988 年《制止危及海上航行安全非法行为公约》、1992 年《生物多样性公约》等。但由于相关国际条约在规则制定上具有模糊性或拘束力不强，所以海上安全形势并不乐观，其中比较有代表性的问题就是航行自由问题。

航行自由作为国际海洋法最为古老的原则已经获得了普遍承认，并没有国家公开反

---

〔43〕 参见郭红梅：《国际体系变革的中国方案：构建人类命运共同体》，《国际研究参考》2019 年第 4 期。

〔44〕 参见何其生：《大国司法理念与中国国际民事诉讼制度的发展》，《中国社会科学》2017 年第 5 期。

〔45〕 See Louis B. Sohn, Kristen Gustafson Juras, John E. Noyes and Erik Franckx, *Law of the Sea in a Nutshell*, 2nd edition, West Publishing, 2010, pp. 523-524.

〔46〕 参见巴殿君、王胜男：《论中国全球化认识观与全球治理的“中国方案”——基于人类命运共同体视域下》，《东北亚论坛》2019 年第 3 期。

〔47〕 ［美］汉斯·摩根索著，［美］肯尼斯·汤普森、戴维·克林顿修订：《国家间政治：权力斗争与和平》（第 7 版），徐昕、郝望、李保平译，北京大学出版社 2006 年版，第 328 页。

对已经被视为“公共产品”的航行自由原则。[48] 航行自由问题是海洋强国与沿海国之间争议的重要问题，因为海洋法的发展过程就是“传统航行自由的缩小与国家管辖权的扩大”[49] 的过程；加之《海洋法公约》自身规定的模糊性，从而给了各国任意解释的空间，更加剧了这种对立与斗争。近年来中美之间围绕美国在南海的航行自由问题所展开的争论就是典型例证。2018 年出版的《海洋自由：美国捍卫航行自由的斗争历程》一书就是美国学者支持美国“航行自由行动”、谴责中国的立场与做法的集中发声。[50] 对此，中国学者进行了有针对性的驳斥。[51] 从“海洋命运共同体”所倡导的共同、综合、合作、可持续的新海洋安全理念出发去审视航行自由问题，我们会得出一个结论：限制海洋强国对《海洋法公约》相关条款的任意解释、防止航行自由被滥用符合国际社会对海上安全的共同关切。

（二）制定国家管辖外海域开发制度

1. 制定“区域”开发规章

随着陆地矿产资源的日渐枯竭，丰富的国际海底矿产资源已经成为国际社会争相追逐的“热品”[52]。制定科学合理、公平公正的“区域”开发规章是今后几年国际海底管理局（以下简称海管局）面临的一项重要任务。[53] 目前，在海管局的主持下已经分别于 2016 年、2017 年和 2018 年制定了 3 个开发规章草案，其内容不断丰富，结构也更加合理，但各国意见尤其是发达国家与发展中国家之间的意见尚未统一，开发规章仍然没有获得正式通过。

中国在“区域”开发规章制定过程中应发挥“引领国”的作用[54]，这也是构建“海洋利益共同体”的一项重要内容。中国在“区域”开发规章制定过程中的基本立场可以概括为如下三点：第一，开发规章应体现可持续利用国际海底资源以造福全人类的精神，应当以鼓励和促进“区域”内矿产资源的开发为导向，同时兼顾海洋环保；第

---

〔48〕 See Myron H. Nordquist, et al. (eds.), *Freedom of Navigation and Globalization*, Martinus Nijhoff Publishers, 2015, p. 5.

〔49〕 杨泽伟：《航行自由的法律边界与制度张力》，《边界与海洋研究》2019 年第 2 期。

〔50〕 See James Kraska and Raul Pedrozo, *The Free Sea: The American Fight for Freedom of Navigation*, Naval Institute Press, 2018.

〔51〕 参见包毅楠：《中美海洋法论争的“美国之声”———对〈海洋自由：美国捍卫航行自由的斗争历程〉有关“中国特色的航行自由”观点的评析及批判》，《国际法研究》2019 年第 2 期。

〔52〕 王勇：《国际海底区域开发规章草案的发展演变与中国的因应》，《当代法学》2019 年第 4 期。

〔53〕 目前，国际社会已经通过《海洋法公约》与 2000 年《“区域”内多金属结合探矿与勘探规章》、2010 年《“区域”内多金属硫化物探矿与勘探规章》、2012 年《“区域”内富钴铁锰结壳探矿与勘探规章》三个“探矿与勘探规章”，对于各国在“区域”的探矿和勘探活动作出了一系列规定，但是显然不能满足有效规制各国在“区域”内活动的需要。参见杨泽伟：《国际海底区域“开采法典”的制定与中国的应有立场》，《当代法学》2018 年第 2 期。

〔54〕 中国是第一批在“区域”内申请勘探合同的先驱投资者，目前中国已成为全球唯一与国际海底管理局签订富钴结壳、多金属结核和海底热液硫化物三种海底矿产资源勘探合同以及拥有四块专属勘探权和优先开采权矿区的国家。

二，开发规章应充分考虑国际社会整体利益以及大多数国家特别是发展中国家的利益，坚持两个基本原则，即循序渐进、稳步推进原则和与人类认知水平相适应原则；第三，开发规章应当遵守包括《海洋法公约》在内的国际法，并应当充分考虑到联合国主持下各国正在磋商的“国家管辖外海洋生物多样性养护和可持续利用（BBNJ）法律文书”的进展情况，并且尽量与之相衔接。[55]

2. 制定国家管辖外海洋生物多样性养护和可持续利用制度

国家管辖外的深海蕴藏着巨大的经济价值，随着人类利用海洋的能力增强，各国开始将目光投向这一宝库，国家管辖外海洋生物多样性养护和可持续利用问题成为全球海洋秩序变革中的一个重要问题和新问题，制定“国家管辖外海洋生物多样性养护和可持续利用（BBNJ）协定”（以下简称“BBNJ 协定”），为养护和可持续利用海洋生物多样性提供法律依据，成为当务之急。如果谈判成功，它将成为《海洋法公约》的第三个执行协定。“BBNJ 协定”将填补《海洋法公约》的空白，调整现有海洋法律秩序。

在“BBNJ 协定”谈判过程中，国际社会关注的焦点是“区域”生物遗传资源的法律地位及其分配问题，对此存在“公海自由原则下的海洋利用派”和“人类共同继承财产原则下的海洋惠益共享派”两种争议，且各国对于如何解读“人类共同继承财产”原则也存在一定的争议。我国在此问题的国际商讨中没有就海洋遗传资源适用的法律制度问题单独表达国家立场，然而“海洋命运共同体”理念可以为国家管辖外海域遗传资源分配提供一个新思路：通过唤醒国际社会的“命运共同体”意识，以资源共享、规则共建、责任共担、问题共解为伦理目标，构建公平正义的资源分配秩序。[56] 这将是既相关又有别于公海自由原则和“区域”及其资源属于人类共同继承财产原则[57]的、在“海洋命运共同体”理念指导下的新的分配制度。

---

〔55〕 具体主张参见《中国出席国际海底管理局第 21 届会议代表团副团长马新民在“制订多金属结核开发规章”议题下的发言》，http：//china-isa. jm. china-embassy. org/chn/hdxx/t1286040. htm；《中国出席国际海底管理局第 22 届会议代表团副团长高风在“‘区域’内矿产资源开采规章草案”议题下的发言》，http：//china-isa. jm. china-embassy. org/chn/hdxx/t1388582. htm；《中国代表团在海管局第 23 届会议理事会“开发规章草案”议题下的发言》，http：//china-isa. jm. china-embassy. org/chn/hdxx/t1487167. htm；《中国代表团在国际海底管理局第 24 届会上关于开发规章草案框架结构的发言》，http：//china-isa. jm. china-embassy. org/chn/hdxx/t1583497. htm；《中国代表团在国际海底管理局第 24 届会上关于开发规章草案第三部分的发言之二》，http：//china-isa. jm. china-embassy. org/chn/hdxx/t1583500. htm；《2017 年评论意见》，http：//www. hainu. edu. cn/stm/lawsfzc/201842/10504044. shtml；《2018 年评论意见》，https：//ran-s3. s3. amazonaws. com/isa. org. jm/s3fs-public/documents/EN/Regs/2018/Comments/China. pdf。以上访问日期均为 2019 年 2 月 20 日。

〔56〕 参见李志文：《国家管辖外海域遗传资源分配的国际法秩序——以“人类命运共同体”理念为视阈》，《吉林大学社会科学学报》2018 年第 6 期。

〔57〕 有学者建议，中国政府应结合本国的实际情况，有必要对全人类共同继承财产原则进行重新解读。See Aline Jaeckel，Kristina M. Gjerde and Jeff A. Ardron，“Conserving the Common Heritage of Humankind—Options for the Deep Seabed Mining Regime”，*Marine Policy* 78，APR（2017）：150-157.

（三）完善国家管辖外海洋生态环境保护制度

环境安全与绿色可持续发展的生态系统本来就是“人类命运共同体”思想的题中应有之义。所以，构建“海洋命运共同体”也应该把目光更多地投向探讨如何保护海洋生态环境问题上来。[58]《海洋法公约》在其第十二部分专章规定了“海洋环境的保护与保全”[59]，但由于其用语的“弹性”比较大，导致“硬法不硬”，不能有效保护海洋环境。此外，《生物多样性公约》明确对海洋环境保护的具体措施以及减少对生物多样性的负面影响作出了规定，但是其依然采用了诸如“尽可能”“酌情”等具有极大解释空间的模糊用语[60]，使其约束力大打折扣。

由于各国在国家管辖外海域的活动受到的约束和限制较少，致使该海域生态环境受到国家活动的威胁，于是设立海洋保护区成为最优选择，但各国对此存在较大争议。国家管辖外海域包括两种类型——公海和“区域”。由于二者法律地位不同，所以相关海域生态环境保护问题会在“BBNJ 协定”和“区域”开发规章中被分别讨论。

中国作为渔业大国与“区域”的先驱投资者，所以，无论是在公海建立海洋保护区还是在“区域”开发规章中规定担保国和承包商的环保责任，都会对中国经济利益造成影响。但是，中国作为负责任大国和“海洋命运共同体”理念的提出者，应积极参与完善国家管辖外海洋生态环境保护制度，以利益共同体（共同开发资源）和责任共同体（共同保护环境）为基本内核[61]，以“共同但有区别责任”为原则，完善国家管辖外海洋生态环境保护制度，以应对各国所共同面临的海洋生态环境恶化与资源退化危机。

（四）丰富和平解决海洋争端制度

《海洋法公约》所处理的问题十分复杂，实质上涉及所有缔约国的重大利益，更容易引发争议，并且解决这些问题的难度也更大。所以，有必要在《海洋法公约》中建立一个有效的争端解决机制，采用所谓的“自助餐厅”式方法，为审慎地解决争端确立一个剩余可选的框架机制[62]，这被视为《海洋法公约》的一大变革。一般来说，国际争端通常通过外交途径来解决，或在国家同意的基础上提交国际司法或仲裁机构。但是，《海洋法公约》建立了一个强制性争端解决机制去处理重要的海洋争端[63]，这在当时毫

---

〔58〕 参见陈秀武：《“海洋命运共同体”的相关理论问题探讨》，《亚太安全与海洋研究》2019 年第 3 期。

〔59〕《海洋法公约》第十二部分共有 11 节 44 条，包括：一般规定，全球性和区域性合作，技术援助，监测和环境评价，防止、减少和控制海洋环境污染的国际规则和国内立法，执行，保障办法，冰封区域，责任，主权豁免，关于保护和保全海洋环境的其他公约所规定的义务。

〔60〕 参见刘丹：《海洋生物资源保护的国际法》，上海人民出版社 2012 年版，第 17—18 页。

〔61〕 其中责任共同体是基础。责任共同体构建的缺失，就无法构建利益共同体，更谈不上命运共同体。参见江河：《人类命运共同体与南海安全合作——以国际法价值观的变革为视角》，《法商研究》2018 年第 3 期。

〔62〕 参见［英］J. G. 梅里尔斯：《国际争端解决》（第 5 版），韩秀丽等译，法律出版社 2013 年版，第 243—246 页。

〔63〕 Natalie Klein, *Dispute Settlement in the UN Convention on the Law of the Sea*, Cambridge University Press, 2005, p. 349.

无疑问成为国际关系的“反趋势”，却也成为《海洋法公约》的一大特色。但遗憾的是，《海洋法公约》强制性争端解决程序的实际运行效果不尽如人意。[64]

和平解决海洋争端作为国际海洋法的一项基本原则，其内涵是极为丰富的。解决争端的目的是使争端国之间的关系恢复到争端发生之前的状态，或至少不会导致争端国间关系的恶化或局势升级。那么，当解决争端的条件不具备或争端当事国根本无意去解决争端时，“管控分歧”就比“解决争端”更加务实，所以“和平搁置争端”无疑也是一种务实的选择。[65] 坚持平等协商的争议解决理念是构建“海洋命运共同体”的基本要求，中国所倡导的“相互尊重、合作共赢”的新型国家关系无疑为和平搁置争端提供了实践支持。“海洋命运共同体”理念是可以指引构建公平合理的海洋治理制度的公正理念。

四、结语

传统的海洋法图景体现了沿海国与海洋大国之间的利益妥协，全球价值观念的演变已经补充并在某些地方改变了这幅图景。有影响力的主体开始通过对外输出理念的方式来影响世界海洋秩序的走向，“海洋命运共同体”理念就是中国为全球海洋治理提供的中国方案。

“一带一路”是构建“人类命运共同体”的基本路径，而推进“海上丝绸之路”建设有助于构建“海洋命运共同体”，为推动国际海洋法的发展提供理念与制度上的驱动力。2019 年 6 月 28 日，习近平在 G20 大阪峰会上重申了构建“人类命运共同体”思想。[66] 6 月 29 日，G20 各国达成蓝色海洋愿景，以 2050 年为目标，将努力把海洋塑料垃圾减为零。[67] 这是中国的理念创新性地嵌入全球治理的最新实践，未来的全球海洋治理方案，可能会呈现出越来越多的中国特色。

---

〔64〕 参见姚莹：《菲律宾“南海仲裁案”管辖权和可受理性问题裁决评析——以〈联合国海洋法公约〉第 298 条的解释为切入点》，载中国国际法学会主办：《中国国际法年刊：南海仲裁案管辖权问题专刊》，法律出版社 2016 年版，第 171—194 页。

〔65〕 参见黄瑶：《论人类命运共同体构建中的和平搁置争端》，《中国社会科学》2019 年第 2 期。

〔66〕 习近平：《携手共进，合力打造高质量世界经济——在二十国集团领导人峰会上关于世界经济形势和贸易问题的发言》，http：//www. gov. cn/gongbao/content/2019/content_ 5407653. htm，访问日期：2019 年 2 月 25 日。

〔67〕《G20 各国达成蓝色海洋愿景 2050 年将海洋塑料垃圾减为零》，http：//www. chinanews. com/gj/2019/06-29/8878508. shtml，访问日期：2019 年 7 月 10 日。

全球海洋渔业治理法律构架下中国远洋渔业活动合规状况评析

■ 黄硕琳[*]　何妤如[**]

【内容摘要】中国远洋渔业自 1985 年起步以来发展迅速，但国际上不断有人对中国远洋渔业的合规性提出质疑。本文在系统梳理全球海洋渔业治理法律构架的基础上，认为中国遵守了《联合国海洋法公约》的规定，并在远洋渔业作业的所有区域都深度参与了所在区域的渔业管理组织的事务，也与相关的沿海国家签订了入渔协定或相关的谅解备忘录，中国远洋渔业发展的整体合规性不容置疑。笔者按不同管辖海域，对一些渔业冲突事件或渔业违规事件进行了评析，并建议加强对远洋渔业企业和远洋渔业从业人员的合规教育和培训，提高远洋渔业从业人员对法律法规和国际条约的敬畏之心。

【关键词】中国远洋渔业　国际渔业法　IUU 捕捞　合规

一、引言

中国的远洋渔业自 1985 年从西非起步以来，发展迅速。但是，在我国远洋渔业起步的同时，特别是进入 21 世纪以后，全球海洋渔业资源因过度捕捞正面临前所未有的压力。全球海洋渔业治理的行动也正在逐步、有序地展开，全球海洋渔业治理的法律构架和治理体系不断完善。其他国家的大型远洋渔业船队规模维持不变或有所缩减，中国远洋捕捞船队的高速发展不可避免被推上风口浪尖。近十年来，因远洋渔业活动所引起的涉外渔业纠纷不断。2012 年欧盟公布了一份题为《中国在世界渔业中的角色》的报告显示，2000—2011 年间，中国渔船在西非北部海域的非法捕捞活动就有 2648 起。国际上不断有人对中国远洋渔业发展的合规性提出质疑。

在海洋捕捞活动中，中国渔船与韩国、印尼、菲律宾、科特迪瓦、阿根廷等国海警发生过冲突。2016 年 3 月 15 日，“鲁烟远渔 010 号”在阿根廷附近南大西洋海域遭阿根廷海岸警卫队击沉；2019 年 3 月 2 日，中国远洋渔船“华翔 801”船因涉嫌非法进入阿根廷海域作业并抗拒检查，遭到阿方追捕枪击，引发严重涉外事件，在国内外造成恶劣影响。一系列的远洋渔业冲突事件引起国际社会的关注，也有一些别有用心的群体试图抹黑中国远洋渔业的发展，将远洋渔业的违规事件政治化。菲律宾 Globalbalita 网站曾以《中国的非法渔业船队统治世界海洋》为题报道称“中国在全世界的渔业活动是宣示其

* 上海海洋大学海洋研究院院长、海洋政策与法律研究所所长、教授、博士生导师。

** 上海海洋大学文化与法律学院博士研究生，上海海洋大学外国语学院教师。

本文为国家社科基金“维护国家海洋权益”研究专项项目“中国参与国际海洋渔业治理研究”（基金号：17VHQ010）的研究成果。

统治地位战略的一部分”[1]。

我国远洋渔业的发展与全球海洋渔业治理的契合度如何？我国远洋捕捞活动的合规状况如何？针对这些问题，本文旨在厘清全球海洋渔业治理的发展脉络、法律构架和治理体系；探讨中国远洋渔业的发展动因和发展态势；分类评析远洋渔业冲突事件的性质，为中国远洋渔业的管理提供参考。

二、全球海洋渔业治理法律构架和治理体系

全球海洋渔业治理实际上始于20世纪中叶。沿海国家通过争取200海里海洋权的运动，获得对200海里海域内自然资源勘探和开发、养护和管理的主权权利。上述权利通过海洋渔业资源管理权和海洋渔业治理权的重新分配得以实现。从20世纪90年代开始，国际社会以《联合国海洋法公约》（以下简称《海洋法公约》）为基本框架，通过全球或区域性协定，以及可持续渔业和海洋生态环境保护的决议、宣言，共同构建起一个全球海洋渔业治理的法律框架；并在此框架内，由主权国家和区域性渔业管理组织采取措施，开展全球海洋渔业治理的行动，确保国际渔业养护和管理措施得到遵守。

（一）专属经济区内海洋渔业治理法律构架

1973年第三次联合国海洋法会议召开之后，特别是1975年以后，宣布建立专属经济区的国家日益增多，形成了一股不可阻挡的趋势。1982年4月，《海洋法公约》获得通过，“专属经济区”的概念在国际法上正式确立。按照《海洋法公约》的规定，专属经济区是领海以外并邻接领海的一个实行特定法律制度的区域，该区域的最大宽度从测算领海宽度的基线量起，不应超过200海里。在此区域内，沿海国享有以勘探和开发、养护和管理海床上覆水域、海床及其底土的自然资源为目的的主权权利，以及关于在该区域内从事经济性开发和勘探等其他活动的主权权利。沿海国同时享有对若干事项的管辖权，包括人工岛屿、设施和结构的建造与使用，海洋科学研究和海洋环境的保护与保全。其他国家在专属经济区享有航行自由、飞越自由和铺设海底电缆与管道的自由。

在专属经济区制度下，沿海国享有“以勘探和开发、养护和管理”生物资源为目的的主权权利。这里“勘探和开发”可以被认为包括了所有渔业活动，无论是商业性渔业活动还是娱乐性渔业活动。这些活动包括：探鱼和寻找渔场；利用渔具进行捕鱼；将渔获物装船和加工，或将渔获物过驳给其他船舶；将渔获物运载回港；销售渔获物等。同样，“养护和管理”也是一个包含了所有有关生物资源的合理保护和处理活动的广义概念，以及所采取的措施，包括：养护生物资源的措施，获得、分析和交换有关生物资源的信息；确定生物资源利用的程度；决定在生物资源勘探和开发过程中可以使用的船舶、仪器、渔具、机械、设备；决定作业时间和作业渔场；所有与捕鱼作业有关的事

---

[1] 范剑青等：《中国要阿根廷彻查击沉渔船事件“非法捕捞”成为焦点》，https：//world. huanqiu. com/article/9CaKrnJUACU，访问日期：2019年7月1日。

项，如对渔业的投资、补助、税收、许可费用等。

沿海国在专属经济区内的管理责任涉及专属经济区内所有的生物资源，没有任何一个鱼类种群可以例外。虽然《海洋法公约》有专门的条款对一些特殊的鱼种，如高度洄游种类、溯河产卵种群、降河产卵鱼种、海洋哺乳动物等作出了专门的规定，并对一些特殊情况下的种群，如跨区域种群或跨界鱼类种群也作了特殊的规定，但是这些条款并没有损害沿海国对专属经济区内生物资源的最后决定权，只不过是在决定的过程中要与有关国家协商或需要考虑其他一些因素而已。

沿海国在专属经济区内的主权权利自然包括了广泛的渔业立法和制定渔业规章的权利，只要是涉及生物资源的勘探和开发、养护和管理的事项，沿海国就有权制定有关法律和规章。原则上，这种法律、规章不得超过公约中有关专属经济区制度所规定的范围。沿海国对生物资源的主权权利，不仅包括了有关渔业事项的立法和制定规章的权力，也包括了实施和执行这些法律规章的权力。只有这样才能确保其制定的法律和规章得到遵守。

《海洋法公约》第 73 条第 1 款规定："沿海国行使其勘探、开发、养护和管理在专属经济区内的生物资源的主权权利时，可采取为确保其依照本公约制定的法律和规章得到遵守所必要的措施，包括登临、检查、逮捕和进行司法程序。"这一条款授予了沿海国为实施渔业法律、规章采取必要措施的权利。这些措施包括对一系列违法、违规行为的检查，扣留或逮捕，罚款或其他制裁，进行司法程序等。在通常的执法实践中，这一系列违法、违规行为包括：违法捕鱼或违法从事渔业活动；未经许可或非法捕捞；未付入渔费；在禁渔区捕鱼；捕捞禁捕鱼种；使用禁止的渔具；虚报或谎报作业情况；未按规定填写渔捞日志；拒绝接受检查；等等。对违法、违规行为，沿海国可规定明确的处罚金额、处罚种类、处罚程序等。

除了上述实施和执行法律、规章的权利外，沿海国对在专属经济区内违反其渔业法律、规章的外国船舶，还享有紧追权。《海洋法公约》第 111 条第 2 款规定："对于在专属经济区内或大陆架上，包括大陆架上设施周围的安全地带内，违反沿海国按照本公约适用于专属经济区或大陆架，包括这种安全地带的法律和规章的行为，应比照适用紧追权。"当然，这种紧追必须按照《海洋法公约》规定的程序和条件进行。

在执行法律和规章的问题上，沿海国的权限有一定的限制。这种限制主要反映在《海洋法公约》第 73 条第 2—4 款中。首先，在扣留外国船只及逮捕其船员的情况下，被逮捕方提交适当的保证书或其他担保后，沿海国应迅速释放船只及船员。其次，沿海国对于在专属经济区内违反渔业法律、规章的外国人员进行的处罚，不得包括监禁或任何其他方式的体罚，除非沿海国与有关国家签订有允许该类处罚的协议。此外，在逮捕或扣留外国船舶的情形下，沿海国有责任通过适当途径，将其所采取的行动及随后所施加的任何处罚迅速通知船旗国。

（二）公海渔业治理体系

公海捕鱼自由原则长期以来是国际法所承认的原则之一。自 17 世纪以来沿海国对渔业的管辖权一直被限制在沿海国海岸之外的狭窄的领海水域。国家管辖权之外的公海水域则对所有国家开放，任何国家在公海都可以自由从事捕鱼活动。在传统的公海捕鱼自由原则下，从事公海捕鱼作业的渔船受船旗国专属管辖，只有船旗国才有权对其在公海作业的渔船行使立法和执法权，任何国家不得干涉悬挂其他国家旗帜的渔船在公海的捕鱼活动。

进入 20 世纪以后，人们开始认识到海洋生物资源的有限性和可耗竭性，并逐步意识到如不对公海渔业资源加以保护，过度捕捞将导致渔业资源的迅速衰退。人们也开始逐步认识到，要保护公海渔业资源，根据公海捕鱼自由原则，只能通过谈判和签订协定，由有关国家采取统一的保护措施，才能有效地限制公海渔业资源的过度捕捞。因此，有关公海渔业的国际公约日益增多，如 1945 年的《捕鲸公约》、1958 年第一次联合国海洋法会议通过的《捕鱼与养护公海生物资源公约》等。

在一般情况下，公海渔船应由船旗国专属管辖。公海渔船管辖延伸的内容包括在公海上作业的渔船，应属哪个国家或哪个国际组织的管辖；违规的渔船由哪个机构检查；违规渔船应由谁来行使处罚权。由于公海渔业资源承受了巨大的捕捞压力，公海渔船的船旗国管辖原则也遭受着巨大冲击。1995 年 8 月 4 日通过的《执行 1982 年 12 月 10 日〈联合国海洋法公约〉有关养护和管理跨界鱼类种群和高度洄游鱼类种群的规定的协定》（以下简称《联合国鱼类种群协定》），就规定了船旗国以外的国家也可登临和检查悬挂另一缔约国旗帜的渔船。

由于公海渔业存在着许多问题，公海渔业利益的冲突和矛盾日益尖锐，近十年来，国际社会对公海渔业问题给予了高度重视。许多新的治理规则已经或者正在被国际社会所接受。这些新治理规则的发展，代表了公海渔业治理体系的发展趋势：

（1）强调捕鱼国家与毗邻公海的沿海国的合作。这种合作将主要是建立在区域性的基础上，并通过区域性或全球性国际渔业组织来实现。在这种合作中，公海捕鱼活动，特别是对跨界鱼类种群和高度洄游鱼类种群的捕捞活动，将受到毗邻公海的沿海国的限制。

（2）加强对公海渔船的监测和控制。主要表现有：规定公海渔船、渔具的标识；规定公海渔船必须安装的监测设备；规定向公海渔船派驻观察员。

（3）选择性较差或对生态环境影响较大的渔具渔法将受到进一步的限制甚至禁止。公海大型流网作业已被禁止，同时有迹象表明，在一些区域，公海围网作业可能受到严格的限制。

（4）在公海捕鱼活动中，船旗国将承担更多的义务，包括：提供公海捕鱼活动的统计数据；开展公海渔业科学研究；进行公海渔业资源评估；采取有效措施确保本国渔船或公民遵守有关的国际规则；等等。船旗国将在执行有关的国际规则和国际条约的规定，实施公海的渔业管理方面承担更多的责任，但在一些特定的情况下，由有关国家或国际组织联合监督和执行有关国际协定与国际规则。

在一些主要的公海捕鱼区域，国际社会将会通过国际谈判、国际会议建立一定的管理制度，授权有关国家或国际组织进行管理，采取必要的管理措施，如建立禁渔区、设定禁渔期、限制入渔船数、规定国别渔获配额等。

进入21世纪以后，特别是近十年来，国际社会特别关注的是深海底层渔业对脆弱海洋生态系统的损害。尤其是底拖网作业，对海山、热液泉口、冷水珊瑚以及深海生物资源等具有很大的破坏性，对深海脆弱生态系统可能造成无法弥补的损失。国际社会严重关切非法、未报告及不受管制（illegal，unreported and unregulated，以下简称 IUU）的捕捞活动，要求各国迅速采取一切必要措施执行《关于预防、制止和消除非法、未报告和不管制的国际行动计划》；要求船旗国加强对悬挂本国国旗的船只的有效管辖和控制，包括在必要时制定或修订国家规则和条例，以确保此类船只不从事非法、未报告及不受管制的捕捞活动。[2]

在现有的公海渔业治理体系下，海洋主要渔区几乎全部被区域渔业管理组织覆盖。国际渔业管理组织以要求船旗国自觉遵守和执法为基础，管理措施日益具体、细致、严格，一些管理措施具有强制性。目前，国际渔业管理组织采取的治理措施包括：强制性渔业数据统计和报告要求；公海捕捞渔船实行捕捞许可管理；实行合法渔船名单制度；投入和产出控制、配额管理；捕捞日志和渔船船位报告；渔船和渔具标识管理；渔获物产品证书制度；技术管理措施；混捕、误捕、兼捕物种的管理；渔船监测系统；观察员制度；公海登临检查；海上转运的管控、贸易措施等。[3]

（三）全球海洋渔业治理法律构架

全球渔业治理的国际文书建构了以有法律约束力的国际法律文件为主、一系列国际渔业指导性文件为辅的全球海洋渔业治理的国际法律构架，指导着全球海洋渔业治理的行动。

此外，还有许多海洋渔业治理的区域机制。这些区域机制主要以区域渔业管理组织的养护和管理措施的形式出现，同时也以区域工作组、论坛和任务小组的形式出现，目的在于消除 IUU 捕捞活动。区域渔业管理组织在提高缔约方对国际文书的认识以及确保养护和管理措施的执行方面发挥着重要作用，其开展并持续进行的一些关键行动包括：IUU 船舶清单、港口国养护管理和措施与船旗国责任、区域捕捞产品证明文件和产品认证计划、信息交流机制、监测和执法。[4]

---

〔2〕 参见黄硕琳、邵化斌：《全球海洋渔业治理的发展趋势与特点》，《太平洋学报》2018 年第4 期。

〔3〕 同上。

〔4〕 FAO，Illegal，Unreported and Unregulated（IUU）Fishing，accessed June 1，2019，http：//www.fao.org/fishery/en.

三、中国远洋渔业的发展状况及其整体合规性

中国远洋渔业作业海域涉及 42 个国家（地区）的管辖海域和太平洋、印度洋、大西洋公海以及南极海域。截至 2016 年年底，中国公海作业渔船 1329 艘，占世界公海作业渔船的 6%，产量 132 万吨，占世界公海渔业产量的 12%，船数和产量均居世界前列。[5] 2018 年中国远洋渔业企业数量稳定在 170 家，船队规模稳定在 2800 艘以内，远洋渔业产量 225.7 万吨以上，直接产值 262.7 亿元。[6]

随着中国远洋渔业的发展，产业结构不断优化，捕捞方式日趋丰富，由刚开始时的以拖网为主的作业，发展到拖网、围网、刺网、钓具等多种作业类型；产业链进一步延伸，由单一的捕捞作业，向捕捞、加工、贸易等综合经营拓展。[7] 中国远洋渔业的国际合作不断深化，全面深入参与 7 个区域渔业管理组织事务，基本覆盖所有远洋渔业作业区域。中国坚持互利共赢原则，与有关沿海国家签订了 8 个政府/部门间渔业合作协议或谅解备忘录，有效地保障了双边渔业合作发展。[9]

但是，国际上不断有媒体刊登攻击中国远洋渔业的文章。2019 年 1 月 4 日，一篇署名克里斯托弗·伍迪、题目为《美国军方警告：中国捕捞渔船横行霸道，可能引发公海上的战争》的文章，鼓吹"中国渔船拖网作业遍及世界各大洋以满足他们国家对海鲜的欲望"，"中国渔船与外国海岸警卫队和海军产生冲突"，"中国对海鲜贪得无厌的欲望使南美国家维护其海疆的有限能力更趋紧张"。[8] 这些论调无疑是否定中国远洋渔业发展的合规性，试图挑起国际社会对中国远洋渔业发展的不满，把一些远洋渔业冲突事件政治化。

从公平原则来看，中国人口最多，从公海渔业中获取动物蛋白的份额也应最大。截至 2019 年 6 月，中国人口约 13.954 亿，占全球人口约 75.792 亿的 18.4%。[9] 而中国在公海渔业的捕捞份额仅占公海渔业产量的 12% 左右，远洋渔业产量仅占全国水产品总产量的 3.5%。[10] 这些数据表明，中国在发展远洋渔业之际，已考虑到全球海洋渔业治理的基本走向，并考虑到渔业资源可持续利用的实际情况。中国按照《海洋法公约》第七部分第二节及第五部分第 61—67 条的规定，在远洋渔业作业的所有区域都深度参与

---

〔5〕 参见农业农村部渔业渔政局：《"十三五" 全国远洋渔业发展规划》，http：//www. moa. gov. cn/gk/ghjh_1/201712/t20171227_ 6128624. htm，访问日期：2019 年 7 月 1 日。

〔6〕 参见农业农村部渔业渔政局等编制：《2019 中国渔业统计年鉴》，中国农业出版社 2019 年版。

〔7〕 参见农业农村部渔业渔政局：《"十三五" 全国远洋渔业发展规划》，http：//www. moa. gov. cn/gk/ghjh_1/201712/t20171227_ 6128624. htm，访问日期：2019 年 7 月 1 日。

〔8〕 Christopher Woody，"The US Military is Warning that China's Fishing Boats are Bullies and Could Start a War on the High Seas"，accessed June 1，2019，http：//www. businessinsider. com/us-warns-chinas-aggressive-fishing-boats-could-start-a-war-2019-1.

〔9〕 参见《世界人口排名》，www. phb123. com/city/renkou/rk. html，访问日期：2019 年 6 月 1 日。

〔10〕 参见中国渔业协会：《2018 年全国渔业经济统计公报》，http：//www. china-cfa. org/xwzx/xydt/2019/0605/141. html，访问日期：2019 年 6 月 10 日。

了所在区域的渔业管理组织的事务，也与相关的沿海国家签订了入渔协定或相关的谅解备忘录。为保证远洋渔业的可持续发展，中国政府严控远洋渔船规模，建立远洋渔业企业履约综合评价制度；完善远洋渔船船位监测系统，试点建立远洋渔船远程视频监控系统；近年来又以“零容忍”态度依法查处违规远洋渔业行为，建立和完善远洋渔业“黑名单”制度，严厉打击IUU。[11]

整体上看，中国远洋渔业的发展符合《海洋法公约》的规定，也在全球海洋渔业治理的法律框架内运行，不会对全球海洋渔业资源的养护与管理产生负面影响，也不存在横行霸道的行为和贪得无厌的欲望。

四、中国远洋渔业冲突或违规事件评析

由于中国远洋渔业无论从规模或涉及海域来说都发展迅速，远洋渔业冲突或违规事件时有发生，有些甚至引发比较重大的涉外事件，造成严重负面影响。不过，并不是所有这些事件都是远洋渔船违规作业引起的，有些是由于国家管辖海域争议而引发的。

（一）在争议海域的渔业冲突评析

2016年3月19日，中国渔船在纳土纳群岛附近的中国传统渔场遭到印尼武装船只袭扰，中国海警船前往阻止。印尼外长蕾特诺认为中国海警“在印尼专属经济区和领海内侵犯了印尼的管辖权和主权”，中国外交部则表示事发地点是中国传统渔场，中国海警船未进入印尼领海。[12]

2016年6月17日，中国渔船在南海中国西南传统渔场正常作业时，遭多艘印尼海军舰船袭扰和枪击，造成中国渔船受损，其中一名船员中弹受伤，另外一艘渔船和船上7名人员被印尼方抓扣。接消息后，中方紧急派遣在附近执法的海警舰船赶赴事发海域保护渔船渔民，营救伤员，并通过外交渠道向印尼方提出强烈抗议和严正交涉。[13]

2016年3月25日，马来西亚政府称，发现大约100艘船籍注册为中国的舰船入侵该国领海。中方则表示，目前正值南中国海渔季，每年中国渔船都会在相关海域“正常捕鱼”，事发区域为南中国海南康暗沙与北康暗沙。[14]

这些事件的事发海域都是中国渔民的传统渔场，也是中国和印尼、马来西亚海洋权益主张重叠海域 。事实上，中国渔民在黄海、东海和南海从事的渔业活动被认为是传统

〔11〕 参见农业农村部办公厅：《2019年渔业渔政工作要点》，http：//www.moa.gov.cn/ztzl/2019gzzd/sjgzyd/201903/t20190315_6176673.htm，访问日期：2019年6月10日。

〔12〕 参见《中国印尼需对海上分歧冷处理》，https：//opinion.huanqiu.com/article/9CaKrnJUHay，访问日期：2019年6月10日。

〔13〕 参见《外交部发言人华春莹就印尼海军舰船袭扰枪击中国渔船渔民事答记者问》，http：//www.xinhuanet.com/world/2016-06/19/c_1119071458.htm，访问日期：2019年6月10日。

〔14〕 参见《马来西亚：100多艘中方船只侵扰马方领海》，https：//www.dw.com/zh/a-19142303，访问日期：2019年6月10日。

的渔业活动，并不包括在远洋渔业活动中。[15] 类似在此类管辖争议海域的渔业冲突，并不是中国渔民的违规事件，其性质是国家管辖海域的争端。在此类渔业冲突中，有些国家军舰滥用武力，袭扰枪击中国渔船，侵害中国渔民的生命财产安全，严重违反了包括《海洋法公约》在内的国际法。军舰在管辖争议海域对渔船使用武力的行为并不属于纯粹的执法活动，其针对中国渔船的武力侵扰是非法的。[16]

《海洋法公约》第 74 条规定："……有关各国应基于谅解合作的精神，尽一切努力作出实际性的临时安排，并在此过渡期间内，不危害或阻碍最后协议的达成……" 在管辖争议海域，公约的这一规定更应得到遵守。有关各方应本着谅解合作的精神，以建设性态度推进渔业合作，特别是加强渔业管理和执法领域的交流与合作，妥善处理分歧问题。把双方渔民或渔民与执法船的纠纷或摩擦无限放大，加大海上渔业纠纷的冲突，对任何一方都没有好处。

（二）在他国管辖海域渔业违规事件评析

2019 年 3 月 2 日凌晨，阿根廷海岸警卫队巡逻船发现悬挂中国船旗的"华翔 801"拖网船，在离阿根廷圣乔治湾（San Jorge Gulf）海岸 199 海里处捕鱼作业时，没有开启自动定位系统。"华翔 801"船抗拒阿方执法检查并逃跑，引发阿根廷巡逻船开火警告。阿根廷向国际刑警组织要求对"华翔 801"发出国际刑警紫色通报。

2018 年 2 月，阿根廷正式照会中国，烟台京远渔业公司所属"京远 626"船涉嫌非法越界，伙同该公司其他渔船抗拒执法检查并逃跑，引发阿方鸣枪示警并对"京远 626、628、608、616、618"五艘渔船发出国际刑警紫色通报。

2016 年 2 月，舟山普陀远洋渔业公司"华利 8"船涉嫌在阿根廷专属经济区非法捕捞并逃逸，阿根廷对"华利 8"船发出国际刑警紫色通报。2016 年 4 月，国际刑警组织在印度尼西亚扣留了"华利 8"船，该船被罚款 175800 美元。

从以上几个渔业违规案件的作业地点和季节来看，这些中国远洋渔船都是在南大西洋公海海域从事捕捞大西洋鱿鱼的作业。违规事件极有可能是在以下几种情况下发生的：（1）作业时过分靠近沿海国家的专属经济区，而无意识地被海流带进专属经济区；（2）有些渔船追踪鱼群进入专属经济区作业或是抱着侥幸的心理进入专属经济区作业；（3）定位设备的定位存在差异，渔船定位与沿海国执法船定位的不同，导致对捕捞渔船作业海域的判断不同。无论在什么情况下，涉事的中国远洋渔船无沿海国主管部门的许可而进入沿海国专属经济区进行捕鱼作业，是对沿海国专属经济区主权权利的侵犯，也是对目前世界海洋渔业治理规则的违反，属于非法捕捞；遇到沿海国执法船舶的检查时，不听从执法船舶的停船接受检查的命令，采取逃逸的方法抗拒检查，甚至以暴力、

---

〔15〕 参见黄硕琳、唐议：《渔业管理理论与中国实践的回顾与展望》，《水产学报》2019 年第 1 期。

〔16〕 参见高健军：《海上执法过程中的武力使用问题研究——基于国际实践的考察》，《法商研究》2009 年第 4 期。

危险手段抗拒执法检查，违反了《海洋法公约》第58条第3款、第62条第4款和第73条第1款的规定。

在他国管辖海域出现的一系列的渔业违规事件，给中国的远洋渔业带来了负面影响，给了一些别有用心的人借机攻击中国的口实，也给中国负责任大国的形象带来了负面影响。我国应切实加强所辖远洋渔业企业和远洋渔船管理，强化对企业负责人和船员的教育培训，严防引发涉外事件。

（三）在公海海域渔业违规事件评析

根据中国远洋渔业协会提供的数据，自从2010年12月我国第一艘渔船在中西太平洋公海海域被美国登临检查开始到2017年5月，我国渔船在中西太平洋渔业委员会（WCPFC）管辖海域共被登临检查140多次，每年有2—3艘我国渔船被查出严重违规。公海渔业治理的一个重要发展趋势就是强化区域渔业组织的执法功能。在所有区域渔业组织中，中西太平洋渔业委员会管辖海域是实施公海渔船登临检查最普遍的海域。[17]我国自2004年12月起就是中西太平洋渔业委员会的成员国，其制定的管理措施与规则我国远洋渔船应当遵守。我国渔业管理部门按照中西太平洋渔业委员会的相关规定，对严重违规的渔船进行了处罚，并指令违规的渔船回国后按国内渔业法律法规的规定接受进一步的检查和处罚。[18]

2017年8月7日，福州宏龙海洋水产有限公司所属渔业辅助船“福远渔冷999”公海非法转载事件是在公海海域违规的典型事件。“福远渔冷999”原是经授权在西南大西洋和东南太平洋公海从事鱿鱼运输作业，但该船在上述批准海域以外的东太平洋公海从事非法转载活动，且转载了未经许可的金枪鱼和鲨鱼等品种，包括列入《濒危野生动植物种国际贸易公约》附录Ⅱ的锤头鲨。同时，该船未事先通报进入厄瓜多尔加拉帕戈斯海洋保护区，被厄方抓扣。[19]

“福远渔冷999”涉及多重违法违规行为。海上水产品的非法转载行为是国际上重点打击的IUU行为之一，也是各沿海国家在其专属经济区内严格管控的行为之一。《联合国鱼类种群协定》第18条3款h项要求：“管制公海上的转运活动，以确保养护和管理措施的效力不受破坏。”该船在被授权的海域以外从事未经许可的鱼类转载活动，且转载了被国际公约明令禁止或限制贸易的物种。“福远渔冷999”在公海上的转载行为属于IUU渔业行为，不仅违反了国际养护和管理措施，也违反了中国的《远洋渔业管理规定》。

---

〔17〕 参见黄硕琳、沈卉卉、吴峰：《公海登临权及其新发展——国际渔业管理的实践》，《中国海洋法学评论》2018年第2期。

〔18〕 参见腾云路、戴小杰、田思泉：《中西太平洋渔业委员会公海渔船登临和检查制度分析》，《上海海洋大学学报》2015年第1期。

〔19〕 参见《福远渔冷999涉嫌捕猎鲨鱼？最终真相是什么?》，www.fishfirst.cn/article-94472-1.html，访问日期：2017年9月3日。

“福远渔冷999”还涉嫌违反《濒危野生动植物种国际贸易公约》的规定。中国于1980年12月25日加入了《濒危野生动植物种国际贸易公约》，该公约1981年4月8日对中国正式生效。该公约附录Ⅰ、附录Ⅱ中所列的原产地在中国的物种，按《国家重点保护野生动物名录》所规定的保护级别执行，非原产于中国的，根据其在附录中隶属的情况，分别按照国家Ⅰ级或Ⅱ级重点保护野生动物进行管理。“福远渔冷999”非法转载《濒危野生动植物种国际贸易公约》附录Ⅱ的锤头鲨，既违反了《濒危野生动植物种国际贸易公约》，也违反了国内的《野生动物保护法》。

“福远渔冷999”不仅在公海上涉嫌违反国际养护与管理措施，还未经通报进入厄瓜多尔管辖海域，违反了厄瓜多尔关于外国船舶进入厄瓜多尔管辖水域的管理规定。早在1995年，中国农业部渔业局就转发了外交部《关于进入厄瓜多尔水域船只需提前办妥有关认证书事》的函，告知根据厄瓜多尔法律和外交部指示，凡进入厄瓜多尔管辖水域的外国船只，应提前办妥经厄瓜多尔驻外使馆认证的文件，包括装船清单、船员名单、乘客名单、船只给养声明、船员的物品清单、有误的船员名单及更改后的名单。农业部渔业局要求渔船按照厄瓜多尔的规定办理，避免给国家和企业造成不必要的影响及损失。[20]“福远渔冷999”不遵守农业部的渔业规章，也不遵守厄瓜多尔的管理规定，必然受到厄瓜多尔的处罚，也必然受到农业部的处罚。2018年2月，中国农业部作出处罚：暂停“福远渔冷999”上属公司的远洋渔业企业资格和该公司的远洋渔业项目，责令该公司停产整顿；将涉事渔船船长列入远洋渔业从业人员“黑名单”，由福建省渔政渔港监督管理机构按程序吊销涉事渔船船长职务船员证书。[21]

总体上，无论是在公海海域或是在沿海国管辖海域，大部分中国远洋渔业企业和远洋渔船都能遵守国际渔业养护与管理措施和入渔国的法律法规。但不可否认，仍有少数远洋渔业企业和远洋渔船出于经济利益的驱动从事IUU渔业活动，成为中国远洋渔业的害群之马。面对这种状况，近年来农业主管部门加大了对违法违规的远洋渔业企业和远洋渔船的处罚力度。据介绍，对远洋渔业违法违规行为，农业主管部门坚持“零容忍”的态度。2016年和2017年农业主管部门对78家违规远洋渔业企业、264艘违规渔船及有关责任人员依法进行处罚，扣减国家财政补贴约7亿元，对206名渔船船长予以罚款，取消3家企业的从业资格，暂停5家企业的从业资格。农业主管部门还建立了远洋渔业从业人员“黑名单”制度，已有6名被取消企业资格的有关负责人和9名被吊销职务船员证书的船长被列入“黑名单”，在一定时期内，禁止其从事远洋渔业。[22]

---

〔20〕 参见中华人民共和国农业部渔业局编：《中华人民共和国渔业法律法规规章全书》，法律出版社2005年版，第461页。

〔21〕 参见《农业部办公厅关于部分远洋渔业企业及渔船违法违规问题和处理意见的通报》，http：//www. moa. gov. cn/nybgb/2018/201803/201805/t20180528_ 6143244. htm，访问日期：2019年6月10日。

〔22〕 参见《“严”字当头渔业执法监管工作成效显著》，http：//jiuban. moa. gov. cn/zwllm/zwdt/201712/t20171226_ 5989310. htm，访问日期：2019年6月10日。

五、提升中国远洋渔业履约能力刻不容缓

从远洋渔业发展的角度来讲，国际社会对公海渔业资源的管理日趋严格，重要渔业资源的捕捞配额已阶段性分配完毕。沿岸国相继调整各自渔业合作政策，不再满足于同中国以购买捕捞许可证的方式进行合作，要求我国投资建设码头、加工厂、冷库等陆上设施，协助解决就业，带动当地经济发展，同时，入渔的条件日益提高、日趋严格，我国的企业合作成本和难度增加。如果国际上不时爆出中国远洋渔船在他国管辖海域有 IUU 行为，如果中国的国际渔业形象不佳，则中国过洋性渔业的发展将举步维艰。

传统远洋渔业强国从政治、海洋战略考虑，尽其所能保护既得利益，高举海洋渔业治理的大旗，借助国际和区域渔业管理组织抑制新兴远洋渔业国家的发展。同时，利用其资金、技术等优势，争夺发展空间。而我国一小部分远洋渔船的违规行为，无疑为他们提供了攻击我国远洋渔业发展的炮弹。

随着国际社会环保意识的提高，要求远洋渔船生产采取生态友好型捕捞方式，减少对海龟、海鸟等其他生物的误捕，保护海洋生态环境；同时，为减少碳排放和能源消耗，要求远洋渔船使用高效节能设备和技术，降低能源消化，提高能源利用效益。要满足这些生态环境方面的要求，还需要加大对生态环境保护意识的教育和生态环境保护技术的研究。

在海洋渔业治理中，船旗国的责任受到了重视。国家有义务建立捕鱼的许可和登记制度，完善渔业数据的统计、收集、保存和定期交换制度以及渔船船员的培训制度。这些制度的建立，都有一些国际公认的标准。就我国而言，目前要建立和完善这些制度，需要大量人力、物力和技术等，也需要远洋渔业企业的密切配合。

在全球海洋渔业治理的大背景下，提升我国远洋渔业履约能力已经刻不容缓。当前，最迫切的任务是加强对远洋渔业企业和远洋渔业从业人员的合规教育和培训，提高远洋渔业从业人员对法律法规和国际条约的敬畏之心。远洋渔业从业人员应掌握远洋渔船出海时各项基本注意事项，包括渔船船位报送、区域性渔业管理组织的各项养护和管理措施、公海登临检查、公海转载、渔捞日志填写等。远洋渔业从业人员应学习入渔国相关法律法规，包括中国与该入渔国缔结的双边条约。有关方面应敦促远洋渔业企业严格遵守我国及入渔国法律法规，合法合规生产，严禁越界捕捞，严防引发涉外事件。

“区域”开发规章草案的发展演变与中国的应因

■王　勇*

【内容摘要】在国际海底管理局的主持下以及各国的积极参与下，国际海底区域（以下简称“区域”）开发规章草案正在制定过程当中。2016年“区域”第一个开发规章草案出台，从2016年到2018年，国际海底管理局每年都推出一个开发规章草案。三年来开发规章草案在内容方面不断丰富，在结构方面趋向合理，在重要事项方面不断细化，但在某些事项上仍需要完善。开发规章草案的上述发展演变有着具体和深刻的原因。作为“区域”勘探合同的先驱投资者，中国正在积极参与开发规章的制定。中国应当立足于三年来“区域”开发规章草案的发展演变状况，在重新审视中国既有意见和主张的基础上，提出更多有价值的建议，从而深度参与并且逐步引领开发规章的制定。

【关键词】“区域”　开发规章　发展演变　原因分析　建议

随着陆地矿产资源的日渐枯竭，丰富的国际海底矿产资源已经成为国际社会争相追逐的“热品”。“区域”矿产资源种类多、数量大、品位富，拥有巨大的开发利用潜力，很多国家都想在这个区域尽可能地满足自己的利益需求。虽然当前国际社会已经通过《联合国海洋法公约》（以下简称《海洋法公约》）与三个“探矿与勘探规章”〔1〕，对于各国在“区域”的探矿和勘探活动作出了一些规定，但是随着人类需求的不断扩大以及各国即将进入国际区域矿物资源的开发阶段，当前的三个规章已经无法有效规制各国在“区域”的进一步活动。根据2000年《多金属结核探矿和勘探规章》第26条第1款的规定，勘探合同的期限为15年，合同到期后，要么申请延期，要么转入开发阶段。〔2〕在这样的形势下，制定一个尽可能地符合绝大多数国家利益的关于“区域”开发规章的必要性日益凸显。各国在国际海底管理局（以下简称海管局）的主持下，已经于2016年制定了第一个“区域”开发规章草案，并且在2017年和2018年每年均制定了一个开发规章草案。〔3〕从宏观层面来看，首先，三年来开发规章草案的内容不断丰富。2016

---

* 华东政法大学教授，博士生导师，法学博士。
本文系国家社会科学基金重大项目“军民融合战略下海上通道安全法治保障研究”（18ZDA155）以及国家社会科学基金一般项目“国际法视角下中国与东盟国家磋商制定‘南海行为准则’问题研究”（16BFX207）的阶段性成果。

〔1〕这三个探矿与勘探规章分别是2000年《“区域”内多金属结核对矿与勘探规章》、2010年《“区域”内多金属硫化物探矿与勘探规章》、2012年《“区域”内富钴铁锰结壳探矿与勘探规章》。

〔2〕参见张涛：《参与全球海洋治理体现大国责任担当——聚焦国际海底矿产资源开发规章的研究与建立》，《国土资源报》2017年5月17日第6版。

〔3〕以下分别简称2016年草案、2017年草案和2018年草案。2016年草案参见https：//ran-s3. s3. amazonaws. com/isa. org. jm/s3fs-public/documents/EN/Regs/DraftExpl/Draft_ ExplReg_ SCT. pdf，2017年草案参见https：//ran-s3. s3. amazonaws. com/isa. org. jm/s3fs-public/documents/EN/Regs/DraftExpl/ISBA23-LTC-CRP3-Rev. pdf，2018年草案参见https：//ran-s3. s3. amazonaws. com/isa. org. jm/s3fs-public/ files/documents/isba24_ ltcwp1rev1-en_ 0. pdf，访问日期：2019年5月9日。

年草案的正文有59条，另外还有9个附件；2017年草案的正文有94条，另外还有10个附件和3个附录；2018年草案的正文有105条，另外还有10个附件、4个附录和1个环境影响报告模板。特别是2018年开发规章草案新增了一些具体规定。[4] 其次，三年来开发规章草案的整体结构趋向合理。例如，2016年草案的正文有11个部分[5]，2017年草案的正文有14个部分[6]，2018年草案的正文有13个部分[7]。通过对比发现，2017年和2018年草案的结构变得更加细致。最后，三年来开发规章草案关于一些重要内容的结构安排趋于合理。[8] 但是，由于各国在制定开发规章的过程中仍然存在不少争议点，所以迄今为止开发规章仍然没有获得正式通过。本文通过比较三年来开发规章草案主要内容的发展演变状况，深入分析其发展演变的原因，在此基础上，结合中国正在参与开发规章草案的制定进程，提出中国的具体应对策略。

一、关于三年来开发规章草案主要内容的演变分析

(一) 不断细化和强化环境保护的规定

总体来说，三年来开发规章草案关于环境规定的条款越来越多，同时也在不断地细

---

〔4〕 例如，在"与区域内开发活动有关标准的通过与审议"方面。2018年草案第91条规定：1. 委员会应考虑到公认专家的意见，就通过与"区域"内开发活动有关的标准向理事会提出建议，其中包括但不限于涉及以下方面的标准：(a) 业务安全；(b) 资源的养护与开发；(c) 海洋环境保护。2. 理事会应根据委员会建议审议并批准上述标准。又如，在承包者权利义务转让方面。2018年开发规章草案第24条第4款规定委员会应考虑受让人是否：(e) 达到第13条规定的标准，并已提交符合第14条第2款的环境计划；以及 (f) 已缴存第27条规定的环境履约保证金。此外，2018年草案第11条第1款关于环境计划的公布，第14条关于环境计划的审议、批准和公布，第25条关于控制权变更，第26条关于生产前提交的文件，第50条关于"独立的能胜任的人"等均属于新增的规定。

〔5〕 分别是：第一部分导论，第二部分核准以合同形式的申请开采计划，第三部分开采合同，第四部分开采工作计划的评估和修改，第五部分合同财政条款，第六部分信息的收集和处理，第七部分一般规定，第八部分检查，第九部分实施和惩罚，第十部分争端解决，第十一部分管理局规章的审议。

〔6〕 分别是：第一部分引言，第二部分以合同的形式申请批准开采工作计划，第三部分开采合同，第四部分环境问题，第五部分承包者的义务，第六部分开采工作计划的审查与修改，第七部分开采合同的财政条款，第八部分信息采集和处理，第九部分一般规定，第十部分管理费用，第十一部分检查，第十二部分执行与处罚，第十三部分争端解决，第十四部分管理局规章的复审。

〔7〕 分别是：第一部分引言，第二部分请求核准采取合同形式的工作计划申请书，第三部分承包者的权利和义务，第四部分保护和保全海洋环境，第五部分工作计划的审查和修改，第六部分关闭计划和关闭后监测，第七部分开发合同的财政条款，第八部分年费、行政费和其他有关规费，第九部分资料的收集和处理，第十部分一般程序、标准和准则，第十一部分检查、遵守和强制执行，第十二部分争端的解决，第十三部分本规章的审查。

〔8〕 例如，关于"合作义务与资料交换"和"沿海国的权利"这两个部分在2016年草案中被放在"第七部分：一般程序、标准、准则"，在2017年草案中被放在"第九部分：资料的收集和处理"，而在2018年草案中被放在了"第一部分：引言"。这可以反映出海管局对于促进各国信息交流、合作开发区域内矿产资源的积极态度以及对于维护沿海国权利的高度重视。又如，关于基本原则，2016年草案没有规定，2017年草案将"基本原则"放在"第四部分环境事务"，而2018年草案将基本原则放在"第一部分：引言"，并且大大充实了基本原则的内容。海管局在开发规章草案第一部分将规章的基本原则详细列出，既开宗明义地确立了开发规章的宗旨、原则和定位，又有利于更好地指导各国理解和执行开发规章。

化相关规定。

首先，在环境履约保证金的规定方面。2016 年和 2017 年草案对于环境履约保证金的态度是可以缴存，到 2018 年变成了应当缴存。〔9〕 2016 年草案主要通过第 10 条第 3 款对环境履约保证金作出了简单的规定。2017 年和 2018 年草案则详细规定了环境履约保证金的用途。特别是，2018 年草案对于环境履约保证金作出了更加详细的规定。2018 年草案第 27 条第 2 款规定保证金要"反映以下方面可能的所需费用：（a）提前关闭开发活动，（b）终止和最终关闭开发活动，以及（c）在关闭后监测和管理残留环境影响"；第 27 条第 3 款规定了可以分期缴纳保证金；第 27 条第 4 款规定了应审查和更新环境履约保证金数额的情形；第 27 条第 5 款规定了审查和更新之后重新计算并缴存保证金的期限；第 27 条第 8 款规定了"承包者提供环境履约保证金不会限制开发合同为其规定的责任和赔付责任"。从上述变化可以看出海管局对环境履约保证金的重视，并且不断完善环境履约保证金的规定。

其次，在环境责任信托基金方面。2016 年和 2017 年草案对此没有专门规定，2018 年草案第 52 条和第 53 条对此作出了专门的规定。环境责任信托基金旨在填补防止、修复措施的费用；支持最佳可得技术、最佳环境做法的研究等。该基金主要来源于承包者的缴纳，具备合理性和可操作性，为环境保护作后备支撑。

再次，在环境管理和监测计划执行情况评估方面。2016 年草案对此没有规定，2017 年草案只是在附件七 G 项中简单提及，2018 年草案第 50 条则对此作出了详细的规定，具体包括评估内容、评估频率以及秘书长和委员会的权力。上述规定能够更好地促使承包者严格按照环境管理和监测计划进行开采活动，避免在开采过程中忽视计划，任意破坏环境。

最后，在环境影响报告书方面。2016 年草案关于环境影响报告书的规定很少，可以反映出对其重视不够。2017 年草案开始对环境影响报告书应该包括的内容进行规定，并在附件 5 中提供了环境影响报告书的模板以供承包者参考。2018 年草案在 2017 年草案的基础上增加了关于环境影响报告书的书写形式要求。这些既表明了海管局对于环境影响报告书的要求更加严格，也反映了其不断提高对环境保护的重视程度。

（二）担保国责任制度重回模糊性

《海洋法公约》规定了"区域"内的担保国责任制度，即"区域"内活动者如果为

---

〔9〕 具体来说：（1）2016 年草案第 10 条第 3 款规定，本规则可要求的任何财务担保或安全，并经理事会批准作为工作计划的一部分，可作为任何财务担保或担保的补充，根据环境法规作为环境计划批准所附任何条款和条件的一部分。（2）2017 年草案第 9 条第 1 款规定，委员会可以向理事会建议，作为批准工作计划的一部分条款和条件，申请人就该工作计划存放履约保证金，保证履行其在拟议的工作计划和开采合同中的义务、承诺和条件，并在与申请人达成协议但不迟于开发活动的开始日期。向理事会提出的任何建议均为根据管理局的指引，包括履约金的形式及数量或价值，并与申请人协商。（3）2018 年草案第 27 条第 2 款规定，承包者应不迟于在采矿区开始生产之日，向海管局缴存环境履约保证金。

自然人或法人的，应当获得公约缔约国的担保。[10] 2016 年草案仅通过第二部分第 3 条对于担保国责任作出了非常简单的规定，且没有对担保责任的归责原则和责任范围作出规定，具有一定的模糊性。[11] 2017 年草案第 91 条对于担保国责任作出了详细的规定，并且强调担保国以“尽职义务”为行为标准，只承担过错责任。[12] 虽然 2018 年草案第 103 条对担保国责任的规定比 2017 年草案简单得多[13]，但是 2018 年草案的规定把担保国的责任范围扩大到海管局规则和开发合同的条款。这样一来，担保国的责任就有可能因为海管局规定以及开发合同的条款而扩大，从而不仅仅限于“尽职义务”。通过对三年来有关担保国责任条款的比较分析可以发现，随着时间的推移，有关担保国责任的规定重新变得模糊。

（三）不断细化和强化承包者的义务

首先，在承包者对于海洋环境的义务方面。2016 年草案并没有专门的部分或章节规定承包者对于海洋环境的保护义务，而是用分散的条款对此作出规定。例如 2016 年草案第 4 条第 4 款 b 项规定承包者提交的申请书应当包含根据《环境条例》编写的环境和社会影响声明；2016 年草案第 14 条第 2 款 d 项规定：（承包者提出续订开采合同的申请时）要附有一份适当的合格专家的报告，以核查环境管理和监测计划是否符合《环境条例》的规定，并建议根据《环境条例》修改该计划；2016 年草案附件七第 14 节规定“承包者应避免对该地区的资源造成不必要的浪费”。2017 年草案则主要通过第四部分“环境事务”的第 18—24 条对于承包者保护海洋环境的义务作出了比较集中的规定。2018 年草案则主要通过第四部分“保护和保全海洋环境”的第 46—56 条对于承包者保护海洋环境的义务作出了更加详细的规定。2018 年草案的有些规定是对 2017 年草案的进一步细化。例如，2018 年草案第 48 条限制采矿排放是对 2017 年草案第 23 条第 6 款的细化，并且增加规定了采矿排放的两条例外措施，分别是：（1）海管局与此类采矿排放

---

〔10〕 参见《海洋法公约》第 153 条第 2 款。

〔11〕 2016 年草案第 3 条规定：国营企业或第 5 条第 1 款（b）项所指的实体提交的每一份申请应附有申请者国籍国或申请者有效控制人的国籍国开具的担保书。如果申请者具有一个以上国籍，如由一个以上国家的实体组成的合伙企业或联营企业的情况，则所涉每一国家均应出具担保书。

〔12〕 2017 年草案第 91 条规定：在不损害第 3 条、第 15 条以及《海洋法公约》第 139 条第 2 款、第 153 条第 4 款和附件Ⅲ第 4 条第 4 款规定的义务的一般性的情况下，赞助承包者的国家应特别采取一切必要措施，确保它们赞助的承包者遵守：（a）《海洋法公约》第十一部分，《关于执行 1982 年 12 月 10 日〈联合国海洋公约〉第十一部分的协定》（以下简称《执行第十一部分的协定》），海管局的规则、条例和程序，开采合同的条款和条件；（b）《海洋法公约》第 162 条第 2 款 w 项规定的紧急命令；（c）第 17 条和第 23 条；（d）本条例第Ⅲ部分；（e）本条例第七部分第 2—7 节；（f）第 77 条；（g）第 83 条；（h）第 85—87 条；（i）根据第 89 条发出的遵守通知；和（j）根据第 90 条第 2 款支付管理局应付的债务。

〔13〕 2018 年草案第 103 条规定：在不损害规章第 6 条和第 22 条，以及不损害《海洋法公约》第 139 条第 2 款、第 153 条第 4 款和《海洋法公约》附件三第 4 条第 4 款为承包者规定的义务的普遍性的条件下，为承包者担保的国家应该尤其采取一切必要和适当的措施，以确保其担保的承包者依据《海洋法公约》第十一部分，《执行第十一部分的协定》，海管局的规则、规章和程序以及开发合同的条款和条件切实遵守规定。

有关的要求、方法和技术标准；以及（2）环境管理和监测计划。〔14〕 2018 年草案第 51 条的应急和应变计划是对 2017 年草案第 23 条第 8 款的细化。〔15〕 上述规定使得规章更具有合理性和可操作性。此外，2018 年草案第 50 条第 3 款规定“承包者应根据准则并按其中规定的格式，编写并向秘书长提交执行情况评估报告”，也属于新增的承包者在保护环境方面的要求。值得一提的是，2016 年草案中承包者保护海洋环境的义务大多数属于一种事后的环境治理，而 2017 年和 2018 年草案中承包者保护海洋环境的义务大多数属于事前的风险防范。从事后到事前的转变，是各国对海洋环境认识更加明确以及对环保要求更高的体现。

其次，在承包者合理顾及海洋环境中的其他活动方面。2016 年草案附件七第 5 节原则性地规定了承包者合理考虑海洋环境中的其他活动〔16〕，2017 年草案第 26 条和 2018 年草案第 33 条均规定了“每个承包者均应尽职尽责，确保不损坏合同区内的海底电缆或管线”。2018 年草案第 33 条还特别规定了“双向责任”，即承包者在“区域”内的活动要合理顾及海洋环境中的其他活动，海洋环境中的其他活动也要合理顾及区域内的开发活动。

再次，关于承包者确保安全、劳动和卫生标准的义务。2016 年草案附件七第 16 节对此问题仅作出了一些简单的规定。2017 年草案与 2016 年草案的规定基本相似，仅有些细微的修改，即列出了已在承包者所属国内法中实施的一系列公约。2018 年草案第 32 条则作出了非常详细的规定。特别是 2018 年草案第 32 条第 5 款规定，承包者应确保：（a）其所有人员在上岗前均具备必要的经验、培训和资质，能够安全地、称职地并按照海管局规则和开发合同条款履行职责；（b）已制定职业卫生、安全和环境意识计划，使参与开发活动的所有人员都能了解其工作可能产生的职业和环境风险以及应对此类风险的方式；以及（c）已保存其所有人员的经验、培训和资质记录，并应要求向秘书长提供这些记录。上述

---

〔14〕 2017 年草案第 23 条第 6 款规定：除非为了生命或船舶的安全无法避免，或者为了防止船舶、设备或采矿设备的损失或严重损坏，除非开采合同或本规章明确允许，否则不得进行采矿排放。2018 年草案第 48 条规定：1. 承包者不得向海洋环境中丢弃、倾倒或排放任何属于采矿的沉淀物、废物或其他流出物，按照以下规定允许进行的采矿排放除外：（a）海管局与此类采矿排放有关的要求、方法和技术标准；以及（b）环境管理和监测计划。2. 但如果为保障生命安全或保护财产免受严重损害而必须采取行动，承包者无须遵守第 1 款中的义务，前提是在采取任何行动时都应尽量降低伤害生命或严重危害海洋环境的可能性。

〔15〕 2017 年草案第 23 条第 8 款规定：承包者应根据良好的行业惯例维护必要的资源和程序，以便迅速执行、实施应急响应和应急计划。2018 年草案第 51 条规定：1. 承包者应：（a）根据确定潜在事故的情况，并按照良好行业做法保持其应急和应变计划的实时性和适足性；以及（b）为及时实施应急和应变计划以执行海管局发布的任何紧急命令，保持必要的资源和程序。2. 承包者、海管局和担保国应就交流与事故有关的知识、信息经验共同协商，并与显示感兴趣的其他国家和组织就此方面进行协商，利用此类知识信息编写和修订标准，以便在整个采矿周期内控制危害，还应与其他相关国际组织合作，借鉴其咨询意见。

〔16〕 2016 年草案附件 7 第 5 节规定：承包者应根据《海洋法公约》第 147 条和批准的“环境管理和监测计划和关闭计划”以及任何国际组织创设公认的国际规则和标准，合理地考虑本合同项下的开发活动，合理地考虑海洋环境中的其他活动。

规定进一步强化了承包者在劳动、安全、卫生方面的义务，更有利于提高船员的素质和环境保护意识，从而减少因船舶、船员不适格而造成的环境损害。

复次，关于承包者的缴费义务。2016 年草案通过第 5 条承包者应支付的申请费、第 21 条承包者应支付的开发合同年度管理费、第 24 条承包者应支付的特许权使用费等分散地规定了承包者的缴费义务。2017 年草案则通过第七部分比较集中地规定了承包者的缴费义务，具体包括承包者应付的年固定费用、对承包者的征税税率、承包者应支付的特许权使用费等。2018 年草案通过第八部分集中地规定了承包者的缴费义务，具体包括承包者的年度报告费、承包者的固定年费、承包者应缴纳的年费以外的规费（如申请核准工作计划的申请费）等。

最后，在承包者的关闭计划（停止或暂停生产）与关闭后监测责任方面。2016 年草案附件七第 13 节对于承包者暂停生产只有一些简单的规定。[17] 2017 年草案第 25 条对于承包者的最终关闭计划和关闭后监测义务作出了一些比较详细的规定。2018 年草案第 58 条和第 59 条分别对承包者的关闭计划（停止和暂停生产）与关闭后监测作出了详细的规定。2017 年和 2018 年草案还都在附件八中对于关闭计划作出了详细的规定。从具体内容来看，2016 年草案规定海管局理事会核准承包者暂停生产，海管局委员会只享有建议权。而 2017 年和 2018 年草案均规定了海管局委员会的核准权。2018 年草案还增加规定了关闭计划须在海管局委员会决定前 30 天分发、停止或暂停生产后承包者的具体义务等。可见，2018 年草案关于承包者的关闭计划（停止或暂停生产）与关闭后监测责任的规定非常详细。

（四）不断细化和强化了检查员的权力与职责要求

首先，在检查员权力方面。2016 年草案第 54 条第 4 款规定了检查员的权力为“可检查监督承包者遵守情况所需的任何相关文件或物品、所有其他记录的数据和样品以及任何船只或设施，包括其日志、人员、装备、记录和设备”。2017 年草案第 85 条和第 86 条以及 2018 年开发规章草案第 94 条和第 96 条均大大增加了检查员的权力，包括检查监督、发出指示、质问、要求披露、要求解释、审查、检查或测试、扣押、删除、要求执行、复制材料等。此外，2016 年草案没有具体规定检查员发布指示的权力，而 2017 年草案第 87 条和 2018 年草案第 97 条均具体规定了检查员发布指示的权力。与 2017 年草案相比，2018 年草案对此问题的规定还要详细。其一，2018 年草案第 97 条第 1 款 a 项规定：（检查员可以发布）要求采矿活动在规定期限内或在海管局和承包者商定日期之

---

〔17〕 主要规定有：1. 理事会可应承包者的要求，因为当前的经济条件或超出承包者合理控制范围的其他情况，在收到［委员会］的建议后，授权暂时降低生产率或暂时停止采矿计划中规定的生产。任何授权的临时减少或暂停的期限应为不超过［1］年的合理期限，并且可以随时进行审查。2. 根据“环境管理和监测计划”“关闭计划”“环境法规”，承包者应在任何临时停工期间继续履行所有环境管理义务。3. 本条例的任何规定均不得限制承包者为应对事故和保护海洋环境或人类健康与安全而临时降低生产率或暂停的开采活动。

前暂停的书面指示。其二，2018 年草案第 97 条第 1 款 b 项规定：（检查员可以发布）为继续进行采矿活动设定条件的书面指示，以便在规定期限或规定时间内，或在特定情况下以规定方式开展指定的活动。其三，2018 年草案第 97 条第 1 款 d 项规定：（检查员可以）要求开展具体测试或监测，并将此种测试或监测结果提交海管局。

其次，在检查员的职责要求方面。2016 年草案第 54 条第 6 款简单规定如下：检查员应避免干扰承包者的安全和正常操作，并应按照本规章和海管局有关健康和安全及信息管理的政策和程序行事。2017 年和 2018 年草案均对于检查员的职责作出了详细的规定。具体包括：（1）检查员必须具备与检查员职责领域相称且与准则相符的资格和经验。（2）检查员应受严格的保密规定的约束，在所履行职责方面不得有任何利益冲突，并且应遵照海管局的检查员和检查行为守则履行其职责。[18]（3）检查员应遵守承包者、船长或船只和设施上其他相关安全主管人员向其发出的有关海上人命安全的一切合理指示和指令，并应避免对承包者的安全正常作业以及船只和设施的安全正常运行造成不当干扰。[19]

最后，在检查员如何产生的问题上，2016 年草案第 54 条对此有模糊性的规定：海管局应建立适当的机制，设立检查人员检查区域内的活动，以确定《海洋法公约》第十一部分的规定、协议、规章制度和任何海管局的开采合同的条款和条件被遵守。但是，2017 年和 2018 年草案对此均没有规定。换言之，规章草案在检查员如何产生问题上还处于空白状态。

（五）关于环保事项审批的程序性规定仍然比较烦琐

通过比较三年来开发规章草案关于环保事项的审批程序可以发现，2017 年草案的审批程序最为复杂，2018 年次之，2016 年相对而言最简单。（见表 1）但是总体来说，2018 年草案关于环保事项审批的程序性规定仍然比较烦琐。

表 1　三年来开发规章草案关于环保事项审批的程序性规定比较

年份	申请人提交申请书程序	秘书长审查、通知程序	法律技术委员会审查程序	海管局理事会核准程序
2016	申请书应当包括： 1. 环境影响报告 2. 环境管理和监测计划 3. 关闭计划	1. 书面形式确认收到申请书，保证申请书的机密性 2. 通知海管局成员 3. 通知法律技术委员会成员	1. 按秘书长收到的先后顺序审查申请书 2. 要求获取关于工作计划任何方面的额外资料 3. 确定申请人是否符合相关规定 4. 考虑申请人的财务能力 5. 考虑申请人的技术能力 6. 确定拟议的工作计划 7. 对拟议工作计划的修正 8. 委员会建议核准工作计划	理事会应审议委员会关于按照《执行第十一部分的协定》附件第 3 节第 11 段和第 12 段核准工作计划的报告和建议

〔18〕 上述两条分别参见 2017 年草案第 84 条和 2018 年草案第 95 条。

〔19〕 上述规定分别参见 2017 年草案第 85 条第 5 款和 2018 年草案第 94 条第 6 款。

续表

年份	申请人提交申请书程序	秘书长审查、通知程序	法律技术委员会审查程序	海管局理事会核准程序
2017	在2016年的基础上，新增了潜在申请人提交环境范围报告和环境影响报告，并进行环境影响评估的义务	在2016年的基础上，新增了：(1)秘书长在海管局网站上公布环境影响报告、环境管理和监测计划、关闭计划及其修改版。(2)在海管局网站上公布潜在申请人提交的环境范围报告	在2016年的基础上新增了：(1)法律技术委员会审核潜在申请者的环境范围报告。(2)法律技术委员会在秘书长完成公布审查环境计划之前不得审核工作计划。(3)法律技术委员会必须听取秘书长、海管局成员和利益攸关方的评论意见后审查环境计划。(4)法律技术委员会应当将环境计划的报告、对计划的修改公布在网上。(5)若有多份申请，法律技术委员会应根据《海洋法公约》附件三第10条的规定确定申请者是否享有优惠和优先	同2016年
2018	同2016年	1. 在2016年的基础上新增了秘书长在海管局网站上公布环境影响报告、环境管理和监测计划、关闭计划及其修改版 2. 在2017年的基础之上又增加了秘书长首先审查申请书的义务，查看申请书是否充分完整的义务，如若不完整则应当通知申请人	在2016年的基础上新增了：(1)法律技术委员会向理事会提交报告和建议的具体时间。(2)法律技术委员会在秘书长完成公布审查环境计划之前不得审核工作计划。(3)法律技术委员会必须听取秘书长、海管局成员和利益攸关方的评论意见后审查环境计划。(4)法律技术委员会应当将环境计划的报告、对计划的修改公布在网上。(5)若有多份申请，法律技术委员会应根据《海洋法公约》附件三第10条的规定确定申请者是否享有优惠和优先	同2016年

二、三年来开发规章草案主要内容演变的原因分析

（一）加强海底环境保护的原因分析

首先，海洋环境保护不同于陆地上环境的一般保护，需要根据海洋环境的地理特点进行更加严格的保护，因为对海洋环境的破坏很有可能是更大范围的、更加不可逆的损害，这是各国在制定开发规章之初所达成的基本共识。

其次，各国在开发规章草案制定之初对于如何保护海洋环境存在立法经验匮乏等问题，而这些问题在后续的立法过程中逐步得到解决。2016年草案并没有专门的部分或章节规定环境保护的内容，而只是在一些有关条款中提到与环境有关的内容。2016年草案

多次强调其本身只是第一个草案，只反映了监管规定的初稿，以后还将进行不断的完善。[20] 但是，后来随着各国对于深海海底环境的不断了解与立法经验的不断丰富，开发规章中的环境保护规定也在不断完善。

最后，海管局不断地寻求新的方式来增加环境保护的可靠性和资金来源，并且不断地强化环境保护规定。海底环境保护本身就是一项需要耗费大量人力、物力、财力的工程，很多承包者不愿意进行环境保护就是因为在资源开发过程中所得收益与所耗费的财力往往不成比例，海管局积极采取措施减轻承包者在环境保护方面的资金压力，从而提高承包者参与环境保护的积极性。以环境保护信托基金为例，该信托基金本质上是环境恢复保证金，目的在于通过加大海底开发活动的成本以激励承包方主动采取措施减少开发活动带来的外部不经济性。2011 年国际海洋法法庭海底争端分庭在咨询意见中认为，根据《海洋法公约》的现有规定，如果承包者履行了赔偿义务或者担保国履行了担保责任后仍然存在无法完全弥补损害后果的情况，因此建议海管局设立环境责任信托基金。[21] 此后，环境信托基金终于在2018 年草案中得以确认。笔者认为，海管局设立环境信托基金的目的就是使承包者能够减少在环境保护方面的资金压力，从而愿意在财务负担较小的情况下更好地保护环境，使“区域”内环境保护能够有一定的效果。

（二）加强承包者责任的原因分析

首先，在承包者保护海洋环境义务方面。笔者认为三年来规章草案之所以不断细化与强化承包者保护海洋环境的义务，是因为随着时间推进，各方对海洋环境的认识在不断地提高，对于环境保护的要求也在不断地提高，为了能够达到更高的环境保护标准，便会对一些相关细节进行更加严格的规定。这样可以促使开发商在海底开发活动过程中

---

〔20〕 在2016 年草案的规定中多次通过各项条款的规定反映了2016 年草案只是“区域内”矿产资源开发规章的初稿，以后还将要进行不断的完善，例如：（1）在2016 年草案第5 条规定：“这些条例可以通过进一步的规则、条例和程序加以补充，特别是保护和保护海洋环境。”此规定中提到以后将有“进一步的规则”对此加以补充规范，充分说明2016 年的相关规定并不是一个确定完善的规定，在以后的日子里有待进一步发展。（2）在2016 年草案第五部分——“开采合同的财政条款”的注意规定里提到：“本第五部分反映了行政/固定费用和特许权使用费以及管理和管理相关事宜监管规定的初稿。”这一条款也明确说明2016 年的规章只是开发规章的一个初稿。（3）在2016 年草案附件7“开采合同的标准条款”的“环境管理、监测和报告”部分提到“除了根据第2 条提交环境计划的承诺外，随着环境法规的完善，具体合同中需要插入反映环境标准的术语”。从这样的规定中，我们不难发现，2016 年草案对于环境的规定还只是一个初稿，在以后的发展中还将不断地进行更改与完善。（4）在2016 年草案的附件8“违反合同和罚款的时间表部分”只是简单地规定了“待起草”三个字，充分说明了2016 年草案只是“区域”资源开发的很多规定还未规范完全，很多规定只是提出了一个概念性术语，具体细节并未进行详细规定，需要以后进一步发展。

〔21〕 See “Responsibilities and Obligations of States Sponsoring Persons and Entities with Respect to Activities in the Area”, Seabed Disputes Chamber of the International Tribunal for the Law of the Sea, Advisory Opinion, 1 February 2011, p. 60, para. 205, accessed May 9, 2019, https://www.itlos.org/fileadmin/itlos/documents/cases/case_no_17/17_adv_op_010211_en.pdf.

更加重视对环境的风险防范，从而防止对海底环境的过度破坏与污染。

其次，在承包者缴费制度方面。随着开发规章的发展与完善，有关缴费制度的规定在规章中所占的比例也大幅减少，其规定不仅更为简洁，也更加明确可行。笔者认为，这样的发展与变化与各国对缴费制度逐渐达成共识密切相关。在开发规章制定之初，缴费制度成为各国之间最富争议的条款。如何缴、缴多少都是各国极其关注的问题，所以2016年草案对此问题的规定分散杂乱，缺乏系统性。为此，国际社会于2017年4月在新加坡就开发规章中的缴费机制条款进行了专门的研讨。[22] 相对于2016年草案，2017年草案关于缴费制度的规定变得较为简单，而2018年草案关于缴费制度的规定变得更加简单而明确。2018年草案整体上通过3个部分对缴费制度进行了简单明确的规定。从原因上分析，各国在缴费制度方面达成了较大的共识，只是在税率等一些小的方面还存在争议。

最后，一些国家的建议也发挥了积极的作用。例如，中国在《2017年评论意见》中提出了承包者的双向责任，即承包者在“区域”内的活动要合理顾及海洋环境中的其他活动，海洋环境中的其他活动也要合理顾及区域内的开发活动。[23] 该意见被2018年草案第33条所采纳。

（三）关于担保国责任重回模糊性的原因分析

由于海底资源开发风险很大，特别是在海洋环境损害方面，因自然人和法人承担责任的能力比较有限，而国家的资金和实力雄厚，因此《海洋法公约》设立了担保制度。《海洋法公约》第139条第1款、第2款规定了担保国责任。[24] 但如缔约国已依据《海洋法公约》第153条第4款和附件三第4条第4款采取一切必要和适当措施，以确保其根据第153条第2款b项担保的承包者切实遵守规定，则该缔约国对于因承包者没有遵守本部分规定而造成的损害，应无赔偿责任。上述规定可以理解为：承包者仅对损害承担过错责任；担保国仅在未尽“尽职”义务，且这种未尽义务与承包者

〔22〕 参见张涛：《参与全球海洋治理体现大国责任担当——聚焦国际海底矿产资源开发规章的研究与建立》，《国土资源报》2017年5月17日第6版。

〔23〕 中国在《2017年评论意见》中指出：《草案》内容存在偏离《海洋法公约》及其附件以及《执行第十一部分的协定》有关规定的情形。例如，《草案》第26条和附件十第6节6.1段均规定，根据《海洋法公约》第147条，承包者从事开发活动应“合理地顾及海洋环境中的其他活动”。事实上，《海洋法公约》第147条第3款同时规定，“在海洋环境中进行的其他活动，应合理地顾及‘区域’内活动”。《草案》对《海洋法公约》第147条的规定进行选择性适用，片面强调“合理顾及”的一个方面，是不适当的。

〔24〕 1. 缔约国应有责任确保“区域”内活动，不论是由缔约国、国营企业、或具有缔约国国籍的自然人或法人所从事者，一律按照本部分进行。国际组织对于该组织所进行的“区域”内活动也应有同样义务。2. 在不妨害国际法规则和附件三第22条的情形下，缔约国或国际组织应对由于其没有履行本部分规定的义务而造成的损害负有赔偿责任；共同进行活动的缔约国或国际组织应承担连带赔偿责任。

所致损害之间存在因果关系时，才承担责任。[25] 此外，《海洋法公约》附件三第22条前半部分规定承包者对“由于其不法行为造成的损害”，应承担责任。而现实表明，即便承包者在进行活动前采取了足够的预防措施，仍然有可能发生重大损害。[26] 由此，缔约国主要争议点在于：担保国在公约体系内所承担的法律义务的具体标准是什么？担保国应采取何种措施履行公约义务方能免除赔偿责任？赔偿责任的标准和范围是什么？[27]

国际海洋法法庭海底争端分庭于2011年关于“担保国的责任与义务”所发表的咨询意见中确立的担保国责任主要包括以下两个方面：第一，确保承包者遵守“区域”内活动规则的尽责义务[28]；第二，担保国的直接义务[29]。可见，该咨询意见已经突破了“尽职”义务的范围，但对于担保国承担责任的标准和范围仍没有清晰的界定。2015年各国在牙买加首都金斯敦召开的关于审议和核准“区域”内矿产资源开采规章草案的会议上提出“必须明确担保国的作用和责任，特别是考虑到海底争端分庭在2011年2月1日针对‘担保国的责任与义务’所发表的咨询意见”[30]。值得注意的是，2018年草案中出现了环境基金制度，同时在环境基金来源的条款中规定，任何根据理事会命令，基于财政委员会建议给付基金资金也包括在来源里。有学者认为，这一条应当属于万能条款，不排除向担保国募集资金的可能，担保国可能因此承担实际责任。[31]

综上所述，海管局关于担保国责任的问题还处于一个不明确的地位，三年来担保国责任制度重回模糊性正是上述问题无法解决的结果，也许经过各国不断地磋商与探讨，在以后的草案中对此会有更加详细与明确的规定。

---

〔25〕 See “Responsibilities and Obligations of States Sponsoring Persons and Entities with Respect to Activities in the Area”, Seabed Disputes Chamber of the International Tribunal for the Law of the Sea, Advisory Opinion, 1 February 2011, p. 54, para. 181, accessed May 9, 2019, https://www.itlos.org/fileadmin/itlos/documents/cases/case_no_17/17_adv_op_010211_en.pdf.

〔26〕 例如，如果担保国尽了“尽职”义务，承包者仍然进行不法行为导致损害发生，承包者却没有能力承担损害责任时，怎么办？无法确定谁是致害者时，怎么办？如果担保国尽了“尽职”义务，承包者没有进行不法行为却仍然发生了损害，怎么办？担保国未尽“尽职”义务，但不能证明其与损害间存在因果关系，怎么办？这些都是各方一直考虑却又争议不断的地方。参见魏妩媚：《国际海底区域担保国责任的可能发展及对中国的启示》，《当代法学》2018年第2期。

〔27〕 参见张辉：《国际海底区域制度发展中的若干争议问题》，《法学论坛》2011年第5期。

〔28〕 See “Responsibilities and Obligations of States Sponsoring Persons and Entities with Respect to Activities in the Area”, Seabed Disputes Chamber of the International Tribunal for the Law of the Sea, Advisory Opinion, 1 February 2011, pp. 32-37, paras. 99-120, accessed May 9, 2019, https://www.itlos.org/fileadmin/itlos/documents/cases/case_no_17/17_adv_op_010211_en.pdf.

〔29〕 Ibid., pp. 38-43, paras. 121-140.

〔30〕 See “Developing a Regulatory Framework for Mineral Exploitation in the Area”, p. 32, accessed May 9, 2019, https://www.isa.org.jm/files/documents/EN/Survey/Report-2015.pdf.

〔31〕 参见魏妩媚：《国际海底区域担保国责任的可能发展及对中国的启示》，《当代法学》2018年第2期。

（四）不断细化和强化检查员权力的原因分析

首先，细化并且强化检查员的权力有利于保证检查员的作用，提升检查员的地位，使其更好和更全面地起到检查监督的作用。因为检查员是遵照海管局的命令和开发规章对承包者的活动进行检查的主体，在预防环境损害和监督承包者环境义务履行状况等方面发挥着重要作用。此外，对检查员的权力进行明确的界定，也有利于在实际操作中减少承包者与检查员或海管局之间纠纷的发生。

其次，提出问询、要求披露、有权复制和扣留等，是检查员对承包者的海底活动进行监督的必要权力，有利于检查员顺利履行职责。特别是2018年草案细化了检查员发布指示的内容，增加了期限的规定，使规章草案更加合理和更具可操作性。

最后，由于各国尚存在很大的分歧，故规章草案在检查员如何产生问题上没有相关规定。

（五）关于环保事项审批的程序性规定仍显烦琐的原因分析

三年来，开发规章关于环境事项审批的程序经历了由简单变得复杂再变得相对烦琐的一个过程。笔者认为发生该变化的原因在于：2016年草案是关于“区域”内开发活动的第一部规章，其制定过程中难免会存在较多漏洞或思考不周的地方。随着2017年草案的制定，海管局不断完善2016年草案中的不足之处，包括有关环境保护的审批事项和审批程序，但2017年草案有关审批程序过于烦琐，主要增加了潜在申请人提交环境范围报告等义务、强化了法律技术委员会审查程序。2018年草案删除了“潜在申请人”的规定，其原因在于：开发活动一旦从理论转化到实际开采的阶段，必然会有大量的申请者提出开采申请，而“潜在的申请者”相比之下数量将会剧增，但实际上能成功获得审批并进行开采活动的承包者毕竟是少数。因此，删除“潜在申请人”既可以简化程序，又能减轻海管局的工作量。2018年草案在2017年草案的基础之上增加了秘书长首先审查申请书的义务，即先查看申请书是否完整，如若不完整则应当通知申请人。此举的目的在于通过秘书长前期的初步审查及时地让申请人修改不合格的申请书，既节约了时间，又减轻了海管局的审查义务。综上，国际社会和海管局认识到烦琐的程序不利于海底开发活动，并且在一定程度上改进了程序，但仍有继续改进的空间。

三、中国的应对策略

中国政府对于“区域”矿产资源开发的相关法律制度建设非常重视。国家海洋局、中国大洋协会、外交部条法司等部门和机构也组织专门力量对中国在“区域”开发规章制定过程中应当坚持的立场和对策开展深入研究。中国政府已经多次在海管局理事会上提出了不少关于制定开发规章的意见和建议。[32] 特别是中国政府分别于 2017 年 12 月 20 日发表了《中华人民共和国政府关于〈"区域"内矿产资源开发规章草案〉的评论意见》（以下简称《2017 年评论意见》）、2018 年 9 月 28 日发表了《中华人民共和国政府关于〈"区域"内矿产资源开发规章草案〉的评论意见》（以下简称《2018 年评论意见》，对于开发规章提出了系统性的意见。[33] 可以说，中国正在积极参与开发规章具体条款的制定。为了更好地维护中国在"区域"矿产资源开发中的权利以及推动开发规章的后续制定进程，笔者立足于三年来开发规章草案的发展演变状况以及中国既有的建议，进一步地提出中国的应对策略。

（一）中国在开发规章制定过程中的角色定位

笔者认为，中国在开发规章的制定过程中应当做到深度参与并且逐步成为引领国。理由如下：首先，中国是第一批在"区域"内申请勘探合同的先驱投资者，目前中国已成为全球唯一与海管局签订富钴结壳、多金属结核和海底热液硫化物三种海底矿产资源勘探合同以及拥有四块专属勘探权和优先开采权矿区的国家。[34] 可以说，中国在"区域"内有重要的战略利益。其次，随着中国国力的大幅增强，中国参与全球海洋治理的观念与目标、方式与手段、责任与权限与之前相比均发生了很大的变化。从 2016 年起，中国提出了做国际海洋法治的维护者，做和谐海洋秩序的构建者，做海洋可持续发展的推动者的立场。[35] 2017 年 10 月，中国共产党的十九大报告明确提出，中国推动构建人

---

〔32〕 中国代表团分别在国际海底管理局第 21、22、23、24 届会议上就开发规章草案阐述了中国的立场和意见，具体如下：（1）中国出席国际海底管理局第 21 届会议代表团副团长马新民在"制订多金属结核开发规章"议题下的发言，http：//china-isa. jm. china-embassy. org/chn/hdxx/t1286040. htm；（2）中国出席国际海底管理局第 22 届会议代表团副团长高风在"'区域'内矿产资源开采规章草案"议题下的发言，http：//china-isa. jm. china-embassy. org/chn/hdxx/t1388582. htm；（3）中国代表团在国际海底管理局第 23 届会议"开发规章草案"议题下的发言，http：//china-isa. jm. china-embassy. org/chn/hdxx/t1487167. htm；（4）中国代表团在国际海底管理局第 24 届会议上关于开发规章草案框架结构的发言，http：//china-isa. jm. china-embassy. org/chn/hdxx/t1583497. htm；（5）中国代表团在国际海底管理局第 24 届会议上关于开发规章草案第三部分的发言之一，http：//china-isa. jm. china-embassy. org/chn/hdxx/t1583498. htm；（6）中国代表团在国际海底管理局第 24 届会议上关于开发规章草案第三部分的发言之二，http：//china-isa. jm. china-embassy. org/chn/hdxx/t1583500. htm；（7）中国代表团在国际海底管理局第 24 届会议上关于开发规章草案第四部分、第九部分的发言，http：//china-isa. jm. china-embassy. org/chn/hdxx/t1583508. htm；（8）中国代表团在国际海底管理局第 24 届会议上关于开发规章草案第七部分、第八部分的发言，http：//china-isa. jm. china-embassy. org/chn/hdxx/t1583509. htm。以上网址的访问日期均为 2019 年 5 月 10 日。

〔33〕 参见《2017 年评论意见》，http：//www. hainu. edu. cn/stm/lawsfzc/201842/10504044. shtml，访问日期：2019 年 5 月 9 日；《2018 年评论意见》，https：//ran-s3. s3. amazonaws. com/isa. org. jm/s3fs-public/documents/EN/Regs/2018/Comments/China. pdf，访问日期：2019 年 5 月 9 日。

〔34〕 这 4 块矿区分别是：中国大洋协会于 2001 年获得东太平洋多金属结核勘探矿区，于 2011 年获得西南印度洋多金属硫化物勘探矿区，于 2013 年获得西太平洋富钴结壳勘探矿区；中国五矿集团公司于 2015 年获得太东平洋海底多金属结核资源勘探矿区。

〔35〕 参见史霄萌、顾震球：《中国代表呼吁建立和维护公平合理的海洋秩序》，http：//world. people. com. cn/n1/2016/1208/c1002-28935286. html，访问日期：2019 年 5 月 9 日。

类命运共同体。[36] 2018年1月，中国政府郑重作出承诺：中国始终把解决全球性环境问题放在首要地位，积极承担海洋环境保护责任。[37] 2019年4月23日，习近平主席在青岛集体会见应邀出席中国人民解放军海军成立70周年多国海军活动的外方代表团团长时，提出集思广益、增进共识，努力为推动构建海洋命运共同体贡献智慧。[38] 因此，中国深度参与治理国际海底区域以及积极参与制定开发规章既是中国履行大国责任的重要体现，也是中国积极构建人类海洋命运共同体的重要内容。最后，中国长期以来积极参与开发规章的制定，为中国后续的深度参与乃至发挥引领国的作用奠定了良好的基础。综上，中国应当深度参与开发规章的制定，积极贡献更多的有价值的意见和建议，大力推动并且引导开发规章的制定进程，从而逐步成为开发规章制定进程中的引领国。

（二）中国政府应当坚持的基本主张

第一，开发规章的目的和宗旨。开发规章的目的和宗旨有两个：一是鼓励和促进开发，二是切实保护海洋环境。正如中国政府在《2017年评论意见》中所指出的，开发规章应当以鼓励和促进“区域”内矿产资源的开发为导向，同时按照《海洋法公约》及其附件和《执行第十一部分的协定》的规定，切实保护海洋环境不受“区域”内开发活动可能产生的有害影响。由此可见，开发规章的制定要着重处理好环境保护和资源开发、短期利益和可持续发展之间的关系。[39]

第二，关于制定开发规章的基本原则。首先，稳步推进原则。制定开发规章涉及的内容很多，涉及的利益很复杂，且各国技术水平、发展阶段、各自立场等不在同一个水平线上，协调起来非常困难。因此，制定开发规章应建立在充分的科学依据之上，兼顾各方利益，充分酝酿、充分讨论，循序渐进，而不应急于求成。其次，集思广益原则。制定开发规章既要充分借鉴陆地采矿管理办法，又要广泛吸取各界专家的意见，特别是要广泛征集采矿专家的意见，并且及时将意见反馈给海管局。[40] 最后，与人类认知水平相适应原则。开发规章的内容应当与现阶段各国对于“区域”的认识水平相适应，其制定工作必须立足于人类通过既有开发活动获得的数据和材料。为了更好地审议规章草案，有必要对海底矿产资源的资源属性、地质特征、地理分布、经济分析以及勘探技术等方面开展更深入的、有针对性的研究工作，以期科学、合理地解决开发规章制定过程中涉及开发活动的一些疑难问题，推进规章的制定进程。中国政府在一些场合也表达了

---

〔36〕 参见习近平：《决胜全面建成小康社会夺取新时代中国特色社会主义伟大胜利——在中国共产党第十九次全国代表大会上的报告》，《人民日报》2017年10月28日第1版。

〔37〕 参见中国国务院新闻办公室：《中国的北极政策》，https：//www. fmprc. gov. cn/web/ziliao_ 674904/tytj_ 674911/zcwj_ 674915/t1529258. shtml，访问日期：2019年5月9日。

〔38〕 参见新华社评论员：《共同构建海洋命运共同体》，http：//www. xinhuanet. com//2019-04/23/c_ 1124406792. htm，访问日期：2019年5月10日。

〔39〕 参见张涛：《参与全球海洋治理体现大国责任担当——聚焦国际海底矿产资源开发规章的研究与建立》，《国土资源报》2017年5月17日第6版。

〔40〕 同上。

类似的观点。例如，2016 年 10 月 31 日，中国出席海管局第 22 届会议代表团副团长在发言中表示："开发规章制定涉及采矿、财务、环保、法律等多个领域，是一项艰巨复杂的系统工程，其制定不能急于求成，而应充分考虑国际社会整体利益以及大多数国家特别是发展中国家的利益，循序渐进、稳步推进。"[41] 又如，中国政府在《2017 年评论意见》指出，开发规章应当与现阶段人类在"区域"的活动及认识水平相适应，其制定工作应当从当前社会、经济、科技、法律等方面的实际出发，基于客观事实和科学证据，循序推进。

第三，制定开发规章应当遵守或参照的基本法律准则。正如中国政府在《2017 年评论意见》中指出，首先，开发规章应当全面、完整、准确和严格遵守《海洋法公约》及《执行第十一部分的协定》。其次，开发规章应当与既有的三个探矿和勘探规章的内容相衔接。最后，制定开发规章应当充分考虑到联合国主持下各国正在磋商的"国家管辖范围以外区域海洋生物多样性养护和可持续利用（BBNJ）法律文书"的进展情况，并且尽量与之相衔接。

（三）中国政府可以考虑加以补充的意见

第一，中国政府可以对担保国责任制度提出具体的建议方案。中国的《2017 年评论意见》和《2018 年评论意见》指出，制定开发规章应当积极考虑国际海洋法法庭海底争端分庭于 2011 年 2 月 1 日就"区域"内活动担保国责任问题发表的咨询意见，并且积极考虑在开发规章中以适当方式对担保国责任的基本要素作出规定。但是中国政府没有提出明确的担保国责任制度。笔者建议，中国政府可以提出"无过错责任"作为担保国责任制度，即只要发生损害事件且承包者无法承担赔偿责任，即由担保国来承担责任。具体理由如下：首先，2018 年草案关于担保国责任制度重回模糊性，这一重要的制度缺失将导致开发规章无法获得通过，故明确担保国责任制度意义重大。其次，由于海底资源开发风险巨大，特别是潜在的海洋环境损害责任风险，如果开发实体是自然人和法人，其责任能力较为有限，可能无法完全赔偿损失，而国家则有雄厚的资金和实力可以承担此方面的责任。再次，从既有的国际条约规定来看，"无过错责任"制度已经在一些重要领域得到适用。例如，1962 年的《核动力船舶经营人责任公约》第 3 条第 2 款、1963 年《关于核损害民事责任的维也纳公约》（经 1997 年议定书修正）第 7 条第 1 款 a 项、1972 年《空间物体所造成损害的国际责任公约》第 2 条、1997 年《国际乏燃料管理安全和放射性废物管理安全联合公约》第 21 条、1997 年《核损害补充赔偿公约》第 3 条。[42] 最后，中国提出明确的建议方案有利于解决争议。目前，国际社会对于担保国履行担保义务的标准存在争议，即何为"合理注意义务"的判断标准并无清晰

---

〔41〕《中国出席国际海底管理局第 22 届会议代表团副团长高风在"'区域'内矿产资源开采规章草案"议题下的发言》，http://china-isa.jm.china-embassy.org/chn/hdxx/t1388582.htm，访问日期：2019 年 5 月 9 日。

〔42〕参见魏妩媚：《国际海底区域担保国责任的可能发展及对中国的启示》，《当代法学》2018 年第 2 期。

的定义。中国提出“无过错责任”制度有利于解决争议，从而推动开发规章的制定进程。

第二，中国政府可以对如何简化开发活动的申请程序和条件提出具体的意见。中国政府在《2017 年评论意见》中指出，开发活动的申请程序和条件应当明确、简洁、清晰。《2017 年评论意见》还以环境事项为例指出，潜在的申请者需要提交“环境范围报告”，并开展环境影响评价，申请者则必须提交“环境影响报告”“环境管理和监测计划”和“关闭计划”。上述报告和计划均须对外公布以征求各方意见，相关工作程序不够简洁、清晰，并且申请周期较长。笔者认为，上述报告和计划很难省略。环境影响报告包括事前环境风险评估报告、环境影响评估结果、相关区域环境管理计划的目标和措施。环境管理和监测计划是基于环境影响报告，对于拟议活动过程中的监测方案、环境管理和监测计划的总体办法、标准、协议、方法、程序及执行情况评估的说明。关闭计划包括关闭后的管理以及对残留环境影响的监测。三个报告的内容分别针对开采前、开采中和开采后的环境监测，都是“区域”环境保护所必需的文件，很难省略。因此，中国政府提出简化申请程序和条件的意见可以明确化。例如，哪些具体的程序和条件是可以省略的，申请周期具体多长比较合适，等等。

第三，中国政府可以进一步明确给承包者增加的权利内容。中国政府在《2017 年评论意见》中指出，开发规章应当实现承包者权利与义务的平衡，全面规定承包者所享有的各项权利，包括勘探合同承包者的优先开发权。《2017 年评论意见》还建议进一步明晰开发活动承包者的权利。如前所述，三年来开发规章草案不断加重承包者的义务。特别是 2018 年草案第三部分虽然标题是承包者的权利义务，但绝大多数内容规定的是承包者的义务，而对于承包者的权利保障条款非常少。从这个意义上说，《2017 年评论意见》的主张是合理的。但是《2017 年评论意见》对于如何具体规定承包者的权利语焉不详，笔者认为：首先，海管局没有正当理由不得干扰承包者在合同区的开发活动。2018 年草案对于开发规章中提到的承包者开发活动不受干扰的权利，针对的义务主体仅限于在合同区内对另一资源类别开展作业的其他任何实体，而没有提到海管局是否也同样应承担此项义务。在笔者看来，海管局同样应当承担此项义务。海管局的监测、检查活动等都应当严格按照开发规章的规定进行。在开发合同项下，承包者对指定资源享有专属勘探开发的权利，此项权利应当不被海管局或其他承包者干扰，以保证开发活动的顺利进行。其次，进一步完善联合开发的具体安排。2018 年草案第 20 条第 1 款规定：“合同可规定承包者与由企业部代表的国际海底管理局之间采用合营企业或产量分成形式或任何其他形式的联合安排，且这些联合安排在修订、暂停或终止方面享有与国际海底管理局订立的合同相同的保障。”草案虽然规定了联合开发安排模式，但草案并未明确“合营企业”与“产量分成”的具体比重与份额以及联合开发中的争议解决问题。笔者认为海管局应当对这两种制度进行进一步细化和完善。最后，对于行为、信誉良好的承包者给予一定的优惠。笔者建议，对于合同签订后符合一定年限或者开采活动整体结束后的承包者进行开采行为及信誉综合评估，对于行为、信誉评估的良好者给予优惠政策，包括：申请开采其他区域矿产资源给予优先考虑；承包者开发所必需的设备和材料，担保国可以给予适当减税、免税等优惠；等等。笔者认为上述规定不仅可以促使承包者积极履行合同规定的各项义务，而且可以使行为、信誉良好的承包者优先从事其他区域的开发。

第四，中国政府可以对于减轻开发活动承包者的财务负担提出具体的建议。中国在《2017 年评论意见》中指出，开发活动承包者的财务负担应当合理适度。《2017 年评论意见》还进一步指出，在财务方面，申请者在申请阶段就要缴纳履约保证金，承包者则要缴纳固定年费、特许权使用费、商业保险等，申请者还要缴纳行政费用等。上述缴费机制名目繁多，恐给承包者带来沉重的财务负担。但是笔者认为，上述建议可以加以补充。首先，众所周知，海底区域开发具有高投入、高风险的特征。有能力进行海底区域开发的承包者通常情况下拥有雄厚的资金实力，已经开展了相对周全的准备工作。环境履约保证金则是保障环境安全的一种专项资金，当承包者在履行环境履约保证金所涉义务后，海管局退还或释放任何环境履约保证金；而若承包者不能履行环境保护的义务，则海管局可以没收环境履约保证金用以采取补救行动或措施。该条对于环境保护意义重大，不宜删减。其次，承包者要缴纳的固定年费、特许权使用费、商业保险等均有相应的目的，很难删减。例如，商业保险是无论国内、国际大小公司、企业在进行业务活动时尽量减少风险和降低损害而必然采取的一种自我保障措施，当意外情况发生时，商业保险可以帮助购买者减少不利情况所造成的影响，该规定是对承包者有益的。最后，关于行政费用，如申请费和其他规费，笔者认为也是不可缺少的。海管局作为管理“区域”及其资源的权威组织，在审批承包者相关申请书、监督申请者的开发活动等各项活动中必然会耗费大量的人力、财力资源，海管局收取一定的费用以维持各机构正常运作，惠及管理局相关人员也在情理之中。

综上，中国政府可以对于减轻开发活动承包者的财务负担提出具体的建议。笔者认为，为了更好地减轻承包者的财务负担以保护其利益，可以给承包者的财务负担设置一个最高数额的限制。

（四）中国政府可以考虑修正的意见或主张

第一，关于三种资源开发规章分别提出的意见可以考虑修正。中国政府在《2017 年评论意见》中指出，由于“区域”内的多金属结核、多金属硫化物和富钴结壳三种矿产资源各具特点，其赋存环境和开采方式等存在明显差别，三种资源的勘探规章亦是分别制定的。因此，中国政府认为，应针对“区域”内三种不同矿产资源分别制定三种开发规章。笔者建议还是先制定一份总的开发规章，然后再总结经验，适时分开制定三种不同的开发规章。具体理由如下：首先，根据三种矿产资源分别制定开发规章，会耗时耗资巨大，又需多年才能出台正式的开发规章，效率未免太低。虽然开发规章的制定不能一蹴而就，但这并不意味着规章的制定可以一缓再缓。目前，国际社会对海底区域资源至今尚未有真正的开发，如果再重新分开制定开发规章将不可避免地会耗费相当长的时间，而且可能会招致一些国家的不满。正如中国出席国际海底管理局第22届会议代表团在发言中指出："开发规章制定应从国际社会和大多数国家最迫切的需要出发。"〔43〕其次，虽然三种资源各有不同的特点，但是这对于制定开发规章并无实质影响。正如中国在《2017年评论意见》和《2018年评论意见》中均指出，开发规章主要规定承包者、海管局、担保国之间的权利义务关系以及平衡承包者的权利义务关系。资源特点的不同并不在实质上影响这些内容的规定，只是在操作层面会有些不同的规定。最后，先制定一份总的开发规章，然后再总结经验，适时分开制定三份不同的开发规章，这种做法更加符合中国政府提出的稳步推进原则以及与人类认知水平相适应原则。因此，笔者不建议针对不同资源分别制定开发规章。事实上，中国《2018年评论意见》对此的立场已经有所改进，即不再坚持必须针对三种不同的矿产资源分别制定三种开发规章，而是强调开发规章必须顾及三种矿产资源不同的特点和差异。

第二，关于开发规章应当规定具体的和可操作的惠益分享机制的建议可以考虑修正。中国代表团于2018年7月17日在海管局第24届理事会第2期会议上就2018年草案结构问题阐述中方立场，强调惠益分享是人类共同继承财产原则的重要内容和体现，制定"区域"内资源开发规章，不能将惠益分享排除在外。中方认为，深海采矿的收益和分享是密不可分的，两者最好同时在一个法律文件中予以规范。〔44〕上述意见在《2018年评论意见》中也得到了详细的体现。〔45〕笔者认为，就目前阶段的开发规章制定而言，在开发规章中适当提及惠益分享，但具体规则留待后续完善可能更加合适。理由如下：首先，国际社会目前关于惠益分享机制的研究主要针对的是"区域"的生物遗传资源，而对于矿产资源的惠益分享机制还有待进一步研究。例如，《生物多样性公约》和《波恩准则》设计的惠益分享制度主要包括以下两个方面内容，即提供遗传资源的国家有权参与相关资源的开发和科研活动以及按照共同商定的条件进行惠益分享。《粮食和农业植物遗传资源国际公约》也建立起了一套有关粮农植物遗传信息的获取和惠益分享的多边系统。在当下BBNJ文件的谈判过程中，国际社会关于"区域"生物遗传资源的惠益分享机制存在"公海自由原则"和"人类共同继承财产原则"两种争议，并且各国对于如何解读人类共同继承财产原则也存在一定的争议。例如，有学者建议，中国

〔43〕参见《中国出席国际海底管理局第22届会议代表团副团长高风在"'区域'内矿产资源开采规章草案"议题下的发言》，http://china-isa.jm.china-embassy.org/chn/hdxx/t1388582.htm，访问日期：2019年5月9日。

〔44〕参见《中国代表团在海管局第23届会议理事会"开发规章草案"议题下的发言》，http://china-isa.jm.china-embassy.org/chn/hdxx/t1487167.htm，访问日期：2019年5月9日。

〔45〕参见《2018年评论意见》第二部分第一点"开发规章应纳入惠益分享机制"，第2页，https://ran-s3.s3.amazonaws.com/isa.org.jm/s3fs-public/documents/EN/Regs/2018/Comments/China.pdf，访问日期：2019年5月9日。

政府应结合本国的实际情况，有必要对全人类共同遗产原则进行重新解读。[46] 而“区域”内矿产资源的惠益分享机制既尚未被广泛讨论，更没有形成统一的意见。换言之，对于深海采矿如何规定一个高效而公平的惠益分享机制还有待进一步研究。其次，开发规章的制定是为了确保“区域”采矿的有序进行，从而保证海洋环境免受开发活动可能造成的有害影响，实现“区域”资源的可持续发展，而惠益分享机制虽然与海底矿产开发有关联，但毕竟是不同的两个问题。正如中国代表团在海管局第 23 届会议理事会发言中所指出的，开发规章在内容上应服务于现实最紧迫的需要，优先规定基本法律框架和原则，并根据实践发展演变，嗣后逐步细化和完善相关具体规则。[47] 综上，笔者建议在开发规章中适当提及惠益分享，但具体规则留待后续完善可能更加合适。

第三，关于提高开发规章环境影响评价的启动门槛的意见可以考虑修正。中国代表团在海管局第 23 届会议理事会发言中指出，关于“区域”活动的环境影响评价，除了要考虑适用于《海洋法公约》第 145 条有关“区域”环境保护的一般规定外，还应考虑《海洋法公约》第 206 条有关环境影响评价的专门规定，这是确定环境影响评价的根本依据。根据《海洋法公约》第 206 条，环境影响评价的启动门槛应是“有合理依据认为”有关矿产资源开发活动“可能造成重大污染或重大和有害的变化”。[48] 而 2018 年草案只是规定申请者的申请书中应包括按照本规章附件四并以其规定格式编制的环境影响报告，而并无规定环境影响评价的门槛。因此，《海洋法公约》规定的环境影响评价的启动门槛要高于目前规章草案的规定。笔者认为，关于提高环境影响评价启动门槛的意见似有不妥。开发规章草案降低环境影响评价的启动门槛是为了让承包者申请开发时更好地了解“区域”内环境的现状，以便后续的开发活动能够合理地顾及环境保护，从而体现对于“区域”环境保护问题的重视。海底资源开发活动存在巨大的风险，如果造成环境损害责任重大。因此，保护海洋环境是制定开发规章的主要目的之一。三年来的开发规章草案一直强调申请者在提出开发申请时就要提交环境影响报告就是这一目的的体现。中国一直以来也强调开发海底与海洋环境保护并举。虽然《海洋法公约》是制定开发规章应当遵守的基本法律依据，但这不等于开发规章的内容必须与《海洋法公约》一模一样。换言之，开发规章可以采取比《海洋法公约》更严格的标准。毕竟开发规章相比较近四十年前通过的《海洋法公约》更能够适应人类对于“区域”的认知状况。

总之，一部好的开发规章不仅要内容充实、结构合理、法理逻辑清晰，而且要体现立法者的政策导向和核心精神。从各国的预期目标来看，“区域”内矿产资源开发规章制定必须紧紧围绕两大主题：一是建立合理的商业开采制度。即在“人类共同继承财产

---

〔46〕 See Aline Jaeckel, Kristina M. Gjerde and Jeff A. Ardron, “Conserving the Common Heritage of Humankind-Options for the Deep Seabed Mining Regime”, *Marine Policy* 156, 78 (2017): 741-742.

〔47〕 参见《中国代表团在海管局第 23 届会议理事会“开发规章草案”议题下的发言》，http://china-isa.jm.china-embassy.org/chn/hdxx/t1487167.htm，访问日期：2019 年 5 月 9 日。

〔48〕 同上。

原则”的指导下，以可行的商业模式促进“区域”内资源的开发利用。二是建立科学的环境监管制度。即在“可持续发展原则”指导下有效监控采矿活动对海洋环境的影响。只有这样，才能更好地规范各国在“区域”内的开发活动，才能实现各国所预期的目标。

四、余论

总体来说，三年来开发规章草案在内容方面不断丰富，在结构方面趋向合理，在重要事项方面不断细化，这些都是值得肯定的。但是，开发规章草案也存在一些争议问题以及后续如何发展的问题，需要各国充分讨论，从而进一步凝聚共识，继续向前发展。目前大多数国家支持继续将制定“开采法典”作为海管局的优先事项，而海管局的意愿较强。[49] 总之，国际社会的大力支持和推动是三年来开发规章草案越来越细致、越来越完善的主要原因。因此，开发规章的后续磋商应当充分顾及国际社会整体利益和绝大多数国家特别是发展中国家的利益、继续处理好承包者、海管局和国际社会三者之间的关系，既要平衡好资源开发和海洋环境保护的关系，也要平衡好承包者的权利与义务关系，还要进一步优化开发规章的结构，完善其内容，从而稳步推进开发规章的制定进程。

中国是开发规章的积极推动者，应深度参与开发规章的制定并且逐步发挥引领国的作用。具体来说，首先，中国政府在指导思想上要将深度参与制定开发规章作为构建人类海洋命运共同体的一项重要内容。其次，中国政府要深入把握三年来开发规章草案的发展趋向，积极参与开采规章草案文本的讨论，进一步完善对于开发规章草案的意见和建议。再次，中国政府还要积极促进广大发展中国家参与“区域”内资源开发，完善相关鼓励和促进交流的条款。最后，中国政府还要提高本国的深海采矿技术，加强深海采矿的实践，完善本国的“深海海底区域资源勘探开发法”以及建立完善的配套法律制度。

---

〔49〕 参见杨泽伟：《国际海底区域“开采法典”的制定与中国的应有立场》，《当代法学》2018 年第 2 期。

"区域"资源开发中的承包者权利保护问题与中国的参与策略

■ 陈慧青*

【内容摘要】开发规章的预期目的和要求应当是鼓励、促进和引导对"区域"矿产资源的开发，以真正实现"人类共同继承财产"的价值。承包者是人类共同继承财产原则启动、实施和有效运作的关键，是人类共同继承财产原则能否实现的风险承担者。因此，开发规章应当充分保障承包者的开发权利，这既符合公平原则，也是《联合国海洋法公约》的文中之义。然而，开发规章草案对承包者的权利保护等方面尚显不足。中国应积极参与深海规章的制定工作，强调承包者的权利保护，重视国际海底开发，加大资金投入，继续寻求增加新勘探区，助推企业投身深海勘探开发事业，处理好与发展中国家和发达国家之间的关系。

【关键词】开发规章　承包者　权利保护

深海海底占世界海洋的50%以上，它是一个巨大的资源宝库，不仅有大量的油气、天然气水合物等能源资源，还有丰富的多金属结核、多金属硫化物、富钴铁锰结壳等金属矿产资源以及庞大的生物基因资源。[1] 1982年《联合国海洋法公约》（以下简称《海洋法公约》）将国家管辖范围外的国际海底区域（以下简称"区域"）及其资源确定为人类的共同继承财产，并且规定了由国际海底管理局（以下简称海管局）代表全人类对"区域"内资源实行管理。截至2018年12月，已有400万平方千米的优质矿区被各国抢占，29个矿区已经划归相关承包者。[2] 随着海管局签发的首批勘探合同于2016年到期，国际海底活动从勘探转向开发的趋势日益明显。对承包者来说，进行深海海底采矿的主要问题之一是对"区域"资源的开采还没有详细规章，使其很难考虑进行商业开采。[3] 因此，海管局应建立适当的管理机制，为承包者未来进行"区域"矿产资源的勘探和开采提供充分的使用权保障。[4] 中国是海底矿区的先驱投资者之一，也是目前世界上拥有深海矿区最多的国家。因此，研究开发规章草案中的承包者权利保护问题以及中国的应对策略兼具理论价值和现实意义。

---

* 广东金融学院法学院讲师，法学博士。
本文为杨泽伟教授主持的2017年度教育部人文社会科学重点研究基地重大项目"维护中国国家权益的国际法问题研究"（项目编号17JJD820006）的阶段性研究成果。

〔1〕 参见金建才：《走向深海大洋是建设海洋强国的必然选择》，《海洋开发与管理》2012年第12期。

〔2〕 参见刘峰：《在深海规则制订中贡献中国智》，《文汇报》2017年6月16日第4版。

〔3〕 See International Seabed Authority Assembly, Report of the Secretary-General of the International Seabed Authority under article 166, paragraph 4, of the United Nations Convention on the Law of the Sea, ISBA/18/A/2, p. 22.

〔4〕 Ibid., p. 21.

一、承包者的权利保护与“区域”资源开发的关系

（一）承包者的权利保护范围

根据《海洋法公约》、《关于执行 1982 年 12 月 10 日〈联合国海洋法公约〉第十一部分的协定》（以下简称《执行协定》）、三个勘探规章以及开发规章草案的规定，承包者在开发活动期间，享有对“区域”内资源的广泛权利。这些权利包括但不限于：第一，勘探合同的承包者享有合同区内特定矿产资源的专属和优先开发权。海管局在开发合同整个期限内，都不得允许其他任何实体在合同区内开发或者勘探同一资源类别；同时，承包者享有合同区内矿产资源的所有权、财产权以及矿物的销售权。第二，海管局应确保在合同区内对另一资源类别开展作业的其他任何实体不会干扰承包者的权利。第三，开发合同不得随意修订、暂停或终止，另有规定的除外；符合条件的情况下，承包者拥有申请和获准续签其开发合同的专属权利。第四，开发合同的最高初始期限为 30 年，承包者可以商定一个更短的期限，开发合同到期前，承包者可以选择续期，每个续期最长为 10 年。续签申请所涉开发合同无论何时到期，在续签申请审议完毕并获准或被拒绝之前应继续有效。第五，承包者经担保国和理事会事先同意，可根据法律技术委员会的建议，抵押、质押、留置其在开发合同下的全部或部分权益，或以其他方式将其设置为财产负担，以便为履行开发合同规定的义务筹资。第六，经理事会的事先同意，承包者可以根据法律技术委员会的建议，全部或者部分转让开发合同为其规定的权利和义务。第七，承包者可因市场情况临时减少或暂停生产，但应及时通知秘书长。第八，在海洋环境中进行的其他活动应“合理顾及”承包者在“区域”内的活动。第九，承包者享有平等的财政待遇，海管局的缴费制度应当公平地对待承包者和海管局。第十，承包者的机密信息受到海管局的绝对保护的权利等。[5]

（二）“区域”资源开发制度与承包者权利保护的关系

《海洋法公约》规定，“区域”及其资源是全人类的共同继承财产，开发规章草案中也规定，“区域”内资源的权利属于全人类，由海管局代表全人类行使。[6] 由此可知，全人类享有“区域”内矿产资源的所有权，与所有权相关的权利由海管局代为行使。然而要充分实现深海矿产资源的经济效益，就只能在所有权的基础上来实现矿产资源的占有、使用、收益及处分权，如此便产生了“区域”矿产资源的勘探和开发制度。根据《海洋法公约》以及海管局制定的勘探规章和开发规章草案的规定，合格的申请主体通过与海管局签订勘探或开发合同的方式，成为勘探或者开发活动的承包者。因此，承包者的相关权利产生于全人类的所有权之上，也是由其中分离若干权能所形成的权利。“区域”矿产资源的全人类所有权与承包者的权利是一种派生关系，密不可分。承

---

〔5〕 See International Seabed Authority Legal and Technical Commission, Draft Regulations on Exploitation of Mineral Resources in the Area, ISBA/24/LTC/WP. 1/Rev. 1, pp. 20-34, 44, 53.

〔6〕 Ibid., p. 8.

包者在国际海底区域权利的设置是海管局维护全人类利益、获得矿产资源社会效益和价值的重要手段。没有全人类的共同继承财产，就没有全人类的所有权，进而没有承包者的权利。没有承包者的权利，全人类共同继承财产就没有实际意义和价值。当然，这两项权利也有明显的区别。承包者享有的权利是一种私权，它的主体是自然人、法人和其他组织。而全人类共同继承财产代表的所有权是公权，其主体是全人类。承包者的有些权利如矿业权可以通过申请经海管局批准后获得，而矿产资源的全人类所有权是由《海洋法公约》规定的。

因此，国际海底区域资源的全人类所有权与承包者的权利既有联系又有区别。从海管局管理的角度来讲，它们的地位是存在高低之分的，但是从各自存在的价值上看，它们是密不可分、相辅相成的。保护承包者的权利本身就是对全人类共同继承财产、对矿产资源全人类所有权的保护。而且，承包者的权利容易被行政权力所遏制，在面对外部侵害时，往往会显得弱小和孤立无援。因此，承包者的权利应当受到海管局的保护。

二、承包者权利保护的原因探析

（一）承包者是人类共同继承财产原则实施和有效运作的关键

根据《海洋法公约》第150条的规定，“区域”内活动应按照规定进行，以求有助于世界经济的健全发展和国际贸易的均衡增长，并促进国际合作，以谋所有国家特别是发展中国家的全面发展，并且确保是为了全人类的利益开发共同继承财产。〔7〕由此可知，“区域”制度应当以促进“区域”内矿产资源开发、服务全人类利益为目的，〔8〕而不是以阻碍矿产资源的开发为目的。而海底资源的勘探和开发是实现“人类共同继承财产原则”的核心要义，也是实现全人类利益这一根本目标的有效手段。〔9〕在人类共同继承财产原则落实的过程中，海管局、担保国和承包者都作出了不懈的努力，使得人类共同继承财产原则在建章立制、“区域”实践、技术发展和海洋环境数据收集等方面有了长足的进步。具体表现为：海管局作为由缔约国设立的组织，使缔约国能够通过该机构安排和控制作为人类共同继承财产的“区域”之内的活动，为全人类的利益有序、安全和负责任地管理和开发“区域”资源。〔10〕担保国的主要职责是确保承包者遵守《海洋法公约》和海管局制定有关的勘探和开发的规则、规章和程序；而承包者是“人类共同

〔7〕 参见《海洋法公约》第150条。

〔8〕 参见2018年4月13日《中华人民共和国政府关于〈国际海底管理局2019年至2023年五年期战略计划〉草案的评论意见》，第4—5页。

〔9〕 参见《中国代表团在海管局第23届会议理事会“开发规章草案”议题下的发言》，http：//china-isa. jm. china-embassy. org/chn/hdxx/t1487167. htm，访问日期：2019年2月26日。

〔10〕 International Seabed Authority Assembly，Consideration，with A View to Adoption，of the Draft Strategic Plan of the International Seabed Authority for the Period 2019 - 2023，ISBA/24/A/4，p. 4.

继承财产原则”启动、实施和有效运作的关键。[11] 因为无论海管局制定的规则再严苛，担保国的法律再严格，如果没有承包者的开发活动，海管局将不会形成任何可持续的矿物资源回收，也不会获得承包者收集的环境数据以及建立环境基线，发展深海科学技术，从而人类共同继承财产的价值也不能得到实现，原则也将永远停留在理论层面，无法转换成现实的经济效益。承包者是人类共同继承财产原则的实践者，其正当合法权益，特别是其优先开发权和矿物所有权等合法权利，应得到有效保障。

（二）保护承包者的权利符合公平原则

公平原则是指民事主体应本着社会公认的公平观念从事民事活动。公平原则的具体表现之一为民事主体享有的权利和承担的义务具有对应性，不得显失公平。[12] 具体到深海采矿活动，即表现为承包者享有的权利和承担的义务应具有对等性。承包者的深海采矿工作需要长时间的前期准备活动，包括探矿、勘探、建设开采平台、建造开采船等。承包者在进行上述活动时，承担着深海环境保护、向海管局缴纳勘探或者开发费用、收集环境数据、发展深海技术等义务。深海采矿在建设阶段所需要的资本总额远远超过许多其他行业，包括陆上采矿行业。同时，深海采矿业面临着矿产品价格波动、支付机制改变、技术革新、政策变动、环境影响等风险和其他许多不确定因素，承包者的前期资本投入也不一定是可收回的。因此，深海采矿是一个时间成本高、风险大的新行业。

在深海开发活动的三方参与主体中，承包者是人类共同继承财产价值能否实现的风险承担者。从海管局的角度来说，无论承包者的开发活动能否最终盈利，海管局都可受益。这是因为：若承包者最终实现盈利，海管局自然可以收取特许权使用费；若承包者不能盈利，海管局至少可以从承包者的勘探活动中获得与深海相关的科学技术知识，了解深海环境，掌握环境基线数据。在这个过程中，海管局并不需要承担深海采矿的成本支出和回收工作。从担保国的角度来说，无论承包者是否盈利，担保国也不存在实际的损失。从承包者的角度来说，承包者真枪实弹地投入了人力、物力和财力，根据欧盟的测算，深海勘查一天的成本超过 10 万美元，大部分勘查航次的预算在 5000 万—2 亿美元，深海开发的运营成本一天高达好几亿欧元[13]，承包者承担了巨大的投资风险。因此，从公平的角度出发，承包者承担了较重的义务和巨大的风险，理应享受相应的权利和利润回报。海管局应当制定一个公平合理和可预测的法律框架来保障承包者的权利[14]，从而减少承包者深海开发活动的人为障碍。

---

〔11〕 参见《中国代表团在海管局第 23 届会议理事会“开发规章草案”议题下的发言》，http：//china-isa. jm. china-embassy. org/chn/hdxx/t1487167. htm，访问日期：2019 年 2 月 26 日。

〔12〕 参见马俊驹、余延满：《民法原论》，法律出版社 2014 年版，第 38 页。

〔13〕 参见周平、杨宗喜等：《深海采矿时代渐行渐近》，《中国国土资源报》2016 年 12 月 3 日第 6 版。

〔14〕 Deep Seabed Mining Payment Regime Workshop #1，Final Report-Deep Seabed Mining Payment Regime，May 2016，p. 11.

（三）保护承包者的权利是《海洋法公约》的文中之义

《海洋法公约》和《执行协定》的若干规定，均体现了对承包者权利进行保护的要求。例如，根据《海洋法公约》附件三第 13 条第 1 款 b 项的规定，海管局制定合同财政制度的目标是为“区域”的勘探和开发“吸引”（attract）投资和技术。[15]“吸引”一词暗含着海管局制定的与财政制度有关的规则、规章和程序都应当以促进“区域”资源的勘探和开发为目的。[16] 又如，《执行协定》附件第 8 节第 1 条 a 款要求，缴费制度应公平对待承包者和海管局双方。此处的公平对待意味着缴费制度既要落实人类共同继承财产原则，保障海管局代表的全人类的利益，也要遵循市场原则，使包括企业部在内的所有承包者有利可图。[17]《执行协定》附件第 8 节第 1 条 b 款规定，此一制度下的缴费率应不超过相同或类似矿物的陆上采矿缴费率的一般范围，以避免给予深海采矿者人为的竞争优势或使其处于竞争劣势。这就要求海管局在设置特许权使用费费率时，应当公平合理，不能给承包者的深海开发活动造成人为的障碍。同时，《执行协定》附件第 6 节第 1 条 a 款规定，“区域”的资源应按照健全的商业原则进行开发。健全的商业原则意味着“区域”内资源开发需要运用成本效益分析方法，在综合资源开发、环境保护、惠益共享等问题的基础上，在开发合同申请、合同管理、缴费机制、监管制度方面尽量减少承包者的负担。[18]海底矿产资源开发面临高难度的技术挑战、市场不确定性以及环境问题相关的风险。与其他投资项目相比，承包者一定是在认为深海开发活动能够产生利润的前提下才会选择投资海底矿产资源勘探和开发活动。因此，开发规章的规定必须尊重承包者勘探和开发合同的权威性，保护承包者开发活动的积极性，保护承包者的各项权利，从而鼓励承包者从勘探阶段向开发阶段迈进。这也符合《海洋法公约》附件三第 13 条第 14 款的规定，即海管局在考虑经济规划委员会和法律技术委员会的建议后，可制定规则、规章和程序，在统一而无歧视的基础上，规定鼓励承包者的办法，以推进第 1 款所列的目标。

三、开发规章草案对承包者权利保护的不足与完善措施

（一）开发规章草案对承包者权利保护的不足

截至目前，海管局已经制定了 5 份规章草案，具体规章草案见表 1。

---

〔15〕 参见《海洋法公约》附件三第 13 条。

〔16〕 See Deep Seabed Mining Payment Regime Workshop#3, Workshop Summary, April, 2017, p. 12.

〔17〕 参见 2018 年 9 月 28 日《中华人民共和国政府关于〈“区域”内矿产资源开发规章草案〉的评论意见》，第 9 页。

〔18〕 SJTU-Center for Polar and Deep Ocean Development, Comments on the Revised Draft Regulations on Exploitation of Mineral Resources in the Area, September 30, 2018, p. 2.

表 1　海管局制定的开发规章草案一览表

年份/内容	特征
2015 年 3 月，Developing a Regulatory Framework for Mineral Exploitation in the Area，简称 0 号规章草案	框架性规定，内容简单，尚待补充
2016 年 7 月，Working Draft Regulations and Standard Contract Terms on Exploitation for Mineral Resources in the Area，简称 1 号开发规章草案	只涉及开发事项，未涉及环境、监管事项
2017 年 1 月，A Discussion Paper on the Development and Drafting of Regulations on Exploitation for Mineral Resources in the Area（Environmental Matters），简称 2 号环境规章草案	环境规章草案，内容繁杂，与开发规章存在重复
2017 年 8 月，Draft Regulations on Exploitation of Mineral Resources in the Area，简称 3 号开发规章草案	将开发、环境与监管事项合并
2018 年 7 月，Draft Regulations on Exploitation of Mineral Resources in the Area，随后海管局又公布了修订版，统称为 4 号开发规章草案	内容更加丰富，逻辑更加清晰，但仍需进一步完善

从 1 号开发规章草案到 4 号开发规章草案，虽然海管局有关承包者权利保护的规定一直在不断地完善，但是有关内容需要进一步细化和明确。

首先，1 号开发规章草案有关承包者权利的规定很少。这主要体现在：第一，承包者的专属和优先开发权未得到充分保障。根据《海洋法公约》和三个勘探规章的规定，承包者享有在工作计划所包括的区域内勘探和开发指明类别资源的专属和优先权。[19]然而，承包者的专属和优先开发权只是简单地在草案第 11 条以及附件中提及。第二，草案第 8 条片面强调承包者的开发活动对海底区域其他活动的合理顾及义务，并未指出其他海底活动对承包者的合理顾及义务。第三，草案第六部分有关承包者机密信息的规定并不完整，缺乏有关机密信息的定义、判断标准以及保护程序的规定。第四，草案第五部分有关特许权使用费的规定更是处于非常粗糙的阶段。[20] 但是，草案有关承包者进行开发活动所需履行的义务的规定却不少。如草案第 4 条详细地规定了承包者申请开发工作计划所需要的信息，包括可行性报告、环境及社会影响报告、采矿计划、财政计划、应急计划、训练计划、环境管理及监督计划、关闭计划。又如草案第 5 条规定了承包者的申请费用，草案第 10 条规定了承包者需要缴纳履约保证金，草案第 4 节规定了承包者缴纳特许权使用费的义务等。[21] 同时草案着还着重强调了海管局的权力，如草案没有对法律技术委员会和理事会作决定的时限进行规定，却对承包者修改申请计划、回应海管局问题的时限有严格的时限，这明显属于权利义务的不对等，也不利于保护承

〔19〕 参见《海洋法公约》第 3 条第 4 款第 3 项、第 10 条。

〔20〕 International Seabed Authority，Working Draft Regulations and Standard Contract Terms on Exploitation for Mineral Resources in the Area，ISA Reports，July 2016，pp. 1-86.

〔21〕 Ibid.，pp. 15-16.

包者的利益。正如英国深海资源公司所言，法律技术委员会作决定也应当有时限，海管局不能只针对申请者有此种限制。[22]

其次，2 号环境规章草案更是着重规定了承包者需要履行的环境保护义务。2 号环境规章草案除了继续引进"最佳环境做法""预防性办法"等原则之外，还增加了"最佳可用证据""基于生态系统的方式""促进环境信息的获取""合作""浪费最小化"等指导原则。同时，2 号环境规章草案对承包者的环境基线研究、环境范围报告、环境风险评价和评估、替代方案、减缓措施、环境影响说明、环境管理系统、环境管理和监督计划、关闭计划的信息准备和采矿区关闭后的义务提出了更加细致的要求，如环境范围报告的信息准备要求就多达 13 项，部分研究和报告还要求承包者提供独立专家出具的意见。[23]

再次，3 号开发规章草案对于承包者权利的规定有了改进，但承包者仍处于弱势地位。如 3 号开发规章草案第五部分为专门关于"承包者的义务"的规定，通篇却没有关于"承包者的权利"的专门规定，草案只是在第 2 条、第 6 条、第 10 条以及附件十"合同的标准条款"中表述了承包者对指定资源开发活动的一些权利。[24] 又如，虽然草案正文中删除了有关承包者最高债务比例限制的规定，延长了承包者回应法律技术委员会建议的时间，承包者修改申请计划的时间由原来的 45 日延长到 90 日，法律技术委员会认为不应核准申请者的工作计划，申请者有一个在 90 日（原来 60 日）内进行阐述的机会，但是草案在承包者的专属和优先开发权、承包者财政负担沉重、承包者负有单向的合理顾及义务以及承包者的机密信息保护等问题上没有明显的改善。[25]

最后，与 3 号开发规章草案相比，4 号开发规章草案在承包者的权利保护方面有了明显提高。例如，4 号开发规章草案在第三部分专门规定了承包者的权利和义务，提高了对承包者专属和优先开发权的保障，表现为：第一，在法律技术委员会对申请书的审议中明确规定：如果有多份对同一区域和同一资源类别的申请，委员会应根据《海洋法公约》附件三第 10 条的规定确定申请者是否享有优惠和优先。第二，草案第 19 条专门规定开发合同应当授予承包者专属开发权利。又如，草案第 33 条规定了承包者与其他海洋使用者之间的互相合理顾及义务。然而，草案在承包者特许权使用费的缴费模式、固定年费的计算方式、合理顾及义务的具体执行措施、保险的种类、海管局对承包者的鼓励措施以及承包者机密信息的认定和保护等内容上均需要进一步的

---

〔22〕 UK Seabed Resources, UK Seabed Resources Submission in Response to the International Seabed Authority's Report on Developing a Regulatory Framework for Mineral Exploitation in the Area, November 2016, p. 2.

〔23〕 International Seabed Authority, A Discussion Paper on the development and Drafting of Regulations on Exploitation for Mineral Resources in the Area (Environmental Matters), January 2017, pp. 1-102.

〔24〕 International Seabed Authority, Draft Regulations on Exploitation of Mineral Resources in the Area, ISBA/23/LTC/CRP. 3 *, pp. 20-27.

〔25〕 Ibid., pp. 1-107.

细化和明确。

（二）承包者权利保护的完善措施

1. 完善承包者的专属和优先开发权

海管局应当充分保障承包者的专属和优先开发权，因为这是鼓励承包者积极向“区域”活动进行大规模投资以及完成可行性研究的必要措施。承包者对“区域”进行投资的目的是获得收益，承包者只有在明确自己在进行了大量的勘探活动后能够拥有勘探区的专属和优先开发权的情况下，才会进行深海投资活动。开发期限内项目的稳定和安全是承包者获得融资的关键。开发规章应当在正文中赋予承包者专属和优先开发合同区内特定矿区资源的权利，草案规定的先申请、先审查的方法也必须确保承包者的优先权。[26] 虽然对于勘探合同承包者的专属和优先开发权，规章草案在第12条、第19条当中予以明确，但是内容不够完整，如承包者优先开发权的性质、承包者行使优先开发权的条件和程序、优先开发权的期限等规定不明。承包者的专属开发权也存在第三人在承包者的合同区内设立异种矿业权的程序不明、海管局判断第三人的活动是否会对承包者的活动造成影响的标准不明、承包者是否可以提反对意见不明等问题。[27] 这是规章草案需要进一深入研究的地方。

2. 降低承包者的财政负担

根据最新草案的规定，在财务事项上，申请者需要缴纳的费用有特许权使用费、年度报告费、固定年费（可冲抵特许权使用费）、申请核准工作计划的申请费、保险费、开发合同续签费、转让开发合同利益和批准工作计划的费用、使用开发合同作为担保审查费、商业生产暂停费、工作计划的修改费用、批准经修订的关闭计划费用、批准经修订的环境管理和监测计划费用以及其他费用。上述缴费机制名目繁多，恐给承包者带来较为沉重的财务负担。从鼓励承包者进行开发的角度出发，特别是在深海采矿行业发展的早期阶段，海管局的重心应当是促进深海采矿行业的发展，为承包者减负，从而吸引对“区域”活动的投资和技术创新。海管局的减负措施包括但不限于：在深海采矿行业发展的早期，征收较低标准的特许权使用费和固定年费、制定激励措施、保证初始财政支付机制的稳定性等，为承包者创造一个稳定的和可预测的商业发展环境。降低财政负担也是勘探合同的承包者们普遍关心的事项。如日本政府认为，海管局应当减少财政收费和固定年费。[28] 汤加政府主张，针对承包者的财政激励措施应当明确并且以统一和

---

〔26〕 Tonga Offshore Mining Limited, The Submission Prepared by Tonga Offshore Mining Limited and Nautilus Minerals Inc. Regarding the Working Draft Regulations and Standard Contract Terms on Exploitation for Mineral Resources in the Area, October 2016, pp. 1-2.

〔27〕 International Seabed Authority Legal and Technical Commission, Draft Regulations on Exploitation of Mineral Resources in the Area, ISBA/24/LTC/WP. 1/Rev. 1, pp. 20-34.

〔28〕 The Government of Japan, Comments on the Draft Regulations on Exploitation of Mineral Resources in the Area (ISBA/24/LTC/WP. 1/Rev. 1), September 2018, p. 15.

非歧视的方式实施，同时明确在什么特殊情况下，承包者可以分期支付特许权使用费。[29]

3. 明确履行“合理顾及”义务的具体内容和标准

虽然承包者与海洋环境中其他活动之间的相互合理顾及义务得到了开发规章的明确，但是由于“合理顾及”本身的模糊性以及《海洋法公约》并没有给出明确的行为指引和法律后果，所以人们并不清楚海洋活动的参与者需要采取哪些措施方能符合“合理顾及”的标准。[30]为了履行海底电缆活动和海洋其他活动之间的合理顾及义务，国际电缆保护委员会发布了一系列指南以期为电缆所有者和其他海洋用户提供指导。虽然这些指南没有法律上的约束力，但是在实践中为海底电缆所有者和其他海洋用户之间避免纠纷的产生发挥了重要作用。通过对国际电缆保护委员会指南的总结，可以得出的结论是，“合理顾及”义务的履行实质上要求争端双方的通知和协商义务[31]，程序上的措施包括工作前、工作即将展开前、工作中、工作后的通知和协商义务[32]。国际电缆保护委员会指南的经验，为承包者与海底其他用户之间履行“合理顾及”义务从实体上和程序上提供了借鉴。海管局可以参考国际电缆保护委员会的指南，为承包者履行合理顾及义务制定具体的执行标准。

4. 保护承包者的机密信息

保护机密信息对于承包者来说具有重要意义。正确处理和有效使用机密信息是企业的竞争利器和确保持续成功的经营要素，机密信息的泄露可能对承包者和市场产生重大的经济影响。海管局的信息管理制度，既要能够实现信息的公开和透明，又要确实保护承包者的机密信息不被泄露。[33] 对机密信息的保护是企业发展各个阶段的优先事项之一，特别是非常注重创新的行业，深海采掘业更是如此。承包者机密信息的认定是保护机密信息的第一步，《与贸易有关的知识产权协定》关于“未披露信息”的规定为机密信息的判断标准提供了借鉴，即机密信息的认定也需要满足秘密性、价值性和保密性三个构成要件。非机密信息虽然可以供其他第三方免费使用，但是也必须遵守一定的规则和程序，如第三方在使用承包者提供的非机密信息时需要标明出处，以体现对承包者劳

---

〔29〕 The Kingdom of Tonga , Written Submission of the Kingdom of Tonga on the Draft Regulations on Exploitation of Mineral Resources in the Area , September 2018, pp. 8-9.

〔30〕 International Seabed Authority Council, Issues Associated with the Conduct of Marine Scientific Research in Exploration Areas, ISBA/22/C/3, p. 3.

〔31〕 International Cable Protection Committee. ICPC Recommendation #2, Recommended Routing and Reporting Criteria for Cables in Proximity to Others, Issue 3 November 2015, pp. 1-17.

〔32〕 International Cable Protection Committee. ICPC Recommendation #15 Procedure to be Followed Whilst Marine Aggregate Extraction, Dredging or Mining is Undertaken in the Vicinity of Active Submarine Cable Systems, Issue 1, 11 November 2014, pp. 1-9.

〔33〕 International Seabed Authority, Data and Information Management Considerations Arising Under the Proposed New Exploration Regulations, April 2016, p. 3.

动的尊重。海管局作为承包者机密信息的主管机关，应当采取严格的保密措施保护承包者的机密信息。如果因为海管局的原因导致承包者的机密信息泄露，海管局必须承担损害赔偿责任。

四、中国对未来“区域”活动的参与策略

（一）中国应当积极参与深海开发规章的制定工作

中国是国际海底的先驱投资者之一，也是海管局理事会A组成员国，同时还是世界上拥有深海矿区最多的国家。2018年12月21日，北京先驱高技术开发公司（以下简称先驱公司）向海管局秘书长提交了请求核准西太平洋多金属结核勘探工作计划的申请书，并且已经向海管局缴纳了50万美元的申请费。[34]一旦先驱公司的申请获得海管局的核准，中国将成为世界上第一个在国际海底区域同时拥有“三种资源、五块矿区”的国家。自《海洋法公约》制定以来，国际海底资源开发规则一直处于细化与变革的进程之中，每一次的规则变革必然涉及各方利益的重新分配。在海管局组织的研讨会及讲习班中，开发合同的财政制度、海底电缆所有者和承包者之间“合理顾及”义务的履行、机密信息的认定等核心议题得到了广泛的讨论。理事会上，各国对开发规章的问题纷纷发表评论，试图对规则的制定施加影响。因此，在新规则的形成阶段，中国有必要积极参与深海规则的商讨过程，积极参与“区域”活动的全球治理工作，尽可能地使新规则符合我国的国家利益，这既是我国参与国际竞争的需要，也是维护我国国家权益的需要。

1. 中国参与深海开发规章制定工作的立场

总体来说，我国对“区域”开发规章制定应坚持的基本主张是：在坚持可持续发展和人类共同继承财产原则下，为未来“区域”内的采矿活动提供充分的法律保障，在保障我国权益的同时兼顾广大发展中国家的利益。[35]针对开发规章的制定工作，中国一直以来的主张是开发规章应当实现资源利用和环境保护平衡、开发者利益和国际社会整体利益之间平衡、开发的商业可行性与开发的可持续性平衡。如中国政府在关于开发规章草案的评论意见中指出，开发规章应当以鼓励和促进“区域”内矿产资源的开发为向导，同时按照《海洋法公约》的规定，切实保护海洋环境不受“区域”内开发活动可能产生的有害影响。[36]董晓军大使在海管局第20届大会上再次陈述了上述立场，并指出“中国代表团愿继续践行‘人类共同继承财产’原则，积极参与国际海底事务，积极探索与和平利用国际海底资源，妥善保护国际海底环境，为促进全人类的共同利益做出

---

〔34〕参见国际海底管理局法律和技术委员会：《北京先驱高技术开发公司请求核准多属结核勘探工作计划的申请书》，ISBA/25/LTC/3，第1—3页。

〔35〕参见何宗玉等：《国际海底区域采矿规章制定的进展与主张》，《太平洋学报》2016年第5期。

〔36〕参见2017年12月20日《中华人民共和国政府关于〈“区域”内矿产资源开发规章草案〉的评论意见》，第2页。

更大贡献”[37]。

2. 注重保障承包者的开发权利

承包者承担了落实“人类共同继承财产原则”的重任，其权利理应得到保护。实践中，能够从事国际海底勘探开发的国家是少数，绝大多数的发展中国家在技术和经济实力上没有能力开发海底资源。因此，具有勘探开发能力的承包者要为人类共同利益开展工作，具体的做法之一就是要把所获利益进行全球分享，特别要照顾发展中国家的利益。所以说，未来的商业开采所得利益除了要照顾承包者的利益之外，还要照顾没有能力开采的发展中国家。[38] 然而，深海开发活动本质上是一种商业行为，海管局需要运用市场法则，以标准化体系作为支撑，在法律的监督和保障下让承包者有利可图，否则，没有承包者愿意从事深海开发工作。承包者一定是在利益的驱动下才会加大对海底矿产资源勘探和开发的投入，海底矿产资源开发面临高难度的技术挑战、市场不确定性以及环境问题相关的风险。因此，开发规章必须保障承包者的权益，包括但不限于承包者的专属和优先开发权、减轻承包者的财政负担、保护承包者的机密信息等，从而提升承包者投资深海活动的积极性，助推海底矿产资源的开发工作推进。

3. 中国对开发规章草案的修改意见

综合以上的论述以及总结各利益攸关方对 4 号开发规章草案的评论意见，从维护我国权益的角度出发，我国针对开发事项的修改建议包括但不限于：第一，海管局针对海洋科学研究、铺设海底电缆和管道以及捕鱼等活动，与承包者采矿活动之间“合理顾及”义务的履行，制定专门的标准或指南。第二，开发规章应当明确规定承包者的专属权和优先权，包括优先权的行使期限以及优先权丧失的标准等；针对合同区内新发现的矿物资源，承包者也具有优先开发权。同时，明确在承包者的合同区设立异种勘探权或开发权的衡量标准和批准程序。第三，进一步完善特许权使用费的征收规则，如征收的方式以及承包者在什么特殊情况下可以分期缴纳特许权使用费，完善对承包者的激励政策，包括对首批承包者应进行特许权使用费减免等。明确征收固定年费的目的以及具体可以抵扣哪些费用，在因为市场情况而减少或暂停生产的情况下，承包者的固定费用也应当随之减少，修改固定年费按面积征收的规定。第四，为更好地应对市场变化，赋予承包者在特定情况下对工作计划进行临时调整的权利。第五，制定公平的惠益分享机制。第六，担保国的权利与义务应反映 2011 年国际海洋法法庭海底争端分庭的意见。第七，明确机密信息的定义，制定机密信息的客观判断标准，进一步完善机密信息的保护程序，机密信息的保护期限应当与开发合同的期限一样长，删除根据担保国法律构成机密信息的规定。第八，海管局应当明确承包者所需要购买的保险的种类，指明国际公

---

〔37〕 参见 http：//china-isa. jm. china-embassy. org/chn/gljhy/jh/t1385077. htm，访问日期：2017 年 6 月 11 日。

〔38〕 参见中国大洋办公室：《黄惠康司长在中国大洋协会六届四次常务理事会上关于国际海底形势的发言》，《国际海域信息》2014 年版，第 29 页。

认的财务健全的保险公司。第九，开发规章草案中多次出现“独立合格人员”，如第12条第5款第2项、第50条第5款第3项，海管局应当明确独立合格人员的认定标准。第十，增加企业部的建立和运行的相关规定。第十一，开发规章草案中多次出现根据海管局制定的规章和指南的规定，上述规章和指南应当属于开发规章的一部分，海管局应当尽快制定，以便与开发规章草案一起讨论。

（二）重视国际海底开发，加大资金投入

1. 保有已有矿区，寻求增加新勘探区的机会

与“开发活动”所需要缴纳的高额费用及提交的详细计划相比，勘探活动的商业成本较低，技术比较成熟，商业风险总体可控。尽管勘探并不能产生直接的经济效益，但在深海矿产资源开发的前景尚不明朗的情况下，我国可以较低的投入，争取更多的未来开发权益。正如中国代表所言：“尽管各方都在为开发做准备，但受全球经济形势影响，国际金属市场持续低迷，短期内实现深海资源商业开发的可能性较小，国际海底事业在相当一段时期内仍将以勘探活动为主。”〔39〕 而且，各国正争相在国际海底“跑马圈地”，以期为今后的“多采多赚”夯实基础。因此，中国当前应当持续开展国际海底矿产资源调查与评估工作，积极推动新矿区申请。加强对国际海域勘探区、通航区及典型区域的环境调查与评价。着力提升深海技术装备能力，实施“蛟龙探海”工程，深入开展深海生物资源调查和评价，建设国家深海生物资源库及服务平台。推进深海矿业、深海装备制造、深海生物资源利用产业化。〔40〕随着对国际海底矿区的争夺越来越激烈，保留区将成为未来各国争夺的焦点，中国必须做好应对措施。

2. 发展深海技术，培养深海人才

深海勘查开发技术将主导“区域”资源的分配与开发权。〔41〕 从20世纪50年代末，西方各国就开始投资深海资源的勘探工作，它们不仅占据了最具商业远景的资源区块，而且形成了多种矿产资源的商业开发技术储备，并在多项技术领域拥有知识产权。如果短期内深海活动从勘探阶段转入开发阶段，我国势必要引进相关技术装备，关键技术受制于人，将会导致采矿成本的增加。〔42〕 因此，我国必须加大科研技术研发力度，提高自主创新能力，加大深海资源的采集、输送、分选以及废渣、废液处理等技术研发力度，增加技术储备。这不仅可以为我国的深海矿区的未来开发活动提供技术支持，还可以走出去，像加拿大鹦鹉螺公司一样，承包其他国家深海海底的矿产资源开发项目。在

---

〔39〕 Statement by H. E. Ambassador NIU Qingbao, Head of Delegation of the People's Republic of China, At the 22nd Session of the International Seabed Authority, https://www.isa.org.jm/sites/default/files/files/documents/china-en.pdf，访问日期：2017年6月12日。

〔40〕 参见国家发展改革委、国家海洋局：《全国海洋经济发展“十三五”规划》，2017年5月，第16页。

〔41〕 参见彭建明、鞠成伟：《深海资源开发的全球治理：形势、体制与未来》，《国外理论动态》2016年第11期。

〔42〕 参见张涛、蒋成竹：《深海矿产资源潜力与全球治理探析》，《中国矿业》2017年第11期。

发展技术的同时，我们要着重培养国际海底领域的技术人才、外交人才、法律人才和管理人才。在第三次海洋法会议上，海洋法方向的国际法律人才的缺乏，是中国没能很好地在规则制定过程中武装自己的一个重要原因。时至今日，中国作为矿产资源消费和进口大国以及在国际海底矿区最多的国家，理应培养大量的国际海底领域人才，积极参与深海矿产资源的全球治理，提升我国在国际事务中的国际地位。

3. 助推企业投身深海矿产勘探开发事业

近几年来，国际海底矿区的申请主体发生了较大的变化。前期的申请者主要是政府和科研机构，而近几年的申请者大部分是矿业公司，特别是私有企业对国际海底表现出了极大的兴趣。申请者之间对优质矿区的争夺非常激烈。目前，中国五矿集团是我国第一个也是唯一一个国际海底矿区勘探的企业承包者，它开创了我国首次以大型企业为申请主体获得国际海底专属勘探矿区的先河。这标志着中国五矿集团成为国际海底勘探合同区承包者的新开端，也表明企业开始肩负起履行国际义务和责任的使命。企业首次作为申请主体，对中国而言是一个重要的里程碑。先驱开发公司的勘探申请正在审核当中，若获海管局批准，其将成为我国第二个国际海底矿区勘探的企业承包者。现在所有的勘探活动最终都是为了日后的开发，深海矿产资源的勘探和开发事业必将走向以企业为市场主体的模式。因此，中国的深海资源勘探开发法律法规要围绕以企业为市场主体的特点来建设和完善。在深海资源勘探开发的初级阶段，应充分调动企业的资源、技术和资金优势参与。对符合条件的企业承包者，明确在实现商业目的之前，给予优惠政策。鉴于海底勘探技术水平决定了勘探价值，建议明确国家对于相关技术扶持的政策，以立法明确激励措施，支持企业发展。[43]

（三）处理好与发展中国家和发达国家的关系

中国在国际海底的问题上地位非常特殊。一方面，中国仍然是一个发展中国家，经济实力较弱，科学技术水平相对较低，在国际海底问题上与广大发展中国家存在许多共同的利益，在国际海底的许多问题上仍然需要广大发展中国家的支持，如在申请海底矿区方面。因此，在国际海底的活动中，中国作为世界上最大的发展中国家，当然需要和发展中国家站在一起，必须要照顾广大发展中国家的利益。另一方面，我国作为在国际海底拥有四块矿区的国家，在海洋权益维护方面越来越体现出与发达国家的一致性。[44]尽管在经济实力和技术水平方面不如其他西方国家，但在总体上，中国与西方发达国家在国际海底采矿问题上的利益是一致的，即争取最大限度地享有国际海底资源开发的权利和分享利益，避免承担过多的义务。这就有了作为后发国家成长过程中必修的一门课，即在今后的国家利益界定中，需要战略性眼光，将发展中国家和发达国家的利益融

〔43〕 参见刘宁武：《助推企业投身深海矿产勘探开发事业》，《中国海洋报》2016年3月11日第1版。

〔44〕 参见杨泽伟主编：《〈联合国海洋法公约〉若干制度评价与实施问题研究》，武汉大学出版社2018年版，第157页。

合起来。[45] 因此，在国际海底的问题上，鉴于我国的特殊身份，我国应在维护我国权益的过程中，适当照顾发展中国家的合理利益要求。如在降低承包者的财政负担、保护承包者的机密信息、保护承包者的专属勘探权和开发权等方面必须体现我国的利益。但是在企业部的运作问题上，由于企业部的运作事关人类共同继承财产原则能否实现，直接涉及广大发展中国家能否享受国际海底资源给全人类带来的利益，因此，我国应该站在广大发展中国家的立场上，积极支持企业部的独立运作，直接从事国际海底矿产资源的开发活动。

五、结语

国际海底资源被认为是21世纪陆地资源最重要的替代资源，作为人类尚未开发的宝地和高技术领域之一，国际海底已经成为各国的重要战略目标。作为开发规章，其预期的目的和要求应当是鼓励、促进和引导对“区域”矿产资源的开发，以真正实现“人类共同继承财产”的价值。目前，开发规章草案对承包者的义务作了详细的规定，但对资源开发利用的鼓励和促进却相对不足，特别是对开发者的权利保障安排不够。海底矿产资源开发面临高难度的技术挑战、市场不确定性以及环境问题相关的风险，因此，开发规章必须保障承包者的权益，提升承包者投资深海活动的积极性，从而助推海底矿产资源的开发工作。

中国倡导的构建人类命运共同体，与国际海底区域及其资源属于人类共同继承财产原则密不可分。中国作为人类命运共同体概念的倡导者和全球最大的发展中国家，既是联合国的常任理事国，又是海管局理事会的A组成员，还是拥有国际海底矿区最多的国家，因此，中国应当积极参与“区域”的全球治理工作，倡导国际社会本着共商共建共享原则，遵循合作精神，努力践行人类共同继承财产原则，致力于促进深海矿产资源开发和深海环境保护，为增进全人类的共同利益和共同福祉作出贡献。[46]

---

〔45〕 参见刘峰：《在深海规则制订中贡献中国智慧》，《文汇报》2017年6月16日第4版。

〔46〕 参见《中国常驻国际海底管理局代表田琦大使在海管局第24届会议大会“秘书长报告”议题下的发言》，https：//ran-s3. s3. amazonaws. com/isa. org. jm/s3fs-public/files/documents/china-ch _ 1. pdf，访问日期：2019年3月1日。

北极能源共同开发：现状、特点与中国的参与

■ 陈思静*

【内容摘要】在以《联合国海洋法公约》为主要基础法律规范的北极海域，“共同开发制度”存在广阔的适用空间。已有的英国与挪威共同开发案、冰岛与挪威共同开发案和俄罗斯与挪威共同开发案，虽然经济属性强弱不同、开发效果各异，但其共同开发管理模式、参与各方的权利义务关系和争端解决机制等制度设计已表现出趋同性，很可能为日后的北极共同开发案沿用。对我国的能源企业而言，阿拉斯加和波弗特海是一块值得考虑的开发区块，但若想从《斯瓦尔巴群岛条约》所确立的“集体开发制度”获取实际的资源开发收益，尚存在诸多的障碍。在参与北极能源的开发过程中，我国企业应遵守环北极国家的国内立法和北极理事会制定的各项指南，预防商业风险和环保风险，并避免同北极原住民发生权利冲突。

【关键词】北极　能源资源　共同开发　中国参与

随着全球气候的变暖和油气开采技术的不断成熟，能源企业获取北极地区油气资源的难度正在逐步降低。北极地区巨大的能源潜力也在不断吸引能源企业的注意力。依据2008年美国国家地质调查报告的统计结果，在不考虑技术和经济风险的情况下，北极地区未发现的资源包括900亿桶原油、1.669×10^{16}立方米的天然气和440亿桶天然气析液。[1] 然而，北极地区并不存在统一的资源开发管理制度，部分北极周边国家的大陆架划界状况尚不明确，因而未来的开发进程仍将面临较多的法律阻碍。在应对这些阻碍的诸多方案中，以开发争议海域油气资源和跨界油气资源为目标的共同开发制度，已为部分北极周边国家所运用，并取得了一定的实效。从未来的发展趋势来看，共同开发制度正朝着国际习惯法规则的方向演进，而这项制度的广泛应用也将为我国企业参与北极的能源开发提供更多的机遇。

一、北极地区能源共同开发现状

除波弗特海划界争端、汉斯岛主权争端之外，北极地区200海里以内大陆架的权属归属已比较明确。然而，为妥善处理跨界油气资源的开发问题，通过签署共同开发协定、推动共同开发进程，仍是一项重要的能源合作方案。自20世纪70年代起，相继出现了英国与挪威共同开发案、冰岛与挪威共同开发案和俄罗斯与挪威共同开发案，而《联合国海洋法公约》（以下简称《海洋法公约》）、《斯瓦尔巴群岛条约》及北极理事会

---

* 武汉大学国际法研究所博士研究生。

本文为杨泽伟教授主持承担的2017年度教育部人文社会科学重点研究基地重大项目“维护中国国家权益的国际法问题研究”（17JJD820006）的阶段性研究成果。

〔1〕 See U. S. Department of the Interior, “Circum-Arctic Resource Appraisal: Estimates of Undiscovered Oil and Gas North of the Arctic Circle”, U. S. Government Reports 2008, p. 1.

制定的指南等相关法律文件，也在共同开发的进程中不同程度地发挥着影响与作用。

（一）已有的北极共同开发案

1. 英国与挪威共同开发案

严格来说，英国既不属于北极五国，也不属于北极八国，因而英国与挪威共同开发案并非严格意义上的北极共同开发案。然而，两国海上油气资源共同开发的初始项目——弗里格气田，其所处纬度约为北纬60°[2]，已十分接近北极圈。同时，作为世界上第一例跨界油气资源共同开发案，其对随后的北极共同开发案影响深远，因而有必要加以简略的介绍。

早在英挪双方于1965年签订《英国与挪威大陆架划界协议》时，两国便约定在未来发现跨界油气资源时，尽最大努力达成联合开发的协定。[3] 两国企业于1971年在大陆架两侧分别发现了弗里格气田，并在随后的数年中签署了一系列的协议。[4] 至1976年，在全球性石油危机等因素的影响下，弗里格气田在两国能源发展战略中的重要地位日渐凸显，英挪两国政府决定展开合作，签订了《关于开发弗里格气田并向联合王国输送天然气的协定》（以下简称《弗里格协定》）。

从文本设计的角度来看，《弗里格协定》无疑是非常细致而严谨的。由于英挪两国政府借鉴了很多两国企业前期签订的法律文件，因而英挪共同开发案的商业色彩较政治色彩更为浓厚。在这份协定中，政府及企业的权利义务、油气资源划分比例的确定方式、两国国内法的冲突与协调等问题都有细致的规定，而其创设的咨询委员会、独立专家意见和仲裁庭决定的三维争端解决机制，也被日后的其他法律文件所沿用。

从后来的开发结果来看，两国的跨界能源合作是非常成功的。至1985年，弗里格气田的年开采量便达到了顶峰[5]，而整个气田区（包括主气田和四个卫星气田）的开发也持续到了2004年。在开发过程中，两国的双边关系十分融洽，弗里格气田的开发模式也推广至其他的北海油气田，包括默奇森（Murchison）油田和国家湾（Statfjord）油田等，并促使两国于2005年签订了统一的跨界油气资源开发框架协议，为未来可能出现的跨界油气田提供了统一的共同开发法律框架。在经历了半个世纪的开发之后，北海地区仍然是重要的油气开发区，仍将供应英国一半左右的能源需求量[6]，而英挪两国在北海地区也仍有很大的合作空间。

---

〔2〕 参见杨泽伟主编：《海上共同开发协定汇编》（上），社会科学文献出版社2016年版，第152页。

〔3〕 参见余民才：《跨界海洋石油储藏联合开发的法律分析》，载《清华法学》（第2辑），清华大学出版社2003年版，第256页。

〔4〕 See Total E & P Norge As, Frigg Field Cessation Plan, 9 May 2003, Total E & P Norge As Reports 2003, p. 79.

〔5〕 See Statoil Petroleum AS, Frigg, accessed December 8, 2017, http://www.norskpetroleum.no/en/facts/field/frigg/.

〔6〕 See Yvonne English, "The past, present and future of the North Sea Oil & Gas industry", accessed December 8, 2017, https://www.fircroft.com/blogs/the-past-present-and-future-of-the-north-sea-oil-and-gas-71391914124.

2. 冰岛与挪威共同开发案

冰岛与挪威共同开发案源于冰挪两国政府1979年开始的渔业问题谈判。自冰挪两国渔民在扬马延岛附近海域发现了丰富的渔业资源之后，长期未受重视的扬马延岛专属经济区与大陆架划界问题，提上了两国的谈判日程。在冰挪两国政府成立的调解委员会的帮助下，两国于1981年就扬马延岛附近大陆架的划界达成了协议，并签订了共同开发协定。

依据这份共同开发协定，冰挪两国在大陆架界限两侧划定了面积为45475平方千米的共同开发区，并以设立合资企业的方式推动共同开发的进展。该案最大的特点在于对冰岛的经济权益进行了倾斜。冰岛不仅可以选择规避勘探阶段的商业风险，还有权分享跨越共同开发区与挪威大陆架的油气田的开发收益。同时，尽管冰岛和挪威都有权获取对方管辖的共同开发区中25%的开发收益，但由于挪威管辖的共同开发区面积远大于冰岛管辖的面积，因而在具体油气田位置并不确定的情况下，冰岛有可能获得更多的开发收益。与《弗里格协定》相比，冰挪两国签订的共同开发协定，虽然也规定了信息分享、环境保护与安全、争端解决机制等一般事项，但该共同开发案的诞生及对冰岛经济权益的倾斜，与美国冷战时期的外交策略有着密切的联系，因而其政治属性强于经济属性，对参与共同开发的能源企业的权利义务关系也缺乏明确的规定。

从实际的开发进展来看，扬马延岛附近海域的开发进展比较缓慢。双方在1997年对1981年签订的共同开发协定进行了修订，并在2008年就跨界油气资源的开发达成了协议，但实际的开发进展却长期停留在勘探阶段。在1985年、1988年和2001年，两国的能源主管部门曾组织过联合地质勘探，但未能确定有商业开发价值的油气资源的具体位置。[7] 随后，挪威原油署曾计划在2012—2014年斥资1.8亿挪威克朗推进勘探进程，但受到了挪威环保部门的反对，挪威政府也一度与冰岛政府协商，希望推迟挪威管辖部分的开发进程。[8] 冰岛在2009年之后为摆脱全球性经济危机的影响，加大了招商引资的力度，我国的中海油也参与了扬马延岛附近海域的勘探，但也未能进入商业化开发阶段。

3. 俄罗斯与挪威共同开发案

同冰岛与挪威共同开发案相类似，俄罗斯与挪威共同开发案也是由渔业合作推进至油气资源合作的成功案例。自双方在1957年《关于挪威与苏联在瓦朗厄尔峡湾的海洋边界协定》之后[9]，俄挪双方围绕巴伦支海的渔业合作、大陆架及专属经济区划界问题进行了长达半个多世纪的谈判。双方在1975年、1976年和1978年签署了一系列的渔

---

〔7〕 See Iceland Ministry of Industry, "Geology and Hydrocarbon Potential of the Northern Dreki Area, Icelandic Continental Shelf", Iceland Government Reports 2008, p. 9.

〔8〕 See Trude Pettersen, "Norway Postpones Jan Mayen Oil Exploration", accessed December 8, 2017, http://barentsobserver.com/en/energy/2013/03/norway-postpones-jan-mayen-oil-exploration-26-03.

〔9〕 参见匡增军、欧开飞：《俄罗斯与挪威的海上共同开发案评析》，《边界与海洋研究》2016年第5期。

业问题临时协定，共同组建渔业委员会管理巴伦支海的渔业问题，但大陆架和专属经济区划界问题长期悬而未决。2010 年，俄挪双方签订了《海洋空间划界和巴伦支海及北冰洋合作条约》，该条约在划定双方大陆架边界线的基础上，就跨界油气资源的开发问题作出了规定，涉及油气田跨界属性的认定程序和开发的管理模式、争端解决机制等内容。在借鉴渔业合作经验的基础上，双方成立了联合委员会作为咨议机构，而在开展开发具体项目时，不仅需要两国政府签订联合协定，同时还需要参与该项目的两国开发商签订共同开采协定。值得注意的是，尽管俄挪双方采用了与英国与挪威共同开发案中相类似的三维争端解决机制，但双方在肯定独立专家意见和仲裁庭决定具有法律约束力的情况下，仍然预留出进一步磋商、谈判的空间。

从实际的开发进展来看，俄挪双方在签订合作条约之后，曾开展过一些合作项目，它们的双边关系也没有出现较大的裂痕，但欧盟因“乌克兰危机”而对俄罗斯进行经济制裁，挪威作为欧盟成员国必须执行制裁措施，因而双方的合作力度、巴伦支海油气资源的实际开发效果都比较有限。挪威 2012—2016 年开展了其国内第 22 轮和第 23 轮油气资源开采的招标工作，5 年内累计为 196 家企业（含重复投标的企业）颁发了 269 个生产执照[10]，在巴伦支海划定了 126 块开发区块，但这并不足以使巴伦支海成为挪威主要的能源供应基地；而由于俄罗斯本土本身便蕴藏着丰富的油气资源，且巴伦支海油气资源的开发成本过高，目前俄方已中止巴伦支海的开采许可，这一做法将持续到 2020 年。[11]

（二）北极能源开发的法律制度

1.《海洋法公约》

依据北极五国在《伊卢利萨特宣言》中的表态，《海洋法公约》仍将为北极地区提供最为基础的法律规则与秩序。在这一框架下，北极海域的权属划分也与世界上绝大多数的海域无异，即按照领海、毗连区、专属经济区、大陆架、国际海底区域进行划分。在这一基本框架下，北极地区也不排斥利益相关国对争议海域或跨界油气资源进行共同开发，目前北极地区也已出现了三项共同开发案。

短期内，《海洋法公约》作为基础法律文件的地位并不会改变，但这种宏观的架构只有通过其他规则和实践的制度补充，才能在实践中得到顺利的实施。例如，《海洋法公约》第 298 条规定的“强制争端解决机制”将海域划界争端排除在外，而如何处理部分环北极国家长期主张的“扇形线原则”，《海洋法公约》所确立的相关划界规则并没有提供明确的指引；又如，《海洋法公约》第 65 条和第 120 条所规定的“生物资源养护

---

〔10〕 See Norwegian Petroleum Directorate, “Licensing Rounds on the Norwegian Continental Shelf”, accessed December 8, 2017, http://www.npd.no/en/Topics/Production-licences/Theme-articles/Licensing-rounds/.

〔11〕 See Atle Staalesen, “It Will Last at Least until Year 2020”, accessed December 8, 2017, https://thebarentsobserver.com/en/industry-and-energy/2017/08/moratorium-offshore-arctic-licenses-will-continue-says-russian-minister.

义务”过于宽泛，很难为各国政府采取行动提供明确的指引，而这一义务具体标准的制定，在实践中比较依赖相关的国际组织。此外，由于《海洋法公约》自身“普遍性公约”的性质，其对很多细节问题难以作出回应，因而它也并未就北极地区的油气资源开发活动进行规制。因此，北极理事会、北极八国以及原住民组织，在北极事务中发挥着更为直接的作用。

2. 《斯瓦尔巴群岛条约》

1925 年生效的《斯瓦尔巴群岛条约》，为斯瓦尔巴群岛建立了一项十分特殊的集体开发制度。依据该条约的规定，相对于该条约的其他缔约国，挪威对斯瓦尔巴群岛享有“受限制的主权”，即其他缔约国不仅有权在斯瓦尔巴群岛的领水捕鱼，也有权在岛上开展采矿活动；但挪威同样有权制定相关的沿海贸易法规，也有权在受其他缔约国监督的情况下对采矿活动制定采矿规章。然而，从资源开发的实践来看，并非所有的国家都有效参与了该岛及其领海的资源开发，俄罗斯和挪威是资源开发的主力军。

在《海洋法公约》通过之后，挪威一直寻求对群岛附近 200 海里的海域及大陆架的主权性控制，这自然也遭到了部分其他缔约国的反对。如果结合《斯瓦尔巴群岛条约》的目的和宗旨进行善意解释，挪威建立“渔业保护区”等举动似乎侵犯了其他缔约国的权利，亦有学者认为挪威并未在该区域“建立起实质意义的管辖权”[12]。然而，学者的解释并非有权解释，若要通过缔约国之间的磋商或第三方机制（如国际法院）来否认“渔业保护区”及挪威大陆架声明的合法性，目前看来难度较大。

3. 北极理事会发布的一系列文件

脱胎于环境事项工作组的北极理事会，目前已发展成为由 6 个工作组组成的区域性组织，而这 6 个工作组的职能或多或少地都与环境问题相关联。进入 21 世纪之后，北极理事会已经陆续发布了一系列与环保问题相关的指导文件，包括北极海洋环境保护工作组制定的《北极海上油气指南》和突发事件预防、准备和反应工作组制定的《北极海上石油污染预防和应对合作协定》。尽管北极理事会自身不能执行这些指南与协定，但北极八国仍然通过各种国内立法与行政措施推动这些文件的执行，在能源开发过程中，也没有能源公司公开挑战这些文件确立的各项环保标准。

从未来的发展趋势来看，环保问题仍然是北极理事会的一项核心议题[13]，北极理事不会放松对既有环保标准执行情况的评估。值得注意的是，2014 年新设立的北极经济理事会较之北极理事会的封闭性有所加强，这是否会导致我国企业参与北极能源开发的空间被压缩，需要进一步细致的评估。

---

〔12〕 参见刘惠荣、张馨元：《斯瓦尔巴群岛海域的法律适用问题研究——以〈联合国海洋法公约〉为视角》，《中国海洋大学学报（社会科学版）》2009 年第 6 期。

〔13〕 例如，2017 年 10 月 26 日，芬兰作为本届北极理事会的主席国（任期为 2017—2019 年），召集的第一次会议，核心议题为“污染防治和教育”。

二、北极共同开发的特点

相较于广阔的北极海域，上述三项北极共同开发案所涉及的海域面积十分有限，而未来其他的北极周边国家是否有兴趣签署共同开发协定，也尚难预测。然而，已有的三项共同开发案已经形成了一些共同的特点，很可能为日后的北极共同开发案所借鉴。

（一）开发模式以“联合经营模式”为主

在上述三项北极共同开发案中，参与共同开发的双方基本都选择了联合经营模式，即在双方政府保有开发授权等实质性权力的情况下，设立相关的咨议机构。在英国与挪威共同开发案中，英挪双方为推动弗里格气田的开发而设立了弗里格气田咨询委员会，作为审议相关问题的专业性机构，在国家湾油田和默奇森油田的开发过程中也建立了类似的委员会，而英挪双方在2005年签订的《跨界油气资源开发框架协议》中则设立了咨议性质的框架论坛[14]；在冰岛与挪威共同开发案中，冰挪双方的油气资源共同开发合作更多地依赖两国政府的直接沟通，并未在签订的正式法律文件中规定设立相关的咨议机构，然而，双方海域划界以及共同开发合作协定的达成，离不开联合渔业委员会、调解委员会等咨议性机构的辛勤工作；在俄罗斯与挪威共同开发案中，俄挪双方在借鉴双方渔业合作经验的基础上，设立了促进信息沟通与交换的联合委员会。

极地国家对联合经营模式的选择，是参与国双边关系、各自的能源开发能力以及参与国国内法律冲突协调的难易程度等多种因素作用的结果。由于极地周边国家基本都有一定的油气资源开发能力和招商引资能力，不存在巴林、东帝汶这样完全没有能源工业基础的国家[15]，因而代理制模式很难在极地地区得到适用。同时，超国家管理模式的适用空间也比较有限，因为即便参与国的双边关系良好，但是要充分协调双方的国内立法冲突或在共同开发区中另设立一套新的法律制度，进而使参与国的相关当局将其权力移交至一个超国家机构，这对于国内能源管理体系和法律制度都比较完善的极地周边国家（特别是北极八国）和以跨界资源开发为主的北极地区来说，并不是一个高收益性的方案。因此，联合经营模式更符合极地周边国家的利益诉求。

（二）政府与企业的权利义务相似

在上述三项北极共同开发案中，政府的权利主要是对开发许可的授权。由于三项北极周边国家开发案都采用了联合经营模式，因而政府保留了颁发许可证的权利。然而，这一权利的行使又受到一定的限制，如需要提前与对方政府进行沟通、未经另一国政府同意不得撤销或变更已有的许可证等。同时，双方政府还享有对跨界油气资源开发活动进行监督，委派咨议机构成员、仲裁庭或调解委员会成员等权利；政府的义务主要是信

---

〔14〕 See “Framework Agreement between the Government of the United Kingdom of Great Britain and Northern Ireland and the Government of the Kingdom of Norway concerning Cross-Boundary Petroleum Co-operation”, Article 1. 15, accessed December 8, 2017, https: //www. gov. uk/government/uploads/system/uploads/attachment _ data/file/243184/7206. pdf.

〔15〕 参见邓妮雅：《海上共同开发管理模式比较及中国的选择》，《学术探索》2016年第3期。

息的交换、披露等，包括在油气田定性阶段（即认定某一油气田是否属于跨界油气资源）的信息交换，以及在争端解决过程中充分地交换意见。

就企业的权利和义务来说，企业合法的勘探、开发权益受到共同开发协定的保护，双方政府不得无故撤销企业享有的合法权益；企业的义务是多方面的，除了遵守两国的国内法甚至欧盟的相关法律之外，还要配合两国政府的检查。此外，依据三项共同开发案中最新签订的共同开发协定，在具体油气田的开发过程中，双方的企业要订立共同开采协议，并指定联合经营人。这种商业运营模式，在弗里格气田的开发过程中便得到了运用，而目前的实践表明，这种模式既便于双方政府的管理，也符合企业的经营规律。

（三）争端解决机制的趋同性

三项北极周边国家的共同开发案都规定了争端解决机制，且这些争端解决机制也存在较大的相似性。参与国解决争端的第一步，都是试图通过双边协商或咨议机构达成解决方案，若双方未能就解决方案达成一致意见，则将启动强制性的争端解决程序，即通过独立专家意见解决双方对资源权属划分比例的争端，通过强制仲裁或调解解决双方的其他争端。

强制争端解决程序的建立健全，是极地周边国家共同开发合作中的一项进步。在弗里格气田开发与运输协议中，英挪双方仅规定了强制仲裁程序，双方企业聘请的独立专家对资源权属划分比例作出的意见，最终获得了两国政府的认可。而在 2005 年的跨界油气资源开发框架协议中，不仅规定了强制调解程序，还对独立专家意见程序作出了详细规定；在冰岛与挪威于 1981 年签订的《关于冰岛和扬马延岛之间的大陆架协定》中，仅针对安全生产、环境保护的争端引入了调解委员会机制，且调解委员会的建议不具有法律约束力，而双方 2008 年就跨界油气资源开发达成的协定中则引入了独立专家意见 + 强制仲裁的程序；在俄罗斯与挪威共同开发案中，俄挪双方直接规定了独立专家意见 + 强制仲裁的机制，但俄挪双方在承认独立专家意见和强制仲裁结果具有法律约束力的情况下，仍为双方留下了另行协商的空间。[16] 由于这三项共同开发案中，最新签订的协议都不针对特定的跨界油气田，因而强制争端解决机制可以在很大程度上避免双方冗长的谈判，以专业性的意见或结果推动共同开发的进程。

当然，应当看到，这些共同开发案中的争端解决机制并不完全相同[17]，也并不是所有的争端解决机制都很完善。同英国与挪威共同开发案相比较，冰岛与挪威共同开发案和俄罗斯与挪威共同开发案中并没有对独立专家的选任标准、薪酬标准等细节问题作出规定，因而仍有进步、完善的空间。

---

〔16〕 参见俄罗斯国际事务委员会主编：《北极地区：国际合作问题》（第 3 卷），熊友奇等译，世界知识出版社 2016 年版，第 99 页。

〔17〕 例如，在英国与挪威共同开发案中，调解委员会的人数为 5 人；而在冰岛与挪威共同开发案和俄罗斯与挪威共同开发案中，仲裁庭的人数为 3 人。

三、我国参与北极地区能源开发的障碍与可能的区块

由于外大陆架的国际收益分享规则尚不明确，而北极地区的国际海底区域面积也十分有限，因而我国能源企业的投资与项目参与，仍是我国参与北极能源开发的主要路径。与中东、北非等石油产区相比，北极地区的能源开发面临开发与运输成本高、环境风险大、易与原住民权利相冲突等挑战，而我国若想在斯瓦尔巴群岛进行商业化能源开发，目前困难也比较大。相较之下，美国与加拿大交界的波弗特海、阿拉斯加地区有可能形成共同开发区块，该地区也是值得我国能源企业考虑的一块能源宝地。

（一）我国参与北极地区能源开发的障碍

1. 开发与运输成本高

由于我国政府在北极海域的权源比较有限，因而我国企业对能源开发项目的选择并不具备有主动性，很有可能在气候严酷的地区开展能源开发项目。

首先，严酷的气候条件对开发的技术、设备提出了更高的要求。[18] 在高纬度地区开展油气资源开发活动，开采设备的建设、使用、维护都与低纬度地区存在较大的差别。为适应恶劣的气候条件，能源企业需要对开采设备的升级投入更多的资金，而开采设备日常的维护也将耗费更多的精力。就北极陆上油气资源的开采来说，严寒与暴风雪是开采设备需要面临的主要挑战，而对于北极海上油气资源的开发来说，在浮冰环绕的海域建设海上开发平台，较之陆上开采基地的建设更为困难。在海上开发平台建成之后，除严寒与暴风雪之外，还需要格外注意气候变化对平台的潜在威胁。在全球气候变暖的大背景下，北极冰层的变化将对海上开发平台的安全造成重大威胁。[19]

其次，即便我国的能源企业能够有效参与极地油气资源的开发，产品的运输也是一个不容忽视的问题。尽管目前加拿大的西北航道和俄罗斯的东北航道只承担国际海运业务中的一小部分运量，但从长远来看，我国在开发北极地区的油气资源时若要节约运输成本，自然希望有效利用这两条北极航道。[20] 然而，加拿大显然不愿意承认西北航道属于用于国际通行的海峡，而俄罗斯也不会轻易放弃“自愿领航制度”所带来的丰厚收益。因此，中国要想更为便利地利用这两条航道，将会牵涉到一系列复杂的问题。降低运输成本的一个可能选项是将开发所得的产品就近销售，但这需要我国对附近的能源市场作出更为准确的判断，并结合当地的经济立法同国外的能源企业展开谈判。[21]

---

〔18〕 参见李洁：《北极地区油气资源开发国际合作机制研究》，《武大国际法评论》2015 年第 2 期。

〔19〕 参见韩学强：《俄罗斯北极大陆架油气资源勘探开发战略规划概要》，《石油科技论坛》2012 年第 6 期。

〔20〕 目前，亚马尔半岛开发所得的天然气资源，已通过俄罗斯的东北航道进行运输。参见 Han-Chang、Yu James Bond：《北极航道的未来》，《中国远洋航务》2017 年第 4 期。

〔21〕 在英国与挪威共同开发案中，由于修建弗里格气田至挪威大陆的输气管道成本过高，挪威选择将开发所得的资源全部销售至英国市场，但依据英国当时国内立法的规定，英国煤气公司（British Gas Corporation）对大陆架上所产能源产品享有垄断的经营权，因而挪威一方的选择空间十分有限，这对挪威一方的谈判技巧提出了更高的要求。

最后，在极地地区开展油气资源开发活动，人力资源成本也会直线上升。若参与我国企业开发项目的工人主要是我国的石油工人，则能源企业不仅需要向这些工人支付更高的补贴，也需要在工人的培训方面投入更多的精力；若参与的主体主要是当地的工人，则我国企业需要关注当地的劳工成本与社会保障法律。在从事跨界油气资源的开发时，我国企业还需要认真应对来自监督员的检查。

2. 环境风险大

在2010年墨西哥湾原油泄漏事件发生之后，海上石油开发所可能引发的环境污染风险，引起了人们的高度关注。而脱胎于环境事项工作组的北极理事会，在北极资源开发的过程中，也不会主动降低环境保护标准。在参与极地能源开发项目的过程中，我国企业应采取严格的预防措施，并依照北极理事会出具的各项指南与文件，准备各项紧急预案，以免因为石油泄漏而承担巨额赔偿，并导致我国的国际形象受损。

此外，我国企业也应当谨慎对待来自环保组织的抗议活动。在冰岛与挪威共同开发案中，对环境问题的担忧推迟了挪威政府的招标进程。而在更为极端的案例中，环保组织的工作人员甚至会登上能源公司的开发平台与运输船只，举行抗议活动。2012—2015年，绿色和平组织已至少组织过3次针对能源公司的抗议活动。〔22〕为防止类似的抗议活动对我国未来的开发项目造成干扰，我国能源企业有必要对不同组织的活动地点、方式提前进行相关研究，并在学习其他国家能源公司处理方式的情况下，准备好相关预案。不过，国外的执法、司法环境与国内存在较大的不同，一般情况下，应尽量避免对这些抗议者采取过于强硬的措施。

3. 与原住民权利的冲突

就长远的开发来看，对缺乏资金、技术但蕴藏丰富自然资源的原住民聚居区进行投资，的确是一个可行的方案，但这些区块的开发与我国国内的资源开发项目有着较大的区别，我国企业不能轻视同当地政府和原住民的磋商与沟通。自20世纪下半叶起，经过数十年的原住民运动，北极原住民已经成为北极区域内的一股重要力量，因纽特人北极圈大会、萨米理事会等原住民组织拥有永久观察员席位，其地位高于其他的观察员〔23〕，甚至拥有一定程度的否决权。我国政府虽然一贯支持原住民权利运动，但我国企业在参与极地资源开发时，相关开发活动很有可能会与原住民的权利发生冲突。如果不采取有效措施规避和协调这种冲突，我国企业的开发进程很可能会受到干扰，甚至我国的观察员席位都会受到威胁。因此，在某一原住民聚居区投资，我国企业除了充分披露环境影响评价信息之外，还要对可能产生的法律风险、后续的收益分享比例进行充分的考量，因为过高的法律风险很有可能导致开发进程的中断，而失衡的收益分享比例则

〔22〕 参见孙凯、张佳佳：《北极“开发时代”的企业参与及对中国的启示》，《中国海洋大学学报（社会科学版）》2017年第3期。

〔23〕 参见潘敏：《北极原住民研究》，时事出版社2010年版，第293页。

会导致开发项目难以盈利。

（二）我国参与北极地区能源开发的未来区块选择

1. 参与斯瓦尔巴群岛开发的可能性

由于我国是《斯瓦尔巴群岛条约》的缔约国，享有开发岛上与其领海内各类资源的权利，因而斯瓦尔巴群岛也是我国极地资源开发的一个可能区块。[24] 然而，结合挪威政府近年来的相关国内立法与行政管理措施，以及各缔约国对斯瓦尔巴群岛大陆架问题的不同立场，我国对斯瓦尔巴群岛进行大规模开发的可行性并不高。

斯瓦尔巴群岛的陆上矿产开发活动目前已受到了较大的限制，市场前景也并不乐观。矿产资源的开发是斯瓦尔巴群岛最重要的经济活动，距今已有百余年的历史。自1899年岛上的第一船矿产运至挪威大陆起，美国、俄罗斯和挪威本国的企业、探险家，都曾为该岛矿产的开发作出过重要的贡献。在《斯瓦尔巴群岛条约》签订之后，挪威的国有矿产公司在矿产开发活动中逐步占据主导地位，而俄罗斯的矿产公司也占有少量的矿场。结合近年来的情况，我国企业进军该岛的采矿行业并不可行。首先，俄国企业的采矿活动被挪威政府以环境保护为由叫停一案[25]，孰是孰非并不好评判，这起事件是孤例还是挪威政府未来的长期政策也不好预测，但这至少表明我国企业也有可能遭遇同样的困局。其次，我国国内的能源结构以煤为主，煤炭资源并不匮乏，减轻石油资源的对外依存度才是保障我国能源安全的重点。[26] 斯瓦尔巴群岛本身的矿产资源以煤为主，并没有蕴藏丰富的油气资源，因而我国企业对该岛舍近求远的开发并非良策。最后，挪威本国企业近年来对该岛的开发已陷入僵局，持续的亏损使开发进程举步维艰。2017年10月，受制于长期低迷的矿产价格，挪威一家从事岛上矿产资源开发的企业选择了大规模裁员，裁员人数占到了员工总人数的3/4。[27] 若我国的企业对该岛进行开发，大量的矿产产品势必会贩至临近的国家（如挪威和俄罗斯），而这些地区不景气的矿产市场，显然不允许我国企业对斯瓦尔巴群岛的开发投入大量的人力物力。

就斯瓦尔巴群岛附近海域的油气资源开发来说，各缔约国的立场也不相一致。与斯瓦尔巴群岛渔业保护区的问题相类似，该岛的大陆架问题也是《斯瓦尔巴群岛条约》与《海洋法公约》相冲突的结果。挪威政府为实现对斯瓦尔巴群岛附近海洋底土的专属管辖，曾经声称斯瓦尔巴群岛的大陆架是挪威本土的自然延伸，这一观点自然也难以获得

---

〔24〕 参见刘惠荣主编：《北极地区发展报告（2015）》，社会科学文献出版社2015年版，第283页。

〔25〕 近年来，俄罗斯北极煤矿公司在斯瓦尔巴群岛的采矿活动因挪威政府在岛上建立植物保护区而作罢。该企业后来讽刺道："北极煤矿公司在哪里开矿，那个地方都会成为植物保护区。"［挪威］盖尔·荷内兰德：《北极政治、海洋法与俄罗斯的国家身份——巴伦支海划界协议在俄罗斯的争议》，苏平等译，海洋出版社2017年版，第62页。

〔26〕 参见黄进主编：《中国能源安全若干法律与政策问题研究》，经济科学出版社2013年版，第7页。

〔27〕 Rolf Stange, "Coal Mining in Sveagruva is History", accessed December 8, 2017, https://www.spitsbergen-svalbard.com/2017/10/12/coal-mining-in-sveagruva-is-history.html.

其他缔约国的认同。然而，即便如此，就挪威政府近年来的举动来看，挪威并不打算主动承认其他缔约国享有在斯瓦尔巴群岛大陆架上平等开发的权利，对已经发生的开发活动也采取了诸多限制措施。其中，最引人注目的是俄罗斯与挪威就斯瓦尔巴群岛附近海域油气资源的勘探活动所产生的争议。俄罗斯参股的北极海洋地质探险公司曾于1980—1998年和2002年对斯瓦尔巴群岛附近的海洋底土展开过科学调查，调查的项目包括与油气资源开发相关的地震测试，且最终的数据没有向挪威政府公布。随后，挪威政府于2005年声明其他国家不得在斯瓦尔巴群岛附近从事油气资源开发活动。[28] 而挪威政府于2015年开放斯瓦尔巴群岛附近的油气开发区块招标，同样遭到了俄罗斯的强烈反对，因为挪威政府的这一行为带有明显的主权管理性质。除俄罗斯之外，英国、意大利、荷兰等国虽然在这一问题上与挪威政府意见相左[29]，但尚未爆发正面的冲突。为避免同挪威政府发生正面冲突，我国应采取模糊化的处理方式，声明我国"尊重挪威政府对斯瓦尔巴群岛的主权，但保有该条约赋予的所有权利"。在必要的时候，可联合其他缔约国共同就挪威政府的主权性管理活动交换意见。这样既不与挪威政府爆发正面冲突，又不丧失未来开发斯瓦尔巴群岛附近海域油气资源的权利。

综上可见，对斯瓦尔巴群岛陆上和大陆架矿产、油气资源的开发，势必会与挪威政府发生矛盾，短期内的盈利状况也不乐观，这显然不是一个明智的选择。因此，斯瓦尔巴群岛不应成为我国参与北极资源开发的主要区位。

2. 参与阿拉斯加地区开发的可能性

我国的能源企业已经参与了一些北极地区的能源、矿产开发项目，包括中石油在俄罗斯亚马尔半岛开发项目的投资、中海油出资购买巴伦支海中的地质数据、中海油与冰岛Eykon能源公司在扬马延岛附近海域的勘探合作等。[30] 北极地区未来有可能出现的共同开发区块包括汉斯岛附近海域和波弗特海，而波弗特海沿岸的阿拉斯加州是一块可供考虑的能源宝地。

首先，油气资源开发是阿拉斯加州的主要产业，阿拉斯加州政府对极地资源开发持大力支持的态度。依据阿拉斯加石油与天然气协会的统计，油气开发产业累积为阿拉斯加州提供了超过11万个工作岗位，约占该州所有工作岗位的1/3。[31] 而在阿拉斯加州开展油气资源开发项目的14家能源公司，在2016年为该州政府贡献了约17.5亿美元的

---

〔28〕 See Torbjørn Pedersen, "The Svalbard Continental Shelf Controversy: Legal Disputes and Political Rivalries", *Ocean Development & International Law* 37, 3-4 (2006): 348.

〔29〕 See Torbjørn Pedersen, "International Law and Politics in U. S. Policymaking: The United States and the Svalbard Dispute", *Ocean Development & International Law* 42, 1 (2011): 123.

〔30〕 Beth Gardiner, "Iceland Aims to Seize Opportunities in Oil Exploration", accessed December 8, 2017, http://www.nytimes.com/2013/10/02/business/energy-environment/iceland-aims-to-seize-opportunities-in-oil-exploration.html.

〔31〕 See "Facts and Figures", accessed December 8, 2017, https://www.aoga.org/facts-and-figures.

税收。[32] 正是由于油气资源产业在该州所占据的重要地位，因而阿拉斯加州政府一直对油气资源产业的发展持支持态度，甚至制定了勘探许可证专项计划，鼓励能源企业对未开发的区域进行勘探。[33] 在过去美国联邦政府对极地能源开发并不十分支持的情况下，阿拉斯加州政府仍然坚持为该州的油气资源产业创造条件。值得注意的是，2017 年 9 月，阿拉斯加州政府所属的天然气开发公司对中国市场表达了浓厚兴趣。[34] 我国能源企业可以以此为契机，寻求开展合作的机遇。

其次，自特朗普当选美国总统之后，美国联邦政府对极地资源开发的限制已逐步放开。在奥巴马政府执政时期，阿拉斯加州政府一直未能与联邦政府就极地资源开发问题达成一致意见。由于美国自身的能源安全保障体系十分完善，而近年来的业岩气技术革命又增加了油气资源的供应量，在油气资源产品并不十分紧缺的情况下，北极地区的能源开发并不是美国联邦政府的核心事务。在国内环保主义者的压力之下，时任美国总统于 2015 年 1 月签署了总统备忘录，取消了数个北极周边海域开放区块的开发许可。[35] 在这一大背景下，BP 石油公司中止了其在阿拉斯加州的勘探项目，而我国企业也未能成功进入阿拉斯加州的能源行业。[36] 然而，在特朗普当选总统之后，美国联邦政府对北极能源开发的态度出现了转变。2017 年 7 月，美国海洋能源管理局审批通过了一家意大利能源企业在阿拉斯加北坡油田的开发项目。[37] 结合特朗普在 2017 年 5 月 "愿意开发动植物保护区" 的表态[38]，我们有理由相信我国企业参与阿拉斯加州开发的政策障碍将逐步减少。

最后，国外的能源公司已在阿拉斯加州开展过一些能源开发项目，该州的油气管道建设已粗具规模。由于阿拉斯加的能源开发已经有了较长时间的历史，因而早在 20 世纪 70 年代开发阿拉斯加北坡油田时，便修建了贯穿阿拉斯加全境、全长近 1300 千米的运输管道。[39] 作为一项曾有效带动当地经济发展的大型工程，近年来该管道的运营却

---

〔32〕 See McDowell Group Anchorage Office, "The Role of the Oil and Gas Industry in Alaska's Economy", Alaska Oil and Gas Association Reports 2017, p. 43.

〔33〕 See "Exploration Licensing Program", accessed December 8, 2017, http://dog.dnr.alaska.gov/services/explorationlicensing.

〔34〕 参见马丹：《美阿拉斯加州天然气企业寄望中国市场》，http://news.xinhuanet.com/2017-09/03/c_1121595084.htm，访问日期：2017 年 12 月 8 日。

〔35〕 See Andrew Hartsig, et al., "Next Steps to Reform the Regulations Governing Offshore Oil and Gas Planning and Leasing", *Alaska Law Review* 33, 1 (2016): 22.

〔36〕 参见刘惠荣主编：《北极地区发展报告（2015）》，社会科学文献出版社 2015 年版，第 367 页。

〔37〕 See Samantha Page, "Federal Agency Approves More Oil Exploration on Alaska's North Slope", accessed December 8, 2017, https://thinkprogress.org/more-drilling-north-slope-38f3a94b5833/.

〔38〕 See Matt Egan, "Trump Wants to Drill for Oil in Alaska's Fragile Wildlife Refuge", accessed December 8, 2017, http://money.cnn.com/2017/05/25/investing/alaska-arctic-oil-drilling-trump-anwr/index.html.

〔39〕 See Ryan J. Morgan, Steven A. Rhodes and Zachary H. Barrett, "Alaska", *Oil and Gas*, *Natural Resources and Energy Journal* 107, 2 (2016): 121.

遭遇了危机。由于北坡油田的产量在2010年之后持续走低，甚至一度接近该管道能够运行的最低运量要求[40]，因而该管道面临被关闭的风险。然而，如果在现阶段对该管道进行关闭，也需要一笔不菲的费用。如果我国企业能够参与阿拉斯加的资源开发项目，则既有的管道将会在很大程度上为油气资源的运输提供便利条件。

四、结语

近北极国家的定位、北极理事会观察员的身份、十分有限的北极公海和国际海底区域，决定了我国很难在北极地区谋求到更多的政治权益。同时，依据俄罗斯能源部门的统计，只有当油价至少达到52美元时，北极海域内的油气开发才会盈利。[41] 较之中东地区和非洲地区每桶5美元以内的生产成本，北极地区高达30美元每桶的生产成本显然没有竞争力。[42] 然而，仅就能源开发而言，北极周边各国和北极理事会尚未对其他地区的企业施加过多的限制，我国应充分利用共同开发制度和其他法律制度所提供的开发机遇，适度参与北极的能源开发项目，为未来可能到来的商业化开发时代作好充分的准备。

---

〔40〕 See Center for Strategic and International Studies, "Arctic Petroleum: Alaskan Development and International Frameworks", CSIS Reports 2011, p. 9.

〔41〕 参见王淑玲：《俄罗斯北极大陆架油气资源现状及开发前景》，《中国矿业报》2017年6月9日第4版。

〔42〕 参见李洁：《北极地区油气资源开发国际合作机制研究》，《武大国际法评论》2015年第2期。

海洋强国战略下船东财务担保制度构建困境及化解路径研究

■ 姜　瑞*

【内容摘要】《2006年海事劳工公约》2014年修正案对国际航线船东提出财务担保要求，要求船东以保险、基金、社会保障等类似安排提供财务担保，保障海员遣返和“契约性索赔”权利。这些方式与我国《船员条例》《社会保险法》《保险法》等相关规定不一，在现行中国法语境下，产生《船员条例》无“被遗弃”规定、“契约性索赔”救济及遣返权益受侵害救济规定不一、社会保障机制不符合国内法定性、保险方式背离“意思自由”原则等问题具象。因此，为弥补我国《船员条例》的空白，需对“遣返”“被遗弃”等规定发文明示，《社会保险法》需调整基金支付程序、年限、境外就医等条款以契合公约要求，保险相关法律法规需补充“意思自由”原则的例外规定，并由船东互保协会等机构创设新险种以满足担保要求，推动我国船东财务担保制度的构建，以此打造海洋强国。

【关键词】海洋强国　船东财务担保　契约性索赔　遣返制度

一、引言

中国是海洋大国、航运大国，也是船员[1]大国。随着海洋强国战略和“一带一路”倡议的提出，国家对航运事业发展更加重视，船员作为保障全球海上贸易和国际海运业正常、健康运行的基础性资源，保障其权益是我国践行海洋强国战略和“海上丝绸之路”倡议的前提和基础。

“十三五”时期我国发展的环境、条件和任务都发生了新的变化，国际经济发展新态势必然对航运发展产生深远影响，也对我国船员发展提出新的要求。《国务院关于促进海运业健康发展的若干意见》提出，要“完善海运业人才培养体制机制，加强海员特别是高级海员队伍建设，大力培养专业化、国际化海运人才”，推动船员队伍发展适应国家战略和航运发展新要求。2015年11月12日，我国正式批准《2006年海事劳工公约》，为船员权益提供进一步保障；现已建立并运行全国海上劳动关系三方协调机制，全国11个省（市）成立船员服务行业协会，协调处置船员境外突发事件，加强行业自律，保障船员合法权益。

尽管我国船员发展取得显著成效，但在船员职业的政策支持力度、船员权益保障机制和公共服务体系等方面仍然与世界航运发达国家存在差距。《2006年海事劳工公约》2014年修正案已经批准通过，规定船东财务担保制度将适用于所有国际航线船舶。目前，国际上几个航运大国都已通过修订国内相关法律法规落实这一制度，英国颁布商船

---

* 大连海事大学法学院海商法硕士。

〔1〕在我国法规等中一般用“船员”的表述，而在《2006年海事劳工公约》中用的是“海员”，二者并无实质性区别，在文中交互使用，不作严格区分。

法修正案[2]采用保险形式落实船东财务担保制度，对担保人赔付时间、逾期利息、临时赔付机制等都有详细规定。新加坡通过颁布商船法案 2016 修正案[3]引入船东财务担保制度，除期限、费用、证书展示等方面规定外，其规定除保险形式外船东留置权也可作为担保形式，且对担保人资质有所要求。菲律宾作为船员大国，其劳动就业部发布第 181-17 号部令[4]为船东作出统一指导，担保形式也是保险和类似安排，不过延长特许授权，为船东履约提供了过渡时间。

鉴于此，我国急需研究出适用船东财务担保的制度，以符合 2014 年修正案履约要求，保证在当前海外贸易繁荣的形势下我国能够与时俱进，保持船员权益保障先进水平，增强海洋话语权，打造海洋强国。

二、船东财务担保制度规则供给解构

（一）船东财务担保制度法律梳理

1. *船东财务担保制度宏观要素立法考证*

船东财务担保制度建立在现代担保制度基础之上，而担保制度起源于西方文明的发源地古希腊。由于商品经济的发展，人类对于物的价值由单一利用转向综合利用，担保雏形初现，《哥尔琴法典》作为希腊保存最为完整的早期立法文献，记载了担保、赠与等 70 个条文。[5] 伴随着社会生产力水平的提高，以房屋、土地为担保标的物的不动产担保发展起来，但这一制度标的物有限且范围固定，无法满足规模不断扩大的贸易发展对生产资金的需求，因此以生产工具、生活用品等为担保物的动产担保制度应运而生。[6] 中国的“典当”就是典型的动产担保制度。伴随着科学技术的进步，担保标的物范围随着社会的发展而发生变化，汽车、航空器等大型动产也被作为担保物发挥多重价值。在海上贸易繁荣的欧洲国家，担保制度主要运用于海运业，作为准不动产的船舶也被用来作为担保物融通资金。发展至今，担保权的客体除特定物之外，特定的财产权利也可作为标的物，主要包括票据等债权证券、知识产权中的财产权、股权等一般金钱

[2] The Merchant Shipping (Maritime Labour Convention) (Compulsory Financial Security) (Amendment) Regulations 2018, accessed July 2, 2019, http://www.legislation.gov.uk/uksi/2018/667/introduction/made.

[3] Constitution of the Republic of Singapore (Amendment) Act 2016 (No. 29 of 2016), accessed July 2, 2019, https://sso.agc.gov.sg/.

[4] Guidelines on the Provision of Financial Security in Compliance with the Amendments Implementing Regulations 2.5 and 4.2 and Appendices of the Maritime Labour Convention, 2006 (MLC, 2006), accessed July 3, 2019, https://www.dole.gov.ph/news/department-order-181-17-guidelines-on-the-provision-of-financial-security-in-compliance-with-the-amendments-implementing-regulations-2-5-and-4-2-and-appendices-of-the-maritime-labour-convention-2006/.

[5] 参见何勤华、李秀清主编：《外国法制史》（第 2 版），复旦大学出版社 2010 年版，第 30 页。

[6] 参见黄风：《罗马法》，中国人民大学出版社 2009 年版，第 163 页。

债权。[7] 基于此，创设船东财务担保制度，船东作为义务主体，预先提供一定的财产权利担保其未来需要履行的法定或约定义务。

事实上，该制度在很多国家的劳动法里早见端倪。日本 1976 年《工资支付保障法》规定了劳动福利服务部在雇主破产等法定支付不能情况下替代支付未付工资，而这笔资金完全来源于雇主缴纳的保险金，且政府同时获得代位求偿权。[8] 英国 1996 年《雇佣权利法》也作了类似规定，雇员可以请求国家保险基金支付破产雇主拖欠的工资，国家基金支付后国务大臣获得代位权向雇主主张权利。[9]

2014 年国际劳工组织三方专门委员会通过的《2006 年海事劳工公约》修正案（以下简称 2014 年修正案）引入财务担保制度，要求船东以保险、社会保障体系、基金或其他类似安排提供财务担保，出具财务担保证书，以保障船员遣返权利和协议约定的相关船东责任。修正案规定：第一，船东财务担保需能够为船上任何被遗弃的海员提供充分、快速的财务援助[10]；第二，船东财务担保须支付由其担保的且发生于该担保有效期内的所有契约性索赔，即海员因国内法律、海员就业协议或集体协议所规定的职业伤害、疾病或危害而死亡或长期残疾的任何索赔。[11] 修正案生效后将适用于所有国际航行船舶，并且港口国享有无优惠监管权，无论该修正案是否在船舶国籍国生效，只要停靠生效国港口的船舶都将面临一致检查。因此，船东作为履约主体，要面临国内外主管当局以船东财务担保制度为目标的严格审查和管制。

针对船员遣返权利和职业疾病引发伤亡的赔偿问题，我国船员劳动法规中有相关规定。依据《船员条例》第 26 条规定应当为船员配备医疗用品和建立健康档案，防治职业病发生。若发生职业病或伤亡，用人单位需及时救治和善后，保障船员的生命安全权益。[12] 针对船员遣返权利，《船员条例》第 31 条至第 34 条详细规定了船员要求遣返的条件、遣返地点的选择、遣返费用用人单位支付的要求以及遣返权利受侵害时政府部门的救济方式。由此可见，我国相关法律法规中早已蕴含了对船员权益保障的理念和人文关怀的精神。

目前，国际上几个航运大国都已通过修订国内相关法律法规建立船东财务担保制

---

〔7〕 参见孙鹏、王勤劳、范雪飞：《担保物权法原理》，中国人民大学出版社 2009 年版，第 16 页。

〔8〕 参见［日］荒木尚志：《日本劳动法》（增补版），李坤刚 、牛志奎译，北京大学出版社 2010 年版，第 62 页。

〔9〕 参见［英］史蒂芬·哈迪：《英国劳动法与劳资关系》，陈融译，商务印书馆 2012 年版，第 153 页。

〔10〕 参见 2014 年修正案标准 A2. 5. 2 第 4 条。

〔11〕 参见 2014 年修正案标准 A4. 2. 2 第 1 条。

〔12〕 《船员条例》第 26 条规定：“船员用人单位应当为船员提供必要的生活用品、防护用品、医疗用品，建立船员健康档案，并为船员定期进行健康检查，防治职业疾病。船员在船工作期间患病或者受伤的，船员用人单位应当及时给予救治；船员失踪或者死亡的，船员用人单位应当及时做好相应的善后工作。”

度，英国颁布商船法案修订条例[13]采用保险形式落实船东财务担保制度，对担保人赔付时间、逾期利息、临时赔付机制等都有详细规定。新加坡通过颁布商船法案2016修正案[14]引入船东财务担保制度，除期限、费用、证书展示等方面规定外，其规定除保险形式外船东留置权也可作为担保形式，且对担保人资质有所要求。巴哈马作为方便旗国家，发布161号公告[15]落实船东财务担保制度，亦采用保险形式和类似安排，不过其有条件地接受电子格式的财务担保证据，同时规定同一船东拥有一艘以上相同等效性、例外规定和豁免的船舶，可以提交一份申请在文后列出受影响船舶即可。菲律宾作为船员大国，其劳动就业部发布第181-17号部令[16]为船东作出统一指导，担保形式也是保险和类似安排，不过延长特许授权，为船东履约提供了过渡时间。对此，我国也应积极作好履约准备，先形成试点示范，再推广至全国。

2. 船东财务担保制度个体要素司法实践厘定

（1）任国军诉大连连润远洋渔业有限公司劳动合同纠纷案之船东财务担保制度正义价值具象。

大连海事法院（2018）辽72民初140号[17]案件中，二副任国军与连润公司签订劳动合同，约定：二副基本工资和效益提成合计每年9万元人民币，因战争、当地国家发生政变和本船不能从事正常生产而停船不能参考以上工资标准，停船期间工资（工作）一律按（每月）300美元结算；合同期满一次性支付工资。自办理手续期间至离境日止，劳动者若提出不履行劳动合同则需承担办证费。而连润的船舶在远洋作业时曾停航一段期间。

双方的争议焦点是停船期间工资的计算标准及连润公司拖欠工资数额。法院审理认为，用人单位连润公司停航并非因战争、当地政策等客观因素，仅以涉案船舶不能正常生产为由在劳动合同中约定不适用年工资标准而按每月300美元结算工资，系将经营风

〔13〕 The Merchant Shipping (Maritime Labour Convention) (Compulsory Financial Security) (Amendment) Regulations 2018, accessed July 2, 2019, http://www.legislation.gov.uk/uksi/2018/667/introduction/made.

〔14〕 Constitution of the Republic of Singapore (Amendment) Act 2016 (No. 29 of 2016), accessed July 2, 2019, https://sso.agc.gov.sg/.

〔15〕 Information Bulletin No. 161, MLC 2006-Financial Security, accessed July 6, 2019, https://www.bahamasmaritime.com/wp-content/uploads/2016/10/b161.pdf.

〔16〕 Guidelines on the Provision of Financial Security in Compliance with the Amendments Implementing Regulations 2.5 and 4.2 and Appendices of the Maritime Labour Convention, 2006 (MLC, 2006), accessed July 3, 2019, https://www.dole.gov.ph/news/department-order-181-17-guidelines-on-the-provision-of-financial-security-in-compliance-with-the-amendments-implementing-regulations-2-5-and-4-2-and-appendices-of-the-maritime-labour-convention-2006/.

〔17〕 任国军与大连连润远洋渔业有限公司劳动合同纠纷一审民事判决书，https://law.wkinfo.com.cn/judgment-documents/detail/MjAyNzE2NjYxNTI%3D?searchId=c3c22754a9304c31b3e672e3ea8c9d20&index=1&q=（2018）%E8%BE%BD72%E6%B0%91%E5%88%9D140%E5%8F%B7，访问日期：2019年7月21日。

险转嫁给劳动者、违背足额支付劳动报酬的法定义务，参照大连市渔业船员年工资标准，该停船期间工资标准明显过低，严重侵害劳动者权益。法院依法判决劳动合同中关于远洋捕捞船员在涉案船舶不能正常生产的停船期间工资按每月 300 美元计算的约定无效，用人单位连润公司应按合同约定年工资 9 万元人民币足额支付船员工资，且承担船员遣返期间的住宿费、办理回国证件费用等遣返费。

本案中，用人单位利用优势地位与船员作出不平等约定，免除自己的责任排除劳动者权利，违反《劳动合同法》的规定。大连海事法院依照国家法律规定和大连市分工种企业工资价位表作出判决，合理保护船员遣返和获得劳动报酬的权利，同船东财务担保制度中蕴含的保护海员遣返和契约索赔的社会正义精神相通，展现了国家法律的正义价值。

“正义”一词是一个抽象、模糊的概念，不同时代、不同国家对于该词的理解不尽相同，不论是民主社会还是专制社会，在特定情况下都会有占主导地位的正义观和法治观。真正的正义需要在个例中去实现，在某种意义上，保障了个人的权利就获得了某种公正。[18]

实质上的正义需要放到特定的历史条件中去理解和行动，船东财务担保制度涉及的两大主体（船东和海员）在财力、物力、信息获取渠道等多方面差距悬殊。船东多是贸易市场中具有雄厚财务实力和人脉资源的一类主体，他们能够快速得知航运市场信息并且有实力获得最专业的技术服务和法律服务等帮助，实现自身利益的最大化。然而，海员的境况相形见绌，他们不仅以海员工作为谋生手段，且普遍不具备较高文化水平，由于船上工作的封闭性和船东的有意操作，海员获取最新航运市场信息和相关政治信息只有极小可能性。

从当下占主导地位的正义观和法治观出发，为平衡这样的差距，保护弱者，公约制度倾向于保护海员具有必要性和合理性。船东财务担保制度担保海员被遗弃的遣返费用和契约性索赔，一方面，在财务援助上保护海员能够生存和返回家中，预防船东单方面断绝劳动关系的后果；另一方面，在专业援助上倾向于保护海员，使其能够在协议的基础上利益最大化。故而，船东财务担保制度是船东与海员之间利益博弈之后社会正义选择的结果，通过此项制度对海员的倾向性保护能够缩小船东与海员之间的条件差距，实现社会稳定、正义的目的。

（2）杨喜凤诉天津中散船舶管理有限公司、北京鑫裕盛船舶管理有限公司船员劳务合同纠纷案之船东财务担保制度“海上人权”镜像。

2017 年天津海事法院（2017）津 72 民初 108 号[19]案件，原告杨喜凤是工亡船员唐

---

〔18〕 参见於兴中：《法理学前沿》，中国民主法制出版社 2014 年版，第 50—54 页。

〔19〕 杨喜凤与天津中散船舶管理有限公司、北京鑫裕盛船舶管理有限公司船员劳务合同纠纷一审民事判决书，https：//law. wkinfo. com. cn/judgment-documents/detail/MjAyMzczOTEyMTM%3D? searchId = 8b1276119fb643-3da44a7ad8285a1241&index = 1&q = （2017）%E6%B4%A572%E6%B0%91%E5%88%9D108%E5%8F%B7，访问日期：2019 年 7 月 21 日。

时刚之母，诉请法院判决二被告按照工伤保险待遇的项目和标准支付一次性工亡补助金和亲属抚恤费。唐时刚与中散公司签订海员上船协议，任大副职务，与鑫裕盛公司签订船员聘用合同，约定鑫裕盛公司派遣其到中散公司工作。二被告之间签订了劳务派遣合同并约定工资、社保、保险等相关费用由中散公司包含在年度船员租金中，鑫裕盛公司负责缴费事宜。但事实上，鑫裕盛公司并未依法为唐时刚购买工伤保险，直至唐时刚工作时吸入毒气身亡，原告才得知此事。

本案争议焦点在于唐时刚与二被告之间的法律关系及二被告是否承担赔偿责任。法院审理认为鑫裕盛公司与唐时刚系劳动合同关系，依据我国《工伤保险条例》作为用人单位，其未依法为唐时刚缴纳工伤保险费用应承担相应给付责任，依法判决被告鑫裕盛公司给付原告一次性工亡补助金和按月支付供养亲属抚恤金。中散公司作为用工单位，已按约定将包含社会保险费的劳动报酬全额支付给鑫裕盛公司，其不承担未缴纳工伤保险费造成的给付责任。

我国《社会保险法》明确规定个人依法享有社会保险待遇，企业职工依法享有工伤保险待遇的权利。天津海事法院的判决依法保护船员获得工伤保险待遇的权益，保障船员人权，为其抚养亲属提供必要的生活保障，维护生者尊严。可见，“海上人权”理念在我国广泛的司法实践中早已萌芽。《世界人权宣言》赋予每个人生命、自由和人身安全的权利，人人有权维持生活所需的水准，有权在疾病、残疾、衰老时享受保障。[20] 2014 年“海上人权”倡议在伦敦提出，倡议提出“人权问题在海上应与陆上保持一样”，海员作为社会成员的一分子，应享有人格上的平等和绝对的尊严，享受法律对人的价值的肯定和尊严的维护。

过去，海员从事最耗费体力的工作，忍受糟糕的生活环境，面临致命的危险，被遗弃、被奴隶、被俘虏的问题层出不穷，毫无尊严和幸福。[21] 依照国际人权保护三大公约，人权在内容上包括公民和政治权利以及经济、社会和文化权利，后者旨在实现公民的物质和文化保障，保障公民能够拥有当代适足的生活水准，“海上人权”倡议从内涵上体现了海员权益一般保护向人权理念的发展，实现海员体面劳动。

此前，国际劳工组织作了关于“《海事劳工公约》是否将改善海员生活”的问卷调查，55.94%的参与者认为会，27.97%的参与者认为不会，16.08%的参与者持观望态度。在此背景下，2014 年国际劳工组织三方专门委员会政府组、船东组、海员组三方代表以投票方式通过 2014 年修正案，船东财务担保制度得以确立。其从海员最基本的物

---

〔20〕《世界人权宣言》第 3 条规定：“人人有权享有生命、自由和人身安全。”第 25 条第 1 款规定：“人人有权享受为维持他本人和家属的健康和福利所需的生活水准，包括食物、衣着、住房、医疗和必要的社会服务；在遭到失业、疾病、残废、守寡、衰老或在其他不能控制的情况下丧失谋生能力时，有权享受保障。”

〔21〕参见冼婧晗：《重视海员“海上人权”：从〈2006 年海事劳工公约〉履约视角下探讨》，《珠江水运》2017 年 15 期。

质生活方面切入，一方面保障海员的生存权利，使其在被遗弃时依然能够获得充足的生活资料和必要的医护，体面生活；另一方面从契约入手，保障海员能够充分、快速获得劳动合同或国家法律规定下的任何索赔。这既彰显文明时代下的契约精神，又给予海员充分的人文关怀，践行“海上人权”理念。

（3）王玉莲与山东省渔业互保协会海上、通海水域保险合同纠纷案之船东财务担保制度“命运共同体”理念显像。

2016年青岛海事法院审理了一起海上保险合同案件[22]，原告王玉莲为本船若干船员向被告山东省渔业互保协会记名投保雇主责任险和附加医疗险。后原告船员林荣科在船作业时受伤住院治疗，产生医疗费29520.65元，商业保险报销18000元。经鉴定，林荣科伤残等级为九级，遂原告与之达成协议，赔偿其伤残赔偿金、后续治疗费共计93000元。之后，原告依互保协议向被告索赔却因“理赔材料不齐”遭拒。

本案争议焦点在于原告所提交的证明材料是否足够被告进行理赔处理，原告诉请的误工费、护理费等是否在赔偿范围内。法院审理认为原被告之间的保险协议真实有效，被告应依法承担雇员林荣科的医疗费和伤残赔偿金，原告提交的材料足以证明被告的赔偿责任。但误工费、护理费等不在协议赔偿的范围内，不予支持原告的此项请求。

青岛海事法院依据《合同法》《保险法》和当事人的投保协议依法维护船员及时得到救治和伤残保障的权益，借助商业保险力量使船东具备经济赔偿能力，分散经营风险，实现对受害者的充分补偿以维持稳定生活。广大船员个人生产生活的迅速恢复足以影响一个行业的持续发展，船东赔偿能力的保障能够避免大规模失业和行业混乱的情形，进而维持整个社会的安定、和谐。我国法院在审判实践中把个体利益与社会整体利益相连，同船东财务担保制度中“命运共同体”理念相得益彰。

发展至今，法律价值随社会实践发展出更多的内涵，自由、平等、正义和秩序在法学界被公认为法律最重要的价值，但事实上法律在人类需要和实践中所体现出来的积极意义和有用性远非如此，它应当是在制定和实施过程中组成的一个系统性法律价值体系。[23] 博鳌亚洲论坛上习近平主席首次提出“命运共同体”意识，世界已然成为相互交融的命运共同体，全人类应该共同面对世界性问题，携手构建安全、有序的世界环境，为全人类谋福祉。

船东财务担保制度的实施契合“人类命运共同体”理念，微观层面为海员遣返权利和契约索赔提供安全保障，能够维持个体海员基本的生存权和有尊严的生活，实现个体安全和幸福；宏观层面上，船东财务担保制度通过个体安全、幸福的实现推动社会整体

〔22〕 青岛海事法院（2016）鲁72民初1744号，王玉莲与山东省渔业互保协会海上、通海水域保险合同纠纷一审民事判决书，https：//law. wkinfo. com. cn/judgment-documents/detail/MjAyMzg3NTU3OTQ% 3D？searchId = 62a0fcb2918a4446a6ac927a15333de9&index = 1&q，访问日期：2019年7月21日。

〔23〕 参见《法理学》编写组：《法理学》，人民出版社、高等教育出版社2010年版，第73页。

繁荣的达成。这一制度使各国共同关注海员权益保障问题，并一致努力为海员创造有尊严的体面生活，从而营造安全、和谐的社会大环境并推动国民经济持续、健康发展，实现国际环境的稳定性和连续性。

（二）航运政策顶层设计供给解构

尽管2014年修正案在我国还未生效，但是针对船员发展问题国家早已作出部署。2016年交通运输部为响应国家海洋强国战略和“一带一路”倡议，考虑到船员在我国水上交通运输中的重要作用，印发了《中国船员发展规划（2016—2020年）》（以下简称《船员发展规划》）。《船员发展规划》指出《2006年海事劳工公约》我国正式履约，为改善船上工作环境、保障船员薪酬福利等奠定了法律基础。到2020年要实现：一是基本建成覆盖全国的船员公共服务体系，为船员提供全方位、多层次、一体化的高品质服务；二是持续改善船员发展环境，健全船员法规体系，推进法治建设；三是推动出台促进船员职业发展的政策措施，提升船员职业吸引力。从规划目标可以看出，我国航运业发展已经不再片面追求经济效益，而是开始关注船员权益保障问题，并向高质量航运市场趋势发展。

为此，《船员发展规划》列出了具体措施：第一，需要开展船员素质教育和培训，加强船员安全和法治观念；第二，修改完善船员服务外派管理法规，健全船员权益保障机制；第三，建设船员公共服务平台，受理船员投诉，协调处置船员突发事件，推动建立船员人身伤亡诉讼案件司法联动机制。这三项举措从船员个体、国家法制、政府服务三方面为船员权益提供全面保障，凸显国家对于船员合法权益的重视，这也是我国航运事业实现可持续发展、迈向国际市场的必由之路。

鉴于我国外派船员数量庞大，保障国际航线船舶船员权益是《船员发展规划》考虑的重点之一，因此，《船员发展规划》指出在国际上要加强合作，参与政府间社保谈判，推进船员权益保障机制建设；在国内要做好船员立法研究，以履行《2006年海事劳工公约》等国际公约为契机，推动修订《船员条例》及其配套规章，修改完善《船员健康检查要求》，建立完善海事劳工条件检查和船员遣返、船东责任财务担保等船员权益保护的相关法律制度。所以，未来以《2006年海事劳工公约》为中心的国际公约将是我国船员法律制度建设考虑的重点，船员遣返、船东财务担保制度被明确列于规划之内，这是我国特别是沿海区域主要开展对外贸易的地区应当加以重视的主题。

除此之外，我国现行船员劳动规则对遣返权利和契约索赔也予以了明确。《船员条例》规定用人单位不履行遣返义务，船员在船工作期间患病或者受伤未及时给予救治，海事管理机构责令改正，处3万元以上15万元以下罚款。《劳动法》规定：“劳动者享有取得劳动报酬的权利、休息休假的权利、获得劳动安全卫生保护的权利、享受社会保险和福利的权利、提请劳动争议处理的权利以及法律规定的其他劳动权利。”并且规定国家建立伤亡事故和职业病统计报告和处理制度，对劳动者的权益给予充分的关注和保护。《劳动法》第100条规定：“用人单位无故不缴纳社会保险费的，由劳动行政部门责令其限期缴纳；逾期不缴的，可以加收滞纳金。”而我国《海商法》也将船员遣返费用明确列入船舶优先权范围内。

故此，船东财务担保制度不仅被《船员发展规划》明确列入其中，在我国现行法律法规中亦能够发现相似的规定与共通的理念和精神，这是船东履行责任的依据，也是我国建设船东财务担保制度的法律基础。

在和平、合作、发展的时代背景下，我国航运业在自身努力和国家政策鼓励下将持续稳步发展，国际航线船舶频繁进出港口开展国际商贸。因此，对于广大营运国际航线船舶的船东来说，2014 年修正案已经生效，船东财务担保制度是其必须面临的履约义务，亦是我国在海洋建设方面的可选路径。

三、船东财务担保制度构建困境界定

（一）船东财务担保制度船员劳动规则的法定及约定困境

我国拥有诸多良好港口，各大港口都要接纳国际航线船舶的进出，船东履约责任不会因国际航线船舶分工不同而发生变化，因此，构建船东财务担保制度过程中面临同我国法律相衔接的问题。

1. 遣返条款与我国船员劳动规则规定不一

2014 年修正案的主要内容之一是对《2006 年海事劳工公约》规则 2.5 遣返条款的修订，要求各成员国须确保悬挂其旗帜的船舶配备提供充分、快速的财务援助的财务担保机制，以帮助被遗弃海员生活和遣返。关于“被遗弃”的认定，国际上少有国家作出定义，国际海事组织（IMO）2001 年 A. 930（22）号决议首次作出定义，指出遗弃以船长和船员关系断绝为特点，当船东对海员未能履行及时遣返和支付未付报酬以及提供基本生活必需品，特别是充足的食物、住宿和医疗等基本义务时，遗弃发生；或者当船长离开船舶但在船舶营运方面没有任何财务手段时，遗弃发生。2009 年，国际海事组织与国际劳工组织船员伤亡及遗弃责任和赔偿特别联合专家工作组第九次会议报告中对“遗弃”采取列举式定义，以下情形中海员视为被遗弃：（a）船东不支付海员遣返费用；（b）船东未给海员留下任何必要的生活费用或支持；（c）船东单方切断与海员的联系，包括未支付约定的工资至少两个月。〔24〕这一列举式定义在 2014 年修正案中被完整引用成为认定海员被遗弃的标准。

“被遗弃”的概念折射出海员对船东的人身依附性，完全不同于陆上雇佣的性质。2014 年修正案“遣返条款”相关内容与我国船员劳动相关法律规则规定不一体现在：

首先，海上工作具有特殊性，船东解除劳动合同关系，不仅要按照《劳动法》规定提前发出通知、给予船员经济补偿，还要依照《船员条例》负责遣返船员。但是，我国

〔24〕 参见王丹华：《被遗弃海员遣返保障法律机制研究》，大连海事大学 2015 年硕士学位论文。

《船员条例》第 27 条只规定船员享有遣返的权利，遣返费用由用人单位给付，并没有规定船东不履行遣返义务即被认定为“遗弃”船员。事实上，我国法律并没有海员“被遗弃”这类规定。

其次，依据我国《船员条例》，船员“遣返”权利受到侵害时的救济途径是“船员当时所在地民政部门或者中华人民共和国驻境外领事机构，应当向船员提供援助；必要时，可以直接安排船员遣返”。2014 年修正案与我国《船员条例》之间救济规定的矛盾，使船东与政府之间的责任划分产生困扰，当船东不履行遣返船员义务时，船员究竟是先向所在地民政部门或者中国驻境外领事机构寻求救济，还是先向船东财务担保提供者提出援助请求？如果船员先向政府机构求助，政府机构会因为船东财务担保制度的存在而拒绝请求，因为政府机构遣返船员之后还需船东返还遣返费用，而船东此时不能还款的可能性很大，易造成船东逃避责任和财政损失；如果船员先向船东财务担保提供者请求援助，该提供者也会因《船员条例》的救济规定而拒绝请求。

此外，对于船东欠发工资的规定，我国《船员条例》第 25 条只规定“任何单位和个人不得克扣船员的工资”，但并未明确违反该条款的法律后果，这与 2014 年修正案“欠发两月工资”被视为“遗弃海员”且被要求提供财务担保的规定不相吻合。现实中，船东欠发工资存在两种可能性：第一，船东存在主观恶意，在有能力发放工资的情况下故意拖欠，以拖住海员在船工作，在劳动力缺乏的形势下榨取海员做廉价劳动力。第二，船东存在客观不能发放工资的情况，船东可能经营不善、资不抵债面临破产清算或重组，没有闲余资金发放海员工资从而产生拖欠现象。两者相比，故意克扣工资的船东主观恶劣性更强，其有能力为之而不履行义务，有意侵犯劳动者权益，且压榨海员、不尊重人权、破坏劳动力市场。类比刑法中“入罪举轻以明重”原则，船东客观不能发放工资时都被要求提供财务担保，故意克扣船员工资者更应当提供财务担保杜绝此类恶劣现象。

2. 契约性索赔的担保在我国船员劳动规则中的约定落空

为进一步明确船东责任，确保海员得到保护，免受因其就业而发生的疾病、受伤或死亡的经济后果，2014 年修正案增加标准 A4.2.2 条文“合同索赔的处理”，要求船东以社会保障、保险、基金或其他类似安排的形式提供财务担保，担保海员的“契约性索赔”项目，即国家法律、海员就业协议或集体协议规定的因工伤、疾病或危险而造成相关海员的死亡或长期伤残的索赔，因此，法律、就业协议、集体协议是索赔的主要依据。

我国《船员条例》第 22 条第 3 款规定了船东对船员患病或死亡进行救治和善后的义务[25]，《劳动法》对危险作业规定“用人单位强令劳动者违章冒险作业，发生重大伤

〔25〕《船员条例》第 22 条第 3 款规定：“船员在船工作期间患病或者受伤的，船员用人单位应当及时给予救治；船员失踪或者死亡的，船员用人单位应当及时做好相应的善后工作。”

亡事故，造成严重后果的，对责任人员依法追究刑事责任”。因此，“契约性索赔”在我国法律规定下即是依法或依劳动合同进行的侵权或违约索赔。但是，我国《船员条例》和《劳动法》除上述规定之外，并没有违反该船东责任的法律后果规定，亦没有财务担保之类的强制性规定用以保障船员依法或依劳动合同提出的索赔项目。同时，《劳动合同法》对于船员依法或依劳动合同提起侵权或违约损害赔偿也只规定诉讼或仲裁的途径。

（二）船东财务担保制度社会保障机制厘定窠臼

2014 年修正案的船东财务担保制度要求船东为自己所拥有的所有船舶提供财务担保，并出具财务担保证明，担保形式根据各内国法规定可以选择保险、基金、社会保障体系或其他类似安排。以上几种方式我国均有相应的配套制度，但在中国法下，细究船东财务担保制度下社会保障方式的性质很难与我国的社保制度契合。

首先，我国社会保险制度与船东财务担保制度性质冲突。在中国法下，担保制度是为了对债务的履行提供某种确保作用：从时间上看，担保多在债权发生之时设立，是一种事先保障制度〔26〕；从类别上看，可主要分为法定担保和意定担保、动产担保和不动产担保。所以，船东财务担保制度亦是一种事先担保债权制度，且以动产性质的财产权利作为担保物。而社会保障制度则是对未来可能产生的困难的一种防范，更多体现为一种社会福利，具有社会性、互助性特点，权利义务不对等，且没有债权存在的前提。我国的社会保险是社会保障制度的核心，针对危险事故提供保险，采取事后补救的办法，诸多保险技术和保险原理都来自商业保险，具有一定的射幸性质。〔27〕因此，我国社会保险制度是一种事后救济、没有债权前提的福利制度。由此看来，船东财务担保制度与我国的社会保险制度在性质上有本质的区分，二者很难在本质上达成统一。

其次，我国工伤保险难以满足船东财务担保制度项下“契约性索赔”要求。我国社会保险制度只有工伤保险与船东财务担保制度契合度最高，工伤保险要求用人单位强制缴纳，并且预防因工作遭受的事故伤害或者职业病，与“契约性索赔”内容一致。但在获取程序上，我国工伤保险待遇存在工伤认定、劳动能力鉴定、工伤保险待遇申请等诸多程序，《工伤保险条例》第 17 条〔28〕对工伤认定申请作出 30 日的时间限制，意即，职工发生工伤保险事故不能直接获得工伤保险的援助，需要先在 30 日内进行工伤认定申

〔26〕参见孙鹏、王勤劳、范雪飞：《担保物权法原理》，中国人民大学出版社 2009 年版，第 6 页。

〔27〕参见关怀、林嘉：《劳动和社会保障法学》（第 2 版），法律出版社 2016 年版，第 225、240 页。

〔28〕《工伤保险条例》第 17 条第 1 款：“职工发生事故伤害或者按照职业病防治法规定被诊断、鉴定为职业病，所在单位应当自事故伤害发生之日或者被诊断、鉴定为职业病之日起 30 日内，向统筹地区社会保险行政部门提出工伤认定申请。”

请。而《工伤保险条例》第 20 条[29]规定了相关部门 60 日内作出决定，最快 15 日内作出决定的要求。所以，对于一个患职业疾病或发生事故的海员来说，在我国法律规定下，从发生索赔事项之日起就申请工伤认定，需要等待 15 日或 60 日才能获得工伤认定，且不考虑用人单位存在异议的情况。之后才能依据工伤认定书去申领工伤保险待遇。这不符合船东财务担保制度“快捷和公平的程序”要求，无法对身处国外发生职业病引起伤残或死亡的海员进行及时、快速、充分的救济。

最后，我国基本医疗保险无法满足船东财务担保制度的海员医疗要求。我国《社会保险法》规定职工的基本医疗保险是由用人单位和职工共同缴纳，而船东财务担保制度规定为船东个人义务，如果采用社会保险方式，将分解船东的部分义务给海员。此外，《社会保险法》第 30 条规定“境外就医”不纳入基本医疗保险基金支付范围，这与 2014 年修正案规定产生目的性冲突。船东财务担保制度本就针对的是所有从事国际航线船舶的船东，船上工作的海员自然是经常处于境外状态，生病救助情形多数发生在境外，如果“境外就医”的医疗费不能被基本医疗保险所覆盖，那么采用社会保险方式履行船东财务担保制度将会使目的落空。

船东财务担保制度不仅要保障海员因职业伤害、疾病或危害而死亡或长期残疾的索赔，还要担保海员的遣返费用、海员被拖欠工资以及海员必要的生活资料和医护。依据《社会保险法》，如果在环渤海区域选择社会保险作为船东财务担保的方式，将面临社保资金无法取出援助困难海员的困境，更无法实现直接、快速的效果。工伤保险即使能够为海员的职业疾病或工作事故提供一定的保障，也无法规避国内复杂的申报程序，况且海外就医费用无法用基本医疗保险基金支付，这完全不符合在国际船舶工作的海员境况。因此，船东财务担保制度所建议的社会保障体系事实上无法具体厘定为我国的社会保险制度。

（三）船东财务担保制度商业保险背离困境

2014 年修正案还明确建议使用保险作为船东财务担保方式，商业保险确实在英国、新加坡、菲律宾等国家得到广泛应用，以船东互保协会为主的保赔机构承保主要业务。依照 2014 年修正案规定，如果选用商业保险作为船东财务担保制度的方式，意味着该保险的最终受益人是在船工作的海员，保险的内容被公约限定既要包含“遣返条款”项下的遣返费用、生活资料、医护费用和拖欠工资，还要覆盖“契约性索赔”项下的船东责任。因此，商业保险方式提供的船东财务担保带有强制性，且能够直接为海员提供援助，这与《最高人民法院关于适用〈中华人民共和国保险法〉若

---

〔29〕《工伤保险条例》第 20 条：“社会保险行政部门应当自受理工伤认定申请之日起 60 日内作出工伤认定的决定……社会保险行政部门对受理的事实清楚、权利义务明确的工伤认定申请，应当在 15 日内作出工伤认定的决定。”

干问题的解释（四）》[30] 中的答复一致，第三人享有直接请求保险赔偿的权利。

尽管船东财务担保制度之保险方式更类似于我国强制性责任保险，但在具体分类上又难以归入某一类别。在我国，责任保险作为人们分散责任风险和消化经济损失的一种手段，伴随我国的法制建设和国民法律意识觉醒而发展起来。[31] 承保的风险既可以是侵权责任也可以是违约责任，具有十分广泛的适用性，本质上其是保险人与被保险人双方合意，超越保险合同关系由第三人受益的保险合同，理论上对于保险的内容并无硬性规定，其形式主要有公众责任保险、产品责任保险、雇主责任保险、职业责任保险等。

如果按照船东财务担保制度的主体关系划分，船东与海员属于雇佣关系，投保商业险理应更倾向于雇主责任保险。但是在我国雇主责任保险并非强制性责任保险，保险内容是雇员遭受意外或患与业务有关的国家规定的职业性疾病所致伤残或死亡的赔偿责任，雇主主观上一般是过失或疏忽。[32] 而船东财务担保制度下的保险是公约强制性要求投保，它所涵盖的内容远不止海员的职业疾病、危害等引起的死亡或伤残，还包括遣返责任、工资；且船东主观上不仅是过失或疏忽，对于“遗弃”船员的责任则是主观故意为之。因此，雇主责任保险的外延远没有船东财务担保制度下的保险外延广泛。

如果按照强制性要求来归类，船东财务担保制度之保险可归为第三者责任强制险，我国目前实施的强制性责任保险典型是机动车第三者责任强制保险，虽然二者都具有强制性，但是内涵不同。我国《机动车交通事故责任强制保险条例》规定“在中国境内道路上行驶的机动车的所有人或者管理人，应当依照《中华人民共和国道路交通安全法》的规定投保机动车交通事故责任强制保险”，全国实行统一的保险条款和基础保险费率，并实行统一的责任限额，坚持不盈利不亏损的原则。然而，船东财务担保制度下的保险虽被2014年修正案要求为强制性投保且投保内容有硬性规定，但是该强制性内涵只在担保责任上具备统一内容，除此之外没有统一的保险条款、统一的保险费率，也不存在责任限额，事实上只起到部分强制指引作用。

在操作上，船舶与机动车辆又有所不同，船舶根据不同的规格、型号、用途、船员数量，承担的责任大小悬殊，难以同机动车一样统一保险条款和费率，船东在投保时依然需要同保险机构进行协商确定不同项下的保费金额。实质上，2014年修正案对于船东

---

〔30〕《最高人民法院关于适用〈中华人民共和国保险法〉若干问题的解释（四）》第14条第1款：“具有下列情形之一的，被保险人可以依照保险法第六十五条第二款的规定请求保险人直接向第三者赔偿保险金：（一）被保险人对第三者所负的赔偿责任经人民法院生效裁判、仲裁裁决确认；（二）被保险人对第三者所负的赔偿责任经被保险人与第三者协商一致；（三）被保险人对第三者应负的赔偿责任能够确定的其他情形。”第15条：“被保险人对第三者应负的赔偿责任确定后，被保险人不履行赔偿责任，且第三者以保险人为被告或者以保险人与被保险人为共同被告提起诉讼时，被保险人尚未向保险人提出直接向第三者赔偿保险金的请求的，可以认定为属于保险法第六十五条第二款规定的‘被保险人怠于请求’的情形。”

〔31〕参见刘金章：《财产与责任保险》，清华大学出版社、北京交通大学出版社2010年版，第192页。

〔32〕参见郭颂平：《责任保险》，南开大学出版社2006年版，第101页。

财务担保责任只是规定了应当投保的项目，除此之外的具体操作依然依赖于保险合同双方当事人之间的合意，不同于我国现行的强制性责任保险。

从另一个角度来讲，责任保险方式的船东财务担保制度违背我国合同法的“意思自治”原则。条款可解读为：其一，当事人有订立保险合同的自由和不订立保险合同的自由；其二，当事人订立保险合同时有决定保险合同内容的自由。显然，船东财务担保制度的商业保险方式突破了当事人的自由意志，不仅强制要求船东投保，还强制限定投保对象。2014 年修正案的制定和通过，融入诸多英美法系精神，在船东财务担保制度上其能够在法律精神的指引下发挥自由创新作用，但大陆法系下这种制度会对现有法律体系造成冲击，难以厘定其性质，如何走出商业保险背离“自由”原则的困境，成为我国落实船东财务担保制度时必须解决的问题。

四、船东财务担保制度困境化解之路径

（一）船东财务担保制度劳动基准法语境构建

《2006 年海事劳工公约》被称为航运界的“权利法案”，代表着海员权益保障的先进水平。为实现“海洋强国”战略目标，保护海运业核心要素的海员，我国应当在海员权益保障上与世界水平保持一致。船东财务担保制度作为 2014 年修正案的核心内容，经过三方专门委员会讨论通过，我国代表也出席了该会议并表决，修改和补充船员劳动相关法律法规是我国化解船东财务担保制度构建困境的路径之一。

如前文所述，我国《船员条例》缺乏“遗弃海员”的定义，“遗返”权利救济方式与 2014 年修正案冲突，为此，落实船东财务担保制度需要对我国相关法律法规作出补充和调整。当前，我国颁布一部船员法不具备现实可行性，国际航行船舶要顺利通过港口国监督检查，可行之举是先出台一部暂行管理办法供中国籍船舶参考和作准备。2013 年 7 月，在《2006 年海事劳工公约》即将生效之前，中国海事局签发了《中华人民共和国海事局关于中国籍国际航行船舶做好〈2006 年海事劳工公约〉履约准备工作的通知》，按照国际通行做法和履约要求，为船东作出指引。文件附带了《海事劳工符合证明》和《海事劳工公约符合声明》，声明部分列明了履约的国家要求和船东确保船舶持续符合国内要求的措施。同时，海事局委托中国船级社对船舶进行检查和颁发符合证明，并在附件部分列明了《海事劳工符合证明》样本。

考虑到 2014 年修正案同样具有紧迫性，而我国《船员条例》等法律法规又存在不同规定，为避免中国籍国际航行船舶被滞留，交通运输部应出台一部暂行管理办法，使我国国内要求与 2014 年修正案保持一致，为船东履约作好指引。

首先，尽管我国《船员条例》对船员遣返权利有所规定，但其只是船员的一种可选权利，而 2014 年修正案则是将“遣返”作为船东财务担保制度项下的强制义务，且规定为海员“被遗弃”后的救济。因此，该暂行管理办法作为船东履行财务担保制度的专门性文件，有必要结合《船员条例》列明 2014 年修正案对于“遣返”的规定，将船员

"被遗弃"纳入遣返的前提条件。同时，船员"被遗弃"后的遣返应当是船东财务担保制度下的强制义务，不再仅是船员的可选权利。

其次，《船员条例》对于船东违反发放工资义务后果不明晰，暂行管理办法应当整合《船员条例》和2014年修正案规定，将"未支付契约工资达至少两个月的时间"的情况也视为"遗弃"船员，并加入2014年修正案对船员"被遗弃"的其他认定情形，从而产生遣返船员的强制义务。

再次，船员遣返权利受到侵害的救济手段需要进行顺位调整，加入船东财务担保制度之后首要的救济手段不再是《船员条例》规定的向"船员当时所在地民政部门或者中华人民共和国驻境外领事机构"求助，应当明确向船东财务担保系统寻求救济是海员维护遣返权利的首选。在船东财务担保系统遇到障碍时再向所在地民政部门或者中国驻境外领事机构求助，从而明晰船东与政府机构之间的责任划分。

最后，关于海员与用人单位签订的劳动合同或集体协议是海员提起"契约性索赔"的关键依据，船东财务担保涵盖"契约性索赔"必然要求存在"契约"，因此，劳动合同或集体协议也是船东财务担保制度的隐性要求，暂行管理办法需明确提示船东履行好签订劳动合同的义务。在此之前，《船员条例》没有船员合同索赔落空之后的法律后果和快速救济手段，暂行管理办法规定船东财务担保制度就能弥补该项空白，且规避《劳动合同法》中提及的诉讼或仲裁冗长、复杂的缺点，为海外船员的生命安全和正当权益提供及时的援助。

（二）船东财务担保制度社会保障法界定选择

社会保障制度的建立有两种目标：一级目标是克服贫困；二级目标是改善生活。20世纪下半叶，在福利思想的指导下各国构建出了自己的国家福利制度，德国最早建立社会保险制度，美国最早建立社会保障体系，英国最早建立福利国家。[33]因此，从发展历史来看，对于社会保障制度中国和外国在筹集资金、管理基金和支付待遇等方面差异悬殊。船东财务担保制度将社会保障计划作为担保方式之一，难免有考虑西方国家国情在内，我国如果生搬硬套直接采用社会保障方式将无法实现船东财务担保的目的。

在我国，海员的合同、工资、社会保障等都比照陆地工作进行规定，缺乏对海员的针对性保护，以社会保障方式实施船东财务担保制度在我国具有特殊性，与我国以社会保险为核心的社会保障制度在内容、获取程序等方面规定不一。为此，环渤海区域若采用社会保障方式落实船东财务担保制度，则需对现行社会保障制度部分内容进行适度调整和改革。

首先，工伤保险待遇在获取程序上要向2014年修正案规定的可由海员直接、快速获取的方向靠近。故针对海员工作的特殊性，在工伤认定和工伤保险基金支付的程序方面需要化繁为简，不再遵循工伤认定申请、工伤保险待遇申请等复杂程序。可针对海员

---

〔33〕 参见杨燕绥：《社会保障》，清华大学出版社2011年版，第31页。

的特殊性出台“海员社会保险制度专门管理办法”，规定海员在境外发生职业疾病或事故，可以在限定困难的情况下申请“工伤保险”待遇先行支付，并且支付金额足以帮助海员渡过困难，确保海员在境外的生命安全。

其次，社会保险制度中重要的医疗保险也需改革，以配合船东财务担保制度的实施。改革重点之一即是在境外就医的医疗费用应当纳入基本医疗保险基金支付范围，否则，对于海员来说社保形式的担保毫无意义。因为船东财务担保制度适用的对象是从事国际航线的船舶，海员患病必然要境外就医。同时，“应当由第三人负担的医疗费用”也应当调整规定由基本医疗保险基金先行支付，帮助海员在紧急情况下能够快速得到援助，这也符合2014年修正案临时付款的要求，进而由基本医疗保险基金获得代为求偿权。海员在外受伤的多数情况都是船东应当承担责任，如果不修改该款，船东资金紧缺、濒临破产等情况下海员的生命安全将受到威胁，而且船东财务担保制度本来就是保障在船东不承担责任的情况下对海员提供救济。如果由第三人承担的医疗费用不让基本医疗保险基金承担，那么这互相矛盾的规定将海员置于无人负责的境地。

最后，关于社保中的相关年限规定也应适时调整。针对海员工作的特殊性设置例外条件，使其能够在未缴满规定年限或未达法定年龄的情况下也能提取社保资金获得援助。例如，失业保险即使海员没有缴够年限也应当在其发生困难时能够被启用。总之，社会保障制度作为船东财务担保制度的实施方式将会对国内现有法律造成较大冲击，须经过调整才能使二者契合，现行《社会保险法》是针对所有海陆职工作出的统一规定，而海员又比较特殊，因此，有必要通过“海员社会保险制度专门管理办法”来对海员的社会保险情况作出例外规定，同时也满足船东财务担保的要求。

我国实施船东财务担保制度时应当将《中国船员规划（2016—2020年）》中明确指出的要加强国际间的社保合作、健全船员权益保障机制的规划建议考虑进去。

（三）船东财务担保制度契合商业保险路径构建

船东财务担保制度从内涵上看，其实质是担保广义的船东责任的履行，所以以保险方式履行船东财务担保义务其实是投保一种责任保险。尽管2014年修正案只强制规定了保险内容，没有统一费率、统一保险条款和责任限额，但结合强制性特点和保险受益人是第三人海员的特点，可以将船东财务担保制度下的保险创设性规定为船东投保的第三者责任强制保险。

显然，我国法律法规没有对船东第三者责任强制保险作出规定，因此，环渤海区域可申请交通运输部海事局以文件形式发布此项通知，作为船东履约依据和保险合同当事人“意思自由”原则的例外规定，要求船东履行第三者责任强制保险以满足船东财务担保制度的硬性要求，填补《2006年海事劳工公约》强制性规定下我国的法律空白。

同时，在保险险种方面，环渤海区域主管部门需同国内保险机构协商，险种因势作出变革。我国境内，以中国船东互保协会为主的保险机构可适时设立新的保险种类以供船东选择，交通运输部海事局应在文件通知中一并作出指引，对于属于船东互保协会会员的船东可以直接投保协会，非会员船东应当在其他商业保险机构投保符合 2014 年修正案要求的保险。

目前，根据“中国船东互保协会保险条款 2018/2019”，中国船东互保协会针对船东财务担保制度的要求已提供部分配套保险，就“契约性索赔”责任中国船东互保协会保赔险承保风险包含船员伤病或死亡支付赔偿金或补偿费的责任，以及必要的医药、住院、丧葬费（包括尸体运送费用）及其他费用，包括该船员的遣返费用和派遣替换船员的费用。但是，中国船东互保协会条款在但书里排除了船东与船员之间约定的赔偿责任，即其只对我国《船员条例》《劳动法》《劳动合同法》中所规定的船东应承担的契约责任进行保险赔偿，约定的责任不赔。因此，海员依据个人订立的劳动合同进行索赔，如果我国法律没有对该项责任作强制性规定，那么该赔偿责任将得不到保赔。

同时，关于“遣返”责任的担保，中国船东互保协会虽然规定“会员为留岸的入会船船员而派遣替换船员所产生的或根据法定义务遣返入会船船员所产生的，且根据本条第（一）款规定能获得赔偿的船员遣返及替换费用”进行保赔，但是但书里排除了下列情形：（1）船员在入会船上的服务期满；（2）会员违反任何协议或其他服务合同或劳务合同；（3）入会船被出售；（4）会员采取的与入会船有关的任何其他行动等情况的遣返费用。因此，即使是我国《船员条例》明确规定的船东遣返责任也将无法得到保赔，且船东财务担保制度要求担保的“拖欠工资”也将无法保赔。

可以看出，中国船东互保协会事实上只对“契约性索赔”项目进行保赔，意即船东主观是过失或疏忽，关于“遣返”责任考虑到船东出现经营危机的可能性很大，没有对该项下的责任进行保赔。因此，中国籍国际航行船舶若在中国船东互保协会等有此类规定的保险机构投保将在国际港口国监管中面临被滞留的风险。为此，环渤海区域主管机构秉持“服务型政府”理念，为增强船员职业吸引力，可主动同中国船东互保协会等保险机构进行沟通协商，通过调整保费来增加保赔险承保的险种，以确保船东财务担保制度要求的担保全部覆盖，帮助我国船东履行好公约责任。

海洋环境治理问题与国际治理经验的启示

——以环渤海环境治理为展开

■ 裴兆斌* 王 炎*

【内容摘要】为了应对海洋经济发展带来的海洋环境污染问题，中国自1982年颁布《海洋环境保护法》以来，制定了多项治海政策和制度，但环渤海海洋环境污染问题依然突出。为保障共建"一带一路"和海洋强国战略的顺利实现，必须解决环渤海海洋环境治理中的体制机制不完善、治理能力不足和法律法规不协调等问题。同时，找出问题的深层原因，积极借鉴国际海洋环境治理经验，通过完善跨区域海洋环境治理体制，构建高效便利的协调机制，加强相关法律法规的"硬法"建设，吸引公众力量的参与，提高治理能力和技术创新水平，促进环渤海海洋环境治理早日取得显著的成效。

【关键词】环渤海 海洋环境治理 治理体制 国际治理经验

环渤海主要由辽东湾、渤海湾以及莱州湾所组成。改革开放以后，随着海洋经济的日益发展，渤海开发活动不断增多，所导致的直接后果是渤海海洋环境遭受了严重的损害。[1] 因此，海洋经济发展与海洋环境保护之间的矛盾是不可避免的。从20世纪50年代经济学家提出环境库兹涅茨曲线学说以来，"先污染、后治理"的治理逻辑普遍存在于各国政府施行的政策之中，但这种观点忽略了环境的不可逆性，即超过环境承载的阈值，经济发展得再好也将无法恢复生态。渤海污染数十年而不止的原因主要有两个方面：一方面存在自然因素的不利影响，如海湾地理环境不利于水体流动和污染海水的稀释，容易集聚污染物加剧环境污染；另一方面存在超标排放、不合理开发以及监管不到位等人为因素的影响。要想解决好渤海环境污染的问题，应当从技术手段和治理方式两个维度协调推进，设立科学的制度架构，辅以有效的技术支撑，做好法律法规政策的长效管控。党的十九大强调，要加快水污染防治，实施流域环境和近岸海域综合治理。对环渤海海洋环境污染治理已经成为国家下一步工作的重要内容，因此，为了环渤海环境污染治理的早日实现，研究环渤海海洋环境治理问题具有十分重要的意义。

一、环渤海海洋环境污染治理的问题

从1964年成立国家海洋局，到2013年国务院行政机构改革设立国家海洋委员会，我国海洋管理体制经历了分散型到集合型的两大发展阶段。与此相对应的海洋环境管理

---

* 大连海洋大学海洋法律与人文学院院长、教授、博士生导师。

* 大连海洋大学海洋法律与人文学院法律硕士研究生。

〔1〕 参见郑建明、刘天佐：《多中心理论视域下渤海海洋环境污染治理模式研究》，《中国海洋大学学报（社会科学版）》2019年第1期。

职能的分配大体上也呈此趋势，但职能正式开始行使的时间则较晚，这就暴露了海洋环境治理中存在治理体制不合理的问题。由于涉及的部门多、地区广，“多龙闹海”状况长期存在。除此之外，同样还存在着跨区域合作机制不协调、缺乏公众参与的问题。另外，由于受重陆轻海的影响，长期缺乏海洋环境保护的意识，使得海洋环境治理成为一种运动式的治理，治理技术落后且缺乏创新。在制定政策和法律时，忽略了政策与法规不协调的问题。而立法与执法不协调、立法“软而不硬”让法律这个环境治理监督的最后一道门槛失去了惩戒作用。

（一）治理体制不完善

目前，经过一系列涉海行政机构的改革，海洋管理职能相对集中明确，但在海洋环境治理体制上还存在不合理之处。一是，海洋环境监管部门仍然较为分散。我国已经决定成立综合性的海洋环境管理与协调机构——国家海洋委员会，但根据《海洋环境保护法》第 5 条规定，我国的海洋环境监督管理还有两方面的具体划分。从国家层面来看，国家海洋行政主管部门、国家海事行政主管部门、国家渔业行政主管部门、军队环境保护部门均有海洋环境的管辖权。从地方层面来看，沿海县级以上地方人民政府的涉海部门均有权行使海洋环境监督管理职权。〔2〕另外，中国海警局也肩负着我国海洋环境管理执法的职能。因此，渤海作为中国的一个内海，在海洋环境监管上必然存在上述问题。二是，跨区域合作机制不协调。渤海是一个流动的整体，污染的来源和扩散常常是跨区域的，在行政监管治理上难免涉及多个地区和多个部门，在治理成本和治理能力不均衡的情况下，污染转嫁问题是难以避免的，有的地方政府甚至为了促进经济发展而不惜牺牲海洋环境。因此，在一方积极治理而另一方消极治理的情况下，由于双方缺乏相互间的管理权力，也没有跨区域的合作机制来引导，渤海环境治理难以得到实质性的改善。三是，缺乏公众力量的有效参与。渤海环境治理主要是政府在主导，市场在推动，而社会力量的参与度不高。在大力开发海洋资源发展海洋经济的同时，“公地悲剧”也在上演，行政手段在不良因素的影响下被经济所裹挟，成为了经济发展的推手。环保组织和公民等社会公众主动参与海洋环境监管的意识不强，获取信息的通道狭窄，影响力微弱，在体制机制不合理的状况下，作用甚微。

（二）治理技术不先进

渤海环境污染的治理必须依靠先进的治理技术和优秀的治理人才。《国家海洋事业发展“十二五”规划》明确要求建设海洋环境监测网络，提升装备水平和技术水平。《全国海洋标准化“十三五”发展规划》提出加快推进依法治海、促进我国海洋治理体系和治理能力现代化。两次规划跨度十年，都强调海洋环境治理技术要发展提升，说明我国的海洋环境治理技术不够先进，人才储备不足。同时，与世界其他涉海国家相比，

---

〔2〕 参见王刚、宋锴业：《中国海洋环境管理体制：变迁、困境及其改革》，《中国海洋大学（社会科学版）》2017 年第 2 期。

我国在海洋环境治理技术方面差距还很明显，主要是我国相关科研基础较薄弱，相关学科人才的教育和培养不足。另外，我国海洋经济的发展方式粗放，缺乏技术含量。企业购买技术会导致投入的成本过高，而使用技术会额外增加运营成本，因此，环渤海的大型企业技术设施多成摆设，小微企业则没有技术设施或技术设施极为落后，这些都是渤海环境治理过程中技术落后造成治理效果不佳的重要因素。

（三）政策法规不够“硬”

从1974年《防止沿海水域污染暂行规定》颁布开始，我国便开始陆续出台关于海洋环境治理的法律法规。近年来，从中央到地方都相继出台了一系列的治海政策，设立了海洋生态保护红线制度、海洋自然保护区制度等多种治海制度。但是，立法和执法不协调的问题较为突出，从根源上看，是由于政策和法律法规比较偏“软”，缺乏强制力和可操作性。这些政策和法律法规规定的内容较为宽泛，原则性的表述较多，规则性的规定较少。在处罚措施上，往往规定的只是罚金刑。[3] 与污染环境所带来的经济利益相比，少量的罚金虽然增加了违法成本，但尚不能达到阻止违法者继续实施违法行为的程度。在环渤海区域官员晋升考核标准上，长期关注经济增长而忽视海洋环境也造成一些立法与执法、政策制定与执行之间的不协调。近年来，国家加强了环境督查问责的力度，将有助于改变这一现状。但问题不能只依靠监督来解决，必须加强政策法规自身的约束力，使渤海海洋环境治理有“硬法”作支撑。

二、环渤海海洋环境污染治理问题的原因分析

环渤海海洋环境治理问题的成因，除人口增长和自然地理因素外，治理模式、治理技术和配套政策法规的不完善是渤海环境污染长期不能改善的关键所在。尽管中央和环渤海地方都高度重视渤海的海洋环境治理，但治理体制混乱、环保责任和压力落实传导不到位、公众参与度不强、纵向和横向组织间协同治理模式尚未建立以及法律法规的惩戒长效机制缺位是造成环渤海海洋环境治理成效不高的主要原因。

（一）权责分配不明确

目前，环渤海海洋环境治理的主体主要是中央和区域的“三省一市”。中央从全局利益出发，研究制定治理政策，区域政府从地方利益出发，细化执行中央有关政策。一般情况下，在政策执行上，地方应当不折不扣地落实，但在环渤海海洋环境治理问题上，制定者不够了解地方的现状，执行者不能真正落实有关政策。[4] 在渤海治理职责分配上，中央与地方及有关部门存在重叠、缺位和越位情况，职权划分还不够明确。环渤海海洋环境治理涉及的部门多，权责分担的复杂程度是不言而喻的，区域治海管理部

〔3〕 参见全永波：《海洋环境跨区域治理的逻辑基础与制度供给》，《中国行政管理》2017年第1期。

〔4〕 参见郑建明、刘天佐：《多中心理论视域下渤海海洋环境污染治理模式研究》，《中国海洋大学学报（社会科学版）》2019年第1期。

门之间权责利的矛盾必然会导致工作效率上不去、工作成效出不来的结果。另外，渤海是一个大的区域，涉及三省一市的范围。缺乏民间环保组织等公众力量的实质参与，在社会组织力量薄弱的情况下，单纯依靠政府的推动，在治理政策执行和监督体制上都欠缺民主性和科学性。而跨区域的海洋环境治理模式尚未建立，也导致了纵向和横向治理部门间协同力度不足的问题。治理部门无法在必要的时刻形成一个整体，单纯依靠各地自主治理或者开展运动式的专项整治，都不能形成治理的长效机制，其效果也可见一斑。

（二）治理能力不足

渤海海洋环境治理不是靠表决心、喊口号就能完成的，必须要有解决问题的能力。能力从何而来？一靠技术，二靠资金。而环渤海海洋环境治理恰恰缺乏这两个必备的要件。在治理中首先是政府在承担治理职责，其次是涉海的企业，最后才是有关的个人，这里我们主要讨论前两者。总的来看政府似乎不缺资金，但是分看环渤海区域各地，财政收入是不同的，政府还承担着其他各项财政支出，这些财政压力都很大，尽管有中央专项资金拨付，但在具体治理上的用度往往也很吃紧。在渤海海洋环境监测、监察等方面，政府每年进行渤海环境的常规监测、陆源污染调查以及渤海湾海洋环境容量与总量控制调查等，但对海洋环境究竟如何治理仍没有研究出行之有效的方法。而政府也缺乏对治海人才培养的重视，导致在海洋环境治理上可用的人才不足，治理技术落后。而企业是以营利为目的的，在引进人才和技术方面势必要花费较大的开支，在环保责任压力不大的情况下，企业一般都不愿意增加此项支出，这导致了环渤海海洋环境污染持续和加重的后果。

（三）缺乏硬法支撑

无论是《渤海碧海行动计划》还是《渤海综合整治规划》抑或是《渤海环境管理战略》都在实行阶段无果而终了。[5] 尤其是《渤海碧海行动计划》倾注了国家和环渤海地区当时最优秀的人才，历经30多年的研究，吸纳了《海洋环境保护法》等在内的20多部法律法规，但实施不到5年就宣告失败。[6] 究其原因，一是治理体制不合理，二是缺乏硬法支撑。从形式上看，这些政策法律都能起到监管的作用，但从实际实施上来看，缺乏强制力和惩戒的效力。首先，这些治海政策和法律法规对行政管理部门没有有效的处罚措施。治海部门在行政不作为时，没有法律来监督和约束，这本身就容易让有些部门产生松懈的思想。其次，部门之间的执法范围存在重叠。不同部门在执法上存在范围冲突，既容易导致执法乱作为，也容易造成执法不作为。而相关政策和法律法规没有解决这一问题将导致其失去公信力。最后，对污染行为的处罚不明确。由于不同的法律法规及规章都赋予了各有关部门一定的处罚权，因此，导致各部门在处罚标准上存

〔5〕 参见王琪、高忠文：《关于渤海环境综合整治行动的反思》，《海洋环境科学》2007年第3期。
〔6〕 参见宋佳宁：《对环渤海区域渤海生态环境治理的思考》，《中国发展》2017年第5期。

在不同，一事多罚现象多发，违反了“一事不再罚”的原则，使得相关法律法规执行起来阻力很大。[7]

三、国际海洋环境治理经验及启示

由于世界上沿海的国家众多，而各国的体制、技术及法律政策不同，在海洋环境治理上的方式必然存在差异。在渤海海洋环境治理问题上，可以借鉴国外一些沿海国家和地区的治理经验，如美国、日本及欧盟等。

（一）美国的海洋环境治理经验

以美国国会2000年通过《海洋法令》为开端，到2004年《美国海洋行动计划》制定具体措施，再到2010年《关于海洋、我们的海岸与大湖区管理的行政令》整合海洋管理机构、提高海洋环境治理协调委员会的权威，足见美国十分重视海洋环境的治理。[8] 作为海洋大国，美国高度重视海洋环境的立法与规划、治海管理体制的协同、治海科技创新以及公众参与等内容。在立法上习惯规划先行，由前期的政策作铺垫，随后再由立法进行巩固。在环境立法上引入刑事处罚，实践证明，这一措施有效降低了污染的发生率。在海洋环境管理上由部属国家海洋与大气管理局统一领导，下辖6个部门分工负责各自领域。为了协调部委之间的工作，另设立高级别协调机构——国家海洋委员会协调各部门间的工作职责。在治理技术上，重视海洋环境治理科技创新，与本国一流的研究机构和高校合作培养高端海洋环境治理人才。此外，美国国家海洋委员会由政府部门、海洋NGO、涉海专家学者及民众等主体所组成，公众力量的参与广泛，在治海政策的制定、执行和监督上有一定的作用。[9] 从美国过去十几年的实施情况来看，各州的区域海洋环境治理工作均取得了一定的成效，尤其是加利福尼亚州海洋保护委员会的一系列举措和几个相连州之间的区域协同合作，取得了较好的结果。[10]

（二）日本的海洋环境治理经验

“二战”以后，日本经济迅速腾飞，带来的后果就是日本的海洋环境遭受了严重的污染。除早期的濑户内海污染外，近年的福岛核泄漏事故也给日本附近的海洋环境带来了严重的损害。日本政府和国民意识到了问题的严峻，采取了联防联治、宣传教育、重金研发科技以及陆海一体化治理等措施。[11] 以濑户内海环境治理为例，周边13个府、县将沿海陆地和海域作为整体防治，通过污染总量控制、围填海管控、生态修复工程等一系列举措促进区域海洋资源向环境型利用转变。在海洋环境保护宣传上，日本政府和

---

〔7〕 参见吴宇：《论按日计罚的法律性质及在我国环境法上的适用》，《理论月刊》2012年第4期。

〔8〕 参见阎铁毅、付梦华：《海洋执法协调机制研究》，《中国软科学》2016年第7期。

〔9〕 参见钱春泰、裴沛：《美国海洋管理体制及对中国的启示》，《美国问题研究》2015年第2期。

〔10〕 参见顾湘：《区域海洋环境治理的协调困境及国际经验》，《阅江学刊》2018年第5期。

〔11〕 参见杨振姣、闫海楠、王斌：《中国海洋生态环境治理现代化的国际经验与启示》，《太平洋学报》2017年第4期。

公众的参与度很高，宣传形式多样，便于推进海洋环境保护和治理。在海洋环境治理技术上，日本通过立法和政策的方式保障科研资金的供给，即使在经济危机的状况下，科研资金也从未中断或减少，反而逐渐增加，使得日本在全球海洋治理技术上始终保持领先地位。在陆海一体化治理上，日本政府同时治理陆源污染和海源污染，从陆海一体的角度出发，科学设计治理方案，研究制定一体化的环境循环系统。

（三）欧盟的海洋环境治理经验

欧盟国家大多临海，海洋环境治理是其共同的议题。欧盟自成立以来，制定了一系列海洋生态环境保护计划，如《波斯尼亚湾生命计划》和《地中海行动计划》。欧盟不仅重视计划的制定及执行的效果，还重视区域国家的共同合作。对计划的实施，每隔一段时间就会进行一次评估，为下一步的计划制定和执行提供有效的参考数据。2008 年，欧盟推行《海洋空间规划》作为生态系统方法下的海洋管理工具，这被认为是区域合作治理海洋问题的蓝本。[12] 2014 年的《海洋空间规划指令》在之前的规划基础上，列明了对区域国家的合作要求，期望在框架下实现欧盟海域环境的综合治理。此外，欧盟不仅十分重视海洋环境治理技术的优化，也十分注重海洋环境监测技术创新和设备升级。为保证海洋监测数据的精确度，欧盟投入了世界顶尖的人才参与设备的研发，由专业的团队负责管理和运行，最终奠定了欧盟在世界海洋环境观测管理上的国际一流地位。[13] 欧盟沿海国家在海洋环境治理的政策和立法上也加强合作，1976 年签署的《巴塞罗那公约》，在此后的履行期间内多次修订，内容完善具体，从海洋环境整体利益出发，涉及立法、监测、财政等多个方面的规定，同时形成长效的政府间沟通与协作机制，至今仍然在发挥作用。2007 年签署的《保护波罗的海的行动计划》经历了 30 多年的酝酿，其间就沿海国家治理费用承担问题研究制定了公平的方案，确保各国履行协议中的承诺。[14] 该计划最后还由缔约国首脑召开峰会，共同就减少海洋环境污染作出具体承诺，更加显现了欧盟国家在海洋环境治理上的决心和能力。

（四）对渤海海洋环境治理的启示

尽管世界沿海国家对海洋环境治理的模式存在差异，面临的治理问题也各不相同，但是以美、日、欧盟为代表的海洋大国（地区）所积累的治理经验将给予中国的渤海海洋环境治理以启示。渤海的治理理应吸取国外的治理精髓，结合渤海环境治理的实际情况，走中国特色的海洋环境治理之路。

1. *完善渤海环境治理的体制机制*

中国目前虽然决定成立国家海洋委员会作为部门间的协调机构，但这仅是在中央层

---

〔12〕 See H. Calado, K. Ng and D. Johnson, et al., "Marine Spatial Planning: Lessons Learned from the Portuguese Debate", *Marine Policy* 34, 6 (2010): 1341-1349.

〔13〕 参见李慧青、朱光文、李燕等：《欧洲国家的海洋观测系统及其对我国的启示》，《海洋开发与管理》2011 年第 1 期。

〔14〕 参见顾湘：《区域海洋环境治理的协调困境及国际经验》，《闽江学刊》2018 年第 5 期。

面的设置。应当提高海洋委员会的级别，并以立法的形式明确赋予其相关的行政权力。同时，还应当整合现有的治海部门的职责和权限，使部门职权更加专门化、明确化，防止出现“多头管理”和“管理真空”的现象，尽量避免管理矛盾。加强部门间协同治理和区域合作，提高治海质量和效率。坚持陆海统筹规划，建立完备的治海体系。鼓励支持公众力量的参与，提高环保非政府组织的地位，赋予其更大的话语权，政府为此类非政府组织的活动提供必要的协助，建立起公众参与的长效机制，提高其治理海洋环境的积极性。

2. 创新渤海环境治理的技术

海洋环境治理离不开先进的技术，渤海的治理应当加强治理技术创新和设备改进升级。要制定相应的研发计划，投入专项科研资金，研究治海的新技术、新产品。要注重涉海人才的培养，加强国内高校、海洋环境研究所及军事研究单位的合作，创新合作形式，争取实现技术上的突破与创新。要加大基础治理技术的投入和使用，不仅注重事后的治理也要注重源头的防治。此外，还要加强治理设施与5G、大数据技术、量子信息技术的兼容研究，确保精准、高效地治理渤海海洋环境污染问题。

3. 提高政策和法律法规等的权威性

渤海环境治理并不缺少政策和法律法规，只是缺少明确又“强硬”的政策和法律法规。解决这一问题，光靠原则上的要求是行不通的，因为渤海治理的部门众多，难免在职责规定上产生冲突。因此，立法和制定政策首先要对职责进行明确的划分；其次，要增加海洋环境治理的处罚权和处罚力度，不仅要对污染者处罚，对行政不作为的有关人员也要进行处罚，并适当引入刑法规制，增加有关法律法规的权威性和威慑力。

四、结语

随着海洋经济的日益发展，海洋环境污染问题愈发严重，环渤海区域的海洋环境历经多次治理仍难以解决，其原因值得我们探究和化解。综观全球海洋环境治理经验，其中不乏有成功之处，可以为我们治理渤海所借鉴，当然，最终在制定治理方案时还要结合渤海自身的实际情况来决定。在治理渤海环境污染问题上，整合职权、明确权责，构建合理的治理体制。加强纵向和横向部门间的协同力度，严格治理责任，做好治理工作的监督和惩处。进一步加大资金投入，加快科技创新步伐，强化海洋环境保护宣传教育，提高全民环保意识，期望在不久的将来使渤海成为一片碧海。

辑四

『一带一路』建设与争端解决

论我国专属经济区涉外船舶碰撞刑事管辖权

——以《联合国海洋法公约》第58条第2款、第97条第1款为切入点

■ 马金星*

【内容摘要】专属经济区内涉外船舶碰撞引发的刑事管辖权问题，兼具国内法与国际法属性。专属经济区介于领海与公海之间，具有独立的法律地位，不属于严格意义上《刑法》第6条第1款规定的我国“领域”。《联合国海洋法公约》第58条第2款、第97条第1款将船舶碰撞刑事管辖属人原则引入专属经济区制度，但没有厘清具体适用条件。专属经济区剩余权利的存在表明《联合国海洋法公约》上述规定具有限定性，不足以排除沿海国依据国内法主张属地管辖权。在专属经济区船舶碰撞事故中，船旗国管辖权应当建立在真实联系的基础上。依据《刑法》寻求我国专属经济区涉外船舶碰撞刑事管辖权时，应当肯定《刑法》在专属经济区的空间效力，并且将“真正联系”与“最密切联系”原则作为适用属地管辖的连接点，补强沿海国属地管辖，避免无限度适用《刑法》第6条第1款的规定。

【关键词】属地原则　专属经济区　刑事管辖　法律冲突　船舶碰撞

专属经济区涉外船舶碰撞，是指在我国专属经济区内发生的，中国籍船舶与外籍船舶、外籍船舶之间发生接触造成损害的事故。专属经济区是领海以外并邻接领海的一个区域，200海里是沿海国依据1982年《联合国海洋法公约》（以下简称《海洋法公约》）主张专属经济区的最大宽度。《专属经济区和大陆架法》第2条第2款规定，我国专属经济区从领海基线量起向外延至200海里。《海洋法公约》赋予沿海国在其专属经济区享有勘探、开发、使用、养护、管理海床和底土及其上覆水域自然资源的权利以及对人工设施的建造使用、科研、环保等的权利。其他国家仍然享有航行和飞越的自由以及与这些自由有关的其他符合国际法的用途（铺设海底电缆、管道等）。[1] 专属经济区与领海的法律地位不同，不是沿海国享有完全排他性主权的空间范围，但《海洋法公约》上述有关沿海国主权权利和管辖权的规定表明，该区域依然属于国家主权延伸区域。[2] 发生在专属经济区内的涉外船舶碰撞事故，违反《刑法》涉嫌犯罪时，主要涉及交通肇事罪、重大责任事故罪和强令违章冒险作业罪。[3] 我国法院已经审理的两起涉外船舶

---

* 中国社会科学院国际法研究所助理研究员、海洋法治研究中心研究人员，法学博士。
本文为国家社会科学基金项目（17VHQ006）、中国社会科学院国际公法优势学科项目的阶段性研究成果。原载于《中国海洋大学学报（社会科学版）》2019年第6期，收入时有改动。

〔1〕 参见《海洋法公约》第56条。

〔2〕 参见金永明：《专属经济区与大陆架制度比较研究》，《社会科学》2008年第3期。

〔3〕 依据《刑法》的规定，船舶碰撞犯罪行为还可能涉嫌杀人罪（间接故意）等危害公共安全和人身权利的犯罪。

碰撞刑事案件[4]，均为中国籍船舶与外籍船舶之间发生的碰撞事故[5]，外籍船舶驾驶人员违反海上交通管理法规，发生重大交通事故，致中国籍船员重伤、死亡，法院均依据交通肇事罪对行为人定罪，并依法追究其刑事责任。因此，本文在讨论我国专属经济区涉外船舶碰撞刑事管辖权时，仅将碰撞行为作为具体的一类交通肇事行为，结合《刑法》交通肇事罪为切入点，予以分析。

沿海国在专属经济区享有的刑事管辖权受到《海洋法公约》制约。专属经济区制度是《海洋法公约》创立的海域制度，缔约国根据《海洋法公约》负有尊重和遵行公约规定的普遍义务，条约的契约关系意味着任何缔约国都对其他缔约国承担《海洋法公约》义务，必须履行根据《海洋法公约》作出的承诺。《海洋法公约》第 58 条第 2 款[6]、第 97 条第 1 款[7]规定，在属人管辖与专属经济区制度不相抵触的前提下，规定船舶碰撞刑事管辖适用国籍原则，由肇事船舶船旗国或行为人国籍国专属管辖。我国《专属经济区和大陆架法》以“纳入”的形式吸收《海洋法公约》专属经济区制度部分有关国家主权权利和管辖权的规定，但是没有对在相应海域的犯罪行为的司法管辖权进行明确规定。[8] 涉外船舶碰撞与非涉外船舶碰撞在碰撞构成要件方面并无二致，海上交通肇事与陆上交通肇事的犯罪构成要件也具有同构性，因而，讨论专属经济区涉外船舶碰撞刑事管辖权的核心，是明确沿海国在专属经济区依法享有的刑事管辖权范围，理顺国内法与国际公约之间的适用关系。陆上交通肇事行为发生在我国领土范围内，依据《刑法》第 6 条属地原则确定刑事管辖权，不涉及属人、保护和普遍管辖问题。但是，中国籍船舶与外籍船舶、外籍船舶之间在我国专属经济区内发生碰撞事故、侵犯国家或

---

〔4〕 2013 年宁波中级人民法院审理的“Kotanebula”轮与“浙普渔 75185”渔船碰撞案，是我国法院审理的首例涉外海上交通肇事案，但该案发生在我国领海内。从 2017 年宁波海事法院审理的马耳他籍“卡塔利娜”轮与山东籍“鲁荣渔 58398”船舶碰撞事故案（以下简称“鲁荣渔”案），是我国法院审理的首例发生在我国专属经济区的涉外海上交通肇事案。2018 年，在我国专属经济区发生的巴拿马籍“桑吉”轮与香港籍“长峰水晶”轮碰撞事故（以下简称“桑吉”轮案），造成“桑吉”轮燃爆并最终沉没，船上 3 名人员死亡，29 名人员失踪，“长峰水晶”轮严重受损。在《“桑吉”轮和“长峰水晶”轮碰撞事故安全调查报告》中，依据中国调查结论，“桑吉”轮没有采取让路行动是造成事故的直接原因，承担主要责任，“长峰水晶”作为“权利船”承担次要责任。目前围绕“桑吉”轮案尚未在我国法院提起刑事程序。《“桑吉”轮和“长峰水晶”轮碰撞事故安全调查报告》，http：//www. mot. gov. cn/jiaotongyaowen/201805/t20180517_ 3021527. html，访问日期：2019 年 5 月 20 日。

〔5〕 经“中国裁判文书网”检索以及网络公开检索，目前我国法院公布的刑事裁判文书中，我国法院尚未受理过发生在我国专属经济区内、因外籍船舶之间碰撞事故引发的刑事案件。

〔6〕《海洋法公约》第 58 条第 2 款规定：“第 88 条至第 115 条以及其他国际法有关规则，只要与本部分不相抵触，均适用于专属经济区。”

〔7〕《海洋法公约》第 97 条第 1 款规定：“遇有船舶在公海上碰撞或任何其他航行事故涉及船长或任何其他为船舶服务的人员的刑事或纪律责任时，对此种人员的任何刑事诉讼或纪律程度，仅可向船旗国或此种人员所属国的司法或行政当局提出。”

〔8〕 参见唐瑭、孙誉清：《我国司法管辖权的海洋司法维权功能的障碍及其实现——从近三年海事法院典型案例说起》，《法律适用》2018 年第 18 期。

国民利益时，我国应基于何种依据行使管辖权？《刑法》《专属经济区和大陆架法》等法律规定并不明确。[9] 宁波海事法院审理的“鲁荣渔”案，是我国法院审理的首例发生在专属经济区的涉外交通肇事刑事案件[10]，也是我国海事法院推行“三审合一”后审理的首例刑事案件。法院依据《刑法》第6条对该案主张管辖权，即把专属经济区作为我国“领域”的一部分，依据属地原则确立管辖权。2020年2月下发的《最高人民法院、最高人民检察院、中国海警局关于海上刑事案件管辖等有关问题的通知》（海警〔2020〕1号，以下简称《海上刑事案件管辖通知》）第一部分第四项规定[11]，外国人在中国领海以外的海域对中国公民犯罪，由该外国人登陆地、入境地、入境后居住地的人民法院管辖，也可以由被害人离境前居住地或者现居住地的人民法院管辖，该通知赋予中国法院以消极属人管辖权，但并没有明确“领域”与“领海”的关系。尽管《海上刑事案件管辖通知》对海上犯罪管辖权作了详细规定，但是依据《立法法》的规定，该通知并非规范性法律文件，在法理层面讨论我国专属经济区涉外船舶碰撞刑事管辖权，仍需回归到《刑法》《海洋法公约》关于管辖权的规定。

概言之，讨论专属经济区涉外船舶碰撞刑事管辖权问题，针对的不仅仅是个案判决，其对于依法厘定在我国专属经济区刑事管辖依据，推进海事司法管辖制度改革，也具有重要的理论及现实意义。

一、专属经济区涉外船舶碰撞刑事管辖权的法律构成

国家行使管辖权是主权权利的表现，是法律发挥功能并付诸实施的方式。刑事管辖权属于国家主权范畴，是国内法与国际法相交织的问题。[12] 我国是《海洋法公约》的缔约国，主张专属经济区涉外船舶碰撞刑事管辖权时，需要兼顾国内法与国际法的规定。

（一）《海洋法公约》第58条第2款、第97条第1款的规定

《海洋法公约》将沿海国管辖海域划分为领海、毗连区和专属经济区，沿海国在不同海域享有的主权及管辖权内容也各不相同。《海洋法公约》赋予专属经济区独立法律地位，并规定沿海国在其专属经济区享有的主权权利和管辖权，它是国家管辖范围内的

---

〔9〕 参见童伟华：《〈联合国海洋法公约〉视阈下管辖海域刑法空间效力》，《环球法律评论》2018年第5期。

〔10〕 宁波海事法院对被告人艾伦·门多萨·塔布雷以交通肇事罪定罪量刑的依据为“《中华人民共和国刑法》第一百三十三条、第六条、第六十七条第一款以及《最高人民法院关于审理交通肇事刑事案件具体应用法律若干问题的解释》第四条之规定”。参见宁波海事法院刑事判决书（2017）浙72刑初1号，http：//www. nbhsfy. cn/court/NeiRead. aspx？id＝7516，访问日期：2019年5月30日。

〔11〕《最高人民法院、最高人民检察院、中国海警局关于海上刑事案件管辖等有关问题的通知》第一部分第四项规定：“在中华人民共和国领域外的中国船舶内的犯罪，由该船舶最初停泊的中国口岸所在地或者被告人登陆地、入境地的人民法院管辖。”

〔12〕 参见邵维国：《刑事管辖权含义辨析》，《广州大学学报（社会科学版）》2007年第11期。

海域[13]，但是法律地位不同于领海和公海。沿海国在其专属经济区享有主权权利和管辖权，包括勘探、开发、养护、管理海床和底土以及上覆水域自然资源的主权权利，利用海水、海流和风力生产能源等的主权权利，对建造和使用人工岛屿、进行海洋科学研究和保护海洋环境的管辖权。其他国家在专属经济区内仍享有航行和飞越的自由、铺设海底电缆和管道的自由，以及与这些自由有关的其他符合国际法的用途。可见，《海洋法公约》第五部分专属经济区制度中没有明确规定沿海国刑事管辖权。

《海洋法公约》第58条第2款并入公海制度的部分内容。在《海洋法公约》公海制度部分共有3个条款涉及船舶碰撞[14]，其中只有第97条第1款规定碰撞事项或任何其他航行事故的刑事管辖权，该款规定“公海船舶碰撞及其他航行事故，涉事船长或船员需要为此承担刑事责任时，只能向船旗国或此种人员所属国的司法或行政当局提出刑事诉讼”，该规定是在公海自由的制度框架内赋予船旗国或涉事人员国籍国以专属管辖权。《海洋法公约》第58条第2款通过“纳入”的方式将公海航行事故管辖规则纳入专属经济区制度，该款规定《海洋法公约》“第88条至第115条以及其他国际法有关规则，只要与本部分不相抵触，均适用于专属经济区”。由此推论，只要属人管辖与专属经济区制度不相抵触，专属经济区发生的涉外船舶碰撞就应当遵循国籍原则，由肇事船舶船旗国或行为人国籍国专属管辖。反之，《海洋法公约》第97条第1款规定的属人管辖就不具有排他性。因此，《海洋法公约》第58条第2款、第97条第1款规定碰撞事项或任何其他航行事故的刑事管辖，属于有条件的属人管辖。

（二）《刑法》有关管辖权的规定

我国《刑法》第6条至第9条分别规定了属地、属人、保护和普遍管辖原则，在主张刑事管辖权时可以上述原则中的任何一项或任何一种组合为依据。专属经济区涉外船舶碰撞刑事管辖权主要涉及属地、属人和保护管辖问题，只有肇事行为引发的罪行属于我国缔结或者参加的国际条约所规定的罪行时，才可能适用《刑法》第9条的规定。“鲁荣渔”案及类似情形中发生的船舶碰撞属于航行事故范畴，是最为常见的海上交通肇事行为，不涉及国际罪行。即便涉及国际罪行，船舶碰撞行为也仅仅是实现其他国际罪行的手段，碰撞行为本身并不属于国际罪行[15]，不涉及适用《刑法》第9条普遍管辖的问题。因此，专属经济区涉外船舶碰撞刑事管辖主要涉及属地、属人和保护管辖问题。

专属经济区属于我国“领域”是主张属地管辖的前提。《刑法》第6条第1款规定

---

〔13〕 刘惠荣、田杨洋：《沿海国专属经济区内外国军事活动管辖权辨析》，《中国海洋大学学报（社会科学版）》2014年第3期。

〔14〕《海洋法公约》共有5个条款涉及船舶碰撞，分别为第21条第4款、第94条第3款及第4款、第97条第1款、第98条第1款和第221条第2款。其中，第94条第3款及第4款、第97条第1款、第98条第1款规定在公海制度中。

〔15〕 See A/CN. 4/464 & Add. 1-2, Section B.

凡在中华人民共和国领域内犯罪的，除法律有特别规定的以外，都适用本法；第2款规定凡在中华人民共和国船舶或者航空器内犯罪的，也适用本法。《中华人民共和国刑法释义》（以下简称《刑法释义》）在解释我国“领域”时，将其空间范围限定为我国国境以内的全部区域，具体包括领陆、内水和领海及其以下的地层、领陆和领水之上的领空。[16] 专属经济区是介于领海与公海之间，具有独立法律地位的海域，沿海国在其专属经济区享有的主权权利和管辖权，依据《刑法释义》的观点，专属经济区属于国家管辖范围内的海域，但不属于《刑法》第6条中的我国“领域”。宁波海事法院在“鲁荣渔”案中依据《刑法》第6条属地原则确定案件管辖权，但是没有解释为何适用属地管辖，也没有说明排除保护管辖的理由。

属人管辖针对的犯罪行为人为我国公民。《刑法》第7条第1款是关于我国公民在我国领域外犯罪，如何适用我国刑法的规定。但是只有一种例外，就是所犯的罪，按照刑法分则的规定，最高刑为3年以下有期徒刑的，可以不追究其刑事责任。在“鲁荣渔”案中，肇事船舶及行为人均非我国国籍，但受害者均为我国公民，不涉及《刑法》第7条保护管辖的问题。如果依据《刑法》第7条第1款主张刑事管辖权，至少包含3层含义，即行为人为我国公民，专属经济区不属于《刑法》第6条第1款中的我国“领域”，以及我国船舶与他国船舶在我国专属经济区发生的碰撞事故依照《刑法》第133条规定构成交通肇事罪。如果最高刑为3年以下有期徒刑的，可以不追究其刑事责任。可见，对于发生在专属经济区的船舶碰撞行为而言，依据《刑法》不同管辖权条款，其处理后果也存在明显不同。

保护管辖针对的犯罪行为发生在我国领域外，构成《刑法》第8条保护管辖需要满足三个条件，即对我国或我国公民犯罪、按照《刑法》规定最低刑为3年以上有期徒刑、根据犯罪地的法律也认为是犯罪应当给予刑事处罚。有观点认为，“鲁荣渔”案中我国渔民和船舶在专属经济区遭遇外籍船舶不法侵害，司法机关应根据《刑法》第8条保护管辖的规定，对本案行使刑事管辖权。[17] 然而，依据《刑法》第8条行使保护管辖也存在相应的前提：一是我国“领域”的范围。只有认定《刑法》第6条第1款我国“领域”范围不包括专属经济区，方存在适用《刑法》第8条主张保护管辖权的可能。二是法律责任问题。《刑法》第133条规定的交通肇事罪最低刑为3年以下有期徒刑或者拘役，对于“鲁荣渔”案等类似海上交通肇事案件，如果外国籍和无国籍人在我国专属经济区的交通肇事行为符合《刑法》第133条的上述量刑规定，或者其行为依照其国籍国仅构成行政或纪律处罚，则我国司法机构无法依据《刑法》第8条主张保护管辖权。

---

〔16〕 参见郎胜主编：《中华人民共和国刑法释义》（第6版），法律出版社2015年版，第7—8页。

〔17〕 参见王玫黎、袁玉进：《最密切联系原则在专属经济区刑事管辖权冲突中的适用——以“卡塔利娜”轮案为视角》，《西南政法大学学报》2018年第1期。

综上，在法律适用逻辑结构中，《海洋法公约》第58条第2款、第97条第1款是大前提，而《刑法》有关管辖权规定是小前提。如果满足《海洋法公约》属人管辖的规定，则专属经济区涉外船舶碰撞刑事管辖应适用属人原则，由船旗国或行为人国籍国享有排他管辖权，继而不再适用沿海国国内法有关属地管辖的规定；反之，当《海洋法公约》规定的属人管辖条件不成立时，方适用《刑法》有关属地管辖权的规定。因而，如果仅就《海洋法公约》第97条第1款逻辑而言，享有"鲁荣渔"案刑事管辖权的法院可能是马耳他法院或菲律宾法院，而非我国法院。宁波海事法院以《刑法》第6条的规定排除适用《海洋法公约》第58条第2款、第97条第1款，属于违背缔约国义务的行为，违反了我国应当承担的国际法义务。然而，《海洋法公约》第58条第2款的例外性规定表明，沿海国依据属地原则对其专属经济区内涉外船舶碰撞事故主张刑事管辖权，并不必然违反《海洋法公约》第97条第1款。

二、专属经济区涉外船舶碰撞刑事管辖权的法律困境

条约缔约国必须确保本国国内法符合条约的规定，是国际法的一项基本原则。[18]除《海洋法公约》规定已经纳入国内法的情况外，缔约国必须在批准《海洋法公约》时对其国内法律作出适当修订，确保其符合《海洋法公约》。《海洋法公约》第58条第2款在规定船舶碰撞刑事管辖适用属人原则的同时，也设定了相应的条件：只有船旗国属人管辖与沿海国专属经济区制度相抵触，沿海国方存在适用属地管辖、保护管辖等其他管辖权依据的法律空间。宁波海事法院在"鲁荣渔"案判决中没有具体指明依据《刑法》第6条哪一款（第1款或第2款）行使属地管辖权，如果依据第1款确立管辖权，则法院认为专属经济区属于我国领域；如果法院依据第2款，则是将专属经济区涉外船舶碰撞归为发生在我国船舶内的犯罪。

（一）"领域"在海上刑事管辖中的延展性不足

"领域"是受到国家主权支配管辖的区域。"领域"在陆地（大陆）与海洋领域有着不同的内涵，目前全球范围内陆地领域不存在脱离国家主权支配的无主地[19]，不同国家之间的"领域"可以无缝衔接。但是广阔的海洋被《海洋法公约》划分为领海、毗连区、专属经济区和大陆架、公海，并赋予国家在不同海域享有层次化的主权及管辖权。相较于《刑法》对于专属经济区的失语，《海洋法公约》对专属经济区的法律地位及沿海国权利给予相对完整的勾勒，如何认定专属经济区在《刑法》中的法律地位，是

---

〔18〕 See UN Office of the High Commissioner for Human Rights (OHCHR), "From Exclusion to Equality: Realizing the Rights of Persons with Disabilities", accessed May 20, 2019, http://www.ohchr.org/Documents/Publications/ training14en.pdf.

〔19〕 虽然一些国家之间存在领土归属或陆地边界争议，但并不存在无主地。目前，关于无主地的争议主要集中在南北极地区，北极地区中心地带为冰盖，不具有领土属性；虽然《南极条约》冻结了主权国家对南极领土的主张，但是澳大利亚、阿根廷、智利、法国、新西兰、挪威和英国依然保有南极陆地领土主权主张。

分析专属经济区沿海国刑事管辖权的首要问题。

《刑法》与《海洋法公约》有关船舶碰撞刑事管辖的规定均不明确。如果认定专属经济区属于《刑法》第6条第1款规定的我国“领域”，则我国对于专属经济区内发生的所有船舶碰撞事故均享有刑事管辖权，且不再适用属人管辖和保护管辖。如果专属经济区不属于我国“领域”，对“鲁荣渔”案等类似刑事犯罪只能主张保护管辖，对行为人是我国公民的交通肇事犯罪只能主张属人管辖。宁波海事法院依据《刑法》第6条对“鲁荣渔”案主张管辖权，从司法层面肯定了专属经济区属于《刑法》第6条规定的我国“领域”，但判决未充分阐述主张属地管辖的法理依据，也未说明判决的依据为《刑法》第6条第1款抑或第2款，以及为何排除适用《海洋法公约》第58条第2款、第97条第1款。此外，《专属经济区和大陆架法》也没有对在相应水域的犯罪行为的司法管辖权进行明确规定。[20] 除我国“领域”外，“管辖海域”也是界定我国刑法空间效力的一种表达。“管辖海域”是指沿海国拥有主权、主权权利和管辖权的海域，“管辖海域”不仅包括内水和领海，也包括领海之外的毗连区、专属经济区、大陆架。《最高人民法院关于审理发生在我国管辖海域相关案件若干问题的规定（一）》对“管辖海域”的界定[21]，与国际法中关于管辖海域的认定是一致的，但该司法解释在表述上并没有出现“领域”一词。经对比可以发现，除内水和领海之外，上述解释中所述其他“管辖海域”均不属于我国“领域”。

《刑法》第6条第2款不应作为专属经济区涉外船舶碰撞刑事管辖权的依据。该条款规定在我国船舶或者航空器内犯罪，也适用该法，由我国法院管辖。发生在我国专属经济区内的涉外船舶碰撞犯罪，是否适用《刑法》第6条第2款的规定，取决于该行为是否属于在我国船舶内犯罪。一种观点认为，一个国家的船舶在驶出船旗国领域后，该船舶被视为该国领土的延伸，船旗国对船舶内发生的犯罪行为享有刑事管辖权。《刑法》第6条第2款所指情形是指行驶或停泊在我国领域外的中国船舶（如停泊在外国港口的船舶等），其所在地域属于外国领域，在这样的船舶内犯罪，则适用我国刑法。[22] 上述将船舶视为“浮动领土”的“领土拟制说”导致两个领土主权并存从而与领土主权之排他性相冲突的尴尬境地，受到了学界的批判。[23] 据此，援引《刑法》第6条第3款，认为船舶碰撞犯罪行为或者结果有一项发生中国籍船舶内，属于在我国领域内犯罪，也

〔20〕 参见唐瑭、孙誉清：《我国司法管辖权的海洋司法维权功能的障碍及其实现——从近三年海事法院典型案例说起》，《法律适用》2018年第18期。

〔21〕《最高人民法院关于审理发生在我国管辖海域相关案件若干问题的规定（一）》第1条规定：“本规定所称我国管辖海域，是指中华人民共和国内水、领海、毗连区、专属经济区、大陆架，以及中华人民共和国管辖的其他海域。”

〔22〕 有关该问题的具体解释，参见《在中国船舶或者航空器内犯罪的，是否适用我国刑法?》，http：//www. npc. gov. cn/npc/flsyywd/flwd/2002-04/17/content_ 292707. htm，访问日期：2019年6月27日。

〔23〕 参见阎二鹏：《海洋刑法学视阈下船旗国刑事管辖原则辨析》，《河南财经政法大学学报》2015年第3期。

存在同样的法理瑕疵。

船舶碰撞引发的交通肇事是否属于在我国船舶内犯罪也存在疑问。如果不考虑“浮动领土”的“领土拟制说”，而是直接依据《刑法》第6条第2款判断管辖权，也涉及对于在我国船舶内犯罪的认定问题。《刑法》第6条第2款的自洽性要求违反海上交通运输管理法规，发生船舶碰撞重大事故，致人重伤、死亡或者使公私财产遭受重大损失的行为地或结果地位于我国船舶内。船舶碰撞包括直接碰撞和间接碰撞〔24〕，直接碰撞包括船舶之间的碰撞、船舶与非船舶设施之间的碰撞两类情形，“桑吉轮”案、“鲁荣渔”案皆属于船舶之间因实际接触发生的碰撞。船舶与非船舶设施之间的碰撞，主要指航行于专属经济区的船舶与区域内的钻井平台等海上设施发生碰撞。〔25〕间接碰撞是指船舶之间没有直接接触，但是因航行速度不当，掀起浪涌致使他船倾覆或与第三船碰撞（又称为“浪损”），此时，肇事者与受害者的船舶之间虽然没有直接的接触，但却导致了与直接碰撞相同的客观效果。就实践而言，目前国内外发生的船舶碰撞刑事案件中直接碰撞最为常见，因船舶之间没有直接接触的碰撞引起刑事责任的事例极为罕见。直接碰撞是相互行为，并非一方进入另一方船舶内实施肇事行为。即便认定船舶碰撞肇事行为属于在我国船舶内犯罪，从行为发生地视角出发，在我国专属经济区内发生的中国籍船舶与外籍船舶、外籍船舶之间发生接触造成损害的事故，碰撞行为既被视为发生在我国船舶内，也应当被视为发生外籍船舶内。在主权平等原则下，以《刑法》第6条第2款的规定排除外籍船舶船旗国管辖权是不充分的。从结果发生地的视角出发，《刑法》第6条第2款要求船舶碰撞致人重伤、死亡的结果发生在我国船舶内，而不是发生船外海域内。由此推论之，在我国专属经济区内发生的中国籍船舶与外籍船舶碰撞事故中，中国籍船舶的船员重伤、死亡的结果发生在我国船舶内则适用属地管辖，而船员重伤、死亡的结果发生在我国船舶外海域内则适用其他管辖依据。然而，以上推论将同一碰撞行为管辖权基础割裂处理，显然不足以支持管辖权的自洽性，以及法律效果与社会效果的衡平性。

（二）《海洋法公约》第58条第2款缺少作准解释

《海洋法公约》没有明确第58条第2款例外情形的适用条件。专属经济区涉外船舶碰撞刑事管辖是否适用属人原则，由船旗国或行为人国籍国享有排他性管辖权，取决于

---

〔24〕 一般认为，《海商法》第165条只是针对船舶碰撞造成财产损失定义的船舶碰撞，对于船舶碰撞造成的人身伤亡则不适用，《刑法》中的船舶碰撞较《海商法》的定义更为宽泛。有关船舶碰撞概念的讨论，请参见曲涛：《船舶碰撞概念正义》，《中国海商法研究》2012年第3期。

〔25〕 例如，2017年12月31日，葡萄牙籍化学品船“Elsa Essberger号”在登海尔德北部与停用的海上无人平台相撞；2013年6月14日，美国籍供应船“Celeste Ann号”在墨西哥湾与海上钻井平台相撞。See “Damaged Elsa Essberger Sails to Rotterdam Port”, accessed June 27, 2019, https://worldmaritime-news.com/archives/239628/damaged-elsa-essberger-sails-to-rotterdam-port/; “NTSB Report: 2013 Allision and Sinking of the OSV ‘Celeste Ann’ in Gulf of Mexico”, accessed June 27, 2019, https://gcaptain.com/ntsb-report-2013-allision-and-sinking-of-the-osv-celeste-anne-in-gulf-of-mexico/.

《海洋法公约》第58条第2款设定的条件。专属经济区涉外船舶碰撞属人管辖是否与专属经济区制度相抵触，属于国际法问题而非国内法问题，《海洋法公约》没有作出更为详细的规定。从条约解释层面分析该问题，至少可以得出如下结论：

一是《海洋法公约》第58条第2款存在例外情形。即《海洋法公约》第97条第1款规定的属人管辖与《海洋法公约》第五部分专属经济区制度相抵触。对于《海洋法公约》第58条第2款例外情形的解释有赖于条约解释的方法，而条约解释的基础是“条约案文必须假定为缔约国意图的权威表述，……将其用语的通常含义、条约背景、目的和宗旨及国际法一般规则，连同缔约国的作准解释，作为解释条约的主要标准”〔26〕，解释方法包括文本解释、目的解释、缔约准备和嗣后实践。文本解释要求依据条约的实际文本的规定进行解释，“抵触”（incompatible）是《海洋法公约》第58条第2款文本解释的核心词，指船旗国依据《海洋法公约》第97条第1款享有的专属管辖权，与沿海国依据《海洋法公约》专属经济区制度或其他国际法规则所享有的权利存在不一致。从国家主权的角度来讲，当一国在其管辖范围内行使刑罚权时，牵连到另一国的国家主权，就会产生刑法适用中的冲突问题，这些冲突主要来自国际法以及其他具有特别效力的国际规则对刑法适用的约束。〔27〕对于文本解释，《海洋法公约》第58条第2款只能表明沿海国管辖与船旗国管辖之间存在冲突的可能，《海洋法公约》在适用中设立专门性条款作出规定来排除这些冲突，但是不能明晰冲突所包括的例外情况，往往是借助于条约目的解释和缔约准备来实现。《维也纳条约法公约》将对条约的目标、宗旨及背景作为解释内容，是为了防止对条约案文作出狭义的字面解释。《海洋法公约》第58条第2款是平衡沿海国资源权利与公海自由的折中方案〔28〕，在各国谈判过程中是以妥协方式解决的。根据《海洋法公约》第87条第1款a项和第58条第1款，所有国家，不管是沿海国还是内陆国，都享有在公海和专属经济区上航行的自由，船旗国行使航行自由及船旗国管辖不仅有义务按照《海洋法公约》和其他国际法准则行事，也必须适当考虑沿海国在专属经济区的权利和义务。由于国家刑事管辖权具有平等性和独立性，《海洋法公约》没有具体规定船旗国或行为人国籍国在他国专属经济区刑事管辖权的方式及必要限度，导致沿海国主张刑事司法管辖权与干涉他国内政的边界并不清晰，“因为干涉权和反措施国际法制度仍然漏洞百出，换言之，法律制度不健全是问题的一部分”〔29〕。

二是沿海国嗣后实践并未遵循解释性协调原则。《维也纳条约法公约》未直接提到解释性协调原则，但其第31条第3款c项总体上保证了这一原则，其中规定进行系统性

---

〔26〕 See UN Doc. A/5809, pp. 204-205, para. 15; also UN Doc. A/CN. 4/167 and Add. 1-3, pp. 58-59, para. 21.

〔27〕 参见刘芳、单民、沈宏伟：《刑法适用疑难问题及定罪量刑标准通解》，法律出版社2016年版，第7页。

〔28〕 参见［斐济］萨切雅·南丹、［以］沙卜泰·罗森主编：《联合国海洋法公约评注》（第2卷），吕文正、毛彬编译，海洋出版社2014年版，第507、520页。

〔29〕 Maximo Q. Mejia (ed.), *Maritime Security and Crime*, WMU Publications, 2010, p. 159.

的解释，要求解释者考虑“适用于当事国间关系之任何有关国际法规则”[30]，即解释和适用《海洋法公约》有关规则过程中，各国应“尽可能……以协调一致的方式解释和适用有关规则”，“以便产生一套一致的义务”。[31] 虽然《海洋法公约》第58条第2款、第97条第1款已经对船舶碰撞刑事管辖作出指向性规定，但相关国家嗣后实践仍然存在较大差异。例如，冰岛《海上交通服务法》在规定专属经济区内船舶碰撞刑事管辖权时同样采取属地原则[32]，该法第18条第1款、第2款规定违反本法或根据本法通过的规则将被处以罚款或两年以下监禁，在企图和参与的情况下应适用《普通刑法》的规定，并根据经修订的《海事法》第238条，酌情吊销船长、航行员或轮机员证书。[33] 澳大利亚《海上犯罪法案》第6条第4款规定，如果犯罪行为发生后，船舶停靠的第一个国家或人员登陆的第一个国家是澳大利亚，该行为适用澳大利亚刑法。[34] 美国虽然并非《海洋法公约》缔约国，但是将专属经济区制度和公海自由作为习惯国际法加以遵守，即便如此，在处理公海上发生的涉及美国公民的刑事案件时，也没有遵循《海洋法公约》确立的船旗国专属管辖原则，而是依据犯罪行为对美国本土产生实质性影响为由行使管辖权。[35] 上述国家专属经济区船舶碰撞刑事管辖立法及司法实践差异表明，各国在解释和适用《海洋法公约》第58条第2款方面尚未形成合意。

（三）《海洋法公约》与《刑法》之间的潜在冲突

专属经济区虽然不同于领海，沿海国在专属经济区不享有排他性主权，但是沿海国依然对其专属经济区享有主权权利和管辖权，基于海域法律地位多层次性，对于陆地“领域”非此即彼式区分方式，不适用于厘定国家海上管辖权范围。

《刑法》与《海洋法公约》在处理专属经济区刑事管辖权问题上存在属地管辖与属人管辖的冲突。尽管《海洋法公约》有关专属经济区刑事管辖权规定不甚明晰，但是缔约国以条约内容模糊为由不履行条约义务并不成立，《海洋法公约》第58条第2款、第97条第1款对我国具有法律拘束力。宁波海事法院在“鲁荣渔”案中依据《刑法》第6条主张管辖权，表明法院在判定刑事管辖权时适用属地原则，而《海洋法公约》第58条第2款、第97条第1款规定的是属人原则，由船旗国或行为人国籍国专属管辖。就同一船舶碰撞刑事案件而言，如果依据《海洋法公约》第58条第2款主张属人管辖与专属经济区制度相抵触，则只能依据属地、保护、普遍管辖等原则确定管辖权；反之，《海

〔30〕 See United States-Import Prohibition of Certain Shrimp and Shrimp Products, WT/DS58/AB/R, 12 October 1998, para. 158, and footnote 157; Al-Adsani v. the United Kingdom, application No. 35763/97, ECHR 2001-XI, para. 55.

〔31〕 See Shinya Murase, “Fourth Report on the Protection of the Atmosphere”, ILC Doc. A/CN. 4/705, 31 January 2017, p. 9, para. 17.

〔32〕 See Article 2 Act on the Maritime Traffic Service.

〔33〕 See Article 18 (1) (2) Act on the Maritime Traffic Service.

〔34〕 See Article 6 (4) Application of Australian Criminal Law outside the Adjacent Area, Crimes at Sea Bill 1999.

〔35〕 United States v. Roberts, 1 F. Supp. 2d 601 (E. D. La. 1998).

洋法公约》第58条第2款、第97条第1款规定的属人管辖则具有排他性，其他管辖权自动丧失适用的可能。一种观点认为，沿海国对专属经济区的管辖应属于广义的“属地管辖”，即专属经济区发生的犯罪案件属于《刑法》第6条第1款“法律有特别规定的”情况，虽然发生在我国领域外，但是可以根据属地原则适用我国刑法的规定。[36] 然而，在处理专属经济区涉外船舶碰撞案件时，不仅要考虑到我国刑法的规定，也要顾及我国缔结参加的国际公约，适用国内法处理管辖权问题不能与我国承担的履约义务相冲突。

根据《维也纳条约法公约》所阐明的原则，缔约国必须诚信履行《海洋法公约》所规定的义务，不得援用其国内法的规定来为其不履行条约义务进行辩解。[37] 在《海洋法公约》第58条第2款、第97条第1款已经就专属经济区船舶碰撞刑事管辖权作出规定的前提下，尊重《海洋法公约》承认的权利并且确保在其领土内和受其管辖范围内履行公约义务，对于所有缔约国而言均具有约束力，缔约国政府的所有部门（执法、立法和司法）均应承担缔约国的责任。如果无法证明属人管辖与专属经济区制度相抵触，径自依据《刑法》第6条第1款“法律有特别规定”适用属地管辖，则存在违反缔约国义务并导致相应国家责任的可能。

三、专属经济区涉外船舶碰撞刑事管辖权的理性化分配

沿海国对其专属经济区涉外船舶碰撞案件主张刑事管辖权，不仅需要符合其国内法的规定，也需要满足《海洋法公约》设定的条件。国际法没有否认沿海国专属经济区刑事管辖的合法性，因此只要存在合法依据，按照国内法对专属经济区涉外船舶碰撞行使刑事管辖具备可行性。《海洋法公约》第97条第1款以属人管辖是否与专属经济区制度相抵触（《海洋法公约》第58条第2款）为适用条件，在缺少作准解释和主权平等基础上，条件成立与否的解释权应当属于缔约国在《海洋法公约》框架内享有的“剩余权利”。在《刑法》《专属经济区和大陆架法》等没有规定我国专属经济区刑事管辖权的前提下，单纯适用《刑法》第6条、第8条均存在法理障碍。此时，可以考虑参照其他国家海上刑事管辖立法及司法实践[38]，将“真正联系”与“最密切联系”原则，作为适用属地管辖的连接点，有限度地适用《刑法》第6条第1款的规定。

（一）以真实联系作为适用属人管辖的前提条件

真正联系（genuine link），是指授予国籍的国家与欲取得国籍者之间的事实联系[39]，1986年《联合国船舶登记条件公约》规定了“真正联系”的三项经济内容：（1）在船舶所有权方面船旗国应有资金参与的事实，大多数国家要求船舶所有权应全部

---

〔36〕 参见陈忠林：《关于我国刑法属地原则的理解、适用及立法完善》，《现代法学》1998年第5期。

〔37〕 参见《维也纳条约法公约》第26、27条。

〔38〕 参见唐瑭、孙誉清：《我国司法管辖权的海洋司法维权功能的障碍及其实现——从近三年海事法院典型案例说起》，《法律适用》2018年第18期。

〔39〕 See Nottebohm Case, 2nd phase (Liechtenstein v. Guatemala), ICJ Judgement, 6 April 1955, p. 4.

或大多部分归本国公民或本国法人组织所有。[40]（2）船旗国应在其船上配备本国船员，并存在船上工作的事实。[41]一些国家立法对本国和外籍船员比例作了限制，还有一些国家立法规定高级船员必须由本国公民担任。[42]（3）船舶所属公司主营业地位于船旗国；或者，船舶所属公司主营业地位于船旗国以外，由船旗国公民担任代表人或管理人，并依照登记国法律和规章承担船舶所有人的责任。[43]对此，国际法委员会进一步指出："国家对船舶的管辖权以及它应当行使的控制……只有在国家和船舶之间实际上存在关系，而不是仅仅登记或仅仅颁发登记证明时，才是有效的。"[44]适用《海洋法公约》第97条第1款属人管辖的前提为船舶与船旗国存在真实联系，船舶与其船旗国的连接在于，在他国管辖海域活动的船舶除遵守当地法律外，还需要服从船旗国法律。主流观点认为，船旗国借由授予船舶国籍而获得相应的管理权与控制权，从功能主义取向出发，船旗国拥有最为完整的法律资源以确保船上的安宁秩序，因而无论船舶驶往何处，船旗国管辖权皆不会改变。[45]即使船舶位于公海，船旗国仍可以对其行使管辖权，并借此确保海洋秩序和维持航运畅通。可见，国籍是《海洋法公约》第97条第1款航行事故属人管辖原则的法律基础，船旗国与船舶之间存在真正联系是《海洋法公约》框架内取得船籍的必要条件，缺少"真正联系"意味着《海洋法公约》第94条第1款规定的船旗国义务落空，犯罪行为与船旗国属人管辖之间缺少必要的连接点。

专属经济区涉外船舶碰撞刑事管辖有条件地适用属人原则。《海洋法公约》第58条第2款在纳入第97条第1款属人管辖时，同样纳入了适用《海洋法公约》第97条第1款的前提条件。即专属经济区涉外船舶碰撞刑事管辖适用属人原则时，不仅需要满足船舶与船旗国真正联系的条件，也需要满足适用属人管辖与专属经济区制度不相抵触的条件。只有同时满足以上两个条件，发生在专属经济区的涉外船舶碰撞刑事管辖方可以适用属人原则。对于前一条件而言，1986年《联合国船舶登记条件公约》的规定具有明确的指向性；对于后一条件而言，则涉及《海洋法公约》第58条第2款的解释。在理解《海洋法公约》有关专属经济区制度的规定时，不但必须对《海洋法公约》具体条文进行斟酌考虑，而且还必须从整体上考虑。依据《海洋法公约》第58条第2款，如果依据国籍原则主张刑事管辖权，必须借助船旗国行使排他性管辖权，证明船旗国管辖与沿海国管辖相抵触。如果不能满足上述限制条件，《海洋法公约》第58条第2款的属人管辖就不具有强制拘束力。从缔约准备过程看，在专属经济区制度协商过程中，公海

---

〔40〕参见《联合国船舶登记条件公约》第8条。

〔41〕参见《联合国船舶登记条件公约》第9条。

〔42〕参见蔡壮标：《论船舶登记中的"真正联系"原则》，《天津航海》2006年第3期。

〔43〕参见《联合国船舶登记条件公约》第10条第2款。

〔44〕Report of the International Law Commission on the Work of its Eighth Session, 23 4 July 1956, Official Records of the General Assembly, Eleventh Session, Supplement No. 9 (A/3159), pp. 278-279.

〔45〕Maria Gavouneli, *Functional Jurisdiction in the Law of the Sea*, Martinus Nijhoff Publishers, 2007, p. 5.

航行事故刑事管辖权借由《海洋法公约》第58条第2款概括性“纳入”专属经济区制度。这种纳入的基础是考虑到其他国家可能需要在沿海国专属经济区从事某些非经济性公海活动[46]，至于哪些非经济性公海活动可能与专属经济区制度冲突，《海洋法公约》第五部分并没有规定。由此推论，在《海洋法公约》第56条规定的沿海国管辖权之外，《海洋法公约》专属经济区制度部分依然存在大量的没有明文规定或规定模糊的权利，即专属经济区剩余权利（residual rights in the EEZ）。有学者指出：“《海洋法公约》第58条第2款设想了一种情况，即其他国家可能需要在专属经济区从事某些非经济性公海活动，如紧追、反海盗、援助和救援任务以及打击贩毒。”一般认为，在平衡国内法与《海洋法公约》之间的关系时，《海洋法公约》第59条是解决专属经济区剩余权利归属冲突的基础[47]，该条并没有偏袒沿海国或其他国家，剩余权利归属应当在个案中予以处理[48]。《海洋法公约》不是国内立法的替代品，主张属地管辖不必然违反《海洋法公约》第58条第2款的规定。缔约国不得侵犯条约所承认的权利，只有在符合条约有关条款的情况下才能对其中的权利进行限制。在进行限制时，缔约国必须说明必要性及合法性依据。以《海洋法公约》未规定沿海国专属经济区刑事管辖权具体适用条件为由，否定当事国依据属地原则对涉外船舶碰撞案件主张刑事管辖权，理由是不充分的。《海洋法公约》第97条第1款与专属经济区制度的抵触就是一种客观存在的事实，尤其是当冲突产生于不涉及资源的勘探或开发等非经济利益问题时，其他国家的利益或国际社会的利益需要被纳入考量，即“公平……考虑所涉及利益对有关各方及对国际社会的重要性”[49]。反推之，当专属经济区涉外船舶碰撞事故牵涉到沿海国利益或国际社会利益时，以《海洋法公约》第97条第1款规定的属人管辖排除沿海国管辖，本身就是一种冲突。

普遍性意味着并非单个国家在刑事立法及司法中适用真实联系原则，由此可以推论，普遍性意味着“许多国家”将真实联系原则作为专属经济区涉外船舶碰撞属人管辖的前提条件。进一步推论，如果围绕真实联系原则国家刑事立法及司法存在普遍性，则真实联系原则作为专属经济区涉外船舶碰撞属人管辖则具备了“习惯法”的特征，即特定数量国家刑事立法及司法必须足够普及和有代表性，还必须是一贯的。事实上，基于不同国家刑事立法及司法的差异性，从中很难识别真实联系原则在国际领域内适用的普遍性。并且，如何判断特定数量、代表性等标准，本就存在争议，由此也很难证明真实

---

〔46〕 Jon M. Van Dyke, “Military Ships and Planes Operating in the Exclusive Economic Zone of another Country”, *Marine Policy* 28, 1 (2004): 36.

〔47〕《海洋法公约》第59条规定：“在本公约未将在专属经济区内的权利或管辖权归属于沿海国或其他国家而沿海国和任何其他一国或数国之间的利益发生冲突的情形下，这种冲突应在公平的基础上参照一切有关情况，考虑到所涉利益分别对有关各方和整个国际社会的重要性，加以解决。”

〔48〕 Yoshifumi Tanaka, *The International Law of the Sea*, Cambridge University Press, 2015, p. 136.

〔49〕［斐济］萨切雅·南丹、［以］沙卜泰·罗森主编：《联合国海洋法公约评注》（第2卷），吕文正、毛彬编译，海洋出版社2014年版，第520页。

联系作为适用属人管辖前提存在普遍性。但是，从2001年塞浦路斯籍“Virgo号”船舶与美国渔船碰撞案等国内司法实践出发[50]，至少可以证明《海洋法公约》第58条第2款、第97条第1款规定的船旗国属人管辖并没有得到沿海国的严格遵守。美国联邦最高法院的判例也明确，即使被告不在法院管辖区域内，如果其与法院辖区之间存在某些真实的、最低的联系，从而使审理该案不会违反公平对待和实质公正，法院同样享有管辖权。[51] 故而，以真实联系作为适用属人管辖的前提存在可行性。

（二）以最密切联系原则补强属地管辖

沿海国主张专属经济区刑事管辖权的前提，是以某种形式宣布建立并说明专属经济区宽度。沿海国未宣布建立其专属经济区制度时，可能出现两种后果：一是该国领海外的空间仍被视为公海，适用公海制度中有关刑事管辖的规定；二是该国领海外的空间被他国专属经济区全部或部分覆盖。因此，沿海国未建立专属经济区，或者权利主张超越《海洋法公约》专属经济区制度的规定，都不会成立合法有效的专属经济区国家管辖权，也就不可能产生相应的刑事管辖权。就排他性而言，专属经济区刑事管辖权是基于专属经济区的属地性产生的，从主权派生而出，反映了国家主权在海上的延伸[52]，而非主权内容的扩张。因此，专属经济区刑事管辖权属于特定的、有限的国家管辖权。

沿海国专属经济区涉外船舶碰撞引发的交通事故中，被害人既可以为沿海国国民，也可能为外国籍或无国籍人。沿海国主张海上刑事管辖权面临的平衡之维在于：一方面，在主权平等原则约束下，当事国的刑事管辖权在法律上是平等并且平行存在的，一国根据其主权确立的海上刑事管辖权具有独立性和排他性；另一方面，专属经济区不是国家享有绝对主权的区域，《海洋法公约》第58条第2款、第97条第1款规定表明，沿海国、船旗国和肇事者国籍国刑事管辖权平行存在。[53] 此种情况下，为了避免刑法适用上的冲突，可以采用最密切联系原则，具体分析不同情况下具有并行管辖权的国家在适用本国刑法方面的利害关系，或者说案件与有关国家联系的紧密程度，适用与案件有密切联系国的刑法。概言之，在专属经济区涉外船舶碰撞刑事案件中，以最密切联系原则补强沿海国属地管辖权的法理基础，可以归纳为两点：一是沿海国在专属经济区享有有限的刑事管辖权。《刑法释义》对我国“领域”的解释建立领土主权的基础上，《刑法》第6条属地管辖权专属行使是国家主权的必然结果，并且具有与禁止干涉他国内部

---

〔50〕 2001年塞浦路斯籍“Virgo号”船舶与美国渔船在美国海岸外130千米处发生碰撞，并导致渔船上的3名渔民死亡。随后，“Virgo号”在加拿大纽芬兰被扣押，美国指控驾驶“Virgo号”的3名俄罗斯籍船员过失杀人，要求加拿大引渡上述船员。肇事船员在加拿大被拘禁18个月，并缴纳10万元保证金后被允许返回俄罗斯，以确保加拿大采取进一步的法律行动。有关该案的讨论，参见Alla Pozdnakova，*Criminal Jurisdiction over Perpetrators of Ship-Source Pollution：International Law，State Practice and EU Harmonisation*，Martinus Nijhoff Publishers，2012，p. 123。

〔51〕 See Burger King Corp. v. Rudzewicz，471 U. S. 462，474-475（1985）. 326 U. S. 310，316（1945）.

〔52〕 参见邹立刚、王崇敏：《国家对专属经济区内外国科研活动的管辖权》，《社会科学家》2012年第11期。

〔53〕 参见郑泽善：《网络犯罪与刑法的空间效力原则》，《法学研究》2006年第5期。

事务、充分尊重国家领土完整相同的作用，遵循属地管辖原则事实上等于保障一国独立行使它认为属于它自身保留范围内的国家管辖权和职能。[54] 专属经济区虽然不具有领土地位，不属于严格意义上《刑法》第6条规定的我国领域，由此并不能否认其作为我国管辖海域的法律地位。《海洋法公约》赋予沿海国在其专属经济区享有主权权利及管辖权，进而也就赋予其相应的刑事、民事及行政管辖权。尽管专属经济区刑事管辖权要弱于领土内的刑事管辖权，但其同样具有空间性和排他性特征。因此，专属经济区应当作为“准领域”，适用《刑法》第6条属地管辖的规定。二是“顾及义务”对沿海国刑事管辖权的约束。刑事管辖权属于国家主权范畴，将刑事管辖权转化为国家的具体权力，需要国内法在国际法框架内具体规定国家行使权力的内容和方式。《海洋法公约》第56条第2款对缔约国行使权利或者履行义务作了约束，规定沿海国在专属经济区内根据本公约行使其权利和履行其义务时应遵守“顾及义务”。一般认为“顾及义务”在本质上是一种“诚信”义务[55]，从行使权利或者履行义务的角度看，沿海国司法机关依法行使侦查、起诉、审判权等刑事司法管辖权时，应当诚信履行义务，不得恶意行使权利或者规避法律义务。[56]

但是，有观点认为最密切联系原则与实害或者影响关联性标准类似，如此灵活、弹性、开放的管辖规则在刑法中表现为一种极强的不确定性，使得刑法效力空间形状多变。[57] 对此，有学者指出，一国以最密切联系原则解决国际犯罪管辖权冲突、合法行使管辖权，本质是基于国家和犯罪之间的一种密切的联系，这种联系通过一种或多种可被接受的连接因素而被最恰当地建立起来。[58] 从相关国家实践看，在法律未就专属经济区刑事管辖作出特别安排的前提下，除非存在令人信服的其他因素导致沿海国行使管辖不具备合理性[59]，否则最密切联系原则往往被作为打击发生于沿海国领海以外其他管辖海域内，已经对该国境内产生实质影响犯罪行为的管辖原则。[60] 运用最密切联系原则解决犯罪管辖权冲突的关键是确定“最密切联系地”，它涉及对最密切联系原则中的“最密切”的理解。通常认为，确定“最密切”主要依据犯罪地、被告人的国籍、被害人的国籍、受害国、普遍保护利益等五个连接点，并将具有连接点最多的国家认定为最密切联系地，由该国行使刑事管辖权。[61]

---

〔54〕 参见刘芳、单民、沈宏伟：《刑法适用疑难问题及定罪量刑标准通解》，法律出版社2016年版，第6—7页。

〔55〕 T. Scovazzi, “‘Due Regard’ Obligations, with Particular Emphasis on Fisheries in the Exclusive Economic Zone”, *International Journal of Marine and Coastal Law*, 2019 (1): 56.

〔56〕 参见张卫华：《专属经济区中的“适当顾及”义务》，《国际法研究》2015年第5期。

〔57〕 参见刘艳红：《论刑法的网络空间效力》，《中国法学》2018年第3期。

〔58〕 Paul Arnell, “The Proper Law of the Crime in International Law Revisited”, *Nottingham Law Journal* 90, 9 (2000): 42.

〔59〕 See Burger King Corp. v. Rudzewicz, 471 U. S. 462, 477 (1985).

〔60〕 See F. T. C. v. Compagnie De Saint-Gobain-Pont-a-Mousson, 636 F. 2d 1300, 1316 (D. C. Cir. 1980).

〔61〕 参见张旭主编：《国际刑法：现状与展望》，清华大学出版社2005年版，第113—114页。

当涉外船舶碰撞事故中的被害人为外国籍或无国籍人，且肇事船舶非中国籍船舶时，可能出现五种情形：被害人、加害人、肇事船舶国籍相同；被害人国籍与加害人国籍相同，与肇事船舶船旗国不同；被害人与肇事船舶国籍相同，与加害人国籍不同；加害人与肇事船舶国籍相同，与被害人国籍不同；被害人、加害人、肇事船舶国籍均不同。其中，第一种情形具有连接点最多的国家为被害人国籍国，应认定该国为与犯罪有最密切联系的国家，由其行使刑事管辖权。第二种情形为同一国公民在该国领域外犯罪，案件与加害人、被害人国籍国联系的紧密度大于船旗国与沿海国，对船舶碰撞行为是否构成犯罪以及对量刑标准的认定，应当适用其共同的属人法确定。第三种情形中，被害人与肇事船舶国籍相同，沿海国与船旗国具有同等数量的连接点，但是在属人原则和客观属地管辖原则（Objective Territoriality）支配下[62]，船旗国对案件联系的紧密程度比沿海国更高，只有在船旗国不采取实际行动进行管辖时，非船旗国方可对案件进行管辖。第四种情形涉及沿海国、船旗国、被害人国籍国管辖权，即存在属地管辖权、属人管辖权和保护管辖权的竞合。由于上述国家与犯罪的连接点数量相同，且属人管辖权和保护管辖权平行存在，从保护利益出发，船旗国、被害人国籍国管辖意愿显然大于沿海国，此时，应当遵循《海洋法公约》第97条第1款规定，由船旗国享有刑事管辖权；如果船旗国为方便旗国，或者由于某种原因而不愿或不能行使刑事管辖权，则最合理的方法就是由被害人国籍国行使管辖权。最后一种情形中，沿海国具有的连接点要多于其他当事国，由于属地管辖是以主权的域内效力为基础而确立的刑事管辖权，所以属地管辖权同其他管辖权相比具有优先性。

四、结论

综上所述，《海洋法公约》在分配沿海国专属经济区刑事管辖权时，没有作出明确而统一的规定，解决《海洋法公约》与《刑法》之间的冲突必须对公约内容和国家实践进行具体分析。在相关国家立法及司法实践中，对于仅仅以航行为目的通过沿海国管辖海域的外籍船舶，只有相关罪行或结果危及本国或本国公民，涉及侵犯国家安全和扰乱社会秩序，或经由船旗国外交代表或领事请求予以协助时，沿海国才能行使刑事管辖权。《刑法》第6条与《海洋法公约》第58条第2款的冲突，反映了沿海国与船旗国在处理专属经济区涉外船舶碰撞中存在管辖权竞合。由于《海洋法公约》第97条第1款规定的属人管辖具有限定性，《海洋法公约》第58条第2款不能绝对排除沿海国刑事管辖权。专属经济区不属于严格意义上《刑法》第6条第1款规定的我国“领域”，通过一定连接点确立《刑法》在专属经济区的效力根据时，只有属地因素与其他因素相结合，满足相应的构成条件，才能适用《刑法》第6条的规定。

〔62〕 参见贾宇：《国际刑法学》，中国政法大学出版社2004年版，第109—110页。

南海渔业资源合作养护与管理：文本、经验与构造

■ 陈　嘉[*]　杨翠柏[**]

【内容摘要】考虑到生态系统的自然法则属性，以及国家与人类共同利益的和谐统一，周边国家不应一直固守传统国家法所依赖的以“国家为中心”的威斯特伐利亚体系。但囿于条约的模糊性、主体加入的选择性、调整对象的广泛性和实施机制的羸弱性，包括《联合国海洋法公约》在内的现有国际立法和区域合作文件并不能真实、充分地回应南海海域所面临的渔业资源枯竭和生态环境恶化的风险。而现有渔业合作模式也并非为南海区域的最佳选择。基于大海洋生态系统的《南海渔业协定》融合了中国的主导性、区域的特定性、主体的多边性以及协定的约束性，通过秉承“共商、共建、共享”的全球治理理念和务实开放的姿态来探索区域合作。

【关键词】渔业合作　大海洋生态系统　《南海渔业协定》　南海渔业委员会

一、南海渔业资源合作养护与管理的法律基础：争议海域划界前的国际法义务

虽然南海周边国家就岛屿主权、海洋划界尚存争议，但南海海域的生物特征以及半闭海属性，要求它们直接或通过适当的区域组织，协调养护和发展这些跨界或高度洄游鱼类种群。[1] 而对争议海域划界前的国际法义务的考察，有助于防止重叠海域渔业资源过度捕捞，实现鱼类等海洋生物资源可持续利用，保护海洋生态环境，管控渔业冲突，建构公正、安定、和谐的区域渔业秩序。

《联合国海洋法公约》（以下简称《海洋法公约》）第74条和第83条第3款均规定：“在达成第1款规定的协议以前，有关各国应基于谅解和合作精神，尽一切努力作出实际性的临时安排，并在此过渡期间内，不危害或阻碍最后协议的达成。这种安排应不妨害最后界限的划定。”正如萨切雅·南丹在《海洋法公约》评注中所言，尽管“尽一切努力”的表述给相关国家或任何争议解决机构留下了解释空间，但不可否认“shall”一词正表明划界协议达成前各国义务的强制性。学者们普遍认为该条款包括“尽一切努力作出实际性的临时安排”和“不危害或阻碍最后协议的达成”两项独立、具体的义务。基于行文需要，本文首先阐述第二项义务。

（一）“不危害或阻碍最后协议的达成”之义务

“不危害或阻碍最后协议的达成”之义务，也被称作“相互克制”义务。考虑到在专属经济区和大陆架资源开发的需求以及海洋划界一时无法解决之现状，完全中止争议

---

* 四川大学法学院博士研究生，四川警察学院副教授。

** 四川大学法学院教授、博士生导师。

本文为中央高校基本业务经费项目“亚洲海洋法研究”（SKQY201426）的阶段性研究成果。

〔1〕 参见《海洋法公约》第63条第1款和第123条。

海域一切经济活动的建议从未获得缔约国的普遍认可。但与此同时，一国为了扩大自身在争议海域的主张，可能从事恶意行动以期使他国在最后划界解决方案中作出更大的让步。

虽然《海洋法公约》第74条和第83条第3款提及了活动不得危害或阻碍最后协议的达成，但并未进一步解释应被禁止的活动类型。不过，国际（准）司法机构对该问题的阐述有助于理解该义务条款的实际应用。在圭亚那-苏里南仲裁案中，苏里南请求仲裁法院裁定，因圭亚那授权CGX能源公司在争议海域进行单方面利用活动，而违反“不危害或阻碍最后协议的达成”之法定义务。仲裁法院认为，“相互克制”义务并不旨在排除争议海域一切活动，只有因一方的单方面行为对海洋环境的永久性改变可能对另一方永久性权利产生影响时，才被视为违反该法定义务，为此，其将开发、钻探与其他利用活动如地震测试作了实质性区分。[2]

但上述裁决，能否成功移植至可再生能源属性的生物资源？在冰岛渔业管辖权一案中，国际法院通过发布英德两国可继续在尚处争议的冰岛海域继续捕鱼这一临时措施似乎对此表示支持。但进一步阅读发现，考虑到冰岛为维持当地生计及经济发展而对沿海渔业的严重依赖，法院也要求英国和德国关照争议海域鱼类种群的养护需要。[3] 即裁决实际承认争议地区渔业活动可能损害有关国家的权利。联合国海洋法法庭在南方蓝鳍金枪鱼案中也采用限制捕获措施保护澳大利亚和新西兰声称的防止种群枯竭的权利。[4] 若将不同水平的渔业捕捞与石油勘探、开采等一系列活动的各阶段相对应，则种群衰退直至消亡的非可持续性过度捕捞，将不可避免地造成海洋环境的永久性损害。因此，圭亚那-苏里南仲裁案有关“不危害或阻碍最后协议的达成”之义务判定标准仍可适用。

除了限制基于经济考量的开采活动外，该项义务还表现为声索国不得为强化“主张”而试图执法。如国际法院裁定，因捕捞活动位于冰岛12海里以外的水域，冰岛对英德籍渔船、渔民或其他相关人员应限制使用行政、司法或任何其他措施。虽然之后《海洋法公约》对国家海域范围及其权利行使作出了明确规定，但缔约国同样可依据《海洋法公约》对海洋划界等相关问题书面声明不接受《海洋法公约》第十五部分第二节规定的任何程序。因此，在缺乏与之相反的习惯法前提下，期待缔约国保留行使在争议区域的管辖权并不现实。但即使发生在所谓一国的专属经济区内，执法措施仍应受到某些限制。例如，在圭亚那-苏里南仲裁案中，仲裁法院依赖先前判例，认为只有在不

---

〔2〕 参见 http://www.pca-cpa.org/upload/files/Guyana-Suriname%20Award.pdf，paras. 467，479，访问日期：2019年4月20日。

〔3〕 英国诉冰岛渔业管辖权案，参见 http://www.icj-cij.org/files/case-related/55/055-19730202-JUD-01-00-EN.pdf，para. 26，访问日期：2019年4月20日；德国诉冰岛渔业管辖权案，参见 http://www.worldcourts.com/icj/eng/decisions/1974.07.25_fisheries2.htm，para. 27，访问日期：2019年4月20日。

〔4〕 参见 http://legal.un.org/riaa/cases/vol_XXIII/1-57.pdf，访问日期：2019年4月20日。

可避免、合理且必要的前提下，才可将使用武力作为一种执法措施。[5] 并且，正如国际法其他领域，海洋法中的使用武力也应考虑到人道因素，以尽一切努力确保生命不处于危险中，否则也被视为危害最后划界协议的达成，而违反了相互克制的义务。

（二）“尽一切努力作出实际性的临时安排”之义务

有学者指出，“尽一切努力作出实际性的临时安排”之义务合法有效，各国不得拒绝履行。尽管各国采取行动的形式因定义方式和执行程序的不同而变化，但承担义务的现实是不容争辩的，并且当出现不合理的中止讨论、非正常的延误、无视商定的程序、全盘否定对其不利的建议以及对善意规则更为广泛的违反等情形时，国际（准）司法机构可给予制裁。

不难看出，该项义务的核心为“善意协商”，而并非要求协议的最后达成，即争议各方须以“和解方式”相互协调各自的主张。正如国际常设法院在立陶宛诉波兰的铁路交通案中所指出的那样：“善意寻求达成协议的义务并不意味着为实现临时安排的结果而不惜一切代价，而是由争议各方秉持真诚、诚实的愿望以履行协议之实质内容。”又如仲裁法庭在拉努湖仲裁案中所陈述的：“国际实践反映了各国应努力缔结协议的信念：（各国）似乎有义务善意接受一切通信和联系，通过广泛比较利益和相互释放善意，为缔结协议提供最佳条件。”此外，国际法院在北海大陆架案清楚阐述道：“各缔约方有义务进行谈判以期达成协议，而不仅仅将正式的谈判进程，作为在没有协议的情况下自动适用某种划界方法的先决条件。它们有义务表明谈判并非徒具形式，当其中一方坚持自己的立场而拒绝考虑任何修改或让步时，可被看作对该项义务的违反。”

二、渔业资源合作养护与管理的国际实践

虽然我们并不能得知为缓和不同利益集团间分歧而有意简化的上述条款应涵盖的确切内容，但国际实践有助于理解实际性临时安排的具体表现。与油气资源共同开发这种资本密集型项目相比，渔业合作的低敏感、低成本性可能更受欢迎。基于视角所需，笔者试图以跨界鱼类种群合作、临时性安排以及闭海或半闭海属性为核心，从合作区域类型和机制角度探究域外养护与管理的已然经验。

（一）合作区域类型

有关国家根据价值取舍和政策考量，将当前争议区域合作大致分为以下四种类型：临时渔业边界、灰色区域、轻灰色区域和白色区域（表 1）。作为临时性安排的基石，所有类型均将防止安排终止后既得权利产生和利于缔约方建立争端解决合作机制信心的“不妨害条款”纳入其中。如在英法海峡群岛案中，由于法国依赖的条约并未明确指向，国际法院否决了法国关于英法之间建立的共同渔业制度涉及共同使用争

---

〔5〕 参见 http：//www. pca-cpa. org /upload /files/Guyana-Suriname% 20Award. pdf，para. 445，访问日期：2019 年 4 月 20 日。

议中的岛屿和岩礁的论点。[6] 并进一步认为，共同渔业并未排除各方对争议岛礁主张主权。因此，我们不应以功能性渔业合作安排作为对争议岛屿领土主权共同使用或共同所有的推定。

表 1　争议海域渔业合作区域类型比较

合作区域类型	临时渔业边界	灰色区域	轻灰色区域	白色区域
性质	事实性和临时性	事实性和临时性	事实性和临时性	事实性和临时性
特点	专属经济区边界	适用范围明确且具有准排他性	适用范围模糊，渔业规制并非达成协定的主因	适用海域明确且公海化
执行机制	以临时渔业边界线为界，缔约方各司其职，分别行使渔业管辖权	船旗国管辖为主 a. 对区域一侧捕捞活动可依国内法管理 b. 不得对悬挂他方国旗或为他方许可的渔船执法 c. 未经许可的第三方渔船，任一缔约国均有管辖权	船旗国管辖为主 a. 不得对悬挂他方国旗或为他方许可的渔船执法 b. 未经许可的第三方渔船，任一缔约国均有管辖权	a. 对区域一侧捕捞活动可依国内法管理 b. 区域内所有国家渔船均可依公海自由原则在该区域从事捕捞活动
优势	渔业管理较为简单，一定程度上缓解了渔业冲突	a. 可持续渔业 b. 确保有序和有效执法，防止摩擦	a. 避免争议海域难以判定导致协定无法达成的困境 b. 一定程度上保护争议地区的种群	防止国家间争端和摩擦
典型案例	1981 年澳大利亚与印尼的谅解备忘录，确立了“临时渔业监督与执法线”	为防止过度捕捞及对种群健康的威胁，1978 年苏联与挪威签订《巴伦支海渔业协定》，确定由渔业委员会决定年度总可捕获量	1979 年加拿大与美国通过修订《1953 年养护太平洋和白令海比目鱼公约议定书》将保护范围扩大至北太平洋的整个渔业管辖区域	1977 年苏联与瑞典的渔业协定，确定区域内渔业活动管辖权不属于任一缔约方，由波罗的海渔业委员会管理

（二）合作区域机制

鉴于地中海和加勒比海的闭海或半闭海属性与跨界或高度洄游种群的大量存在，以及中西太平洋渔业委员会某种程度上将南海海域纳入其管理范围的可能性，因此理解这些域外实践（表 2）有助于创设和进一步建立有效合作机制以管理南海渔业资源。

---

〔6〕 参见 http：//www. icj-cij. org/files/ case-related/17/017-19531117-JUD-01-00-EN. pdf，访问日期：2019 年 4 月 20 日。

表 2 渔业资源合作区域机制比较

区域	地中海	加勒比海	中西太平洋
渔业资源管理机构	·地中海渔业一般委员会（GFCM） ·养护大西洋金枪鱼国际委员会（ICCAT）	·加勒比区域渔业机制（CRFM） ·中西大西洋渔业委员会（WECAFC） ·养护大西洋金枪鱼国际委员会（ICCAT）	中西太平洋渔业委员会（WCPFC）
机构性质	区域渔业管理组织（GFCM 与 ICCAT）	·区域渔业管理组织（WECAFC 与 ICCAT） ·非典型性区域渔业管理组织（CRFM）	区域渔业管理组织（WCPFC）
管辖水域	地中海、黑海及邻接水域	不仅仅为加勒比海区域	中西太平洋区域
参与方	沿海国及远洋渔业国	·沿海国及远洋渔业国（WECAFC 与 ICCAT） ·加勒比共同体成员国（CRFM）	沿海国及远洋渔业国
管理种类	·所有渔业资源（GFCM） ·高度洄游物种（ICCAT）	·所有渔业资源（CRFM 与 WECAFC） ·高度洄游物种（ICCAT）	高度洄游物种（WCPFC）
组织结构	包括决策机构、分委会及其他附属机构	包括决策机构、分委会及其他附属机构	包括决策机构、分委会及其他附属机构

1. 地中海区域

早在《海洋法公约》通过前，联合国粮农组织大会在 1949 年就已经通过了《关于建立地中海渔业一般委员会的协定》，以促进该地区海洋生物资源的开发、养护、合理管理和充分利用以及水产养殖的可持续发展。并且及时更新海洋生物资源养护与管理新理念，如将预防性方法和可适用的最佳科学证据，纳入最新修订案的条款中。

除了由 22 个地中海国家、日本以及欧盟等成员方代表组成的一般委员会外，协定还设立了科学咨询分委会、水产养殖分委会、守法分委会、行政与财务分委会以及它们各自在罗马的附属机构和秘书处。更为重要的是，其专门规定了争议解决的解释或适用条款。当一般委员会无法解决特定争议时，案件应及时交由 3 名成员共同组成的特别委员会处理。虽然该委员会的建议本质上不具有拘束力，但相关争议方仍有必要以此为基础认真考虑。若它们仍不愿意接受前述建议，应提交给国际法院或仲裁机构裁决，除非其同意其他解决方式。

养护大西洋金枪鱼国际委员会为有权管理地中海的又一区域组织。与地中海渔业一般委员会不同，养护大西洋金枪鱼国际委员会仅管理金枪鱼和类似金枪鱼等高度洄游种群。为了防止重复指令而可能出现的低效和资源浪费，地中海渔业一般委员会和养护大西洋金枪鱼国际委员会开始相互合作，并于 1994 年联合成立大型浮游物种特设工作组。

2. 加勒比海区域

由于通常不宽于 20 海里（洪都拉斯、尼加拉瓜和委内瑞拉海岸除外）的狭窄大陆架和大部分区域不受利于海洋生长的上升流作用这两个因素的存在，加勒比海盆地海洋生物资源并不丰富。因此，该区域工业化捕捞规模相对较小且主要位于海岸线一带。但经济发展带来的与日俱增的压力，对该区域国家以可持续方式开发与管理海洋生物资源提出了挑战。有限的国土面积和脆弱的经济资源，使得加勒比共同体国家难以规划和实施有效的渔业方案。

1991 年，12 个加勒比共同体国家与加拿大政府，共同设立了以“促进区域鱼种可持续利用与养护”为宗旨的渔业资源评估与管理计划。运行 11 年后，作为该计划永久和可持续的继承者，由大多数小型发展中岛国和其他组织或机构等观察员组成了以成员国管辖范围内的海洋与其他水产养殖资源以及共享、跨界或高度洄游种群为管理对象的加勒比区域渔业机制。

为了促进和帮助实施负责任利用区域渔业和其他水产养殖业以实现当代和后代的经济和社会效益，加勒比区域渔业机制协定设立了部长理事会、加勒比渔业论坛和技术部 3 个部门。其中，作为最高决策机构，由成员国渔业部长组成的部长理事会负责制定和确定政策，需每年定期和为实现功能确有必要时不定期召开会议。由每一成员国、准成员和观察员派一名代表共同组成的渔业论坛，也建立了执行委员会及其附属机构以必要时履行其职能。作为常设秘书处的技术部，应充分配有管理、技术、科学和其他辅助人员，以向成员国提供技术、协商和咨询服务，并支持和提高成员国渔业领域的能力建设。

然而，有学者认为，并不充足的加勒比海生物资源，使得加勒比区域渔业机制很难通过向外国船只颁发捕捞许可证方式以获得可观的收入来源，这意味着其预算主要由成员方自行供给。因此，计算出成员国尤其来自小型发展中岛国提供的资金援助额，对于保障加勒比区域渔业机制的运行十分关键。

除了加勒比区域渔业机制外，从其成员资格标准和现有成员资格角度看，由联合国粮农组织成立的中西大西洋渔业委员会为该区域渔业资源养护和管理的最佳机构。此外，考虑到养护大西洋金枪鱼国际委员会的存在，设计者将加勒比区域渔业机制定位于促进与其他主管机构合作的非典型区域渔业管理组织。

3. 中西太平洋区域

金枪鱼种群跨越不同沿海国专属经济区和公海而遍布整个中西太平洋区域。自 20 世纪 70 年代专属经济区制度设立以来，为获得经济收入，沿海国主要通过与远洋渔业国达成双边协定的方式许可该国籍渔船在沿海国专属经济区进行捕捞。

1979 年，由 15 个小型太平洋岛国以及澳大利亚和新西兰共同组成的南太平洋渔业论坛提出成立区域渔业管理组织，以养护与管理区域整个迁徙范围内的金枪鱼种群。为保证该机制的正常运行，该组织制定了外国渔船承担执行费用的规章制度，包括建立船舶登记册和区域标准，评估准入费用和引入船舶监测系统等。此外，努力促进区域内合作，并协调与远洋渔业国之间的渔业管理政策以及合作监测和执法。

但美国一直质疑，加勒比渔业论坛的成立及沿海国单方面措施不符合《海洋法公约》第64条之规定，即相关国家合作建立机制以养护和管理整个迁徙范围内的高度洄游种群。远洋渔业国认为，在没有安排其参与的前提下，论坛单方面管理金枪鱼种群侵犯了它们在《海洋法公约》项下有关公海捕鱼自由的权利。虽然美国与论坛在1987年达成了一项涵盖专属经济区和公海的条约，但直至1993年联合国鱼类种群会议的召开，远洋渔业国与论坛成员国间的冲突才得以缓解。毫无疑问，该会议为它们协商建立区域渔业管理组织创造了条件，尽管双边分别认为会议成果支持了毗连公海的沿海国家利益和建立覆盖整个迁徙线路路径的区域渔业管理组织。

首个审议该区域渔业管理组织设立的多边高级别会议，经过7次磋商后，于2001年通过了《中西太平洋区域高度洄游鱼种养护与管理公约》，其中设立的中西太平洋渔业委员会，为《联合国鱼类种群协定》生效后首个以高度洄游种群，尤其以金枪鱼和类似金枪鱼物种如鲣鱼、长鳍金枪鱼、黄鳍金枪鱼和大眼金枪鱼等为目标的区域渔业管理组织。作为最高决策机构，该委员会被赋予了为履行职能和实现目标所必需的国际法律人格及法律能力。其通过协商一致达成决策，若无法达成共识，委员会也可对最终决定投票，但采取措施所需要的人数取决于问题的性质而有所不同。

委员会还设立了一些附属机构，以就各自负责领域向委员会提供建议。除了科学分委会、技术与守法分委会和财政与行政分委会外，其还依据该公约第11条第7款设立了北方分委会，以便就其可能在北纬20°平行以北地区实施这种养护和管理，以及为制定此类措施提供建议。毫无疑问，北方分委会的建立，将防止北太平洋渔业资源养护与管理的决策过程落入南太平洋小型国家控制的困境中。

三、南海渔业资源合作养护与管理的应然路径：《南海渔业协定》何以可能

（一）《南海渔业协定》的框架构想

1. 南海渔业资源养护与管理的国际立法评价

有关渔业资源养护与管理的国际立法[7]不仅为南海周边国家或地区开展渔业合作提供了全球性的法律框架，而且为区域文件以及项目、计划的实施确立了宗旨和原则。

但笔者以为，仅依靠国际立法显然不足以实现南海渔业资源养护与管理的区域合作。首先，周边国家对协定的选择性加入和选择性定位。例如，菲律宾是《迁徙物种公

〔7〕 除《海洋法公约》外，还包括《生物多样性公约》《华盛顿公约》《迁徙物种公约》《建立世界贸易组织协定》《公海渔船遵守协定》《跨界鱼类种群协定》《港口国措施协定》等。其中除了《建立世界贸易组织协定》允许我国台湾地区以单独关税区身份加入外，其他6类国际性法律文件均以不具备国家身份为由而将其排除。

约》的唯一缔约方，其他国家针对该公约的消极对付折射出对渔业资源保护的心态。对于具备重要滨海休闲娱乐和工业化捕鱼功能的南海海域，周边国家无一例外地未批准通过《跨界鱼类种群协定》和《公海渔船遵守协定》。但对《负责任渔业行为守则》却表现出浓厚兴趣，并且支持通过自愿性区域行动计划打击包括非法、不报告和不管制在内的捕鱼活动。其次，国际立法条款的笼统，削弱了国际公约赋予各成员方的义务。例如“在适当情形下”“根据国内立法和政策”等模糊词语，并不能有针对性地解决区域的特定问题。最后，受国际立法成员方众多、南海周边国家公约签署或批准的不统一以及秘书处的角色局限等因素影响，南海海域渔业资源养护与管理很难得到有效监督和执行。

2. 中国与南海沿岸国渔业合作现状

早在十多年前，我国就与相关南海沿岸国在不同程度上开展渔业合作实践[8]，如中越《北部湾渔业合作协定及其补充议定书》，规定了两国在北部湾进行渔业作业的共同渔区和过渡性安排水域及小型渔业缓冲区，此外，两国还依据渔业合作协定成立了北部湾渔业联合委员会对这些渔区进行管理。《关于渔业合作的谅解备忘录》《关于修改〈部分总可捕量的双边安排〉的议定书》设立中国与印尼渔业合作混合委员会，对入渔许可、作业区域、渔船渔具等作了规定，并约定有关协定的争端由两国协商解决。但从《海洋法公约》第 63 条第 1 款、第 74 条、第 83 条第 3 款及第 123 条规定来看，现有合作仍存在诸多不足。

首先，鉴于南海为半闭海的属性，且渔业资源多为跨越多个国家管辖海域或高度洄游种群，无法约束第三方的双边渔业合作并不能有效改善他国过度捕捞、海洋生态环境进一步恶化等现状。其次，大部分文件缺乏法律拘束力及可操作性，导致合作流于形式，且并非十分关注渔业资源的养护与管理。如中国与印尼以开拓渔场、提高渔业资源开发利用为目标。最后，合作文件并未依据《海洋法公约》第 123 条，从生态系统角度对南海整体、专门加以考虑，如《中越北部湾渔业协定》只调整南海中的北部湾区域。

综上，有关渔业资源养护与管理的现有国际立法和区域合作文件并不能真实、充分地回应南海大海洋生态系统所面临的渔业资源枯竭和生态环境恶化的风险。而《南海渔业协定》拟以自然法则的生态系统为出发点，考虑中国的主导性、区域的特定性、主体的多边性以及协定的约束性，通过“共商、共建、共享”的全球治理理念和务实开放的姿态来探索区域合作。

---

〔8〕 中国与马来西亚、文莱之间并未建立国家政府间的双边渔业合作文件，但地方政府和相关部门之间的渔业合作依然存在。例如，1998 年广东省海洋与水产局与马来西亚沙巳州签订了渔业合作协议；在中马渔业商务论坛暨马来西亚 - 广东渔业经贸合作交流会上，马来西亚农业与农基工业部与中国农业部和广东人民政府共签订了 15 项渔业合作谅解备忘录，双方各有 15 家渔业公司参与。又如，2009 年中国广东省海洋渔业局和文莱渔业局签署了渔业方面的合作谅解备忘录，协议由双方指定企业在文莱组建金航海洋生物有限公司，以便共同执行深水网箱养殖基地项目。

3. 中国主导的《南海渔业协定》基本架构：大海洋生态系统

由著名美国学者谢尔曼和亚历山大率先提出的大海洋生态系统，是指从河流盆地的沿岸区域和海湾到大陆架边缘或近海环流系统边缘的海域。其一般大于20万平方千米，具有独特的海底地形，水文、生产力和生物种群相互依赖等特征。与《海洋法公约》根据距离标准和自然延伸决定各国管辖权不同，大海洋生态系统以独立的海洋生态系统为单位进行管理，有利于全面了解南海渔业资源现状，从而制定符合自身特点和发展规律的管理规则，并通过协调一致的渔业分配比例，避免渔业争议，实现南海渔业资源养护与开发。而且从理论上看，以大海洋生态系统为基础的渔业合作本质为国际合作，符合周边国家的共同利益。

鉴于此，《南海渔业协定》各缔约方，应意识到它们有责任采取必要措施养护和管理半闭海下的跨界或高度洄游鱼种；顾及沿海国在国家管辖区内为勘查、开发、养护和管理海洋生物资源的主权权利，以及渔民历史作业习惯与传统渔区；考虑到鱼种养护与管理措施对缔约方人民的食物来源、就业和经济利益的重要影响。

在此基础上，协定的主要内容可包含以下方面：第一，关于术语的界定或说明。如对本协定管辖的鱼类种群、捕鱼、船舶、协商一致、缔约方、委员会及其成员等解释。第二，基本原则的构建。围绕国家主体、渔业资源养护与利用、和平解决争议等关键词，应将主权原则、预防原则、可持续发展原则、协商一致原则等作为贯穿协定始终的根本性纲领。第三，适用区域的确定。临时仲裁庭于2016年7月12日作出非法无效的所谓南海仲裁裁决后，我国政府于当日发表《中华人民共和国政府关于在南海的领土主权和海洋权益的声明》，其中第三点的阐述[9]表明，目前我国对南海断续线内海域的权利主张构成分层级的“权利体系”，即代表着主权的历史性权利和传统捕鱼权等非主权性历史性权利。所以，渔区的划定不能仅考虑管理和执法的便利，还需兼顾传统渔业活动，充分回应渔民的合法利益和诉求。考虑到我国与沿岸国家在领土主权和海洋权益上均存在争议，需长远规划，先易后难，循序渐进。既要有效调动和发挥渔民在南海权益维护中的积极作用以主导谈判进程，如逐步构建渔民南海生产的激励和保障政策体系、渔业冲突应急管理机制及渔业政策运行机制，也要充分了解其他争议国家或地区对渔业依赖的真实程度，如对渔民生计、国家经济、居民消费习惯等方面的调查，并比较与协调渔业立法和执法措施，避免或减少因渔民技术性违规而上升为国家间争端，以致影响整个南海地区的和平与稳定。第四，渔业委员会的建立。包括委员会地位、性质、总部、组成等一般性规定，为履行其职能而召开的委员会会议所涉及的时间、地点、成员

---

〔9〕“基于中国人民和中国政府的长期历史实践及历届中国政府的一贯立场，根据中国国内法以及包括《海洋法公约》在内的国际法，中国在南海的领土主权和海洋权益包括：（一）中国对南海诸岛，包括东沙群岛、西沙群岛、中沙群岛和南沙群岛拥有主权；（二）中国南海诸岛拥有内水、领海和毗连区；（三）中国南海诸岛拥有专属经济区和大陆架；（四）中国在南海拥有历史性权利。”

要求，会议使用的语言，主席的任命和任期，决策方式等程序性安排，以及为了保障委员会正常运行而下设的附属机构及其职能等。第五，委员会成员权利和义务的明确。如权利方面，协定的任何规定不能解释为妨害或减损任何国家根据国际法行使的主权、主权权利或管辖权，及其有关海洋法问题的立场或观点；每一缔约方若有合理理由相信悬挂另一国家国旗的船舶从事了任何损害协定区域内采用的养护和管理措施效力的活动，应提请有关船旗国注意，并在适当时提请委员会注意。义务方面，每一缔约方应采取一切必要措施保证实施和遵守本协定及依据本协定通过的任何养护和管理措施，包括通过必要的法律法规；向委员会提供为实现本协定目的需要的所有信息，并应在委员会要求时或适当时提供为执行根据本协定通过的措施而采取的行动的信息；在规定时间内向委员会提交有关渔船的活动报告等。第六，与其他组织的合作管理。委员会在必要时应与区域和全球渔业组织合作，在适当时达成共识，建立有关机构如磋商分委会，以实现本协定目标、获得现有最佳科学信息和避免重复工作，确保委员会和其他组织的养护与管理措施协调和互不抵触。

李克强总理提出了“和平、合作、和谐”新型海洋观，作为负责任大国，中国应以开放包容、互利共赢的心态推进渔业协定的进程。如为了掌握渔获限额分配的关键数据，我国政府可通过加大远洋渔业的资金扶持力度、培植远洋渔业龙头企业、开辟新渔场等方式鼓励渔民远洋捕捞并开发其他鱼种以获得历史和传统捕鱼活动的记录；向委员会自愿缴纳更多的捐款以研究和养护本协定管辖的鱼种、相关或从属物种以及保护海洋环境；必要时向其他周边国家或地区特别是以外向型渔业为主的国家提供技术援助、技术转让、培训，以减少技术性贸易壁垒；支持其水产养殖业和休闲“渔”乐业的开展；适当提高对周边国家鱼种的进口数量等，并以“一带一路”倡议为契机，将委员会总部设在中国南宁。上述措施在某种程度上将进一步强化中国主导下的南海区域秩序的重构。

（二）《南海渔业协定》的区分管理：对现有合作区域类型的回应

根据先前对争议区域合作类型的分析，就同时实现可持续渔业和防止国家或地区间的紧张与冲突而言，灰色区域协定似乎更胜一筹。首先，尽管临时渔业边界功能在缓解渔业冲突方面并不逊于法律上的最终边界，但南沙群岛主权争端的现实性，以及不符合自然法则的人为划定海洋界线（无论临时或最终），使得临时渔业边界协定安排并非流动性鱼类种群的最终归宿。其次，白色区域协定虽能在一定程度上减轻周边国家间的渔业纠纷，但不能避免“公地悲剧”的发生，而准许其他国家渔民前来捕鱼的做法，也必将挤压南海周边国家渔民的生存空间。最后，由于国家管辖范围限制的模糊性，轻灰色区域协定并不能有效避免涉渔事件冲突。

虽然灰色区域协定与上述两大目标并行不悖，但针对争议地位被一个以上主张国质疑的重叠海域，可否分目标、有针对性地结合区域的特殊性，对南海渔业进行建设、管理？

1. 海洋保护区网络建设

国际自然保护联盟对海洋保护区的定义已被国际社会所普遍接受。为了实现对承载相关生态服务和文化价值的自然之保护目的，该组织认为海洋保护区是指“潮间或低潮地带的任何区域，连同所覆盖的水域及相关植物、动物、历史和文化特点，以法律和其他有效手段加以保留，以保护部分或全部封闭环境”。而所谓网络是指为了实现更为有效和系统的生态目标，各海洋保护区在不同空间维度和保护水平上协作管理的集合。需要注意的是，并非海洋保护区的任意集合都可形成网络，它须位于某一特定或不同种类关键栖息地，且因物种活动而发生互联。

综观国际、区域和国内法律文件以及相关实践，尽管海洋保护区在名称上形式多样如“海洋自然保护区”“海洋保育区”“海洋景观区”“海洋公园”“渔业资源保护区”，但在传统意义上其不外乎具有以下两项主要功能：其一，保障海洋生态系统。具体表现为：保护对生物、基因等遗传资源多样性和/或一个或多个受威胁、珍稀以及濒危物种有重大影响的栖息地和产地；采取分类管理方法，限制或禁止对于海洋保护区有害影响的人类活动，确保经济社会发展与海洋和海岸生态环境保护相协调。其二，维持渔业健康发展。在既有传统渔业管理措施的基础上，海洋保护区有助于修复并保持已损鱼群的稳定性。实验显示无论在密度、数量、平均尺寸上，海洋保护区内物种与区外相比都有较大提升。并且，溢出效应也使本不属于保护区内的鱼群受益。

除了上述两项直接功能外，海洋保护区还充当类似于陆域保护的角色，如发展非消耗性旅游和娱乐活动〔10〕，提供科学研究和海洋环境保护教育培训计划。此外，我们不应忽略其还可缓解国家冲突和维持地区和平。事实上，某些跨界海洋保护区或和平公园已明确用于解决边界争端，维护冲突中或冲突后的和平以及促进稳定、合作的相邻关系。

2. 可捕捞区域的持续利用：以总可捕量制度和船舶监测系统为例

环保主义者、渔业管理者和区域渔业管理组织试图通过对捕捞活动设置各种限制条件解决过度捕捞危机，例如控制船舶的数量和大小以及捕鱼设备的种类和规格、关闭渔场、缩短捕鱼季节、设置其他合格捕鱼工具等。其中，总可捕量制度和船舶监测系统（也称自动识别系统）的运用最为普遍。

总可捕量制度，是根据某一水域的特定鱼类资源状况，在特定时间内允许捕捞总渔获量的保护和管理渔业资源的措施，一旦渔获量累计达到设定允许的渔获量最大值，就开始在当年全面禁止捕捞该种类的渔业资源。主要包括：总可捕量的确定和调整、总可捕量的分配原则和方法以及实施中的监督和管理措施等。目前，18 个区域渔业管理组织和 100 多个国家利用该制度管理不同类型的鱼类种群。该制度最显著的优势在于，试图稳定鱼类种群，并确保当前捕获不会影响未来生产力。

---

〔10〕 自 20 世纪 60 年代以来，休闲“渔”乐业在日本、澳大利亚、西欧、加拿大以及其他发达沿海国家和地区得到迅猛发展，并逐渐成为一国渔业经济的支柱性产业，其对经济、社会和生态产生了重要影响。

但渔获量的共同财产和自由获取性质，致使单凭总可捕量制度并不能解决海洋渔业过度捕捞的难题。与此相关，确定渔民私人对可持续捕获量享有排他性产权，以及每个渔民每年可捕捞量的私人可转让配额制度，可提升渔民对海洋资源的长期管理意识，进一步降低渔业投入和捕捞成本，促进渔民同渔场管理者之间更大限度的合作。典型的私人可转让配额制度包括以下要素：第一，政府根据对最优可持续捕获量的判断规定年度允许捕捞总量；第二，政府根据每个渔民（含渔业公司）的历史捕捞量或渔业资产价值向他们无偿分配捕捞配额；第三，免费获得捕捞配额的渔民和渔业公司既可以按照所获配额自己从事捕捞，也可以全部或部分转让私人配额，由他人从事捕捞。据此，当竞争性市场交易使配额的价格反映捕捞预期净收益流的现值时，配额持有者可通过出售或购买配额调整经营规模，捕捞成本高的渔民情愿卖出配额而退出渔业市场，捕捞配额向效率更高的渔民集中。这种做法不仅降低了渔民的捕鱼投入力度，也利于鱼类种群的恢复。

除了总可捕量制度外，作为一种实时及远程电子监视形式，专门监视相关辖区内渔船从事捕捞活动的船舶监测系统通过全球卫星定位系统可全程追踪渔船船位、船向及船速，以便于监控中心即时掌握和监督渔船的作业动态，如是否在禁止捕捞区活动或持有必要许可证及特定区域的捕捞配额等，以及定期与他国分享捕捞数据。船舶监测系统也支持其他通信及功能，如语音邮件、互联网访问和电子邮件、加强搜索和救援尝试与辅助导航。因此，该系统对于渔船的监督及渔业资源的养护与管理具有非常积极的作用。当前，5 个区域渔业管理组织和包括中国、美国、俄罗斯、澳大利亚等 30 多个国家强制性要求在其管辖水域内作业的渔船安装船舶监测系统。

（三）《南海渔业协定》的运行保障：专业治理结构设计

1. 南海渔业合作区域机制审视

随着南海渔业资源的不断衰减，南海周边国家以及众多国际性、区域性或民间组织本着合作精神就治理、恢复、保护南海渔业作了诸多尝试（表 3）。

表 3　有关南海渔业合作的政府和非政府间区域机制（按成立时间排序）

组织/项目	年份	性质	参与主体	与渔业事务有关的目的
亚太渔业委员会	1948	政府间项目	除文莱和我国台湾地区外的南海周边国家以及包括柬埔寨、泰国、澳大利亚、新西兰等亚太地区其他国家	通过发展和管理渔业生产和渔业文化，促进该地区水产资源的充分、合理开发，并使得相关加工、销售活动符合各成员国的发展目标
东南亚国家联盟	1967	政府间组织	越南、马来西亚、菲律宾、印尼、文莱以及其他 5 个成员	东盟环境项目
东南亚渔业发展中心	1967	政府间组织	东盟十国和日本	收集渔业数据和信息，研究发展新技术，促进渔业经济的可持续发展，以此保障该地区渔民粮食安全和经济发展，缓解贫困

续表

组织/项目	年份	性质	参与主体	与渔业事务有关的目的
东亚海协作体	1981	区域性协调机制	除文莱和我国台湾地区外的南海周边国家以及韩国、澳大利亚等域外国家	评估人类活动对海洋环境的影响，控制沿海污染，协调东亚海海洋环境中各主体的行动
亚洲开发银行	1986	政府间组织	中国、越南、马来西亚、菲律宾和其他56个成员	亚洲开发银行环境项目
处理南海潜在冲突研讨会	1990	非政府组织	南海国家私人组成的非正式工作组	主办一系列有关处理南海潜在冲突的研讨会
东亚海洋环境管理伙伴关系	1994	区域性协调机制	除我国台湾地区外的所有南海周边国家和朝鲜、韩国等域外国家，以及19个非政府间国际组织	根据海岸管理一体化原则，建立部门间、行业间和政府间的合作伙伴关系
东盟可持续渔业发展行动计划	2001	东盟框架下的区域政府间决议	越南、马来西亚、菲律宾、文莱及其他5个成员	可持续发展和负责任捕鱼
联合国环境规划署/全球环境基金南海项目	2001	政府间项目	除文莱和我国台湾地区外的南海周边国家	保护栖息地、渔业和治理陆源污染。明确将在南海争议地区的活动以及与主权相关的问题直接或间接排除

总的来说，这些合作机制仍因某些缺陷而尚未得到广泛和良好发展。

首先，区域机制范围的非特定性。地理上的广泛覆盖意味着不直接参与南海问题的行为体因潜在牵扯到各类文件，而使机制运行更为复杂。加之立场、价值取向、发展水平等差异，它们往往同南海周边国家的想法背道而驰。即便是南海周边国家，参与主体也并不统一。因此，能否构建独特、统一的区域机制授权专门管理机构组织和实施，并且将所有争议方都纳入其中？就南海渔业而言，努力了解利益相关者的真实意图，并由其自主共同决定才更为可取。

其次，区域机制目标的附带性和相似性。上述大多数区域机制并非以南海海域渔业的养护与管理为主要任务，由于专门区域公约这种基本、基础性法律文件的缺失，现行区域机制呈现出碎片化和不成体系。组织、行业、计划在缺乏有效沟通和对接前提下对渔业资源管理的重复指令，很可能既浪费参与国本已有限的资源，也损耗项目执行的效率和效果。

最后，区域机制实施的羸弱性。例如，1950—1970年，由联合国粮农组织发起设立的大多数区域渔业管理组织如亚太渔业委员会虽享有广泛的权限范围，但其仅发挥咨询和建议功能，没有资源管理决策权。而且，域外行为体的优先处置事项可能偏离了周边国家的现实需求，这也导致它们对区域项目的全面履行产生了抵触情绪。正如有学者针对加勒比海区域环境计划评述的那样，“其他组织的贡献有时不得不等价为捐赠者最终利益，而并非以加勒比海国家的当务之急为判断标准”。同样，出于政治或经济目的，联合国环境规划署/全球环境基金对当前很多区域机制的项目执行施加潜在影响，尤其当它们为经费来源的重要提供者时。虽然作为东亚海洋环境事务领导机构的东亚海协作体于 2009 年全面接管联合国环境规划署/全球环境基金南海项目，无奈各成员缴纳的信托基金远不足以缓解经费的持续紧张。类似的情形还出现在其他区域机制中，如东盟和亚洲开发银行虽也关注海洋课题，但将发展经济、消除贫困作为第一要务，使得前者缺乏足够的财政、权力和政治支持。

2. 南海渔业委员会及其安排

鉴于现行南海渔业合作区域机制在成立目的、管辖海域、参与主体、组织结构及其功能等方面的缺陷，为体现专门、独立、有效之特性，笔者建议设立南海渔业委员会及遵守与执行分委会、科学咨询分委会、争议解决分委会等附属机构。

（1）南海渔业委员会的定位及其职能。南海渔业委员会具备法人资格，享有为行使其职能及实现其目标所必要的法律能力。委员会及其官员享有相应的豁免权和特权。从组织机构看，由于渔业委员会是由各方赋予其在渔业合作区享有特殊的地位和权力，为体现公平合理原则，该委员会由各方派相同数量的代表组成，并可有专家和顾问陪同。除另有规定外[11]，委员会会议作出的所有决定应由三分之二委员会成员协商一致通过。其行使以下职能：（a）促进、实施和协调协定区域内对本协定管辖鱼种，必要时对相关和从属种类有关生物量、生物学、生物统计学的科学研究，以及自然因素和人类活动对这些种群和物种总量的影响；（b）收集、核实、及时交换和报告有关本协定管辖下鱼种渔业数据的标准；（c）以现有的最佳科学依据为基础采取措施如建立海洋保护区、总可捕量制度和船舶监测系统以确保本协定管辖的鱼类种群的长期养护和可持续利用，并将被捕捞种类的数量保持或恢复于能产生最大可持续产量的水平；（d）根据现有最佳科学信息，确定本协定管辖的某一特定鱼类种群是否已被充分捕捞或过度捕捞，并在此基础上确定捕捞能力的增加是否会威胁该种群的养护；（e）必要时，对属于同一生态系统，并因捕捞本协定管辖鱼类种群而受到影响的种类，或从属于或与本协定管辖的鱼类种群相关的种类，制定养护和管理措施，以保持和恢复这些种群的数量，使其数量高于物种繁殖可能受到严重威胁的水平之上；（f）通过适当养护和管理措施，以避免、降低废弃物、遗弃渔具所致的资源损耗量、捕获非目标物种（包括鱼类和非鱼类种类）以及对相关或从属物种，特别是濒危物种的影响；（g）建立全面的数据收集和监督计划，委员会每一成员可保留与委员会通过的指南相符的各自计划；（h）在可行的范围内促进开发并使用有选择性的、环境安全和低成本高效益的渔具、技术，开展包括与技术转让和培训

---

〔11〕 如通过及修正委员会预算，决定成员会费构成和比例的事项，以及其他特别重大事项。

有关的活动；（i）如目标种群或非目标种群、相关或从属物种的状况令人关注，委员会在缺少足够科学信息时依据预防性原则通过了有关措施后，应尽快设法获得必要科学信息以保留或修改这类措施；（j）相关行政事务的决定，如任命委员会执行秘书、批准预算等。

（2）附属机构的设置。为保障南海渔业委员会职能的实现，有必要对该委员会内部机制进行细化，设立遵守与执行分委会、科学咨询分委会、争议解决分委会等附属机构。

首先，遵守与执行分委会。其主要审议和监督委员会通过的养护和管理措施的遵守情况，如国家是否制定或修改相关渔业法律法规以与协定保持一致，船舶若从事了违反依据本协定通过的措施的活动时，船旗国有无展开全面调查，并将调查结果和已采取的行动通知委员会及其他缔约方；确保委员会成员渔业管理措施之间互不抵触；适当时，推动委员会与具有相似目标的其他国家和国际的公共或私人组织的合作等。

其次，科学咨询分委会。其主要审议委员会的计划、研究项目，并在适当时向委员会提供技术咨询意见，与遵守与执行分委会磋商，就关于总允许捕捞量的分配等科学问题，建立数据收集和监测计划的优先事项和目标，并评估该计划的结果。为扩大对本协定管辖的鱼类种群的认识和理解，开展并促进委员会成员间通过其研究机构之间的合作。

最后，争议解决分委会。委员会成员应合作以预防争端。对于不同缔约方渔船间产生的纠纷，它们应就任何有关本协定规定的解释或应用的争端进行磋商，以尽快取得各方满意的解决方案。若在合理时间内通过磋商未能解决，各方可相互同意将该争端提交到不具约束力的、在委员会框架内组成的争议解决分委会。该分委会应与有关成员协商并尽力迅速解决该争端，而不求助于具有约束力的争端解决程序。

四、结语

党的十九大报告指出，没有哪个国家能够独自应对人类面临的各种挑战，也没有哪个国家能够退回到自我封闭的孤岛。与油气资源共同开发这种资本密集型项目相比，同为临时性安排的渔业合作只是为了更好地规范现有活动，因此其低敏感、低成本特性可能使其更受欢迎。而且，《海洋法公约》的相关条款也要求周边国家在海洋划界前作出临时性安排，以保护作为半闭海的南海的跨界或高度洄游鱼类种群。

习近平总书记在多个不同国际场合对构建人类命运共同体和以合作共赢为核心的新型国际关系的重申，表明中国在国际社会中不仅会提供优质的国际公共产品，而且要充当化解纠纷矛盾、构建多元合作、推动共同治理的平台和桥梁的决心与信心。作为现行国际体系的参与者、建设者、贡献者，中国有义务也有能力在南海渔业资源合作养护与管理中发挥更为主动和积极的作用。

通过对当前该海域国际立法和区域合作文件的反思，以及对合作区域类型和机制的域外考察，笔者认为，中国主导的、承载多元利益层次的、基于自然法则的《南海渔业协定》应为潜在替代方案。从长远来看，南海渔业委员会及其附属机构分目标、有针对性地结合区域的特殊性，对南海渔业进行建设、管理，不仅有利于加强中国的海洋话语权和域内海洋秩序的协同维护，而且展现了中国以正确义利观和真实亲诚理念同发展中国家合作的意愿和能力。

基于半闭海制度的日本海区域合作分析

■朱　晖*　　周连义**

【内容摘要】中国自古一直是日本海沿岸国家，在该地区扮演着重要的角色。近代以来，由于特殊的历史原因，我国成为日本海的近海国，由此对于海洋权益产生了巨大影响。但基于出海口地理位置的特殊性，中国是有重要影响力的日本海周边国家。因此，应注重地理差异带来的规则特殊性，借鉴国际法意义的半闭海国际合作理念和经验，创新与日本海沿海国之间的国际合作思路，以出海权为契入点，重视发挥区域组织的作用，从而实现在日本海的海洋权益。

【关键词】半闭海　日本海　周边国家　出海权　区域合作

一、中国在日本海的法律性质界定

（一）日本海的半闭海属性

日本海是位于西太平洋的陆缘海，在库页岛、日本列岛、欧亚大陆、朝鲜半岛环绕之下，日本海地理位置特殊。作为西太平洋的一部分，日本海周围有多个海域与之相连，分别为间宫海峡（鞑靼海峡）、宗谷海峡、津轻海峡、关门海峡、对马海峡和朝鲜海峡。

《联合国海洋法公约》（以下简称《海洋法公约》）没有分别对闭海或半闭海进行明确定义，而是通过两个标准一并对其进行了规定：（1）两个或两个以上国家所环绕并由一个狭窄的出口连接到另一个海或洋的海湾、海盆或海域；（2）全部或主要由两个或两个以上沿海国的领海和专属经济区构成的海湾、海盆和海域。符合其中的任何一个标准，即可被认为是闭海或半闭海。[1] 从上述规定来看，半闭海的定义所包含的范围非常广泛，许多海域都在闭海或半闭海的范围内。关于半闭海的合作，《海洋法公约》第123条予以规定，该条款使用的措辞“应互相合作”和“应尽力”，使得本条所规定的合作更倾向于一种倡议，而不是一种强制性义务。[2]

日本海的地理概况符合《海洋法公约》对于半闭海的定义，即“全部或主要由两个或两个以上沿海国的领海和专属经济区构成的海湾、海盆和海域”，是典型的半闭海。

（二）中国在日本海的法律地位

根据《海洋法公约》的规定，沿海国是指其陆地领土的一部分或全部邻接海洋的国家。我国虽然没有领土与日本海相连，但是在水路上有图们江与日本海相连，图们江是

---

* 大连海洋大学海洋法律与人文学院副院长。

** 大连海洋大学海洋法律与人文学院副教授。

〔1〕《海洋法公约》第122条规定。

〔2〕关于半闭海的合作，《海洋法公约》第123条规定：“闭海或半闭海沿岸国在行使和履行本公约所规定的权利和义务时，应互相合作。”

中国内陆通向日本海的唯一水上通道。中国作为临海而不通海的环日本海国家，法律地位不同于日本海周边其他国家。从历史沿革来看，是由于清末的不平等条约和日俄战争，导致出海口丧失。因此，由于特殊历史原因、出海口地理位置的特殊性以及作为渔源国和北方丝绸之路海洋文化传播地，中国应是基于特殊历史成因形成的有重要影响力的日本海周边国家。

1. 基于特殊历史成因分析

历史上我国东北部拥有漫长的海岸线，从日本海到北太平洋，其中还包括鄂霍次克海、鞑靼海峡。在清朝康熙年间，清朝签订了《中俄尼布楚条约》，该条约规定领土范围是以外兴安岭为中俄边界，外兴安岭以北是俄国领土，外兴安岭以南是中国领土。此时，我国在日本海还是拥有广阔海域的。随着时间的推移，《中俄瑷珲条约》和《中俄北京条约》这两个极不平等条约的签订，给中国带来了巨大的影响。[3] 在国土面积上，我国100万平方千米的外东北地区割让给俄国。但仍然保留了中国人在外东北地区的权利，其中就包括在日本海、鞑靼海峡沿岸散居、聚居和渔猎的权利，因此我国在日本海仍然保有出海权。[4]

出海权丧失的转折点出现在1938年，即张鼓峰事件。图们江流域出海口被日军占领，中国在图们江已经拥有的通行权和出海权至此被迫停止。

虽然在出海口丧失后表面上我国与日本海的联系被切断，但实质上我国仍然拥有出海权。图们江起源于长白山脉，是我国与朝鲜和俄罗斯的界河。新中国成立后，我国积极与图们江沿岸各国谈判，分别于1960年与朝鲜签订了《中华人民共和国政府和朝鲜民主主义人民共和国政府关于国境河流航运合作的协定》，1991年与苏联签订了《中华人民共和国和苏维埃社会主义共和国联盟关于中苏国界东段的协定》。协定规定悬挂中国国旗的船只可以在鸭绿江、图们江国境河流自由航行，据此我国于20世纪90年代三次组织了图们江出海科学考察。

2. 基于出海口特殊性分析

在地理位置上，图们江是河流沿岸三国的界河。上游部分是我国与邻国朝鲜的界河，下游15海里是俄朝界河，下游出海口位置是我国与该两国领土交界处。此处隔海即可遥望日本和韩国。在江心洲上，我国有一个小山村——防川村。从该村庄出发沿着图们江再向前15千米就是日本海，在防川村可以看见左边俄罗斯的边防哨所，右边朝鲜的无主荒地，二者在江上架起界桥。[5]

从上述地理位置上可以发现，我国距离日本海出海口咫尺之遥，最近的防川村可以

---

〔3〕 参见聂有财：《〈中俄北京条约〉签订前清政府对珲春南海岛屿的管理》，《云南师范大学学报（哲学社会科学版）》2018年第3期。

〔4〕 参见周国胜、滕超：《〈尼布楚条约〉与〈瑷珲条约〉在国际法上的比较》，《黑龙江史志》2006第6期。

〔5〕 参见于逢春、吴大澂：《恢复中国图们江出海权再探讨》，《东北史地》2014年第6期。

远眺日本海。基于图们江出海口地理位置的特殊性，我国虽然没有与日本海相连，但实际上是与日本海紧密联系的周边国家。

3. 基于渔源国分析

图们江流域一直盛产一种洄游性鱼类——大马哈鱼。据统计，截至20世纪初期，图们江流域及其支流大马哈鱼的产量还在10万尾以上。随着人类对于渔业资源的依赖和过度捕捞以及自然环境的恶化，图们江流域的大马哈鱼数量严重减少，整体产量不足20世纪初统计数量的十分之一。[6] 每年从太平洋经过日本海洄游到图们江上游产卵的大马哈鱼数量越来越少，从图们江游回日本海的大马哈鱼幼鱼也越来越少。

为了保护图们江流域海洋生物多样性，我国专门成立了吉林图们江洄游性鱼类保护基地，基地每年都要进行大马哈鱼、勃氏雅罗鱼的放流，放流数量达几百万条。除了对大马哈鱼进行保护外，还保护哲罗鲑、细鳞鱼、勃氏雅罗鱼（滩头鱼）、日本红点鲑、金鳟鱼等珍贵鱼种。[7] 我国作为图们江流域重要的海洋生物资源保护国，承担着大马哈鱼等鱼类的繁衍保护工作。这些大马哈鱼都是从日本海洄游到图们江上游的，我国保护大马哈鱼的行为一方面保障了日本海鱼类生物的多样性，另一方面表明我国是日本海重要的渔源国。综上，可以认定我国是对日本海渔业资源有重要影响的周边国家。

4. 基于海洋文化传播必经之地分析

日本海曾经是海洋文化交流互通的重要通道。我国是有五千多年历史的文明古国，众多优秀的文化、习俗被其他国家借鉴和吸纳。最有说服力的就是唐朝时期日本派到唐朝学习交流的访团，他们通过日本海抵达唐朝，学习生产技术，学习中国的汉字、艺术等文化。[8]

通过考古挖掘，在朝鲜半岛和日本都曾发现稻作遗址。在这些遗址中发现了属于绳文化晚期的稻作遗存。中、韩、日三国的众多学者认为，朝鲜半岛和日本列岛的稻作文化都渊源于中国稻作文化的东传。传播路径是以朝鲜半岛东海岸往东南延伸直到对马海峡，把日本海和鞑靼海峡包围在中间，形成一个北部交流圈。[9]

徐福东渡是典型的中日文化交流事件。记载徐福东渡的文献资料很多，最具权威性、真实性的当首推司马迁的《史记》。书中记载徐福的路线最有可能性是从山东龙口出发，跨海抵达辽宁半岛，再顺朝鲜半岛西海岸南行，在济州岛和对马海峡一带利用北上的暖流，过对马海峡，达日本北九州，然后沿濑户内海东移；或者，过对马海峡，利用日本海的左旋回流，沿山阴地区北上。这两条路线，均能充分利用海流和季风的有利因素，同时又能避开其不利因素，巧妙地利用自然航路，到达日本。[10]

---

〔6〕 参见江淮：《图们江——大马哈鱼的故乡》，《世界知识》2011年第17期。

〔7〕 同上。

〔8〕 参见［日］大贯静夫、赵辉：《环日本海文化的独特性和多样性》，《考古学研究》2012年。

〔9〕 参见金健人：《古代东北亚海上交流史分期》，《社会科学战线》2007年第1期。

〔10〕 参见张世响：《日本对中国文化的接受》，山东大学2006年博士学位论文。

日本海作为环日本海国家海洋文化传播的重要途径，对于周边国家间文化共融和文化交流起到了不可代替的作用。中国作为文化输出的主要国家，其海洋文化对周边各国的影响巨大。可见，从海洋文化传播的角度分析，我国也是日本海周边有重要影响的国家。

二、作为半闭海周边国家享有的权利

根据《海洋法公约》和其他国际公约、条约以及双边协定的规定，我国作为日本海周边国家享有出海通航权，在日本海可以享有以下权利：

（一）在他国领海可以行使无害通过权

根据《海洋法公约》第 17 条和第 19 条的规定，所有国家船舶均享有无害通过领海的权利，只要不损害沿海国的和平、良好秩序或安全。这是经过长期的国际实践而形成的习惯法规则。[11] 目前，日本海周边各国均提出了划界要求。其中：

1. 日本

1977 年，日本出台了《领海及毗连区法》，其中第 1 条和附则第 2 条规定，日本领海宽度是 12 海里，但在宗谷海峡、津轻海峡、对马海峡东水道、对马海峡西水道及大隅海峡实行 3 海里。1996 年日本加入《海洋法公约》后，修改了该法，但仍保留了上述规定，这就使得上述海峡属于用于国际航行的海域，适用自由航行权。[12] 此外，日本和俄罗斯在领土争议上存在较大分歧，特别是北方四岛（南千岛群岛）的主权问题，两国经过长时间的谈判和协商，始终没有达成实质性共识，对于日本提出的共同开发岛屿的问题，俄方也没有予以回应。因此，在日本海地区，日本的划界主张是单方的，没有经过相关国家和国际社会的认可。

2. 俄罗斯

俄罗斯是《海洋法公约》成员国，在日本海，俄朝两国在 1990 年签订《苏维埃社会主义共和国联盟和朝鲜人民民主主义共和国关于苏朝国家边境制度的协议》（以下简称《朝俄边境制度协议》），该协议确定了朝俄两国陆地和领海边界线。1986 年，朝俄两国签署了《苏维埃社会主义共和国联盟和朝鲜人民民主主义共和国有关经济区和大陆架的划界协议》（以下简称《朝俄经济区和大陆架划界协议》），该协议划出一条边界线，确定了两国重叠经济区和大陆架的界线。然而，《朝俄经济区和大陆架划界协议》并未考虑韩国和日本在日本海海域的权益，因此遭到了该两国的反对。国际法有关海洋划界的一个基本原则是任何国家不可从自己的损害行为中获益，因此，《朝俄经济区和大

---

〔11〕 Stuart B. Kaye, "Lessons Learned from the Gulf of Maine Case: The Development of Maritime Boundary Delimitation Jurisprudence since UNCLOS III", *Ocean and Coastal Law Journal* 14, 1 (2008): 73-99.

〔12〕 参见李人达：《日本诸多国际海峡中国军机军舰为何有权通过》，http://theory.haiwainet.cn/n/2018/0326/c3542938-31286363.html，访问日期：2019 年 4 月 9 日。

陆架划界协议》本身是否有效仍然存在问题。此外，俄罗斯和日本的划界争议中，其认为在宗谷海峡的划界方法应该采用等距离法，以此来确定两个大陆架和专属经济区。〔13〕

3. 韩国

在日本海周边国家中，第一个达成国际海洋边界协议的是韩国和日本。日韩大陆架北部边界是两国在1974年签署的《日本和大韩民国关于确定邻接两国的北部大陆架边界协定》（以下简称《日韩北部大陆架划界协定》）所确定的。该协议仅规定一条相对单一的海洋边界线，长度大约260海里，从朝鲜海峡一直延伸到日本海内。

虽然《日韩北部大陆架划界协定》划出了两国在朝鲜海峡的大陆架界线，然而，由于日韩竹岛主权之争，该协定并未划定从该协定确定的朝鲜海峡最北点向北一直延伸至竹岛区域的大陆架界线。〔14〕此外，两国近年来就日本海名称的争端实际上也严重影响了两国达成新的划界协议。因此，可以说两国在日本海区域的大部分重叠海域划界并没有得到解决。

4. 朝鲜

朝鲜政府至今尚未批准《海洋法公约》，但1977年朝鲜发布政令宣布建立200海里的专属经济区，专属经济区边界是在日本海内从与韩国相邻陆地界线端点（即北纬38度线）向东200海里。朝鲜在日本海宣布的领海基线连接了三个点，其北起图们江口，中间经过花台岸线上的一点，南至军事停战线临海终点，直线长度245海里（大圆弧线距离），是世界沿海国宣布的领海基线长度之最。〔15〕

（二）在他国专属经济区可以行使的权利

在《海洋法公约》中有一项特殊的海洋法制度——专属经济区，其是从领海外部开始，不超过200海里的一个有着“自成一体”法律地位的海域。根据规定，沿海各国并不当然拥有相关海域的管辖权，而是需要通过国内立法的方式予以确定。国际上主要存在以下几种立法模式，详见表1。〔16〕

表1 专属经济区立法模式概况

序号	立法模式	应用国家
1	从国家领海基线以外测量，200海里以内的水域和资源	部分非洲国家和拉丁美洲国家
2	对已经确立的渔区上的法律和管辖内容不变，只是把范围扩大至200海里	部分欧洲国家

〔13〕 参见李令华：《日本海国际海洋边界问题》，《海洋信息》1998年第2期。

〔14〕 Jon M. Van Dyke, “The Romania-Ukraine Decision and Its Effect on East Asian Maritime Delimitations”, accessed April 8, 2019, https://brill.com/view/book/edcoll/9789004252486/B9789004252486_005.xml.

〔15〕 参见张维强：《日本海划界研究》，《中国海洋法学评论（中英文版）》2015年第2期。

〔16〕 专属经济区是（EEZ）第三次联合国海洋法会议上确立的一项新制度。专属经济区是指从测算领海基线量起200海里、在领海之外并邻接领海的一个区域。这一区域内沿海国对其自然资源享有主权权利和其他管辖权，而其他国家享有航行、飞越自由等，但这种自由应适当顾及沿海国的权利和义务，并应遵守沿海国按照《海洋法公约》的规定与其他国际法规则所制定的法律和规章。

续表

序号	立法模式	应用国家
3	以第三次海洋法会议内容所规定的形式来确定在专属经济区上的权利	部分印度洋国家
4	实行渔区加养护区的模式	主要国家有俄罗斯和美国

根据《海洋法公约》的规定，专属经济区的法律制度由海洋权益制度、沿海国与其他国家的权利行使规则和专属经济区剩余权利的分配原则三部分组成。三种权益共同构成了专属经济区法律制度。具体而言，对于沿海国，《海洋法公约》采用的是列举式的方式，全部列出沿海国在专属经济区的权利，剩余没有规定的权利将进行再分配，潜在含义就是其他非沿海国也可以享有相应权利。在权利的行使上，无论是沿海国还是非沿海国，都需要在《海洋法公约》的框架内严格按照规定行使。但是作为沿海国仍然具有其他非沿海国不具有的权利，"专属"一词就体现了这一点。沿海国享有专属经济区内自然资源的管辖权和斟酌决定权。在日本海范围内，环日本海国家都主张自己的专属经济区，并宣称享有主权。

（三）国际海峡通行权利

"用于国际航行的海峡"这一法律术语首次出现在1958年《领海和毗连区公约》，在之后的《海洋法公约》中也使用这一术语。其是指"沟通公海或专属经济区的一部分与公海或专属经济区的另一部分的海峡"。根据《海洋法公约》第34条第1款和第35条的规定，用于国际航行的海峡的通过制度不应影响构成该海峡之海域的法律地位，也不应影响海峡沿岸国对该海峡海域及其上空、海床和底土行使主权或者管辖权。[17]

按照《海洋法公约》的规定，在国际海峡，所有船舶和航空器，包括军舰以及运载核武器的船舶（一般不能断言其航行是无害的）都享有通过性航行权。这里所说的通过性航行，指仅以迅速而不间断的通过为目的的航行。这里所说的通过性航行权，是指海峡两岸的国家或地区有义务不得妨碍或者阻止通过性航行。可以说，在通过性航行制度成立之后，发达国家提出的关于国际海峡应具有与公海同样的航行自由和飞越自由的主张基本上得到了国际社会的承认。考虑到世界上用于国际航线的海峡在法律地位、航行轨迹和水文信息上的差异，《海洋法公约》创造性地规定了自由航行、过境通行和无害通过三种通行制度，同时规定不影响长期有效的国际公约针对一些特定海峡建立的法律制度。

一般来讲，自由航行制度适用于海峡宽度超过24海里的用于国际航行的海峡，原因在于这些海峡中存在专属经济区或者公海。按照《海洋法公约》第36条规定，船舶和飞机有权按照《海洋法公约》的其他相关部分，自由航行和飞越于海峡中的公海或者

〔17〕 参见余民才：《浅论用于国际航行海峡的概念》，《中外法学》1998年第2期。

专属经济区航路。如果外籍船在此类海峡沿岸国的领海中航行，则应遵守无害通过制度。[18]

过境通行是指仅为了连续、快速过境位于公海或者专属经济区的一部分和公海或者专属经济区的另一部分之间的海峡的目的。根据《海洋法公约》第三部分规定的要求行使航行自由和飞越自由，同时也不排除在海峡沿岸国规定的入境条件限制下，为了进入、离开或者自该国返回而通过海峡。根据《海洋法公约》第44条规定，过境通行是不能被中止的。[19]

此外，根据《海洋法公约》第45条，下列两类用于国际航行的海峡适用不可被暂时中止的无害通过：

（1）海峡是由海峡沿岸国的岛屿和该国的大陆形成的，而且在该岛屿向海的一侧有航行和水文特征方面大致同样便利的、连通着公海或者专属经济区的航路；

（2）连接公海或者专属经济区的一部分与外国领海的海峡。在上述海峡行使无害通过权时，各国船舶应当遵守《海洋法公约》第二部分第三节各条款的规定；但是，海峡沿岸国没有权力根据《海洋法公约》第25条，出于保护国家安全的需要中止外籍船舶的无害通过权。另外，无害通过权不适用于飞机飞行通过海峡。

表2　日本海周边海峡国际通行情况

海峡名称	沟通海域	长度（千米）	宽度（千米）	深度（米）	国际通航情况
鞑靼海峡	鄂霍次克海与日本海	633	40—342	30—230	无害通过
朝鲜海峡	黄海、东海与日本海	390	180—200	80—230	自由航行
宗谷海峡	日本海与鄂霍次克海	101	43（最窄）	50—118	自由航行
津轻海峡	日本海与太平洋	110	18.5—78	131—521	自由航行
对马海峡	日本海与东海	222	46.3（最窄）	92—129	自由航行

除上述《海洋法公约》规定的相关权利之外，在日本海依据相关国际海洋法惯例可以衍生出海洋经济合作、航标设置和海事仲裁参与等权利。

三、日本海区域合作策略

从目前来看，半闭海区域的国际合作呈现出两种不同的方向：一是水平方向扩展，即半闭海中各沿海国合作的领域不断增多，从海洋渔业、科学研究、环境保护等基本方面，逐渐扩展到渔业资源保护、海洋搜救、海洋油污预防及处理、海洋保护区合作、水

〔18〕参见薛桂芳、刘新山：《海洋法学》，海洋出版社2018年版。

〔19〕随着国际主权原则与航行自由原则的不断妥协与让渡，显然航行自由的权利边界在不断延伸，集中体现在从无害通过制度的基础上，有效平衡了通航条件、管辖范围、空间载体等各方面因素，继而再用于国际航行的海峡，发展形成了过境通行性制度。

下文化遗产保护等诸多领域。二是纵向延伸，在半闭海制度下有关沿海国合作的程度不断加深。如地中海、黑海和波罗的海地区为实现国家海上搜救合作，沿岸国家签订多种双边协定，共同建立起海域的搜救秩序。[20] 黑海地区沿岸国家在布加勒斯特签署了关于保护黑海、治理污染的协议，开始对多瑙河进行治理，以减轻对黑海地区的污染排放。自 1995 年起，黑海污染状况开始发生明显好转。

因此，我国应主动开展日本海区域的国际合作，利用国际法意义的半闭海国际合作，力主将日本海地区化，以地区合作主导该地区事务。这样有利于阻止域外大国的干预，也符合半闭海国际合作倡议。[21]

（一）重视地理差异带来的规则特殊性

海洋法的形成与发展，来自对地理环境的充分认知。《海洋法公约》在制定过程中，由于受到美国和苏联两个大国的影响，半闭海的条款只要求合作，成为倡导条款，这是政治力量对地理环境差异的压制，其忽略了实际情况的需求。长久以来的国际活动实践证明：这样的条款会慢慢随着技术的发展而发展，逐渐演化成适应地理环境特征的规则。以波罗的海为例，从 20 世纪六七十年代开始，波罗的海地区逐渐重视海洋环境保护。经过将近半个世纪的发展，在《赫尔辛基公约》框架下建立起来的波罗的海环保合作具有很强的综合性，机制化程度很高，成为世界半闭海地区海洋合作的典范。在法理框架方面，覆盖波罗的海全海域的海洋环境保护合作以 1974 年签署的《保护波罗的海区域海洋环境公约》为标志。[22] 该公约是世界上首个综合全面的海洋环保协议，覆盖了整个波罗的海海域和所有的生物资源，包含了应对当时所有已知的海洋污染物以及生物过度利用的措施。

1992 年波罗的海沿岸国又签署了新的《赫尔辛基公约》。新公约体现了 1974 年《保护波罗的海区域海洋环境公约》实施以来海洋环保领域的新发展和新挑战，对海洋环保合作的形式和机制进行调整，并对具体的细则进行了系统更新。两个公约对波罗的海沿岸国如何携手共同对抗海洋污染所涉及的方方面面作出了细致、清晰、周全的规定和安排，为持续数十年的波罗的海环保实践提供了极为关键的框架性法律保障。

在机制构建方面，1992 年《赫尔辛基公约》建立了波罗的海海洋环境保护委员会（又称赫尔辛基委员会），负责公约各项条款的执行和落实。委员会建立初期，波罗的海地区东西两大政治阵营对立，沿岸国家对主权的顾虑很重，因此，委员会采取了低政治

---

〔20〕 参见王诺、林婉妮：《建设“21 世纪海上丝绸之路”视角下南海海上搜救体系构建研究》，《中国软科学》2018 年第 8 期。

〔21〕 参见郑凡：《半闭海视角下的南海海洋问题》，《太平洋学报》2015 年第 6 期。

〔22〕 参见谭畅：《闭海或半闭海合作制度研究》，西南政法大学 2017 年博士学位论文。在冷战的背景下，波罗的海沿岸国家于 1980 年突破两大阵营的对立和敌视，就该海域的生态环境问题展开区域合作。See Malgosia Fitzmaurice, *International Legal Problems of the Environmental Protection of the Baltic Sea*, Kluwer Academic Publishers, 1992, p. 15.

敏感性的科学导向战略（scientific technological strategy），偏向于科技性的研究、咨询、协调等工作。随着波罗的海海洋环保实践的推进和政治氛围的好转，赫尔辛基委员会的组织结构也在不断成熟和扩展。现有的委员会的结构完备，有领导层、秘书处、各有专攻的常设工作小组以及外联拓展工作组，与外部的整合、拓展和跨界合作也已经得到很好的机制化。该委员会的良好运行和强大的自我更新能力，保障了公约和波罗的海行动项目的各项规定和措施的有效落实。

日本海属于半闭海，地理环境特殊性对海洋治理的要求迫切而现实。根据其特殊性，日本海区域可以建立包括海洋环境保护、海洋资源开发、渔业资源养护与管理等方面的功能性区域合作。〔23〕 在渔业资源养护与管理领域，中国可以对高度洄游鱼类种群和跨界鱼类种群的历史渔获量进行有效记载，因为历史渔获量通常会在捕捞份额分配时作为主要参考值。从日本海各沿岸国共同关心的渔业合作、海洋环境保护、海洋旅游、海洋搜救、海难救助等领域合作开始，逐步扩展研究范围，促进国际合作的深入发展。〔24〕

（二）以制度模式创新奠定法律基础

从国际经验来看，联合国为半闭海区域合作贡献了三种制度模式：第一种是在北海区域，通过建立各自独立的法律制度来解决存在的问题，这被称为分立模式；第二种是在波罗的海区域，该区域的国家通过建立统一的法律方式来应对海洋环境问题；第三种是前两种的混合模式，这种模式在地中海区域得到了较好的应用。为应对地中海区域的资源开发、环境的监测和评估，相关国家通过了《保护地中海免受污染公约》以及两个议定书〔25〕，为进一步补充说明，后来又通过了五个议定书。〔26〕 正因为有了这些法律规定，才初步实现了地中海地区的海洋环境保护任务。为进一步开展地中海的保护，该区域又开始了第二阶段的行动计划，成员国对《巴塞罗那公约》进行了全面修订和重新命名。〔27〕 借鉴可持续发展、预警和“谁污染，谁治理”的原则，形成了《海洋环境和海岸区域保护公约》。在日本海，可以借鉴地中海区域的经验，以框架公约加议定书的双层法律机制模式保障日本海区域国家的合作。例如，我国可推动在日本海地区达成一项低敏感领域的合作协议，将已有的区域内国家形成的多种合作制度都纳入其中，构建日本海区域合作的法律基础，这也是我国争取该区域利益的合法手段。〔28〕

---

〔23〕 参见郭欢欢：《闭海、半闭海制度下看南中国海问题》，《大连海事大学学报（社会科学版）》2017 年第 6 期。

〔24〕 参见朱晖：《论美国海洋环境执法对我国的启示》，《法学杂志》2017 年第 1 期。

〔25〕 框架性公约加议定书的模式具有灵活性，可以在不修改公约的情况下，扩展功能性的合作事项。

〔26〕 此后签订的议定书详见“Protocols”，http：//www. unepmap. org/index. php？module = content2&catid = 001001001。

〔27〕 参见杜哲元：《日本海：中国对日地缘战略新转向》，《太平洋学报》2015 年第 1 期。

〔28〕 参见陈亚瑾、刘海廷：《“环日本海经济圈”建设研究》，《当代经济》2018 年第 10 期。

（三）发挥地区大国的主导作用，推动国际合作

地中海区域合作的实现，源于法国、意大利两国在早期发挥的重要作用。[29] 两国曾最早提出有关控制地中海油污的协议，法国更是利用自身的经济、技术和资金优势，扩大了其在地中海区域的影响，成功主导了20世纪70年代早期的地中海区域环境保护，例如对于海洋环境污染的检测和治理，法国支付了很大一笔费用，这些资金的作用甚至持续到联合国环境规划署开始主导地中海区域海洋环境保护之后的一段时间。从地理位置和经济规模上看，中国无疑是日本海周边的大国，随着“一带一路”“冰上丝绸之路”等国家倡议的实施，对日本海地区的利益需求必将有增无减。从实践来看，近年来中国政府越来越多地释放出推动东北亚和日本海区域合作的信号。2017年，习近平主席在会见俄罗斯总理梅德韦杰夫时，双方正式提出开展北极航道合作，共同打造“冰上丝绸之路”。[30] 北冰洋实现通航之后，由日本海途径白令海峡到达欧洲，将成为距离最短的路线。2018年9月，在第四届东方经济论坛全会上，习近平主席发表了题为《共享远东发展新机遇　开创东北亚美好新未来》的致辞，强调中方愿同地区国家一道，维护东北亚地区和平安宁，实现各国互利共赢，巩固人民传统友谊，实现综合协调发展，促进本地区和平稳定和发展繁荣。这一旨在激活东北亚经济圈的演讲引起了其他几个东北亚国家的广泛共鸣，与会各国纷纷表示希望韩国“新北方政策”、中国“一带一路”倡议、俄罗斯“新东方政策”、蒙古国“发展之路”战略、日本“八大领域经济合作”规划协调推进，共同促进东北亚地区的繁荣发展。中国有能力也有责任在东北亚和日本海区域合作中发挥主导作用，这对于从内部推动日本海区域合作进程意义重大。

（四）重视区域组织在半闭海区域的功能与作用

作为半闭海的地中海区域的成功之处在于建立了比较完整的组织框架。不论是地中海渔业合作，还是联合国环境规划署倡导下的地中海海洋环境保护合作，该区域合作的诸多成就和相关国际组织完善的组织框架所发挥的职能与作用密不可分。[31] 现有组织框架不仅能够满足相关国际组织日常事务性工作的需要，而且在资金支持、法律完善、活动开展等方面都有相应的组织机构履行其职能，在海洋合作事务开展的过程当中，这些组织机构分别发挥着建议、实施、监督、评估等不同的作用。这些经验不仅被近几十年海洋发展和合作的实践所证明，也是今后区域海洋合作的趋势之一。

加勒比海是一个比较典型的半封闭海湾。这一地区的渔业资源的保护与管理主要由

---

〔29〕 参见张颖：《半闭海制度对南海低敏感领域合作的启示》，《学术论坛》2016年第6期。

〔30〕 2017年7月4日，国家主席习近平在莫斯科会见俄罗斯总理梅德韦杰夫，双方提出要开展北极航道合作，共同打造“冰上丝绸之路”，落实好有关互联互通项目。2018年1月26日，中国政府发表首份北极政策文件——《中国的北极政策》白皮书，其中有关共建“冰上丝绸之路”的表述引起世界的高度关注。

〔31〕 参见张颖：《半闭海制度对南海低敏感领域合作的启示》，《学术论坛》2016年第6期。

两大渔业水产组织组成，分别是加勒比渔业组织和中美洲渔业组织。[32] 前者是加勒比海东部沿岸国组成的区域协调组织，共16个成员国，大部分是加勒比海岛国，管辖范围包括成员国的内水、领海、专属经济区和大陆架的渔业资源；后者主要由中美洲大陆的洪都拉斯等8个国家组成，管辖成员国的专属经济区、领海、内水等。[33] 根据《海洋法公约》的规定，加勒比渔业组织还要负责关于跨界鱼类种群和高度洄游鱼类种群的保护与管理。以上两个渔业水产组织之间的合作，对加勒比海区域的海洋生物资源保护与开发起到了重要的作用。[34]

黑海地区是一个同日本海区域类似的地区，黑海国家为了发展经济、同其他国家开展合作，于1992年在土耳其的倡导下，建立了黑海经济合作组织，并在伊斯坦布尔举行会议，会上各参加国共同签署了黑海经济合作计划协议，同时还签署了《黑海经济合作组织章程》（1999年5月1日起生效），这标志着黑海经济合作组织的成立。该组织在反对恐怖主义，加强基础设施、能源合作和环境保护等方面工作十分出色。为了促进经济一体化，黑海周边国家建立了自由贸易区，这为建立市场经济秩序创造了良好的条件。近年来，黑海地区国家在经贸往来、环境保护、基础设施建设、反恐合作等多方面进行合作，特别是把教育领域也列为优先合作的领域。[35]

虽然国际组织和专门机构的参与并不能保证区域合作的成功，但是无论从相关区域组织所具有的影响力，还是其既往区域海洋合作中所拥有的经验，以及在一定程度上所能够提供的资金支持，都会对日本海的区域合作有着极大的推动力。因此，应该重视并正确评估相关国际和区域组织所发挥的功能和作用，加深与相关国际组织的合作，积极参与其活动和事务。目前，东北亚地区成立了东北亚地方合作委员会和东北亚地区地方政府联合会等机构，主要是以推进区域合作为目的，促进经贸合作和区域协调，考虑到日本海地区的关注重点在海洋权益、海洋环境和渔业等资源的可持续利用方面，可研究成立专门的组织，以实现特定的目的要求。[36]

四、结论

日本海作为东北亚地区南北海上连接的重要通道，是中国、俄罗斯以及日本、美国及其盟国海上力量交织的海域和门户。在地理上，日本海是韩国、朝鲜、中国、俄罗斯

〔32〕 参见魏德才：《半闭海视野下的海洋治理与中国选择》，《浙江海洋大学学报（人文科学版）》2018年第1期。

〔33〕 参见张晓东：《规避南海的“修昔底德陷阱”——加勒比海历史经验的启示》，《太平洋学报》2017年第12期。

〔34〕 参见赵伟：《尼加拉瓜和洪都拉斯在加勒比海的领土和海洋边界争端案》，《中国海洋法学评论（中英文版）》2007年第2期。

〔35〕 Sergiu Celac, Panagiota Manoli, Towards a New Model of Comprehensive Regionalism in the Black Sea Area, *Southeast European and Black Sea Studies* 6, 2 (2006): pp. 197-199.

〔36〕 Ibid.

和蒙古等国进入太平洋的重要出口，也是美国、日本进入亚洲大陆的重要通道。从2010年起，美国宣布重返亚洲，并加强部署，日本也加紧扩大其海上力量。在激烈变革的国际形势下，日本海正在成为新海洋秩序下的“战略海洋”。中国自古以来一直是日本海沿岸国家，在该地区扮演着重要的角色。日本海属于半闭海，地理位置、历史沿革、流经区域均具有特殊性，各国主张的海洋权益也不同。作为沿海国和近海国，对于专属经济区的权益和对他国的限制有着本质的不同，沿海国可以获得法律明确规定的相应权利，同时也对专属经济区的剩余权利分配占有主动权。近海国则只享有航行自由、飞越自由与铺设海底电缆和管道的自由等规定的权利，至于剩余权利近海国需要和有关国家通过双边、分区域或区域协定加以约定。因此，我国应尽力从出海权及其衍生权益角度出发寻求维护海洋权益的行使路径。同时，由于半闭海制度的不统一，很难确定半闭海制度在水平方向上的范围，也很难给出半闭海在纵向上对国家主权的约束程度。国际法意义的半闭海国际合作，对于不同的国家、不同的海域有着不同的含义。基于此，我国应创新与日本海沿海国之间的国际合作思路，以权利的合法化与共享来化解分歧、解决问题。

（1）通过出海权实现衍生权益。依据国际水法、双边条约、历史性权利、公约关于海洋地理不利国的规定，我国打通日本海出海口具有明确的法理依据，基于此可主张行使出海权，从而实现通航自由、科学研究、资源调查等一系列衍生权益。

（2）基于半闭海性质加强区域内合作。根据《海洋法公约》的规定，日本海是典型的半闭海。借鉴相似海域的区域合作和发展趋势，我国可在纵深上逐渐加强与日本海区域内沿海各国的联合和合作。基于可持续发展理念，先采取相对灵活的双边协议形式，在敏感度较低的区域进行资源养护、科学研究、环境污染防治、海洋文化交流等合作，再逐步扩展合作范围和深度，渐次减少和抵御域外大国的影响。

（3）基于国际海峡行使航行权。根据《海洋法公约》的规定，日本海海域内的5个海峡均属于国际海峡，任何国家均享有航行和无害通过权，因此基于国际海峡的性质，我国可以自由进出日本海相关海域。

（4）实现由近海到沿海的愿景。根据国际海洋法的相关规定，只有沿海国才对其所辖领海和专属经济区享有专属权利。在沿海国管辖海域内，作为近海国只有同沿海国协商才能获得剩余权利。因此，要实现在日本海的海洋权益，必须真正获得沿海海域的管辖权，在打通日本海出海口的基础上可考虑在可能的情况下扩大沿海海域，实现由近海国到沿海国的转变。

《联合国海洋法公约》安全地带制度浅析

——兼论对美国南海“航行自由活动”的回应

■ 罗国强* 刘璐琦**

【内容摘要】安全地带制度是沿海国用以保护人工岛屿等海上构筑物的一项特殊制度。沿海国有权在遵守《联合国海洋法公约》规定的条件下，通过国内法设立安全地带制度。依据国际法理论和国家实践可以阐明沿海国在安全地带及附近范围内享有禁航、识别、紧追、登临等相关措施的权利。中国应结合本国实践，针对美国在南海的相关行动，从完善安全地带制度的立法入手，充分运用该制度对美国在南海实施的“航行自由活动”进行回应，以维护本国的海洋权益。

【关键词】安全地带 人工岛屿 “航行自由活动”

2015年10月至今，美国在南海海域多次执行其“航行自由行动”[1]，侵犯我国南海海域。针对美国军舰在南海的行为，现阶段中国如何作出回应的前提在于，中国首先要明晰美国的行为侵犯了中国的何种权利。对此问题的回答本质上要厘清美军驶入的相关岛礁的法律地位。我国南海地形复杂，同时存在岛屿、岩礁和低潮高地。对此应依据《联合国海洋法公约》（以下简称《海洋法公约》）的规定，对美军的行动目标进行分类：如果进入的是岛屿附近，则我国应依据《海洋法公约》有关领海、毗连区、专属经济区和大陆架的相关规定主张权利；如果进入的是岩礁附近，我国应依据《海洋法公约》有关岩礁的规定主张权利；但如若进入的是人为添附后产生的人工岛屿，我国应主张何种权利，学界对此尚无定论。

《海洋法公约》只规定沿海国有权在人工岛屿周围设立安全地带，但却并未规定安全地带制度的具体内容。在此背景下，只有先梳理《海洋法公约》有关安全地带制度的相关规定，进一步明确安全地带制度的具体内涵，才能弥补上述我国权利主张存在的空白，以便对美国军舰在南海的行为作出更为全面的回应。

---

* 武汉大学珞珈特聘教授，武汉大学国际法研究所博士生导师，国家“万人计划”青年拔尖人才。

** 武汉大学国际法研究所博士生。

本文为2016年教育部人文社科重点基地重大项目“构建人类命运共同体与中国国际法理论创新”（16JJD820011）的阶段性研究成果。

〔1〕 2015年10月27日，美军“拉森号”驱逐舰在事先没有通知的情况下，以无害通过方式驶入距离渚碧礁边缘12海里区域。2016年1月30日，美军“威尔伯号”驱逐舰在没有事先通知的情况下，以无害通过方式驶入西沙群岛中建岛距离领海基线12海里区域内。2019年2月11日，美军“斯鲁普恩斯号”和“普雷贝尔号”军舰，未经中国政府允许进入仁爱礁和美济礁邻近海域。2019年5月6日，美军“普雷贝尔号”和“钟云号”导弹驱逐舰进入距离南薰礁与赤瓜礁边缘12海里内的水域。

一、《海洋法公约》关于安全地带制度的规定及不足

安全地带（safety zone），是指沿海国出于保护人工岛屿、设施或结构等海上构筑物安全的目的而设立的特定区域。安全地带最初出现在特别报告员弗朗索瓦在1950年国际法委员会第二届会议上针对公海问题提交的报告中。该报告指出："沿海国对于为了勘探和开发公海海床和底土的自然资源而建立的海上设施，可以设立特定的安全区域，但是该区域不能被归为领海。"[2] 此处原文使用的"security zones"即为安全地带，与"safety zones"只是表达形式的不同。随着国家实践的发展，1958年《大陆架公约》首次规定了安全地带制度，即其第5条第3款规定了在已经建立的各项海上装置周围可以设立500米范围的安全地带。之后，《海洋法公约》继承了安全地带制度并对其进行了一定程度的发展。

（一）公约的相关规定

1. 安全地带所适用的海域

《海洋法公约》第60条第7款规定可以在专属经济区范围内设立安全地带，第80条规定上述条款也适用于在大陆架上建立的人工岛屿、设施和结构。一国的内水及领海属于一国享有完全主权的管辖水域，沿海国可以设立安全地带，除此之外，沿海国还可在专属经济区、大陆架以及公海设立安全地带。

2. 设立安全地带的海上设施的种类

《海洋法公约》第60条第4款[3]规定了可以设立安全地带的海上设施主要有人工岛屿、设施和结构。1958年《大陆架公约》规定安全地带保护的设施只能是"已建立的"，并且还只能是出于开发大陆架资源目的而设立的海上设施，《海洋法公约》中可设立安全地带的海上设施种类有所扩大。

3. 安全地带的范围

《海洋法公约》第60条第5款[4]规定安全地带的设立受其保护海上设施功能的限制，并且500米安全地带的范围只是一般性规定，允许存在例外情形。事实上，早在1958年日内瓦会议上，荷兰大陆架问题专家莫顿（Mouton）就提出，安全地带作为一个"保护性"的区域，50米的范围已经足够。上述观点虽然得到了石油公司相关可靠数据

---

〔2〕 See Report of the International Law Commission, General Assembly Official Records: Fifty Session Supplement No. 12 [A/1316], para. 200.

〔3〕《海洋法公约》第60条第4款规定："沿海国可于必要时在这种人工岛屿、设施和结构的周围设置合理的安全地带，并可在该地带中采取适当措施以确保航行以及人工岛屿、设施和结构的安全。"

〔4〕《海洋法公约》第60条第5款规定："安全地带的宽度应由沿海国参照可适用的国际标准加以确定。这种地带的设置应确保其与人工岛屿、设施和结构的性质和功能有合理的关联；这种地带从人工岛屿、设施或结构的外缘各点量起，不应超过这些人工岛屿、设施或结构周围五百公尺的距离，但为一般接受的国际标准所许可或主管国际组织所建议者除外。安全地带的范围应妥为通知。"

的支持，但仍有国家反对50米的范围。[5] 南斯拉夫则认为50米的安全区范围不足以保障人工岛屿、设施，因此其提出安全区的范围应该延伸至设施周围500米，并且包括设施空中高1000米的区域，该观点得到了意大利、英国等国的支持。[6]

4. 国家在安全地带内的权利义务

此项权利义务主要分为国家在专属经济区、大陆架的权利义务与在公海的权利义务。首先，对于在专属经济区和大陆架设立的安全地带，《海洋法公约》第111条第2款规定沿海国在此享有执法权，即“对于违反沿海国按照本公约适用于专属经济区或大陆架包括这种安全地带的法律和规章的行为，应比照适用紧追权”。《海洋法公约》第60条第6款规定其他国家须承担的义务，即一切船舶都必须尊重这些安全地带，并应遵守在相应附近水域航行的一般接受的国际标准。其次，对于在公海设立的安全地带，《海洋法公约》第260条只规定可以按照本公约规定设立500米范围以内的安全地带，相关国家同样须承担相应的顾及义务。

（二）《海洋法公约》规定的不足

1. 安全地带设立的标准不明

《海洋法公约》第60条第4款关于沿海国设立安全地带的规定中，规定沿海国有权设置安全地带时用的是“may”。这就表明虽然《海洋法公约》赋予了沿海国设立安全地带的权利，如果沿海国不行使该项权利，则安全地带就不会当然存在，那安全地带应如何设立才符合《海洋法公约》的要求？这一点无法从《海洋法公约》的条款中得知。

2. 《海洋法公约》对于设置安全地带国家的权利规定不明确

《海洋法公约》规定设置安全地带的国家在此海域中可采取“适当措施”，此规定体现了国家在安全地带内享有的权利。但《海洋法公约》未澄清“适当措施”的含义为何。《海洋法公约》在第111条中提出了沿海国在其安全地带内享有紧追权，那么紧追权是否为沿海国在安全地带内可采取的唯一适当措施，还是说这种适当措施还包括其他内容？对此，学界始终存在争论。有学者曾质疑，根据这种适当措施，沿海国可否制定特定航线从而限制特定型号的船舶进入安全地带？对于违反相关规定的外国船舶，沿海国是否有权对其进行抓捕？[7]

3. “一般接受的国际标准”含义不明

《海洋法公约》在涉及安全地带的规定中使用了“一般接受的国际标准”。但实际上，国际社会并未就安全地带制度形成统一的标准。例如，《海洋法公约》就安全地带

---

〔5〕 See Shigeru Oda, “Proposals for Revising the Convention on the Continental Shelf”, *Columbia Journal of Transnational Law* 7, (1968): 1-31.

〔6〕 See United Nations Conference on the Law of the Sea Official Records, Volume VI: Fourth Committee (Continental Shelf) Summary, A/CONF. 13/42, pp. 81, 84-86, 91-92. See also U. N. A/CONF. 13/C. 4/L. 15, U. N. A/CONF. 13/C. 4/L. 55, U. N. A/CONF. 13/C. 4/L. 28.

〔7〕 See David Joseph Attard, *The Exclusive Economic Zone in International Law*, Clarendon Press, 1987, p. 90.

的范围规定了例外的情况，“但为一般接受的国际标准所许可或主管组织所建议者除外”，在“极地曙光号”案[8]中，荷兰主张俄罗斯在普里拉兹姆纳亚钻井平台周围3海里设立的所谓“安全地带”违反了《海洋法公约》“安全地带”不得超过500米距离的规定。[9] 但此处是否满足“一般接受的国际标准所许可”的例外情形，《海洋法公约》并未给出合适的判断标准。

4. 安全地带制度与《海洋法公约》其他制度之间的衔接不明确

安全地带产生于“领海之外即公海”的海洋秩序之下，在当时其存在周围的水域只有领海和公海。但在《海洋法公约》的体系下，整个海洋划分成领海、毗连区、专属经济区、大陆架、公海、国际海底区域等具有不同法律地位的海域。不同海域的法律制度各不相同，当安全地带分别存在于不同的海域之中时，沿海国是否因此而在安全地带内区分不同的海域行使不同的权利，还是沿海国可以不顾安全地带内的不同海域性质，而行使统一的权利？事实上，安全地带制度与自身所在的水域之间有着无法分割的紧密联系，《海洋法公约》对安全地带简短概括式的规定未能充分考虑安全地带存在水域的特殊性，不利于各国理解和援引。

二、对《海洋法公约》相关条文的分析与澄清

《海洋法公约》涉及安全地带制度的规定模糊不清，从而导致了“极地曙光号”案等涉及安全地带制度纠纷的案例。在此本文试结合此案例以及相关国家实践，针对《海洋法公约》规定的不足作进一步深入的探讨。

（一）安全地带设立的合法性问题

就安全地带是否有效设立的问题而言，通过归纳“极地曙光号”案仲裁庭最终的解释以及审理过程中大量援引俄罗斯国内法的做法，可以发现仲裁庭认为安全地带的设立

[8] 2013年9月18日，30名分别来自不同国家（包括1名俄罗斯籍）的绿色和平组织的成员乘坐悬挂荷兰国旗的“极地曙光号”破冰船，前往归属于俄罗斯国家石油气公司位于俄罗斯专属经济区内的普里拉兹洛姆纳亚钻井平台周围，试图阻止俄罗斯在北冰洋开采石油。在此过程中，船上成员试图强行登上钻井平台。俄罗斯海岸警卫队乘军舰对“极地曙光号”进行追逐，并于次日对其进行了登临、搜查，扣押了“极地曙光号”并逮捕了船上成员，其后将该船拖至摩尔曼斯克州的科拉湾扣押，将30名成员关在摩尔曼斯克和邻近城市看守所，俄方在摩尔曼斯克州的列宁斯基地方法院起诉被扣押的船员，控诉他们从事海盗活动。根据俄罗斯的国内法，他们将面临最高15年有期徒刑的刑罚。因为“极地曙光号”悬挂荷兰国旗，荷兰随即与俄罗斯当局进行交涉，并于10月4日向国际海洋法法庭提起启动《海洋法公约》附件七下的仲裁程序，同时提请临时措施，要求俄罗斯当局释放涉事船只和船员，并停止相关司法活动。俄罗斯以其对《海洋法公约》下法庭的强制管辖权提出保留为由，否认仲裁庭及国际海洋法法庭享有管辖权，拒绝参加诉讼。仲裁庭于2015年2月裁定其对此案具有管辖权，并于同年8月作出实体裁决。仲裁庭最终认定俄罗斯联邦扣押涉案船舶及船员的行为违反了《海洋法公约》规定的沿海国的义务，认定俄罗斯采取的一系列措施不具有法律依据。

[9] The Arctic Sunrise (The Netherlands v. The Russian Federation), PCA Case No. 2014-02, Award on the Merits of 14 August 2015, para. 203.

应同时符合实体和程序的两方面要求：一方面，沿海国必须要通过国内实体法律明文规定所设立的区域是《海洋法公约》第60条语义下的安全地带；另一方面，沿海国的国内法必须就安全地带设立的程序进行明确规定，沿海国必须就安全地带的主管机关、设立机关以及设立程序进行规定，只有在满足沿海国国内法所规定的程序性要求的基础上设立的安全地带才具有法律依据。

从各国的国家实践来看，当前主要海洋国家对该问题的理解与仲裁庭的做法相同。例如，美国对安全地带的设立规定在1974年《洋面海港法》[10]中，该法第10条第4款分别就安全地带设立的实体和程序要求作出了规定："根据所承认的国际法原则，运输部长在经与内政部长、商务部长、国务卿、国防部长协商后，出于航行安全的目的可以指定洋面海港周围的适当区域为安全地带。运输部长通过规定来划定安全地带内所允许进行的活动。"第10条第4款第2项规定："除了任何其他规定外，根据本款规定，运输部长有权在建造深水港期间建立有效的安全地带并颁布与之相关的规则和条例。"根据这个规定，美国在安全水域内可以执行利用洋面海港船舶的航行管制、环境保全措施以及机构中提倡为了洋面海港的保护及周边海域航海的安全，应努力实现时效性的国际措施。[11]

1964年英国《大陆架法案》[12]从实体和程序两个方面分别对安全地带的设立进行了规定，该法案第2条规定："为了保护特定领域内构筑物的安全，燃料动力部可以通过行政立法性文件制定禁止船舶进入特定领域内的规则，在符合规则规定的例外情形下，未经授权可以进入规则规定的特定领域内。"

此外，加拿大《海洋法》也分别从实体和程序两个方面规定了安全地带的设立"可由议会议长根据司法部长的建议制定规章……"[13]

笔者认为根据《海洋法公约》关于安全地带设立规定的条款表述，结合主要国家的相关实践，加之仲裁庭对此作出的解释，足以证明各国对安全地带设立的条件是存在标准的，即需要同时满足实体和程序的要求。

（二）设置安全地带国家的权利义务问题

欲澄清沿海国在安全地带内的权利义务问题，需从《海洋法公约》规定沿海国在安全地带可采取的适当措施和执法权入手。

1. 沿海国可采取的适当措施

就沿海国可采取的适当措施而言，重点需明确"适当措施"的具体含义以及如何保障此种措施的实施。虽然从《海洋法公约》的规定无法直接得出沿海国可采取"适当措

---

〔10〕 United States：Deepwater Port Act of 1974，International Legal Materials，Vol. 14，No. 1（January 1975），pp. 153-163.

〔11〕 参见［日］村瀬信也：《国际立法：国际法的法源论》，秦一禾译，中国人民公安大学出版社2012年版，第307页。

〔12〕 United Kingdom Continental Shelf Act 1964，International Legal Materials，Vol. 3，No. 3（May 1964），pp. 564-570.

〔13〕 参见国家海洋局海域管理司编：《国外海洋管理法规选编》，海洋出版社2001年版，第483页。

施”的具体内容，但可以结合国际文件以及各国实践进行推测。

国际社会迄今涉及“安全地带”的文件仅有国际海事组织关于近岸设施和结构周围的安全地带和航行安全的第 A. 671（16）号决议[14]及其附件《关于近岸设施和结构周围的安全地带和航行安全的建议》[15]。根据决议第 d 款的规定：除非得到特别的授权，否则建议各国政府采取所有必要的步骤确保悬挂各自旗帜的船舶不能进入或穿过已经合理设立的安全地带。

对此，可以发现相较于《海洋法公约》的规定，国际海事组织对“适当措施”的内容进行了具体的阐述，即“适当措施”是指对其他国家船舶行使禁航权。根据当前船舶的航行速度，有学者研究表明，当一艘船只以 25 节（大约 46.7 千米/时）的速度接近一个近岸设施时，其从安全地带的外沿到撞上该设施，仅需 39 秒。[16] 笔者认为，在现有的500 米距离的安全地带内，沿海国无法在39 秒内迅速采取措施以保护海上设施的安全，因此，出于沿海国利益保护的客观需求而言，沿海国应当有权禁止外国船舶进入安全地带。该观点也得到了各国立法实践的支持。例如，法国不仅禁止其他国家的船舶进入安全地带，还限制其他国家航空器在安全地带上空的飞越行为。[17] 英国法律规定船舶或捕鱼船未经允许进入安全地带是违法的。[18] 美国针对安全地带规定长度不足 100 英尺（30.48 米）的船舶才允许进入。[19] 可见，无论从理论上还是各国的实践都可以为禁航权的存在找到合理的依据。

在“极地曙光号案”中，仲裁庭在判断俄罗斯在普里拉兹姆纳亚钻井平台周围设立的安全地带是否合法的过程中，其并未对俄罗斯国内法规定的禁航权提出质疑。最值得注意的是，不仅仲裁庭未对俄罗斯国内法规定的禁航权提出质疑，作为涉案国的荷兰也并未对此提出反对。荷兰只是主张俄罗斯在钻井平台周围 3 海里设立的所谓的安全地带违反了《海洋法公约》规定安全地带不得超过 500 米距离的规定。[20] 依据荷兰的主张和仲裁庭的解释，不难发现沿海国在安全地带内享有禁航权是不存在争议的，外国船舶有遵守沿海国禁航规定的义务。

---

〔14〕 IMO Res. A. 671（16）of 19 Oct 1989，Safety Zones and Safety of Navigation around Offshore Installation and Structures.

〔15〕 IMO Recommendation on Safety Zones and safety of Navigation around Offshore Installation and Structures.

〔16〕 See Assaf Harel，“Preventing Terrorist Attacks on Offshore Platforms：Do State Have Sufficient Legal Tools？”，*Harvard National Security Journal* 4，1（2012）：131-184.

〔17〕 法国《关于大陆架勘探和自然资源的开发》第68-1181 号法令（1968 年 12 月30 日）第4 条规定：“设立在设施和装置周围的安全地带可以延伸至500 米。未经授权禁止在与探测或开发作业无关的情况下进入安全地带内。为了保护大陆架上设施的安全，法国法律限制在设施以及安全地带上空内的飞跃行为。”

〔18〕 United Kingdom Continental Shelf Act 1964，International Legal Materials，Vol. 3，No. 3（May 1964），pp. 564-570.

〔19〕 https：//www. ecfr. gov/cgibin/retrieveECFR？gp = &SID = 8ebf966b5e942db5ab24a79f7578df56&mc = true&n = pt33. 2. 147&r = PART&ty = HTML#se33. 2. 147_ 110，2019 年 5 月 10 日访问。

〔20〕 The Arctic Sunrise（The Netherlands v. The Russian Federation），PCA Case No. 2014-02，Award on the Merits of 14 August 2015，para. 203.

虽然沿海国在安全地带内享有禁航权，但是出于《海洋法公约》维护航行自由的目的，沿海国的国内法都未规定绝对性的禁航，普遍采纳的是相对性的禁航，即非经沿海国授权不得进入安全地带。相对性的禁航规定要求沿海国对进入的船舶提前进行区分，即沿海国采取事前的识别措施。只有提前了解航行船舶的相关信息，沿海国才能准确作出是否行使禁航权的决定。

因此，在此基础上就进一步延伸出了另一个措施，即沿海国事前的知情权。早在国际海事组织讨论违反安全地带的问题时，加拿大就曾提议应在设施周围设立最大 3 海里的“警告区”。国际海事组织《关于近岸设施和结构周围的安全地带和航行安全的建议》第 2 章第 2 条规定：“航行在近岸设施或结构附近的船只，适当情况下，当接近这样的设施或结构时，采取提早的、实质的避让措施，以便使设施或结构注意到船只的距离最近点，提供任何与安全相关的尤其是设施或机构能够用以帮助船只航行的信息。”虽然该条款针对的对象是船方，但是保护的仍是沿海国在安全地带附近的权利。

除了加拿大之外，澳大利亚针对此种知情权创设了“海洋识别制度”，也可称为识别权，即指当船只进入距离设施一定距离范围之内时，沿海国有权要求其提供相关的信息，以便评估在设施附近航行的船只的潜在威胁程度。但是，在该船只并不遵从提供信息的要求时，沿海国并无权阻止其在附近航行，沿海国有权根据不同情况，及时采取识别、监视、管制和处置等相应措施加以应对。[21]

澳大利亚学者克雷恩教授认为该项权利存在国际法依据，理由主要有以下几点：第一，识别权的产生满足《海洋法公约》第 59 条针对在公约制定时无法预见到的，因新形势出现导致国家利益发生冲突时的情形，应属于《海洋法公约》第 59 条关于“未有归属的权利”（unattributed right）的范畴。第二，《海洋法公约》第 194 条[22]和第 221 条[23]出于对海洋污染防治以及海上石油平台的保护，赋予沿海国采取一切措施的权利。

---

〔21〕 See Klein, Natalie, “Legal Implications of Australia's Maritime Identification System”, *International and Comparative Law Quarterly*. 55, (2006): 337-368.

〔22〕《海洋法公约》第 194 条第 1 款规定：“各国应适当情形下个别或联合地采取一切符合本公约的必要措施，防止、减少和控制任何来源的海洋环境污染，为此目的，按照其能力使用其所掌握的最切实的可行方法，并应在这方面尽力协调它们的政策。”第 2 款规定：“各国应采取一切必要措施，确保在其管辖或控制下的活动的进行不致使其他国家及其环境遭受污染的损害，并确保在其管辖或控制范围内的事件或活动所造成的污染不致扩大到其按照本公约行使主权权利的区域之外。”第 3 款规定：“依据本部分采取的措施，应针对海洋环境的一切污染来源。这些措施，除其他外，应包括旨在最大可能范围内尽量减少下列污染的措施：（a）从陆上来源，从大气层或通过大气层或由于倾倒而放出的有毒、有害或有碍健康的物质，特别是持久不变的物质；（b）来自船只的污染，特别是为了防止意外事件和处理紧急情况，保证海上操作安全，防止故意和无意的排放，以及规定船只的设计、建造、装备、操作和人员配备的措施……”

〔23〕《海洋法公约》第 221 条第 1 款规定：“本部分的任何规定不应妨碍各国为保护其海岸或有关利益，包括捕鱼，免受海滩或与海滩有关的行动所引起的，并能合理预期造成重大有害后果的污染或污染威胁，而依据国际法，不论是根据习惯还是条约，在其领海范围以外，采取和执行与实际的或可能发生的损害相称的措施的权利。”第 2 款规定：“为本条的目的，‘海滩’是指船只碰撞、搁浅或其他航行事故，或船上或船外所发生对船只或船货造成重大损害或重大损害的迫切威胁的其他事故。”

第三，在近岸设施附近对航行进行管理是沿海国在专属经济区的主权权利的固有含义之一。当沿海国在专属经济区开采油气资源的平台受到持续的、严重的恐怖袭击威胁的时候，沿海国无法实现《海洋法公约》第 56 条赋予的勘探开发自然资源的主权权利。而且，采取识别的措施，实际上也相当于履行了第 56 条第 2 款的“适当顾及义务”。[24]

笔者赞同沿海国享有识别权，但认为上述理由值得商榷。首先，对于《海洋法公约》第 59 条“未有归属的权利”规定的理解，各国本身就存在争议。依据《海洋法公约》第 59 条的规定只能得出《海洋法公约》不禁止沿海国享有识别权，但并不能以此作为证明识别权存在的国际法依据。其次，识别权的行使应当以安全地带的客观存在为前提。沿海国只有先设立了安全地带，才能进一步发挥安全地带的保护性功能，识别权的行使正是发挥安全地带保护性功能的一项措施。由此可见，无论是知情权或是识别权的国际法依据都应是《海洋法公约》第 60 条第 4 款。最后，从识别权的作用来看，识别权不同于禁航权对外国船舶航行具有重大的阻碍。识别权本身是赋予沿海国提前做好应急措施的准备，即使外国船舶拒绝遵守，也不影响其航行的权利。可一旦外国船舶拒绝接受沿海国的识别要求，此时就会引起沿海国对该船舶的特殊注意。因此，识别权应是沿海国的一项权利，而不是沿海国的义务。

因为《海洋法公约》只规定了沿海国有采取适当措施的权利，所以大多数国家也仅在立法中明确规定沿海国有制定相关法律法规的权利。可这里的权利显然不仅限于上述所讨论的两项权利。诸如马来西亚、比利时、爱尔兰、马耳他、巴哈马、委内瑞拉、埃及、阿拉伯半岛国家和瑞典等，在实践中是将安全地带视为与领海类似的区域。[25] 对于《海洋法公约》规定沿海国在安全地带可采取“适当措施”的理解，直接参照沿海国在领海内可采取的相关措施。

事实上，无论是禁航权还是识别权都是沿海国对其他船舶进入安全地带附近的一种事前规制的措施，本质都是为了发挥安全地带的保护性功能。因此，沿海国采取的措施只要不违背安全地带设立的目的，就应视为符合《海洋法公约》的规定。

2. 沿海国的执法权

对于判断沿海国在安全地带内有权采取何种执法措施的问题，重点在于认识安全地带特殊的法律地位。作为保护人工岛屿、设施和结构的安全地带，沿海国在其内享有的执法权与专属经济区制度和大陆架制度密切相关。专属经济区作为自成一类的特殊海上区域，可能是在海上执行方面最为复杂的海域。[26]

一般而言，沿海国在专属经济区内的执法权侧重于海关、航行、捕鱼等特定领

---

〔24〕 See Geir Ulfstein, “The Conflict between Petroleum Production, Navigation and Fisheries in International Law”, *Ocean Development and International Law* 19, 3 (1988): 229-262.

〔25〕 参见王国华编：《海洋法规与国际石油合作》，石油工业出版社 2016 年版，第 85 页。

〔26〕 See Donald R. Rothwell and Tim Stephens, *The International Law of the Sea*, Hart Publishing, 2010, p. 428.

域。[27] 但是安全地带不同于专属经济区，安全地带设立的目的在于保护海上构筑物的安全。因此，沿海国在安全地带内的执法权应不限于沿海国在专属经济区内的执法权，还包括为保护海上构筑物的安全而采取的必要措施，而此处的“必要措施”应确保海上构筑物能发挥其实际的功能。

对此，虽然《海洋法公约》第111条第2款规定了对违反沿海国适用于安全地带的法律和规章的行为应比照适用紧追权，但有学者认为不应将该条款视为排他性规定。理由主要是，根据仲裁庭针对该问题所作的解释，在“极地曙光号”案中，仲裁庭以沿海国为保护其在专属经济区的主权权利及利益所享有的执法权与如何合法行使这些执法权为主线，检视了沿海国在专属经济区进行执法的法律依据，将《海洋法公约》中规定沿海国根据《海洋法公约》和其国内法在专属经济区为制止与处罚船舶违反活动采取紧追、登临、逮捕、扣押与提起司法程序等措施的权力视为严格意义上的执法权。[28] 即使《海洋法公约》中并无“执法措施”（law enforcement measures）这一用语，但是其通常含义大致是清楚的。在“极地曙光号”案中，仲裁庭将该概念包括为执行国家法律和规章、国际规则和标准以及打击国际犯罪（如恐怖主义犯罪）而采取的措施。[29]

笔者赞同沿海国在安全地带内不仅享有紧追权，还享有《海洋法公约》规定下的其他执法权的观点。但笔者认为依据上述学者的观点只能说明沿海国对位于专属经济区内的安全地带可采取的执法措施，不能作为沿海国在安全地带内可采取执法措施的依据，因为安全地带也可存在于专属经济区之外的海域。事实上，沿海国在安全地带享有的执法权更加广泛。例如在“极地曙光号”案中，仲裁庭首次明确了沿海国在人工岛屿、设施与结构及周围500米的安全地带内可以基于反恐的目的行使执法权，但仅限上述区域内。[30] 鉴于《海洋法公约》对安全地带执法权未作明确规定，我们只能从《海洋法公约》已规定的执法措施入手。除上文所述的紧追权之外，《海洋法公约》还规定了登临权。涉及登临权的规定主要以《海洋法公约》第58条和第110条为主，第58条第2款只规定第110条的规定适用于专属经济区。但第110条是针对军舰在公海上行使登临权所作的规定，专属经济区与公海是具有不同性质的海域，因而登临权的行使应有所区别，不能一概而论。

安全地带位于不同的海域，登临权受不同海域制度限制的程度有所不同，但值得注意的是登临权的行使是在遵守《海洋法公约》规定的前提下，以实现安全地带设立的目的为原则的。安全地带设立目的是确保航行以及人工岛屿、设施和结构的安全，因此当

---

〔27〕 参见张晏瑲：《国际海洋法》，清华大学出版社2015年版，第121页。

〔28〕 参见杨永红：《从北极日出号案析沿海国在专属经济区的执法权》，《武大国际法评论》2017年第3期。

〔29〕 参见高健军：《从“北极日出号仲裁案”看沿海国对专属经济区内外国船只的执行权力》，载马呈元主编：《国家领土主权与海洋权益协同创新文集》（第2辑），中国政法大学出版社2016年版，第15页。

〔30〕 The Arctic Sunrise (The Netherlands v. The Russian Federation), PCA Case No. 2014-02, Award on the Merits of 14 August 2015, paras. 306-323.

存在人工岛屿、设施和结构安全的威胁时，沿海国便有权行使登临权，并依据登临后检查的结果决定是否有必要逮捕该船舶。

可见，沿海国在安全地带内可采取的执法措施，不仅限于《海洋法公约》规定下的紧追权，还包括为实现安全地带设立目的的登临权以及为执行本国法律和规章而采取的逮捕、扣押等措施。

（三）“一般接受的国际标准”的理解问题

对“一般接受的国际标准”的理解，主要存在以下几种观点：第一，认为是国际习惯法；第二，认为是国家作为缔约国的国际文件；第三，认为是国际海事组织的生效公约，不论规则或标准适用的国家是否是这个国际海事组织公约的成员方；第四，认为通过接受《海洋法公约》，国家已经预先同意接受“一般接受的国际标准”。[31]

笔者认为，“一般接受的国际标准”的关键在于达到“一般接受”的标准。但是上述观点都试图通过证明包含此标准的文件性质来证明其符合“一般接受”，此外“接受”的本身含义是国家实践，即使该包含标准的文件自身对一个国家并无约束力，但该国主动接受此标准，也视为接受。因此，笔者认为“一般接受的国际标准”主要在于国家实践。简言之，一般接受的国际标准应是普遍性的国家实践。目前，国际法上并没有一个统一的数量或者比例作为标准来衡量一项国家实践是否具有普遍性，但是一般认为，构成国际习惯法的国家实践应当反映出这一领域内的某些尤为相关的国家实践[32]，即“利益特别与之相关的国家”的参与程度。

对于《海洋法公约》第 60 条第 5 款关于安全地带宽度的规定，即“为一般接受的国际标准所许可或主管国际组织所建议”，这里的“一般接受”的国际标准已经排除了主管国际组织的建议，应特指普遍性的国家实践。《海洋法公约》自身是允许建立更宽的安全地带，挪威政府就曾在一项报告中建议，在某些情形下可以设立更宽的安全地带，因为超级油轮的操纵性能受到限制以及拖网渔船与设施锚泊系统有发生碰撞的危险。在英国，英国近海作业者协会要求设立 1000 米的安全区。有些国家在实践中也趋向于扩大安全区的范围，例如加拿大接受“钻探装置的系泊位界线以外 500 米”的安全区；美国给埃克森圣塔·伊奈兹近海储存及加工船舶设立的安全区为从泊位的外缘量起 500 米，从泊位中心到安全区外缘的总距离为 1108 米；挪威在埃科菲斯克和斯塔福约德油田的安全区外用正切线标出一个区域。[33]

可见，一方面得益于“一般接受的国际标准”的无法确定，各国都会通过国家实践

---

〔31〕 See Erik Franckx ed., Vessel-source Pollution and Coastal State Jurisdiction: The Work of the ILA Committee on Coastal State Jurisdiction Relating to Marine Pollution (1991-2000), Kluwer Law International, 2001, pp. 23-24.

〔32〕 See Barry E. Carter and Allen S. Weiner, *International Law*, sixth edition, Wolters Kluwer Law & Business, 2011, p. 126.

〔33〕 参见王国华编：《海洋法规与国际石油合作》，石油工业出版社 2016 年版，第 84 页。

积极创设更宽的安全地带，用以维护本国的海上权益，这无疑将作为未来设立一般接受的国际标准所参考的重要论据；另一方面也应引起国际社会对该问题的重视，尽快制定“一般接受的国际标准”以确立相关规则设立时需参考的因素，防止引起争端的发生。

通过解读《海洋法公约》的规定可知，安全地带的设立与其所保护的海上设施息息相关，因此，沿海国在安全地带内“采取的适当措施”应以安全地带设立的目标为标准，出于保护海上构筑物的需要，沿海国有权禁止或者限制船舶进入安全地带，也有权提出扩大安全地带的规定。

三、针对中国南海问题的对策和建议

（一）现阶段南海人为添附岛礁的法律地位

在南海诸岛中，除太平岛等少数岛屿能够满足《海洋法公约》第121条关于“岛屿”的定义，从而在领海和毗连区之外，还能够主张专属经济区和大陆架，其他绝大多数岛礁都不能被确定为岛屿。目前，就中国在南海填海造地建设的实践来看，都主要是在岩礁和低潮高地上进行人为添附。如若是对一国享有主权的岛屿进行人为添附，则本质上属于对领土的添附。《奥本海国际法》一早就指出，每个国家如果愿意的话，可以建筑越过最低落潮线而深入海洋的人为的土地，从而使其土地和领土都颇有增加。

因此，如果被添附的原本就是“岛屿”，那么添附之后仍然可以维持岛屿的性质不变。[34] 沿海国只需依据《海洋法公约》有关“岛屿”制度的规定主张权利即可，根本不会涉及人工岛礁的探讨。虽然现阶段在南海不存在此类添附行为，但不排除未来可能出现，但只要此类添附行为的对象是沿海国享有主权的岛屿，就属于合法添附，并不适用《海洋法公约》关于人工岛屿的规定。现阶段亟待解决的问题是，如何看待对岩礁和低潮高地人为添附后海洋地物的属性。对此，目前《海洋法公约》没有直接的规定，只能结合国家实践和相关法律进行推导。

1. 岩礁经人为添附后的法律地位

由于《海洋法公约》并未对岩礁的概念进行界定，所以致使国际社会对《海洋法公约》第121条的理解未达成一致。鉴于此，对岩礁经人为添附后的法律地位就存在三种主张：第一，岩礁经人为添附后转化为岛屿；第二，岩礁经人为添附后成为人工岛屿；第三，岩礁经人为添附后仍保留岩礁的法律地位。判断上述三种主张是否成立的关键在于如何理解《海洋法公约》第121条。

如果将《海洋法公约》第121条第1款和第3款分开单独理解，就会认为只要满足“维持人类居住”或“维持岩礁本身经济生活”就可以成为岛屿。显然，持这种主张的国家会积极通过人为添附的方式满足这两个条件，以此主张更多的海洋权利。例如，日

---

〔34〕 参见罗国强：《中国在南海填海造地的合法性问题》，《南洋问题研究》2015年第3期。

本政府通过人为添附的方式试图将冲之鸟变“礁”为“岛”。但是，《海洋法公约》关于“岛屿”的定义，强调必须是自然形成的陆地区域，所以主张岩礁经人为添附后转化为岛屿的观点显然违反了《海洋法公约》。

如果将《海洋法公约》第 121 条第 1 款和第 3 款作为整体理解，即岩礁分为可以主张专属经济区和大陆架的岩礁与不能主张此二者权利的岩礁。虽然《海洋法公约》并未明确说明岩礁是否可以主张毗连区，但通过第三次海洋法会议上针对毗连区的讨论可以发现，如果一个岛屿有资格获得领海，随后也可以获得毗连区。[35]

事实上，人为添附后的岩礁究竟是保持原有性质不变，还是变为人工岛屿？对此，笔者认为解决该问题的关键在于人为添附之前岩礁的性质及人为添附的程度。具体而言，如果人为添附之前的岩礁可以主张领海、毗连区、专属经济区和大陆架，人为添附并不会改变岩礁的性质；如果人为添附之前的岩礁只能主张领海和毗连区，而人为添附的程度已经使原有的岩礁满足了“维持人类居住”或“维持岩礁本身经济生活”的条件，则此时被添附地物已满足岛屿的功能，不应再认定为岩礁，而应认定为人工岛屿。

2. 低潮高地经人为添附后的法律地位

《海洋法公约》涉及低潮高地法律制度的内容非常有限，仅有第 7 条第 4 款和第 13 条的两款。在《海洋法公约》体系下，低潮高地经人为添附形成的就是人工岛屿，适用《海洋法公约》有关安全地带的规定。

（二）针对美国南海“航行自由活动”的解决思路

实际上，美国选择南海作为“航行自由活动”的主要目标的根本原因在于南海水域性质复杂。理论上讲，中国对南海的领土主张向来以群岛为单位，中国也于早期划定了西沙群岛的领海基线。虽然目前有丹麦、挪威以及西班牙等诸多大陆国采用了洋中群岛直线基线的方式，国内也有诸多学者已证明，大陆国对洋中群岛划定直线基线的方式符合国际习惯法。[36] 但国外学者甚至国外政府在中国划定西沙群岛直线基线时明确表示反对，其认为根据《海洋法公约》规定，只允许群岛国划定群岛直线基线。[37]

可见，国际社会对大陆国划定洋中群岛直线基线的法律依据存在争议。如若中国以此为由，主张美国军舰在南海海域驶入中国群岛基线以内的水域属于中国内水，将会引起对大陆国群岛直线基线以内水域性质的争论，容易引发进一步的争端。此外，就现实

---

〔35〕 参见陈德恭：《现代国际海洋法》，海洋出版社 2009 年版，第 359 页。

〔36〕 参见姚莹：《南海仲裁案实体裁决的岛礁法律地位判定：法律悖误与中国应对》，《吉林大学社会科学学报》2017 年第 2 期。

〔37〕 See Robert C. Beckman and Clive H. Schofield, “Defining EEZ Claims from Islands: A Potential South China Sea Change”, *International Journal of Marine & Coastal Law* 29, 2 (2014): 196; United States Department of State, Bureau of Oceans and Environmental and Scientific Affairs, Limits in the Sea No. 117-Straight Baseline Claim: China, p. 8; Clive Schofield, “Defining the ‘Boundary’ between Land and Sea: Territorial Sea Baselines in the South China Sea”, in S. Jayakumar, Tommy Koh and Robert Beckman (eds.), *The South China Sea Disputes and the Law of the Sea*, Edward Elgar Publishing, 2014, p. 50.

而言，虽然中国理论上拥有对南海所有岛礁的领土主权，但实际的状态却是，其他南海周边国家已经侵占了中国的诸多岛礁。此时，一旦中国坚持在南海划定群岛基线将势必造成其他国家的争相效仿，只会加剧南海争端。

此外，如前文所述，各国对人工岛屿的认定存在争议，《海洋法公约》对此也未作规定。南海各岛礁的法律地位一直以来都难以在国际社会上达成一致。但考虑到中国对南海单个岛礁本身的主权主张是确定的，笔者认为应先就单个岛礁主张权利。未来如果可以划定洋中群岛直线，则主张的权利相比就单个岛礁主张的权利有所扩大，并不会否定原有的权利。但如若从单个岛礁的角度入手，则势必牵涉人工岛屿法律属性的适用。鉴于此，本文的目的正是探讨当单个岛礁被认定为人工岛屿时，依照《海洋法公约》有关安全地带的规定，沿海国究竟享有何种权利，是否可以以此对抗美国所谓的“航行自由”?

（三）当前安全地带制度在南海的具体运用

目前，尽管无法明确美国军舰在南海航行的具体航线，但有学者以美国“拉森号”为例，根据相关媒体报道及相关卫星数据推测出“拉森号”很可能是紧邻渚碧礁和美济礁一线航行，不可能在途中有明显绕道。该推测与美国国防部长卡特致参议员麦凯恩的信件中透露的信息相互印证。[38]

事实上，如果就单个南海岛礁来看，美国军舰直接进入紧邻渚碧礁和美济礁的水域，显然是将两者视作在低潮高地的基础上经人工添附后形成的人工岛屿，并不存在领海。对此，中国外交部和国防部在涉及美国军舰在南海水域内实施航行自由行动的谈话中，对美国军舰航行所在的水域采用的是“邻近海域”或“近岸水域”的用语，并未明确指出附近水域的性质。鉴于中美两国对军舰在领海内是否享有无害通过权的理解有分歧，如若继续受美国的影响与其争论渚碧礁和美济礁等岛礁是否享有领海的问题，实际根本无法抵挡美国在南海的行动。

此外，对于诸如上文所述渚碧礁和美济礁此类性质未定的岛礁，即使未来将两岛认定为岩礁，可领海、毗连区、专属经济区、大陆架等制度本身对军舰的航行也难以发挥有效的限制作用。但如若在上述制度之外，再将安全地带制度考虑在内，就可以对美国在南海的行为产生一定的遏制作用。

首先，自2014年起我国在南海开展的填海造地建设，已经形成了一定的规模。我国可以充分发挥人工岛屿特殊的地理位置，利用安全地带为纽带切断美国军舰的航行线路。

其次，就当前南海岛礁的建设而言，我国已经在渚碧礁和美济礁上建立了机场，根据前文对《海洋法公约》有关安全地带规定的阐述，中国出于维护机场等设施的安全，

〔38〕 参见周健、王超：《由“拉森”号事件谈美舰南海挑衅的违法性》，《大连海事大学学报（社会科学版）》2019年第2期。

有权基于安全地带制度采取“必要措施”。鉴于军舰作为军用设备，具有远程攻击能力，完全对南海相关岛礁已构成事实上的威胁，中国可在相关岛礁安全地带附近的水域内作出有针对性的军事部署，加强我国军舰和军机在安全地带附近水域内的巡逻，对任何靠近岛礁安全地带水域的船只进行识别。

最后，现阶段由于中美对南海岛礁地位的认识和理解上存在对立与分歧，双方应从已经达成的共识层面入手，中国应依据国际法的对等原则对美国提出对等主张。依据美国国内的立法规定和司法实践，其国内安全地带的范围大于500米，并且美国主张沿海国对外国船舶享有接近权〔39〕，即一国军舰或者带有政府标志的船舶对在其管辖海域周围出现的可疑船舶，出于确认是否存有违法或者犯罪的可能，可以进行靠近并要求其提供相关信息。美国国内立法确认的接近权实际与前文所述沿海国享有的知情权和识别权含义相同，都是沿海国有权“采取适当措施”中的一项措施。显然，美国自身也认为对于国家管辖之下安全地带附近的水域，沿海国有权采取适当措施以维护安全地带的设立功能。基于此，如果美国在我国管辖的海域内不服从或遵守我国的相关规定，作为对抗措施，我国同样有权在美国的相关海域内从事类似的活动。

（四）安全地带制度的未来构想

以上措施是当前中国应对美国南海“航行自由活动”的一种方式，但是我国不能只停留在援引安全地带主张权利的层面，而是应落实到实际的制度运行层面。就安全地带制度的具体设计而言，鉴于《海洋法公约》自身规定的不足，国际社会对于《海洋法公约》涉及安全地带制度的规定存在不同的解释和争议，在难以修改《海洋法公约》有关安全地带制度规定的情形下，一国的国内实践将作为本国权利主张的佐证。因此，我国应积极构建安全地带制度的相关内容，充分落实《海洋法公约》规定安全地带制度的初衷和宗旨，具体而言，主要从以下几个方面入手：

首先，安全地带的设立应区分海上设施的种类。从条文规定来看，可以设立安全地带的有“人工岛屿、设施和结构”，但是人工岛屿、设施和结构的属性及功能各不相同，其周围在设立安全地带时应区别对待。以海上设施是否全部为人类建造为划分标准，分为添附性的海上设施和建造性的海上设施。前者强调的是在已有的自然形成的陆地区域上经人为添附形成的建筑物，包含在低潮高地的基础上经人为添附形成的人工岛屿；后者强调的是完全依赖人工建造所形成的海上设施，包含海上钻井作业平台、海上风力发电场等设施。

其次，安全地带起算点根据不同的海上设施种类各有不同。对于添附式的海上设

〔39〕 1824年美国“玛丽安娜·弗罗那号”案中，审理法院认为军舰在不侵犯被接近船舶的合法利益时，可以行使接近权。与接近权相关的立法规定散见于《美国法典》第10编、第14编、第18编、第33编、第46编、第50编以及《海洋缉毒及拦截外国非法移民活动操作规则》《美国海岸警卫队海上执法手册》《美国海岸警卫队船舶操控与训练手册》等相关法律文件中。

施，应以海上特定的建筑物为起算点；对于建造性的海上设施，可以从设施外缘各点量起。实践中，为了应对美国军舰在南海的行为，中国未来可以参考群岛基线的做法，选取人工岛屿上的特定设施为单个岛屿安全地带的起算点，后期可以在南海再建设建造性的海上设施，通过人为建设的海上设施周围的安全地带将几个岛礁的安全地带连起来，以此阻挡美国在南海的行动。

再次，安全地带的距离根据不同的海上设施种类各不相同。上文已经阐明在现有的500米距离的安全地带内，沿海国无法采取任何措施保护海上构筑物的安全。针对南海异常复杂的水域地形，结合前文对《海洋法公约》关于安全地带范围的论述，无论是国家实践还是国际司法实践都逐渐认可了3海里的安全距离，我国未来可以参考3海里的范围在立法中明确主张超过500米范围的安全地带。如若以人工岛屿上特定设施为安全地带的起算点，以3海里为安全地带的距离，美国现阶段在南海驶入的水域性质即为我国安全地带附近的水域，而非美国所谓的“国际水域”。

最后，我国未来在安全地带制度的设计中，应进一步明确中国政府针对南海相关水域性质的政策与立场，深入研究《海洋法公约》涉及安全地带的相关规定，争取完善《海洋法公约》的安全地带制度。要明确我国在安全地带中有权维护我国人工岛屿、设施和构筑物的合法权益。立法上应规定非经授权不得进入安全地带内，对于靠近安全地带附近的水域，我国依法对其进行识别。如若相关船舶未经我国授权擅闯我国南海安全地带附近的水域，我国有权对其采取紧追、驱逐等相关措施。但此处如果闯入的是军舰，需注意外国军舰享有豁免权，一旦我国在采取相关措施之后仍然无法阻挡外国军舰的进入，我国有权依据国际法上的对等原则，同样有权在闯入国的相关海域内从事类似的活动。

临时措施在国际海洋环境争端解决中的适用

■ 刘思竹*

【内容摘要】《联合国海洋法公约》第290条规定了临时措施，防止对海洋环境的严重损害是国际海洋法法庭作出临时措施决定的关键因素之一。法庭在保护海洋环境中具有重要的价值且发挥着不可替代的作用，其所受理的临时措施案件绝大部分都与海洋环境相关。通过梳理已有的与涉海环境相关的临时措施，可以发现环境因素在诉求中居于不同的位置，法庭对不同类型的环境问题也会持不同的态度。通过具体案件的比较分析也可以进一步探究国际环境法原则在临时措施适用中的地位与作用。我国在国际海洋环境争端中积极稳妥地主张适用临时措施这一程序性保障，有助于进一步实现和维护我国海洋权益。

【关键词】海洋环境　临时措施　国际海洋法法庭　国际环境法

一、临时措施问题的提出

临时措施在国际海洋法法庭的司法实践中占据着十分重要的地位，其与迅速释放程序一同作为海洋争端解决的特殊程序，分别被规定于《联合国海洋法公约》（以下简称《海洋法公约》）第290条和第292条中。目前，国际海洋法法庭的27起案件中共有11起包含临时措施的请求。国际海洋法法庭的判例似乎表明法庭热衷于规定临时措施的强烈意愿。[1] 根据《国际法院规约》第41条的规定，临时措施的主要目的是在法院作出最终判决之前保全争端各方的各自权利，以确保其判决和司法职能的有效性。然而，国际海洋法法庭临时措施的目的不限于此。《海洋法公约》第290条第1款明确规定将防止对海洋环境的严重损害纳入规定临时措施的目的之中。通过将海洋环境保护作为临时措施的理由，这一规定被认为是对有关海洋环境公共利益的保护与执行的明确文本表述。对海洋环境的关切随之成为临时措施请求的主要目的之一，国际海洋法法庭规定临时措施的案件也或多或少都与海洋环境保护这一主题密切相关。但问题随之而来，国际海洋法法庭的临时措施是否以及在多大程度上可以响应对海洋环境的保护？有关海洋环境因素的诉求都包括哪些类型？而不同类型的争端案件又在临时措施的具体规定和对海洋环境的保护中起到了什么样的作用？在海洋环境问题日益凸显的今天，这些问题的提出对处理相关的涉海环境争端具有深刻意义。国际海洋法法庭作为处理最多的涉海环境案件的司法机构，其不仅在案件审理中表现了对海洋环境的充分关注，而且争端当事方也倾向于将涉及海洋环境问题等争端提交至国际海洋法法庭进行审理。[2] 对已有的国

---

* 中国政法大学国际法学院博士研究生。

〔1〕 Tanaka Yoshifumi, “Provisional Measures Prescribed by ITLOS and Marine Environmental Protection”, Proceedings of the Annual Meeting (American Society of International Law) 108, (2014): 365.

〔2〕 参见蒋小翼：《〈联合国海洋法公约〉涉海环境争端解决程序之比较分析》，《边界与海洋研究》2018年第2期。

际海洋法法庭有关涉海环境的临时措施司法实践的研究无疑有利于对涉海环境争端问题的深刻理解，有助于区分法庭对不同类型的海洋环境争端的态度，对我国日后有关海洋环境的保护和有效地参与国际司法实践具有重大的借鉴意义。

二、国际海洋司法框架下的临时措施：制度基础及其特殊性

（一）临时措施作为程序性制度

国际海洋法法庭的临时措施被规定于《海洋法公约》第十五部分“导致有拘束力裁判的强制性程序”一节，具有“不经他方同意，便可单方提起”的运行机理。然而，临时措施并非《海洋法公约》下的独创程序，其早已出现并广泛应用于国际法院的司法实践中。[3] 劳伦斯·科林曾描述国际海洋法法庭规定临时措施的能力是源于《国际法院规约》第38条第1款c项所述的一般法律原则。[4]《国际法院规约》第41条[5]也对其有着明确的规定，这也在一定程度上影响了《海洋法公约》第290条关于临时措施的表述，其中第1—4款就被广泛认为是国际法院的法律和实践的汇编或重述。[6] 但《海洋法公约》的规定也有其创新之处，最引人注目的便是在请求临时措施的原因中加入了“防止对海洋环境的严重损害”。可以说，海洋环境的保护在《海洋法公约》中占据着十分重要的地位，《海洋法公约》用整个第十二部分来规定了海洋环境的保护，以此作为请求临时措施的原因，再次体现了国际海洋法法庭对海洋环境的重视。另一处创新在于第290条第6款，“争端各方应迅速遵从根据本条所规定的任何临时措施”，其不仅赋予了临时措施的命令具有拘束力，同时保证命令的执行具有迅速性的特点。该规定的颁布可追溯至国际法院2001年的“拉格朗案”，尽管在该案中让当事方立即遵从临时措施的规定显得含混不清，但法院在之后的判决中明确指出“临时措施的命令不仅是劝告，它具有拘束力，对美国产生了法律义务”[7]。

《海洋法公约》中规定的临时措施是典型的附带程序，目的是确保最终的判决可以有效地解决争端。这一点也令其在本质上区别于迅速释放程序。因为临时措施规定于《国际海洋法法庭规则》C节“附带程序”的第一分节中，而迅速释放程序处于E节，其并非诉讼程序的一个部分，而是一个独立程序。[8] 临时措施作为特殊的程序措施附带于实体程序下，所以在现实中往往存在原告请求规定临时措施时，法院或法庭尚未确

---

〔3〕 关于国际法院临时措施的相关实践可参考 H. W. A. Thirlway, “The Indication of Provisional Measures by the International Court of Justice”, in Rudolf Bernhardt (ed.), *Interim Measures Indicated by International Courts*, Springer, 1994, pp. 1-36。

〔4〕 L. Collins, *Provisional and Protective Measures in International Litigation*, Recueil des Cours, 1992, p. 234.

〔5〕 《国际法院规约》第41条规定：“一、法院如认情形有必要时，有权指示当事国应行遵守以保全彼此权利之临时办法。二、在终局判决前，应将此项指示办法立即通知各当事国及安全理事会。”

〔6〕 Shabtai Rosenne, *Provisional Measures in International Law*, Oxford University Press, 2005, p. 46.

〔7〕 LaGrand Case (Germany v. United States), Judgment of 27 June 2001, ICJ Reports 2001, para. 109-110.

〔8〕 参见高健军：《〈联合国海洋法公约〉争端解决机制研究》，中国政法大学出版社2014年版，第203页。

立对案件实体问题的管辖权。为了使法院或法庭能够有效规定临时措施，便逐步发展了所谓的“初步管辖权”（prima facie jurisdiction）的概念。在初步管辖权判定之后，仲裁庭并不会受到国际海洋法法庭的限制，它同样可以决定不具备对实体问题的管辖权。〔9〕而初步管辖权在《国际法院规约》和《国际法院规则》中并无明文规定，其标准是在国际法院的判例中逐步发展出来的，仅仅是宽泛且较低的门槛。〔10〕也即，国际法院所确立的初步管辖权的标准包括两个方面：存在建立管辖权的可能的依据和缺乏管辖权的情况不明显。〔11〕

近年来，国际海洋法法庭的管辖权存在明显的扩张趋势，体现在属物和属人两个方面。〔12〕就临时措施的司法实践来说，其初步管辖权基本沿袭了国际法院所确立的标准。国际海洋法法庭处理其第一个临时措施的请求——“赛加号”案（临时措施）就体现了法庭对初步管辖权的原则和立场。就争议事项，法庭仅对原告圣文森特和格林纳丁斯的诉讼主张予以关注，认为请求涉及《海洋法公约》第 58 条所规定的专属经济区的航行自由，是有关沿海国主权权利的争端，应诉诸强制争端解决程序。反之，对于被告几内亚的反对主张，其认为该请求事关《海洋法公约》第 297 条第 3 款 a 项调整的渔业争端，法庭几乎没有理睬。〔13〕此外，就其他请求事项，国际海洋法法庭不仅采纳了原告的部分请求，甚至又超出请求事项范围规定几内亚的司法部门不得对“赛加号”的船东或运营者采取司法或行政措施。〔14〕尽管几内亚并未对船东或运营者采取这类行动。法庭这一举措被认为是过度行使自由裁量权，这在其他法官看来是极其危险的，将会导致裁决的随意性。〔15〕

此外，规定临时措施的决定取决于难以弥补的损害的危险（irreparable damage）和情况紧急（urgency）。〔16〕关于“难以弥补的损害的危险”的相关表述来自《国际海洋法法庭规则》第 89 条第 3 款，该规定对请求法庭规定临时措施的情况都适用。情况紧

〔9〕 P. Chandrasekhara Rao and Ph. Gautier (eds.), *The Rules of the International Tribunal for the Law of the Sea: A Commentary*, Martinus Nijhoff Publishers, 2006, p. 250. 代表案例为南方蓝鳍金枪鱼案，国际海洋法法庭在宣布了初步管辖权后，仲裁庭却决定其对实体问题不具备管辖权。

〔10〕 如 1972 英国诉冰岛渔业管辖权案、1974 年核试验案、1979 年外交与领事案等。参见 Shabtai Rosenne, *The Law and Practice of The International Court* 1920-1996, Vol. 45, Martinus Nijhoff Publishers, 1997, p. 319。

〔11〕 参见高健军：《〈联合国海洋法公约〉争端解决机制研究》，中国政法大学出版社 2014 年版，第 212 页。

〔12〕 参见丁洁琼、张丽娜：《国际海洋法法庭管辖权发展趋势审视与探究》，《太平洋学报》2017 年第 6 期。

〔13〕 The M/V “SAIGA” Case (Saint Vincent and the Grenadines v. Guinea), Judgment of 1 July 1999, paras. 29-30.

〔14〕 Ibid., para. 52 (1).

〔15〕 The M/V “SAIGA” Case (Saint Vincent and the Grenadines v. Guinea), Dissenting Opinion of Judge Warioba, para. 52.

〔16〕 参见高健军：《〈联合国海洋法公约〉争端解决机制研究》，中国政法大学出版社 2014 年版，第 217 页。

急的要求是临时措施制度固有的组成部分。[17] 但值得注意的是，根据《海洋法公约》第290条的规定，第1款中并未出现“情况紧急”，却在第5款中明确提到了这一要求。原因在于第5款项下的紧急性要求比第1款更为严格，意在说明损害可能发生在附件七的仲裁法庭组成之前，而非临时措施中有关损害的“紧急性”。[18]

（二）国际海洋法法庭对环境因素的特殊关注

海洋环境占据了地球生物多样性的绝大部分，而关于海洋环境的争端日益成为国际争端解决中的主要课题。从白令海豹案开始，就预示着海洋环境面临着前所未有且与日俱增的压力。[19]《海洋法公约》对海洋环境的保护几乎涵盖了各个方面，如海洋野生动物和生态系统的保护、渔业资源的养护和管理、海洋生物多样性的保护以及海洋水域的污染等。国际海洋法法庭也对“海洋环境”这一概念采取了宽泛的解释，认为养护海洋生物资源同样是保护和保全海洋环境中的要素。海洋环境的争端日益成为国家间海洋争端的新兴重要领域，具有国家意义和战略价值。国际海洋法法庭作为一个年轻的国际司法机构，尽管受理的案件数量尚少，但大部分案件都与海洋环境相关，其中涉及海洋环境的临时措施案件就已经占据了法庭全部案件数量的三分之一左右。据统计，相较于其他国际司法机构，如国际法院和国际仲裁法庭，国际海洋法法庭所受理的涉海环境案件比重最大，且针对此类案件的审理能够提供更加专业的海洋环境方面的技能和知识。[20] 因此，有关海洋环境的争端，国家往往倾向于提交至国际海洋法法庭进行审理。而针对提交至其他司法机构的案件，尤其是附件七下的仲裁，当事国还可以根据《海洋法公约》第290条向国际海洋法法庭提起临时措施的请求，形成海洋法所特有的“一案两诉”的局面。就临时措施案件来说，国际海洋法法庭更是具有不同于国际法院的独创性。正如前文所述，《海洋法公约》首次将海洋环境的保护纳入规定临时措施的请求之一。在此意义上，《海洋法公约》同时将仲裁、临时措施和海洋环境保护三个不同的主题进行了有机结合，缔约国可根据诉求需要在提出仲裁之后出于保护环境的目的再向国际海洋法法庭提出临时措施的申请。这样一来，国际海洋法法庭对案件的受理性大大增强，有助于海洋环境争端的有效解决。

（三）环境因素作为临时措施适用的决定性要件

《海洋法公约》是一个里程碑式的多边环境问题公约，为海洋资源的可持续发展和

---

〔17〕 Southern Bluefin Tuna Cases (New Zealand v. Japan; Australia v. Japan), Provisional Measures, Separate Opinion of Judge Treves, para. 2.

〔18〕 参见高健军：《〈联合国海洋法公约〉争端解决机制研究》，中国政法大学出版社2014年版，第223—225页。

〔19〕 Bering Sea and Fur Seals Arbitration (United Kingdom v. United States), 1983.

〔20〕 参见蒋小翼：《〈联合国海洋法公约〉涉海环境争端解决程序之比较分析》，《边界与海洋研究》2018年第2期。

广义上海洋环境的保护提供了全球性框架[21]，其中与海洋环境问题相关的条文甚至比现有的多边环境公约更加详细且全面。[22] 除了《海洋法公约》中与海洋环境最直接相关的第十二部分的规定外，争端解决中对海洋环境也有着特殊青睐，如附件八的特别仲裁程序就将渔业、保护和保全海洋环境以及航行或船只倾倒造成的污染方面的争端纳入其中。此外，《海洋法公约》第十五部分项下的临时措施程序又为应对海洋环境的争端打开了及时和便利之门。

《海洋法公约》第290条规定，“法院或法庭可在最后裁判前，规定其根据情况认为适当的任何临时措施，以保全争端各方的各自权利或防止对海洋环境的严重损害”。可以说，《海洋法公约》中的如此措辞使其区别于国际法院临时措施的请求目的，即包括但不限于保全争端各方的权利，而更在于防止对海洋环境的严重损害。[23] 这样的规定能够在相当程度上更加快速地回应潜在的海洋环境损害的危险，从而形成有效保护海洋环境的独创机制。[24]

与此同时，《国际海洋法法庭规则》第89条第3款要求，“……如若请求不被批准，请求方应详述其对……或防止海洋环境遭受严重损害可能产生的后果”。可见，《国际海洋法法庭规则》该款的措辞与《海洋法公约》第290条遥相对应。至此，是否对环境具有真实且迫切的危害是决定规定临时措施的关键因素。但“真实”并不要求损害的实际存在，只要存在发生难以弥补的损害的真实危险即可。[25] 而“迫切”既是临时措施中固有的紧急性，又与《海洋法公约》第290条第5款规定的“情况紧急且必要”相呼应。出于保护环境的目的，法庭对此的解释大多是宽泛性的，受理的门槛也较低，几乎不存在不受理或没有管辖权的情况。而在受理后，即使并未发现可能对环境造成真实和迫切的危害的证据，国际海洋法法庭也大多基于合作原则要求争端方承担相应的海洋环境保护和保全义务。

三、环境因素在临时措施适用中的差异化

《海洋法公约》规定各缔约国应自主选择和平解决争端的方式来解决它们之间有关

---

〔21〕 Tim Stephens, *International Courts and Environmental Protection*, Cambridge University Press, 2009, p. 40.

〔22〕 Jonathan Charney, “The Marine Environment and the 1982 United Nations Convention on the Law of the Sea”, *International Lawyer* 28, 4 (1994): 879, 882.

〔23〕《国际法院规约》第41条规定：“一、法院如认情形有必要时，有权指示当事国应行遵守以保全彼此权利之临时办法。二、在终局判决前，应将此项指示办法立即通知各当事国及安全理事会。”

〔24〕 Tullio Treves, “The Role of Dispute Settlement Mechanisms in the Protection of the Marine Environment in Cases Concerning Economic Activities in the Sea and Seabed”, in International Bureau of the Permanent Court of Arbitration, International Investments and Protection of the Environment, 2001, p. 113.

〔25〕 Rudiger Wolfrum, “Provisional Measures of the International Tribunal for the Law of the Sea”, in P. Chandrasekhara Rao and Rahmatullah Khan (eds.), *The International Tribunal for the Law of the Sea: Law and Practice*, Kluwer Law International, 2001, p. 177.

《海洋法公约》的解释和适用的各类争端。国际海洋法法庭自2006年成立以来，截至2019年7月共受理了27起海洋案件纠纷，其中11起案件要求规定临时措施。[26] 而在这些临时措施案件中，除却第20号阿根廷诉加纳“自由号”案、第24号意大利诉印度“恩瑞卡·莱克西”事件案以及第26号乌克兰海军舰艇扣押案，其他案件几乎都和环境相关。毋庸置疑，保护海洋环境是规定临时措施的主要目的之一。然而，从这些案件中不难发现，环境因素在诉求中的地位时重时轻。综合已有的11起临时措施案件，笔者将其大致分为以下三类，见表1。

表1 临时措施案件中有关海洋环境争端的类型

争议类型	编号	案件名称	当事国
环境因素作为争端中的主要诉求	3、4	南方蓝鳍金枪鱼案	新西兰诉日本、澳大利亚诉日本
	10	莫克斯工厂案	爱尔兰诉英国
	12	围海造地案	马来西亚诉新加坡
环境因素作为次要或辅助性诉求	2	“赛加号”案	圣文森特和格林纳丁斯诉几内亚
	18	“路易莎号”案	圣文森特和格林纳丁斯诉西班牙
	22	“北极日出号”案	荷兰诉俄罗斯
	27	“圣帕德里号”案	瑞典诉尼日利亚
以环境为名，实为其他争端	23	加纳和科特迪瓦在大西洋海洋划界纠纷案	科特迪瓦诉加纳

（一）环境因素作为争端中的主要诉求

国际海洋法法庭对海洋环境的定义较广，就已经受理的案件内容而言，其基本涵盖了海洋环境的各个方面，如海洋环境污染，海洋生物资源养护，非法、未报告和未管制捕鱼活动，在沿海国专属经济区、公海、北极和“区域”内的海洋环境的保护和保全等。[27] 然而从实践来看，渔业管理纠纷占据了环境案件内容的大部分比重。国家间海洋争端将海洋环境作为实质和主要诉求的在总体上并不多见，但在临时措施的案件中，环境因素的比重并不算低。在此具有代表性的案件包括南方蓝鳍金枪鱼案、莫克斯工厂案和围海造地案。

在1999年的南方蓝鳍金枪鱼案（临时措施）中，澳大利亚和新西兰认为可获得的科学证据足以表明实验性捕捞计划的实施会危及南方蓝鳍金枪鱼种群。但日本表示可获

〔26〕 详情参见国际海洋法法庭网站（https：//www. itlos. org/en/cases/list-of-cases/）。

〔27〕 参见蒋小翼：《〈联合国海洋法公约〉涉海环境争端解决程序之比较分析》，《边界与海洋研究》2018年第2期。

得的科学证据显示其实施的实验性捕捞计划并不会对南方蓝鳍金枪鱼种群造成威胁，并同时主张这实质上是科学争端并非法律争端，不应规定临时措施。[28] 法庭认为，根据《跨界鱼类种群协定》第 31 条第 2 款，临时措施可以用来“防止对有关种群的损害”，而且各方间的分歧也不仅仅是科学争端也包括法律争端。最后，国际海洋法法庭规定了各种临时措施。但从广义上讲，这些措施可分为两类：第一种是非加重措施，要求争议各方不要采取特定行动，旨在防止争端进一步恶化；第二种是要求双方寻求采取行动的积极措施，如要求各方恢复谈判，以确保最佳利用，这将直接有助于保护南方蓝鳍金枪鱼种群。[29] 可以说，在该案中法庭显示出司法程序如何应对科学上不确定的难题，同时在南方蓝鳍金枪鱼种群严重衰退并处于历史上最低水平的节点，法庭创造性地纳入了预防性方法的考量。[30] 尽管法庭在命令中并未提及“预防性方法”，但在不能评估争端各方所提交的科学证据的情况下，采纳预防性方法来证明难以弥补的损害的存在是完全必要的。[31] 在该案中，临时措施无疑在保护海洋生物资源方面发挥了重要作用。

在莫克斯工厂案（临时措施）中，和南方蓝鳍金枪鱼案相似，法庭在认定中存在着极大的科学上的不确定性。就本案来说，当事方就莫克斯工厂的运作对爱尔兰海的海洋环境造成何种损害所提交的科学证据完全相左，法庭无法对爱尔兰海当前局势的证据加以评估。不过，法庭并没有在最后的命令中规定临时措施，相反规定了其他法庭认为合适的措施。这些措施包括要求双方进行合作和交换信息。[32] 法庭的此项决定变相地扩大了国际海洋法法庭规定临时措施的权限，然而法庭是否具有规定此类替代性措施的管辖权却存在争议。[33] 此外，在拒绝规定爱尔兰要求的临时措施时，它表明了莱恩法官在“赛加号”案中表达的临时措施申请要遵循“谨慎先行” （careful first step）的承诺。[34]

在围海造地案（临时措施）中，由于新加坡和马来西亚两国在地理关系上十分密切，仅相隔一条 1400 米宽的柔佛海峡。自 1965 年马来西亚独立后，新加坡在柔佛海峡一带围海造地，使其国土面积增加了 100 多平方千米。之后新加坡又在柔佛海峡两面进

---

〔28〕 Southern Bluefin Tuna Cases (New Zealand v. Japan; Australia v. Japan), Provisional Measures, Order of 27 August 1999, paras. 42, 66, 73-74.

〔29〕 Tanaka Yoshifumi, “Provisional Measures Prescribed by ITLOS and Marine Environmental Protection”, Proceedings of the Annual Meeting (American Society of International Law) 108, (2014): 366.

〔30〕 Southern Bluefin Tuna Case (New Zealand v. Japan; Australia v. Japan), Provisional Measures, Separate Opinion of Judge Laing, para. 1, 8.

〔31〕 参见高健军：《〈联合国海洋法公约〉争端解决机制研究》，中国政法大学出版社 2014 年版，第 220—222 页。

〔32〕 The Mox Plant Case (Ireland v. United Kingdom), Provisional Measures, Order of 3 December 2001, para. 82-84.

〔33〕 Chester Brown, “Provisional Measures before the ITLOS: The MOX Plant Case”, *International Journal of Marine and Coastal Law* 17, 2 (2002): 267-268.

〔34〕 M/V Saiga (St Vincent and the Grenadines v. Guinea), Provisional Measures, 11 March 1998, Separate Opinion of Judge Laing, para. 37.

行填海工程，引起马来西亚不满。马方根据《海洋法公约》附件七提出仲裁申请，随后又向国际海洋法法庭申请临时措施，要求新加坡立即停止填海工程。马方声称，新加坡的填海工程影响了马来西亚对其领海内自然资源的权利，并侵犯了这些地区海洋环境的完整性。[35] 关于沿海工程工作是否会影响河口和海洋生态系统，尽管没有明确的证据，但法庭认为在一些特殊情况下，围海造地还是有可能会对海洋环境产生影响。[36] 因此，法庭下令成立一个独立专家团，以评估拟议工程的风险和影响。同时，法庭要求争议双方定期对填海工程的进展交换意见，新加坡不能进行任何可能对马方的权利造成不可弥补的损害及对海洋环境造成严重破坏的填海工程。在莫克斯工厂案和围海造地案中，法庭都强调了“谨慎和小心”，同时都需要争端双方进行合作。这两个案件似乎都表明临时措施可以用作司法工具以执行联合监测和环境影响评估的义务，而这同时也是保护海洋环境的先决条件。[37]

（二）环境因素作为次要或辅助性诉求

如前文所述，在国际海洋法法庭受理的案件中，许多案件都与海洋环境密切相关。在规定临时措施的案件中，除了单纯将海洋环境作为主要诉求外，大部分案件都会或多或少牵涉到海洋环境问题，其作为次要或辅助性诉求增加了原告声称的权利的可说服性（plausible）。在“北极日出号”案（临时措施）中，争议的焦点在于俄罗斯当局在其专属经济区登船并扣留了“北极日出号”船只和船上人员。因此，荷兰先是根据《海洋法公约》附件七下提起仲裁，随后又向国际海洋法法庭请求规定临时措施。尽管这一争议本身并未过多地涉及海洋环境问题，但“北极日出号”系属绿色和平组织，目的在于保护北极环境和避免过多的商业开采带来的环境危害，并对俄罗斯在巴伦支海海域建立近海防冻固定平台提出了抗议。此外，在该案的临时措施请求中，荷兰主张持续扣押“北极日出号”可能会发生燃油泄漏，从而对海洋环境造成严重损害，而这在脆弱的北极地区和其带来的恶劣天气与冰情会使情况变得更加复杂。这些环境上的威胁同扣押船员剥夺了他们的自由权和安全权一起，都将产生不可逆转的后果。[38] 法庭在充分考虑了双方的诉求后要求俄罗斯立即释放“北极日出号”及所有被困人员，并确保该船和人员被允许离开俄罗斯领土和管辖海域，但同时要求荷兰以担保的形式提供360 万欧元的保证书或财政担保。可见，虽然环境并非本案的主要争议，但环境因素带来的抗辩或多或少有助于法庭支持主要诉求的认定。

---

〔35〕 Case concerning Land Reclamation by Singapore in and around the Straits of Johor (Malaysia v. Singapore), Provisional Measures, Order of 8 October 2003, para. 93.

〔36〕 Ibid., para. 96.

〔37〕 Tanaka Yoshifumi, “Provisional Measures Prescribed by ITLOS and Marine Environmental Protection”, Proceedings of the Annual Meeting (American Society of International Law) 108, (2014): 365-366.

〔38〕 The “Arctic Sunrise” Case (Kingdom of the Netherlands v. Russian Federation), Provisional Measures, Order of 22 November 2013, paras. 87-88.

不过，这一点也并非对所有案件都适用。在2010年“路易莎号”案（临时措施）中，西班牙以该船在海床进行声呐和铯磁测试来定位石油和沼气的行为侵犯了其历史性财产和违反了海洋环境法律为由，扣押了“路易莎号”商船。圣文森特和格林纳丁斯请求法庭规定临时措施，并声称将该船继续长时间停泊在圣玛丽亚港将对海洋环境构成切实的威胁和污染。[39] 然而西班牙随即指出，其港口当局正在持续不断地监控相关情况，而且制定了应对各种环境事故的方案。[40] 据此，法庭并没有对双方所声称的情形作出判断。尽管法庭要求双方要“谨慎且小心”地防止对海洋环境的严重损害，但却并未规定任何临时措施。这在所有国际海洋法法庭临时措施案中是为数不多的不支持原告方请求的特例，也是国际海洋法法庭第一次作出不规定临时措施的决定。

（三）以环境为名，实为其他争端

海洋环境问题会在国家间的争端中占据着重要和次要地位，但近年来，一些国家将主权领土案件包装为海洋环境保护，这在仲裁庭受理的案件中尤为明显。在临时措施的案件中，一部分是先提交到仲裁庭再向国际海洋法法庭提起临时措施的请求，虽然此类“包装性”案件不多，但仍存在。科特迪瓦诉加纳的海洋划界案（临时措施）是其中的代表。科特迪瓦和加纳在几内亚湾拥有相邻海岸，就海洋划界的方法双方始终存在争议，随后双方在各自主张的海上边界线之间形成了长三角争议区，面积约为30000平方千米。在两国就海上边界未达成协议的情况下，加纳将争议海域划分为若干区块，并授予了多家石油公司石油特许权。两国就海洋划界和争议区石油开发等问题多次进行磋商谈判，始终未果。2014年加纳对科特迪瓦提起《海洋法公约》附件七下的仲裁，请求就双方之间的海洋划界争端作出裁决。两国在三个月后缔结特别协议，又将案件提交至国际海洋法法庭。随后科特迪瓦又请求国际海洋法法庭特别分庭规定临时措施，要求加纳停止在争议区内的勘探和开发活动，且不再发授任何新的争议区内的石油勘探和开发许可证。在这起临时措施案中，科特迪瓦的实际诉求在于请求特别分庭保护其在争议区内的海洋权利，包括勘探和开发权、获取自然资源机密信息权和选择石油公司的权利，而这些权利其实又是以它的主权权利为基础的。不过在临时措施案件中，法庭不需要认定原告主张的权利实际存在与否，只需要对当前的情形是否会危害到争端方的各自权利和对海洋环境的严重损害。因而科特迪瓦声称加纳的石油开采活动，无论是在争议区内还是附近，已经产生了污染事件。它认为加纳并没有尽到审慎义务，未能有效地监测石油开发活动，同时存在着法律规定的漏洞。[41] 但加纳声称加纳海岸从未发生过油污事

[39] The M/V “Louisa” Case (Saint Vincent and the Grenadines v. Spain), Provisional Measures, Order of 23 December 2010, para. 73.

[40] Ibid., paras. 74-75.

[41] Dispute concerning Delimitation of the Maritime Boundary between Ghana and Cote d'Ivoire in the Atlantic Ocean (Ghana/ Cote d'Ivoire), Provisional Measures, Order of 25 April 2015, para. 65.

件，同时认为加纳的环境保护立法是该地区最强大的环境立法之一。[42] 尽管特别分庭认为科特迪瓦并没有提供足够的证据来证明加纳在争议区的活动具有严重损害海洋环境的可能风险，但基于“谨慎和小心”，特别分庭最后一致决定规定临时措施，要求加纳应对在加纳或争议地区授权开展的所有活动进行严格和持续的监测，以防止对海洋环境的严重损害。[43] 由此可见，国际海洋法法庭对于海洋环境问题往往持谨慎的态度，在实质内容为主权争端的案件中，加入环境因素的诉求会具有一定的迷惑性。在临时措施的请求中，国际海洋法法庭出于谨慎的做法往往会规定争端双方进行合作，同时不再进行新的可能会对海洋环境产生损害的活动。同时，鉴于国际海洋法法庭较为宽松的初步管辖权，无论原告是出于何种目的提起的临时措施，法庭基本都会受理，同时给予原告方的请求以更多的关注。

四、临时措施适用中的价值考量：国际环境法原则的引入

（一）风险预防原则

风险预防原则（precautionary principle）出现于20世纪80年代中期，其致力于在国际环境法的发展中为缺乏科学证据的情况提供指导。[44] 随后，这项原则的核心被反映在1992年《里约环境与发展宣言》原则15中：“为了保护环境，各国政府应该根据其能力广泛采用风险预防措施。在有严重或不可逆转的损害的威胁时，缺乏科学确定性不应被用来作为延缓采取有效措施防止环境退化的理由。”风险预防原则涵盖国际环境法的各个领域，但其焦点始终是海洋环境的保护。然而，尽管该项原则被许多国际环境法公约广泛采纳，且被国际社会大范围支持，但关于其权威的概念至今仍不明确。此外，在国际法律文件中涉及风险预防的表述不一，除了上文所述的风险预防原则外，风险预防方法（precautionary approach）也广为出现。许多学者认为原则和方法的表达存在着本质差别，二者是不能相互替代的。[45] 然而在现实的应用中，风险预防原则与风险预防方法并没有多大的差别。此外，风险预防原则在国际法上的地位仍未明晰。从著名的国际环境法学者桑兹认为已有足够的国家实践证明其已经成为一项习惯国际法原则[46]，到其他学者持反对意见，认为风险预防原则太过模糊以致不能将其作为一项法律标准予

〔42〕 Ibid.，para. 66.

〔43〕 Ibid.，paras. 67-72.

〔44〕 一般认为，第一次明确提出风险预防原则是1987年在伦敦召开的第二次保护北海国际大会通过的部长宣言中。参见朱建庚：《风险预防原则与海洋环境保护》，人民法院出版社2006年版，第6页。

〔45〕 Sharon Mascher，“Taking a Precautionary Approach：Fisheries Management in New Zealand”，*Environmental and Planning Law Journal* 14，（1997）：70.

〔46〕 See Philippe Sands and Jacqueline Peel，*Principles of International Environmental Law*，Cambridge University Press，2018，pp. 234-240；also James Cameron，“The Precautionary Principle—Core Meaning，Constitutional Framework and Procedures for Implementation”，in The Precautionary Principle Conference Papers，Vol. 2，Institute of Environmental Studies，University of New South Wales，1993，pp. 20-21.

以采纳[47]，可以说，这项原则的国际法地位始终存在争议。

在海洋环境领域，风险预防原则同样被广泛使用，尤其是海洋生物的养护和管理、渔业资源的管理、海洋生物多样性的保护以及防治海洋倾倒和船舶源污染等方面。在南方蓝鳍金枪鱼案（临时措施）中，风险预防原则得到了在国际海洋法法庭的第一次援引和使用。尽管法庭并没有明确表达或使用“风险预防原则”这一名词，但它实际上赋予了这项原则双重意义。风险预防原则不仅可以作为一项特定的规则去规范双方的行为，也可以作为组织原则用来指导国际海洋法法庭对澳大利亚和新西兰要求规定临时措施请求的评估。[48] 这项关于风险预防原则的规定也从另一个侧面说明国际海洋法法庭相较于其他法庭更倾向于考虑环境方面因素和环境原则的适用。同时，在术语的表述上，莱恩法官表达了他对使用风险预防方法而不是风险预防原则的倾向性，因为“原则”往往会被理解为一项精确的行为规范。[49] 他同时认为将预防性方法认定为习惯国际法是不必要的，因为预防性方法的使用可以说是临时措施中本来固有的。[50]

除此之外，在莫克斯工厂案（临时措施）中也提到了对预防性原则的使用。爱尔兰认为预防性原则使得英国必须承担证明莫克斯工厂的排放和其他工作的后果不会对环境造成损害。[51] 不过法庭并未对此作出直接回应，只是认为出于谨慎和小心要求爱尔兰和英国在交换信息方面进行合作。沃尔夫鲁姆法官在此详细讨论了预防性原则，他解释道：“由于若干原因，即使预防性原则被接受为习惯国际法，爱尔兰在本案中也无法依赖这一原则。”[52] 他随后又进一步解释道：“临时措施不应对案情作出预期判断，这项由国际法院所制定的基本限制，援引风险预防原则不可以将其打破。”[53] 不过，笔者认为沃尔夫鲁姆法官的这一观点实际上有失偏颇。尽管风险预防原则还未发展为习惯国际法，但国际海洋法法庭在南方蓝鳍金枪鱼案中对这一原则的使用已然说明了法庭的立场。法庭在命令中使用“谨慎且小心”（prudence and caution）的措辞，实际上是从侧面证明了风险预防原则带来的影响。而法庭拒绝爱尔兰请求的最佳解释是，无论是否有足够的证据证明爱尔兰声称的莫克斯工厂会对爱尔兰海洋环境造成严重损害，这一事实应

---

〔47〕 See D. Bodansky, “Scientific Uncertainty and the Precautionary Principle”, *Environment Science & Policy for Sustainable Development* 33, 7 (1991); Lothar Gundling, “The Status in International Law of the Precautionary Principle of Precautionary Action”, *International Journal of Estuarine and Coastal Law* 5, (1990).

〔48〕 Tim Stephens, *International Courts and Environmental Protection*, Cambridge University Press, 2009, p. 225.

〔49〕 Southern Bluefin Tuna Cases (New Zealand v. Japan; Australia v. Japan), Provisional Measures, Separate opinion of Judge Laing, paras. 12-21.

〔50〕 Ibid., para. 20.

〔51〕 The Mox Plant Case (Ireland v. United Kingdom), Provisional Measures, Order of 3 December 2001, paras. 97-101.

〔52〕 The Mox Plant Case (Ireland v. United Kingdom), Provisional Measures, Separate Opinion of Judge Wolfrum, para. 5.

〔53〕 Ibid.

该是仲裁庭的决定事项。[54]

（二）国际合作原则

国际合作原则（principle of international cooperation），或称为合作的义务（duty to co-operate），是国际环境法的一项基本原则，系指在国际环境领域，各国进行广泛密切的合作，通过合作采取共同的环境资源保护措施，实现保护国际环境的目的。[55] 该项义务既可以存在于一般意义上的条约目的中，也可转化为更具体的方式，如保证信息的交换和决定作出的共同参与。[56] 有学者认为合作原则实际上与风险预防原则密切相关，因为风险预防原则发生在危害出现之前，在此意义上引发的各项原则，如信息交换原则、告知原则、事前协商原则以及环境影响评价原则等也均属国际合作原则。[57] 环境影响评价也被认为是合作原则的体现。

在莫克斯工厂案和围海造地案中，国际合作原则得到了法庭的应用，而这项原则的要求甚至成为了莫克斯工厂案的核心。国际海洋法法庭在命令中重申：“合作的义务无论是在《海洋法公约》第十二部分海洋环境污染防治的规定中还是在一般国际法领域内都是一项基本原则，因此法庭认为这样的权利应得到保护。”[58] 法庭随后要求双方进行合作并就相关问题进行磋商。两年后，同样的方法也被法庭用在围海造地案中，法庭要求马来西亚和新加坡以建立一个独立的专家组就新加坡造地工程的影响进行评估的方式来进行合作，同时提出共同应对不良影响的措施和进行信息的交换。[59] 在该案中，法庭还将信息交换和环境影响评价与风险预防原则清楚地联系到一起。

在科特迪瓦诉加纳的海洋划界案（临时措施）中，特别分庭再次重述了莫克斯工厂案、围海造地案以及渔业咨询案中的观点，认为合作的义务是《海洋法公约》第十二部分和一般国际法规定中防治海洋环境污染的一项基本原则，并且由此产生法庭认为根据《海洋法公约》第290条可保全的权利。[60] 合作的义务是在涉海环境争端中法庭最常规定的措施之一，甚至在一些法庭无法完全支持原告方请求或无法证明其声称的事实时，还会要求双方进行合作、交换信息和保护环境。

---

〔54〕 Chester Brown, “Provisional Measures before the ITLOS: The MOX Plant Case”, *International Journal of Marine and Coastal Law* 17, 2 (2002): 285-286.

〔55〕 参见林灿铃：《国际环境法》（修订版），人民出版社2011年版，第173页。

〔56〕 Philippe Sands and Jacqueline Peel, *Principles of International Environmental Law*, Cambridge University Press, 2018, pp. 215-216.

〔57〕 Bénédicte Sage-Fuller, *The Precautionary Principle in Marine Environmental Law: With Special Reference to High Risk Vessels*, Routledge, 2013, p. 83-84.

〔58〕 The Mox Plant Case (Ireland v. United Kingdom), Provisional Measures, Order of 3 December 2001, para. 83.

〔59〕 Case concerning Land Reclamation by Singapore in and around the Straits of Johor (Malaysia v. Singapore), Provisional Measures, Order of 8 October 2003, paras. 92, 106 (1).

〔60〕 Dispute concerning Delimitation of the Maritime Boundary between Ghana and Cote d' Ivoire in the Atlantic Ocean (Ghana/ Cote d' Ivoire), Provisional Measures, Order of 25 April 2015, para. 73.

（三）审慎义务

国家的审慎义务（due diligence），也称审慎原则，在不同的国际法领域，其内涵、外延和标准并不完全一致。一般认为，审慎义务来源于“友邻原则”（principles of good neighborliness），意思是使用自己的财产不应损及他人的财产。[61] 随着国际法的发展，这项原则也从个人发展到国家，用以规范国家的行为。在国际环境法领域，审慎义务体现在防治跨境污染和环境损害的国际习惯法，其主要内容包含：（1）国家有义务防止、减少和控制污染及环境损害；（2）国家有义务在减少环境风险和紧急事件中进行合作，其方式包括通知、磋商、谈判，以及在适当的情况下进行环境影响评估。[62] 简言之，审慎义务与预防义务彼此相通，预防义务是审慎义务的必然要求。[63]

《海洋法公约》第192条规定了“各国有保护和保全海洋环境的义务”，且第194条第3款“各国应采取一切必要措施，确保在其管辖或控制下的活动的进行不致使其他国家及其环境遭受污染的损害”也被认为是审慎义务的体现。

在国际司法实践中，审慎义务也曾被法庭或仲裁庭援引，用来规范国家的最低义务，以达到保护环境的目的。[64] 如在上文中提到的科特迪瓦诉加纳的海洋划界案，科特迪瓦提出加纳在争议区内或在争议区附近开展的石油开发活动已经造成污染事件；且加纳的国内立法存在缺陷，未能有效监管石油开发活动，未尽到审慎义务。[65] 但特别分庭指出，科特迪瓦并没有提供足够的证据来证明加纳在争议区的活动具有严重损害海洋环境的可能风险。尽管如此，特别分庭依旧对危害海洋环境的风险给予了重大关注，并认为根据《海洋法公约》第192条和第193条，各国有保护海洋环境的义务和依其职责开发自然资源的权利，双方应当“谨慎和小心”地防止对海洋环境的严重危害。据此，特别分庭一致决定规定临时措施，要求加纳应对在加纳或争议地区授权开展的所有活动进行严格和持续的监测，以确保防止对海洋环境的严重损害。此外，双方应采取一切必要措施，防止在争议地区对包括大陆架及其上游水域在内的海洋环境造成严重损害，并应为此目的进行合作。[66] 可见，特别分庭不仅要求双方履行合作义务，更是以审慎义务为基础来达到保护争议区海洋环境的目的。

---

〔61〕 Philippe Sands and Jacqueline Peel, *Principles of International Environmental Law*, Cambridge University Press, 2018, p. 230.

〔62〕 ［英］帕特莎·波尼、埃伦·波义尔：《国际法与环境》（第2版），那力、王彦志、王小钢译，高等教育出版社2007年版，第99页。

〔63〕 参见［美］巴里·E. 卡特、艾伦·S. 韦纳主编：《国际法》，冯洁菡译，商务印书馆2016年版，第1201页。

〔64〕 例如“特雷尔冶炼厂”仲裁案、1995年核武器试验案和联合国大会关于“以核武器相威胁或使用核武器的合法性”问题的咨询意见等。

〔65〕 Dispute concerning Delimitation of the Maritime Boundary between Ghana and Cote d' Ivoire in the Atlantic Ocean (Ghana/ Cote d' Ivoire), Provisional Measures, Order of 25 April 2015, para. 65.

〔66〕 Dispute concerning Delimitation of the Maritime Boundary between Ghana and Cote d' Ivoire in the Atlantic Ocean (Ghana/ Cote d' Ivoire), Provisional Measures, Order of 25 April 2015, paras. 72-76, 108.

五、结论

国际海洋法法庭既承担着保护和保全海洋环境的重要责任，同时也发挥着不可替代的作用。《海洋法公约》第290条规定的临时措施，不仅区别于国际法院先前的司法实践，也增加了在海洋争端中应用临时措施的特殊性。从目前的司法实践来看，涉海环境的临时措施案件尽管数量不多，但占比较高，国际海洋法法庭在应对海洋环境问题的保护上具有着制度上的优越性。有关海洋环境因素的诉求不断增多，而近年来更是有以环境之名进行“包装”的趋势。法庭在应对不同类型的争端案件中采取了不同的态度，但对海洋环境的严重关切是一致的。在这些涉海环境争端的临时措施案件中，国际海洋法法庭不仅发展了“对环境具有真实且迫切的危害”的关键性因素，更是纳入了国际环境法中的基本原则，如风险预防原则、国际合作原则和审慎义务等。法庭在案例中不断丰富和发展已有的国际法规则，并应用于各项临时措施的请求中。

如今，各国越来越意识到海洋环境权益的重要性，海洋争端也日益涉及更多的海洋环境因素。在国际海洋法法庭受理有关海洋环境的临时措施案件中，了解争端各方的立场、研读法庭的命令和对规则的使用，可以为我国日后参与海洋争端的司法实践提供有利的指导。

“圣帕德皮奥号”案临时措施论析

■ 王秀英*

【内容摘要】在瑞士诉尼日利亚“圣帕德皮奥号”案中，国际海洋法法庭应瑞士的请求，根据《联合国海洋法公约》第290条的规定，提出采取临时措施的两个条件，即附件七仲裁庭有初步管辖权和案件存在“紧迫性”，并分别进行认定，进而为双方指示了临时措施。从案件事实和双方提供的证据看，国际海洋法法庭对指示临时措施条件的认定存在瑕疵，并未体现临时措施保全当事各方权利的目的。

【关键词】临时措施　国际海洋法法庭　“圣帕德皮奥号”案　初步管辖权

一、“圣帕德皮奥号”案[1]案情

2019年7月6日，国际海洋法法庭（International Tribunal for the Law of the Sea，以下简称ITLOS)[2]就“圣帕德皮奥号”案指示临时措施。该案起因是瑞士油轮“圣帕德皮奥号”被尼日利亚扣押事件。2018年1月23日，尼日利亚海军在本国专属经济区内拦截一艘悬挂瑞士国旗的油轮“圣帕德皮奥号”，并对其船员和货物实施逮捕和扣押。随后，尼日利亚以该油轮从事未经许可的加油行为为由，在其本国法院提起针对该油轮及其船长和船员（2019年3月19日后改为对船长和3名船员）的指控。2018年4月13日，在其他船员获释3周后，根据尼日利亚联邦高等法院2018年3月23日的裁定，船长和3名船员得以保释。此后，瑞士与尼日利亚就该事件的解决频繁接触，多次交涉未果后，瑞士于2019年5月6日启动《联合国海洋法公约》（以下简称《海洋法公约》）附件七仲裁程序，并请求规定临时措施。2019年7月6日，法庭就该案指示临时措施：(1）以17票对4票作出：(a）在附件七仲裁庭作出裁决前，瑞士向尼日利亚以银行保函的形式支付约1400万美元的保释金或提供其他财政担保。(b）倘若仲裁庭认定尼日利亚于2018年1月22—23日扣押该油轮及其货物、逮捕船员并行使管辖权的行为并不违反《海洋法公约》，瑞士应向尼日利亚承诺，确保船长和3名船员出庭接受尼日利亚对他们的刑事指控。两国应在执行这些措施方面善意合作。(c）瑞士一旦支付保释金或提供其他财政担保，尼日利亚应立即释放船长和3名船员、该油轮及其所载货物，并保证船长和3名船员、该油轮及其所载货物离开尼日利亚领土和其管辖海域。(2）以19票对2票作出：两国不得采取可能进一步加剧或扩大已经提交附件七仲裁庭争端的任何行动。(3）以19票对2票作出：两国在2019年7月22日之前向法庭提交初步报告，并

---

* 西北政法大学国际法学院副教授。

〔1〕 The M/T “San Padre Pio” Case (Switzerland v. Nigeria), ITLOS Case NO. 27 (hereinafter the M/T “San Padre Pio” Case).

〔2〕 国际海洋法法庭是依据《海洋法公约》设立的常设性国际司法机构。该法庭自1996年8月1日起正式履行其职责，成立至今，共登记处理案件27例。

授权庭长在收到初步报告后要求两国提交其认为适当的进一步报告和信息。

二、临时措施程序:《海洋法公约》第 290 条

《海洋法公约》第 290 条分 6 款对临时措施程序的诸项问题加以规定，作为核心条款的第 1、5 款，分别规定了海洋法中的两类临时措施[3]：（1）当争端一方将争端提交《海洋法公约》第 287 条项下的法院或法庭，该法院或法庭依据第 1 款的规定指示临时措施[4]；（2）当争端一方将争端提交附件七仲裁，在仲裁庭组成前需指示临时措施时，ITLOS 或海底争端分庭依据第 5 款的规定指示临时措施[5]。除《海洋法公约》第 290 条外，《国际海洋法法庭规约》第 25 条[6]、《国际海洋法法庭规则》第 89—95 条、《国际法院规约》第 41 条[7]以及《国际法院规则》第 73—78 条对临时措施也作了规定。[8]

从这些国际文件对临时措施的规定看，第一，临时措施程序的要求因争端方处理争端的方式不同而有所差别，但不论法院或法庭，还是 ITLOS 或海底争端分庭，其指示临时措施的目的均为保护争端各方各自的权利以及防止海洋环境的严重损害。第二，《国际法院规约》和《国际海洋法法庭规约》是从实体法角度作出的规定。它们和《海洋法公约》一样，是争端当事国提出临时措施请求以及法院或法庭、ITLOS 或海底争端分庭指示临时措施的实体规则依据；《国际法院规则》和《国际海洋法法庭规则》是从程序法角度作出的规定，是法院或法庭、ITLOS 或海底争端分庭指示临时措施时在程序方面的遵循。第三，与其他国际文件对临时措施的规定相比，《海洋法公约》第 290 条、《国际海洋法法庭规约》和《国际海洋法法庭规则》共同打造的临时措施程序的内容更加全面、各方权责更加清晰。[9]根据《海洋法公约》指示的临时措施对争端各方的权利

---

〔3〕 Tanaka Yoshifumi, *The International Law of the Sea*, Cambridge University Press, 2012, pp. 411-414.

〔4〕 第 290 条第 1 款规定：“如果争端已经正式提交法院或法庭，而该法院或法庭依据初步证明认为其根据本部分或第十一部分第五节具有管辖权，该法院或法庭可在最后裁判前，规定其根据情况认为适当的任何临时措施，以保全争端各方的各自权利或防止对海洋环境的严重损害。”

〔5〕 第 290 条第 5 款规定：“在争端根据本节正向其提交的仲裁法庭组成以前，经争端各方协议的任何法院或法庭，如在请求规定临时措施之日起两周内不能达成这种协议，则为国际海洋法法庭，或在关于‘区域’内活动时的海底争端分庭，如果根据初步证明认为将予组成的法庭具有管辖权，而且认为情况紧急有此必要，可按照本条规定、修改或撤销临时措施。……”

〔6〕 “1. 按照第 290 条，法庭及其海底争端分庭应有权规定临时措施。2. 如果法庭不开庭，或没有足够数目的法官构成法定人数，临时措施应根据本附件第 15 条第 3 款设立的简易程序分庭加以规定。虽有本附件第 15 条第 4 款的规定，在争端任何一方请求下，仍可采取这种临时措施。临时措施应由法庭加以审查和修订。”

〔7〕 “1. 法院如认为情形有必要时，有权指示当事国应行遵守保全彼此权利之临时办法。2. 在终局判决前，应将此项指示办法立即通知各当事国和安全理事会。”

〔8〕 《国际法院规则》D 节第 1 分节（第 73—78 条）采用的标题是“临时保全”（Interim Protection）；《海洋法公约》（第 290 条）、《国际海洋法法庭规约》（第 25 条）以及《国际海洋法法庭规则》（C 节第 1 分节）采用的标题是“临时措施”（Provisional Measures）。不同标题反映的该程序的实质内容并无差别。

〔9〕 See Rudiger Wolflum, “Provisional Measures of the International Tribunal for the Law of the Sea”, *Indian Journal of International Law* 37, (1997): 422-423; Utpal Kumar Raha, K. D. Raju, “The ‘Enrica Lexie’ Case at the Permanent Court of Arbitration: An Analysis”, *Indian Journal of International Law* 56, 2 (2016): 226.

和整体海洋权利的保护都具有法律约束力。[10]

按照上述文件，特别是《海洋法公约》第 290 条和《国际海洋法法庭规约》第 25 条，临时措施程序至少包括以下三个问题："由谁指示/请求""何时指示"以及"如何指示"。

"由谁指示/请求"意指临时措施的主体。该主体可分为请求主体和实施主体两类。请求主体一般指诉讼或仲裁程序中的当事方，可以是原告，也可以是被告。按照《海洋法公约》第 291 条、《国际海洋法法庭规约》第 37 条[11]的规定，该当事方应为《海洋法公约》缔约国。因为临时措施程序属《海洋法公约》第十五部分争端解决程序项下之内容，也是在缔约国权利和利益受到损害或存在损害威胁时，《海洋法公约》为保护其缔约国的权利和利益而规定的一项救济措施。依照条约相对效力原则，非缔约国无权享有此项权利。实施主体一般是指指示临时措施的法院或法庭（第 290 条第 1 款）、ITLOS 或海底争端分庭（第 290 条第 5 款）。一旦争端当事方将其与其他缔约国之间的争端提交《海洋法公约》第 287 条规定的任意一种解决方法，这就意味着争端方已经接受同一程序解决彼此争端。该同一程序指向的法庭或法院即自然有权指示临时措施，因为按照《海洋法公约》的规定，临时措施程序是法院或法庭审理案件时的附带程序；[12] 当争端当事方将其与其他缔约国之间的争端提交附件七仲裁解决，在仲裁庭组成之前需要指示临时措施，而在提出临时措施请求之日起两周内，争端方并未就指示临时措施的法院或法庭达成一致，ITLOS 或在关于"区域"内活动时的海底争端分庭，在满足《海洋法公约》规定的其他条件时有权指示临时措施。[13] ITLOS 或海底争端分庭在此种情况下指示临时措施的依据是《海洋法公约》为其规定的临时性[14]、强制性[15]剩余管辖权[16]。

争端提交附件七仲裁解决的另一种情况是：在仲裁庭成立之前，ITLOS 已经根据

---

〔10〕 Utpal Kumar Raha and K. D. Raju, "The 'Enrica Lexie' Case at the Permanent Court of Arbitration: An Analysis", *Indian Journal of International Law* 56, 2 (2016): 226.

〔11〕 《海洋法公约》第 291 条第 1 款规定："本部分规定的所有解决争端程序应对各缔约国开放。"《国际海洋法法庭规约》第 37 条规定："分庭应对各缔约国、管理局和第十一部分第五节所指的实体开放。"

〔12〕 《国际海洋法法庭规则》C 节第 1 分节；《国际法院规则》D 节第 1 分节；Tanaka Yoshifumi, *The International Law of the Sea*, Cambridge University Press, 2012, p. 410。

〔13〕 See Ravindra Pratap, "Provisional Measures in the 'Enrica Lexie' Case", *The Law and Practice of International Court and Tribunals* 16 (2017): 413-436.

〔14〕 Utpal Kumar Raha and K. D. Raju, "The 'Enrica Lexie' Case at the Permanent Court of Arbitration: An Analysis", *Indian Journal of International Law* 56, 2 (2016): 229.

〔15〕 Philippe Gauter, "Urgent Proceedings before the International Tribunal for the Law of the Sea", the Presentation in Symposium: Frontier Issues in Ocean Law: Marine Resources, Maritime Boundaries, and the Law of the Sea (2009), pp. 3, 11; 张海文主编：《〈联合国海洋法公约〉释义集》，海洋出版社 2006 年版，第 506—507 页。

〔16〕 Tanaka Yoshifumi, *The International Law of the Sea*, Cambridge University Press, 2012, p. 411; Peter Tomka, Gleider I. Hernandez, "Provisional measures in the International Tribunal for the Law of the Sea", in Holger P. Hestermeyer, et al. (eds.), *Coexistence, Cooperation and Solidarity: Liber Amicorum Rudiger Wolfrum*, Vol. II, Martinus Nijhoff Publishers, 2012, p. 1778.

《海洋法公约》第290条第5款指示临时措施。在仲裁庭组成之后，请求ITLOS指示临时措施的争端方，又向仲裁庭提出临时措施请求[17]，此时，仲裁庭亦有权指示临时措施，同时，它还有权对ITLOS指示的临时措施进行修改、撤销或确认。[18] 而且对于争端方而言，ITLOS和附件七仲裁庭指示的临时措施具有同等法律效力。[19] 仲裁庭之所以能如此行事，原因在于其作为争端方之间选定的争端解决机构，是争端方根据《海洋法公约》规定协议选择的结果。通过这种方式选择争端解决方法，彰显了《海洋法公约》争端解决机制中尊重国家主权、倡导和平解决国际争端这一价值取向。

“何时指示”意即指示临时措施的时间。这一时间包括两个方面：一是争端方向法院或法庭提出临时措施请求的时间；二是被请求的法院或法庭指示临时措施的时间。

关于第一个方面，《国际法院规则》第73条第1款规定的时间是“案件的诉讼过程中”；《国际海洋法法庭规则》第89条第1款规定的时间是“在已提交法庭的争端的诉讼过程中任何时候”。这些文件的规定表明，从争端正式提交法院或法庭开始，到法院或法庭作出最后裁判前的任何时候，争端方都可以提出临时措施请求。这一时间范围规定得相对宽泛。从法理角度而言，这样规定更有利于保护争端当事方的利益。因为当事方提起诉讼或仲裁的目的是通过第三方的介入，依法保护自身的合法权利，而允许当事方在诉讼过程中的任何时候提出临时措施请求，其目的也正是为当事方保护自身权利提供便利，最大限度地降低其自身权利或利益可能面临的风险。

上述第一个方面的另一种情形是，按照《国际海洋法法庭规则》第89条第2款的规定，若争端提交附件七仲裁庭解决，在仲裁庭组成以前，争端当事方可依照《海洋法公约》第290条第5款提出指示临时措施的请求。此时，如果当事各方同意由某一法院或法庭指示临时措施，则该请求可以在任何时候向彼此同意的法院或法庭提出；如果当事各方不能就另一法院或法庭指示临时措施达成一致，当事一方将其临时措施请求通知另一方两星期后的任何时间，向ITLOS提出。这就意味着，在这种情况下，争端方提出临时措施请求的时间不是从争端正式提交附件七仲裁开始到仲裁庭组成的任何时候，而是从当事方就指示临时措施的法院或法庭达成同意开始到仲裁庭组成的任何时候。显然，争端方提出临时措施请求的时间要受到它们之间就指示临时措施的法院或法庭达成一致意见这一因素的制约。特别是当争端方之间的同意是在将临时措施请求通知另一当事方两星期后作出时，争端一方才可以向彼此同意的法院或法庭请求指示临时措施；或者，争端方之间在两星期后并没有就指示临时措施的法院或法庭达成一致时，争端一方

〔17〕 例如，在“恩丽卡·莱克西号事件”案（the“Enrica Lexie Incident”Case）中，ITLOS应意大利的请求指示了临时措施。附件七仲裁庭成立后，意大利再次向仲裁庭提出指示临时措施的请求。

〔18〕 《海洋法公约》第290条第5款。

〔19〕 See the“Enrica Lexie”Incident Case（Italy v. India），Provisional Measures，Case No. 24.

向 ITLOS 提出指示临时措施的请求。与前述第一方面的第一种情形相比，虽然争端方提出临时措施请求的时间范围缩小了，但从立法意图看，这一规定与《海洋法公约》在争端解决方面尊重当事方自由选择这一一贯的价值追求并行不悖。

关于第二个方面，即法院或法庭指示临时措施的时间。不管是《海洋法公约》还是《国际法院规约》和《国际海洋法法庭规约》，抑或《国际法院规则》和《国际海洋法法庭规则》，均没有对此作专门规定。仅在《国际法院规则》第 74 条第 1、2 款和《国际海洋法法庭规则》第 90 条第 1、2 款中有"规定临时措施的请求较法庭中的一切其他程序优先"，"如果在提出这项请求时法庭不开庭，法庭应立即开庭，作为紧急事项对这项请求作出裁定"和"法庭或庭长在法庭不开庭时应确定审讯可能的最早日期"的措辞。从这些文件的措辞看，虽然不是具体规定法院或法庭指示临时措施的时间，但是，它们共同传递了一个明确的信息：法院或法庭应该在最短的时间内为争端当事方指示临时措施。只有这样，临时措施程序作为一种对当事方权利的临时救济方法这一价值才能凸显。

关于法院或法庭指示临时措施的时间，上述国际文件并没有给出一个确切的答案。实际上，因为国际司法机构处理的具体案件千差万别，国际文件中也不可能作出一个对所有案件都适用的规定。法院或法庭在争端当事方提出临时措施请求之后，究竟可以在多长时间内就该请求作出裁判结果，从这些国际司法机构丰富的国际实践中寻找答案应该是比较正确的路径选择。根据《国际法院规则》第 75 条第 1 款的规定，国际法院可以随时主动地视情况需要对争端一方或各方指示临时措施，因此，其指示临时措施的时间即为从其决定指示临时措施开始到最后裁判作出而实际花费的时间。权威资料显示，国际法院一般就临时措施在 3 个星期内作出裁决[20]；与国际法院在指示临时措施方面的实践不同，当事一方提出请求是 ITLOS 指示临时措施的一个必要条件[21]，因此，ITLOS 指示临时措施的时间即为争端当事方提出临时措施请求到案件最终裁判作出这一时间阶段内任何时候。以此为标准，考察 ITLOS 自成立以来审理的临时措施案件可以发现，除 ITLOS 目前正在处理的瑞士诉尼日利亚"圣帕德皮奥号"案外[22]，其他案件基

---

〔20〕 国际法院书记处编：《国际法院》，中国对外翻译出版公司 1985 年版，第 49 页。转引自张海文主编：《〈联合国海洋法公约〉释义集》，海洋出版社 2006 年版，第 509 页。

〔21〕《海洋法公约》第 290 条第 3 款规定："临时措施仅在争端一方提出请求并使争端各方有陈述意见的机会后，才可根据本条予以规定、修改或撤销。"《国际海洋法法庭规约》第 25 条第 2 款规定："如果法庭不开庭，或没有足够数目的法官构成法定人数，临时措施应根据本附件第 15 条第 3 款设立的简易程序分庭加以规定。虽有本附件第 15 条第 4 款的规定，在争端任何一方请求下，仍可采取这种临时措施。临时措施应由法庭加以审查和修订。"《国际海洋法法庭规则》第 83 条第 1、2 款规定："在已提交法庭的争端的诉讼过程中任何时候，当事方可根据公约第 290 条第 1 款提出规定临时措施的请求。在争端向其提交的仲裁法庭组成以前，当事一方可根据公约第 290 条第 5 款提出规定临时措施的请求。"

〔22〕 该案法庭在争端当事方提出临时措施请求 45 天后指示了临时措施。

本都在4个星期内作出[23]。

“如何指示”意在明确法庭或仲裁庭指示临时措施时需满足的条件。根据《海洋法公约》第290条第1、3、5款的规定，法庭或仲裁庭以及ITLOS或海底争端分庭指示临时措施需满足以下三个条件：

第一，须争端一方提出临时措施请求。按照《海洋法公约》第290条第3款的规定，“临时措施仅在争端一方提出请求并使争端各方有陈述意见的机会后，方可根据本条予以规定、修改或撤销”。《国际海洋法法庭规则》第91条第2款规定，ITLOS对简

---

〔23〕 国际海洋法法庭自1996年成立至今，一共审理了27个案件，其中涉及指示临时措施的案件如下。（1）Southern Bluefin Tuna Cases（Cases No. 3 and No. 4，2000，New Zealand v. Japan；Australia v. Japan）. In this case，on 30 July 1999，New Zealand filed with the Registry of the Tribunal a Request for the prescription of provisional measures under article 290，paragraph 5，of the Convention in the dispute between New Zealand and Japan concerning southern Bluefin tuna. The Tribunal prescribed provisional measures on 27 August 1999.（2）The MOX Plant Case（Case No. 10，2002，Ireland v. United Kingdom）. In the case，on 9 November 2001，Ireland filed with the Registry of the Tribunal a Request for the prescription of provisional measures under article 290，paragraph 5，of the Convention in the dispute concerning the MOX plant... between Ireland and the United Kingdom. The Tribunal prescribed provisional measures on 3 December 2001.（3）Case concerning Land Reclamation by Singapore in and around the Straits of Johor（Case No. 12，2003，Malaysia v. Singapore）. In the case，on 5 September 2003，Malaysia filed with the Registry of the Tribunal a Request for the prescription of provisional measures under article 290，paragraph 5，of the Convention in the dispute concerning land reclamation by Singapore in and around the Straits of Johor. The Tribunal prescribed provisional measures on 8 October 2003.（4）“ARA Libertad” Case（Case No. 20，Argentina v. Ghana）；“ARA Libertad” Case（Case No. 20，2012，Argentina v. Ghana）. In the case，on 14 November 2012，Argentina filed with the Registry of the Tribunal a Request for the prescription of provisional measures under article 290，paragraph 5，of the Convention in the dispute concerning the detention by Ghana…of the warship “ARA Libertad”. The Tribunal prescribed provisional measures on 15 December 2012.（5）The Arctic Sunrise Case（Case No. 22，2013，Kingdom of the Netherlands v. Russian Federation）. In the case，on 21 October 2013，the Netherlands filed with the Registry of the Tribunal a Request for the prescription of provisional measures under article 290，paragraph 5，of the Convention in the dispute concerning the boarding and detention of the vessel “Arctic Sunrise” in the EEZ of the Russian Federation and the detention of the persons on board of the vessel by the authorities of the Russian Federation. The Tribunal prescribed provisional measures on 22 November 2013.（6）The “Enrica Lexie Incident”（Case No. 24，Italy v. India）. In the case，on 21 July 2015，Italy filed with the Tribunal a Request for the prescription of provisional measures under article 290，paragraph 5，of the Convention in the dispute concerning the “Enrica Lexie Incident”. The Tribunal prescribed provisional measures on 24 August 2015.（7）Case concerning the detention of three Ukrainian naval vessels（Case No. 26，2019，Ukraine v. Russian Federation）. In the case，on 16 April 2019，Ukraine filed with the Tribunal a Request for the prescription of provisional measures under article 290，paragraph 5，of the Convention in the dispute between Ukraine and the Russian Federation concerning the detention of three Ukrainian naval vessels. The Tribunal prescribed provisional measures on 25 May 2019.（8）The M/T “San Padre Pio” Case（Case No. 27，2019，Switzerland v. Nigeria）. In the case，on 21 May 2019，Switzerland submitted to the Tribunal a Request for the prescription of provisional measures under article 290，paragraph 5，of the Convention in the dispute between Switzerland and the Nigeria concerning the arrest and detention of the M/T “San Padre Pio”，its crew and cargo. The Tribunal prescribed provisional measures on 6 July 2019；Philippe Gauter，“Urgent Proceedings before the International Tribunal for the Law of the Sea”，the Presentation in Symposium：Frontier Issues in Ocean Law：Marine Resources，Maritime Boundaries，and the Law of the Sea［2009］，p. 20.

易程序分庭规定的临时措施进行检查和修改时，也需要当事一方以书面形式提出请求。[24]《国际海洋法法庭规约》第 25 条第 2 款和《国际海洋法法庭规则》第 89 条第 1、2 款在这方面与《海洋法公约》第 290 条第 3 款作了类似规定。这一规定与《国际法院规则》第 75 条第 1 款和《国际法院规约》第 41 条第 1 款[25]不同。按照这些规定，国际法院有主动指示临时措施的权力[26]。甚至在当事国不能获得《国际法院规则》第 74 条第 3 款赋予的权利的情况下，国际法院仍然可以指示临时措施。[27] 而与之相反，ITLOS 及其他机构没有主动指示临时措施的权力[28]，它们根据《海洋法公约》指示临时措施必须以接受争端一方提出的请求为前提，因此，争端一方提出请求构成 ITLOS 及其他机构指示临时措施的必要条件。如此规定，体现了《海洋法公约》对 ITLOS 指示临时措施权力的审慎要求，也充分体现了《海洋法公约》对当事方权利的尊重，完全符合临时措施制度的目的。

第二，法院或法庭依据初步证明认为其对案件有初步管辖权。《海洋法公约》第 290 条第 1、5 款明确要求指示临时措施的法院或法庭，应依据初步证明确立其根据《海洋法公约》第十一部分第五节或第十五部分拥有对案件的管辖权，这是指示临时措施时应满足的一个关键条件。[29] 在这一点上，应该区分两种情况：其一，如果当事一方将争端诉诸 ITLOS 或《海洋法公约》第 287 条项下的其他机构，并提出指示临时措施的请求，此时，ITLOS 或其他机构须证明其对案件有初步管辖权。其二，如果争端提交附件七仲裁并提出临时措施请求，在仲裁庭组成之前，ITLOS 或海底争端分庭可以根据第 290 条第 5 款指示临时措施。此时，ITLOS 或海底争端分庭须确立初步管辖权。

在确立初步管辖权方面，《海洋法公约》及其他国际文件并没有规定可采用的标准，但国际法院和 ITLOS 在有关这一问题的实践中形成的共同经验值得关注：其一，ITLOS

〔24〕 这仅为该条规定的其中一种情况。另一情况是“法庭也可在任何时候主动对该措施进行检查和修改”。就这个意义而言，ITLOS 也拥有如国际法院一样的主动权力，只不过这种权力针对的不是指示临时措施，而是涉及临时措施的检查和修改。

〔25〕《国际法院规则》第 75 条第 1 款规定：“法院得随时决定主动地审查该案情况是否需要指示当事国一方或各方所应采取或遵守的临时措施。”《国际法院规约》第 41 条第 1 款规定：“法院如认情形有必要时，有权指示当事国应行遵守以保全彼此权利之临时办法。”

〔26〕 See Utpal Kumar Raha and K. D. Raju, “The ‘Enrica Lexie’ Case at the Permanent Court of Arbitration: An Analysis”, *Indian Journal of International Law* 56, 2 (2016): 225.

〔27〕《国际法院规则》第 74 条第 3 款规定：“法院或庭长在法庭不开庭时，应确定审讯日期，提供当事国双方派代表出席的机会。法院应听取和考虑在口述程序结束前向其提出的任何意见。”“拉格兰德”（LaGrand）案就是该条规定的例外。在该案中，由于情况特殊，国际法院在指示临时措施前没有为本案被告美国提供出席法院开庭审理前召开的审讯会，充分表达其意见的机会。See LaGrand (Germany v. United States), Provisional Measures, ICJ Reports 1999, 9, esp. 14.

〔28〕 Tanaka Yoshifumi, *The International Law of the Sea*, Cambridge University Press, 2012, p. 412.

〔29〕 Ibid.

和国际法院确立初步管辖权标准的门槛都不高[30]，且二者在这一问题方面的实践相互影响明显。[31] 其二，案件中如果没有明确排除ITLOS或其他机构管辖权的情形[32]，并且当事方之间的争端有关《海洋法公约》的解释或适用问题[33]，初步管辖权即可确立。其三，确立初步管辖权时，国际法院、ITLOS或仲裁庭有必要对原告所援引的《海洋法公约》条款与争端事实之间的相关性进行最低限度的审查。[34] 其四，在指示临时措施之前确立初步管辖权时，法院或法庭，或在《海洋法公约》第290条第5款情况下最终成立的附件七仲裁庭，并不需要完全满足其对案件实际行使管辖权的所有条件。但是，只有在依据原告请求初步证明其对实体问题具有管辖权基础时，法院或法庭、ITLOS或海底争端分庭才可以指示临时措施。[35]

第三，“情况紧急”。这是ITLOS（包括《海洋法公约》第287条项下的法院或法庭）指示临时措施应满足的基本条件。[36]《海洋法公约》第290条第5款对这一条件的表述是“情况紧急有此必要”。《国际海洋法法庭规则》第89条第4款要求“指示临时措施的请求应该写明……情况紧急的法律理由”。虽然在有关法院或法庭指示临时措施的第290条第1款中并没有出现“情况紧急”的措辞，但国际海洋法理论和实践均认

---

〔30〕 See Peter Tomka and Gleider I. Hernandez, “Provisional measures in the International Tribunal for the Law of the Sea”, in Holger P. Hestermeyer, et al. (eds.), *Coexistence, Cooperation and Solidarity: Liber Amicorum Rudiger Wolfrum*, Vol. II, Martinus Nijhoff Publishers, 2012, p. 1776; Cameron A. Miles, *Provisional Measures before International Courts and Tribunals*, Cambridge University Press, 2017, p. 158; Dissenting Opinion of Judge Lucky in the M/T “San Padre Pio” Case, para. 37.

〔31〕 ITLOS在其处理的案件中这样表述：“Before prescribing provisional measures the Tribunal need not finally satisfy itself that it has jurisdiction on the merits of the case and yet it may not prescribe such measures unless the provisions invoked by the Applicant appear prima facie to afford a basis on which the jurisdiction of the Tribunal might be founded.” M/V “Saiga” (No. 2), ITLOS (Case No. 2, Provisional Measures, 11 March 1998, para. 29. 国际法院在其处理的案件中这样表述：“On a request for provisional measures the Court need not, before deciding whether or not to indicate them, finally satisfy itself that it has jurisdiction on the merits of the case, yet it ought not to indicate such measures unless the provisions invoked by the applicant appear, prima facie, to afford a basis on which the jurisdiction of the Court might be established.” Legality of Use of Force (Yugoslavia v. United States of America), Provisional Measures, Order of 2 June 1999, ICJ Reports 1999, 916, 923, p. 20.

〔32〕 Mox Plant Case, Order No. 3, Permanent Court of Arbitration, Order of 24 June 2003, p. 14.

〔33〕 Application of the International Convention on the Elimination of All Forms of Racial Discrimination (Georgia v. Russian Federation), Provisional Measures, Order of 15 October 2008, ICJ Reports 2008, 353, p. 117; The “Enrica Lexie” Incident (Italy v. India), ITLOS Case No. 24, Provisional Measures, paras. 53, 54. 不仅国际法院的实践如此，而且在ITLOS指示临时措施的案件中，确立初步管辖权时都将“当事方之间争端是否有关公约的解释或适用问题”作为重要的考量因素。

〔34〕 See Tanaka Yoshifumi, “A Note on the M/V ‘Louisa’ Case”, *Ocean Development & International Law* 45, 2 (2014): 209-211.

〔35〕 See Peter Tomka, Gleider I. Hernandez, “Provisional measures in the International Tribunal for the Law of the Sea”, in Holger P. Hestermeyer, et al. (eds.), *Coexistence, Cooperation and Solidarity: Liber Amicorum Rudiger Wolfrum*, Vol. II, Martinus Nijhoff Publishers, 2012, p. 1777.

〔36〕 Separate Opinion of Judge Treves in the Southern Bluefin Tuna case, Provisional Measures, (1999) 38 ILM, p. 1644, para. 2; Dissenting Opinion of Judge Kateka in the M/T “San Padre Pio” Case, para. 12.

为，该条款中要求有管辖权的法院或法庭“根据情况指示其认为适当的临时措施”，其中的“根据情况”措辞中隐含“情况紧急”。〔37〕

按照罗森尼的理解，“情况紧急”这一条件属于 ITLOS 证明其有权指示临时措施时考虑的实质情况，也是所有需考虑的情况中最重要的。〔38〕根据《海洋法公约》第 290 条第 1、5 款的要求，当争端当事方将争端诉诸 ITLOS 或其他法院或法庭解决时，ITLOS 或其他法院或法庭需判定在最后裁判作出之前是否存在“紧急情况”；而当争端方将争端提交附件七或附件八仲裁解决时，ITLOS 或海底争端分庭则需判定在仲裁庭组成之前案件情况是否紧急到有必要指示临时措施的程度。

有关判定“紧急情况”的标准，国际法院和 ITLOS 在实践中的做法存在差异，但总体趋同。国际法院的判例认为“紧急情况”与对当事各方权利造成不可修复损害的风险有一定关联。〔39〕在 2001 年莫克斯工厂案中，ITLOS 指出：“在附件七仲裁庭组成之前，当事方一方如有可能采取某种有损当事各方各自权利或严重破坏环境的行为，如果法庭认为情况紧急有此必要即可指示临时措施。”〔40〕在围海造地案中，ITLOS 采用了同样的方法。〔41〕在 2010 年圣文森特和格林纳丁斯与西班牙“路易莎号”案中，ITLOS 重点关注的问题是是否存在对当事各方权利造成不可修复损害的真正的迫在眉睫的风险，而不是直接提及紧急情况。〔42〕在“北极日出号”案中，ITLOS 认为：“对‘情况紧急’的认定应该考虑第 290 条第 1 款中强调的‘保全当事各方各自权利和防止对海洋环境的严重损害’。”〔43〕在“恩丽卡·莱克西号”事件案中，ITLOS 强调：“在附件七仲裁庭组成之前，如果不存在对当事各方权利造成不可修复损害的真正的迫在眉睫的风险，ITLOS 不能指示临时措施。”〔44〕ITLOS 在新近指示临时措施的乌克兰/俄罗斯有关乌克兰 3 艘海军舰艇扣押案和瑞士/尼日利亚“圣帕德皮奥号”案中，同样将“存在对当事各方权利造成不可修复的损害”作为衡量“情况紧急”的标准。〔45〕

---

〔37〕 S. Rosenne, *Provisional Measures in International Law*, Oxford University Press, 2005, p. 135; The "Enrica Lexie" Incident Case (Italy v. India), Provisional Measures, para. 89.

〔38〕 See S. Rosenne, *Provisional Measures in International Law*, Oxford University Press, 2005, p. 136.

〔39〕 The Belgium/Senegal Case, Provisional Measures, Order of 28 May 2009, ICJ Reports 2009, p. 152, para. 62.

〔40〕 The "Mox Plant" Case, (2002) 41ILM, p. 414, para. 64.

〔41〕 Case Concerning Land Declamation by Singapore in and around the Straits of Johor, Request for Provisional Measures, 8 October 2003, Case No. 12, para. 72.

〔42〕 The M/V "Louisa" Case, Request for Provisional Measures, Order of 23 December 2010, p. 15, para. 72.

〔43〕 The "Arctic Sunrise" Case (Kingdom of the Netherland v. Russian Federation), ITLOS, Request for the Prescription of Provisional Measures, Order, 22 November 2013, para. 80.

〔44〕 The "Enrica Lexie" Incident Case, para. 87.

〔45〕 Case Concerning the Detention of Three Ukraine Marine Vessels (Ukraine v. Russian Federation), Request for the Prescription of Provisional Measures, Order, 25 May 2019, para. 100 (hereinafter "the Three Ukraine Marine Vessels Case"); The M/T "San Padre Pio" Case, para. 128.

三、“圣帕德皮奥号”案临时措施评析

2019年6月22日，ITLOS就瑞士诉尼日利亚“圣帕德皮奥号”案举行公开听证。由瑞士驻德国大使、联邦外交事务部国际法理事会理事长科林尼·西塞罗·布勒领衔的4人团队代表瑞士出席听证会。尼日利亚派其外交部法律事务处处长秦威·斐乐米娜·乌万都女士为代表的4人团队出席。在听证期间，双方代表针对各自在书面程序阶段提出的有关指示临时措施的问题展开辩论。瑞士代理律师在听证阶段请求ITLOS指示以下临时措施：尼日利亚应立即采取一切必要措施确保立即解除对“圣帕德皮奥号”及其船员和货物的自由、安全和行动的限制，并允许他们离开尼日利亚。尼日利亚尤其应该做到以下几点：（1）应为“圣帕德皮奥号”提供补给，以便其连同货物一起离开扣押地和尼日利亚管辖海域，并确保其船旗国瑞士依据《海洋法公约》享有的航行自由；（2）释放船长和3名船员并允许他们离开尼日利亚领土及其管辖海域；（3）停止所有法院和行政程序，不得提起导致争端扩大或加剧的新的程序。[46]尼日利亚在最后陈述中重申了其于2019年7月17日对瑞士2019年5月21日提出的《根据〈联合国海洋法公约〉第290条第5款指示临时措施的请求》（以下称《临时措施请求》）作出答辩时的请求，要求法庭驳回瑞士提出的所有临时措施请求。[47] 2019年7月6日，ITLOS根据《海洋法公约》第290条第5款的要求为双方指示了临时措施。

（一）附件七仲裁庭对本案的初步管辖权

如前文所述，ITLOS指示临时措施需满足的第一个关键条件是确定附件七仲裁庭对本案的初步管辖权。关于这一点，ITLOS在本案中表达了和“自由号”仲裁案[48]、乌克兰诉俄罗斯案[49]相同的观点：只有申请国援引的《海洋法公约》条款从表面上看能确定附件七仲裁庭对当事方提交的争端存在管辖权基础，法庭方可根据《海洋法公约》第290条第5款指示临时措施，而无须明确确立附件七仲裁庭对该争端一定具有管辖权。[50] 据此，ITLOS主要分析了两个问题：两国之间是否存在有关《海洋法公约》的解释或适用的争端，《海洋法公约》第283条的要求是否得到了满足。

1. 两国之间是否存在有关《海洋法公约》的解释或适用的争端

瑞士援引《海洋法公约》第286、287条作为附件七仲裁庭行使管辖权的基础，并且提出三项主张：其一，双方存在争端的事实确定无疑，因为从“圣帕德皮奥号”油轮被尼日利亚扣押开始，瑞士对其行为曾数次提出反对，而尼日利亚却一直三缄其口。实际上尼日利亚对其立场心知肚明，只是拒绝修正其行为。由此可见，双方不仅存在争端，而且这种争端会一直持续。其二，两国之间的争端涉及《海洋法公约》条款的解释

---

〔46〕 The M/T “San Padre Pio” Case, para. 28.

〔47〕 Ibid. , para. 29.

〔48〕 The “ARA Libertad” (Argentina v. Ghana), ITLOS, No. 20.

〔49〕 The Three Ukraine Naval Vessels Case.

〔50〕 The M/T “San Padre Pio” Case, para. 45.

或适用。这些条款与沿海国在其专属经济区内逮捕和扣押悬挂第三国国旗的船舶及其船员或货物的权利义务有关，主要包括《海洋法公约》第56条第2款和第58、87、92、94条。其三，附件七仲裁庭对瑞士依据《公民权利和政治权利国际公约》和《海事劳工公约》所提主张有初步管辖权。因为《海洋法公约》第56条第2款[51]中“其他国家的权利和义务”不仅指来自《海洋法公约》的规定，而且包括《公民权利政治权利国际公约》和《海事劳工公约》以及国际习惯法的规定。

尼日利亚并不反对瑞士的前两项主张，但反对其第三项主张。尼方认为，瑞士的该项主张并不涉及对《海洋法公约》的解释或适用问题[52]；在瑞士启动附件七仲裁时，双方对该项主张并不存在明确的争端[53]；《海洋法公约》第56条第2款并没有授权附件七仲裁庭对违反《海洋法公约》以外国际义务的行为行使管辖权[54]。因此，附件七仲裁庭对瑞士的该项请求不具有初步管辖权。

ITLOS综合考量争端双方的主张并结合案件事实，针对初步管辖权问题得出结论：第一，尼日利亚拦截、扣押瑞士油轮，逮捕船员并在国内对其提起刑事指控的事实说明，对于2018年1月22—23日发生的事件是否构成尼方违反《海洋法公约》义务，两国对这一问题的立场不一，因而双方启动仲裁程序之时争端已经存在。第二，瑞士援引的条款中至少部分可以作为附件七仲裁庭行使初步管辖权的基础，因此，双方启动仲裁程序之时，从表面看两国之间已经存在有关《海洋法公约》的解释或适用的争端。

2. 《海洋法公约》第283条的要求是否得到了满足

根据《海洋法公约》第283条的规定，当事方之间对《海洋法公约》解释或适用问题发生争端，各方都承担就以谈判或其他和平方法解决争端之事交换意见的义务。

瑞士在其《临时措施请求》中强调，从2018年3月13日开始，其曾多次通过各种渠道，在多个层面试图就拦截船舶、逮捕船员扣押货物一事的解决方法与尼日利亚交换意见，但尼方对其行为均未作出实质回应。因此，在其提起附件七仲裁之前，双方根据《海洋法公约》第十五部分第一节达成协议的可能已不存在，《海洋法公约》第283条规定的交换意见义务已经履行。[55]

尼日利亚认为，两国仅就《海洋法公约》第58条第1款和第87条规定的航行自由问题交换过意见。在启动附件七仲裁前，瑞士提交的4份备忘录中，仅有前两份明确提及航行自由问题，其他两份并未提及《海洋法公约》的任何条款。瑞士提交的所有照会

---

〔51〕 第56条第2款规定：“沿海国在其专属经济区内根据本公约行使其权利、履行其义务时，应适当顾及其他国家的权利和义务，并以符合本公约规定的方式行事。”

〔52〕 The M/T “San Padre Pio” Case, para. 53.

〔53〕 Ibid., para. 55.

〔54〕 Ibid., para. 54.

〔55〕 Ibid., paras. 64, 67.

和备忘录均未提及《公民权利和政治权利国际公约》以及《海事劳工公约》。[56]

在ITLOS看来，为申明《海洋法公约》第283条的要求，在与尼日利亚的交流中，瑞士是否提及《公民权利和政治权利国际公约》以及《海事劳工公约》与争端解决不具有相关性。瑞士就尼日利亚违反《海洋法公约》和其他国际法义务问题多次与其交换意见，而后者不作任何回应，就此可以认定两国之间已不存在达成协议的可能性。既然如此，"当事一方便无义务继续与另一方交换意见"[57]，因为"迅速交换意见的义务平等适用于当事双方"[58]。据此，ITLOS认为，在瑞士启动附件七仲裁程序之前已经满足《海洋法公约》第283条规定的交换意见要求。

3. 对ITLOS确定附件七仲裁庭初步管辖权标准的评析

在本部分中，ITLOS遵循其已经审理的临时措施案，参照本案事实，以《海洋法公约》为依据，毫无争议地确定了附件七仲裁庭对本案的初步管辖权。

首先，ITLOS将这一问题的分析严格限制在初步管辖权的要求范围之内，即仅依据初步证明判断附件七仲裁庭表面上对该案具有管辖权，而不触及其真正具有管辖的更具体的要求。ITLOS从涉及初步管辖权的最基本问题入手进行分析、作出判断。例如，根据两国批准《海洋法公约》的时间确定双方均为《海洋法公约》缔约国；根据双方对案件事实的书面陈述以及口头程序阶段的陈述，确定双方因尼日利亚在其专属经济区内拦截、扣押悬挂瑞士国旗的船舶及其船员和所载货物而发生争端；根据双方援引《海洋法公约》条款提出的权利主张，认定两国之间的争端涉及《海洋法公约》的解释或适用问题。

其次，ITLOS根据《海洋法公约》第十五部分争端解决程序的规定，确定两国之间的争端可以提交本部分第二节导致有拘束裁判的强制程序。ITLOS根据《海洋法公约》第283条的要求，考察双方提交的相关证据后得出：由于尼日利亚在交换意见环节的沉默反应，双方通过协议解决争端的可能性已经不存在；瑞士作为提出申请的一方已经履行了《海洋法公约》第283条规定的交换意见义务。按照《海洋法公约》第281条第1款的要求，本案中两国的争端符合提交第十五部分第二节程序解决的条件。

最后，ITLOS根据《海洋法公约》第十五部分争端解决程序的规定，确定两国之间有关《海洋法公约》的解释或适用问题的争端属于附件七仲裁庭管辖事项。根据《海洋法公约》第287条的规定，缔约国在签署、批准或加入本公约时，或在其后任何时间，可以通过书面声明的方式自由选择一个或一个以上的方法解决与有关本公约的解释或适用的争端。（第1款）如果争端各方未接受同一程序以解决该项争端，除各方另有协议

---

〔56〕 Ibid., paras. 68, 69.

〔57〕 The MOX Plant Case, para. 60; the "ARA Libertad" Case, para. 71; the "Arctic Sunrise" Case, para. 76; the Three Ukraine Naval Vessels Case, para. 87.

〔58〕 The M/V "Nostar" (Panama v. Italy), Preliminary Objections, Judgment, ITLOS Reports 2016, p. 44, para. 213; the Three Ukraine Naval Vessels Case, para. 88.

外，争端仅可提交附件七仲裁。（第5款）瑞士在加入《海洋法公约》时选择ITLOS作为涉及海洋争端的解决机构，而尼日利亚没有作出选择。根据《海洋法公约》第287条第5款的规定，在这种情况下，附件七仲裁庭是对本案中两国之间的争端唯一具有管辖权的机构。

（二）本案是否存在指示临时措施的"紧迫性"

1. 申请方的权利主张是否有理有据

ITLOS认为，在附件七仲裁庭组成之前，其根据《海洋法公约》第290条第5款指示临时措施的目的是保全争端各方各自的权利。因此，在指示临时措施前须证明，瑞士希望法庭保全的权利至少是有理有据的。[59] 瑞士请求法庭保全的权利包括：（1）航行自由以及包括海上加油在内的其他合法利用海洋的权利。（2）行使其作为船旗国的专属管辖权及保护船员的权利。[60] 瑞士认为：其一，尼日利亚对在其专属经济区内加油的"圣帕德皮奥号"的拦截行为侵犯了其船旗国瑞士依据《海洋法公约》第58条和第87条享有的在专属经济区的航行自由和与这项自由有关的其他合法用途[61]，因为法庭承认加油行为是航行自由的一部分。[62] 其二，尼日利亚未经船旗国同意逮捕其船员、扣押其船舶及其货物，违反了《海洋法公约》第58条和第92条有关船旗国专属管辖权的规定。其三，尼日利亚对《海洋法公约》第56条第2款的解释缺乏法律基础，不能用以反驳瑞士航行自由权及与之相关的其他权利。其四，尼日利亚违反《海洋法公约》第56条第2款的义务，没有履行其"适当顾及"瑞士在《海洋法公约》第94条项下的义务以及悬挂本国国旗船舶的船员在《海事劳工公约》项下的义务。[63]

尼日利亚认为：第一，瑞士主张其在《海洋法公约》第58条项下的专属经济区航行自由及其他合法利用海洋的权利，以及船旗国专属管辖权不能自圆其说。因为根据《海洋法公约》第56条第1款和第208、214条，尼日利亚可以对本案的加油事件行使执行管辖权，因此，瑞士援引的条款对本案并不适用。第二，尼日利亚扣押船舶、船员并在国内对其提起刑事指控，是执行专属经济区内有关非生物资源的养护和管理的法律和规章，这是《海洋法公约》为沿海国规定的主权权利。尽管瑞士主张的航行自由及对海洋的其他合法利用适用于专属经济区，但《海洋法公约》第58条明确规定，这些自由须"在本公约有关规定的限制下"[64]。第三，瑞士有关《海事劳工公约》和《公民权利和政治权利国际公约》的主张，即使仲裁庭对其有初步管辖权，瑞士依据两公约主

---

〔59〕 The M/T "San Padre Pio" Case, para. 77.

〔60〕 Ibid., para. 78.

〔61〕 Ibid., para. 80.

〔62〕 Ibid., para. 82.

〔63〕 Ibid., para. 89.

〔64〕 Ibid., para. 95.

张的权利也不能自圆其说，因为两公约对本案并不适用。[65]

根据双方的论点和论据，ITLOS 认为瑞士依据《海洋法公约》第 58 条第 1、2 款和第 92 条提出的前两项主张有理有据。

2. 是否存在对当事方权利造成不可修复损害的风险

在附件七仲裁庭组成之前，除非存在对当事方权利造成不可修复损害的风险，而且这种风险即刻发生，否则 ITLOS 不能指示临时措施。[66] 本案中瑞士作为提出临时措施请求的一方，须证明在仲裁庭组成之前，其权利面临不可修复损害的风险，且这种风险正在发生。[67]

瑞士认为，从其提起临时措施请求之日起，船舶、船员及其货物被扣押长达 16 个月，尼日利亚的扣押行为损害了船舶的航行自由权、瑞士的船旗国管辖权以及船长和船员的自由与安全权利，这些损害均难以用金钱补偿。[68] 尼日利亚延时扣押将使瑞士遭受持续的不可修复的损害，使船舶的性能、船员的安全及其货物品质面临严重风险。

尼日利亚认为，案情不存在“紧迫性”[69]，因为瑞士在船舶被扣押 16 个月之后才提出临时措施请求；指示临时措施的目的是防止船舶和货物遭到损害，但从被扣押到公开听证会举行的时间段，船舶一直由其海军护卫，船员经保释后可在其领土范围内自由行动，货物已由其当局采取保留其经济价值的措施，船舶保持正常工作条件，船上人员生活供给充足，因而不存在指示临时措施的“紧迫性”；瑞士声称的船舶、货物等损失，如果可能产生，也只是经济性质的，可以通过附件七仲裁庭裁决用金钱补偿。

ITLOS 认为，如果附件七仲裁庭支持瑞士的主张，尼日利亚扣押船舶和货物、逮捕船员的行为可能对瑞士主张的航行自由权和船旗国专属管辖权造成不可修复的损害，而且这种损害无法用金钱赔偿进行修复。[70] 此外，瑞士油轮被长期扣押，该油轮与其船员和货物随时面临来自该地区海盗和武装抢劫等犯罪行为的威胁，尽管尼日利亚加强了安保措施，但船舶、船员和船上其他人员仍有受到伤害的危险。因此，瑞士的权利正面临不可修复损害的风险，本案存在指示临时措施的“紧迫性”。[71]

3. 对 ITLOS 认定“紧迫性”标准的评析

在本部分中，ITLOS 考察瑞士和尼日利亚就指示临时措施的另一个条件是否得到满足提出的主张后得出结论：瑞士的主张有理有据；本案存在指示临时措施的“紧迫性”。本文认为，ITLOS 得出的这两方面结论均不同程度地存在瑕疵。

---

〔65〕 Ibid. , para. 103.

〔66〕 The “Enrica Lexie” Incident Case, para. 87.

〔67〕 The M/T “San Padre Pio” Case, para. 112.

〔68〕 Ibid. , paras. 114-116.

〔69〕 本文中的“紧迫性”（urgency）与“情况紧急”（urgency of the situation）在同一意义上使用。

〔70〕 The M/T “San Padre Pio” Case, para. 128.

〔71〕 Ibid. , para. 131.

首先，瑞士与尼日利亚在书面程序和口头程序的陈述中，均充分表达了各自的观点，并通过援引《海洋法公约》相关条款用以支持其每一项主张。但 ITLOS 在 2019 年 7 月 6 日的临时措施令第 108 段中只对瑞士的主张作出“有理有据”的认定，而对尼日利亚的主张是否有理有据却只字未提。依据该案的事实，瑞士油轮“圣帕德皮奥号”被尼日利亚拦截时，正在为一些从尼日利亚专属经济区的海床和底土开采自然资源的设备非法加油。根据《海洋法公约》第 56 条第 1 款 a 项的规定，尼日利亚作为沿海国，在其专属经济区内有“以勘探和开发、养护和管理海床上覆水域和海床及其底土的自然资源，不论为生物资源还是非生物资源为目的的主权权利，以及关于在该区域内从事经济性开发和勘探……的主权权利”。据此，尼日利亚完全有权对该油轮的非法加油行为行使执行管辖权，因为执行管辖权就包含在主权权利范围之内。[72] 如此看来，尼日利亚依据《海洋法公约》第 56 条第 1 款 a 项的主张毫无疑问也是有理有据的。

这样一来，本案中就出现瑞士和尼日利亚双方的主张均有理有据的结果。在这种情况下，如果仅仅认定瑞士有关航行自由和船旗国专属管辖权的主张有利有据，恐怕是比较困难的。这是因为：瑞士这两项权利主张的依据是《海洋法公约》第 58 条和第 92 条，而根据第 58 条的规定，其他国家在专属经济区内享有的航行自由及其他诸项权利须“在本公约有关规定的限制下”，而此处的“本公约有关规定”就是赋予尼日利亚主权权利的第 56 条第 1 款 a 项的规定。因此，瑞士在尼日利亚专属经济区内的权利自然要受到该条款的限制。

其次，ITLOS 对于是否存在“对当事方权利造成不可修复损害的迫在眉睫的风险”的认定存在两方面的瑕疵。其一，ITLOS 有偏听偏信、没有完全尊重案件事实之嫌。ITLOS 之所以作出这样的结论，原因是它没有充分考虑尼日利亚的主张及其提供的案件事实，而对瑞士所提主张及其提供的案件事实却给予过多关注，甚至在有些方面有夸大的成分。尼日利亚主张本案不存在指示临时措施的“紧迫性”，因为从案件事实看，不存在对瑞士的权利造成不可修复损害的迫在眉睫的风险。理由如下：

第一，就油轮而言，从其被扣押以来，尼日利亚一直派海军护卫，在发生对油轮的武装抢劫事件后，尼日利亚特地加强了安保措施。“油轮在食物、饮用水和其他生活必需品方面供给充足”[73]，被扣押期间“油轮上的条件和日常从事航海活动时的工作条件并无二致”[74]。由此可见，油轮本身并不存在任何风险。即使如瑞士所言，油轮可能受到武装抢劫、海盗行为等非传统安全行为的侵扰，造成的损害也是可以通过金钱赔偿加以弥补的，而绝不是不可以修复的。

第二，就油轮所载货物而言，早在 2018 年 9 月 26 日，经尼日利亚检方请求，尼日

---

〔72〕 Dissenting Opinion of Judge Gao in the M/T “San Padre Pio” Case, para. 30.

〔73〕 The M/T “San Padre Pio” Case, para. 126.

〔74〕 Ibid.，尼日利亚对油轮状况的描述，瑞士并未反对，说明瑞士认为尼日利亚陈述的是客观事实。

利亚联邦高等法院为保护物主的利益已指示临时没收令，并将所有货款存于计息账户。[75] 但由于承运人的原因，致使货物交易延迟。如果因此造成货物品质降低，这也完全可以通过金钱赔偿解决。

第三，就船上人员而言，船长和其他3名船员的自由并未受到限制，而且在公开听证时，尼日利亚已通过外交照会向瑞士保证，他们可以在尼日利亚全境自由居留、旅行。至于其他船员，他们被逮捕不久就收到尼日利亚联邦高等法院于2018年3月23日发布的保释令。根据该保释令，除了不能离开尼日利亚外，这些船员可以在尼日利亚全境自由旅行。因此，船上人员的自由、安全不存在任何风险。

从尼日利亚对油轮、货物以及船上人员上述情况的陈述看，显然并不存在对瑞士主张的权利造成不可修复损害的迫在眉睫的风险。

其二，在认定是否“对当事方权利造成不可修复损害的风险”时，ITLOS没有履行《海洋法公约》第290条规定的义务，即指示临时措施的目的是保全当事各方各自的权利。在2019年7月6日的临时措施令中，ITLOS认定本案中存在对瑞士权利造成不可修复损害的风险，保全了瑞士的权利，却忽略了对尼日利亚权利的保全。因为事实上，如果按照ITLOS的逻辑，尼日利亚所受损害的严重程度丝毫不亚于瑞士，而且这种损害才是“不可修复的”。理由如下：

依据临时措施令，瑞士油轮、船长和其他船员均会离开尼日利亚，他们不再处于尼日利亚的属地管辖权之下。尽管临时措施令中要求，在仲裁庭认定尼日利亚拦截、扣押瑞士油轮行为不违反《海洋法公约》规定时，瑞士保证其船长和其他3名船员回到尼日利亚参加国内刑事程序。但是，由于船长、船员并不具有瑞士国籍，甚至在瑞士都没有经常居所，所以，要求瑞士作出保证的临时措施令在一定程度上只可能是一纸空文。如果瑞士无法保证船长和其他船员回到尼日利亚受审，这就意味着尼日利亚无法根据《海洋法公约》第56条第1款a项的规定对这些违法行为行使管辖权，也无法依据《海洋法公约》第56条第1款a项、第208条以及第214条的规定履行其执行保护海洋环境的法律和规章的义务。这将对尼日利亚如下的权利和义务造成严重损害：尼日利亚在专属经济区内的主权权利和管辖权，实施刑事法律以保障社会秩序的司法权力，制定法律和规章以防止、减少和控制来自受其管辖的海底活动或与此种活动有关的对海洋环境的污染的义务。而且，这种损害对尼日利亚而言才是无法用金钱赔偿的真正“不可修复”的损害。

四、结语

《海洋法公约》第290条有关临时措施程序的规定，其目的是保全争端各方各自的

---

〔75〕 Dissenting Opinion of Judge Gao in the M/T “San Padre Pio” Case, para. 48.

权利，而不是仅保全一方权利而损害另一方权利。因此，在指示临时措施阶段，法院或法庭以及 ITLOS 或海底争端分庭在对指示临时措施的条件进行判断时，应该严格以案件事实为依据，以《海洋法公约》为遵循，参照各机构已经处理的有关临时措施的国际司法判例，只有确实符合《海洋法公约》第 290 条规定——根据初步证明认为具有管辖权，案情也存在“紧迫性”，才可以指示临时措施。此外，在本案以及 ITLOS 处理的“北极日出号”案中，ITLOS 指示的临时措施中均包含由申请方向争端另一方提供保证金的内容，这是临时措施案中的一个新趋势。本文认为，尽管这种做法符合争端另一方国内行政程序的规定，但是将其作为临时程序中的一项内容，有可能构成对《海洋法公约》第 292 条规定的船舶和船员的迅速释放程序的侵蚀。因为按照《海洋法公约》的规定，船舶或船员的迅速释放程序是一种独立的程序，而临时措施程序则是一种附带程序。当争端一方扣押和逮捕另一方的船舶或船员时，依照《海洋法公约》扣船一方不得对船员采取监禁或其他体罚措施，而只能通过其船旗国提供保证金或其他财政担保的方式，使船舶或船员获得释放，使扣船一方被侵害的权利得到合理的补偿。而通过提供保证金的方式解决被扣船舶或船员的问题，严格来讲，并不能适用于临时措施程序。因为在该程序中，通常情况下被扣船舶或船员的行为违反了扣船国的刑事法律，而行使刑事管辖权是该国司法主权的体现，该国主权受到的损害属于“不可修复”的损害，只有通过行使其刑事管辖权，才可以使其因违法犯罪行为侵害的社会秩序得以恢复。

从莫克斯工厂案看闭海半闭海合作义务及对南海合作的启示

■张　颖*

【内容摘要】由于闭海半闭海的特性，半闭海沿岸国在本国从事的海洋利用、岛礁建设活动所产生的环境问题，可能会引发邻国关于环境保护义务、合作义务的争端，因此不能忽视《联合国海洋法公约》第123条的特殊法律义务和广泛影响。莫克斯工厂案（The MOX Plant Case）反映出维护海洋生态系统整体性的合作义务与国家海洋管辖权发生冲突时，国际社会不同的两种立场，对我国今后岛礁建设和管理工作有一定的借鉴和启示意义。虽然国际社会对于半闭海义务是否具有强制性和这一义务的履行标准尚无共识，但是应当肯定半闭海合作义务的作用，鼓励地区的合作精神。在南海合作中，应重视半闭海合作义务的履行，保证合作沟通机制畅通，充分利用共同参加的多边机制加强意见交换和协调。在“南海行为准则”谈判过程中，积极推进合作保障机制的建立，将合作范围与《联合国海洋法公约》第123条保持一致，通过设立海洋环境保护和渔业养护委员会等方式，引导各国在海洋环保、搜救、渔业领域加强政策协调和合作。

【关键词】闭海半闭海义务　南海合作　莫克斯工厂案

闭海半闭海制度是《联合国海洋法公约》（以下简称《海洋法公约》）的一项制度创新。长期以来，国际法理论界和实务界对于半闭海国家合作义务的法律性质一直存在争议。对于半闭海国家合作义务的法律属性的理解，不仅具有理论意义，而且具有重要的现实意义。2001年10月，爱尔兰就其与英国在爱尔兰海的海洋环境争端启动了《海洋法公约》附件七下的仲裁程序。该案当事国对于闭海半闭海合作义务的理解具有参考价值，特别是对于推进南海实质性合作具有借鉴意义。

一、莫克斯工厂案背景

爱尔兰海位于爱尔兰岛和英国大不列颠岛之间，北面通过北海海峡与大西洋相连，南面通过圣乔治海峡与大西洋相连。海域面积约10万平方千米，完全由爱尔兰和英格兰的专属经济区构成，是典型的半闭海。两国于2013年签订协定划分了这一海域的专属经济区和大陆架[1]。

爱尔兰海域的渔业生产活动是爱尔兰经济的重要组成部分，而位于爱尔兰海东北部的谢拉菲尔德（Sellafield）是英国主要的核活动区域，核设施工厂直接向爱尔兰海排放

---

* 南京大学中国南海研究协同创新中心2014级博士研究生，自然资源部海洋发展战略研究所副研究员。

〔1〕 Agreement between the Government of Ireland and the Government of the United Kingdom of Great Britain and Northern Ireland establishing a Single Maritime Boundary between the Exclusive Economic Zones of the two countries and parts of their Continental Shelves, accessed December 30, 2018, http://www.un.org/Depts/los/LEGISLATIONANDTREATIES/PDFFILES/TREATIES/IRL-GBR2014EEZ. PD.

放射性物质。爱尔兰一直担忧谢拉菲尔德的核活动隐患，认为一旦核泄漏对其损害巨大，且放射性废弃物排放入海会损害爱尔兰的渔业利益，并就此问题多次向英国政府交涉。

1947年起英国出于国防需要在此运行钚反应堆。1957年发生火灾事故，该反应堆停止运营。在随后的几十年间，英国从未停止在此进行核活动，运行了民用核电站、热氧化物再处理示范设施等项目。英国核燃料公司于1976年向坎布里亚郡申请建立新的热氧化物再处理工厂，对使用过的核燃料进行再加工，并于1994年投入运营。基于对废旧核燃料加工业务不断增长的预期，英国核燃料公司申请建设一座新的MOX燃料[2]厂。

1993年10月，英国核燃料公司发表了关于新建MOX工厂的环境声明，承诺将着重检验新建计划所产生的影响。1994年爱尔兰政府向英国政府申明立场，认为MOX工厂环境声明和环境评估程序不够充分。该工厂于1996年完成建设，但并未获批运营。在1996—2001年期间，爱尔兰政府一再声明反对在靠近爱尔兰地区和爱尔兰海域兴建并运营MOX核工厂，而英国核燃料公司一直努力寻求英国有关机构批准工厂的运营。根据欧盟法律，英国政府有义务在发放运营执照前确保MOX核工厂经济上的合理性。英国核燃料公司于1997年1月向英国环境署提交了证明其经济合理性的证明，1997年4月至2001年8月期间，英国政府共进行了5轮关于MOX核工厂经济合理性的公开论证咨询，爱尔兰政府对每一次论证都提出了意见。爱尔兰政府数次对英国政府环境声明的准确性提出质疑，根据《海洋法公约》提出了英国政府应该履行的义务，认为英国没有考虑到自1993年以来英国国内法、欧盟法律以及相关国际法中的有关规定，也没有对物质泄漏造成的海洋环境影响进行准确的评估。

由于英国政府没有公开论证报告的全部，爱尔兰政府在多次争取英国提供相关资料未果之后，于2001年6月15日根据《东北大西洋环境保护公约》（以下简称《OSPAR公约》）向英国政府提起仲裁程序。爱尔兰主张：英国政府未能提供完整的核工厂经济合理性公开报告，违反了《OSPAR公约》第9条规定的信息获取的义务。

2001年10月3日，英国作出决定，认为根据欧洲原子能共同体第96/29号指令[3]，生产MOX燃料是合法的。爱尔兰强烈反对英国的决定，于2001年10月25日将其与英国间“有关混合氧化物核燃料厂、放射性物质的跨界移动以及爱尔兰海海洋环境保护的争端”提交《海洋法公约》附件七下的仲裁程序。

---

〔2〕 MOX燃料是混合氧化物燃料的简写（the Mixed Oxide fuel），是一种包含多于一种可发生裂变的物质的氧化物的核燃料。生产MOX燃料需要两个阶段：第一阶段将废旧核燃料在THORP工厂内进行在加工，分离为铀、钚及裂变产物；第二阶段将分离的二氧化钚和铀在MOX工厂内加工，生产出MOX燃料。参见The MOX Plant Case (Ireland v. United Kingdom), Memorial of Ireland Volume Ⅰ, para. 2.4。

〔3〕 Decision on Secretary of State for Environment, Food and Rural Affairs and the Secretary of State for Health on Justification for the Manufacture of MOX Fuel, 3 October 2001.

爱尔兰认为，在其已经提起《海洋法公约》附件七程序的情况下，英国仍有可能向MOX工厂发放许可或批准其运营，而MOX工厂一旦投入运营则难以停止运转。[4] 据此，爱尔兰于11月9日向国际海洋法法庭请求采取临时措施，阻止MOX核工厂投入运营。

爱尔兰与英国的这一争端也引起了欧共体委员会的关注。2003年5月，欧共体委员会致函爱尔兰，认为其将有关争端提交《海洋法公约》附件七仲裁违反了《欧共体条约》第292条和《欧洲原子能共同体条约》第193条，损害了欧洲法院在欧共体法的解释与适用方面拥有的专属管辖权；同时认为爱尔兰违反了《欧共体条约》第10条和《欧洲原子能共同体条约》第192条规定的忠诚义务，没有在启动仲裁程序前同委员会进行商议。2003年10月30日，欧共体委员会就此事项向欧洲法院提起对爱尔兰的诉讼。

二、莫克斯工厂案基本案情

本案是关于管辖权冲突、临时措施、半闭海合作义务、海洋环境保护义务等问题的经典案例。为了阻止MOX工厂的运营，爱尔兰几乎用尽了所有争端解决途径，包括《OSPAR公约》下的仲裁、《海洋法公约》附件七下的仲裁和临时措施。由于爱尔兰和英国同是欧盟国家，负有优先维护欧盟法律体系的整体性的义务，本案还涉及欧共体委员会与爱尔兰之间的诉讼。

（一）本案有关争端解决程序的审理结果

2001年12月3日，国际海洋法法庭首先作出裁定。法庭没有支持爱尔兰的请求，没有要求英国立即采取必要措施阻止MOX工厂投入运营。但法庭同时要求爱尔兰和英国就MOX工厂运营对爱尔兰海的影响和危险进行监测，就MOX工厂运营的有关问题进一步深入交换意见并进行合作。

《OSPAR公约》仲裁庭于2003年7月作出裁判，驳回了爱尔兰的请求，认为英国没有违反《OSPAR公约》关于信息获取的义务。

2006年5月，欧洲法院判决爱尔兰败诉，认定爱尔兰的行为侵犯了欧洲法院的专属管辖权，给欧共体法律体系自治性带来风险，同时没有履行与委员会之间的信息与咨询义务。

由于欧洲法院判决对爱尔兰具有拘束力，爱尔兰于2007年2月向《海洋法公约》附件七仲裁庭提出请求，撤销对英国的诉求。据此，附件七仲裁庭于2008年6月6日作出第6号命令，决定终止仲裁程序。

（二）双方关于闭海半闭海问题的诉求

莫克斯工厂案涉及《海洋法公约》第123、192—194、197、206、207、211、212条

---

〔4〕 Request for Provisional Measures and Statement of Case of Ireland, ITLOS, 9 November 2001, paras. 51-54.

等条款的解释和适用问题，本文只聚焦《海洋法公约》第123条闭海半闭海合作有关问题。

1. 爱尔兰关于闭海半闭海义务的诉求

英国违反了《海洋法公约》第123条，没有尽到与爱尔兰的合作义务，没有采取必要措施保护作为半闭海的爱尔兰海的环境。爱尔兰认为《海洋法公约》第123条具有三种不同的作用：一是直接赋予爱尔兰和英国即刻的、有拘束力的义务，尽力在生物资源管理养护方面协调一致，尽力在行使和履行海洋环境保护的权利和义务时协调一致；二是要求爱尔兰和英国在行使和履行《海洋法公约》的权利和义务时，有义务采取相互合作政策；三是《海洋法公约》其他义务性质和范围的解释必须在第九部分的语境下进行。

2. 英国关于闭海半闭海义务的诉求

一是英国与爱尔兰及本地区其他国家在谢拉菲尔德选址等问题上开展了长期合作；二是合作的形式包括常规外交渠道进行双边意见交换、专门的意见交换机制等；三是开展合作的程度，包括有关信息的提供，远高于《海洋法公约》的要求；四是《海洋法公约》第123条是建议性条款，不具有即刻的、有拘束力的协作义务。

三、闭海半闭海问题争议关键点分析

莫克斯工厂案原本是《海洋法公约》附件七仲裁庭解释《海洋法公约》第123条义务法律性质和内容的绝佳机会，但考虑到欧洲法院的专属管辖权问题，仲裁庭中止了案件的审理[5]，最后根据爱尔兰的请求终止了案件审理。尽管如此，当事方爱尔兰和英国通过文本解释、缔约历史回顾、相关条款援引等多种方式对闭海半闭海义务的性质作了较为全面的分析，其中的观点和倾向值得关注。

《海洋法公约》第123条规定：闭海或半闭海沿岸国在行使和履行本公约所规定的权利和义务时，应互相合作。为此目的，这些国家应尽力直接或通过适当区域组织：（a）协调海洋生物资源的管理、养护、勘探和开发；（b）协调行使和履行其在保护和保全海洋环境方面的权利和义务；（c）协调其科学研究政策，并在适当情形下在该地区进行联合的科学研究方案；（d）在适当情形下，邀请其他有关国家或国际组织与其合作以推行本条的规定。

第一句笼统规定闭海半闭海国家应（should）相互合作，第二句规定这些国家应尽力（shall endeavour）直接或通过适当区域组织在海洋生物资源管理、海洋环境保护、科学研究政策等方面进行协调。

从爱尔兰和英国的两次诉状和答辩状可以看出，双方争议的焦点集中在以下四个方面。

---

〔5〕 Order No. 3, Suspension of Proceedings on Jurisdiction and Merits, and Request for Further Provisional Measures.

（一）《海洋法公约》第 123 条义务是否具有强制性

当事双方对这一问题的立场分别代表了学界两种不同的声音。爱尔兰认为，从字面看，第 123 条对半闭海沿岸的国家施加了一种即刻性的、具有法律约束力的合作和协调义务。[6] 关于义务的程度，虽不要求任何情况下都能达到协调，但确有义务尽力达成。而对于相互合作的义务，爱尔兰认为更多是一种道德义务，但也是有法律约束力的。

英国认为，从《海洋法公约》第 123 条的用语来看，采用了语气较弱的用词"should"和"shall endeavour"，明显是建议性条款，没有即刻的、有拘束力的义务。本案 Anderson 法官在临时措施案的个别意见中认为，《海洋法公约》第 123 条采用较弱的用语，是为了保证该公约在全世界的适用和条款的统一性。这一观点也得到了缔约历史的印证。在非正式单一谈判文本（ISNT）中，该条款使用的是"shall"一词，而在经修正的单一谈判文本（RSNT）中，这一用词被改为了"should"和"shall endeavour"。第三次海洋法会议第二委员会主席对该条款所作说明"我回应了那些对于《非正式单一谈判文本》（ISNT）的不满，通过削弱了在这些海域协调活动的强制性（less mandatory）……"也可以表明该条款的规定有意减轻了约束性。

（二）考虑闭海半闭海特殊特征的义务

爱尔兰认为，除了应尽力协调之外，《海洋法公约》赋予半闭海沿岸国考虑所涉海域的特殊特征（special characteristics）的义务。因为从谈判历史来看，参加谈判的国家认为，构成闭海半闭海概念的关键因素是有义务考虑这一海域的特殊特征。《海洋法公约》的一般规则适用于闭海半闭海区域，必须与海域特殊特征和沿岸国利益相一致。1995 年《联合国鱼类种群协定》的规定进一步印证了这一义务的存在，其中第 15 条规定，各国在闭海或半闭海执行本协定时，应考虑到有关闭海或半闭海的自然特征……因此，爱尔兰海周边国家在行使和履行《海洋法公约》权利和义务时应考虑这一海域的特殊特征。

英国认为，沿海国在形成海洋环境保护政策之前一定会考虑所涉海域的特性，但因此认为一个半闭海沿岸国对其他沿岸国负有这种义务是不正确的。从谈判历史来看，提出考虑海域特殊特征这一提案的只有伊朗和芬兰，且这种观点没有反映在文本草案或最终的条款中。1995 年《联合国鱼类种群协定》也不能作为这种观点的支撑论据，因为正是由于《海洋法公约》第 123 条中没有这种"特殊特征"的表述，协定才需要在第 15 条中强调这一点。

（三）协作义务的内容

爱尔兰简单阐述了本案中协作义务的内容，包括：尽力通过直接或合适地区组织，协调海洋生物资源的养护和管理，以及协调海洋环境保护保全有关权利义务的履行。半

---

[6] 爱尔兰后来在 reply 中修正了这一观点，认为《海洋法公约》第 123 条第 1 句相互合作义务是建议性义务，第 2 句协调义务是明确的强制性义务。

闭海沿岸国在采取《海洋法公约》第192条和第197条规定的措施时要遵照第123条的规定：当半闭海沿岸国采取保护海洋环境和共同促进溢油事故应急响应计划时，要协调它们的管理和污染政策，考虑所涉海域的特殊特征。而英国并没有在信息通报、环境影响评价等方面满足协作的内容。

而英国回顾了现有协调管理机制的效力。英国和爱尔兰均为欧共体委员会、欧共体原子能机构等制定环境保护规则机构的成员。英国通过批准1973年《国际防止船舶造成污染公约》、1972年《伦敦倾废公约》及其议定书、1992年《OSPAR公约》等进一步加深协调合作。欧共体和国际组织为英国和爱尔兰在此问题上开展合作提供了更多方式。临时措施案中Anderson法官的个别意见表明，《海洋法公约》第123条并不意味着一定要进行双边层面的合作，只要通过合适机构开展合作即可。而在爱尔兰海确实存在这样适合的机构，并开展了广泛的协调。

（四）合作义务与善意原则和禁止权利滥用原则

爱尔兰认为，建议性的合作义务可以产生法律效力，其内涵包括：（1）建议性的义务也应被善意履行；（2）《海洋法公约》第300条诚意和滥用权利条款也应适用于第123条下合作义务的履行。因为完全忽视合作义务，不符合善意履行《海洋法公约》的规定。《维也纳条约法公约》第18条表明了同样的原则，签字国在条约批准前，不得做出有违条约目的的行为，除非它声明不再成为条约缔约国。第123条是《海洋法公约》不可分割的一部分，决定了国家关系的性质。由于半闭海的特性，一国履行权利义务会对其他国家产生即刻的、重大影响，因此不能忽视《海洋法公约》第123条的特殊法律义务和广泛影响。《海洋法公约》第300条诚意履行义务和不滥用权利的规定，不仅对强制性义务适用，也应适用于建议性义务。

英国认为，《海洋法公约》第300条规定“缔约国应诚意履行根据本公约承担的义务并应以不致构成滥用权利的方式，行使本公约所承认的权利、管辖权和自由”，是《维也纳条约法公约》的一般原则，包括两方面内容：一是应善意履行的是《海洋法公约》下的义务；二是行使权利时不要滥用权利。国际法院的判例表明，善意履行是调整法律义务产生和执行的基本原则，但它本身不构成义务来源。而且爱尔兰也没有提出证据证明英国存在恶意履行义务的行为。而对于滥用权利，正如弗吉尼亚评注所说，滥用权利是滥用自己的权利、管辖权和自由，不是英国滥用爱尔兰的权利。爱尔兰指控英国滥用权利，但引用的条文第192、193、194、197条都没有赋予英国任何权利或让渡任何权力，这些规定的都是缔约国的义务。

四、本案对南海合作的启示

（一）南海合作的现状与特点

近年来，南海形势回稳向好发展，南海各国积极维护南海地区的和平与稳定，推动“南海行为准则”的制定，为各种双边和多边机制下的海洋合作深化创造了良好条件。

海洋合作已成为中国与南海周边国家关系稳定健康发展的重要推动力和亮点。

在双边合作方面，中国与周边国家通过签署双边合作协议、建立联合中心等形式取得了丰富的成果。2001 年 4 月，中国和印度尼西亚签署了《渔业合作的谅解备忘录》及其《利用印度尼西亚专属经济区部分总可捕量的双边安排》；2004 年 9 月，中国和菲律宾签署了《渔业合作谅解备忘录》；2011 年，中国与泰国签署了《中泰海洋领域合作的谅解备忘录》；2016 年 10 月，中国和柬埔寨签署了《关于海洋领域合作的谅解备忘录》。

2012 年 3 月，中国和印度尼西亚签署建立中印尼海洋与气候研究中心有关协议；2013 年 6 月，中泰气候与海洋生态联合实验室正式运行，并开展联合调查。中国与越南建立了低敏感领域合作工作组，2015 年 6 月起开展北部湾海洋与岛屿环境综合管理合作研究和中越全新世长江三角洲与红河三角洲沉积变化对比研究等合作项目。

在多边合作方面，2002 年中国与东盟国家签署的《南海各方行为宣言》为南海各方开展海洋环境保护、海洋科学研究、海上航行和交通安全、搜寻与救助、打击跨国犯罪等方面的合作提供了法律依据。中国和东盟国家共举办了 5 届中国 - 东南亚国家海洋合作论坛，开展了多个海洋合作项目。2016 年中国与东盟国家开设了应对海上紧急事态外交高官热线平台，发布了《中国与东盟国家关于在南海适用〈海上意外相遇规则〉的联合声明》[7]，建立了有效的联络渠道和风险管控规则，防止不必要的事故发生。在全面落实《南海各方行为宣言》、管控南海争议的呼吁下，2013 年中国和东盟各国正式启动了“南海行为准则”（以下简称“准则”）磋商。2019 年“准则”磋商文本草案第一轮审读已经完成。

为了加快中国与东盟国家的合作，中国于 2011 年设立了 30 亿元的中国 - 东盟海上合作基金，资助中国与周边国家进行海洋濒危物种研究、海洋环境预报和防灾减灾等一系列合作项目。中国政府发布并全面实施了《南海及其周边海洋国际合作框架计划》，积极与周边国家构建合作伙伴关系，共同推动应对气候变化、降低海洋灾害危害、合理利用海洋资源、保护海洋环境的能力。在中国和马来西亚等国积极倡导下，2018 年 1 月，南中国海区域海啸预警中心开展了业务化试运行，为南中国海周边的中国、文莱、柬埔寨、印尼、马来西亚、菲律宾、新加坡、泰国、越南 9 国提供全天候的地震海啸监测预警服务。

此外，联合国环境规划署、联合国粮农组织、政府间海洋学委员会也在南海的环境保护、生物资源养护合作中发挥着重要作用。1981 年，在联合国环境规划署的支持下，印尼、马来西亚、菲律宾、新加坡和泰国启动了“东亚海区域海洋环境和沿海区域保护及发展行动计划”，1994 年中国、柬埔寨和越南也成为该计划的成员国。该项目在成员

---

〔7〕 参见《第 19 次中国 - 东盟领导人会议暨中国 - 东盟建立对话关系 25 周年纪念峰会联合声明》，http：//www. xinhuanet. com/world/2016-09/08/c_ 1119528493. htm，访问日期：2019 年 4 月 10 日。

国组成的协调委员会的组织下进行，通过实施联合项目促进对已有环境公约的遵守。成立中西太平洋渔业委员会（WCPFC）的目的是养护和管理中西太平洋地区的高度洄游鱼类种群。理论上该组织可以为南海渔业合作发挥一定的作用，但由于《海洋法公约》适用范围的西部界线没有确定，所以并没有在南海进行渔业管理的实践。

通过上述分析可以看到，南海地区的合作存在以下特点：

一是双边合作的深度优于多边合作。中国与南海国家基本形成了制度化双边合作模式，在合作协议的框架下设立了机制性安排，建立了联合机构，联合项目成果丰富。而多边合作大多是通过联合研究、国际会议的形式展开，合作机制基本处于初级阶段，缺乏约束力和系统性。

二是南海岛礁主权争端和海域划界争端给务实合作带来了困难。各方坚持对南海的权利主张，对争议海域合作心存疑虑，互信严重不足。2005 年中、菲、越三方联合海洋地震调查[8]未能继续推进就是一个典型例子。各方不但对于共同开发资源、海上联合执法等敏感问题难以展开合作，在海洋科研、搜救、环保等低敏感领域也欠缺合作的积极性。

三是海洋合作缺乏统筹协调。由于南海合作平台和项目众多，缺乏区域合作的内部主导力量和机制性安排，合作项目缺乏计划性和连续性，导致项目重复度很高，难以实施多阶段、长期性联合项目。

（二）开展南海实质合作的建议

一是肯定半闭海合作义务的作用，鼓励区域合作精神。莫克斯工厂案对于《海洋法公约》第 123 条半闭海合作义务的性质没有得出结论，但是可以看到，国际海洋法法庭在临时措施命令中认可了合作义务的地位，认为合作义务是一般国际法中一项基本原则。Wolfrum 法官在个别意见中指出，合作义务是国际环境法中最重要的原则，合作义务意味着国际法律秩序的总体方向发生了重要转变，它平衡了国家主权原则，确保共同体利益与国家个体利益都得到考虑。完全否认合作义务法律效力的观点，不仅无视缔约国设立半闭海特殊制度的努力，也不利于提升半闭海国家合作意识，不过是为其拒不履行合作义务寻找借口而已。

二是正确认识半闭海合作义务的地位，不应提高半闭海合作义务的履行标准。莫克斯工厂案中爱尔兰对于英国应尽的合作义务提出了较高标准，而英国则认为通过双边外交渠道和共存的多边机制已满足合作义务的标准。从爱尔兰在 OSPAR 仲裁和临时措施案的诉求没有得到支持这一点来看，国际司法机构对于履行半闭海合作义务的要求还是较为宽泛的。Anderson 法官的观点对这一履行标准作了很好的解释：国家间合作属于一

---

〔8〕 2005 年 3 月，中、菲、越三国石油公司共同签署了为期 3 年的《南海协议区三方联合海洋地震工作协议》，共同投资 1500 万美元，对协议区的地质结构和油气储量进行勘探。但菲律宾国内政治势力强烈反对，认为该协议"有损菲律宾主权"，导致该协议到期后未能续签，海洋资源开发合作未能取得进展。

般性义务并且《海洋法公约》第123条本质上属于"最佳努力条款","鼓励"争端当事方就关切事项进一步交流就够了。南海是典型的半闭海,半闭海合作义务也可能成为周边国家的争议问题,因此保持周边国家沟通机制畅通具有重要意义。

三是在"准则"磋商中落实闭海半闭海合作义务,为拓展南海合作范围提供法律依据。目前,《南海各方行为宣言》的合作领域与《海洋法公约》第123条存在不一致,《宣言》没有涵盖半闭海合作中海洋生物资源管理、养护的协调义务。目前,南海各方致力于早日制定"准则",成为南海管控争议、促进合作的行为规范。"准则"的合作义务应扩大至海洋生物资源养护方面,但不必限于《海洋法公约》第123条列举的领域,推动本地区国家在南海海域实行共同的休渔政策和渔民对等待遇政策,开展联合科考,共同建立海洋保护区。

四是在"准则"磋商中推动合作保障机制的建立,增进南海合作的实效性。例如,考虑在"准则"框架内分别建立环境保护、渔业养护等合作委员会,引导有关领域的合作计划、组织有关合作项目的实施。发挥我在海洋管理和海洋科技上的优势,通过委员会协调各国在渔业养护、建立环境保护区、开展搜救问题上的政策和管理措施。合并重复项目,优化合作项目的计划性和连续性,并推动合作项目在争议海域的实施。对于消极履行合作义务的国家,应当承担一定的不利后果,在未来合作项目的申请和选择上予以一定的限制。

五、结语

《海洋法公约》对于闭海半闭海制度的规定比较简单,由于对条款规定的不同理解,关于闭海半闭海义务性质的争论一直存在。莫克斯工厂案是少数关于此问题的国际司法案例,该案的观点对于这一义务的理解具有较强的参考价值。本案的价值在于:一是提醒半闭海沿岸国,在从事本国的海洋开发利用活动、进行海洋管理工作时,应考虑对海洋整体生态系统和邻国的影响,否则可能违反半闭海合作义务;二是为推动南海合作带来启发,南海地区存在巨大的合作空间,但是在政治互信不足、合作机制不健全的情况下,应当发挥闭海半闭海制度的积极作用,为拓展南海合作范围提供法律肯定闭海半闭海义务的法律效力,也要建立适当的义务履行标准,以求达到国际社会整体利益与国家个体利益的平衡。相信未来随着国家实践和司法实践的不断丰富,这项义务的履行标准将会不断明确和充实。

从冲突走向合作：谈“里海模式”的演进与启示

■ 王玫黎[*]　陈　雨[**]

【内容摘要】2018年8月12日，俄罗斯、哈萨克斯坦、土库曼斯坦、伊朗和阿塞拜疆五国元首签署了《里海法律地位公约》。这一历史事件标志着里海五国终于为各自在里海的活动制定了共同制度和标准，五国在处理纠纷中形成的“里海模式”也为其他地区争议的解决提供了良好模板。公约在充分尊重里海历史和五国关切的基础上，创造性地回应了有关里海法律地位的问题，并制定出了一整套与现代海洋法律制度相近的里海法律制度。从域内角度讲，公约的出台为里海地区的和平稳定、繁荣发展提供了关键性法律保障。“里海模式”更是对域外国家产生了重要的启示作用。具体到中国，其对中国在今后三年内推动《南海行为准则》磋商进程、妥善解决南海纠纷提供了新思路、新方向。

【关键词】里海　里海法律地位公约　里海模式　南海行为准则

一、里海法律地位争议的缘起

里海是世界上最大的封闭式内陆咸水水体，该水体与世界大洋完全分离，伏尔加河－顿河人工运河是里海通向外部世界的唯一通道。[1] 里海地区蕴含丰富的油气资源，当前，里海已探明石油储量为170亿—328亿桶，潜在储量为2032亿—2188亿桶，天然气储量约为6.57万亿立方米。[2] 里海现为五个国家完整包围，其东北部与哈萨克斯坦接壤，西北部与俄罗斯接壤，西部与阿塞拜疆接壤，南部与伊朗接壤，东南部与土库曼斯坦接壤。

有关里海的争议源自1991年苏联解体。在那之前，里海由苏联和伊朗共同管辖。但是随着苏联的解体，里海的沿岸国由两个变成了五个，基于地缘政治发生了巨变，且鉴于里海蕴含的丰富自然资源及其相当关键的地理位置，里海地区自然就变成了矛盾频发的热点地区。

18世纪初期，当时的里海只被两个国家包围，一个是沙皇俄国，另一个是波斯帝国。这两个国家都意图完全控制里海。但沙皇俄国抢占了先机，于1723年迅速建成了自己的第一个海军基地。这个基地的建成使得波斯帝国位于里海东南方向的5个省份全

---

* 西南政法大学国际法学院教授、博士生导师，西南政法大学海外利益保护研究中心执行主任。

** 西南政法大学海外利益保护研究中心助理研究员。

本文系国家社科基金项目“中国－东盟合作开发南海区域海洋制度研究”（17XGJ003）的阶段性研究成果。

〔1〕 Syed Adnan Ali Shah，“Geopolitics of the Caspian Sea Region：A Russian Perspective”，The Institute of Strategic Studies Islamabad，October 2011，p. 3.

〔2〕 “Overview of Oil and Natural Gas in the Caspian Sea Region”，accessed August 9，2013，https：//www.eia.gov/beta/international/analysis_ includes/regions_ of_ interest/Caspian_ Sea/caspian_ sea.pdf.

部被俄国占领。[3] 1723年9月23日，两国签订了《彼得堡条约》，该条约的签订标志着俄国取得了对里海的绝大部分控制权。

从1806年到1813年，两国经历了长达7年的战争，终于在1813年10月24日，两国签订了《古利斯坦和平条约》。这份条约主要确立了两国的国界线，并提及了两国在里海享有的权利。[4] 在该条约签订13年后，两国在1826年再次爆发了长达两年的战争，与上次类似，这次战争同样以一份和平条约——《土库曼恰伊和平条约》的签订（1828年2月10日签订）宣告结束。在里海问题上，这份条约基本延续了《古利斯坦和平条约》的约定，但俄国进一步加强了其在里海的军事控制地位。[5]

值得注意的是，上述3份条约在布尔什维克取得苏联政权之后，均被苏联政府宣告无效，取而代之的是苏联与伊朗在1921年2月26日签订的《苏伊友好合作条约》。[6] 这份条约解除了《古利斯坦和平条约》和《土库曼恰伊和平条约》中对伊朗军用船舶的限制，转而强调两国在里海的平等地位，继而约定：两国所有船舶在里海均享有平等的航行权。1940年，两国又签订了《关于贸易和航行条约》，这份条约进一步规定两国在里海水域内享有捕鱼权，两国也均有权在距离陆地10海里的水域内设立捕鱼区。同时，双方也同意通过共管原则（condominium principle）对里海行使排他性管辖。[7]

然而，对于“里海的法律地位为何”这个问题，两国始终没有统一的立场。随着1991年苏联的解体，该遗留问题愈发成为里海沿岸国关注和争执的中心。

二、里海五国的立场变化

由于里海位于中亚西部和欧亚大陆的接合部，所以其具有地缘政治的“枢纽”作用。再加上苏联解体、东欧剧变、中东乱局在近三十年内交替发生，里海的地位更加敏感。地缘政治局势的不断变化迫使里海五国不断改变就里海法律地位及其他问题的立场。就“里海法律地位”这个核心议题而言，长期以来，其被人为地局限于“里海是海还是湖”的困惑中，有一种观点认为里海是海，另一种观点认为里海是国际湖泊。若里海是湖，则又存在两种常见的处理原则，或根据共管原则（condominium principle）处理，或根据中心线原则（median line principle）处理。[8] 因此，五国在这个议题上可谓

---

〔3〕 Ali Granmayeh, *Legal History of the Caspian Sea*, Routledge, 2004, p. 14.

〔4〕《古利斯坦和平条约》第5条规定：“就商船而言，两国船舶均有权在里海航行并驶入对方港口，但就军用船舶而言，只有俄方船舶有权在里海航行。” See Ali Granmayeh, *Legal History of the Caspian Sea*, Routledge, 2004, pp. 14-15.

〔5〕 参见焦一强：《〈里海法律地位公约〉的签署及其影响》，《国际问题研究》2019年第1期。

〔6〕 Seyyed Rasoul Mousavi, “The Future of the Caspian Sea after Tehran Summit”, *The Iranian Journal of International Affairs* 21, 1-2 (2008): 28-29.

〔7〕 David N. Griffths, “What's in a Name? The Legal Regime in the Caspian Sea (or Lake)”, Ocean Yearbook 23, (2009): 166.

〔8〕 See Ali Granmayeh, *Legal History of the Caspian Sea*, Routledge, 2004, p. 1-18.

是各持己见，但是五国的立场变化也似有规律可循，大致可以分为三个阶段。

（一）第一阶段（1991—1995 年）：针锋相对，难以调和

阿塞拜疆在这一阶段赞同将里海认定为湖，也坚定支持中心线原则。[9]

哈萨克斯坦也赞成中心线原则，但哈萨克斯坦认为该原则仅适用于里海海床，水域部分则应由五国共享。[10] 因此，哈萨克斯坦的观点本质上是共管原则与中心线原则的结合。

土库曼斯坦的立场相比之下则模糊很多，始终没有展现出明显的倾向，实际上，土方的立场一直随着地缘政治局势的变化而变化。[11]

俄罗斯则既不认为里海是海，也不认为里海是湖。1994 年 10 月，俄罗斯在寄给联合国秘书长的书信中明确表达了里海是封闭式内陆水体，所以所有关于国际海洋法的规则，尤其是关于领海、专属经济区和大陆架的规则，均不应适用于里海，里海五国应当严格遵守 1921—1940 年所签订的条约。[12]

俄方也坚决反对通过中心线原则对里海进行划分。主要原因在于：第一，里海北部的渔业资源相当匮乏，遵循中心线原则对俄罗斯无利可图；第二，苏联解体后，其他四国几乎在不同程度上都希望实现能源输出多元化，以摆脱俄罗斯对自身能源的控制，一旦水域被均分，里海地区国家对俄罗斯主导的独联体的离心力会不断增强；第三，水域均分将更有助于美国及其他欧洲国家干预里海事务、插手里海油气资源的开发以及外运路线的策划，这会严重威胁俄罗斯对欧洲油气市场的垄断地位。

伊朗方面，其与俄罗斯在 1995 年发表了一份《里海共同声明》，声明强调，里海作为一个独特水域，其法律地位的确立是一个纯粹的区域问题。[13] 这首次展示出伊朗和俄罗斯反对将里海问题国际化的意愿。至于具体的争端处理方式，两国提出了系统的六点原则，为后续谈判提供了重要支撑。[14]

（二）第二阶段（1995—2000 年）：双边谈判，取得突破

这一阶段，随着俄罗斯卢克石油公司与阿塞拜疆政府“世纪协定”于 1994 年 9 月 20 日顺利签订，俄罗斯的立场出现了软化。1995 年 8 月，时任俄罗斯驻土耳其大使瓦蒂

---

〔9〕 Y. Zeinolabedin, M. S. Yahyapoor and Z. Shirzad, “The Geopolitics of Energy in the Caspian Basin”, *International Journal of Environmental Research* 5, 2 (2011): 504.

〔10〕 Shamkhal Abilov, “Legal Status of the Caspian”, Research Gate, January 2013, pp. 132-133.

〔11〕 参见焦一强：《〈里海法律地位公约〉的签署及其影响》，《国际问题研究》2019 年第 1 期。

〔12〕 Letter dated 5 October 1994 from the Permanent Representative of the Russian Federation to the United Nations addressed to the Secretary-General, Document No. A /49/475, 5 October 1994, pp. 88-91.

〔13〕 Joint Russian and Iranian Statement on the Caspian Sea, Issued in Tehran on 30 October 1995, pp. 88-91.

〔14〕 六点原则为：第一，苏联和伊朗从 1921—1940 年所签订的条约是今后确认里海法律制度的基础性参考。第二，全体一致原则是处理里海纠纷过程中必须遵循的原则。第三，里海必须维持非军事化状态。第四，里海必须成为五国间的贸易、合作以及经济聚集中心。第五，各国应当遵循环境保护原则。第六，最终确认的有关里海的法律制度必须在国家层面上得到维护。

姆·库兹涅佐夫强调：如果阿塞拜疆愿意通过俄罗斯石油运输管道对外出口石油，俄罗斯在里海上的立场可以转变。[15] 俄罗斯的表态加强了里海五国之间的战略互信和友好往来，里海沿岸国逐渐取得了一些共识。从1997年开始，里海五国之间开始签订双边条约，加强对里海的管辖和自然资源的勘探和开发。[16]

（三）第三阶段（2000—2018年）：共同磋商，趋向一致

2000年以后，随着普京的上台，俄罗斯在里海地区愈发活跃，普京政府体系化地提出了六点态度[17]，这六点态度获得了其他四国不同程度的认同，再加上此前多份双边条约的签订，五国都认为里海的法律地位应当在充分考虑所有里海沿岸国国家利益的前提下尽快解决。于是在2002年4月23—24日，土库曼斯坦首都阿什哈巴德举行了第一次里海沿岸五国元首峰会（以下简称“里海峰会”）。虽然这一次峰会没有达成任何成果[18]，但却促成了立场相近的阿塞拜疆、哈萨克斯坦和俄罗斯三国的合作，三方在2002年5月13日缔结了协定，均同意根据中心线原则划分里海北部海床，其中哈萨克斯坦占27%，阿塞拜疆占18%，俄罗斯占19%。[19] 但里海南部海床和底土的划分争议仍然很大。

2007年10月16日，第二次里海峰会在伊朗首都德黑兰举行。此次峰会上，五国发表了《德黑兰宣言》，该共同宣言是五国就里海地区签署的第一份政治文件。[20] 宣言指出：里海五国应当共同努力维护里海和平与稳定，应当通过积极合作充分利用里海自然资源，深化各方在经济、能源和运输方面的合作；同意为了更高效地运输而建立国际运

---

〔15〕 Ali Granmayeh, *Legal History of the Caspian Sea*, Routledge, 2004, p. 17.

〔16〕 第一个双边条约是由阿塞拜疆和哈萨克斯坦在1997年6月签订的。紧接着哈萨克斯坦和土库曼斯坦又签订了一份《里海划界条约》。1998年，俄罗斯主动表达了对哈萨克斯坦立场的赞同，随后两国也顺利地签署了《划分里海北部海底协议》。1998年2月，阿塞拜疆和土库曼斯坦发表联合声明，双方表示同意采用中心线原则划分里海。至此，伊朗也开始软化自己一贯坚持的“共管立场”并指出，如果其他四国能够充分尊重并考虑伊方关切，伊政府也愿意采纳将里海均分的提议，但伊朗不放弃共管原则。参见焦一强：《〈里海法律地位公约〉的签署及其影响》，《国际问题研究》2019年第1期；肖军正：《里海法律地位文题与中亚地缘战略》，《国际问题研究》2003年第4期。

〔17〕 六点态度为：第一，俄罗斯赞成逐步解决里海纠纷的方案。第二，里海五国应当聚焦存在争议的油田，在开采过程中可以通过互利原则化解分歧，对已开发的油气可予以相互补偿。第三，里海的海床应当依据中心线原则划分，水域则应当由五国共享。第四，建立里海法律地位统一协商平台。第五，在阿塞拜疆首都巴库建立里海纠纷研究战略中心。第六，任何一方不得阻碍五国就里海法律地位的协商进程。See Rustam Mammedov, “International Legal Status of the Caspian Sea: Issues of Theory and Practice”, The Turkish Yearbook 32, (2001): 247-248.

〔18〕 “President Putin Highly Praised the Past Summit of the Caspian Countries' Leaders”, accessed April 24, 2019, http://en.kremlin.ru/events/president/news/27008.

〔19〕 参见袁政：《俄、哈、阿三方签署里海划界协议》，《中亚信息》2003年第6期。

〔20〕 《德黑兰宣言》意义重大，时任伊朗总统艾哈迈迪·内贾德就称：这份文件将成为该地区各国巩固友谊、促进互信合作的转折点，是维护地区和平与稳定、保障各国政治利益、解决地区问题的纲领性文件。See Syed Adnan Ali Shah, “Geopolitics of the Caspian Sea Region: A Russian Perspective”, The Institute of Strategic Studies Islamabad, October 2011, p. 16.

输走廊并互相提供帮助；等等。同时强调：里海问题不应当成为沿岸各国猜忌的源泉，相反，里海五国应将里海变成友谊与和平之海，故里海五国均承诺不在里海部署军事力量，不企图通过武力方式解决里海纠纷。

2010 年 11 月 18 日，第三次里海峰会如期在阿塞拜疆首都巴库举行。此次峰会旨在加强里海地区的安全合作，五国顺利签署了关于在里海地区开展安全领域合作的协议并发表了联合声明。声明指出：里海五国对里海的和平与安全负责，其他任何国家不得介入里海局势。该表态强化了里海五国均不希望其他西方国家插手里海事务的意愿。[21]

同时，此次峰会在里海的法律地位议题上也取得重大实质性进展：各方承认五国均对里海享有主权，确认将会进一步就里海的法律地位进行磋商从而形成条约，这份条约将会成为今后在制定里海法律制度时的基础性文件。[22]

2014 年 9 月 29 日，带着四年前的重要共识，各国元首在俄罗斯阿斯特拉罕出席了第四次里海峰会。本次峰会上里海五国主要就里海水文气象合作、灾害预警和救灾、生物资源保护和利用方面达成协定。在安全领域更是敲定了不允许外来武装在里海地区存在的原则。[23]

2018 年 8 月 12 日，第五次里海峰会在哈萨克斯坦阿克套市开幕。五国极其顺利地发表了联合公报并签署了一系列文件。这些文件当中最引人注目的就是《里海法律地位公约》（以下简称《里海公约》）[24]，该公约强化了里海沿岸国家在各领域合作的规则制度，被评价为五国外交的共同胜利[25]。

三、《里海公约》法律制度的特点

里海地区长期的争执最终以《里海公约》的正式出台落下帷幕。该公约为缓解里海地区紧张局势、促进地区和平与稳定注入巨大动力。更重要的是，里海五国共同孕育出的“里海模式”为和平、妥善解决地区事务树立了全新典范，对其他国际水域争端的解

---

〔21〕 “Press Statement Following the Third Caspian Summit”, accessed April 24, 2019, http: //en. kremlin. ru/events/president/transcripts/9547.

〔22〕 总的来说，第三次里海峰会取得的成果是丰硕的，此次峰会标志着里海五国对里海享有的排他权从原先的能源领域逐步扩展到政治、经济领域。而全球经济回暖带动能源价格上涨的绝佳机遇也使得五国清醒地意识到：加速确立里海的法律地位是进一步巩固和提升五国能源输出国地位的当务之急。

〔23〕 “The Fourth Caspian Summit has Taken Place in Astrakhan”, accessed April 24, 2019, http: // en. kremlin. ru/events/president/news/46686.

〔24〕 其他成果文件还包括：《里海沿岸国家政府经贸合作协议》《里海沿岸国家政府交通合作协议》《预防里海地区意外事件协议》及环保、边防、反恐、打击有组织犯罪等领域多项合作。《第五届里海沿岸国家元首峰会在哈萨克斯坦举行》，http: //tm. mofcom. gov. cn/article/jmxw/201808/20180802776431. shtml，访问日期：2019 年 8 月 16 日。

〔25〕 普京赞赏称：“这是一个现代的、平衡的国际公约。”鲁哈尼更加直白地指出：“该公约的签署建立在五国关切都得到了充分尊重的基础之上。”参见焦一强：《〈里海法律地位公约〉的签署及其影响》，《国际问题研究》2019 年第 1 期。

决产生了深远影响。

（一）《里海公约》创造性地回应了里海的法律地位

针对这个最引人关注的问题，公约并没有在“海”或“湖”之间作出抉择，而是赋予了里海“非湖非海”的法律地位。

1. 里海不是海

如上所述，伏尔加河－顿河人工运河是里海通向外部世界的唯一通道。根据《联合国海洋法公约》（以下简称《海洋法公约》）第122条的规定，“闭海、半闭海”是指两个或两个以上国家所环绕并由一个狭窄的出口连接到另一个海或洋，或全部或主要由两个或两个以上沿海国的领海和专属经济区构成的海湾、海盆或海域。据此随即产生的问题是，若里海符合该定义构成，即意味着伏尔加河－顿河人工运河属于定义中“狭窄的出口”。但遗憾的是，《海洋法公约》并未指出“狭窄的出口”是否既包括自然形成的也包括人工建设的[26]，因此，里海是否属于《海洋法公约》中的闭海仍然存在较大争议。

更重要的是，里海所展示的水文特征与海洋水文特征不符。第一，里海只有一条人工运河与外界相连，这意味着里海无法像其他海域一样与地球洋流交互相通，这也解释了为什么里海生态系统相对独立，且里海水平面的升降与地球整体海平面升降无关。[27]第二，里海水域常年水平如镜，不存在其他海洋周期性出现的潮汐现象。第三，里海北部的淡水资源丰富，但在伊朗沿岸的水域含盐度却相当高，整体而言，里海水域的平均含盐度仅是其他海洋含盐度的三分之一。[28]

2. 里海不是国际湖泊

上文提及了两种处理国际湖泊的原则，但是二者都很难应用于里海。

主张共管原则即意味着里海五国共同对其行使主权。目前最典型的国际实践是“丰塞卡湾争端”。丰塞卡湾曾经是西班牙的领土，随着西班牙殖民帝国的瓦解，该地区后

---

〔26〕 在第三次海洋法会议中，有专家认为，“通过一条或多条出口，甚至是人工出口，连接到其他海或洋的海湾、海盆或海域，都属于闭海或半闭海”，但这样的提议并未获得绝大多数国家的支持。值得注意的是，回顾《海洋法公约》近十年的会谈记录，在讨论闭海、半闭海议题时，只有伊朗在提案中曾经提及过里海，但其也仅仅强调了里海是典型的封闭海。不过伊朗仅是展示了封闭海与闭海需要严格区分的观点，并没有论证。参见 Mitja Grbec, *Extension of Costal State Jurisdiction in Enclosed and Semi-enclosed Seas*, Routledge, 2014, p. 27；［斐济］萨切雅·南丹、［以］沙卜泰·罗森原书主编，吕文正、毛彬中译本主编：《1982年〈联合国海洋法公约〉评注》（第3卷），海洋出版社2016年版，第323页。笔者认为，“狭窄的出口”不应包括“人工建设的出口”。因为承认“人工建设的出口”将导致里海在该人工运河建成前后之法律地位发生冲突。这条人工运河在1952年竣工，换言之，1952年之前的里海与外界完全隔离，那时的里海并不是海。若人工运河的建成导致了里海法律地位的变化，那这种人为导致的不稳定性是绝对不可取的。武汉大学匡增军教授亦持此观点，详见匡增军、马晨晨：《〈里海法律地位公约〉评析》，《现代国际关系》2018年第11期。

〔27〕 Sergei Vinogradov and Patricia Wouters, “The Caspian Sea: Quest for a New Legal Regime”, *Leiden Journal of International Law* 9, 1 (1996): 90.

〔28〕 See Hanna Zimnitskaya and James von Geldern, “Is the Caspian Sea a Sea; and Why does it Matter?”, *Journal of Eurasian Studies* 2, 1 (2011): 1-13.

来被国际法院判决由萨尔瓦多、洪都拉斯和尼加拉瓜共同行使主权，但是洪都拉斯和尼加拉瓜的坚决反对将这份判决变成了一纸空文。随着中美洲一体化进程的不断推进，三国最终自愿决定共享丰塞卡湾。[29] 然而，里海与丰塞卡湾的区别在于：丰塞卡湾在过去一直属于西班牙所有，但里海在苏联解体之前一直属于俄罗斯和伊朗共同管辖，所以俄罗斯和伊朗对于由五国完全共管里海的主张颇有微词。

中心线原则则是划分国际湖泊时更为常见的原则。[30] 根据该原则，国际湖泊的沿岸国首先应当在湖泊中确定若干中心点，然后通过连接中心点将湖泊人为地均分为若干个区域，每个沿岸国都可以对对应区域行使主权。[31] 然而，俄罗斯和伊朗对这种主张也不满意，主要原因在于俄罗斯和伊朗在过去至少可以管辖半个里海的水域，但在该主张下只能管辖1/5 的水域。此外，依据中心线原则所划分的水域看似面积相同，但是不同水域的水文条件和所蕴含的自然资源数量相差巨大。以水文条件为例，里海的北部地区基本属于浅滩，水深只有 10—15 米，含水量仅占里海总体水量的 1% 。里海中部地区的水深则可达到 780 米左右，含水量达到总体水量的 33% 。里海南部的平均水深更是超过 1000 米，这个深度远远超过了其他区域性海洋的深度。[32] 最后，对于该原则应当只适用于里海水域，还是只适用于里海的海床和底土，抑或适用于上述两部分的问题，五国更是争论不休，这进一步加大了该原则的适用难度。

3. 里海“非海非湖”的特殊法律地位

考虑到里海既不符合海又不符合湖的独特地理特征，再加上里海五国就里海法律地位存在长期不可调和的巨大矛盾，所以最终五国相互妥协，为里海创设了一个全新的法律地位。这个“非海非湖”的认定，既充分尊重了地区现实，又妥善考量了地缘政治经济与地区安全，使沿岸各国的利益都得到了照顾和满足，是普惠共赢的典范。[33]

（二）《里海公约》充分结合了现代海洋法律制度

里海五国虽然最终认定里海“非海非湖”，但是在水域划分上，却充分借鉴了《海洋法公约》。[34] 五国将里海水域划分为内水、领水（territorial water）、捕鱼区（fishery

---

〔29〕 参见杨昊、蔡拓：《公地化：解决领土主权争端的另一种思考》，《国际安全研究》2013 年第 3 期。

〔30〕 Charles Whitney and Ayaz Ibrahimov, “The Convention on the Legal Status of the Caspian Sea—A Sea or not a Sea: That is Still the Question”, Norton Rose Fulbright, September 2018.

〔31〕 Shamkhal Abilov, “Legal Status of the Caspian”, Research Gate, January 2013, p. 130.

〔32〕 David N. Griffths, “What's in a Name? The Legal Regime in the Caspian Sea (or Lake)”, Ocean Yearbook 23, (2009): 163.

〔33〕 参见焦一强：《〈里海法律地位公约〉的签署及其影响》，《国际问题研究》2019 年第 1 期。

〔34〕 根据《里海公约（草案）》里的内容，五国均同意将《海洋法公约》作为制定《里海公约》的首要参考资源。这里的参考仅仅是指五国在起草条款时充分借鉴《海洋法公约》的习惯法律维度（customary legal dimension）。See Barbara Jasnus, “Current Development of Negotiations on the Legal Status of the Caspian Sea: Sovereignty Issue”, *International Studies Journal* 2, 3 (2005): 103.

zone）和公共水域（common maritime space）[35]，这与《海洋法公约》划分领海、毗连区、专属经济区与公海的做法类似[36]。

除了水域划分外，《里海公约》在有关自由进出里海和航行权、管辖权、铺设电缆和管道、环境保护和保全以及科学研究等方面的规定，也都与《海洋法公约》中的对应部分十分类似。

（三）《里海公约》突出了各方在安全领域的合作

《里海公约》延续了第二次里海峰会以来五国在安全领域方面达成的共识。在序言伊始，五国就承诺致力于将里海建设成为和平、互惠、美好之典范。[37] 五国更是强调对里海及其自然资源共同行使主权，在处理与里海有关的事务方面也享有全部排他性权利。[38] 这些表态明确了里海五国对域外势力的坚决排斥。虽然里海五国在该区域曾经存在巨大分歧[39]，但是五国最终意识到，一个和平稳定且无外来势力干预的里海有助于五国共同维护中亚安全和强化五国各自对能源安全的保障，正是这一巨大共识的达成为五国的通力合作提供了可能。

四、《里海公约》对南海沿岸国的借鉴意义

“里海模式”的形成对其他国际水域争端的解决具有重大的借鉴意义。对拥有着1.8余万千米海岸线且涉边涉海纠纷众多的中国而言，重点研究“里海模式”将为涉海争端，尤其是解决南海争端提供更多的有效思路。[40] 当然，考虑到南海与里海的显著

---

〔35〕“领水”的定义与《海洋法公约》中“领海”（territorial sea）的定义是完全相同的，显然，里海五国此举是在刻意避免“海”（sea）这个字眼。“捕鱼区”则是一个全新的概念，它是指各沿岸国在各自的水域中，拥有捕获水生生物资源的排他性权利。“共同水域”则是指捕鱼区之外的所有水域，该水域向里海五国开放。

〔36〕同时也应当关注到《里海公约》与《海洋法公约》的不同之处。例如：（1）《里海公约》中的正常基线指的是一条常年平均水位线（the line of the multi-year mean level of the Caspian Sea），而《海洋法公约》中的正常基线指的是一条沿岸低潮线（low-water line along the coast）。前者对正常基线的特殊定义也间接体现了里海并没有潮汐现象。（2）考虑到五国今后会继续开展勘探底土和与海床、底土有关的各项经济活动，《里海公约》特地创设了“区界”（划定特定部分的海床和底土）用以开展上述活动。虽然《海洋法公约》中也出现了用途类似的“区域”，措辞不同，但二者存在本质区别：五国根据彼此间的协定对划定的“区界”享有主权，但“区域”及其资源则属于全人类的共同财产。

〔37〕参见《里海公约》序言第4、9、10段。

〔38〕参见《里海公约》序言第5、6段。

〔39〕例如，阿塞拜疆和哈萨克斯坦更加重视其在里海的经济与能源安全；土库曼斯坦更加关注油田争端的解决；俄罗斯和伊朗始终将政治和安全利益置于首位。详见肖军正：《里海法律地位文题与中亚地缘战略》，《国际问题研究》2003年第4期。

〔40〕在南海问题上，中国政府一直坚持“搁置争议、共同开发”的政策。从2002年《南海各方行为宣言》的签订，再到2013年中国提出《南海行为准则》的磋商，中国政府一直在为和平解决南海问题做出努力。2018年8月2日，中国国务委员兼外交部长王毅在中国－东盟外长会议上宣布：中国与东盟国家已就《南海行为准则》单一磋商文本草案达成一致。2018年11月，新加坡举行了第21次中国－东盟领导人会议，与会11国领导人一致同意在2019年内完成对“准则”单一磋商文本草案的第一轮审读。中国国务院总理李克强也提出了三年内完成“准则”磋商的愿景。参见《外交部就中国愿同东盟国家争取未来3年内完成“南海行为准则”磋商等答问》，http：//www.gov.cn/xinwen/2018-11/16/content_5341233.htm，访问日期：2019年1月16日。

区别[41]，这些思路仅是框架性、理论性的，实践意义仍有待探索。

（一）聚焦共同利益，切实开展区域内低敏感领域合作

“里海模式”的形成很大程度上依赖于里海五国达成的两点重要共识：一是里海地区的和平稳定关系到整个地区的和平稳定，是五国共同的利益；二是《里海公约》的磋商是五国共同维护里海地区和平与发展的行为规范和根本准则。[42] 由此可见，沟通平台的搭建对于争议各国意见之统一有着基础性意义。

长期以来，中国在处理南海问题时，始终坚持“双轨政策”和“五个坚持”并取得了不错的进展[43]，在此基础上，若中国更加积极地促成具体领域的机制化、常态化合作，则不仅有助于与沿岸国之间削减互信赤字，也为各沿岸国集中力量探讨核心议题种下了希望。在“里海模式”中，五国前期也经历过针锋相对、难以调和的阶段，但是五国彼此间通过利用“双边谈判逐步促成低敏感领域合作”这一方式，充分利用了低敏感领域合作的“溢出效应”，最终促成了它们在能源安全与政治安全两大核心领域取得了重大共识。鉴于此，中国也可以考虑首先与南海沿岸国在敏感度低、争议性小、合作可能度高的具体领域进行合作，然后逐步过渡到探讨在渔业资源、油气资源的勘探与开发以及安全议题上合作的可能性。

当前，南海各沿岸国在海洋科学研究领域、海洋污染治理以及海洋环境保护领域、海事安全领域都已经开展了诸多合作[44]，但这些合作基本是建立在较为松散的“软法”基础之上的。从“里海模式”看，能否将这些“软法”逐步深化为“硬法”是南海区域国家今后能否从“低敏感”合作跨越到“深层次”合作的关键一步。[45]

---

〔41〕 南海与里海的区别主要在于：（1）南海沿岸国众多且分歧由来已久，这些分歧更是远远超过了里海五国主要在法律地位、能源分配与安全、政治安全方面的分歧；（2）南海法律地位清晰明确，属于典型的“半闭海”，这与里海法律地位长期未决的情况完全不同；（3）南海地理位置极其重要，地缘政治和地缘经济两大症结日益突出。

〔42〕 “Statement by Vladimir Putin following the Firth Caspian Summit”, accessed June 5, 2019, http://en. kremlin. ru/events/president/news/58297.

〔43〕 “双轨政策”最早是文莱政府提出的，即南沙有关争议由直接当事国通过协商谈判妥善解决，南海地区和平稳定由中国和东盟国家携手共同维护。“五个坚持”则是中国在“双轨政策”的基础上细化的五点原则，即坚持维护南海的和平稳定，坚持通过谈判协商和平解决争议，坚持通过规则机制管控好分歧，坚持维护南海的航行和飞越自由，坚持通过合作实现互利共赢。分别参见《王毅：“双轨思路”是解决南海问题最为现实可行的办法》，https://www. fmprc. gov. cn/web/zyxw/t1357479. shtml，访问日期：2019年1月20日；《王毅：中方在南海问题上将始终奉行“五个坚持”》，https://www. fmprc. gov. cn/ce/cebe/chn/zgwj/t1285974. htm，访问日期：2019年1月20日。

〔44〕 参见王玫黎、谭畅：《论闭海或半闭海沿岸国的合作：以南海为例——与克里斯托弗·莱恩博先生商榷》，《学术界》2016年第10期。

〔45〕 “硬法”通常是“公约”“协议”等，在此基础上建立的合作具有拘束力，国家也有义务按照相关规定进行合作。正在磋商中的《南海行为准则》从某种意义上讲就是一种硬法。“软法”则不具有强制拘束力，往往以“宣言”的形式存在，南海区域最典型的软法就是《南海各方行为宣言》。由于软法没有强制要求，所以国家间的合作往往取决于彼此的意愿。参见葛红亮：《南海安全区域间治理模式探析》，《国际安全研究》2016年第2期。

（二）完善安全理念，积极探索南海安全治理新思路

“里海模式”的经验表明，区域内国家在安全领域的关切最多、合作最困难，但也是不得不啃下的“硬骨头”。就《里海公约》对里海安全制度作出的规定而言，它们的核心思路是：（1）构建安全共同体，任何一国力量的缺失都会造成里海局势的失调；（2）为使里海成为睦邻友好、友谊合作之海，各方应尽早确立区域安全治理基本原则和路径。〔46〕

我们注意到，这些规定都是架构性的，在具体的区域内安全制度上，五国选择了回避，这是《里海公约》的不足之处。同时，南海和里海在地缘政治上存在着巨大差别这一事实也不容忽视，南海地区安全形式总体上依赖于“中国－东盟－美国”三方的关系，较之于里海局势，参与方更多、稳定性更差。但这些并不能否认“里海模式”对中国在南海安全治理方面的启示意义。

首先，中国必须破解身份认同的难题，与东盟国家形成“亚洲命运共同体”。中国与东盟是稳定南海安全形势的重要两端，在维护南海区域安全的议题上，中国与东盟存在着显著的共同利益。但是这样的共同利益并不代表双方可以在区域安全治理过程中形成共同的身份认同与合力。造成这个障碍的最主要因素就是美国构筑的安全战略对南海局势的牵引。〔47〕鉴于此，习近平主席在2014年创造性地提出树立共同、综合、合作、可持续的亚洲安全观〔48〕，这一倡议为中国与东盟取得更多的安全合作成果〔49〕，扩大共同利益网络注入了强大动能。

其次，为进一步夯实“亚洲命运共同体”倡议，中国有必要继续抓取经贸这个总抓手〔50〕，主动把握《南海行为准则》磋商进程，推动南海安全治理原则尽早确定。从现实看，中国可以考虑将“南海安全由中国、东盟共同维护”这一思想纳入磋商中，倡导东盟与中国一道努力排除外部负面因素，抓住“机会窗口”共同协商，打造共同认可的地区安全规则。〔51〕

---

〔46〕参见《里海公约》第3条。

〔47〕美国构筑的安全战略主要体现在三个方面：第一，美国通过军事手段对南海安全持续保持威慑；第二，美国直接、高调介入南海局势；第三；美国不断巩固与盟友的各领域关系。参见何亚非：《南海与中国的战略安全》，《亚太安全与海洋研究》2015年第1期。

〔48〕参见习近平：《积极树立亚洲安全观　共创安全合作新局面——在亚洲相互协作与信任措施会议第四次峰会上的讲话》，http：//www. xinhuanet. com/world/2014-05/21/c_ 1110796357. htm，访问日期：2019年5月1日。

〔49〕近年来，中国与东盟在安全领域所取得的成果最集中地呈现在：海上联合军事演习机制化，开通防务部门直通热线，开展防务智库、中青年军官友好交流，等等。详见李克强：《在第21次中国－东盟领导人会议上的讲话》，http：//www. gov. cn/premier/2018-11/15/content_ 5340502. htm，访问日期：2019年5月1日。

〔50〕过去二十年来，中国与东盟的经贸关系在“量”上取得了长足发展，但是“质”上并未得到着力提升。为应对这一问题，中国已经打造了中国－东盟自贸区“升级版”，以提升双方在产业发展上的契合度以及彼此的依附度。参见李克强：《在第21次中国－东盟领导人会议上的讲话》，http：//www. gov. cn/premier/2018-11/15/content_ 5340502. htm，访问日期：2019年5月1日；葛红亮：《南海安全区域间治理模式探析》，《国际安全研究》2016年第2期。

〔51〕参见吴士存、刘晓博：《关于构建南海地区安全合作机制的思考》，《边界与海洋研究》2018年第1期。

（三）打造开放南海，妥善应对区域外国家的介入

里海五国在第三次峰会中就确立了“区域外国家不得干预里海事务”的原则。这样的原则最终也被写入《里海公约》，至少从法律层面上限制了域外国家的军事干预。南海同样面临着以美国为首的西方大国通过各种手段积极介入的局面。但是，与里海不同的是，“中国－东盟－美国”三方影响的格局在南海是很难撼动的。因此，所谓“坚决反对区域外国家介入南海事务”的声音似乎并不理智，效仿里海五国确立“区域外国家不得干预地区事务”的原则也近乎不可能。鉴于此，中国将“坚决反对”的态度转变为“妥善应对”的态度更为可取。

多年来，美国打着“航行自由”的旗号长期高调介入南海局势，引发了不少中美之间的外交龃龉。从中国的角度讲，中国有必要重申其无意于将南海打造成自己的“内海”，相反，中国尊重和支持包括美国在内的其他国家依据国际法在南海享有的航行和飞越自由。同时，中国可以主动向域外国家尤其是美国发出邀请，表达中国愿意在航行自由、海上安全等非争端问题上与其进行磋商及沟通，也鼓励其为南海地区的和平与稳定发挥建设性作用。这样的表态不仅仅有助于展示中国打造开放南海的姿态，更有助于通过实际行动向美国表达中国愿与美国切实解决管控南海分歧的诚意。当然，中国更有必要向美国亮明底线：一是西沙领海不容侵犯；二是“有害通过”行为不被接受。中国可以直率地照会美方中国的核心关切并直言中国的对抗等级取决于美国的威胁程度。[52]只有让美国明确其各种武力示威和政策试探是有可能遭遇到实质风险的，才能够加大中国与美国的对抗砝码，提升中国在南海安全治理中的威慑力。

五、余论

里海争议已经尘埃落定，但是“里海模式”却应当作为重要模板予以研究和实践。随着《南海行为准则》磋商进程取得重大突破，中国与东盟国家的合作已经从过去的以经济为主导转向政治安全合作，虽然总体形势向好，但是困难与挑战更加集中。如何不断加强中国与东盟各国的政治互信，如何充分利用经济合作的反作用力推动“准则”磋商进程不断向前发展，如何团结东盟内部力量共同应对南海问题，如何通过社会文化合作构建东亚社会文化认同圈，这些都是亟待探究的重要课题，也是今后三年内中国政府必须给出的方案。

---

〔52〕 若美国出现突破底线的行为，中国应给予强力反制。虽然中国没办法杜绝美国在南海肆意妄为，但却有能力增加美国行动的成本和风险。例如，如果美国继续在中国控制的南沙岛礁周围进行“无害通过”，中国可以以维护岛礁安全为由，通过伴航、语音警告、近距离示威等方式，在现场给予美国足够压力。更强硬的措施还包括紧贴威逼、航向管制、靠近驱逐等，极端情况下甚至可考虑采取警告射击和撞击等行动。现场风险的上升有助于美方重新审视自己行动的极限。参见黄凤志、罗肖：《关于中国引领南海战略态势的新思考》，《国际观察》2018 年第 2 期。